U0640614

中华传世藏书

【图文珍藏版】

永樂大典

精华本

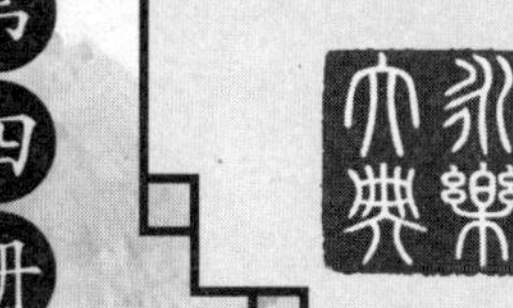

[明]解缙 等⊙原著

刘凯⊙主编

第四册

线装书局

《中兴政要·释明策》

备复常平官。建炎二年八月，臣僚请复常平官，讲补助之政广储蓄之具。从之。后又诏常平之法，岁久多弊，顷以绍述为名，虽知有公私不便，当增损更易者，亦莫敢言。今止为常平本法，所关甚大，非他司兼领，故复置提举官。尚虑蹈袭前弊，反至害民。可明谕天下，青苗散敛法，永勿复行。其余条制，令叶梦得、孙见、张澄讨论以闻。《圣政》。史臣曰："常平之法，谷贱则籴，谷贵则粜，天下之良法也。青苗出于近世，盖非常平之旧。建炎之初，废青苗以利民。而有司奉行失旨，至侵耗常平之积，此诏书所以丁宁继下也。今官存而事寝驰，法具而吏弗虔，朝廷仁爱之心虽至，而责实之政未备。臣故著初诏于篇，愿有稽焉。"《精选常平使者》。三年正月，叶梦得言，朝廷复置常平使者。乞于实历州县人内，精选通晓世务，习知民事，笃实忠信之人，吕颐浩，乞追还常平司籴本。诏从之。

《广储蓄》

四年六月，中书门下省奏，行在所仰食者众，廪粟不丰。今秋成可期，宜及时储蓄。诏广南东路，令褚宗谔籴十五万斛。福建路，令鲁詹籴十万斛。各运至福漳泉州，仍以所部年额上供为本钱。又诏宋辉籴之浙西，给银十万两，度牒直十万缗，运至秀州华亭县。徐康国籴之浙东，亦给银十万两，属郡钱非茶盐及朝廷寄桩者，经制折帛赡学无额之类，皆许以为籴本。衢婺州运至越州、运至温州、越温台州，皆即其地储之诸官司。及统兵官，非有制书而妄取，及所在州妄发与之者，皆从军法。平谷价仍劝诱优异出粜之家。绍兴元年五月，诏以米价踊贵，细民阙食，令诸路州军，以常平仓粟量度未粜。仍令州县劝诱积谷之家，将愿粜数，具文历出粜。如及三千石以上，与补守阙进义副尉。六千石以上，进义副尉。九千石以上，下班祗应。一万二千石以上，进义校尉。一万五千石以上，进武校尉。二万石以上者，取旨优异推恩。已有官荫者，比类别作施行。

常平司置罢之由

九年九月，罢经制司，其诸路常平事，令提刑兼领，始用鲁统奏也。常平法，起于西汉，岁丰则敛，歉则散。后世讲之尤详，秋成则敛，春饥则散。可以平物价，抑兼并，人有接食，官无折阅，法至良也。熙宁初，王安石修水土之政，兴管榷之利，置提举官，以常平司为名。当时所行新法，如免役坊场、河渡，青苗市易，方田水利，皆俾提领，遂为民患。议者不察，但云常平法可废。建炎初，遂尽罢提举官。时诸路苗役羡钱，各不下百数十万缗。朝廷草创，多取诸此。次年吕颐浩等言，常平法不可废，其附益之者。如坊场免役等可行，青苗市易等可罢。诏颐浩等详议。未及行，而言者概斥提举官不可复。前议遂寝。其后或隶提盐司，或隶发运司，或隶经制司，终无定论。而兵火焚荡，户部及州县案籍皆废，财赋多失矣。《系年要录》。

《赈济须及乡村远者》

十年十一月，进呈福建路帅漕奏，乞措置赈济事。上曰：赈济本为贫民下户。近世赈济，祗及州县城郭市井之内。而乡村之远者，未尝及之，须是措置。令州下之县，县下之乡村，虽僻远之处，分委官吏，必躬必亲。则贫民下户，皆霑实惠矣。

以常平赈小民

绍兴三十二年十月，诏诸路州县老疾贫乏乞丐之人，在法以常平米斛养济。自十一月一日起，支至次年三月终。今来切虑奉行灭裂，令户部检坐条法，指挥申严行下，如法养济，务行实惠。

恤荒歉

乾道六年八月，新权发遣衢州胡坚常，进对奏广籴常平。上曰：若州得二十万石常平米，虽有水旱，不足忧矣。卿所奏甚好。新福建转运副使沈枢，进对奏州郡水旱去处，乞留转运司和籴米，接续常平赈粜。上曰：即为施行。圣政史臣曰：祖宗常平之法，虽奉敕支移，许以执奏。今观寿皇圣训，属意常平，以惠穷困者如此，岂非我朝之家法欤？

措置得早，民不至流离

七年二月，上曰：晴色甚好。去秋水涝，朕甚以百姓乏食为忧，今却无流移之人。虞允文奏，监司守臣，类能究心荒政，故米不翔贵。上曰：亦大段支了官中米斛。梁克家奏，陛下自数年来，常平桩积，极留圣意，不然今日岂有米斛可以挪拨？上曰：如此理会，尚且仅仅不足。允文等因奏诸郡守臣若得人，遇岁水旱，宁至上勤圣虑。上曰：当择其有显效者旌之。更有修圩一事，卿等记之，他日当行赏也。上又曰：今春雨畅甚调，二麦必好。允文奏米价极平。上曰：此岂州县劝粜之效欤？克家奏，水旱要不能免，惟先事措置，则用力少而为惠博。上曰：今岁却是措置得早，使朕赤子不至流离，卿等力也。

严遏籴之禁

九年十月甲子，臣僚言，伏见浙东诸郡，今岁例有旱伤。如温台二州，自来每遇不稔，全藉转海船运浙西米斛粗能赡给。近者天台饥荒，陛下轸念，以浙西米数万石赈粜赈给，德泽周溥，惠于困穷。访闻浙西平江秀州，管下边海诸县，自来凡有他郡客人般运米斛，不放令出海前去。州郡本无约束，亦无法禁，而巡尉阻节邀拦。经商客旅，常以为苦，往往所在，为其滞留。是以籴贩者稀少。在荒歉之处，客米不来，为害甚大。遏籴之政，奉法循理之吏，盖所不为。岂容县道巡尉，辄敢擅行邀阻；是法令有所未惩也。欲望特降指挥，下两浙转运司，并平江府秀州，严行禁戢。仍令重立赏榜，许人陈告。如有违犯，将官员奏劾，公吏断配施行。若其他有似此遏籴去处，亦乞令转运司行下禁戢。庶几商贾流通，荒郡米价不致腾踊，所补不细。诏从之。

速降措置赈济指挥使百姓早被实惠

十一月，臣僚言，访闻今岁旱伤，非特浙东被害，如江西诸州例皆阙雨，禾稻不收，而赣吉二州尤甚。江东之太平广德，淮西之无为军和州，多是先被水患，继之以旱。目今民已艰食，其间州郡，或有讳言境内灾伤，不即申陈，致失检放条限。或有虽曾申闻措置赈济事件，朝廷未与行下。窃缘救荒之政，譬如拯溺救焚，势不可缓。若待百姓流离，方行拯救，非徒无益，费且不赀。今欲从朝廷专委逐路提举官，疾速巡历灾伤去处，从实体访。如委系失收，不曾检放，或减放不实者，仰将今年苗米，依合减分数，权行倚阁。开具供申，令候来年秋熟带纳。其有和籴米斛，抛降马料，及诸色科买，并权与住罢一年。应合赈粜赈济去处，米斛不足，许提举官，将一路见管常平义仓米，通融拨借应副。其有诸州已条画到措置赈济事件，省部例作常程文字行遣，稽迟不下，致令郡县无以凭守施行。今欲上从朝廷斟酌事宜，可速降指挥，庶几官吏可以奉行，百姓早被实惠。诏从之。圣政，史臣曰：自昔四方有灾，惟患言者隐其实，小其事，不患其张皇也。其救灾，惟患奉行者，吝于费，缓于备，不患其过当也。元祐中，苏轼在浙西，因岁大旱，次年复大水，请于朝，求所以赈荒者。臣僚乃或难之，大意谓已赐米斛不少，恐灾伤不至如所奏，必欲考察虚实，惩责谬妄。范祖禹历诋其非，朝廷于是多从轼之请。吴越之民，遂免流散。且是时方法仁宗政事，凡有未便民者，悉罢行之。而臣僚忍视一方赤子嗷嗷之急，必令详奏灾伤分数，赈贷次第，若深疑其虚滥不实者，岂非流俗之弊每每然耶。赖国家仁厚之积有余，君子多务忠实恻怛，以承休德，是以外有如轼，内有如祖禹者反复开陈，而上泽不壅矣。寿皇矜念淮浙江东西水旱之变，既禁戢遏粜矣，又诫实言荒歉矣。至是又命逐路有失检放之限，更行体访，诸州应有赈济之请，无得稽迟。凡可以宽斯民者，无言不行。岂非至仁欤？

从朱熹所请救荒事

浙东提举朱熹朝见，奏论浙东救荒事。上曰：连年饥歉，朕甚以为忧。次论检放，上曰：州县检放，多是不实后时。次论劝谕推赏，上曰：至此却爱惜名器不得。次更乞拨赐米斛，上曰：朕于此并无所惜。次乞预放来年身丁钱，上曰：朕方欲此措置宽恤数事。《宝训》。

荒政盗贼分任其责

十四年，上谓辅臣曰：荒政不可缓，盗贼亦须关防。荒政责之监司守臣，盗贼责之帅臣提刑。若检放，须是及时。《宝训》。

卷之七千八百九十一 十九庚

汀 汀州府

山川

《临汀志》

汀界闽粤西南徼，崇岗复岭深溪窈谷，山联脉于章贡，水移赴于潮阳。千山腾陵余五百里，然后融结为卧龙山。四水渊汇几数百折，然后环绕而流丁。于是山之斗绝者宽舒而端重，水之湍激者清泚而深沉。隽游名宦例以山水郡称赏。昔元丰郡守陈公轩诗云："一川远汇三溪水，千嶂深围四面城。花继蜡梅长不歇，鸟啼春谷半无名。"又云："山遭庚岭为南徼，水与潮阳作上流。"郡倅郭公祥正诗云："城池影浸水边水，鼓角声传山外山。"诵者可以想见山川胜概云。

郡城内，卧龙山，山脉分支于赣之宁都。东比为虎头山，历石城界，走五百里为大琴坪为茅坪，又为上下三田过瑞金界，委蛇至石含源过脉。白鹤仙云："汀洲地脉艮来，常二龙过水石含当是也。"由长龙温地翠峰狮岩直渡横溪，屹然平田中一山盘踞，不与群阜属，如龙卧状，实州治主山也。登山椒洞见井邑，他山皆拱揖俯伏其下。旧经云："亦名无境山。"《郡县志》，在州治之后，实为主山。州之四山环卫拱揖皆朝此山也。《元一统志》为本郡主山，山脉分支于赣之宁都，白鹤仙迁郡治于此。郡居子位，山象蜿蜒有龙之象，城内东山为龙首，横冈为龙脊，西峰罗汉院为龙尾。州治盘礴实占龙腹，偃卧如龙状，故名卧龙山。东山，在城内正东，乃卧龙山之首。古松偃蹇，鹳鹊来巢。上有鄞江台，旁有五显庙，乃古迹。

横冈岭在汀州城内东北，乃卧龙山之左支，横于中路，故名。

金乳泉，在汀州宅堂东，卧龙书院之右，即三瑞堂旧基。大中祥符间，郡守赵公遂良就州后创庵，延定光佛往来憩息，赵指庵前枯池曰："劳师出水。"师即以石书偈四句投池中。山矿生金乳，地官辟开门，石矿水直出，供餐天心尊。未信宿间，清泉衍出。郡人采偈中语名曰"金乳"，池心甃为一井。绍兴间，郡守张公宪武，字演翁。创小亭，覆之，仍为之铭曰："六祖卓锡。"曹溪发源，定光说偈，卧龙涌泉。见扁曰："演公泉。"

魁星井，在仪门外西南州院前。巨星井，在州厅西甲仗库内。

禄星井，在州后园西北东山堂前。

文曲井，在州厅东南南佥厅前。廉星井，在州东南判厅前左。

武曲井，在州东南省仓后。开星井，在州东北塔院前。旧传白鹤仙迁郡之初，谓形如斗，令于城内按斗象掘地为七井，以七星名之。邓长史井，在福寿楼南街城下。郡人邓正已开凿，掘至丈余遇盘石，闻其下有泉声。邓令匠者甃之，工毕，以铁杵撞石。石穿泉迸，四时不竭。

《舆地纪胜》

二老峰，在城东五里间，双石峭立如人形，故名。飞来石，在汀州城内云骧阁西畔，乃一夕雷雨而至。鄞江，《九域志》又《宋朝郡县志》云："即东溪水。"

《元一统志》

三溪水。

祝穆《方舆胜览》云："东溪水自鄞。坑来，西溪水自湘洪来合。"陈轩诗云："一川远汇三溪水，千嶂深围四面山。"

《郡县志》

临汀大溪四曰"东溪"，曰"西溪"，曰"南枝溪"，曰"横溪"，至高滩角合而为一，至于麻潭，山势诘曲，水流九折，号为九曲。入潮州界，《寰宇记》载白石溪水，《鄞江志》无之。

《长汀县临汀志》

南山，在长汀县南三里，山脉自石含分支，由湘洪峡过鸡笼嶂，历高坑，起鹦鹉石，又里许，秀峙为南山，实州治朝山也。白鹤仙云"一笼湘洪峡里过，却在南山饮水浆，"是也。

文殊院、同庆寺，左翼军驻扎寨在其下。元丰间，郡守陈公轩有诗云："渡溪缘石磴，问寺转松岗。"又有与郡倅郭公祥正《游南山倡和长篇》见《鄞江集》。豫章洪刍有诗云："烟花淡荡连三里，云树低迷过一州。冈献卧龙春色老，气横野马日光浮。"《元一统志》："屹然如屏，其下坦夷。"王象之《纪胜》云："郁葱可爱，山下有文殊同庆二寺。"陈轩诗云："纡然盘玉洞，屹立分双户，天生双佳景，常恐尘上污。"拜相山在长汀县东南二里，俯挹卧龙山如人拜状，故名。白鹤仙云"谭子岗头拜相山"，是也。

园珠山，在长汀县正南三里。白鹤仙云"二龙争珠"，是也。绍兴间，郡守张公宪武有诗云："万叠崇岗揖卧龙，一峰圆顶翠连空。"今为六祖道场，绍定间郡守李公华书扁"倚松"二字。《元一统志》："图志一云龙珠山，形如圆珠故名，卜者谓为龙山居郡木位，即府治对山也。"

玉女山，在长汀县南十五里。四时花卉不绝，月明籁寂，隐有音乐声。旧传王氏女修真之所，下有通仙桥。《郡县志》："高抻青云。"

灵蛇山，在长汀县南百八十里，山旧多蛇，下有佛庐，及蛇山庙，《九域志》载为胜迹。《寰宇记》，在州南三百八十里。

马鞍山，在城之异方五里。展旗山，在长汀县西七里。

莲花山，在长汀县东十里。

笔山，在长汀县东十五里。

鸡笼山，在长汀县北五十里。《旧经》云："高十五里。"《九域志》载为古迹。本郡富国先生王中正成道之所。马鞍而下，五山皆以形得名。《舆地纪胜》："郡倅"郭公祥正诗云："神仙之府名鸡笼，千寻翠玉擎寒空。秀色凌风入城郭。半衔晓日金濛濛。"

濑溪障山，在长汀县西三十里。赤坑障山，在长汀县南五十里。

翠峰山，在长汀县东北四十里，壁立千仞，绀碧可爱。

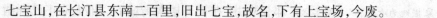

七宝山，在长汀县东南二百里，旧出七宝，故名，下有上宝场，今废。

西峰，在长汀县西，乃卧龙山之右支，上有西峰，法林，罗汉三刹。宣岩，汀县南五里。崇观间，宣明隐居之地。洪刍有诗云："一纶涵碧磻溪钓，千穗垂黄谷口耕。"又云："路侧以逢君子屩，岁寒空老大夫松。"

石燕岩，在长汀县南，昔有遇骤雨于其下者，见飞燕数十集石上，雨止视之，皆化为石，故名。《舆地纪胜》。石燕岩，在城南七里。通济岩，在长汀县东十里，大观中僧惟秀奉伏虎香火于其间，祈祷响应。

狮子岩，在长汀县东南九十里，宣德南，双石为门。定光佛常振锡于此云："后百年有天火发，非吾久居之地。"遂去之。自是僧徒不遑宁处。《舆地纪胜》："狮子岩，在县东南五千里。"

霹雳岩，在长汀县拜相山限，旧传迅雷一声，岩洞遂辟，中有丹龟犹存，今为佑圣道院。《元一统志》："霹雳岩，在汀州城外鄞沙坊。宋元祐初，白昼忽迅雷一声，岩窦划开，中有丹龟，上有仙茅，真神仙窟宅，复就岩间创立道堂，巾华阳，衣鹤氅之士多游于此。"

云谷岩，在长汀县驻扎寨中南山之趾。

朝斗岩，在长汀县南山崦，缘石扪萝而上，俯视城市，有佑圣广祐福善王祠，祈祷必应。长汀宰陈显伯有诗云："分明贮秋汀一角，三山林乔有诗云。醮坛夜朝斗在目，石室昼卧云生胸。"佛岭在长汀县东南五里，乃邓长史肤视之处。

东庄岭，在长汀县东五里，下有民田千顷，故名。

白叶岭，在长汀南十五里，上有白鹤庵。

枣木岭，在长汀县南二十里。构木岭，在长汀县东二十里。

大息岭，在长汀县东五十里。

归岭，在长汀县东南五十里，往运城路。

分水岭，在长汀县南五十里。白头岭，在长汀县西二十里，《旧经》云"常有云笼其巅"，故名。

新路岭，在长汀县西六十里。抵瑞金县，乃汀赣分界之所。嘉定间，郡守邹公非熊修隘以备赣冠，名罗坑隘。《郡县志》："新路岭，在县西六十里，峭险壁立，砂砾崎岖，行者病马，岭背即隶江西，此乃天所以限闽中也。"

湘溪岭，在长汀县东南三十五里。流源大岭，在长汀县东南四十里。

蘘荷岭，在长洒县南百余里，地产蘘荷，故名。见《九城志》。

叶溪岭，在长汀县南百五十里。苍王洞，在长汀县东三里东禅寺前，道傍两石对峙如门，中间玲珑岌叶，奇怪万状，不减灵隐天竺，石有数名，曰石门，烟屿、仙掌、鹤巢、抱云、二老峰、狮子、马鞍之类，名胜篇章最多，姑举其概。运使蒋公之奇绝句云："苍玉门径阔，白云庭院深，鄞江一丈水，清可照人心。"郡倅郭公祥正云："片片水崖裂，淙淙雪浪深。举头看白鹭，相伴洗尘心。"郡守谢公洞云："溪瘦玉声小，山横翠色深。"郡守陈公轩云："截断苍山百尺崖，峥嵘相倚洞门开。天生柢隔红尘路，不碍溪云自往来。"蔡隽云："向来曾醉呼猿洞？乱石穿云拥坐隅。谁料七闽烟瘴底，半岩风物似西湖。"旧东庄潭沿其旁，后湮塞，今远徙教场后矣。《元一统志》："苍玉洞。"《鄞江志》云：在县东二里，在州城外正东一里，洞口两石壁天然成门，其门有亭曰"苍玉"。石最高处有中亭曰："翠微"，又有古禅院曰"东禅"，名僧法家卓锡于此，门左有亭曰"横翠"，皆为一郡游观之胜槩。蒋之奇将漕福建日，来游有诗云："在宁化县北五千里，洞前重冈叠巘。"森列左右，小涧横绝，烟云缥缈，有圣水桃竹，野花异草。

仙隐洞，在长汀县云骧阁下，石径沿溪，嵚崎深窈，外有两石挟一小石，天然成门，内

顷宽博。嘉定间郡守赵公崇模开辟以发天秘，创溪堂及数小亭其间。继而郡守林公屺创洞天书院，及白鸥亭，今并废，惟有《白鸥亭记》脍炙人口。

鸟石鼻，在长汀县惠民桥之上流。石壁在长汀县南二十里，下有庵。白面石，在长汀县西五十里。

寅湖，在长汀县东二里，周四百步，以其居郡寅位，故名。中有小山，虽水溢不没，湖光绀碧可鉴，春生冬涸。郡人钟伯澹有诗云："百丈平湖一点山，碧琉璃涌小蒲团。"长汀宰钱厚濒湖创亭，宝祐间郡守周公留重创。

辛湖，在长汀县西一里，周七十步，居郡辛位，故名。

子地湖，在长汀县东十五里，居郡子位，故名。乃东禅寺常住，今垦为田。

青草湖，在长汀县东五十里，象牙林，深不盈尺，广不盈丈，生草四时长青，故名。运使蒋公之奇有诗云："地无一勺水，安得有湖名。世事果如此，风波平地生。"

正溪，自宁化界李地发源，出石含，历谢地新桥湘洪峡，迤逦至东庄潭，分为二派。其一派流有年桥，一派流济川桥。至高滩角复合，阴阳家谓之随龙水是也。

东溪，自翠峰发源，会鄞坑水流高洋桥，至张陂与正溪合。

北溪，自横坑发源，曰"横溪"，过攀桂桥而下与正溪合。西溪自大原发源。过杉岭至南拔桥东流。白鹤仙云"辛允抱城归异辰"是也。尤一郡风水所关，治平五年筑城堑濠，官砌石陂于南拔桥下，引一派东注迄崇善坊，兴云桥与正溪合；一派又东至于西田，过富文坊洲湖庙前，与正溪合。

小湘溪，自长汀县东南原发源，至湘洪庙前与正溪合。

梓步溪，在长汀县东五十里，大息岭左发源，至南田与正溪合。

南溪，在长汀县南二十五里，其流不一，至侧桥合，溪归西南过普济桥，至南口与正溪合。《寰宇记》："溪水在长汀县，去州东四十里，地名石涵，内流出从城过，直至广南潮州通小船。"

龙潭，在城东云骧阁下东岸，建龙王庙，遇旱则筑坛而雩。祥符间数为民害。郡守赵公遂良请定光佛书偈正之，偈云："天风毗地势，地水转势头，沙石立来堆，水心主巨州。"其患遂止。

东庄潭，旧在东庄岭下，今水徙流于都教场后。

白步潭，在长汀县东十里。

麻谭，在长汀县南十里。郡之众流皆会于此，山势蟠互，过此折为九曲。

曲潭，在长汀县南三十五里。

大潭，在长汀县南六十五里。

鱼梁滩，在长汀县东二十里。法林袈裟泉，在长汀县西法林院，旧传有老僧讲《法华经》，一夕窗牖皆明，出见龙蟠石上。僧以袈裟覆之，蚤作，袈裟入石丈余，石裂为泓如袈裟状，甘泉坌溢。自郡守陈公轩、郡倅郭公祥正，烹茗泉上，倡和长篇凡八。郭命名"新泉"，泉价颇高。陈诗云："逗石无声下无冗，停之不盈酌不竭。银瓶送响落清甃，镜奁破碎冰壶冽。"又云："奇哉江南郭夫子，一顾能令泉价美。"郭云："惜哉无名人不闻，惟有寒泉弄清泚。"后守倅多有题咏，不能尽纪。嘉泰间，郡守赵公彦栐游此，庖流触以腥秽，泉流遂竭，后醮谢之。阅日乃复澈清，有碑记其异。汤泉在长汀县南四十五里，曰"何田市"，周数十丈，能熟生物。诏兴间，县丞江灏力请于郡，层石池之，钩流渠之，又疏寒泉以破其烈，异向为两浴室，使男女有别，旁结庵名无垢，环绕皆汤，惟佛殿后正中有井泉清冽，后因作露台于上。泉遂堙塞，识者惜之，长汀尉李格为之记："一在长汀县南百里，安

仁保，由石窦中涌溢如拖绅，溉田甚袤。”

玉泉，在长汀县东南七十里，清泚而甘，流为瀑布，有僧卓庵其下，前后植茶，其品甚高，与建溪相伯仲，号“玉泉茶”。

鄞江井，在长汀县东金花坊，深仅三尺许，溉田甚袤，秤之重于他水。春秋则外入水而不溢，夏冬则内水出而不竭，人甚异之。

南亭井，在长汀县南富文坊，甃为八角，深丈许，引手可掬。

郑家陂，在长汀县东二里。

西田陂，在长汀县西一里。

南拔桥陂，在长汀县西二里，以石障堤，引水入官濠东流。

官陂，在长汀县东二里，积水之所。

中陂，在长汀县东二十五里，横截鄞坑水，下灌民田，广袤数十里。

张家陂，在长汀县东十五里。何田大陂，障刘源溪水，又曰“中陂”，障黄坑涧水，抱山数曲，三水合流出何田市心，疏为数十甽，分溉民田，皆成膏沃，不减白渠之利。放生池，因长汀县东云骧阁下龙潭为之，刻三大字于石。

礤角，在长汀县东五里，高岩怒湍，溉田甚广。

礤头，在长汀县南四十里，峭壁数十仞，瀑布之声如雷。

上渡，在长汀县南三里，《后创桥》：“名镇南桥，俗号上渡桥。”

游绳渡，在长汀县南五里，《后创桥》：“名南娄，俗号下渡桥。”

《舆地纪胜》翠峰，在长汀县东南十五里，壁立千仞，烟云出没，殆不可既，唯天色晴霁，卓午方见其顶。

抱云石，在长汀县苍玉洞中。

《郡邑志》

双峰，在长汀县东南二百里，峰峦双耸，插入云衢，下出七宝。

《元一统志》

鹫峰，在长汀县管内。蒋之奇诗云：“山前十里入青苍，猿鸟声中建道场，日转竹阴侵阁冷，水流花片过门香。”

《宁化县临汀志》

南山，在宁化县南。《郡县志》：“南山在宁化县南，高百余仞。”

翠华山，在宁化县北。

宝山，在宁化县北四十里。

凤凰山，在宁化县北三十里。

瑞花岩，在宁化县灵隐洞东北十里，傍有僧舍，谓之“下岩”。

龙池岩，在宁化县南四十里。《旧经》云：“昔有龙蟠于此。”运使蒋公之奇有诗云：“苍龙蜕骨去已久，山根一穴如天开。寄言俗客不可入，往往白昼生风雷。”

西岩，在宁化县东北五十里，由林田寺而南行五里许，渡小涧，登石梯，循羊肠而上，一门呀豁，石龙当户，旁有小穴，外险中广，若龙之势。又有石笋屹立如晨门，石乳下垂俯映笋末，有泉涓涓自乳而笋，无毫发差。由门而入，空洞如砥，可坐千人。中有数石室，其一若僧龛置观音像,谓之“宝陀石”;其一如方丈。初入黮暗,坐久忽明;又其一曰“乳冗”,非烈炬不可入,中横石案,旁有泉一泓,其音琮琤。乡人祷旱取水于是,出岩即雨,谓之“圣水”。又其一匍匐乃入一小冗,其间宽明,丹龟俨然,谓之“丹室”。其旁有龙井,尝有人以绳坠石下闯,其深叵测。又其一如堂奥,冷气逼人,不容久伫。

东岩,在宁化县西岩之侧,其窈窕空阔梯飚磴薛之状不减西岩,中亦有数石室,始入隐隐有像,谛视无有,谓之“仙影洞”,傍有碧莲数朵,大如车轮,垂于高盖之上;左有石龛置经其中,谓之“经龛”;傍有石如玉壶,高可二丈,泉涌壶口,循壶而流,皆成钟乳,下有芝田五六区,上有响石,撞之如钟,西有石柱高峙如青琅玕,其南有水自石中出,潺湲迅急,复入于石,竟不知所之。又南最高处有石鹤,若奋翼而飞,旁亦有丹室二岩,前此固有新旧之名,自隆兴改元,邑土伍倅始作是游,表而出之。

狮子岭,在宁化县南三十里,有石类狮子状。

金船岭,在宁化县东三十里,长老相传尝有金船夜光,乡人求之弗得,故名。

罗汉岭,在宁化县南五十里。

苦竹岭,在宁化县北五十里。

神王岭,在宁化县北七十里。

南桥岭,在宁化县北九十里。

黄连洞,在宁化县东五里。地多黄连故名,旧县名取此。

灵隐洞,在宁化县北五十里,旧号“洞源岩”,长老相传治平间,夜率有异僧祖庆结庵其中,后开辟其地,重岗叠峰,小涧横绝,有烟云缥缈之状,群石诡异,若窗若龛,若设延席,若列钟磬,若虎竖鸟励,且有野花殊草香气蓊郁。一石拔地而起,表有洼樽,若盆若盂,乳泉滴沥,满而不溢,乡人祷旱辄应,病者饮之即瘥。

宝池石,在宁化县北七十里,宝池寺之侧杰出群山之上。一名“威胆山”。

危石,在宁化县北六十里,突然一峰,四壁斗绝,人迹不能到。绍兴间,僧祖月爱其孤高,结庵其上,名曰“翠峰”。

狮子石,在宁化县北登荣乡田间,以象得名。

狂波石,在宁化县东七里赤岗潭中,长老相传旧有二龙蟠石上,水涨之时,汹涌湍怒,故名。

石龙,在宁化县北五十里灵隐洞之中,以象得名。

蛟湖,在宁化县北六十里,深不可测,旧经云:“昔有僧结庵其上,一日昼晦,见白龙卧波。乡里遇旱辄投败铁,则暴雨怒涛涌出其铁乃已。嘉泰间亢旱,郡守陈公映差官祈祷,应期而雨,岁乃大熟,令置龙王庙于旁。”

柘湖,去蛟湖不远,未尝损竭,溉田甚多,故名。

羊鸦湖,亦在柘湖之侧,旧传鸦噪于木,羊跪于地,忽成此湖,故名。

县之溪,在宁化县,发源有六,其正西抵赣州石城界,自堑岭九十里至县与大溪合,其西南抵长汀县界自狐栖岭,百二十里至小吴与大溪合;又四十里至县,其西北亦抵石城界,自长放百里至李田与大溪合;又二十里至县,此三水,县之上流也。其东北抵邵武之建宁南剑之将乐,远者流入泰宁而东,近者入县与上流合。且以近者言之,其一东北自台田岭,与建宁分水,百四十里至县与大溪合。其一正北自苦竹岭六十里至马家渡,与大溪合。又三十里至县。其一正东自热水窑头百里至侧潭与大溪合,又四十里至县东溪渡上二里与上流三溪合为一,然后东至清流县达于剑福以入于海。《郡县志》:“县界水发源有六,

东注清流至南剑福州入海，漕运通焉。”

双耳尊

神头潭，在宁化县南五里。龙门潭，在宁化县南二里。

院子坑潭，在宁化县西二里。

龙潭，在宁化县东一里，旧有庙，今废。

赤岗潭，在宁化县东北七里。

班竹潭，在宁化县南七里。

万斛泉，在宁化县北五十里，石洞中坌涌而出，流为小涧，下溉田数千亩顷。

甘泉，在宁化县鹫峰院佛殿前。

洁溪泉，在宁化县南四里，清泚甘洌，一名“滴龙泉”。

周家井，在宁化县东百步，虽旱不竭。

大陂，在宁化县东百二十里，先是田亩燥瘠，旱既荒莱，居民协力障溪以成，至今为利。

吴陂，在宁化县西四十里，有居民吴氏出力为之，灌溉甚广，人思其惠，故名。

放生池，在宁化县南。

蓝布池，在宁化县北二十里，旧名“水丰池”，生藕最佳。

雷鸣磜，在宁化县南五里，其声如雷。

龙潭磜，在宁化县西北四十里，旧传有龟浮水面，溪即涨，乡人异之。

东渡，在宁化县东五里。马家渡，在宁化县北二十里。

石马渡，在宁化县北二十五里，溪有石，其状如马。

程步冈渡，在宁化县西北十五里。

留口渡，在宁化县西三十里。

禾口渡，在宁化县西三十五里。

《寰宇记》

铁石山，在宁化县东一百五十里。

《上杭县临汀志》

横琴山，在上杭县南。金山，在上杭县北，有石峰并立，号双髻山。康定间产黄金，故名。《郡县志》：“金山下水清泚可爱，署月如冰霜。”《舆地纪胜》：“金山在县之西一十里。”

南宝山，在金山之阳。《郡县志》：“南宝山下水凡合七水入本州大溪。”《舆地纪胜》：“南宝山在上杭县北七里，据金山之阳，故号南宝，望之如笔插空。”

袍山，在上杭县西南，未县之前，山林之木茂盛，有阴阳家谓郭坊之民曰：“袍山苍苍，青紫坊。”未几，遭迁于兹。

冷洋山，在上杭县东三十五里，高出众山，俯见县治，结庵其上。

高唐山，在上杭县南九十里。羊厨山，在上杭县西南百里外，高可百丈，盘桓百余里，跨汀潮梅三州界，危峰怪石，千态万状，山巅常有群羊栖止乱石间，人迹不能到，故名。《郡县志》：“羊厨山，在县西南二百余里，高百余丈。”

铜鼓山，在上杭县东南百里外，拔地特起，高数十仞，广周数里，民居其下，有岩窦井泉，石壁有倒书“千年”二字，字径尺。旧传有铜鼓从空而堕，至山腰击石，石裂泉迸，溢为巨井。阔丈余，其深莫测，时有双鱼出游，或施纲罟，竟不可得。铜鼓声闻，岁则大稔。

黎公岩，在上杭县南二里。

黄杨岩，在上杭县东铜鼓之下，地产黄杨木，故名。

仙女岩，在上杭县东鳖沙团炭山间，负岗瞰溪，中广三丈，天窗透日，松篁蓊翠，旧传有仙女居，故名。

宝兴岩，在钟寮场西北三里，近南宝山。

管公岩，在上杭县钟寮场西数里，去金山半途间，深广数丈，有石鼓以石击之则鸣，又有石观音像，昔传姓管人修行于此。

石钟岩，在上杭县南太平乡，中有石乳，傍一巨石，击如钟声。

东安岩，在上杭县北五十里来苏团深山中，旧有定光尝栖息于此，后徙南安，今有不斋戒而往者，必遇虎狼。

青峰岩，在上杭县南一百五十里。

石冷洋岭，在上杭县东十五里。

三层岭，在上杭县南十五里。大磜岭，在上杭县西十五里。

罗括岭，在上杭县东五十里。

双溪岭，在上杭县东五十里。

石排岭，在上杭县西七十里。

香岭，在上杭县东百里鳖沙团，旧有檀香木数本，故名。

缘岭，在上杭县南百八十里，兴化乡接漳州界。

莲花石，在上杭县南兴化乡，屹起大溪中，高广寻丈，波浪湍急，舟过其下，差之毫厘则有覆溺之患，状如莲花，故名。《舆地纪胜》：“莲花石，状如莲花，屹然起大溪中，石壁开有山嶂隐然。如卧一鹅，妇人逐之。”

石龙，在上杭县北二百里，横亘大溪中，背有鳞文，遇旱，乡人以沙石叠其背，必有大雨，水荡去乃已。

香炉石，在上杭县之南，地名“九曲”。

狮子石，在上杭县东二十五里，梅溪寨之西水口山巅，高数十丈长，亦称是，形相具足，俨然而卧，数里皆见之。

马迹石，在上杭县南八十里胜运乡小涧中，广二尺余，厚四之一，两面皆有马迹，居其阴者差小，每岁大水，巨石皆漂动失其故址，惟此不移，人故异之。

铜鼓湖，在上杭县南太平乡铜鼓山下，夹山左右有二湖，皆广袤数丈，其一或涸，其一虽亢旱不涸。

天井湖，在上流县南胜运乡，阔五十余丈，旧传谓莫测深浅，渔者辟易。一日水忽涸，于十五里外涌出，后春盈秋涸为常。

鬼湖，在上杭县北安丰上里，广丈有奇，深不可测，傍无寸草，莫敢狎近。旧传下通大溪，乃蛟龙窟穴。

大溪，发源自长汀，泉溪汇合入县界。又与旧州语口水会，至县治之南山下西流五十步而南经潭口，至潮入海。金山下溪，其声泠泠清泚可爱，东流数里渗入地中，惟有沙石，号“干坑”，数百步外忽涌出长流。

南宝溪，出南宝山下，行数里微有矾水杂之，故绝无鱼与金山溪合，至钟寮场与南桥

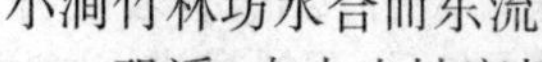

小涧竹林坊水合而东流。

矾溪，赤水出钟寮场之东，与南宝溪合。

新田溪，出钟寮场之西，与南宝溪合。四溪会流至通贤铺，过龙蛇山，会语口溪南流至旧州，与大溪合。

佛岭泉，在上杭县东十五里，自石眼中流出，其清如镜，往来掬饮未尝少减。

汤泉，在上杭县兴化、金丰、胜运，三乡皆有之。惟在腾运者最热，沸如蟹眼，可熟生物，旁有冷泉以济瀚濯。

灵原井，在上杭县西一里，大旱不枯，淫雨不溢。

碧泉井，在上杭县南三十步。普济井，在上杭县西一百步。

吴公井，在上杭县东二百步。庆元间，有龙见于中。

甘泉井，在上杭县钟寮场旧治之南，故天王院后岭下，阔三尺，深二尺。熙宁间部使者经行，取诸水较之，惟此最重。

铜鼓井，事见《铜鼓山》。

梁陂，在上杭县西二里，有田数百亩顷荒旱相仍，乡民梁姓者募众为石陂，方广数十丈，为经久利，陂成归功于梁，故名。

高陂，在上杭县南太平乡，其长寻余，其高倍簁，浸灌甚广。金船塘，在胜运乡，阔三丈余，长十倍有奇，形如巨舰，澄深四时不涸。

放生池，在上杭县西通驷桥下。

御天池，在上杭县南隔溪，蓄水备旱，澄深不竭。百丈磜，在上杭县北金山之侧，高可百丈，一线之溜发自石罅，其声淙淙然，旧有黄金坑，险不容足，樵者或往焉。

水西渡，在上杭县东五里。

水南渡，在上杭县南一里。

语口渡，在上杭县东五十里。

丁口渡，在上杭县南三十里。

班竹渡，在上杭县西二十五里。

苦竹渡，在上杭县东一十五里。

赤水渡，在上杭县南七十里。

石钟渡，在上杭县东八十里。黄坑渡，在上杭县南七十里。

三架度，在上杭县南八十步。

《舆地纪胜》

香岭山，在上杭县界。有木乳膏，居人采而焚之，《九域志》有香山岭。

《武平县临汀志》

梁野山，在武平县东三十五里，俗传高五千余仞，分十二面，绝顶有白莲池。昔乡民采茗，误至一岩，见垂笼须草幕其门，披蒙茸而入，中有佛像经帙，钟磬幢盖俨然如新，欲再往，迷失故路。按梁野山记，古迹有素书三百卷，瀑布奔入千秋溪傍，垂石如覆苙蛟湖侧，又有石龛铁冢。唐开元中，福僧持铁钵驻锡三峰侧，毒蟒恶象为之扰伏。大历中，泉州僧灵悟驻山间演法导俗，自后龛岩遂芜。

灵洞山，在武平县西十里，上有仙洞，为洞天之一山，有仙人上马石、蛟池石。龟之类

旁有灵洞院，洞元观，皆因山得名。《郡县志》："灵洞山上有灵石汤泉，大洞三十六，小洞二十八。"《九域志》："图经所载，《鄞江志》无之。"

双荐山，在武平县西十里。十二峰，在武平县南安岩前，定光偈云"一峰狮子吼，十二子相随"是也。玉华孙璋有诗云："苍峰十二碧岩隈，岂是飞从海上来。灵境莫将巫峡比，但令云雨下阳台。"

南安岩，在武平县八十里，形如狮子，旧为龙鼋窟宅，俗呼为"龙穿洞"，后定光佛卓锡于此。书偈云："龙归顺起峰堆，虎啸岩前左右回，好与子孙与徒众，他时须降御书来。"中有二洞，南岩为正，窈窕虚旷，石室天然，又有石门，石窗、石床、石鼓、石虎、龙、龟、猫之属，即佛之正寝；东岩差隘，而石龛尤缜密，即佛宴坐之地。详见均《庆院》。

当峰岭，在武平县北三十里，凿石为路，其长五里。

黄公岭，在武平县北一百五十里，与长汀分境，修阻几二十余里。

象洞，在武平县南一百里，接潮梅州界，林木蓊翳，旧传象出其间，故名。后渐刊木诛茅，遇萦纡怀抱之地即为一聚落，如是者九十有九，故俗号"九十九洞"。其地膏沃，家善酝酿，邑人之象洞洞酒。洪水有老酒赋，正谓此。但僻远负固，多不乐输，故置水检寨以镇焉。

绿水湖，在武平县南安岩数十里间，水色深绿可以彩划，旧传定光佛创院岩中，彩画大绿，皆取诸此。

化龙溪，在武平县前百步，源出清平乡，水南流合归顺乡小溪入梅州，又名"南安溪"。

千秋溪，在武平县东，发源梁山，自东团经忠孝里，入化龙溪。

禾丰溪，在武平县东北，出当峰岭下，经渔溪九潭，合径口水入化龙溪。

露溪，在武平县东北一百里，一溪七湾，俗号"露溪七渡"。

壕坑溪，源于赣州安远县界南北岭，西南流入梅州界。

渔溪，在当峰岭下。

顺明溪，在大岭下，小溪西流出会昌县界，入大溪。大顺岭小溪，流至露溪保，北流入长汀界七里河。

九潭，在武平县东北，众水所聚。

龙溪潭，在武平县西六十里，怪石嵌岩，旧传龙穴其间，祷旱辄应。

圣公泉，在武平县北一百二十里黄公岭上，泉迸石中，旧传定光佛过此，偶渴卓锡而出，视其所有杯勺。一日千兵过之，饮亦不竭。

双井泉，在武平县北三十里当峰岭上，泉两泓自石眼出，故名。

热水泉，在武平县南三十里。

龙泉井，在武平县禅果院佛殿后，乃定光佛所凿，水色澄澈，重于他水。旧志云："后因欲行经界，造簿院中，或有污浊触之一夕龙据于井，飞腾而去，自是色味俱变。"庆元间，龙复见，水泉汹涌，少顷莹彻，尝之果甘冽如故。

灵洞山石井三，旧传葛真人炼丹井。

黄田陂，在武平县西七里。

放生池，在武平县西门外。

云礤，在武平县东二十里，亦名"白水礤"，水色如练。

《元一统志》

"梁山，在武平县东三十里，嵯峨险峻，其形叠出，耸云霄间，山上有仙岩，有天莲池，

有覆釜石。

《舆地纪胜》

“蛟塘，在武平县，其水无源，其深无际，昔有蛟常为民患，洎南安祖师建院于岩中，其毒遂弭。”

《清流县临汀志》

屏山，在清流县北隔溪之主山。

南极山，在清流县南四里县之朝山。

东华山，在清流县东三里。

方山，在清流县溪西五里。

铁石山，在清流县东百里，旧产铁，故名。《郡县志》：“在县东七十里，旧来产铁，因以名之。”

梦溪山，在清流县东南百二十里梦溪团。

丰山，在清流县东南一百二十里罗村团，昔人以其丰大而顶如磨，故呼为丰山磨，上常有云雾蒙翳，秋霁，全体方露，崭岩峭绝，人迹不到，惟采石耳龙须者间及阿麓。淳熙间，邑有道人刘姓者，一日与其徒五人奋勇欲登绝顶，于是赢十日粮，腰斤秉燧，诛棘扪萝以进。可半日，见美桧数千章，已而渐有迂径，若人所经行之地，凡六日乃至，其巅坦平如砥，可坐数十人，上有田池棋局丹龟，池有珍禽异藻；平地有礎石散乱如故居废址，纵目遐眺，仿佛见宁化将乐沙县之远，真神仙宅，刘尝挟毫楮而往，每遇佳处辄赋一诗，惜其不传耳。

灞涌岩，在清流县东北七里，有深泉怪石，茂林修竹，为一方胜槩。旧有精舍创于未县之前，岩乃定光古佛命名，邓远举有诗云：“翠云卧石千岩冷，黄叶呼风万里秋。”

蒋公岩，在清流县北五里，丛石嵯峨，外险中宽。绍兴初，有蒋道人居其所，能辟谷，后不知其所往。

狮子岩，在清流县北归仁里。

七峰岩，在清流县东六十里，环列七峰，故名。

黄杨岩，在清流县南三百三十里，与沙县接境，岩有三，其一在淳化寺中，有石龙鳞爪备具，其二在半山有虚白洞，上通天日，中架钟楼，最上为第三岩，有龙井下透两岩，深不可测，左右前后多产黄杨木，故名。

侍郎岩，在清流县，去黄杨岩仅二三里。《元一统志》：“侍郎岩在县，乃熙丰间侍郎张驾、祭酒杨时及左司谏陈瓘，少时读书之所。人传三君子肄业其间，不置卧榻，□粥饮水，终岁不到岩下。”

滴水岩，在清流县明溪之侧，有石大如牛心，中有滴水，虽亢旱不竭，故名。

艰隔岭，在清流县东一百十里，下有九龙滩，艖运往来，陆逾是岭二十五里，乃复登舟。

玉华西洞，在清流县东北六十里，曰“嵩溪”，介石燕、灵龟二洞间，崇涙岏嶅岈，腾突撑拒，如猛兽蹲伏，中有石窗，石龛，石莲，又有观音狮子象。乾道间，道人晏荣圣始开辟，创为佛庐。绍兴间，提刑刘公峤按行，有诗云：“洞南石燕接灵龟，狮子峥嵘气与齐。碧眼方瞳人不识，三山正在玉华西。”绍定间，招捕使陈公韡平寇经过，名刻于石，郡守林公屺，长汀宰陈显伯，天台戴复古，皆有题咏。《汀州志》：“石燕洞在其西，灵龟洞在其东。”《舆地纪胜》：“玉华洞在清流县东北六十里，曰‘玉华’、‘西洞’。”

石燕洞，在清流县玉华洞之西。

灵龟洞，在清流县玉华洞之东。

狮子洞，在清流县东北一百里小安铺之侧，怪石蹲踞，宛如怒蜺，中有数石室，一柱屹立，文如雕镂。洞外草木葱茏，真有尘外景像。

正溪，源于宁化县，过县下梦溪，经九龙滩，趋沙县而东。

梦溪，在清流县南一百二十里。

沙溪，在清流县归仁里，通沙县。

六龙滩，在清流县东一百一十里，乱石聱牙，横亘盘互，舟楫不能通。《清流县溪》："滩濑栉比，环县数里，有十二滩，仓盈团有九滩，梦溪团除六龙滩外，犹有五滩。"

汤泉，在清流县东南者三，曰"池溪"，曰"丘源"，曰"嵩口"。

东庵泉，在清流县庵山之麓，清冽胜于他泉，最宜烹茗。

放生池，在登真观前。

《舆地纪胜》

佛日洞，与石燕洞相望，中有石观音圣像。九龙滩，在清流县，乃溪水最险处，纲船过者必遵陆，空舟而行。

《莲城县临汀志》

白云山，在莲城县南一百二十里。《舆地纪胜》："白云山在莲城县西一百里。"

金鸡山，在莲城县南一十五里。龙子岗，在莲城县西十里。天马山、三仙山、狮子山、金柜山，已上四山皆在莲城县东七里。年架山，在莲城县南五十里。

石门岩，在莲城县东五里，两石对峙成门。绍兴间，雪峰僧倚岩结庵，名曰"宿云"。绍熙间，令黄荦创总宜亭，令赵汝樵创悠然阁。邑士李仲凾题《如梦令》小词，云："门外数峰围绕，帖石路儿弯小，花老不禁风，委地乱红多少。人悄人悄，隔叶数声啼鸟"，多为识者称赏。《舆地纪胜》："石门岩在莲城县东七里，双石对峙，壁立万仞。"

鹫峰岩，在莲城东南七里，势如腾云，傍有瀑布泉，又有石仓。

灵峰岩，在莲城县南二十五里，巨石巍峨，清溪环绕，中有洞穴成于天然。西宝岩，在莲城县西十五里。淳熙间，始创佛庐其中。

滴水岩，在莲城县东北七里，石窦有线溜直透泻岩下，又有石井深不盈尺，储不溢，汲不竭。旧传定光古佛尝驻锡于此。

南峰岩，在莲城县南百里。淳熙间结庵其中。

虎忙岭，在莲城县西南六十里，半山有庵为行人茇憩之所，山峻且长，谓虎过之亦仓皇也，故名。

东田石，在莲城县东五里，峭壁巉岩，高插霄汉，盘礴数十里，溪流环绕其下，绝顶坦夷，石泉流滥。宋朝开国侯彭孙居焉。外有石梯石巷，仅容一人，官置三寨其上，每遇寇警必移民于此。真一夫当关，万夫莫前之险。有定光道场，名曰"白云洞天"，及彭侯庙，及三君子堂。堂奉招捕使陈公韡，郡守李公华，郡倅王公杆。迎春石窠，在莲城县东田石上。

清溪，在莲城县南，发源长汀磜，由新林院前过北团入清流界。

瑞泉，在莲城县前东畔。

汤泉，在莲城县南九十里。

三龙井，在莲城县南二十里，有云雾腾起，雨即至。旧传有三龙居其间，故名。南团陂三。北围陂六。席湖围陂三。姑田团陂五。河源下里陂七。放生池，在莲城县西一里。

亭馆

《临汀志》

郡境山明水秀,川响谷深,登临亭榭虽不多,而景趣皆胜绝。览者率徘徊不忍去,他郡未必有也。

云骧阁,在州济川门东罗城上,接龙山,瞰龙潭,恍若滕王阁,为鄞江杰观。先名“清阴”。郡守陈公轩诗云:“尾流双润碧,帘压乱山青。佛刹盘深崦,渔蓑散晚汀。”后改“延清阁”,又改“集景楼”。绍兴间,提刑刘公峤行郡,登而喜之,改名“云骧”。隆兴间,郡守吴公南老改名“双清”。庆元间,郡守陈公晔复今名,后郡守陈公映以扁字乃墨客俗书,遂别书“云骧”二大字,并绝句镌于石。嘉泰间,郡守陈公铸诗云:“云头落日半规明,林际炊烟一抹横。”绍定间,郡守李公华重修、推官李昂英为记,然卑湫且弊。宝祐间,郡守朱公诜鼎新之,阁前后皆奇石巑岏,门左一石高广丈余,不丽于土,旁有小石撑拄之,势甚岌岌,长老相传旧亡是,一夕大雨雷飘至,名“飞来石”。

盟鸥阁,在上杭县东。

清溪阁,在上杭县东。清溪阁,在莲城县东擢桂桥畔。淳祐间,令罗应奇重创。

苍玉亭,在州城东东禅寺苍玉洞群石中,宣和间,提刑林公遹命名“岩节”。隆兴间,郡守吴公南老惜亭背石,移而面之,揭令名。庆元间,郡守陈公晔犹以亭去石近,移退石拾五丈有奇,前浚方池,引郑家陂水于其中。端平间,郡守李公华重创、长汀丞王九万为之记。《元一统志》:“苍玉亭,在州城。”往昔郡守陈晔诗云:“阁前横潏水,亭畔列奇峰。”

翠微亭,在苍玉洞群石之巅。乾道间,郡守谢公知几创。绍定间,郡守李公华重创近燎于野烧,有基在。

横翠亭,在东禅寺中门之左。崇宁间,郡守陈公粹创,僧刻崇宁间洪刍二绝句于柱云:“风枝雨叶春无赖,石径茅茨昼不开。绿竹笋高人未觉,紫荆花谢我重来。”又云:“海棠红映梨花白,竹杖芒鞋绕屋栏。深处提壶安好语,无人沽酒引陶潜。”又陪郡守陈公轩游东山诗中句云:“篆破高青知野火,点残横绿是沙鸥。微行曲折如羊坂,乱石峥嵘似虎丘。”宝庆间,郡守林公岊诗云:“山中有寺寺有阁,阁外之山横翠来。”和者甚众。《舆地纪胜》:“横翠亭,山光野色横在目前。”

水月亭,在颁条门外二里许方湖,先皆是平田。宝庆间,郡守林公岊筑堂三楹,扁曰“正雅”,为郡士丽泽讲习之所,自为记。绍定间,郡守李公华规而广之,改今名,绕堂为荷荡柳堤,景趣雅胜。长汀丞王九万为之记,堂之南隔水为景星庵。

寅湖亭,在州东北三里许。嘉定间,郡守汪公端中命长汀宰钱厚创,后因寇攘废。宝祐间,郡守周公晋重创。

悠然亭,在宁化县治南街之左,据城瞰溪。福寿楼,在州东福寿坊,旧以创塔余材为之,岁久屋老。宝祐间,郡守朱公诜捐俸募缘重创。

《舆地纪胜》

雅歌楼,在州治。谢公楼,张九龄诗云:“谢公楼上好醇酒,三百青蚨买一斗。红泥乍擘绿蚁浮,玉碗才倾黄蜜剖。”

芙蓉台，在长汀县治。

《元一统志》

南楼，《郡志》、郭祥正有诗。
北楼，郭祥正有诗。

卷之七千八百九十二 十九庚

汀 汀州府

祠庙

《临汀志》

民思郡伯，勿剪甘棠，盖见棠犹见其人也。至于肖像而祠之，如庚桑于畏垒，朱邑于桐乡，尤表其民见思之切，然必道义足以励世俗，功德足以铭人心。祠之立，出于公而非出于私，庶不至如广人立遗爱颂，反贻谄谀之。讥云。礼云，法施于民，以死勤事，以劳定国，能御大灾，捍大患，则祀之，令郡所事多合于礼，未可谓闽俗机鬼云。

郡城内　二先生祠，在州学之右。嘉定间，郡守赵公崇模创，奉徽国文公朱先生，郡人考功杨先生，时朱先生以道学倡于建，杨先生往师焉，为朱门高弟，赵并为立祠于学，教授李以称为之记。宝祐间，令李务行创于上杭学之右。权令何衍创于莲城县学之右。王朝奉祠，附于二先生祠，公名格。郡人学旧有祠堂，后废。宝祐间，教授赵与沐重立，因附焉。事迹详见《遗逸门》。

崇德祠，在州学明伦之左，奉郡守郑国博强，陈删定晔，陈判院映，邹大夫非熊，罗司直勋，传寺丞康，林大卿屺。王权府杆、李徽猷华、戴大夫挺、姚权院元特，皆有德于士民者也。

唐郡守钟令公祠，在开元寺法堂右，名翔，南唐时人也。守是邦捐田于寺，至今祠焉。六邑僧舍亦多崇奉者。

张知郡祠，在塔院，公名曰昌。绍兴间，守郡政尚宽和，民不忍犯，呼为张佛子，塔乃其合颖故祠。

知郡郑国博强祠，在南台二王庙。

陈刘二录恭祠，在南台二王庙，陈名希造，乃通判吉老之子，殁于王事，刘名师尹，弃官辨长汀安仁保冤狱，民深德之，并为立祠于庙。事迹详见《名宦门》。

见思堂，在兴贤坊内贡院之左，奉李徽猷华。绍定间，寇叛交讧，公平定之，民受更生之赐，为创祠堂。郡守周公晋毁之，改创祠山庙，移其像于对畔光华亭。事迹详见《名宦门》。

六君子祠，在长汀县学。淳祐间，宰陈公显伯创学堂舍，因创焉，奉周濂溪，程明道、程伊川、张横渠、张南轩、朱晦庵像，以郡人郑祭州立中杨考功方配。

崇德祠

三公祠，在武平县东狱嘉应庙，奉陈录参希造，颜知县东老，钟县尉伯福，陈在绍兴间，颜钟在绍定间，皆以讨叛寇殁于邑境，民追悼之。绍定间，令赵汝谖并为立祠，从民志也。

彭侯祠，在莲城县东田寨上，侯名孙邑人。事迹详见《武将门》。

三贤堂，在莲城县东田寨上，奉招使陈大恭韡，郡守李徽猷华、权郡王大夫杆，皆以绍定平寇功也。

招使陈大恭韡寿祠，在宁化县市心，正对万寿桥，绍定间，公平寇至邑，民德之为立祠。宝祐间，火毁。今复创。

陈尚书显伯寿祠，在县学。淳祐间，公宰长汀，有惠爱于民，广学舍，拨盐息钱以养士，士民德之，为立祠焉。

知郡胡吏部太初寿祠，在州学明伦堂之右。公宝祐间至郡，仁民礼士，开庆改元值小歉，捐米数千斛入均济仓，以活饥民，大兴学校，拓旧图新，规摹壮观，士民德之，为立寿祠。教授赵与沐为之记。

城隍庙，在州西秋成门内，迁郡初创。宋朝崇宁间，赐额显应。绍兴间，郡守陈公直方重创前殿，郡守董公草创后殿。庆元间，郡守陈公晔重修。灵应显庙，在州东贤贤门内，初无境王。即开元观土地。灵祐将军即五道圣七郎神。灵顺夫人即五道圣七娘神。

三神庙，闽永隆间封创。宋朝景德中合为一庙，绍圣间重修。崇宁间，赐庙额，后各坊皆有庙食。嘉定间，封无境王为忠惠侯，灵祐将军为协祐侯。宝祐间，羽流廖真常募缘修殿及门庑。顺则王庙，在州东通远门内城埤之侧，莫详姓氏封爵创始之由。建炎间，瘴疠大作，郡倅许公端夫人梦金紫人来谒曰“无知杨州紫苏散”，问其官职，自称城中废庙王。明日如方施药，活者甚众，乃访旧址创庙，许自为之记。自建炎暨嘉定余百年，王又显灵。郡守赵公崇模因助俸辟基更创殿宇，廊庑皆备。广州番禺主簿郑文可为之记。

普应庙，乃福州南台闽越王庙，二将，左协威广惠灵应侯，右翊忠嘉泽显应侯之行祠也。旧因福戍将馆于通达门城上，望奉香火而祠焉，治平中增筑城垒，辟门架楼，军校运材，荡于暴水，遥祷二侯，愿祠以报，顷之木出于潭，乃立庙通远门上。尝有邮兵月夜见五人旁城相语曰：“城上二金甲人弯弓向我，不可入。”几月民大疫死十二三，惟城中无恙。自是郡人敬事甚虔。绍兴间，江西寇姚达寇郡境，郡守郑公强求助于神。迎击大破之，有自贼逃归者云：“初见兵革填野，有二巨人衣青白袍绕贼以驰，以故贼恐而败。”未几贼残

党李宝破宁化，侯复现灵却贼，于是筑新庙于州东横岗岭上，仍市民田，收米于州学以备春秋奉祀之需，通远门城上庙。宝祐募缘重创。

五通庙，在子城内佥厅左。东山五通庙，乃本州古迹。淳祐间，郡守刘公玺捐俸更创。宝祐间，郡守周公晋捐俸助工役，仍书东山二大字。东西宫庙，在子城内佑圣堂左。灵蛇庙，在子城内佑圣堂右。

长汀县　东狱行宫，在长汀县东，政和间创。淳祐间，羽流林宗锡创太一楼钟楼，东平王宫，两廊都门。惠泽龙王庙，在长汀县东。景德间，元有雩坛。绍兴间郡守陈公升祷雨辄应创今庙，后淳祐辛亥大水，他神像皆漂荡，惟王塑像岿然波涛中独无恙。人愈神之。濠口五通庙，在长汀县东崇善坊。绍兴间创，嘉定间创，史下二将军祠于庙左，宝祐间创五凤楼，正殿华光阁，郡守周公晋书额。

东平王庙，在长汀县东惠民桥侧。护国兴都顺义大王庙，在长汀县西州社稷坛右，绍兴间创。义勇武安王庙二。一在长汀县东登浚仿，一在长汀县南驻扎寨。

义勇武安王庙，在何田市心，前有庵为寨官祝圣之地，宝祐间市民撤庵，庙鼎新之。洲湖润德大王庙，在长汀县南富文坊，莫详封爵创始之由，长老相传，汉末人以忠义死节此地，出为灵响郡人为立小庙。忽一日山洪骤涨，庙流而下，止于南山之麓，后枕石屏，前瞰麻潭。后坊民欲移归故址。举莫能胜，始悟神安灵于此。助威盘瑞二王庙，在长汀县南驻扎寨，长老相传汉末人以身御敌，死节城下。时有显应，众创庙宇号“石固”。一日庙前小涧涨溢，忽有神像乘流而至，自立于石固之左，众异之，号“石猛大王”。后以息火功封左王为石猛助威，右王为石固盘瑞。宋朝元丰间，创今庙。石湖武岳大王庙，在长汀县东苍玉洞前，绍兴间重创。感应都衙三将庙，在长汀县东鄞河坊拜相山之侧。湖洪广济王庙，在长汀县东二十里，闽通文间创，封澄化侯，永隆间，改封广济大王。宋朝宣和间重创。

桂山五显庙，在长汀县南四十五里何田市，宝祐间市民重创。灵蛇庙，在长汀县东南一百八十里。旧传唐统军洪元故居，塑像乃其骨肉之遗，有即曰大唐统军之记，并剑存焉。后经大惟即剑腾去，大巳，乃于平田中得之，何田市无垢庵亦有祠。

望春宫，在长汀县东攀桂坊，奉忠惠协祐二侯香火，莫详创始之由。淳祐间，众募缘重创。三圣妃宫，在长汀县南富文坊，及潮州祖庙灵惠助顺显卫英烈侯博极妃、昭脱协助灵应慧祐妃，昭惠协济灵顺惠助妃，嘉熙间创，今州县吏运盐纲必祷焉。

宁化县　城隍庙，在宁化县南一里。敕封显应通济昭惠公庙，在宁化县东黄达岗，额曰“灵感”。莫详姓氏，始于陈隋，显于李唐，宋朝建炎间赐庙额，绍兴间封威济侯，宝庆初封显应公，继又加封通济。宝祐间，宰林公玉请于朝，增封昭惠，模刻诰祠于碑，仍跋之。

显应庙，在宁化县西，地名草仓长孙将军祠也。将军讳山，闽时锐将护刍輓至县而没，称草仓将军，后出灵响。自是阖县敬信，有求必获。宋朝天圣间，永福进贤二坊人争土牛，讼于漕台，檄分为二庙，一曰通圣，一曰崇兴。旧传崇兴祠前乃东京孔道，南渡初丞相李公纲经过，有诗云：“不愁芒履长南谪，满愿灵旗助北征。酹彻一杯揩泪眼，烟云何处是三京。”嘉定间，赐庙额曰“显应”。绍定初，产瑞芝，郡守林公屺有诗记其事。

惠应庙二，一在城隍庙右，淳熙间创；一在北门驿亭左山麓间，绍熙间创，乃邵武军光泽县大乾明应威信广祐福善王行祠也。王之行状详见于《武阳志》。毗沙门天王庙，在清流县东北。

普应庙，在宁化县南伍家山，宝庆初赐额。

东西宫庙，在宁化县务左。武德王庙，在宁化县北翠华山下。

后土夫人庙，在武德王庙右。

沙石庙，在宁化县东二百三十里。

明山庙，在宁化县东二百二十里。

上杭县　城隍庙，旧在上杭县西。今移县东。东狱行宫，在上杭县东。五显庙，在上杭县东南。

黄先师庙，旧在钟寮场故治南石峡间，两山如束，中通一径仅半里许。旧传未县前，有妖怪虎狼为民害，觋者黄七翁父子三人往治之，因入石隐身，群怪遂息。风雨时，石中隐隐有金鼓声，民敬畏之，立祠香炉下，且家绘其像以奉之。迁县之初，更造行祠于今县之西。《舆地纪胜》："黄先师庙，在宁化之南，旧有山精石妖为害，有巫者黄七公以符法治之，因隐身入石不出，石壁隐映有人影，望之俨若光师之像。"

灵显庙，在上杭县西，乾道间创。狱灵庙。

灵影庙。并在钟寮场故治。

武平县　城隍庙，旧在武平县北谢婆岭上，绍熙间移创县北一百五步。

东狱行宫，在武平县西洞元观左，淳熙间创。

招仙庙，在武平县东南，政和间创。隆兴间重修，宝庆间重创，今黄袭甫书额。

圣宫庙二，一在武平县鼓楼门内东，绍兴间以兵火废，即其地创主簿厅，因有显异，复毁厅创庙。淳熙间，重修，庆元间又修。嘉定癸未间，令黄袭甫重并；一在武平县南六十步。嘉定间，邑人龙岩尉钟自强并。

灵显庙，在武平县西，隆兴间创。东狱嘉庆忠靖威显王庙，在武平县南门左，绍定间毁于寇。嘉定间，令赵汝谖辟基重创。感应祠，在尉解之西。巾山平埔王庙，旧在武平县西南溪畔。梁山镇疆庙，在武平县东二里何屯岗侧。东山五显王庙，在武平县东，淳祐间县民鼎创。

清流县　城隍庙，旧在清流县南，毁于潭悲礤寇。端平间，令赵□夫重创于县门东，宝祐间令陈子春辟而新之。

渔仓庙，在清流县东，据庙记谓为唐末史君樊侯，令因捍御叛寇曾常侍，有功于民。后时出灵响，乡人祠之。淳熙间，邑人重造，既堂而辄。庆元间邑士伍进始克成之，庙临溪。绍兴间，赣寇冲突入郭而辟易十五里，贼党具言初至时闻金鼓雷厉，顷之见人马帜刃罗列庙后山上。于是骇愕而退。景德间，郡人朝奉郎行秘书著作佐郎吴简言为之记。

安济庙，在清流县南梦溪洞口，即九龙阳数潜灵王庙也。自唐有之，莫详创始封爵之由，庙前有滩险甚，往来之舟非祷于祠下不敢行。宋朝赐今额，嘉祐中枢密直学士蔡公襄知泉州，有布衣上谒，自称宁化九龙进士。公与坐，莫测其为神，及送之庭除，忽不见，始异之，取刺而观，于中得诗五十六字，寻加访问，明年递诗于庙，尸祝不虔，失其真迹。大观间，县尉张龟尝序其事，令林木森阴，观者必敬。诗云："远远青青叠叠峰，峰前真宰读书翁。半岩冷落高宗雨，一洞凄凉吉甫风。溪隐豹眠寒雾露，井凋凤宿旧梧桐，九龙山下英雄秉，尽属君王宇宙中。"闽道文二丰四月封明威校尉，永隆二年正月封兴瑞将军，九月封阳数潜灵王。"

感应惠利夫人庙，即旧七娘庙，在清流县东北一百二十里明溪，故墓在焉。绍兴间，巡检李最移创寨侧，传者以昔有过客投宿驿中，闻吟咏声，因使反之，且许为传播，果琅然再诵，客遂书其诗示壁间而去。妾身本是良家女，少习女工及书史，笄年父母常趋岐，遂选良人职军史。五季乱兮多寇盗，良人被令为征讨。因随奔走到迩间，忽染山气命丧夭。军令严兮行紧急，命既殁兮难收拾。蠲将骸骨葬明溪，长夜孤魂空寂寂。屈指经今二百年，四时绝祀长潇然。未能超脱红尘路，妾心积恨生灵烟。自是乡人敬而祀之。端平间，调寨兵戍建康。忽一日，旁近人闻庙中

若有钲鼓声，后戍兵有书回，恰是日与虏会战，始知其助威焉。

惠应庙，在清流县西桥之侧，乃邵武大乾明应威信广祐福善王行祠，初寓登真观，绍熙间创今祠，绍定寇毁，端平间重创。九龙王行祠有二，其一在清流县东渡，其一在清流县北渡。邑人创以镇去其渡云。

灵显行祠，在清流县西进贤坊，初置孤老院，主事者设灵显庙三神像于中院。

白马将军行祠，在清流县南拱辰坊，乃灵显庙中一神也。淳熙间，创为纲运之护。东西二圣行祠，在清流县衙鼓楼之西。久废，绍兴初贻梦邑士丘文若，从而新之。

李田庙，在清流县溪北，初为里社，散地以祭，不屋而坛。绍兴间，里人欧阳一夕梦神有数椽之属，故为此庙。

莲城县　城隍庙，在莲城县西，绍兴间创。淳熙间，令宗嗣重创。

东狱行宫，在莲城县东，绍兴间，令王彤创，今废。敕赐东平忠。

靖王行祠，在莲城县南，嘉定间创。

灵显庙，在莲城县南，绍兴间创。

龙王庙，在龙子岗，后移莲城县东，令刘晋重创。

仰山二圣祠，在擢桂桥上，绍熙间令黄苹创。

福善王行祠，在莲城县东，嘉泰间，令刘晋创。

东五显行祠，嘉定间令沈柔孙创。

西五显行祠，嘉定间创。

祠山行祠，在东塔院之右。

感应李将军庙，在莲城县西，绍熙间郁攸屡作，神功显著，令熊取义为之立庙。

寺观

《临汀志》

僧庐十百，道宫才一二，寓内所同也。邦人信佛笃，于是自创庵尤不可殚记。彼坚坐究性命固未易多见，劝诱愚俗，使之畏业报而息冤愁，犹之可也。若乃徇于声利，习为非僻，岂非佛之罪人乎。

郡城内　天庆观，在州东兴贤门内。唐开元间，诏天下州郡取一寺一观，以纪年为号，置于创郡所，名“开元观”。宋朝至道间，改“至道宫”。大中祥符元年，天书降，诏天下置天庆观，改今名。四年创圣祖殿。《舆地纪胜》：“唐开元二十八年置名开元观，有铜铸明皇像。”

开元禅寺，在州东。唐开元间，诏置于创郡之所，后迁今郡治，初有律院二十四，环布其间。宋朝治平间，合为十方。崇宁间，改崇万寿寺。五年准敕赐经五百函。今在光孝寺。政和间，更名“天宁万寿”，寻改“神霄玉清万寿宫”，佛像赐经尽移置天王院，建炎元年复今额。唐钟翱为刺史舍田入寺计产，钱二十千八百七十一丈，正寺至今祀钟令公。祠部郡守陈公轩有诗云：“溪云乱杉松瞑，阁铎声流殿阁寒。”又云：“清风猿鸟自吟叹，白日轮蹄谁往还。”《元一统志》：“开元寺在州城，昔富国王先生，施财所建。”

报恩光孝禅寺，在州东兴贤门内，旧名“感应天王院”。梁正明间置，宋朝政和间以开元赐经佛像置于此，改为“崇宁万寿寺”，建炎间改为“天宁额”，绍兴间，崇奉徽宗皇帝，更号“报恩广孝”。十一年改今名。

定光院，在州治后正北。大中祥符间，师与郡守赵公遂良厚善，结庵为师往来栖息之所，后师示寂于均庆院。元祐间，郡守曾公孝总重修，塑像于中。淳熙间郡守吕公翼之迎奉均庆院定光真身，广福院伏虎真身于州治后庵，以便祈祷。嘉泰间郡守陈公映谓雨赐之应如响，是佛与守分治汀民也。湫隘不足仰称，遂加广辟，绍定寇叛交讧，岌然孤城，能保守者，人力不至于此。士民条显应状，丐郡奏请于朝，加二佛师号，仍赐定光院为额。嘉熙间郡守戴公挺助俸率众鼎创，从民志也。未几均庆院烬于劫火，郡迎御书及衣钵等入州创阁于院后安奉之。近南剑人士金饰十八尊者像，附置阁上，淳祐间郡守卢公同父前创拜亭，每岁正月六日，乃定光生化之晨，四方敬信辐辏，名香宝炬幡盖装严，难以数计，虽隘巷亦成关市，可见人心之皈响云。

护国塔院，在州东，建隆间创木塔三级，建炎间烬于火，绍兴居士赖汝霖偕男尚志同募创砖塔方一丈四级。郡守张公昌到任，助俸一十万增成七级。越九年而后合颖，高十丈，为一州杰观。郡人称为张佛子，塑其像于第四层。

龙兴尼寺，在州西秋成门内，唐大中间置，初有弥陀、弥勒、观音、地藏等院，错置处其间。宋朝绍兴间，烬于火惟佛殿独存。武当道场，在州东兴贤门内，绍定间新创，嘉熙间忽白昼迅雷响激，有甘泉涌出三清殿右，扁曰“雷泉”。

祐圣堂，在州治镇山堂后。

天王堂，在子城西北隅，唐天宝初令州郡于城北隅置毗沙门天王像，又置之佛刹，今报恩寺。后移。在州后山有天王院，及五营驻扎寨并有祠。

长汀县　金华观，在长汀县东五里，梁正明间因赖氏得金于山而创。《元一统志》：“在州城东三里，即唐开元间赖氏见白牛掘士得金处，赖氏捐金创此观，时士居之，创金泉院，衲子居之。又创金沙桥，三者皆以金名，本诸此。”

仙隐观，在长汀县东登后坊龙王庙之左。淳熙间，郡守祝公杯移管下废额扁之，皇叔祖师揆书观左有放生亭。嘉定间，郡守传公康创。淳祐间郡守卢公同父立御书碑，观右有鱼乐亭，淳祐辛亥大水荡之。

崇真堂，在城西清泉坊。淳祐间，本坊赵氏舍故宅为堂基。乡人募缘鼎创。

东禅院，在长汀县东三里，梁正明二年创，宋朝祖镜大师从密书额，旧大溪由院前过，有苍玉洞中，号东山十景，为鄞江杰观。嘉祐间，史君林公东乔有诗云：“心爱民田远，车行石径中。”长汀宰李存贤和云：“野云闲带雨，林木静无风。村落一溪外，民田四望中。”刘公弼和云：“滩声来席上，亭影落溪中。”石英民诗云：“云兼野色过松径，水带秋声入稻田。”施子安云：“蝉唤翠阴声断续，鸟藏红叶响啁啾。”又云：“陇云飘软玉，江月洗寒金。”洪刍云：“花辞好树犹啼雨，竹喜佳宾亦叹风。”皆警句也。后题咏者众。

金泉院，在长江县东七里，因赖氏得金于山，与金华观先后创。宋朝建隆重创。南山同庆禅院，在长汀县南三里，周显德间创，僧惠臻开山，从密智孜自鉴三禅师皆出此山。宋朝绍兴初，驻扎戍兵其间，乾道间烬于火，遂置南寨，院基尚存。今院乃旧院支刹，亦名同庆，存古也。

文殊院，与同庆寺相近，乾德初创，熙宁中皇叔世亨以观察使遥领刺史，鼎新奏创。绍兴初，驻戍兵其间。绍兴元年，僧悟本重创，又并定光阁于后山椒。

感应天王院，旧在州东兴贤门内。今光孝寺。置郡初因天宝间有旨立毗沙天王像，遂创院以名。宋朝政和间，以开元寺为神霄宫，移经像置于此。寻改崇宁万寿寺，后僧法周

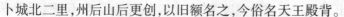

卜城北二里，州后山后更创，以旧额名之，今俗名天王殿背。

法林院，在长汀县西二里，闽永和间刺史王继业置，名“三教荐福院”。宋朝大观间，改为“十方院”。政和间改今名。郡守陈公轩有诗云：“云边借榻开僧阁，松下听泉洗客心。”郡倅郭公祥正云：“薄日疏云催晚景，残花美酒送闲心。”院西有泉名袈裟泉，东庑有仰山二圣祠。

罗汉院，在长汀县西一里，闽通文间创。初刺史王继业塑十八尊者五百罗汉像于郡厅，神光屡现，因创院以妥之。永隆间，烬于兵火，独殿像俨然，神光愈现。刺史许公文缜异之，即加崇葺。至伪唐保大间，刺史包公洪捐俸募缘增创，宋朝绍熙间，僧清杰鼎创佛殿饰节貌像。郡倅郭公祥正有诗云：“苍松夹径二十丈，碧殿藏云五百尊。金钟散响撼星斗，众灯续焰移朝昏。”

释迦院，在长汀县西二里，后唐天成间创。旧传梓人周鲁般术营造有金斗在佛殿角，至宋朝宣和间，殿坏重修，果得一铁斗，有白蛇盘斗上，众方惊嗓，蛇去斗飞，今对山号金斗坑。

西峰院，在长汀县西一里，闽永隆间创。宋朝绍兴间僧文重创，淳熙间僧德图创轮藏。郡守陈公轩有绝句云：“扪萝百尺上孤峰，红藓斑斑杖屦踪。惟有潮声生绝顶，晚风吹动半岩松。”郡倅郭公祥正和云：“寺占西山第一峰，与君高步蹑云踪。西风吹尽霜林叶，放出亭亭千丈松。”

西方院，在西峰院之右，今废。郡守陈公轩旧有诗云：“涨水尽头飞雁赦，行云缺处见亭台。”又云：“尘埃不到溪山好，风雨初晴燕雀多。”郡倅郭公祥正绝句云：“欲出西方更少留，云泉都占一岩幽。劝僧洗净阁前竹，要看南山十里秋。”又有南楼望西方院诗云：“黛色浅深添草树，轻绡高下覆楼台。溪声远与钟声杂，山景分从电影开。”

南安廨院，在长汀县东南三里，因郡去南安岩三百里。元祐间，僧道荣创为郡人祈禳之所。绍兴间郡守詹公尚方有营葺意，忽乡氓叶姓者到县，具言前夕梦一僧携筇扣门曰：“郡修南安廨院，汝能施木，令汝有子。”寤而语之妻梦，协遂舍木营葺。二十八年僧惟应创藏殿，淳熙间僧清心又广辟之。

伏虎廨院，在长汀县东五里，淳祐间僧善从重创。

伏虎庵，在长汀县东五里东禅院右。《舆地纪胜》：“伏虎庵在城东五里，青松对植，苍翠交阴，虽僻在一隅，盖一郡游赏之所。”

兴龙庵，在长汀县东北兴贤门外，旧名卧龙，后改今名。

朱紫庵，在长汀县西北颁条门外。

金砂庵，在长汀县东永康坊。

有年庵，在长汀县东永康坊有年桥侧。

定光堂，在长江县西颁条门外，嘉定间创。郡守赵公崇模书额，尼居之。

景星庵，在长汀县南方湖之侧，端平间创，奉郡守李公华祠。

麻潭岭庵，在长汀县南五里圆珠山侧，端平间创，今为南华六祖道场。

白鹤庵，在长汀县东南十五里白鹤岭头。

广福院，在长汀县东六十里，乃伏虎大师道场，师得业开元寺，早游诸方，悟旨而返，憩于平原山麓，遂蹑其岭，以开元钱七为驻锡兆。继有樵者怀其一以归，诰朝复故所，耆老惧传，材役辐辏，忽成刹，名普护庵。宋朝建隆三年九月十三日示寂，塑真身于庵。熙宁三年郡以状闻，赐庵为寿圣院。元丰间鼎创，乾道间改今名。

翠峰院，在长汀县东北三十里，后唐天成间创。

华严院，在长汀县南九十五里，梁正明间创。
永乐院，在长汀县南六十里，梁正明间创。
禅宫院。在长汀县南九十里，乾德间创。
福寿院，在长汀县南一百二十里，梁正明间创。
龙安院，在长汀县南百三十里，唐大顺间创。
招福院，在长丁县南七十里，伪闽通文间创。
神王院，在长汀县南五十里，伪闽通文间创。
金鸡院，在长汀县南百五十里，建隆间创。
连章院，在长汀县东一百五十里，乾德间创。
丰乐院，在长汀县南一百七十里，后唐长兴间创。
梁安院，在长汀县南九十五里，唐光化间创。
保安院，在长汀县西五十里，南唐保大间创。
临池院，在长汀县南百里，梁正明间创。
长乐院，在长汀县南百二十里。梁正明间创。
隆寿院，在长汀县南二十里，后唐天成间创。
保寿院，在长汀县南百五十里，乾德间创。
黄仙人庵，在长汀县东六十五里。旧传崇宁间土人黄公得道于此，故卓庵祠之。
叶坑庵，在长汀县东二十五里伏虎菩萨道场，今名白云庵。

宁化县　凝真观，在宁化县南，旧名上林，后唐天成中置，宋朝大中祥符初重创，恭奉圣祖御容，天禧间赐今额。

仙隐观，在宁化县北九十里，政和间创，今废。
光严禅寺，在宁化县北。
崇福尼寺，在宁化县东二里，唐龙符间创。
荐福院，在宁化县南二里，梁开平间县宰钟彦俦重修。
龙山院，在宁化县南二里，梁开平创。旧为地藏院，宋朝建隆间改今额，建炎间重创。
宝塔院，在宁化县南，宣和间创，绍兴间重创，宝祐间烬于火，石基尚存。

鹫峰院，在宁化县南二十五里，伪闽永隆间创。运使蒋公之奇有诗云："日转竹阴侵阁冷，水流花片过门香。"臧推官子常云："望穷山下疑无路，行入壶中别有天。花落春岩朝带雨，月涵秋谷夜闻泉。"

西隐院，在宁化县北三十里。熙宁间创。
宝应院，在宁化县西五十里。
宝胜院，在宁化县西南六十里，伪闽创。宋朝天圣初赐今额。
南福林院，在宁化县南二十五里，熙宁间赐今额。
宝池禅院，在宁化县北六十里，唐会昌间创，宋朝庆历间重创。
灵峰禅院，在宁化县北百二十里，唐正观初创，宋朝康定间改今额。
东峰院，在宁化县南五十里，熙宁间并。
中兴禅院，在宁化县北一百五十里，唐会昌间创。
华严院，在宁化县南六十里，崇宁间创。
报恩院，在宁化县南八十里。
福林院，在宁化县东北一百六十里。

临田院,在宁化县东六十里。

安福院,在宁化县东九十里。

龙池岩院,在宁化县南五十里。

普现庵,在宁化县东二里。

积翠庵,在宁化县南龙山院左。

神岭庵,在宁化县南门外。

东庵,在东渡。

大隐庵,在水南。

西山庵,在西门外。

上杭县　麟符观,在上杭县南,建炎间令廖揆创,端平间寇毁。令赵时钺徙创于县东。义合寺,在上杭县南六十里来苏里。唐元化间创,大观中僧永崇重创。

灵瑞院,在上杭县西二里,庆历间创。忽一日,大水漂木数百根积院基上。人以为异,故名。

天王院,元在钟寮场故治之南,伪唐保大间创。宋朝康定间,僧戒余重创,随县迁。今在上杭县西七十步。《舆地纪胜》:"天王院,在上杭县,四围皆山,石刻五百一十八尊罗汉之像。"

塔院,元在钟寮场故治之东,熙宁间巡检失其名以军民瘴疠,请郡创塔为祈禳之所,宣和间以兵火废,绍熙初僧与立重创,乾道间随县迁。今在上杭县东。

水陆院,在上杭县东六十里钟寮场,乾德间创,康定间重创。

盘瑞院,在上杭县南五十里,伪闽永隆间创。旧传开山之初,获一大龟,有九龟在其下,故名。

报恩院,在上杭县东北七十里。

上宝林院,在上杭县北七十里平原里,唐乾符间创,宋朝大观间僧清谅重创,仍创轮藏。

下宝林院,在上杭县北三十里安丰下,熙宁间创,宣和间僧道明重创。

禅林院,在上杭县南八十里来苏团,绍兴间僧妙传重创。

资福院,在上杭县西九十里。

西峰院在上杭县北九十里安丰上,崇宁间创,宣和间僧立元重创。

崇福庵,在上杭县南。

禅林庵,在上杭县北平元团。

临江庵,在梅溪寨之左。

武平县　洞元观,旧在武平县西灵洞山下。政和间运司奏:"本县灵洞山,图经载系小洞天,已建道场观乞赐额。"准敕赐今名,仍岁给度牒,寻复已之,绍兴初毁于火,迁创县西,即今所。

南安岩均庆禅院,在武平县南八十五里,乃定光圆应普慈通圣大师道场也。先是一岩嵌空,险僻神怪所宅,虎蟒所会,绝无人迹。宋朝乾德二年,师至岩趺坐其间,旁近望见祥烟腾覆,异而往观,咸起敬信,相与披榛畚土,筑室岩中,遂为一方精舍。师慈悯众生无求不应。祥符四年,郡守赵公遂良状其灵异,闻于朝,赐额"均祥禅院"。转运王公贽行部过岩,以雪请,果大雪,贽遂奏福州开元寺所得,太宗皇帝御书百二十辐,奉安岩中,岁度僧一人诏可。仍命郡守胡公咸秩躬护至院。有诗云:"迎得御书归洞壑,烟霞一路馥天香。"祥符八年正月六日,师卧右协示寂岩中,每岁是日诸路云集,几不可容。郡守陈公轩有古风略云:“南安岩近南斗傍,乾坤缔结雷电守。云寒木老洞穴古,巨鳌露脊鲸呀口。”郡倅郭公祥正古风末云:“嗟,予俗缚未能往,愿得结草倚岩松,遂登彼岸达正觉,月落岩下松生风。”丞相李公纲经过留诗云:“满山泉石有吾意,十里松筠生昼寒。”其余大篇短章殆难殚记。嘉熙间,烬于劫火。郡奉御书、佛、牙、衣钵等安奉于州,后敕赐定光院。

东山禅果院,在武平县南门外。祥符间,定光佛基创。初化绿建金仙殿,运材关隔,师以拄杖指引其山曰:“权过彼岸,山即中断。”始通挽运,续建法堂,钟楼、后堂、门廊栋宇,视他寺颇壮伟。元符间,建轮藏寺,今为祝圣道场。太平兴国禅院,在武平县东千秋里,太平兴国间建,因名。康定间重创。

灵洞天福院,在武平县西五里灵洞之麓,唐咸通间创。伪闽时邑人金紫光禄大夫谢丞嵩居其侧,后舍宅以大之。宁朝绍兴初,始建法堂佛殿、钟楼。法楼藏前建二桥,曰“普度”、曰“望仙”。后建杰阁,松竹环翠耸,门有二泉萦回,派出葛仙翁炼丹井,清彻可爱,为邑胜概。丞相李公纲道南访此为之立记。郡人河南少尹梁颜留题曰:“门外路将三市隔,此中人是几生修。千寻古木含云翠,一派寒泉绕槛流。”绍定寇毁。令赵汝谖命僧道成重创。

南山绵洋院,在武平县南二里,莫知何年创,檀越主乃邑人钟统军也。嘉祐间重创佛殿,绍兴间建罗汉阁,嘉定间创三圣阁。

塔院,在武平县南门外禅果院左,有砖浮屠五级经,始于绍兴间,越十四年始毕工。隆兴间修、乾道间重修,嘉定间又修。今为国忌行香之所。

南安廨院,在武平县东北二里,大中祥符间定光古佛亲创。后三折寨附其侧,绍定寇后寨官寓此,军马践蹂颓弊,令赵汝谖重修。

资福院,在睦郡上保,元祐间重创。

福田院,在象村保。

招福院,在高吴保。

宝林院,在湘坑保。

古佛道场,端平间创,在武平县东门外,即旧大观庵基也。郡守黄公亲书扁。

永寿庵,在武平县北,今名道堂。

西峰庵,在留田里,淳熙间创。

东流庵,在东流里,淳熙间创。

福林庵,在安乐里。

栖云庵,在丘田里。禅隆庵,在大顺里。

石狮庵,在招仁里。

伏虎庵,在武平县七十里。旧传定光拓岩初,民有献牛助耕,师结庵亲牧,夜常有虎柔伏庵外,后师归岩。一日,忽云虎伤一牛矣,暮有报如师言。师乃削木书偈云,明日忽毙于路,因号伏虎庵。

弥勒庵,在武平县东北十里。

净信庵,在武平县城西门外。

无量庵,在梁野山上。

清流县　登真观,在清流县西二里,旧名上生,崇宁间创。宣和初改今额,绍兴间重创三清殿,淳熙间架三门钟楼,淳祐间令林奕建官厅于右,逍遥堂于左。

塔院,在清流县东,隆兴间,丞姚伯隽创,岁久倾欹,淳祐间,令赵必逢率邑人移创于

县东马家山之巅。

通真院，在清流县东北，绍兴间创，赐敕额，绍定寇毁。旧南向，淳祐间，令林奕重创，易而西向，继而令林昌泰重修，增创观音阁于院东北。

灵福院，在清流县东八十里。

新全院，在清流县南八十里。并唐咸通间创。

福寿院，在清流县东五十里。

恩福院，在清流县东五十里。并宋朝太平兴国间创，赐今额。

灵山禅院，在清流县东一百七十里，铁石山下，唐正观间创，宋朝绍兴间改律为禅。

永丰院，在清流县西南八十里，梁正明间创。

丰饶院，在清流县西南七十里，伪闽创。

淳化禅院，在清流县东二百三十里黄杨岩，淳化间创。

福潭院，在清流县北五十里。

新通院，在清流县南八十里。皈真院在清流县东八十里。

圣恩院，在清流县南九十里。

永乐院，在清流县南一百里。

云施院，在清流县西七十里。

东庵，在清流县东泽民坊，山径萦纡，松竹夹道，绍兴间僧元超倾囊重创潇洒阒寂，盛夏绝无暑气。人多追凉于是。

南庵，在清流县南门外。

尼庵，在清流县东兴善坊。

温泉庵，在清流县东三十里嵩口，傍有温泉，故名。

莲城县　福仙观，在莲城县西，乾道间，令杨立中创。今为祝圣之地。

宝寿院，元名东山九峰禅院，在莲城县东。大中祥符间创，庆元间令鄞康成以为祝圣之地，鼎新盖造。

报恩塔院，在莲城县东，乾道间令常圊请泉州曹道者法进缔创，浮屠，仅成一级。会部使者有富沙西桥之属趣曹，以东僧了彬继其事。至淳熙间，令宗嗣安为之合颖。

慈悲院，在莲城县东七里，梁正明间创，宋朝淳熙间鼎创佛殿。

新林院，在莲城县南十五里，天圣间创。

招福院，在莲城县南五十里，后唐天成间创，朝皇祐间重创堂庑楼阁，嘉祐间创佛殿三间。

保福院，在莲城县南七十里，伪闽通文间光禄大夫州刺史王廷政创。

隆寿院，在莲城县南九十里，后唐天成间创，今废。

西隐庵，在莲城县西宝成门内。

太平庵，在莲城县西南二十里，初有村叟张姓者采樵山间，过一老僧墨裙筇杖，语曰："是可卓小庵，为祈祷之所，当永无水旱。"语讫不知所往。张异之，归与乡邻道其事，遂率众创此庵，塑南安祖师像其中，自是随祷辄应。

永和庵，在莲城县南二十五里曰"席湖"。绍兴间，有僧来自漳浦，结草庵坐禅，年几七十，示寂于此。乡民塑其遗体奉之，水旱之祷多应。

法界庵，在莲城县南团五里。

龙归庵，在莲城县北十五里。

东林庵，在莲城县北二十五里。

保福庵，在莲城县南五里。

定光庵，在莲城县治后西北隅，乾道间，令黄中立创，嘉泰间令刘晋重创。

海宝道场，在莲城县东本仁坊，乾道间，令黄中立创。《舆地纪胜·至道宫·九城志》云："本名开元宫，开元二十四年置，内有明皇真容。"宋朝改今额，又云："汀州开元寺，乃富国王先生施财所建也。"

坛壝

《临汀志》

社稷风雨雷师，郡县为坛以时致祭，令守所严也。岂非土地民物所系，命与州各有坛，县往往为一坛皆于此行礼，或寓祭风雨雷师于他所焉。本州社稷坛在州西秋门门外一里，庆元间郡守陈公烨增筑坛壝厅宇，始合礼制，旧门面南，郡守林公屺易而西，风雨雷师坛在其左，各为垣墉门向。长汀县社稷坛，在县西一里。旧志云，在县南富民坊。后徙今地，芜废已久。嘉泰间宰谢周卿重创，少傅益国公周必大为之记。宝庆间宰朱子恭重创。郡守林公屺为之记。宁化县社稷坛，在州东二里。

上杭县社稷坛，在县南一百二十步。

武平县社稷坛，在县西五十步，今废。春秋寓祭于西庵净信堂。

清流县　社稷坛，旧在县南三百步，今在县西一里朝真坊。

莲城县社稷坛，在县西福仙观之侧。

衙门

五十八处官吏一百九十六员名

江浙须知本府官九十员　首领官一十员。吏员人等九十六名。有俸衙门三十九处，官吏一百五十员名，官六十员。首领官一十员。吏员人等八十名。管民官二十九处，计官吏一百二十五员名。官四十七员，首领官一十员，吏员六十八名。本路系下路，总管府官吏二十五员名。官五员，达鲁花赤一员，月俸中统钞一锭二十两，职田七顷。总管一员，月俸中统锭一锭二十两，职田七顷。同知一员，月俸中统钞三十五两，职田三顷五十亩。判官一员，月俸中统钞二十两，职田二顷五十亩。推官一员，月俸中统钞一十九两，职田二顷。首领官三员。经历一员，月俸中统钞一十七两，职田二顷。知事一员，月俸中统钞一十二两，职田一顷。提控、案牍、照磨、承发架阁一员，月俸中统钞一十两，职田一顷。吏员一十七名，每名月俸至元钞八两，米八斗。司吏一十五名。通事一名，译史一名，合属二十八处，官吏一百员名。官四十二员。首领官七员。司吏五十一名。县六处。并尉司六处，官吏六十二员名。官二十四员。首领官六员。司吏三十二名。中县二处，官吏二十二员名。

长汀县,宁化县,官八员。有职田,长汀县官四员。达鲁花赤一员,月俸中统钞一十八两,职田二顷。县尹一员,月俸中统钞一十八两,职田二顷。主簿一员,月俸中统钞一十二两,职田一顷。县尉一员,月俸中统钞一十一两,职田一顷。无职田,宁化县官四员。达鲁花赤一员,月俸至元钞一十八两。县尹一员,月俸至元钞一十八两。主簿一员,月俸至元钞一十二两。县尉一员,月俸至元钞一十一两。首领官典史每县一名,计二名,每名月俸至元钞七两,米七斗。司吏一十二名,每名月俸至元钞六两,米六斗。县吏每县五名,计一十名。尉吏每县一名,计二名。下县四处,官吏四十员名。莲城县,清流县,上杭县,武平县,官一十六员,达鲁花赤每县一员,计四员。有职田,莲城县一员,月俸中统钞一十七两,职田一顷。无职田,清流、上杭、武平三县三员,每员月俸至元钞一十七两。县尹每县一员,计四员。有职田,清流县一员月俸中统钞一十七两,职田一顷。无职田,莲城、上杭、武平县三员,每员月俸至元钞一十七两。主簿每县一员,计四员。有职田,清流县一员,月俸中统钞一十二两,职田一顷。无职田,莲城上杭武平县三员,每员月俸至元钞一十二两。县尉每县一员,计四员,每员月俸至元钞一十一两。首领官典史每县一名,计四名,每名月俸至元钞七两米七斗。司吏二十名,每名月俸至元钞六两,米六斗。县史每县四名,计一十六名。尉吏一名,计四名。录事司官吏八员名,官三员。达鲁花赤一员,月俸中统钞一十五两,职田一顷五十亩。录事一员,月俸至元钞一十五两,无职田。录判一员,月俸至元钞一十二两,无职田。首领官典史一员,月俸至元钞七两,米七斗。司吏四名,每名月俸至元钞六两,米六斗。司狱司一处,官吏二员名。官司狱一员,月俸中统钞一十二两,职田一顷。典吏一名,月俸至元钞六两,米六斗。巡检司一十四处,官吏二十八员名。长汀县二处,镇平、古城。宁化县四处,北安、中定、安远、南平。清流县二处,明溪、黄阳。莲城县一处,北团。上杭县三处,金丰、太平、兴化。武平县二处,永平、象洞。官巡检每处一员,计一十四员,每员月俸至元钞一十两,俱无职田。吏司吏每处一名,计一十四名,每名月俸至元钞六两,米六斗。

学校九处,官吏二十员名。官一十一员,吏九名。儒学七处,官吏一十八员名。官九员,吏九名。路学一处,官吏六员名。官三员,教授一员,月俸至元钞五两,米五石。学正一员,月俸至元钞三两,米三石。学录一员,月俸至元钞二两,米二石。吏三名,直学一名,月俸至元钞一两,米一石。司吏二名,每名月俸米四斗五升。县学六处,官吏一十二员名。长汀、宁化、上杭、武平、清流、莲城,官教谕每处一员,计六员,每员月俸至元钞二两,米二石。司吏,每处一名,计六名,每名月俸,米四斗五升。蒙古学路学一处,官教授一员,月俸至元钞一十二两。医学路学一处,官教授一员,月俸至元钞一十二两。

管钱谷行用库一处,官吏五员名。官二员,大使一员,月俸至元钞一十七两五钱。副使一员,月俸至元钞一十两五钱。吏三名,攒司一名,月俸至元钞三两五钱。司库二名,每名月俸至元钞三两五钱。无俸衙门一十九处,官吏四十六员名,官三十员,吏员一十六名。院务七处,办税课钞五百七十三锭一十四两二钱八分九厘,官攒一十九员名,官一十二员,攒司七名。一百锭之上,省除院务二处,官攒七员名,官五员,攒司二名。提领大使副使院务一处,在城务办钞二百一十一锭二十九两三钱七分八厘。官攒四员名,官三员,提领一员,大使一员,副使一员,攒司一名,都监同监务一处。宁化县务办钞一百一十六锭三两八钱五分四厘,官攒三员名,官二员,都监一员,同监一名,攒司一名。一百锭之下,省除院务五处。官攒一十二员名,同监一名,攒司一名。一百锭之下,省除院务五处,官攒一十二员名,官七员,攒司五名。都监同监务二处,官攒六员名,官四员,官四员。都

监每处一员计二员。同监每处一员，计二员。攒司每处一名，计二名。长汀县务办钞九十二锭三十五两二钱九分八厘。清流县务办钞五十四锭一十九两五钱二分六厘。都监务三处，官攒六员名。官都监每处一员，计三员。攒司每处一名，计三名。莲城县务办钞三十七锭三十九两七钱九分八厘。武平县务办钞三十锭三十六两三钱二分。上杭县务办钞二十八锭一钱一分五厘。

仓五处，官攒一十五员名，官九员，攒典六名。路仓一处，预备仓官吏五员名，官三员，省差二员，监支纳一员，大使一员，路差副使一员，攒典二名。各县际留仓四处，官攒一十员名，清流县、莲城县、宁化县、黎畬仓，官六员，仓使，莲城县，黎畬仓，各设一员，计二员。仓副，每仓一名，计四名。攒典每仓一名，计四名。库一处，本路庆丰库，官吏六员名，官三员，省差二员，监支纳一员，大使一员，路差副使一名，吏三名，攒典一名，司库二名。

站赤马步站六处，官提领六员，管马二十四，荐二十二乘，站户三百二十三户，荐夫四十四名，管前站一员，临汀站一员，石牛站一员，王华站一员，清流站一员，明溪站一员。急过铺三十一铺，每铺司兵五名，计一百五十五名。录事司二铺，城下、百步、长汀县七铺，南田、新桥、鸳鸯、大息、明坑、归仁、七娘、宁化县一十铺，张地、滑石、罗溪、碑岭、石牛、夏坊、黄柏、安乐、杨梅、黄地、清流县一十二铺。吴家、城下、雷公、小嵩、吴地、玉华、嵩溪、太平、子弟、小安、新兴、明溪。

廨舍

《临汀志》

叔孙所居，一日必葺，房管继廨，遂著能名，君子将出政教泽民物，非安其攸居，疏畅其精神，克拓其志虑可乎？故殚民力以事华伟非也。忽传舍而因陋敝亦非也，旧志所载差略，今加详焉。

州城　郡治在子城内正北卧龙山下，地占高明，山水拱抱。自建炎杨勍之变，碑珉焚尽，前此营葺之由漫不可考。绍兴元年，郡守陈公直方始创中厅宅堂。十四年，郡守陈公定国创设厅、镇山堂、仪门、两厅、甲伏、架阁诸库，甫就而去。继者补葺苟遗，及绍定间，郡守李公华削平寇叛，疮痍甫瘳，慨郡治隘陋，以次改作。内自宅堂，外至州门，规创一新，轮奂壮伟，先是州治前民居交侵，正街车不得方轨，乃访之耆老，云："两畔古有圳，内皆官地，圳郾塞，故民皆私之。"及开圳，果得古碑如耆老言，遂撤民居之侵冒者，得空地数亩，左右创行廊以为限，由是气象宏敞，山川呈露。长汀丞王九万为之记。

谯楼，在子城双门上，旧卑隘弗称。绍定间郡守李公华，增高辟广，翼以舞凤，一新缔创，规置伟壮，两阶户创亭，左曰"宣诏"，右曰"颁春"。仪门，在谯楼之内，翼以两廊，左廊楼曰"东架阁"，使院门在其下；右廊楼曰"西架阁"，州院在其后。郡守李公华重创。设厅，在仪门之内，后有镇山堂，前两庑架楼，左曰"文事"，右曰"武备"。辕门在设厅之东庑。中厅在辕门之内。清平堂在中厅之正南。福建道院在中厅之左。元名箨爱堂，郡守周公晋改今名。帐门在中厅之后。寿荣堂为正堂燕凝之所。嘉泰间，郡守陈公映，名左轩曰"四说"，右轩曰"四印"。堂后崇数级，郡守罗公必元创小轩，曰"燕清"，轩之左，郡守

黄公寔创楼，曰“依光”。清心堂，在福建道院之左，有楼曰“览胜”。郡守朱公诜隶焉。

卧龙书院，在清心堂之左，旧名卧龙堂。

山堂，在州宅后正北，旧有双松奇石，名“双松堂”。郡守陈公轩有诗云：“相看竺国两高士，对立剑潭双老龙。”乾道间，郡守晁公子健重创。庆元间，郡守陈公晔增修。淳祐间，郡守卢公同父以双松摧折，改今名。堂后跨子城创小亭曰“山中佳处”，皆自书扁。

熙春堂，在州宅后正北，山堂之西，累土为创堂台。建楼两层，旧名“北楼”，后名“道山楼”。元丰间，郡守陈公轩有诗云：“南极星边人望关，北山楼上客思家。”又云：“楼上斜阳过似飞，楼前秋景透人衣。横碧烟岚浓可扫，半红霜木冷相依。”有寿字碑，高阔丈余，不知何人书。第二层名曰“更上”，第三层名曰“环翠”。庆元间，郡守陈公映因读书旧陈公轩绝句云：“南涧吹云过北园，北林飞鸟入南山。区区云鸟缘何事，未似楼头太守闲。”取末句改“环翠”曰“似闲”，今名凌虚。《舆地纪胜》：“环翠楼在州治之后，卧龙山之下。”

郡圃，在卧龙山麓，旧荒芜弗治，亭榭悉在草莽中。宝祐六年，郡守胡公太初因加葺饰，辟径为垣道数十级，跨垣为门三楹，摭旧守陈公晔东山堂常留“绿野春光在”之句。扁其门曰“常春图”，于是景物悉呈露，其详见柱刻云。

东山堂，在圃中西北隅，旧为威果营教场废址。庆元间，郡守陈公晔爱面东诸山，紫翠插空，葺旧射堂改名之。前凿方沼。植水木芙蓉、海棠、梅、桂，赋诗云：“朝看碧汉初腾日，暮对青山淡抹云。”教授陈一新为之记。

玉壶锦幄，郡守卢公同父创。

时和岁丰之堂，旧名“无境”。郡守卢公同父改今名。

玲珑窗，旧名“赏静”，郡守同父改今名，移流觞曲水于其前。

仰高亭，旧名“晚对”，郡守罗公必元改今名。

快哉茅亭，依山郡守傅公康创。

香远台，旧名“柰月”，旁蔓酴醿，郡守黄公寔改今名。

佥厅，在子城内之左。使院在仪门左庑。南楼横跨颁条门城上，元丰间郡守陈公轩诗云：“谁跨崇墉更起楼，卷帘平视四山头。田疃草暖牛呼犊，叶底巢成鹊避鸠。”又云：“水暖池塘闲睡鸭，烟深村落自鸣鸠。”郡倅郭公祥正诗云：“楼外青山似故人，雨余山色净无尘。青山依旧人还老，一片离愁挂晚春。”郡守李公华重新州治，惟南楼仍卑陋不称。嘉熙间郡守戴公梃撤而新之，于是皆为伟观。

通判厅，旧在颁条门内，今行衙是。元丰间徙州东八十步，正对鄞江门，耆老相传旧为提刑衙。建炎四年，废于郁攸。绍兴元年，郡守陈公直方，郡倅许公端夫重创。岁久屋老，淳祐间，郡倅孙公基鼎新之，惟大门正厅存旧，郡守黄公炳为之记。郡倅单公谓大继之更创大门焉。宅堂扁曰“公生明”，后曰“衍庆”，向北大亭曰“鄞江风月”。

水观亭，在水观之左。旧名横舟。君子轩，在宅堂之左，旧名爱莲架楼曰“悠然前台”，曰“延月”，曰“宜晚”。在鄞江风月之对。岁寒亭，在鄞江风月之左。

佑圣堂，在鄞江风月之右。因旧守碧堂为之。

教授厅，在州学之右，隆兴间郡守吴公南老鼎创，后教授许应龙创轩于厅右曰“拂云”，教授张实甫创轩于厅左，教授程应斗扁曰“瞻前”，旧名“客毡”。门庑卑陋，教授张实甫高大之。又于宅堂后创小楼曰“蘼绿”，楼下有轩及茶亭。宝祐间，教授赵汝沐葺饰，扁轩曰“认香”，亭曰“策茗”。

判府厅，在州东南门下，淳祐间，判官连端悫重创厅堂，继而判官赵汝流创门庑。郡

守卢公同父为门记。

推官厅,在州东登俊坊正街,宝祐间推官来吉甫重创门庑。

录事厅,在子城内谯楼之西,旧门东向,久不利。嘉熙间录事上官迁易南向,历任始安,右院隶焉。

司理厅,在州西崇福坊正街左院隶焉。

司户厅,在州东福寿坊,旧门北向正街后向南。

司法厅,在判官厅之右。

兵马押监厅,在州西崇福坊城隍庙左,今废,改创州厢。

添差南兵马都监厅,在州西崇福坊司理厅侧对,今废。

添差东兵马都监厅,在判官厅之左,今废。

训练禁军厅,旧无廨舍,以广节指挥营所居为之,今废。

商税厅,在州东福寿坊正街,务隶焉。

长汀县　县治在州城南二百步。建炎间宰黄渥修,嘉泰间宰谢周卿重修,规模视昔有加。岁久颓圮,中更寇攘,因循弗葺,宰宋慈搏啬浮淫。鼓楼门庑,琴堂寝室,吏舍会藏,焕然一新。又且广阔球场,对峙宣诏晓示二亭,中通道,立词学坊,于是长汀愈为壮哉。县丞王九万为之记。如心堂,在正厅之东。嘉熙间,宰朱起元创,教授张实甫为之记。

县圃冉香亭,在长汀县治正北,宰叶一新重创。

砥柱亭,在长汀县治左,旧名蓬莱阁,宰叶一新重创,易今名。

道爱堂,在长汀县治东北隅。

弦歌书院,在长汀县圃之东。蘘镜,在长汀县圃之西。

万雪亭,在长汀县圃之西。宰宋慈重创,淳祐间宰黄松废之,基存。

水雪乡,在长汀县圃之西南。

县丞厅,在长汀县西富文坊,旧门东向。嘉定间,丞薛东改创,易向南。

主簿厅,旧在长汀县西青紫坊正街。宰任鄚迁创于尉厅之左,以旧地为县仓。

县尉厅,在长汀县西,宰任鄚因迁簿厅于左,并尉厅更创之,今就颓圮,簿尉皆僦居焉。巡辖厅,旧在颁条门外城下铺,今废,惟铺屋存。

宁化县　县治大溪横前,翠华峙后,绍兴间宰王公炳彦重创,绍定寇毁。端平间,宰赵时馆始辟地营缮,外谯楼,内厅室,两旁皆壮丽。左东厅扁曰"勤政堂"。宝祐间,宰林公王复于东厅创书林亭、愿丰楼、龟荫亭、如农亭。

县丞厅,在宁化县西北。端平间,宰赵时馆重建,今以厅左行衙为之。

主薄厅,旧在宁化县治左。端平间,宰赵时馆移于县治后,宝祐间,簿俞义刚重加葺理。

县尉厅,旧在宁化县东北隅。端平间,宰赵时馆重创,后废圮,仅存厅事,今尉寓光严寺东庑。

清流县　县治清溪环抱如带,隔溪一山如屏,县治枕焉。元符元年,有旨创县。辟长汀丞刘叙为令,经始邑事。绍定间毁于寇,端平改元,令王元瑞重建,规模颇宏壮。主簿张栩为之记。

鼓楼,嘉熙间令赵櫄夫重创。颁春宣诏亭,翼于县门,令林奕重创。

县丞厅,在清流县东二十步,宣和中始创。绍熙间,郡守赵公充夫奏请省罢,今废。

主簿厅,元在清流县北,今迁在县廨之东北隅。绍定间,毁于寇。嘉熙改元,簿长翊重创。

县尉厅,在清流县西,与县廨相比,绍定间毁于寇。

莲城县　县治在县城北。绍兴三年长汀县丞权县卓庠规创,绍定间毁于寇。后令徐价经始,米巨宏成之。

爱莲轩,在正厅之左。道爱堂,不欺室,在正厅之后。县圃旧有三异堂、立翠亭、义松亭、松茅亭、阶山楼、月林亭,并今废。

义松亭,又义松,在莲城。庆元间,汀守陈晔诗云:"古驿森慈竹,莲城挺义松。"

主簿厅,旧在莲城县西,后迁于县东瞻岩馆,今废,簿寓于西桥庵。

县尉厅,旧在莲城县南,后迁于东塔之侧,淳祐间,尉李务行于旧基重创。

上杭县　县治乾道七年令陈朝章创,后烬于邻寇。端平甲午令赵时钺重创。

县丞厅,在上杭县南。乾道七年,丞何镐因民屋葺之,后毁于寇,今寓于寺舍。

主簿厅,在上杭县东。绍熙三年省罢,今废。县尉厅,在上杭县西。

武平县　县治旧在武溪里。后用日者刘已改卜令所。隆兴间令王正国、乾道间令赵赉相继营创,迨嘉泰间,令赵善绰,相其阴阳趋吉避凶,更造厅堂、门庑、鼓楼等。由是官民用康,年谷告稔。绍定毁于虔寇。端平初令赵汝珇急于改作,不仍旧贯,继而令赵汝谖田圭重加变易。迄今生聚未复承平之旧,议者咎县治之未复古迹也。宝祐间,令阮逢午改卜县治西偏,谋度缔创,亦未知果合卜云。

读书堂,丞相李公纲尝经过寓此。有诗云:"灵洞水清仙可访,南岩木古佛同居。公余问佛寻仙了,赢得安闲剩读书。"今废。

县丞厅,在武平县西。绍兴二年省罢,县丞遂废。

主簿厅,旧寓禅果寺,嘉定间,主簿赵与环卜创于寺东偏,绍定间毁于寇,复寓禅果寺寝堂。宝祐间簿丁世用卜地于市心,文明坊鼎创焉,教授赵与沐为之记。

县尉厅,旧在武平县门内,弓手营教场附其右,绍熙初尉赵善览即旧基营创,经寇扰颇毁坏,淳祐间尉赵崇瑛重创。

仓场库务

《临汀志》

仓场库务,食货之司存也。中更兵盗,地产课入亏昔十之三四。坑场亦久废,使知节用爱人之道,庶乎仅无乏焉。

州城　省仓在鄞江门内,建炎间废于火。绍兴初重创,隆兴间郡守吴公南老重修。庆元初郡守赵公伯桧又修。

常平仓,在省仓内。盐仓,旧在军资库内,今移在库后别门。

均济仓,在开元寺东。郡守李公华办到籴本钱六千贯文足。郡守黄公寔续拨十七界会五千贯文,二项钱除节次折阅外,见管钱五千五百六十五贯五百文。郡守李公华拨马瑞王和甫等一十一项子利米,元管二万四千三百一十五升,外租钱五贯文足。又每年委司法拘催江元立等一十一项子利米三千四百九十二升,禾一十称,计米四十升,共价钱六

千二贯九百三十二文足。外赁钱八百五十文足，以上米计减免七千八百八十九升。每年实催到本色米四千一百四十六升半，早禾谷八十升，折白米四十升，折价米一万五千七百七十一升半，计钱二百七十贯六百八十八文足。田税并赁钱五贯八百五十文足。

郡守胡公太初，办助米五百八十四石七斗七升，每石时价十七界会四十贯文，总计会二万三千三百九十贯八百文。又办助米七十三石二斗五升足；又拨陈德清请买陈八一贼绝田价钱十七界会一千二百贯文；又拨吴六二等八项贼绝田。每年收计子利禾五百五十把，每把纳见钱七十文足，共收见钱四十一贯二百五十文足。

均济有仓，端平间，郡守李公华知汀民素无蓄积，为荒扎之备，乃置于开元寺左庑，捐见钱六千缗为粜本岁储米五千足石，仍拨贼绝钱米以佐其费。凡和籴子利米入纳，绝无仓耗扛量等费，仓造桶斛，每桶计五十足升，两桶准为一石，民自执概，止收斛面米二升，民与官为市。未见其害，曾几何时，仓耗扛量等费甚于正苗。受纳官吏旷日不下仓，远乡赪负而至者伺候旬日，果粮之需俄耗其半，纳不登数，督逋者又踵门矣。宝祐初，郡守罗公必元将子利米尽行折租，许人请佃顿减免七千八百八十升有奇。由是减价出粜，无以补助。籴本日损，虽远民仅免子利米之害，而近民□□不蒙均济仓之利矣。

宝祐戊午冬，郡守胡公太初到任。轸念民瘼，慨然曰："均济仓规模厚善，后人当相与推广，使有增无损可也。今略计见管籴本并米，皆不及数。朘削不已，后将废坏。"专委司理朱抟考究。于是移允者还之，逋欠者足之。又积米得六百五十余石，亟捐以助之。又拨请佃田价钱，及贼绝田八百顷，以补元子利米减免之数。于是法意复续，开庆改元，夏秋之交，适民苦贵籴，乃计口给历，自四月迄七月，每七日发粜，官价既捐，市价自平。公犹虑和籴之厉民也，议为就仓回籴军粮之法，盖官司和籴增价予之，本非厉民。惟是钞铺掌揽之家，交纳扛量之吏，相倚为削。渔蠹无厌，近年民输和籴一石除官本钱外，民户至白帖三贯文足有奇，民何以堪？此回籴之法所当急作一措置也。缘本州常年自冬徂春，月支军粮回籴于外，每石多不满一贯文足。官司和籴一石例支本钱一贯六百文足，用以回籴。随时价增损，可得一石以上。果能力行此说，不为吏奸所阻挠，则若官若军民皆便之，均济仓有利无害而经久可行矣。其详见本仓规约。

军资库，在州衙西庑后。内子库十一所。夏税库。常平库。免役库。盐钱库。大礼库。物料库。免丁库。赈罚库。犒赏库。衣赐库。以上并在库内。抵当库。宝祐六年奉朝旨移创州门前西庑。

公使库，在东厅之东。淳祐间郡守郭公正已重创，内子库二。陈设库。鞍鞭库。

公使酒库在东厅之东，与公使库相对。醋库在酒库门左。架阁库在州衙东庑楼上。今楼名文事。

甲仗库在州衙西庑楼上。今楼名武备。

七色库在通判厅西庑，淳祐间郡倅孙公墓重修。

合同场在州东正街推官厅左，后改为卖盐场，宝祐间又改为慈幼局，商税务在州东济川门内。

惠民药局在佥厅门左，药铺二。一在州门首左庑，一在济川门内。作院在州东开元寺西。

长汀县　常平义仓，举子仓，旧有五所，系绍兴五年准朝旨以建，剑汀邵，四州细民生子多不举，于逐州县乡村置举子仓，遇民户生产，人给米一石。本县置于归仁馆、何田市、成功下、古城团等处，约贮米共二百石，后官靳而不发，既发又责偿于耆长，反为民害，后经绍定寇，并废。架阁库、常平库、免役库。

宁化县　县米仓、常平仓，并在宁化县衙西园之南。

盐仓在宁化县衙东厅前。

平粜仓在宁化县衙东北隅。淳祐，平粜仓在光严寺右，黄土旧寨场，安远寨，宝池寺，中定寨，几五所。淳祐间，宰刘焕捐俸三千贯文者为籴本。委贡士章淡提督，后以籴本买田岁积子利禾，遇歉发以予民，若董之者常得人，亦可为经久之利。

光严仓，岁收禾六百九十秤。黄土仓，岁收禾三百五十秤。

安远仓，岁收禾六百一十秤。

宝池仓，岁收禾三百三十秤。

中定仓，岁收禾四百秤。乡例以三贯二百文中为一秤。

青釉葵瓣口盘

安远寨仓，每年催纳贼绝米五百九十九石有零。

北安寨仓，每年催纳贼绝米八百一十二石有零。

中定寨仓，每年催纳贼绝米一千四十二石有零。

南平寨仓，每年摧纳贼绝米一千三百六十二石有零。以上四寨仓，除催贼绝米外，本州仍科拨苗斛揹支军粮。

举子仓六所，元在黄土寨，今名南平鹫峰院三溪寨。今名中定。

宝池寺土寨，今名安远等处，经绍定寇攘并废。架阁库、常平库、免役库、商税务在簿厅之东，今丞或薄兼税官。

清流县　县米仓在清流县厅西庑。

盐仓在清流县厅东庑。常平义仓在清流县厅西庑。本州每年拨下苗米一百一十九石有零，宝祐五年通判准提举司行下增拨计二百单二石有零。

明溪寨仓，每年摧纳贼绝米三百六石八斗有零。除县催到外，系本州科拨苗斛揹支军粮。

举子仓四所，元在清流县市，明溪寨、石洞寨、罗村团等处，今废。架阁库。常平库。免役库。

莲城县　县米仓在莲城县西。

盐仓在莲城县西。

举子仓二所，元在莲城县市、河元吕溪墟等处，今并废。

北团寨仓，每年催纳贼绝糙米五石九斗有零，白米六百六十五石有零。除县催到外，系本州科拨苗斛揹支军粮。县库、常平库、免役库。并在莲城县西廊。税务在莲城县西廊。

上杭县　县米仓在上杭县东。

常平仓在上杭县东。

盐仓在上杭县厅西庑。举子仓四所，元在上杭县门东鳖砂团、兴化胜运卿等处，今并废。

梅溪寨仓，每年催贼绝米五百二十石，除县催到外，系本州科拨苗斛揹支军粮。常平库、诸色官钱库、税务在上杭县西三十五步。

武平县　县米仓，在武平县库西。

常平仓，旧在武平县西，今移禅果寺法堂东偏。

举子仓，旧在常平仓侧，今移禅果寺法堂西偏。盐仓，在武平县治西庑。三折寨仓、

象洞寨仓、永平寨仓。三寨仓并系本州租拨苗斛。差专知受纳。措纳军粮。

县库在武平县西。常平库附县库。举子钱库，在主簿厅。使府寄椿钱库令废。

商税务在武平县西。今令兼务官。

长汀县　上宝场，在长汀县西廊百二十步，今废。

拔口场务，在长汀县西南八十里，今废。

莲城县　金鸡场，今废。

吕溪场，在莲城县南五十里河元下里。

郭家山场，在莲城县南三十里。

宝成场，在莲城县南二十五里南团。本州坑冶长汀、上杭、武平、莲城四邑有之，地不爱宝少裨邦用，所以命郡守主管郡倅同之，今击御如昔，而名存实亡矣。

上杭县　永兴场，在上杭县东五十里。

兴济场，在上杭县南百六十里。

端利场，在上杭县南百二十里。

嘉兴场，在上杭县南百五十里。

通利场，在上杭县南六十里。钟寮场、金山场、利济场、龙山场、石门场、语口场、锦丰场、浮流务，自钟寮场至浮流务八所，今并废。

武平县铁场在留村里，今废。

邮驿

《临汀志》

置驿传食，置邮传命，古也。惟郡境遐左，仅有道梅者，出是他无所谓毂交蹄劘。故驿败不复修，期会来自京，若诸台邮，凡三十五所，而自郡达于县境则无有，乃自创邮十七所，通为五十二所，而巡辖官廨于鄞江门外总茫焉。

州城　行衙在州治南三十步颁条门内，旧为通判廨舍，后改为酒务，后又复为行衙。乾道间，郡守谢公知几辟而新之，嘉间郡倅黄公大全权州事重修。

光华亭，旧在州东兴贤门内，今改为见思堂。奉郡守李公晔祠。

州城下铺，在鄞江门外，巡辖在焉，今废。

长汀县　长汀驿，在县东崇善坊，嘉熙间宰任鄂创。

临汀驿，在县东五里，淳熙间郡守赵公汝劼创。

高名亭，在县东南二里，正对定光廨院。

归仁馆，在县东七里。

成功驿、温泉驿、双溪驿、上洪驿。今废。南田铺，在县东二十五里。

大息铺，在县东五十里。

白头铺，在县西二十里。

古城铺，在县西四十五里。旧有驿。

樟木铺，在县南三十里。

朱溪铺，在县南六十里。

杉木铺,在县南九十里。
归岭铺,在县北七十五里。
大步铺。在县东北一百七十五里。
流畲铺,在县东北二百里。
上县　浊口铺,在县东南三十五里。
长覆铺,在县东南六十里。
岩头铺,在县东南九十里。
长潭铺,在县西南二十五里。
礤头铺,在县西南二十五里。
忆田铺,在县西南八十里。
蕉坑铺,在县西南一百五里。
宁化县　宁阳驿,在县圃西,宝祐六年宰林公玉市民地新创,自为之记。
长乐驿　鳞源驿,今废。
县下铺在县东。
吴家庄铺,在县东二十五里。
龙地铺,在县东五十里。
大罗溪铺,在县东七十五里。
赖尽铺,在县一百里。
张地铺,在县东一百二十五里。
小罗溪铺,县东南一百五十里。
石牛铺,在县东南一百七十五里。旧有驿今亦有。
安乐铺,在县东南二百里。
黄地铺,在县东南二百二十五里。
黄田铺,在县东北一百五十里。
露溪铺,在县北一百里。旧有驿。
江公铺,在县北一百二十五里。
苗田铺,在县北一百五十里。
清流县　皇华馆,在县东北,淳祐间令林奕创。
县下铺,在县东。
小嵩铺,在县东二十五里。
嵩溪铺,在县东五十里,旧有驿。郡守陈公轩秩满抵驿,有寄清流宰赵通直诗云:"寒日尽时山未尽,却随明月到嵩溪。"
林畲铺,在县东七十五里。
小安铺,在县东一百里。
明溪铺,在县东一百二十五里。旧有驿,今亦有。
莲城县　县下铺在县西北。
岩头铺,在县北二十五里。
长霸铺,在县北五十里。
归岭铺,在县西北三十里。
茶木铺,在县西北六十里。

钟地铺，在县西北九十里。

语口铺，在县南三十里。

语源铺，在县南六十里。

刘奢铺，在县南九十里。旧有驿。

横坑铺，在县南一百二十里。

武平县　行衙名依光堂，在县东门外，嘉熙间令赵汝谡创。

迎恩馆，今废。

县下铺在县北。

渔溪铺，在县北二十五里。

帽村铺，在县北五十里。

瑞湖铺，在县北七十五里。

学校

《临汀志》

郡有学自天圣始，改卜凡四修建凡再，然规模，犹隘。盖局于地势而不得为也。诸邑学建置有先后，邑大夫亦皆能恢而栋宇，益而廪气，以与秀士共之。夫美教化，明人伦，成德育材以为时用，皆莫尚于学。嵘奖则气象振，作成则气类合，其责盖有在矣。瞻给荐送之目附著于篇。

郡学　宋朝咸平二年，创至圣文宣王庙于鄞江门内横街，今判官廨舍，天圣中即庙创学，迁州东横岗岭下，今天庆观侧。崇宁三年，诏行三舍法，郡守陈公粹视故学卑隘，遂迁州东北兴贤门外，今为县学。绍兴三年，郡守郑公强以州学不当置城外，遂度城内州东地改卜焉。大成殿岿然中峙，缭以两廊，分列六斋，正录直学以下各有位，殿之后建讲堂曰："明伦堂"。之后建藏书阁曰："稽古"。又其后绝高处建阁，高闼宸奎，规模加壮，仍自为之记，且作诗云："卜筑名山作郡庠，卧龙腾翥拜龙骧。"至嘉定十一年，郡守罗公勋重修。继而郡守赵公崇模于学门右，创朱文公杨考功二先生祠。使学者知所慕向，学左则文昌庙在焉。嘉熙二年，郡守戴公挺，教授张实甫，以庙学混处为非是，相学左射圃地，爽恺广袤，仿太学规模，营创今学，前三斋相叠，曰"潜心、时习、修身"，后三斋相比，曰"克已、中立、志道"，并南向。斋各有楼，中创堂曰"文会"。正录位左右之列，学门两旁以位职事者，庙学异处，始合礼制。至郡守姚公特甫竣事，教授魏鼎为之记。学前民屋迫隘，教授萧虞韶市民居撤而辟之。开庆初，郡守胡公太初谓气象犹卑隘，屋且老，慨然大更新之首事于大成殿，御书稽古二阁，明伦芳桂二堂，皆增高辟广，柱石梁栋极雄伟，重书稽古阁扁，易芳桂堂名曰"致极"，取《中庸》致广大极高明之义。自为记。更祭器之库，大讲堂之鼓，正录位斋舍门庑以次整葺，浚井开渠，泮池堙塞，凿而深之，板桥屡坏，造石桥以跨焉，由是美轮美奂，顿异畴昔，后村先生刘公克庄为之记。

长汀县　学在兴贤门外，绍兴迁郡庠于廓内，以旧学为县学，惟大成殿独存，始为春秋丁杞地。嘉泰间，宰谢周卿市民田隶郡庠，附供县学职事四人，生员五人。开禧间，宰刘泳之建学门两庑四斋，及献官斋厅，县学之备，自泳之始。淳祐间，宰陈显伯莅官视事，

慨然有下车修教之心。越明年,节浮啬费,首修大成殿。殿之东有隙地,民僦于学,遂归之,改辟学宇,为讲堂一,曰"丽潭",为斋三,曰"尚志",阅礼修性。又于堂之北敞二十余楹,为元公二程二张朱子祠,以乡贤郑蔡州立中杨考功方配焉,使学者知所归向。然谓有教不可以无养,拨清泰上第二都民户盐,每月计三百六十三斤,拘钱会八十三贯四百九十文省,中半为士费。春秋补取大学生十二员,小学生随人数去取。于是数养始备,先是县庠光达辈出其间,询之耆老皆曰:"古有水圳环抱",自允抵震而归于异。正得阴阳经纬之宜,后为居民堙塞,汀士廉得故道,具告于州县,居民狃于侵冒,沮溃其成,陈宰极力主盟,未就绪而秩满,首以是役告于新宰赵崇濂。赵亦以风化为重,克竣厥事,筑废陂于兴贤门障而东之,水由故道行矣。兴学改水,皆礼部侍郎张公磻为之记。

宁化县　学旧在县东正街,淳熙间迁于县城北翠华山下,经始于宰赵伯虎,成终于宰社潮。绍定寇攘,岿然独存。端平间赵时馆因加修葺,袁长吉为之记。后邑士以大成殿庙基高亢,夷而平之,改创殿宇。宝祐间,宰林公玉重创讲堂,列四斋,曰"时习、养心、服膺、致知",学门前创魁星亭,内绘古今名儒,扁曰"仰高"。

清流县　学旧在县南,崇宁间行三舍法,迁县东,建炎间宁化尉摄邑事,谓非其冒。再迁于皇华驿废址,绍兴烬于赣寇。十三年,令董谅重创斋舍。十八年令,张秀颖继创大成殿灵星门。绍定间毁于寇。端平初,令王元瑞始建一殿,未几,守张公翀之任,道过款谒,遂捐金建化成堂,今改名"明伦堂",簿翊为之记。嘉熙间令林奕建斋四据德,依仁、游艺、居敬,簿徐登为之记。

莲城县　学在县东,绍兴间令陈南复卜地兴创,后再迁县东南尉司旧址。淳熙间,令常圊复于旧所,绍定寇攘,暂驻戍兵于中,蹂躏圮毁,令米巨宏重修。

上杭县　学旧在县东五十步,今城隍庙基是,嘉定间令赵彦珽以其地湫隘,徙县东二百步,殿堂门庑规模备具,创堂一,曰"明伦",为斋四,曰"崇德""广业""居仁""冉义"。淳祐辛亥洪水推倾堂宇,宝祐五年令李务行重建讲堂,为楼以安先圣燕居像,更学门于左,以别庙学之制。

武平县　学在县东兴贤坊,绍熙间,令叶谦之重创。绍定间,毁于寇。寇平县尉翁甫拨振武堂材植建讲堂,至端平间,令赵汝谖始建大成殿,先圣先师塑像,东廊则令田圭创之。西廊则令林震创之,学门、灵星门,则淳祐间辍学祖建植,于是规模始备焉。赡学。郡人王格倾家赀置田学,有田自格始,郡守郑公强拨田,判官兼教职黄褒请于郡,辍盐纲縻费增田。岁共收米二百八十余石。郡守赵公伯桧增田七十亩。郡守陈公晔增田百亩,创例岁助郡帑钱二百贯文。郡守陈公映拨房廊六十间。权郡赵公师宗增学租二十石。长汀宰谢周卿增学租百石,附供县学职事四人,生员五人。嘉定间,郡守邹公非熊拨已俸一千缗买王伯寿田。端平间,教授黄复初,缩浮费剩钱三百九十三贯七百文,买张衍乡饶坊田,又用七百六十八贯八百省,买长汀县估没上官逵田。

宝祐间,权郡赵公时海,拨黄华诸溪等处田。宝祐间,郡守朱公诜拨李太椿古城田。开庆元年,郡守胡公太初正拨李太椿王殿背田。端平间,权郡赵公性夫岁就盐钱库拨宽剩钱二百贯文助学。自淳祐间郡守李景勉靳而不发至今。通判厅准转运提举司,就本州及六县盐息钱,每月发钱会二百单九贯有零赡学。据州及诸县具到旧例解发数目于后。

州盐钱库每年拨下通判厅头子赡学等钱会一千二百八十四贯七百二十文省。逐年分四季发下。长汀县解赡学等盐头钱一千四百五十二贯六百文省中半。分上下半年解发。宁化县解赡学见钱二百五十一贯四百二十文省,十七界会一千二百五十七贯文。上杭县解赡学钱会四百八十一贯九百三十四文。武平县解赡学钱一百二十三贯四百三十五文。莲城县解瞻学役头钱九百一十一贯七百六十文。清流县随盐纲解发,牙貌钱随契分拨赡学。

前项钱并系通判厅拘催遣发,而弊坐移用,每岁多不及数,生员廪饩时告乏绝,职此之由。

贡院

《临汀志》

贡院,旧在长汀县东,以三舍法废,旋复科举,试于开元寺,人士寖盛,跼蹐靡容,迫期补葺。公私烦拨,绍兴二年郡守赵公克夫卜创于兴贤门内,东庑三,西庑二,计百二十楹,焕章阁学士谢公为之记。壬子科郡倅赵公善晤董试,留题二诗,甚脍炙人口,略云:"天约闲云结嫩阴,苦无诗酒懒登临。一声鸡唱日初午,满地花寒秋已深。"刻于柱。嘉泰四年郡守陈公映,教授谢藻以水西流非利,改而东之,国子录林公屺为之记。旧就试者,自纳竹案试则争共撼几。淳祐间郡守郭公正已更置木案,士以为便。宝祐间,郡守周公晋以大门及试官厅位圮陋,撤而新之。

贡额,绍兴定令三岁大比,贡一十二人,今以易诗周礼春秋各一人,书二人,赋六人克选。

贡士庄,兴贤庄嘉定六年郡倅黄公大全权郡拨钱买章得之罗陆拾田创,系本学催纳,每年钱三十一贯零四十足,十七界会三十九贯,三年通计钱九十三贯一百二十足,十七界会一百一十七贯,六邑新旧举人均分。

万桂庄,嘉定十四年郡守傅公康估籍吴缨田创,元在州学催,今隶知录厅,崔州公库纳。每年收到钱一百二十九贯四百三十九文,内十八界会六十一贯八百文。三年通计三百八十八贯三百八文,内十八界官会一百八十五贯四百文,三分之二送新举一十二人,三分之一送旧举人,随人数均分。

清流县贡士庄,宝祐六年令林应龙从学职,请拨萧应龙定苦井坑田,李七六横坑田,前令林昌泰拨阿叶元佃阳阜户田,林应龙自为记。

莲城县万桂庄,嘉熙二年郡守戴公挺拨姑田陈弟四、陈丙娘、杨祖远、陈十六、陈岩归田创,主簿张应卯为记。上杭县兰省庄,嘉熙四年令谢观国拨兴化乡王得一田创,每年收见钱二十一贯文足,三年总计六十三贯足,镂扳牓于学。

营寨

《临汀志》

州兵元管六指挥,十一寨宁节久废,寨亦多更革,绍兴间屯左翼军数百,置正副将,寻

命郡守领节制焉，诸县尉司弓兵亦不下数百人，独是弓兵仰役钱雇庸，不能以时给，往往罕应募，傥守令加之意，俾无愆阙，尉寨兵协力以卫闾里，州兵有虎豹在山之势，何非常足虑哉？

禁军威果第三十五指挥营，在州西，额五百一十人。广节第八指挥营在州东，额二百六十人。宝祐六年九月，密扎诸州军府禁军阙额，不许径自招填，将上件钱粮桩管听候朝廷行下，毋得檀自支动，本州两指挥阙额通一百三人。郡守胡公太初申请自到任十一月为始，桩管钱粮衣赐开庆元年十月有旨，仍旧招填阙额。厢军保节第二十一指挥营在州东，额三百三十二人。保节第二十指挥营在州西秋成门外，额三百三十二人。牢城第六指挥营在州东横岗岭上，额二百二十二人，宁节指挥附此。

屯驻军寨，在城南三里，旧无之。建炎间杨勍乱后，赣梅寇屡起，朝廷时遣大军讨捕，驻扎城中。初散泊民家。后或屯开元寺。绍兴十年翟阜统广东摧锋军一千二百人到州，权住同庆文殊寺。至十一年安抚司准旨于摧锋军存留上件事就州驻扎。十三年奉旨创寨，改隶左翼军额。二十一年统制陈敏命呼延迪招集凑一千人，未几郡盗景灭，旨抽回，止留三百二十八人。二十八年，州申乞备牒刘统制，更那差官兵二百人前来谢宣下部辖，仍乞补谢宣充正将。二十九年，本州申安抚司乞添人守御，又差一百三十三人就宁化县屯戍。续又差拨一百三十九人，将官一员，共凑六百人为额。至三十年成功寇作，檄回宁化驻扎，副将张福部下官兵，乾道五年正月内，据邵武军申请乞遣汀州左翼军五十人，将官一员，往建宁县屯戍。庆元元年，旨就本寨拨官兵九十人，副将一员，往宁化下土驻扎，每岁一易。续因所管人内积年折阅七十八人，至开禧二年旨招收强壮雄劲军人七十八人，凑足六百人之额，以正副准备将各一员管辖。并系本军升补差拨，申殿前司照会。绍定间盗贼蜂起，建宁县下土屯戍寨栅为贼荡破，官兵仍回本寨自后住差。至宝祐五年安抚司备枢密院行下，据邵武军建宁县士庶乞照乾道间例，差拨汀州左翼军五十人，将官一员，前来驻扎安抚。史岩之牒本州抽拨，岁易本寨戍军。自嘉定间，江西峒寇李元励窃发，郡守邹公非熊被旨节制，本州屯戍军马方有体统，至今因之。先有正副准备。将各一员，宝祐间，泉州统制司申枢密院，乞增置统领，不无十羊九牧之患，又本州乃嵯寇往来之冲，近抽拨五十人于邵武远戍，亦非分屯初意，识者以此二事为非便。统领贝国珍到寨居正副将衙后改卜同庆寺前创统领廨舍。

汀州屯田，见于汀州路上杭县立屯。一本屯元拨军人一千五百名，并田地牛具种子，田每军三名，耕田四十五亩，该田二百二十五顷，每亩纳米六斗。该粮一万三千五百石。牛每军三名，共使牛一只，内有军三名为离屯，写远使牛二只，计使牛五百一只。农具内斧头、镰刀、锄头、铁爬四色，每名各使一件，犁爬二色，每军三名共使一色。计农具七千件，斧头一千五百件，镰刀一千五百件，锄头一千五百件，铁爬一千五百件，犁五百件，木爬五百件。种子每田一亩用种谷六升，元拨田二百二十五顷，该种谷一千三百五十石。一本屯节该逃亡军人各奕未曾补拨。延祐七年终合有见在种田军人，实办粮米五千五百一十七石。

诸寨　长汀县古城寨，在长汀县西四十五里，旧在何田市。绍兴间，准朝旨迁创管界同巡一员，土军一百五十人。何田寨，在县南四十五里，元无之。嘉定间，郡守邹公非熊以市井□□创寨，轮差禁军三十人弹压。

宁化县　安远寨在下土，元名下土寨，庆元元年，旨移拨元驻县，及福林寺左翼军九十人将官一员往戍。绍定二年，寨毁于寇，抽回戍军。六年招捕使陈公韡奏请改下土寨

为安远寨，增作土军三百人为额。中定寨，在柳杨团，元系福林三溪，二寨额共管一百人。绍定六年，招捕使陈公韡奏废二寨，改名中定，增作二百人为额。南平寨，元系黄土寨盐巡，额管一百人。绍定六年，招捕使陈公韡奏废黄土移就潭飞礤创寨，增作二百人为额。北安寨，在招贤里，元系苦竹，额管五十人，绍定六年招捕使陈公韡奏请移创，增作一百人为额。以上四寨，乃绍定寇后。上司差运干陈诚之，同权宰李顺甫躬亲相视形势以定寨基。

清流县　明溪寨，在清流县东一百二十里，汀剑邵界首。绍兴间，本路帅叶公梦得奏请置巡检一员，管土军三百人，续准朝旨减三之一，衣粮三郡分给，内拨三十人驻石洞寨，今石洞寨废，复隶明溪。莲城县北团寨，元在莲城县二十五里，后毁于兵火，就县市西隐庵暂驻，近方创立寨宇。上杭县梅溪寨，在上杭县东梅溪口二十五里，巡检一员，元管上军一百五十人，今只一百人额。武平县三折溪寨，宣和间置巡检一员，管土军一百人，旧在溪西汀赣，梅三州界首，后梅州奏罢，止隶汀赣。绍兴初，寨毁于寇，移寓县东五里南安界院，因以为寨。象洞寨，在武平县南一百里，接潮梅界，群象生长，故名。政和间，置巡检一员，额管一百人。嘉熙间，诸台申奏改作南尉司，辟选人充阙，后复差巡检。永平寨，在武平县四十五里，地名帽礤。淳祐间，郡守郭公正已收补渠魁饶文炳就寨，管土军五十人。

诸县弓手　长汀县额七十人。宁化县额五十人。上杭县额一百人。武平县额七十五人。清流县额八十四人。莲城县额五十人。马递铺兵。境内计五十二处。三十五处元系省额，一十七处通莲城县。本州创置额共管三百一十八人，旧例禁军及厢寨铺兵等，新刺者月粮支小分或半分，衣赐以分数给，始小分三分之一，至大分四分之一，逐次增上，率三数载始得全分。郡守胡公太初谓非法，自开庆元年秋，庆诸军无问新旧，衣粮并全给，军心大悦，弓兵亦给循环历下诸县按月支散，取弓兵亲领押，月一缴申焉。教场　都教场名都试，在城东三里。乾道间郡守晁公子健创，端平间郡守李公华重创厅庑，长汀丞王九万为之记。

广节营教场在本寨内。

厢房土牢。州厢土牢在州西秋成门内，旧在鄞江门内都省仓侧，今以西监押厅废基改创。威果营土牢。广节营土牢。牢城营土牢。尉司土牢。今废。驻扎寨土牢。

古迹

《临汀志》

书古迹以存古也。今才十数条，盖荒诞诳怪者不书。

州城　唐明皇真容，《九域志》云："在至道宫"，今州城天庆观三清殿，有铜铸道装像是也。天庆观钟乃唐天宝五年，郡司马朝议大夫魏齐之铸，舍自为之记铭。开元寺大铜钟，长八尺许，径四尺余，厚四寸余。元丰三年庚申，寺僧思善募缘铸造，历一纪，积千缗未兴工，以铜禁止。郡人梁程诣阙进状，旨允始办料，再化到千缗及七宝等，告成于绍圣。乙灭时，郡守林公可，郡倅叶公庭芳，住持则僧宗祐也。钟声至远，闻于五十里外大息岭。

属县　金华坊，五代时，赖氏居长汀县东十里，夜淅米贮湳于槽，次晨辄空，赖异之。

因伺焉，见白牛即槽而饮，牛逾垣渡涧，登小坡忽不见，遗绳数尺许，白色如银，遂募人掘小坡地，得黄金数百斤，白金数倍。郡闻于朝，有旨悉还赖氏，捐所得创寺曰，"金泉"，观曰"金花"，至今犹存。

凌波营，今长汀县鄞河坊，江南野史云："南唐时许诸郡竞渡，每至端午，官给彩俾校殿最胜者摽赏，皆藉其名。后主因搜为水军，号凌波军，此其故营也。"至今犹呼是名。

定光齐棚，在鄞河坊，师旧与坊人邓正已厚善，呼师为郑道。一日正已凌晨出，遇狂魂数百遮道丐方便，正已曰："当请郑道为汝等诵经拔度。"遂筑室为道场。后遇众鬼曰："即托生矣。"师又亲书迎春祈福道场为牌，至春祈必招揭之，以寒雨为响应。淳祐间，郡守郭公正已重创。

旧州城，在长汀县东五里，名东坊口大丘头。自上杭长汀村迁郡于此，有灵显王庙今存，长老相传乃使院中庙。郡守陈公轩有诗云："五百年前兴废事，至今人号旧州城。草铺昔日笙歌地，云满当年剑戟营。"

县基岭，在今州城福寿坊，旧传置州东方口时，于此置县，今为民居，犹以是名。

古城，在县西五十里，旧传王廷政据建州筑城，于是以备江南兵，至今为古城团。

升仙台，在宁化县西四十里，亦名香炉石。旧传隋义宁间，有刘熊二道士修炼其间，白日飞升，居人为创升仙台。刻二像于石壁，祈祷应验，今台废而像存。旧州在上杭县北十五里，昔传自新罗迁郡治于此，号长汀村，今犹名。

屯营庵，在武平县东五里，何屯冈下，旧五代时统军使何姓。部武艺军于此屯。驻筑小城周二里许，故基犹存。

葛仙翁炼丹井，在武平灵洞山。葛仙翁炼丹龟在武平丰山下。

鱼矶石壁，在上杭县溪湍，中壁间一妇逐鹅，隐然如画。长老相传谓之仙女逐金鹅。治平四年六月，郡守周公约进铜板二片，有文曰天下太平，赐诏奖谕，宣付史馆，《寰宇记》：新罗故城在长汀县，牛肃纪闻云开元末新。罗县令孙奉先昼日坐厅事，有神见庭中披戈执殳，状甚可畏，奉先见之惊起。神曰："吾新罗山神也。今从府主求一牛为食。能见祭乎？祭吾当祐汝。"奉先对曰："神既有请，诚不敢违，然格令有文，杀牛事大，请以羊豕代牛可乎？"神怒曰："惜一牛不以祭，我不祐汝，其能宰乎？"因灭，于是瘴疠大起，月余不息，奉先病死，其家二口亡尽。《元一统志》："石燕在州城南七里。"

武婆寨，在上杭县来苏团之安香石山。往昔乡民结庐以避草寇焉。潭飞磜在宁化县南乡，重冈复岭，环布森列，登陟极难，磜居其中，坦然而平，山环水合，有田有池，草茂林深，易于藏聚。寇恃其险阻为私贩，为摽盗根据，百年莫敢孰何，此绍定间始祸之地，未几为淮兵荡平之。因置南平寨，《舆地纪胜》赖氏金唐开元间，州城东五里，居民赖氏家，每夜深有白牛入其厨，赖氏怪之。随牛走出过海上一小小山坡，入地不见。次日掘之，乃得黄金三十两、白金不知其数。王□人坟在城东寅湖中，王中正祖坟也。

圣泉庵，在武平县黄公岭之巅，有泉一泓，从石而出。虽千百人饮汲之，不竭，乃南安菩萨卓锡所□□三□堂，在州治西。

卷之七千九百六十二　十九庚

兴

帝王之兴

《春秋繁露·同类相动篇》

今平地注水，去燥就湿，均薪施火，去湿就燥。百物其去所与异，而从其所与同，故气同则会，声比则应，其验皦然也。试调琴瑟而谐之，鼓其宫则他宫应之，鼓其商而他商应

唐仲友

之。五音比而自明，非有神，其数然也。美事召美类，恶事召恶类，类之相应而起也。如马鸣则马应之。帝王之将兴也，其美祥亦先见；其将亡也，妖孽亦先见。物故以类相召也。

宋唐仲友《说斋集·晋论》

帝王之兴，当有功德。天人所助，在于信顺。晋之开基，义垂臣子。诒谋不远，取笑后人。使英材之君掩面知愧，其能保江南之业，亦云幸矣。

圣人之兴

宋周麟之《海陵集·贺张右相》

办天下之事，必须求天下之才。当圣人之兴，固自有圣人之耦。

周以仁兴

《抱朴子·用刑篇》

俗儒徒闻周以仁兴，秦以严亡；而未觉周所以得之不纯仁，而秦所以失之，不独严也。

中天以兴

宋薛季宣《浪语集·汉宣室铭》

有严二后宗道亶明，必世而仁，中天以兴。中叶弗虔，恩亲掩义，路寝王宫，而樽罍是实。

拟谢玄《喻奏檄》

盖闻天道好还，否极于焉复泰；人情助顺，豫动所以咸随。是以丹浦徂征，格有苗于舜禹；白登遇伏，杀郅与者宣元。方我后中天而兴，宜君子见几而作，兹故誊檄，天开示恩。

天之所兴

邵氏《闻见录》

秦始皇兼并天下，灰六籍，销五兵，废上古文武之事，自立一王之制，本大贾人吕不韦之子。曹操以奸雄之资，正大汉，有余力世官者，本夏侯之子。晋元帝渡江为东晋尚百年，本小吏牛氏之子。天之所兴，有不可知者。

政之所兴

《管子·牧民篇》

政之所兴，在顺民心。民恶忧劳，我逸乐之；民恶贫贱，我富贵之；民恶危坠，我存安之，民恶灭绝，我生育之。

王化可兴

宋王黄州《小畜集·四皓庙碑》

或曰："周公相成王，摄天子，功成制定，治礼作乐，号为先圣，历代仰之，岂先王之道过于周公乎？"愚曰："周公成文武之业，知王化可兴，故辅之以行道焉。先生当暴秦之后，知霸道终杂，故去之以远害焉。周公圣人之用者，先生圣人之晦者，但时异而迹殊耳。非所谓过乎周公者也。"

治道聿兴

宋孙觌《鸿庆居士集·谢汤枢密启》

治道聿兴，皇明委照，圣主议哀矜之典，大臣推从恕之仁。

礼乐有兴

宋薛季宣《浪语集·八阵图赞》

愚以为八阵之施，非徒救战而已。文仲子曰："诸葛亮而无死，礼乐其有兴乎？"非虚言也。

庠序大兴

《魏书·牵招传》

招，字子经。文帝践祚，拜招使持节护鲜卑校尉，置屯戍以镇内外，夷虏大小，莫不归心。招乃简选有才识者诣太学受业，还相授教，数年中庠序大兴。

文治猬兴

元王恽《秋涧集·陈总管去思碑》

一日为监郡曰："夫政以风俗为先，今国家文治猬兴，百废俱举，牧养元元，日就富庶。"

文风振兴

元王恽《秋涧集·参政王公行状》

时待制肥邈邻邑，闻公典卫，文风振兴，皤然来归，自是郡之文风亦为振兴。

五经复兴

马明叟《实宾录》

后汉鲁丕，字叔陆。沉深好学，孜孜不倦，兼通五经，拜赵相。门生就学者常有百余人，关东号之曰："五经复兴鲁叔陆。"本传

人文之兴

宋王婷《华阳集·回吕参政谢给事书》

方真主之励精，稽先王而发政，谓六经所以制天下之治，非大贤不能济人文之兴。

两程勃兴

宋朱晦庵《大全集·祭李延平文》

道丧千载，两程勃兴，有的其绪，龟山是承。

泰治所繇兴

宋《张南轩集·跋温公鼸座铭》

壅蔽者，天下之大患也。古之明王所以致治者，亦去此而已矣。其道莫先于虚己，莫要于任贤。虚己则壅蔽消于内，任贤则壅蔽撤于外。内外无蔽而下情毕通，泰治所繇兴也。

与治同兴

《书太甲》

德惟治，否德乱，与治同道罔不兴，与乱同事罔不亡。

非德不兴

宋《叶水心先生集·种德庵记》

家非德不兴，德非种不成。虽一人之家，未尝不与天地同其久长。

善处废兴

《晋书·王导传》

元帝时，刘用事，导渐见疏远。任真推分，澹如也，有识咸称导善处废兴焉。

不废何兴

《史记·晋世家》

晋惠公既得立，以重耳在外，畏里克为变，赐里克死，谓曰："微里子寡人不得立；虽然，子亦杀二君一大夫，为子君者，不亦难乎？"里克对曰："不有所废，君何以兴，欲诛之，其无辞乎？"乃言为此，臣闻命矣。遂仗剑而死。

霍衰张兴

《经远堂·分门故事》

张安世长子千秋，与霍光子禹俱为中郎将，将兵随范明友击乌桓还，谒大将军光。问千秋战斗方略，山川形势，千秋口对兵事，画地成图，无所忘失。光复问禹，禹不能记，曰："皆有文书。"光由是贤千秋，以禹为不材，叹曰："霍氏世衰，张氏兴矣。"

子孙必兴

《晋书·视连传》

视连临终谓其子视罴曰："我高祖吐谷浑公，常言子孙必有兴者，永为中国之西藩。庆流百世，吾已不及，汝亦不见，当在汝之子孙辈耳。"在位十五年而卒，有二子，长曰视罴，少曰乌纥堤。

七业俱兴

《群书类对·事苑》

晋刘殷，字长盛。有七子，各授一经。一子授《太史公》，一子授《汉书》，一门之内，七业俱兴。

三岁不兴

《易·同人》

九三，伏戎于莽，升其高陵，三岁不兴。

内谒不兴

宋王㷁《华阳集》

《皇长女徐国公主进封陈国长公主制》：表鲍女之宗，嘉外事之所不及；抑馆陶之子，戒内谒之，不可兴。

中夜以兴

《书》

怵惕惟厉中夜以兴。

载寝载兴

《诗·小戎》

言念君子，载寝载兴，厌厌良人，秩秩德音。

与鸡俱兴

温革《琐碎录》

早起不得在鸡鸣前，晏起不得在鸡鸣后，与鸡俱兴，此良法也。

《易蒙》兴

宋薛季宣《浪语集·遁甲龙图序》

《河图》戴九履一，左三右七，二四为肩，六八为足，五为心腹，圣人则之，而《易·蒙》兴焉。

豪杰兴

《孟子》

豪杰之士虽无文王犹兴。

嗣兴

《书·洪范》

禹乃嗣兴，天乃锡禹洪范九畴，彝伦攸叙。

龙兴

《书》

汉室龙兴，开设学校，旁求儒雅，以阐大猷。

宾兴

《周礼·地官》

以乡三物教万民，而宾兴之也。注物犹事。

夙兴

《诗》

夙兴夜寐，无忝尔所生。

《抱朴子·内篇论仙卷》

安得掩翳聪明，历藏数息，长斋久洁，躬亲炉火，夙兴夜寐，以飞八石哉？

姚成一《雪坡集·夙兴箴》

古之圣人，明德靡晦，昧爽丕显，未旦已待。予何人斯，虽旦犹昧，保兹清明，兴衣未艾。

葛胜仲《丹阳集》

幽居夙兴，宴安毒于鸩，嗜睡真成蛇。揽衣待明发，是味岂不佳。天宇自澄穆，群器肃无哗。喔咿鸡一鸣，众星犹撒沙。皂荚额头目，杨枝清齿牙。炉中结愿香，净几对贯花。澄怀睹道秘，浮念无由邪。欠伸起三昧，云锦升朝霞。

《陈简斋集·夙兴》

美哉木枕与菅席，无耐当兴载朝帻。木枕，见七卷和景纯诗。巷南巷北闻锻声，杜福仄行，我居巷南子巷北舍后舍前唯月色。事国无功端未去，竹舆伊鸦犹昨日。不见武林城里事，繁华梦里生荆棘。东坡和鲜于骏诗："繁华真一梦"，阮嗣宗咏怀诗："繁华有荣悴，堂上生荆棘。"成坏由来几古今，乾坤但可着山泽。西湖已无金碧丽，雨抹晴妆尚娱客。东坡《游临安功臣寺》："冈峦蔚回合，金碧烂明绚。"又《饮湖上初晴后雨》诗："水光潋滟晴方好，山色空濛雨亦奇。欲把西湖比西子，淡妆浓抹总相宜。"会当休日一访之，摩挲苍藓慰崖石。灵仝诗："摩挲青莓苔，莫嗔惊着汝。"只恐冷泉亭下水，发明白发增叹息。李太白《梁甫吟》：宁羞白发照绿水，老杜《月诗》：能添白发明，《风赋》：发明耳目。

周美成《清真集》

曈曈海底日，赤辉射东方，先驱敛群翳，微露不成霜，早寤厌床第，起步东西厢。引手视掌纹，黯黵未可详，念此阅人传，三年得跧藏。弛檐曾几时，兹焉忽腾装，问今何所之，意行本无乡。晨钟神惨悲，夜鼓思飞扬，与俗同一科，何异犬与羊。平明催放钥，利害纷相攘，颠倒走群愚，岂但渠可伤。

张镃诗《秋日夙兴》

晨起浴倍佳，爽疏洞肤发，灵芜郁宝鼎，精忱睇天阙。三十六帝座，一一神远谒，旋瞻云始盈，洒雨乡飘忽。余霏集栏庑，林翠忻荫樾，高枝闪稀星，万叶被湿月。吟喁蛩蛩辈，草际竞窸窣，观生物我齐，岂计辨与讷。羲车倡群动，静思若易歇，摩挱山头石，汝相筋称骨。

陆游《渭南集·寺居夙兴》

闲居无一事，睡少自夙兴。空庭翠雾合，高树红日升。策杖绕四廊，悄然不逢僧。厨烟俄漠漠，鱼鼓亦登登。晨粥香满堂，粱肉坐可憎。匡山在何处，吾将买行縢。

《官舍夙兴》

朝阳澹澹挂窗明，桐叶无风忽自零。不复扶头倾白堕，但知临目养黄宁。新蔬带露来幽圃，修绠飞泉洒广庭。一出文书又围绕，正应高卧尽颓龄。

夙兴

客中睡眠少，常以鸡鸣兴。薪炭炽宿火，膏油续残灯。焚香倚蒲团，外静中已凝。荣辱两不到，澹如秋水澄。出定窗已白，炯炯寒日升。厨人作芋糁，供此在家僧。

草堂风雨少睡眠，骨冷始觉非壮年。水鸟长鸣声戛然，庭中栖鸦亦已翩。老人清饿如龟蝉，起坐甚爱小窗妍。一生宦游膏火煎，归来杜门气粗全。人看虽不值一钱，知我自有穷穷天。赋诗藁我弃不传，残钟断磬知谁编。

夙兴蓬短发，幽步豁烦襟。翠碧停栏角，黧黄语柳阴。书残频补缉，琴废细追寻。未是全无事，犹堪养道心。

幽梦回千里，高城转五更。窗虚送月落，竹动喜风生。自笑行安往，犹思坐待明。郊居少僮仆，手自辟柴荆。

钟已楼头动，灯犹帐外残。霜浓愁枕冷，病起觉衣宽。鹤怨凭谁解，鸥盟恐已寒。君恩等天地，应谁纳微官。

喔喔老鸡催落月，丁丁残漏伴斜河。一杯淡粥寒灯下，还与山僧不校多。

青灯黄卷拥篝炉，残发垂蓬未暇梳。略似诸生勤夜课，绝胜小吏迫晨趋。鸡声喔喔寒犹力，月影离离炎欲无。幽致满前君不领，枉因留滞叹头颅。

老眼无眠觉夜长，揽衣不复待窗光。明星渐淡避初日，秋露已浓生晓凉。出草幽花红紫杂，穿林啼鸟去来忙。是中有趣君知否，喧寂年来已两忘。

病后精神殊未减，披衣每起侍晨鸡。爱书不厌如平壑，戒酒新严似筑堤。莫叹茅茨常局促，犹胜薄领若沉迷。迎长渐近丹当熟，已觉温温下彻脐。

《宋元宪公集·初春夙兴》

戍城官柝应营茄,愁枕无眠感曙鸦。料峭风头犹助冻,苍凉天角欲成霞。离离弈局残星坠,脉脉刀□片月斜。尚喜初年轻病骨,半簪蓬影况苍华。

《宋景公文集·早春夙兴》

晓参横没月沉烟,寺鼓军刀隐隐连。初暖欲归池中地,剩寒犹属陇梅天。遥帷曙气吞篝烛,病榻邪风袭贡绵。独意王筠斋壁咏,玉蜡霏溜破霞笺。

《黄山谷外集·和外舅夙兴三首》

寓大云寺作瓜蔓已除垄,苔痕犹上墙。蓬蒿贪雨露,松竹见冰霜。卷幔天垂斗,披衣日在房。退之诗:"惟时月魄死,冬日朝在房。"无诗叹不遇,千古一潜郎。董仲舒有《士不遇赋》云。《文选·司玄赋》云:"尉庞眉而郎潜兮,逮三弃而遘武。"注云:汉武故事,颜驷汉文时为郎,至武帝辇过郎署,见驷庞眉皓发。上问曰:"叟何时为郎?"答曰:"文帝时为郎,文帝好文而臣好武,至景帝好美而臣貌丑,陛下好少而臣已老,是以三世不遇。"上感其言,擢拜会稽都尉。

风烈僧鱼响,霜严郡角悲。短童疲洒扫,落叶故分披。水冻食鲑少,食鲑见上瓮寒浮蚁迟。《文选》曹子建《七启》云:"盛以翠樽,酌以雕觞,浮蚁鼎沸,酷烈馨香。"李善曰:《释名》云:"酒有泥齐,浮蚁在上,泛泛然。"朝阳鸟鸟乐,安稳记禅枝。鸟鸟声乐见上,杜诗"禅枝宿众鸟,漂转暮归愁。"孟浩然《东寺》诗:禅枝怖鸽栖。暑逐池莲尽,寒随塞雁来。《月令》孟春仲秋皆曰鸿雁来。而孟春注曰:雁自南方来,将北反其居。诗言暑尽当作仲秋也。衣裘虽得暖,狐貉正相哀。《论语》:衣敝□袍,与衣狐貉者立而不耻。僧汲辘轳晓,车鸣关镴开,不因朝鼓起,来帙乱书堆。杜诗"书乱谁能帙,杯干自可添。"

宋张镃《夙兴》

霜池微带月痕斜,风竹声如撒细沙。坐到晓窗尤可爱,只愁烘损蜡梅花。

《宋元宪公集》

梦惊单枕拂霜毛,月影初低烛影高。枝上万禽犹寂寂,寒鸡何事独三号。

刘将孙《养吾先生文集·夙兴》

自笑闲身爱睡乡,时时也作揽衣忙。西风三日木犀雨,薄晓满城梅角霜。三十九年惊梦过,五更二点记班行。八千里外爪期报,徙倚看云喜意长。

序兴

《礼记》

夏籥序兴。注:序,更也。

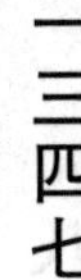

三兴

《汲冢周书·大武解》

伐有三兴:一政以和时,二伐乱以治,三伐饥以饱。此所行当之也。

五兴

元吴澄《支言集》

天理难莹,人欲易胜,惟不知警,遂情其性,爰作五兴,于以自省。时咸淳丁卯六月九日也。冰玉泉火蒉稗各详本字。

六兴

《数类》

管子曰:德有六兴,法有五务。六兴者何也?曰:辟田畴,利坛宅,修树艺,劝士民,勉稼穑,修墙屋,此谓厚其生;发伏利,输墆积,修道途,便关市,慎将宿,此谓输之以财;水潦,利陂沟,决潘渚,溃滞,通郁闭,慎津梁,此谓遗之以利;薄征敛,轻征赋,弛刑罚,赦罪戾,侑小过,此所谓宽其政;养长老,慈幼孤干恤鳏寡,问疾病,吊祸丧,此谓斥其急;衣冻寒、食饥渴、斥贫窭、振罢露、资乏绝,此谓振其穷。凡六者,德之兴也。六者既布,则人所欲无不得矣。然后听上,听上,然后政可善为也。

东兴

《舆地纪胜》

在无为军。魏嘉平四年,诸葛恪于东兴作大堤遏巢湖,左右依山挟筑两城,魏诸葛诞来攻,恪大破之。

发兴

《元一统志》

地名，在四川叙州府富顺县。

合兴

《云南志》

在曲靖府，陆凉州，系坊郭乡镇名。

弥兴

《云南志》

在姚安府大姚县，坊郭乡镇名。

建兴

《西溪丛语》

按《宝林传》云：能大师传法衣处，在曹溪宝林寺。大监二年，韶阳太守侯敬中奏请为宝林寺，唐中宗改中兴寺，神龙中改为广果，开元中改为建兴。

定兴

元王恽《秋涧集·论定兴隶属涿州事状》

切见定兴新城，爰自亡金，系京畿属邑，况根本所在，势无太重，合无改正，复隶涿州。

范石湖《北征小集》

定兴，旧黄村，虏新建为县，井邑未成。新城迁次少人烟，桑柘中间井径寒。亦有染人来卖缬，淡红深碧挂长竿。

释法兴

《高僧传》

释法兴唐洛京人，七岁出家，不恭流俗，诵《法华净名经》，戒律轨仪，有持无犯，后建三层七间弥勒大阁，大和二年端坐入灭。详兴福僧。

道兴

《高僧传》

道兴，姓刘，本住秦州，八九岁时常念出家，私诣僧寺，不肯还，二亲恐失。年十九决意定，诣大光寺出家。母为贼掠去，离城六十里。兴后命寻逐，至已被伤，未绝，贼见曰："此僧诚为至孝，逐母至此。"便不尽命，乃背母还城。兴遇疾甚，闻室中音乐声。自念："我所求者本在佛果，不愿人天所愿不虚，诸有魔乱，自应消灭。"言已声灭。自此便差，常礼千佛，日别一遍。永徽三年，玄装法师送舍利，令供养，兴获已，于房内立道场。发正愿曰："若一生传法并礼贤劫千佛，如契圣心，请放光明，如谓一至，并为金色，弟子咸见。"以显庆四年月日终于福胜。详明律僧。

智兴

《高僧传》

智兴，俗姓宋氏，唐沼州人。大业五年仲冬，掌维那时钟所。后寺僧三果者，有兄从帝南幸江都亡没，初无凶告忽通。

诗文

《唐诗拾遗晨兴》

晨起竹轩外，逍遥清兴多。早凉生户牖，孤月照关河。旅食甘藜藿，归心忆薜萝。一樽如有地，放意且狂歌。

宋张文潜《宛丘集·晨兴》

喔喔鸡向晨，夙兴邻里静。朝光出东岗，秋晓气耿耿。亭亭脱叶树，寒意已疏劲。草根有微露，醲绿尚交映。老夫起默坐，览物感衰盛。忽然遇杯酒，酣歌朝达暝。

《八月十一日晨兴三首》

老人秋少睡，禅诵每晨兴。邻碓舂残月，床蛩语暗灯。高林鸟声起，幽草露华凝。芇枝兼禅榻，生涯一野僧。

端居岁已晏，秋履亦萧然。云露窗前日，秋明树外天。大江寒欲落，诸岭霁逾鲜。白首无聊剧，昏昏只醉眠。

江上秋阴合，柯山晓雨来。貂裘欲辞箧，纨扇已生埃。落叶湿相籍，晚花寒未开。殷勤探黄菊，九日泛清杯。

《宋景文公集·和石学士直舍晨兴》

高阁休残暝，层梁逼早暾。芳风万年树，残月九重华。枕歌渊鱼梦，裘贪睡貉温。星杓压城角，天汉落河源。肃唱千庐寂，传开万户喧。烟浮紫慕观，春著翠梧园。有客方岑寂，绸书滞讨论。新年居右席，此地到西昆。砚泻含毫滴，刀余削柿痕。谈高白马度，颂罢碧鸡翻。幸接雌黄儿，同欢清白樽。古乐府有清白各异樽不因窥丽句，谁刮翳瞳昏。

病兴

病兴还见岁华阴，身属櫜鞬久未任，主画固须烦孟博，病中州务悉委监郡作书宁免倩陈琳。书疏多假手仙丸玉匕贪余饵，甜酎银瓯喜细斟。谁笑衣囊长寂寞，横思新得汉台金。

僧文珦诗《晨兴》：晨兴启蓬户，当面来清风。初日丽乔林，光影尤玲珑。悠然与心会，物物皆冲融。得丧岂吾事，此道足自终。

周思成诗

振衣起附火，衣敝非华襟。□面出澄景，理发生道心。日月互回斡，云霞莽飞沉。览镜启疏牖，隔墙见高林。晨光一以照，树色忽如金。江南久淹泊，尘境空狂吟。返照珠玉质，尺宅自良箴。神凝契元化，语简合大音。岁晚鸟雀少，天寒城郭深。兹焉有妙悟，丹

将弦上寻。

陆游《渭南集》

冬日惟晚睡，夏日思晨兴。磊落明星高，苍凉朝日升。正襟坐堂上，有几不敢凭。前陈圣人书，凛若蹈渊冰。平生不苟利，岂独畏友朋。长饥君勿诮，人各有不能。

欲晓不能寐，亟起坐北堂。斋庄对断简，左右陈朱黄。湛湛一池墨，袅袅半篆香。老生不自逸，幸此夏日长。奇哉长头儿，好勇不可当。安得数年健，与儿讲虞唐。

《秋日晨兴》

翻树鸦知旦，横空雁戒寒。但欣苏肺谒，未暇议衣单。粥鼎汤初沸，香篝火半残，读书心渐懒，顾影一长叹。

《晨兴》

小雨过郊墟，晨兴一事无。残榴重结蕊，新燕续生雏。书细犹能读，行迟渐要扶。蔬畦恐芜没，且复课僮奴。　未旦鸡三号，将旦鹅群鸣。湖陂地旷快，颇乐闻此声。回首宦游日，铃索搅五更。未言簿书劳，谗谤随日生。一饥百忧散，洒然怀抱清。雨后初得荠，晨庖有珍烹。岂不念加糁，侈汰恐易萌。且当读古书，至味敌大羹。

倦枕厌寒夜，起寻残火温。喈喈众鸡动，耿耿一灯昏。野气增霜力，窗光淡月痕。早朝非老事，且复灌吾园。晨兴未栉盥，扶杖并檐立。断云东方行，庭草露犹湿。朝饥神益爽，清虚自来入。可怜数鸡雏，随母啄遗粒。蝶残蚍蜉喜，鼠腐鸱鸦集。吾当一洗之，漱泉开玉笈。

《三孔清江集》

清寒薄体不成眠，起步庭除思悄然。正是雨晴寒食夜，杏花枝上月婵娟。

宵兴

我眠何由安，击鼓中夜起。出门若秉烛，月色照千里。屋瓦微有光，纷纷霜正委。清寒薄驼裘，六合气如水。既归整灯火，危坐阅书史。羸僮拭眼睫，待我色不喜。问之强应对，固已噤口齿。金壶涩水澌，城上更屡死。戍兵饱且昏，汗漫睡方美。援桴虽贱事，其实关众耳。奈何司晨夕，倒错一至此。惟有赤帻鸡，嘐嘐鸣不已。　宵兴视星斗，侧身坐长叹。秋风忽已至，万木鸣珊珊。垂髫初执卷，结发乃弹冠。功名当及时，一失何由还。丈夫惜少壮，日月如走丸。念躬黑尚寡，筋力无所难。白首佩黄金，意气亦已阑。所以飞腾心，顾盼生羽翰。诗人咏嵩高，不尔歌考槃。胡为两未决，碌碌守一官。

晏兴

天禄仇书少，衡扉出沐频。贪成一枕梦，不识九衢春。日上吹尘隙，烟消曲突薪。当关且相置，潘官拙于人。

邵尧夫诗《兴亡吟》

孙陈李三人，亡国体相似。虽然少有文，何复语英气。曹刘孙三人，兴国体相似。虽然少有才，何复语命世。

张镃诗《北山早兴》

出郭凉舆稳，山晨气自浓。寺园逢水断，塔路过烟重。啄木声穿竹，凌霄色映松。世欢吾傥泥，那遂此从容。

赵蕃《淳熙稿晨兴次季承韵》

薄雾收残雨，疏云漏晓暾。泥行从下上，归近得欣奔。近作要重录，旧书仍再温。平生屏居趣，毕世愿衡门。

刘寔《彭城集·晨兴》

宿露寒犹重，升曦旦尚昏。高秋凋众木，百里见平原。水涸看鱼族，回收长稻孙。冥山不可望，那复更南辕。

《宣城总集·闻梅二授德兴戏书》

君家小谢城，为客洛阳里。绿发方少年，青衫喜为吏。重湖乱山绿，归梦寄千里。洛圃见秋鸿，江南老芳芷。自言北地禽，能感南人耳。京国本繁华，驰逐多英轨。争歌白雪曲，取酒西城市。朝逢油壁车，莫结青骢尾，岁月倏可忘，行乐方未已。忽尔畏简书，翻然浩归思。江山故国近，风动饶阳美。楚栖烟中黄，吴莼波上紫。还乡问井邑，上堂多庆喜。离别人所难，更畏秋风起。

三山林希逸《竹溪集·晨兴和前韵》

分剂元无欠与余，化工最功是乘除。壮怀何必风云入，净念须看露电如。玄在不妨雄柘落，诗成自笑甫狂疏。新来一事尤堪讶，眼已眵昏学草书。

《咸淳毗陵志》曾几《发宜兴》

老境垂垂八十年，又将家上铁头船。客留阳羡只三月，归去玉溪无一钱。观水观山都废食，听风听雨不妨眠。从今布袜青鞋梦，不到张郎善卷边。

泛舟溪间图

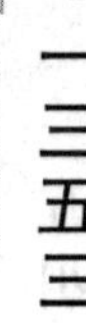

《送陆士伦之宜兴》

(李嘉祐)阳羡兰陵近,高城带水间。浅流通野水,绿茗满春山。

《江湖集·王渊吟稿·送董仓归宜兴》

几上求闲请,今朝始得行。酒浇归梦熟,诗压去船平。人忆随车两,天多卷舌星。家山未可恋,行复上青冥。

宋《王东牟先生集·送蒋推官归宜兴》

阳羡溪头蟹正肥,三年客尽拂征衣。一川秋色背人去,溯汧而行故言背人满路黄花迎子归。未用解装荣故里,少须通籍扣天扉。红妆莫作离皇怨,自有鹓雏接翅飞。推官道中期有得子之庆,故末章及之

《李大隐先生集·送汪彦章之宜兴》

春江渺渺草芊芊,晓色晴岚映客船。结绶相先真偶尔,盍簪易失故依然。获麟笔削闭中断,吐凤文词海外传。行李同途不同发,消魂回首各风烟。

刘行简《茗溪集·宜兴道中》

客怀无事口增怨,遮眼残书懒即休。午睡忽惊如唤觉,乱山无数满船头。

《江湖续集》沙门绍嵩、亚愚江浙纪行集句《待舟西兴遣闷》

海涌银为郭,吴疆与越连。有山来枕上,无酒到愁边。烈烈寒风起,悠悠落日悬。孤舟未得济,少驻祖生鞭。诚斋　杜荀鹤　贾岛　潘邠老　唐太宗　晓莹　王昌龄　翁元广

王之道《相山集·送彦逢弟赴西兴盐场》

闻道西兴去,全家共小舟。别离江北岸,怀抱海东头。闪闪风帆远,滔滔雪浪浮。茗溪在何许,应为故人留。

《江湖集》四明陈允平诗《西兴》

西兴潮半落,渔浦日初昏。岳面云收脚,沙头浪积痕。楼钟鸣野寺,船鼓入江村。回首长安路,归心几断魂。

毛珝《吾竹小稿》

蚤暮船争渡,都城隔岸间。昔为渔钓地,今作利名关。潮探尘中事,年催客里颜。水迁花又发,吾欲老江湾。

《西兴寄呈》

生平未始识东州，不谓招邀得漫游。南镇门前秦望晓，西兴浦口浙江秋。风搏怒气潮初落，山涌青冥雨乍收。岂为登临重回首，使星只在五云头。

钱唐陈起诗《西兴道间》

此心只欲与民安，不要人知道有官。雇得轿来虽是小，买他船去却须宽。

《楼攻愧先生集·过西兴》

几载京尘涴客裘，江村乍入倍清幽。柔桑稚麦寒犹在，流水落花春又休。苍狗浮空惊易失，白驹过隙若为留。细思谁似垂纶者，买酒烹鱼百不忧。

许纶《涉斋集·雨度西兴》

身世重逢舜继尧，谏垣收拾到篘荛。若无阙事关愚虑，何有微尘答圣朝。卿列骤迁妨骏颖，君恩宽许逐渔樵。江神何事风波恶，冒雨钱塘试晚潮。

《刘龙洲集·过西兴》

奔涛汹涌欲骑鲸，船去钱塘棹子停。何日子胥鞭楚墓，伤时周顗泣新亭。蚊虻过耳蛮音恐，虾蟹薰人海气醒。吴下阿蒙非昔日，眼高相对有谁青。

苏泂《冷然斋集·小憩西兴》

吴越相望一苇通，迁几不隔半帆风。元晖有句无人识，尽在西兴落照中。

《滕元秀诗集·江上望西兴》

跨浦桥边万里风，客帆去尽暮江空。西兴只在斜阳里，白壁青林淡染红。

徐恢《月台集·望西兴偶成》

痕痕雪璧隐疏烟，正是西兴落日边。潮水退黄山送碧，问人还有渡江船。

喻良能《香山集·点检朝陵内人顿递至西兴道中纪事》

平湖潋滟摇春风，偏舟轻驶如飞鸿。垂杨万缕长青茸，倚岸崇桃醉脸红。满空烟雨霏濛濛，柯桥精庐闻午钟。平畴麦苗青芃芃，崇峰秀岭纷玲珑。图经未看名叵穷，雨葩烟叶交朦胧。吾欲图之谁其工，妙语却思六一翁。解道山色有无中，薄暮舣舟依竹丛。夜深点滴听孤蓬，天明利涉浮梁雄。钱清虽小炊烟重，我生之辰今适逢。一杯不暇缘匆匆，聊以新诗娱老悰。龛山西北水溶溶，白鹤桥边小梵宫。海天茫茫空复空，放眸一望日本东。萧山小邑河阳同，桃李漫山如锦幪。溪旁驿亭名梦笔，故居知是江文通。西兴浦口天连水，满眼长安紫翠浓。

《北涧禅师诗集·陈襄阳归长兴》

玉帐拥貔貅，朝天爽借留。勋庸收素定，江漠耻横流。传有旧时癖，池无暇日游。貂蝉倘来耳，又见出兜鍪。巾子山前寺，曾分华顶薇。去寻龙首约，因此客儿归。白羽精戎律，黄金缓带围。孔融倾座处，西望几斜晖。公自永嘉访莫魁回

《惟扬志·泰兴道中》

县郭连青竹，人烟近绿萝。地偏春事少，山迥夕阳多。暗水披岩落，轻帆掠岸过。传呼细扶柂，吾老怯风波。

文天祥《文山集·杜句》祥兴六月，
世杰自磵川北还至崖山止焉，崖山
乃海中之山，两山相对延袤中，
一衣带水山口如门，世杰以为
形胜安之。

南游炎海甸，送魏六丈沃野开天庭。桥陵韵呈县官真龙竟寂寞雷，乾坤水上萍。衡州送李大夫

己卯正月十三日，泛舟直造崖山。
世杰不守山门，作一字阵以待之。
及入山门，作长蛇阵对之。二月六
日又乘潮进攻半日而破。死溺者数
万人，哀哉。

弧矢暗江海，草堂百万化为鱼，潼关吏帝子留遗恨，过南岳入洞庭故国莽丘墟。逃难《世杰于战败后，乘雾雨晦冥，以数舟至朱崖》：朱崖云日高，遣过风浪无晨暮。怀台州郑司户冥冥翠龙驾，雨今复在何许。宿清溪驿

初行朝有船千余艘，内大船极多。张元帅大小船五百，
而二百舟失道久而不至。北人乍登舟，呕晕，执
弓矢不支持，又水道生疏，舟工进退失据，使初至，行朝乘其未集击
之，蔑不胜矣。行朝依山作一字阵，绑缚不可复动。于是不可以攻人而
专受攻矣。先是行朝以游舟数出得小捷，他船皆闽浙水手，其心莫不
欲南向，若南船推锋直前，闽浙水手在北舟中必为变，则有尽歼之理。
惜世杰不知合变，专守法。呜呼！岂非天乎。

六龙忽蹉跎，别唐十五诚川广不可溯。送汝阳王琎东内吹春水，送程录事乾坤莽回互。怀台州郑司户幽燕盛用武，昔游六合已一家。后出塞眼穿当落日，喜达行在沧海有灵查。喜晴客从南溟来，客从黄金今在否。留别张使君天高无消息，幽人未忍即开口。述怀南岳配朱鸟，望岳地轴为之翻。晦日寻崔戢皇纲未为绝，北征云□谁再论。览柏中丞官制。

《番阳志·德兴寓舍》

经案朝看日，书窗瞑坐时。谩吟五字句，戏诵百家诗。破梦春风动，无眠夜雨知。一生闲处著，丧乱发如丝。

《中兴江湖集李泳诗西兴》

山拥千家邑，江涵万顷天。洪涛春落日，老树秫荒烟。失路或搔首，夷途争着鞭。劳生几寒暑，丰鬓已苍然。

元董嗣果《英溪集·西兴道中二首》

无马可租冲晓去，有筇堪策趁晴行。初程便是萧山县，喷火榴花两岸明。　狂走断贻猿鹤笑，醉吟忽感岁时迁。野桥流水湘湖路，欲撷莼丝饭午前。

杨仲宏诗《送张仲实之宜兴》

南渡邦初造，西山将独贤。立功何赫赫，流庆尚绵绵。报国横戈数，登坛授钺专。风云方际会，江海固周旋。控险千钧弩，临危七宝鞭。忠诚深足仗，智勇实兼全。自返亭桥后，端持宥府权。兵威终抗敌，人力可回天。甲第无逾者，诸孙固颖然。初生同燕颔，有美自蝉嫣。善学闻当代，能诗起妙年。卫公犹故物，郑老竟寒毡。矫矫青云器，泠泠白雪弦。同游虽未达，自觑已无前。政事兼留意，时髦孰比肩。知机无转石，纵辨若奔川。特达群公荐，寒酸众自怜。姑为文学掾，会觅孝廉船，必见公侯复，无论雨露偏。秋风雕鹗健，万里正翩翩。

《连百正集·冬日晨兴》

开楼看雪坐，半榻著吟僧。顽甚不知冷，唾来还欲冰。空庭眠病鹤，冻壁立僵蝇。邻巷有贫者，晓炊犹未能。

杨叔能《小亨集·晨兴》

晨兴意不释，茫然坐多时。书帙空插架，盘餐懒拈匙。筋骸厌蜷跼，曳履下阶基。伤心窗外树，霜叶寄寒枝。

《张文穆公文集·送张彦高赴宜兴》

与翁契谊久相亲，有子皋比坐上人。此日丝纶来北阙，向年阀阅流西秦。冷官当暑毡还暖，旧学缘州扁更新。回首家庭才一水，问安图得寄书频。

元明善《清河集·宵兴辞》

秋方横兮厉清，月滟滟兮露零，气入兮虫鸣，摧感兮宵兴。呜呼皇天胡庸天懔秋，而不恒乎春阳？山惨惨以改色，木谢谢而怀光，人途塞于退密，物闭藏而惧伤，曰平分以四时，孰敢私乎爱憎？斯凛秋之或惧，将弗履诸层冰，引浊酒而取醉，恣惛酣以游神，神既游于玄邈，吾何有于秋春。

《李庄简公文集·水调歌头·罢政东归,十八日晚抵西兴》

晚渡呼舟疾,寒日正苍茫。西兴浦口云树,真个是吾乡。闻蜗庐好在,小圃犹存松菊,三径未全荒。收拾桑榆景,蓑笠换金章。珥金貂、拥珠履、在岩廊。回头万事何有,一枕梦黄粱。十载人间忧患,赢得萧萧华发,清镜照星霜。醉倒休扶我,身世永相忘。

周似周《瓢泉词稿·庆宫春送袁仲野归绍兴》

彩笔传歌,青衫捉剑,暮中谁似风流。使檄联芳,宾筵接武,后尘每继清游。晓云春梦,试回首星霜再周,仙曹书满,荐剡交推,一鹗横秋。

扁舟乍可,夷犹一镜,平湖数点轻鸥。醉客疏狂,骚翁豪放,二公同是朋俦。仕而犹隐,料出处胸中已筹。故虽好未许归来,一赋休休。

兴氏

《千家姓》

羽武都。

《姓氏急就篇》

兴氏,后汉有谒者长兴渠。后魏慕容氏破后,忌而诛之。时有免者,不敢复姓,皆以兴为氏,后诏复旧姓。

吴兴郡

杜佑《通典》

东至吴郡三百一十里,南至余杭郡百九十里,西至宣城郡三百八十七里,北至吴郡二百一十里,东南到余杭郡盐官县界一百七十二里,西南到宣城县界二百六十一里,西北到晋陵郡三百三十二里,东北到吴郡二百二十二里,去西京三千三百四十一里,去东京二千二十四里,户六万八千五百八十一口,四十六万一千四百七十九。乌程秦汉旧县,隋废东迁。县入南有衡山。《左传》云吴伐越至于衡山,即此是也。武康,古防风国。《舆地志》曰:汉乌程县之余,不乡地。汉末童谣云:天子当兴东南三余之间,吴乃改会稽之余,既为永兴分,余不为永安,以协谣言。晋以平阳已有永安县,故改此永安为武康,有前汉封山禺山青山。安吉故障县地,《吴兴记》曰:汉张角之乱,此邦独守险助国。汉朝之故灵帝分称南乡，置安吉县。德清旧名临溪，有吴光山，余不溪，孔愉放龟于此溪。长城有十山若溪，吴王阖闾使弟夫槩居此筑城，狭而长。晋武帝置县，因以为名县，西八十里障郡，故城即秦障郡县城也，今号为府头是也。

《苏颖滨集·送吴思道道人归吴兴》

一去吴兴十五年，东归父老几人存。惠山唯有钱夫子，一寸闲田晓日暾。遨游海上异逢人，宴坐山中长困门。去主只今谁定是，相逢一笑各无言。

次韵子瞻将之吴兴赠孙莘老

宦游莫向长城窟，冬冰折胶弦亦绝。吴中腊月百事便，蟹煮黄金鲈鲙雪。京城旧友一分散，近忆吴兴泪满颊。世事反覆如翻飞，今日共鲧前益垂。畏人但恐去不远，适意未觉归来迟。借问校雠天禄阁，何如江海同游嬉。

顾况诗《送李侍御往吴兴》

世间只有情难说，今夜应无不醉人。若向洞庭山下过，暗和浇沥圣如神。

张文潜《宛丘集·赴宣城守吴兴道中》

秋野连云静，三吴稻熟时。风江客帆疾，晴野雁行迟。草木霜天晚，山川泽国卑。宣城不负汝，好继谢公诗。

许浑诗《送客归吴兴》

绿水棹云月，洞庭归路长。春桥县酒幔，一作旆夜栅集茶樯。箬叶沉溪暖，苹花远郭香。应逢柳太守，为说过潇湘。

范石湖诗《李深之西尉同年谈吴兴风物，再用古城韵》

李侯昔游吴，莲舟镜苍茫。风鬟与雾鬓，共濯玻璃光。采花不盈舫，日暮云水香。还登缥缈楼，罗襟酒淋浪。卷箔纳星月，蹋筵按伊凉。安知有恨事，但恐蒹葭苍。风吹落穷谷，草深麋鹿场。高冈若炎热，游子悲异乡。尚喜简书省，期会无忽忙。犹余作诗苦，消瘦如东阳。

秦观诗《吴兴道中》

黾勉荜门下，十年守一方。胡为御舟者，挽我置此傍。青山不肯尽，流水故意长。虽云道理远，瓦樽有酒浆。

《蔡端明集·送胡武平出守吴兴》

东南有佳士，文章志清若。翩然请郡章，入居使居府。霅水生春澜，莹静沙可数。霁日明旌旗，长风送饶鼓。烟帆十丈船，湖山一抔土。橘嫩宴亭秋，茶香斋阁午。神欢所适宜，动默造幽睹。应念怀铅人，垂头证鱼曾。

庞谦孺《白苹集·还至吴兴，春事已过，绿阴森然，小圃可爱，摘青梅尝煮酒一首》

为客清霜重，归来夏木苍。鸡鹅惊甚大，童稚觉微长。花絮今无迹，园林未肯荒。青梅应可摘，腊酒要开尝。

梅圣俞《宛陵集·依韵和正仲赋杨兵部吴兴五题》

雨过见虹明，长桥欲映城。窗间晴气入，空际昼凉生。有扇徒看尽，无冰自觉清。人知太守姓，不减汉公名。又清风楼　明月楼　碧澜堂　逍遥堂各详下字

张舜民《画墁集·送孙积中兄侍次吴兴》

驿骝不惜换舟行，人到归时意气生。五马未来迎使节，四弦何事作离声。焚黄此去荣乡里，垂老相看老弟兄。来岁北来如访我，寄书频到利陵城。

《胡文恭公集·送陈铎归吴兴》

六篇高论吐虹霓，报罢扁舟击汰归。地上麒麟须远到，天边鹰隼且卑飞。秋来若下醪醅熟，寒去江头绘缕肥。莫叹隋和犹未售，玉蟾濡翰待君挥。有诏秩满簪笔禁林

马碧悟《玩芳集·外孙朱饶归吴兴》

出门一别行千里，闭户归居读五车。天路尘冥车服骥，世科墨湿字翻鸦。绣绷尚忆春晖报，云舍无令暮霭遮。晚岁饰巾吾待尽，高空摩翮汝横斜。

《张紫微先生集·如吴兴舟中读白乐天诗有作》

离离云树泛朝曦，十月江南未变衰。纵擢千寻霅溪水，散怀一卷乐天诗。平生名宦休回顾，随分追游且自欺。不敢将心比余事，逍遥何似洛川时。

虞俦首《白堂集·赴吴兴，初入境，是日立春》

诏书催发太频频，十一月二十一日除书下凡七次，被受省札催辄之任。千骑东来喜望尘。不为寻芳宁较晚，固应入境便颁春。风和渐觉旌旗转，野旷遥闻钲鼓新。千里嗷嗷方待哺，自惭何以慰斯民。

刘行简《苕溪集·曾宏父将游吴兴，示所和叶内相八首，次其韵，太守亦和，故并及之》

苹洲景物最恼客，无赖山色只供愁。短棹从渠系烟雨，春容并在水南头。并山微径

自曲折，野人种花无数蹊。太傅风流犹可想，楼船皓齿合招携。

谢家溪亭花锁碎，尚忆故岁春未阑。觅得小航冲雨去，湿红飞处忍朝寒。

使君觅句自超绝，一作逸江边乌臼能绝人，我疑秘思有天巧，滉漾胸中百顷春。

官闲亦复一笑适，理檝及此春日晴。追吟乃得伯宏父，便觉侯喜无诗声。

老来文字读不入，抽思轧轧如涸泉。从君敢作入社客，正恐釜豆相泣煎。

有怀玉堂前学士，典册汗漫真全潮。子向白云深处觅，面山溪馆带长桥。

翰林久袖经纶手，笔力游戏吞山川。要试臬夔致君术，不应牢落着幽禅。

王十朋《梅溪集·闻得吴兴》

莫年身似杜陵翁，还落乌蛮白帝中。圣主哀怜不终弃，乞祠却得水晶宫。

《漫游集·送人归吴兴》

溪水穿城湖远门，万家楼阁照青春。相逢僮仆皆冰玉，知是水晶宫里人。梅花索笑水生漪，溪上门开鸥鹭飞。吴娃自唱江南柳，船头来接主人归。

江子汇西月河斜，半城荷芰半人家。归来酿酒会邻里，紫莼美罢行春茶。君家堤下小水阁，终日坐对钓鱼人。　我买扁舟会相访，壶中自载乌程春。

朱晞颜《泉吟稿·吴兴杂咏》

吴兴山水窟，清远古今闻。水入孤城合，山来别县分。寒川明野烧，晓碓湿溪云。试贯乌程酒，微声透客醺。

《宛陵群英集·汪泽民
送沈青山归吴兴》

黉舍秋风起，江头送别吟。飞腾朱绂望，迢递白云心。晻昼风烟合，何山草树深。凭君访陈迹，吾祖旧登临。

《番阳志》龙文达诗
《赠费原振归吴兴》

吴兴山水天下奇，生贤孕秀无休时。松雪困学事已非，吾于费子今见之。费子之才世所希，素志不愿为栖栖。往年挟策应征辟，筮仕柏府来江西。江西总辖十三府，几陪绣斧劳驱驰。重来过我未一秋，昔何悦豫今何悲。怜君不闻立仗马，一鸣斥去夫何疑。良材杞梓或寸朽，虽有连抱无由施。慈亲堂上发如雪，此身讵忍长违离。微禄不比万钟养，寸草莫报三春晖。翩然拂衣赋归去，翩舟已望苕川湄。呜呼！孔子不欲为苟去，众人岂

识君子之所为。

杨仲弘诗《和张仲实之吴兴舟行杂咏》

水程通百里，云树隔千层。鹤发欢相见，龙门羡独登。文辞无乃壮，掊杓尚能胜。仰止情何极，吾为附骥蝇。风流须我辈，邂逅及斯时。道术怀经济，文章出笑嘻。由来天下士，绝异里中儿。他日金闺彦，娟娟想翠眉。

马易之《金台集·赠沈元方
归吴兴兼简韩与玉》

春城飞絮晓纷纷，金水河边更送君。阙下马卿怜作客，江南沈约最能文。天围断岸归飒远，水落黄河野树分。寄谢平生韩处士，别来应是赋停云。

《送赵颜征上舍归吴兴》

春雨丝丝着杏花，晓寒如雪袭窗纱。东风客馆还飞絮，三月王孙正忆家。张鷟文章多中选，陆机兄弟总才华。千金欲购长门赋，迟子来乘驷马车。彦征积分居首选，其兄彦林亦并以文学著称

赵子昂诗《至元庚辰繇集
贤出知济南暂还吴》

五年京国误蒙恩，乍到江南似梦魂。云影时移半山墨，水痕初涨一溪浑。宦游久有曼容志，昏娶终寻向子言。政以疏庸无补报，非干高尚慕丘园。多病相如已倦游，思归张翰况逢秋。鲈鱼莼菜俱无矣，鸿雁稻粱非所谋。空有丹心依魏阙，又携十口过齐州。如何得似沙头鹭？飞去飞来得自由。

国朝高季迪《缶鸣集·送蜀山人
归吴兴并寄菁山静者》

南浦无碧草，征鸿晨稍飞。何当杪秋节，临水送将归。既我不能淹，君心应如违。恻恻袂始判，遥遥帆已微。天寒桂树落，人在山中稀。还寻同袍者，更制薜罗衣。

《周竹坡老人词·吴兴道中颇厌行后
作此曲寄武林交旧·雨中花合》

山雨细泉生幽谷，水满平田雪茧红。蚕熟后，黄云陇。麦秋闲，武陵烟暖。数声鸡犬，别是山川。嗟老去倦游，踪迹长恨华颠。行尽吴头楚尾，空惭万壑千岩。不如休也，一庵归去，依旧云山。

《张子野词·倾杯吴兴》

横塘静水花窥影，孤城转浮玉无尘。五亭争景画，桥对起垂虹，不断爱溪上琼楼。凭雕栏久，飞云远人在虚空。目生溟海寒，渔夜泛游鳞可辨。　正是草长苹老，江南地暖，汀洲日晚。更茶山已过清明，风雨暴千岩。啼鸟怨芳菲，故苑深红尽，绿叶阴浓。青子枝头满，史君莫放寻春缓。

永兴郡

《隋书·地理志》

永兴郡，梁置泷州统县六，户一万四千三百，泷水、怀德、良德、安遂、永业、永熙。

新兴郡

杜佑《通典》

东至南海郡义宁县界四十里，南至恩平郡界八十二里，西至晋康郡二百七十二里，北至高要郡百四十里，东南到南海郡三十四里，西南到铜陵郡百七十里，西北到晋康郡三百七十二里，东北到高要郡百四十里，去西京五千五十三里，去东京五千里，户四千五十口九万一百五十领县三，新兴、永顺、索庐。

始兴郡

杜佑《通典》

东至南康郡界七百里，南至南海郡八百里，西至桂阳郡五百里，北至仁化县三百二十里，重山无路，东南到南康郡界七百里，西南到桂阳郡师子冈界四百二十里，西北到南海郡界二百二十里，东北到仁化县三百二十里，去西京四千九百三十二里，去东京四千百四十二里，户二万四千二百口十六万八千九十，始兴梁置安远郡、曲江、有玉山汉旧县、仁化、浈昌、翁源陈清远县、乐昌、江西路、隆内府、筠州、袁州、抚州、吉州、赣州、兴国府临江军、建昌军、南安军。

隆兴郡

宋黄山谷《建章录》

豫章郡、南昌州、镇南军、唐章郡、隋洪都、丰城、蒙求龙沙、《豫章记》云：郡北龙沙，九月九日所游宴处，以木氏都，《陈留风俗》记曰：以木氏都酸枣名邦。南接五岭，北带九江，雷次宗记豫章之地云云吴头楚尾，《职方乘序》云：世谓豫章之地为云云襟带江湖，控引荆越，《职方乘》滕王阁为第一，韩愈作记曰江南多登临之美而云云有环伟绝特之称令修于庭户数月之间，而人自得于

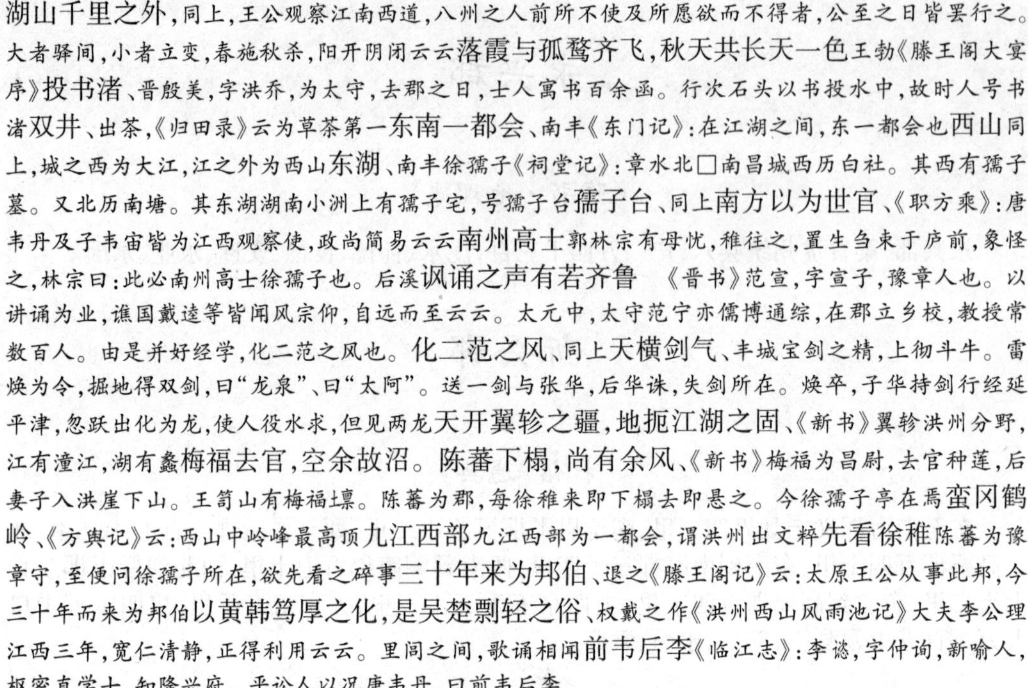

湖山千里之外，同上，王公观察江南西道，八州之人前所不使及所愿欲而不得者，公至之日皆罢行之。大者驿间，小者立变，春施秋杀，阳开阴闭云云落霞与孤鹜齐飞，秋天共长天一色王勃《滕王阁大宴序》投书渚、晋殷羡，字洪乔，为太守，去郡之日，士人寓书百余函。行次石头以书投水中，故时人号书渚双井、出茶，《归田录》云为草茶第一东南一都会、南丰《东门记》：在江湖之间，东一都会也西山同上，城之西为大江，江之外为西山东湖、南丰徐孺子《祠堂记》：章水北□南昌城西历白社。其西有孺子墓。又北历南塘。其东湖湖南小洲上有孺子宅，号孺子台孺子台、同上南方以为世官、《职方乘》：唐韦丹及子韦宙皆为江西观察使，政尚简易云云南州高士郭林宗有母忧，稚往之，置生刍束于庐前，象怪之，林宗曰：此必南州高士徐孺子也。后溪讽诵之声有若齐鲁　《晋书》范宣，字宣子，豫章人也。以讲诵为业，谯国戴逵等皆闻风宗仰，自远而至云云。太元中，太守范宁亦儒博通综，在郡立乡校，教授常数百人。由是并好经学，化二范之风也。化二范之风、同上天横剑气、丰城宝剑之精，上彻斗牛。雷焕为令，掘地得双剑，曰"龙泉"、曰"太阿"。送一剑与张华，后华诛，失剑所在。焕卒，子华持剑行经延平津，忽跃出化为龙，使人役水求，但见两龙天开翼轸之疆，地扼江湖之固、《新书》翼轸洪州分野，江有潼江，湖有蠡梅福去官，空余故沼。陈蕃下榻，尚有余风、《新书》梅福为昌尉，去官种莲，后妻子入洪崖下山。王笥山有梅福壈。陈蕃为郡，每徐稚来即下榻去即悬之。今徐孺子亭在焉蛮冈鹤岭、《方舆记》云：西山中岭峰最高顶九江西部九江西部为一都会，谓洪州出文粹先看徐稚陈蕃为豫章守，至便问徐孺子所在，欲先看之碎事三十年来为邦伯、退之《滕王阁记》云：太原王公从事此邦，今三十年而来为邦伯以黄韩笃厚之化，是吴楚剽轻之俗、权戴之作《洪州西山风雨池记》大夫李公理江西三年，宽仁清静，正得利用云云。里闾之间，歌诵相闻前韦后李《临江志》：李谌，字仲询，新喻人，枢密直学士，知隆兴府。平讼人以况唐韦丹，曰前韦后李

《蔡九峰集·送江端伯之隆兴》

人生辛苦惟别离，况复心相知，辛酸话别语不出。相看执手徒依依，问君西游何归期，长途巉岩不可思。春霜日暮山谷里，寒风凛凛吹人衣。中林哑哑乌欲栖，猿猱虎豹夹路啼。路傍古屋掩柴扉，空房独宿生新悲。家山昨夜春始至，桃花初破梅花飞。自非丈夫刚自许，谁不去住生狐疑。惟君与我同此志，西湘东越频驱驰。番易浩荡六百里，南昌风物雄江西。西山中峙高崔嵬，滕王杰阁横江开。五更东望红浴日，鱼龙蛟蜃惊相猜。阳门青松青可挹，剑池清水清可吸。真人鹤岭遗金丹，中峰苍莽风常寒。游人西游止此地，眼明足健应忘还。闽山岂足展羽翮，湖光望极天地宽。鲲鹏变化知有托，归来长铗宁须弹。

董嗣果《庐山集·送徐性初归隆兴》

岁华须鬓里，行色水云中。南径寒花在，西山落叶空。别怜今夜酒，歌续古人风。归隐东湖上，忘机狎钓翁。

文天祥诗《又过隆兴》

隆兴自陷没后，忠义奋起，几于返正。屠灭殆尽，过而伤之临江久徘徊，山寺再读徐孺碑，张九龄交游飒向尽，饯裴二端公到今耆旧悲，病橘

《江湖续集·送张权守归隆兴三首》

酺糟谁忍向人醒，柜帛囊金俗已成。别贮无名钱百万，张侯直与水争清。

贤侯称职合为贞，此是宜春父老情。不道君王精选表，汉廷近日缺公卿。
梁公数荐东之贤，尺一紫泥来日边。不必送君向南浦，就携彩队去朝天。

义兴郡

《汉书·周玘传》

元帝以玘频兴义兵，勋诚并茂，乃以阳羡及长城之西乡、丹阳之永世别为义兴郡，以彰其功。

《隋书·地理志》

义兴县，旧曰阳羡，置义兴郡。平陈郡废，改县名焉，又废义乡、国山、临泽三县入焉。有计洞庭山。

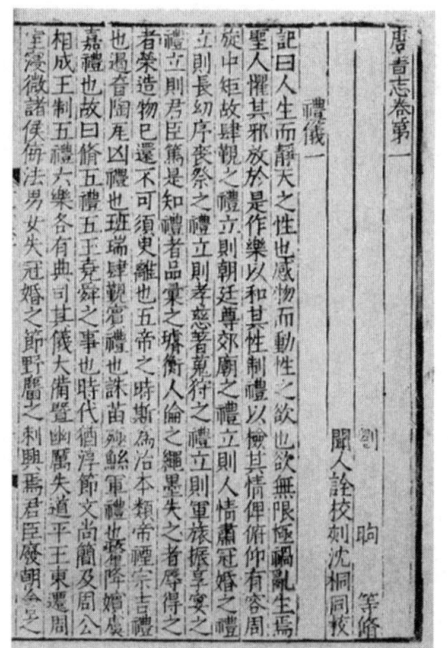

唐書志卷第一
劉　昫　等修
聞人詮校刻沈桐同校
禮儀一
記曰人生而靜天之性也感物而動性之欲也欲無限極禍亂生焉
聖人懼其邪放於是作樂以和其性制禮以檢其情俾俯仰有容周
旋中矩故肆覲之禮立則朝廷尊郊廟之禮立則人情肅冠婚之禮
立則長幼序喪祭之禮立則孝慈著蒐狩之禮立則軍旅振享宴之
禮立則君臣篤是知禮者品彙之璿衡人倫之繩墨失之者辱得之
者榮造物已還不可須臾離也五帝之時斯為治本頖帝禋宗吉禮
也遏音陶瓦凶禮也班瑞肆覲賓禮也誅苗殛鯀軍禮也釐降嬪虞
嘉禮也故曰脩五禮五玉堯舜之事也時代循淳節文尚簡及周公
相成王制五禮六樂各有典司其儀大備暨幽厲失道平王東遷周
室浸微諸侯侮法男女失冠婚之節野麕之刺興焉君臣廢朝會之

《旧唐书》书影

《旧唐书·地理志》

义兴县，汉阳羡县，属会稽郡，晋立义兴郡及县。武德七年置南兴州，又分置临津、阳羡二县，南兴州领义、阳羡、临津三县；八年废兴州及阳羡、临津二县，义兴复隶常州。

《文苑英华》李华《送薄九自牧往义兴序》

中明检而能旷，年迈体衰而人罕知之；阳羡山深水阔，隅幽阻而人罕知之。以中明之玄姿默识，阳羡之清漪秀石，人乎哉？之子所以为贵也。诗者辅佐情怀。其旧俗，则泰伯

之让德，延陵之高风，因是而阻王孙，缘物而兴之远也矣。

宋胡寅《斐然集·送余泽还义兴》

挟策漳滨两韶稚，君后南州随计吏。相逢冠岁璧池头，顿觉词华使人惴。谓宜云路姿腾踏，岂料霜蹄多蹶踬。君才视我不倍加，蓄积那堪五经笥。已穷孟轲不动处，得丧穷通归一致。每怀会合未曾款，辄复鸿燕春秋异。寸莛才欲撞春容，不尽之音耳空记。去年解后得所愿，千里过我少停辔。围炉烧粟忘夜分，蹙雪访梅喜春意。窥园细看百卉动，陟榭满挹千峰翠。读君旧诗黄钟律，观君新德清庙器。默求至善不近名，下视群愚非饰智。常虞涉世伤坦率，见语持行合谨细。值君隐忧方食蓼，而我美疹如紾臂。飞觞引满不复能，战饮吴门梦中事。采菊聊同茗碗清，九艾时归药婆利。忠言赠公岂肉骨，益友贶予直补劓。浮云聚散古则尔，人生出处孰无累。闻道双珠已候门，便乘一叶同插翅。朱楼婉娩托旅梦，红树霏微揽离思。一区衡山勿负约，三绝麟经更涵粹。得时而驾谅不免，有使且寄相思字。

《舆地纪胜》

李嘉祐《送陆士伦宰义兴》诗：阳羡兰陵近，高城带水闲，浅流通野寺，绿茗盖春山。

卷之八千二十　十九庚

蒸

骨蒸证治二

刘智《经验普济本事方洗肺饮子》

辟时疾寒热，并解虚劳骨蒸。

龟甲醋浸炙一两半，甘草炙一两，柴胡一两二钱，槟榔三钱，生姜五钱切。川大黄八钱，葱白五茎切，豆豉一百粒，生地黄一两切。

右马散每服二两，童子小便一升，同煎七分去滓，分三次，一日服食前

紫苑散，治骨蒸虚劳，寒热口干，少力时气。

紫苑茸，苍术浸各八钱，桔梗半两，芍药三钱，木香，肉豆蔻各一钱。

右六味为细末，每服三四钱，猪肝二两，或腰子二个拆开，掺药入盐葱，纸表三五重，烧熟，热粥服之。

犀角散，治大人小儿骨蒸热劳，烦燥面赤，口干多渴，昏沉眼涩，无力虚汗，黄瘦，饮食少味，痰嗽。

柴胡去苗，前胡，人参去芦，茯苓去皮，羌活去苗，白芷，桔梗，川芎，各半两，龟甲炙，甘草炙各一两，犀角末，黄连各四钱。

右为散，每服五钱，水一盏，入生姜三片，竹叶三钱，同煎七分，食前温服去滓。

柴胡散，治童男室女，骨蒸热劳，或因伤寒时疾后，余热不解，瘦弱减食困倦，寒热嗽喘，面赤口干，眼涩多睡。

柴胡去苗一两，大黄　秦艽　甘草　常山各半两，干添七钱炒。鳖甲一两半炙黄。

右七味为末，每服二钱，水一盏，入小麦二钱，同煎六分，去滓温服，加人参、石膏各半两炒。

七星洗心散　治大人小儿，骨蒸热劳，皮肤干枯，痰唾稠粘，四肢疼痛，面赤唇干，烦燥，睡卧不宁或时咳嗽。

柴胡去苗，龟甲炙，黄芩，知母，黄连，杏仁去皮炒，甘草炙各半两。

右为细末，每服七钱，童子小便一升，入桃枝，七茎寸切，青蒿一把，洗净切，灯心一束，同煎半升，分两次服，空心食前。

刘守真《宣明论方》

治五劳七伤，喘气不接，涎痰稠粘，骨蒸潮热。

人参、柴胡、当归、芍药、桑白皮、知母、白术、川芎、黄耆、紫菀、荆芥，地骨皮各一分，茯苓去皮，黄芩，连翘、大黄、薄荷、山栀子各半两，甘草，桔梗各一两，石膏、寒水石、滑石各半两，

右为末，每服三钱，水一盏，生姜三片，煎至七分，去滓温服，泄者去大黄。同人参半夏丸。

阮霖《经验良方》，治男子妇人骨蒸，增寒壮热。

青蒿春夏用叶，秋冬用子。用子不用叶，用根不用茎，四者相似而矣，以为痼疾，必用童子小便浸过，使有功无毒一握。　大鳖甲炙黄，醋淬五七次，去腥。　白术湿纸裹煨热。　地骨皮　白茯苓　粉草炙。　拣参去头。　瓜瓢根　北柴胡去芦。　桑白皮密炙各半两。

右为细末，入姜三片，水一盏半，煎一盏服。

加减黄耆建中汤，累见神效，治男子妇人，远年日近，五劳骨蒸者。

白术，白茯苓、桔梗各三钱，人参去芦三钱半。秦艽　北柴胡　防风　白芍药　甘草　当归　泽泻　生地黄　熟地黄　地骨皮　肉豆寇　槟榔　砂仁各五钱，猪令四钱，黄耆一两。

右为尘末，每服五钱，水一盏，去滓温服，不拘时，老人再加黄耆一两，或为末，炼蜜少许，汤调服。

夏贵公熏劳法，治咳嗽发热，骨蒸不已。

好雄黄三钱　茜草二钱　款花二钱　玄参三钱　百部三钱　艾叶一钱　信石半钱　雌黄半钱　雷丸　厚朴。

右作末，以香炉有盖者封固，止留一小孔出烟，患人以纸塞鼻，以口吸其烟，久则饮少清米饮，日三次，虫死嗽愈。一加百部，芜荑仁，苏木溶蜡和摊纸上，贵公在蜀作宣抚，甚秘宝之，以膏盲之疾，药不能及熏之有效。

危亦林《得效方·生犀散》，治骨蒸肌瘦，颊赤口干，日晚潮热，夜有盗汗，五心烦燥，及大病瘥后，余毒不解。

犀角镑。　地骨皮去骨。　秦艽去芦。　麦门冬去心。　枳壳煨去瓤。　大黄煨。　柴胡去须。　茯苓去皮。　赤芍药　桑白皮　黄耆去芦蜜炙。　人参去芦。　鳖甲醋炙。　知母各等分。

右锉散，每服三钱，陈青蒿一根煎，桃枝亦可，小儿疳病，热似骨蒸者，及久病后，或虚后，时复来作潮热者，疮疾亦用，有痰加半夏，热去大黄，加黄芩。

四美丸，几骨蒸莫非是劳，脊骨尤属肾虚髓竭也。

黄耆鳖甲散，沉香鳖甲散，秦艽鳖甲散，青蒿鳖甲散，右四散和合为末，以雄羊脊骨一具、斫碎炼汁，调和为丸，温酒吞下，治脊痛骨热，渐成蒸疾，一剂而效，其功全，其脊骨膏，旧医者意也。一方雄猪脊骨，雄黄热法，治骨蒸劳热有效。雄黄一两，童子小便一升，右取石一片，方圆一尺者，以炭火烧，沃雄黄在石上，恐大热不可近，以薄毡一片置石上，令患人脱衣坐石上，以衣被围绕浑身，勿令泄气，用三五次差。

补髓丸，治骨蒸发热。

生干地黄日干三两，干添半两碎炒令烟出右为末，炼蜜丸如绿豆大，每服三十丸，空心临卧米饮下，骨蒸烦热。

论

《太平圣惠方》

夫骨蒸而烦热者，是阴气不足，阳气有余，故内外生于热，非邪从外来乘也。

方

三圣散　治骨蒸劳气烦热，四肢无力，夜卧虚汗，唇口干焦，面无血色。

胡黄连二两　柴胡去苗　鳖甲生用各二两

右件药捣细罗为散，每服用生姜酒调一钱，每日早晨日午临卧，各一服。

天门冬散，治骨蒸心肺烦热，喘息促，唾不去唇，渐加羸瘦。

天门冬一两半，去心焙。　前胡三分去芦头。　甘草炙微赤锉。　川升麻黄芩各三分。　百合半两。　白前半两。　杏仁三分汤浸去皮尖，双仁麸炒微黄。　柴胡去苗。　桑根白皮锉。　桔梗去芦头各一两。　赤茯苓一两。

右件药捣尘罗为散，每服四钱，以水一中盏，入生姜半分，煎至六分，去滓，每于食后温服。

芦根散，治骨蒸，手足烦热多渴，不能饮食。

芦根二两锉。　赤茯苓　知母　地骨皮　人参去芦头。瓜蒌根各一两。　麦门冬一两半，去心焙。　黄芩三分。　甘草三分，炙，微赤锉。

右件药捣鹿罗为散，每服四钱，以水一中盏，入生姜半分，煎至六分，去滓，每于食后温服。

赤茯苓散，治骨蒸烦热，四肢疼痛，背腰壅闷。

赤茯苓一两。　柴胡一两半去苗。　鳖甲一两半，涂醋炙微黄，去裙襕。　桑根白皮一两锉。　枳壳一两，麸炒微黄，去瓤。　川大黄一两，锉碎微炒。　芎䓖半两。　川朴消一两

右件药捣尘罗为散，每服三钱，以水一中盏，入生姜半分，煎至六分，去滓不计时候温服。

升麻散，治骨蒸，五心烦热，眼目昏涩，肢节酸疼不能饮食。

川升麻一两。　黄连一两去须。　枳壳一两麸炒微黄去瓤。　栀子仁三分。　生干地黄一两半。　赤芍药一两。　地骨皮三分。　麦门冬一两半去心焙。　甘草半两炙微赤锉。

右件药捣尘罗为散，每服三钱，以水一中盏，入生姜半分，煎至六分，去滓，每于食后温服。

獭肝丸，治骨蒸烦热，日月久远，渐加羸瘦宜服。

獭肝一具炙令黄。　柴胡一两半去苗。　玄参　知母各一两。　大麻仁二两。　子芩　地骨皮　川升麻　木通锉各一两。　柏树香脂一两半。　天灵盖一两涂酥炙令焦黄。　川大黄一两锉碎微炒。

右件药捣罗为末，炼蜜和捣三五百杵，丸如梧桐子大，每服以童子小便浸豉一合，经

一宿去滓，下三十九日，再服，若有下利，即减九数服之。

升麻丸，治骨蒸烦热，四肢酸疼，日晚颊赤，口舌干燥宜服。

川麻三分。　黄连三分去须。　赤芍药三分。　龙胆三分去芦头。　知母三分。　犀角屑三分。　葳蕤三分。　柴胡一两半去苗。　子芩三分。　川芒消一两。　鳖甲二两涂醋炙微黄去裙襕。　前胡一两去芦头。

右为末，炼蜜和捣三二百杵，丸如梧子大，食后温浆水下三十丸。

知母散，治骨蒸烦热，口舌干燥多渴，少思饮食，四肢羸瘦，日晚颊赤。

知母一两。　柴胡一两去苗。　地骨皮三分。　犀角屑三分。　白鲜皮三分。　龙齿三分。　川芒消三分。　甘草半两炙微赤锉。　黄芩三分。

右药为散，每服三钱，水一中盏，煎至六分去滓，不计时候温服。

麦门冬散，治骨蒸虚烦，翕翕发热，骨节酸疼宜服。

川升麻三分。　赤芍药三分。　黄芩三分。　麦门冬一两半去心焙。　知母三分。　赤茯苓三分。　柴胡一两去苗。　枳壳三分麸炒微黄去瓤。　栀子仁三分。桑根白皮一两锉。　地骨皮三分。　甘草一两炙微赤锉。

右药为散，每服四钱，以水一中盏，入生姜半分，煎至六分，食后温服，骨蒸肺痿。

论

《太平圣惠方》

夫肺者，为五脏之华盖，盖诸脏腑，通于声，主于气，若人劳伤不已，邪气干于肺，则壅主热，故吐血胸蔽，短气，咳嗽不止。痰甚多唾，时发寒热，肌体羸瘦，乃成肺痿之病也。《圣济总录》论曰：骨蒸肺痿者，由荣卫虚损，蕴热熏蒸上焦。传播肓膜，使人肺热叶焦，发为肺痿，其证咯唾脓血，胃满短气，咳嗽不止，多痰或如浓涕，或唾之不能出，时发寒热，肌体羸瘦，是其候也。

方

王焘《外台秘要方》

广济疗骨蒸肺气，每至日晚，即恶寒壮热，颊色微赤，不能下食，日渐羸瘦。

生地黄三两细切。　葱白细切。　香豉　甘草炙各二两。　童子小便二升。

右五味切，以地黄等于小便中浸一宿，平晨煎两沸，绞去滓，澄取一升二合，分温二服，服别相去，如人行七八里，服一剂差止，不利，忌海藻菘菜芜荑热面猪肉油腻黏食等。

芦根饮子，苏游疗骨蒸，肺痿烦躁，不能食。

芦根切讫秤。　麦门冬去心。　地骨皮各十两。　生姜十两合皮切。　橘皮　茯令各五两。

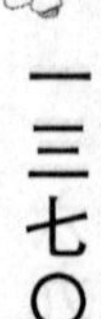

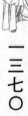

右六味切，以水二斗，煮取八斗绞去滓，分温五服，服别相去八九里。昼三服，夜二服，覆取汗，忌酢物，未好差更作若兼服，其人或胸中寒。或直恶寒，及虚胀并痛者，加吴茱梗八两。

《太平圣惠方·紫苑散》，治骨蒸肺痿咳嗽，胸膈痛，舌涩口干。

紫苑三分去苗土。　桑根　白皮三分锉。　甘草二分炙微赤锉。　栀子仁半两。　赤茯苓　桔梗半两去芦头。　黄芩半两。　乌梅肉三分微炒。　川大黄半两锉碎微炒。　百合三分。　柴胡一两去苗。　麦门冬三分去心。　鳖甲二两涂醋炙微黄去裙襕。　杏仁三分汤浸去皮尖，双仁麸炒微黄。

右件药捣尘罗为散，每服三钱，以水一中盏，入生姜半分，枣三枚，煎至六分去滓，不计时候温服，忌炙爆油腻。

白前散，治骨蒸肺痿，心中烦渴，痰嗽不止。

白前三分。　甘草半两炙微赤锉。　生干地黄一两。　大麻仁三分。　桂心半两。　赤茯苓一两。　黄耆三分锉。　阿胶一两捣碎炒令黄燥。　麦门冬一两半去心焙。桑根白皮三分锉。

右件药捣尘罗为散，每服三钱，以水一中盏，入生姜半分，枣三枚，煎至六分去滓，不计时候温服，忌炙爆油腻。

知母散，治骨蒸，肺痿烦躁，四肢疼痛，不能饮食。

知母三分。　陈橘皮三分，汤浸，去白瓤焙。　芦根一两锉。　麦门冬一两去心。　地骨皮一两。　赤茯苓三分。　甘草半两炙微赤锉。　赤芍药三分。　柴胡一两去苗。

右件药捣筛为散，每服四钱，以水一中盏，入生姜半分，煎至六分去滓，不计时候温服。

柴胡散，治骨蒸肺痿，咳嗽唾涎，心神烦热，不欲饮食。

柴胡一两去苗。　麦门冬一两去心焙。　黄芩一两。　陈橘皮三分汤浸去白瓤焙。　人参一两去芦头。　甘草三分炙微赤锉。　半夏半两汤洗七遍去滑。　桔梗半两去芦头。　赤茯苓三分。

右件药捣尘罗为散，每服三钱，以水一中盏，入生姜半分，煎至六分去滓，不计时候温服。

芦根散，治骨蒸肺痿，手足烦热多渴，或不能食。

芦根二两锉。　赤茯苓一两。　陈橘皮三分汤浸去白瓤焙。　麦门冬一两去心。　子芩三分。　地骨皮一两。　甘草半两炙微赤锉。　桑根白皮三分锉。

右件药捣筛为散，每服四钱，以水一中盏，入生姜半分，煎至六分，去滓，不计时候温服。

地黄煎，治骨蒸肺痿咳嗽，咽喉胸膈干痛。

生干地黄汁一中盏。　杏仁二两汤浸去皮尖双仁麸炒微黄研。　黄牛髓六两。　阿胶三两捣研炒令黄燥为末。　生姜汁一合。　薯蓣二两末。　酥四两。　蜜四两。

右件药一处，用石锅子内以慢火熬成膏，收于瓷器中，每服不计时候，以温粥饮调下一茶匙。

生干地黄散，治骨蒸寒热，肺痿喘促。

生干地黄一两。　桑根白皮一两锉。　诃利勒一两用皮。　甘草半两炙微赤锉。　柴胡一两去苗。　麦门冬一两半去心焙。　人参半两去芦头。　大麻仁一两。

右件药捣尘罗为散，每服四钱，以水一中盏，入生姜半两，煎至六分去滓，不计时候

温服。

柴胡散，治骨蒸肺痿咳嗽，寒热多涕。

柴胡一两，去苗。　甘草半两炙微赤锉。　人参三分去芦头。　桃仁三分，汤浸去皮尖双仁，麸炒微黄。　鳖甲一两涂醋炙微黄，去裙襕。

右件药捣尘罗为散，每服四钱，以水一中盏入生姜半分，煎至六分去滓，不计时候温服。

麦门冬散，治骨蒸肺痿，咽中干燥。

麦门冬二两去心焙。　黄耆三分锉。　赤茯苓一两。　射干三分。　川升麻三分。

右件药捣尘罗为散：每服四钱，以水一中盏，入生姜半分，煎至六分去滓，不计时候温服。

甜葶苈散：治骨蒸肺痿，咳嗽上气，不得眠卧，涕唾稠黏。

甜葶苈二两微炒令香。　桑根白皮二两锉。　赤茯苓一两。　陈橘皮一两汤浸去白瓤焙。　紫苑一两去苗土。　枳壳一两麸炒令黄去瓤。

右件药捣尘罗为散：每服三钱，以水一中盏，入生姜半分，枣三枚，煎至六分去滓，不计时候温服。

赤茯苓散，治骨蒸肺痿，心胸满闷，咳嗽涎唾，不欲饮食。

赤茯苓二两。　甘草半两炙微赤锉。　紫苑一两去苗土。　白前三分。　前胡一两去芦头。　旋复花半两。

右件药捣尘罗为散：每服四钱，以水一中盏，入生姜半分，煎至六分去滓，不计时候温服。

天门冬散，治骨蒸肺痿，咳嗽，心神烦热，颊赤口干，不欲饮食。

天门冬一两去心。　旋复花半两。　桑根白皮三分锉。　紫苑一两去苗土。　生干地黄一两。　甘草三分炙微赤锉。

右件药捣筛为散，每服四钱，以水一中盏，入生姜半分，煎至六分去滓，不计时候温服。

甘草散：治骨蒸肺痿，心中烦热宜服。

甘草一两炙微赤锉。　黄芩一两。　麦门冬二两去心焙。

右件药捣尘罗为散：每服三钱，以水一中盏，煎至六分去滓，不计时候温服。

《圣济总录·当归黄耆汤》，治骨蒸肺痿。

黄耆锉　当归切焙。　人参　桔梗锉炒。　芍药　甘草炙锉各一两。

右六味鹿捣筛：每服五钱七，水一盏半，生姜一枣大拍碎，枣二枚擘破，同煎至八分去滓，食前温服。

白前汤：治骨蒸肺痿咳嗽，涕唾如胶，胸背烦热。

白前　桑根皮炙锉。　麦门冬去心焙各一两半。　旋复花半两。木通锉炒二两。　甘草炙锉一两。

右六味鹿捣筛：每五钱七，水一盏半，煎至一盏，去滓分二服，空腹食后各一。

皂荚饮，治骨蒸肺痿咳嗽，咯脓血病重者。

皂荚一挺长一尺者，炙黄去皮子。　白饧一两。　生姜半两。　干枣七枚去核。

右四味除饧外，细锉入锡，以酒一升煮，取半去滓，每食后温服二合。

天门冬汤：治骨蒸肺痿咳嗽，气逆喘急，唾不出唇，渐渐羸瘦。

天门冬去心焙三两。　升麻黄芩去黑心。　前胡去芦头各一两半。甘草炙一两。

右五味鹿捣筛：每服五钱七，水一盏半，入芦根三茎，竹叶三片，煎至一盏去滓，分温二服，空腹食后各一。

茯苓汤：治骨蒸肺痿，心忪战栗，烦热善忘，精神不宁，梦寐飞扬，吐血，身体疼或痒，多生疮癣，并治脚气。

白茯苓去黑皮。　人参麦门冬去心焙。　独活去芦头。　槟榔各三分。　桂去尘皮。　防风去义。　防已各一两一分。　桔梗锉炒。　甘草炙。　防葵枳壳去瓤麸炒各四两。　地骨皮十两。

右一十三味锉如麻豆大，每服五钱七，以水一盏半，入生姜半分切碎，枣二枚擘破煎取八分，去滓头服早晚食后各一，用银器煎尤妙。

麦门冬汤，治骨蒸肺痿，四肢烦热，不能食，口干渴。

麦门冬去心焙。　地骨皮各五两。

右二味，鹿捣筛：每服五钱七，先以水二盏，煎小麦一合，至一盏半，去麦入药，煎至一盏去滓，分温二服，空腹食后各一。

治骨蒸肺痿咳嗽方。

白蜜　熟羊脂切。　熟羊髓　熟猪脂切生姜汁　地黄汁各二升。

右六味：依次第下于铛中，慢火煎，不住手搅，熬至四分，减一即止，贮密器中，遇食羹中著一两匙，日三四服。

治肺痿骨蒸咳嗽上喘，呀呷有声方。

青羊肺一具煮熟去筋膜，薄切焙干。莨菪子米醋浸，日中暴干微炒。

右二味捣尘为末，炼蜜和丸，如梧桐子大，每服七丸空心米饮下，渐加至十丸，以知为度。

天门冬丸，治骨蒸劳气，润心肺，止咳嗽。

天门冬去心焙三两半。　桑根白皮锉炒。　白茯苓去黑皮各三分。　杏仁汤浸去皮尖双仁麸炒。　甘草炙。　贝母去心炒各一两。

右六味捣尘为末，炼蜜和丸如弹子大，每服一丸，绵裹含化咽津，煎麦门冬汤嚼下亦得，不计时候。

杨倓家藏秦艽扶羸汤，治肺痿骨蒸劳嗽，或寒或热，声嗄羸瘦自汗，四肢怠堕，不美饮食。

柴胡去苗二两。　人参去芦头。　鳖甲米醋炙。　秦艽　地骨皮已上四味各一两半。　半夏汤洗七遍。　紫菀茸　甘草炙已上三味各一两。　当归洗焙一两一分。

右件㕮咀：每服五钱，水一盏半，生姜五片，乌梅大枣各一枚，煎至八分去滓通口服食后。

杨仁斋直指方地黄饮，治骨蒸劳热咯血。方见骨蒸类骨蒸烦渴。

论

《太平圣惠方》

夫劳伤气血，阴阳不和，津液减少，上焦生热，故令口舌干燥而渴也。《圣济总录》论曰："骨蒸烦渴者，荣卫乏竭，肌肉消瘦，虚阳之气熏发于上，今津液枯燥，胸中烦热，咽嗌

焦干,故烦渴而引饮"。

方

王焘《外台秘要方》

止渴竹叶饮,疗骨蒸唇干口燥,欲得饮水。

竹叶一握。 麦门冬一升去心。 大枣二十颗擘。 甘草三两炙。 半夏一升汤洗令滑尽。 粳米五合。 生姜三两。

右七味切,以水五升煮,取二升半,分温三服,忌牛肉饧,海藻菘菜。

麦门冬汤:

麦门冬一升去心。 小麦二升。 枸杞根切三升。

右三味,以水一斗煮,取三升,煮小麦熟去滓,分温日三服。

又方:

大乌梅二十枚。 石膏六两碎绵裹。

右二味,以水七升煮,取四升,去滓,以蜜三合,稍稍饮之佳。

又方,疗骨蒸消渴,消中热中渴,痢心热风松,虚热传死等方。

苦参一大斤。 黄连去毛。 知母 栝蒌 麦门冬去心。 牡蛎各五大两熬。

右六味捣筛,以生牛乳和并,手捻为丸如梧子大,暴干,一服二十丸,稍稍加至三十丸,日再服,饮食讫,以浆水下,如食热面酒,加至五十丸,忌猪肉冷水菘菜。

《圣济总录》作苦参丸。

《太平圣惠方·麦门冬散》治骨蒸,口舌干燥,欲得饮水。

麦门冬一两半去心焙。 黄耆三分锉。 黄芩一两。 瓜蒌根三分。 甘草一两炙微赤锉。 地骨皮一两。

右件药捣尘罗为散:每服四钱,以水一中盏,入生姜半分,粳米五十粒,竹叶二七片,煎至六分去滓,不计时候温服。

知母散:治骨蒸烦热,口舌干燥,少思饮食,四肢羸瘦,日晚颊赤。方见骨蒸烦热门

《圣济总录·麦门冬汤》:治骨蒸疼烦,翕翕发热,骨节酸痛,口干烦渴。

麦门冬去心焙二两。 黄芩去黑心。 柴胡去苗。 升麻 芍药 甘草炙锉各一两。

右六味鹿捣筛:每服五钱七,水一盏半,入苦竹叶三片,煎至一盏去滓,温分二服,空腹食后各一服。

葛根汤:治骨蒸烦渴,呕不下食,四肢发热。

葛根锉。 赤茯苓去黑皮。 麦门冬去心焙。 甘草炙锉。 黄耆各半两。 人参三分。

右六味鹿捣筛,每服五钱七,水一盏半,入芦根五枝,竹叶三片,煎至一盏去滓,温分二服,空腹食后各一服。

麦门冬汤:治骨蒸唇干口燥,止渴。

麦门冬去心焙。 半夏汤洗法滑炒干各三两。 甘草炙锉二两。

右三味鹿捣筛,每服三钱七,水一盏,入生姜半分拍破,枣三枚去核,竹叶三片,粳米四十九粒,煎至七分去滓,空腹温服,日午夜卧再服。

地骨皮汤:治虚劳骨蒸,烦热发渴。

地骨皮　知母焙。　柴胡去苗。　当归切焙。　秦艽去苗土。　鳖甲醋炙去裙襕。　甘草炙锉。　枳壳去瓤麸炒各一两。

右八味鹿捣筛:每服二钱七,水一盏,入乌梅生姜桃柳枝小麦,各少许,煎至七分,去滓温服。

秦艽散:治骨蒸潮热,烦渴引饮,不思饮食。

秦艽去苗土。　柴胡去苗。　乌梅取肉焙。　甘草炙锉各二两。

右四味:捣罗为末,每服一钱七,沸汤调下,食后临卧服。

阿胶汤:治骨蒸虚劳,热气上熏,咽嗌焦干,津液枯燥,烦渴引饮。

阿胶炒燥。　人参　白茯苓去黑皮。　玄参　丹参　防风去义。　黄耆　生干地黄焙。　葛根　柴胡去苗。　秦艽去苗土。　黄连去须。　龙胆　枳壳去瓤麸炒。　地骨皮　百合　甘草炙。　桔梗炒。　知母炒。　鳖甲去裙襕醋炙。　贝母去心。　款冬花　石膏碎。　杏仁汤去皮尖双仁炒。　麻黄去根节。　黄芩去黑心。　栀子仁　麦门冬去心。　防已　栝蒌根　马兜零大黄炒。　桑根白皮炙。　葶苈子隔纸炒。　白药子各一两。　槟榔五枚。

右药锉如麻豆大,每服五钱七,水一盏半,煎至八分去滓,食后临卧温服

王好古《医垒元戎方·青蒿散》,治骨蒸便软渴者。

青蒿　乌梅　秦艽　甘草已上各等分。

右㕮咀,同小麦煎服。

骨蒸痃癖论

王焘外台秘要方

又论曰:"凡患症癖之人,多成骨蒸,不者即作水病,仍须依癖法炙之,兼服下水药差"。《圣济总录》论曰:"骨蒸之人,肌肤瘦悴,荣卫虚弱,真阳内耗,所饮之水,不能销铄,留滞胁肋,遂成痼疾,块鞕不消,或因饮食伤动,忧思气结,呼吸风冷,其疾遂作,起于胁下,脐腹两边如臂之横,不可按抑,妨害饮食,蕴积而痛。故谓之骨蒸痃癖"。

《太平圣惠论》曰:"大骨蒸痃癖者,本因蓄积而生,不离阴阳之气,结聚而成也,此由饮水,停聚不散,因饮食相搏,致使积于胁下,连脐左右大如臂,次如指一条,急痛如弦之状,故名曰痃癖气也"。

方

王焘《外台秘要方·鳖甲丸》,广济疗痃气心忪,骨蒸热暗风。

鳖甲炙。　芍药　蝮蛇脯炙。　大黄各八分。　人参　诃梨勒皮熬。　枳实炙。　防风各六分。

右八味捣筛为末,蜜和丸如梧子,以酒饮下二十丸,渐渐加至三十丸,日再服不利,忌

苋菜生菜热面荞麦蒜粘食,出第二卷中。

备急疗痃癖,鬼气疰忤,骨蒸秘验方。

大黄别渍汤欲成下一方四两。 鳖甲炙。 吊藤 升麻 甘草炙各三两。 丁香二七枚汤欲成下。

右六味切,以水七升煮,取二升八合去滓,分作三服,又用牛黄,犀角生用,朱砂麝香,各一分细研,分为三服,分每服以一分,内汤中服,经用多効,特忌猪肉,粘食生冷苋菜海藻菘菜,一方有黄芩二两。必效疗痃气,肚热兼咳。

又为骨蒸验方。

一方用枳壳柴胡四两。 茯苓 白木 枳实炙各三两。

右四味切,以水七升煮,取二升半,分为三服,积不歇,加芒硝六分取利,热除之后,每三日服一剂,差后,每月一剂,肥白,终身求除,忌桃雀肉大醋。

《太平圣惠方·槟榔散》,治骨蒸,腹中痃癖胁下妨痛,渐加瘦劣。

槟榔三分。 赤芍药三分。 木香三分。 赤茯苓一两。 桔梗一两去芦头。 诃梨勒三分煨用皮。 荆三棱一两煨锉。 桃仁三分,汤浸去皮尖双仁,麸炒微黄。 鳖甲一两,醋涂炙令黄去裙襕。

右件药捣尘罗为散:每服三钱,以水一中盏,入生姜半分煎至六分去滓,每于食前温服。

桔梗散:治骨蒸痃癖,胁下防痛,渐加羸劣,不欲饮食。

桔梗三分去芦头。 当归三分。 苍木三分微炒。 诃梨勒三分煨用皮。 芎䓖三分。 柴胡一两去苗。 鳖甲一两涂醋炙微黄,去裙襕。 川大黄一两锉碎微炒。 赤芍药一两。

右件药捣尘罗为散:每服四钱,以水一中盏,入生姜半分,煎至六分去滓,每于食前温服,忌苋菜。

广元窑白地黑花瓶

大黄散:治骨蒸痃癖,胁下妨闷,肢节疼痛。

川大黄一两锉碎微炒。 木香半两。 柴胡一两去苗。 赤芍药三分。 诃梨勒三分用皮。 枳实半两面炒微黄。 甘草半两炙微赤锉。 桃仁一两汤浸去皮尖双仁,麸炒微黄。 鳖甲一两,涂醋炙微黄,去裙襕。

右件药捣尘罗为散:每服三钱,以水一中盏,入生姜半分,煎至六分去滓,每于食前温服。

柴胡散:治骨蒸痃癖,体瘦食少。

柴胡一两去苗。 赤茯苓三分。 甘草半两炙微赤锉。 白术三分。 枳壳一两麸炒。 川大黄一两锉碎微炒。 芎䓖半两。 桂心半两。 京三棱一两炮锉。

右件药捣尘罗为散:每服三钱,以水一中盏,入生姜半分,煎至六分去滓,每于食前温服。

木香丸:治骨蒸腹中痃癖,按之隐手,四肢疼痛,不能下食,羸瘦无力。

木香半两。 鳖甲一两涂醋炙令黄,去裙襕。 京三棱一两炮锉。 赤芍药三分。 川大黄一两锉碎微炒。 陈橘皮半两汤浸去白瓤焙。 苍术半两微炒。 桔梗三分去芦头。 槟榔一两。 郁李仁一两，汤浸去皮尖微炒。 柴胡一两去苗。

右件药捣罗为末，炼蜜和，捣三二百杵，丸如梧桐子大，每于食前，煎橘皮汤下三十丸。

诃梨勒丸：治骨蒸痃癖，气攻腹胁，四肢疼痛，少力羸瘦。

诃梨勒三分煨用皮。 赤芍药三分。 桔梗三分去芦头。 川大黄一两锉碎微炒。 人参三分去芦头。 鳖甲一两，涂醋炙令黄，去裙襴。 枳壳一两，麸炒微黄去瓤。 防葵三分去芦头。 芎䓖三分。

右件药捣罗为末，炼蜜和捣三二百杆，丸如梧桐子大，每于食前，以粥饮下二十丸。

鳖甲丸：治骨蒸痃癖，气攻腹胁疼痛，四肢羸瘦少力，不欲饮食。

鳖甲一两，涂醋炙微黄，去裙襴。 人参三分去芦头。 赤芍药一两。 诃梨勒三分煨用皮。 枳壳一两麸炒微黄去瓤。 白术半两。 川大黄一两锉碎微炒。 柴胡一两去苗。

右件药捣罗为末，炼蜜和捣三二百杵，丸如梧桐子大，每于食前，以粥饮下三十丸。

防葵丸：治骨蒸痃癖，按之隐手，不能下食，羸瘦日渐无力。

防葵一两。 鳖甲二两，涂醋炙令黄，去裙襴。 甘草半两，炙微赤锉。 川大黄一两半，锉碎微炒。 荆三棱一两炮锉。 桃仁一两，汤浸去皮尖双仁，麸微炒。

右件药捣罗为末，炼蜜和捣三二百杵，丸如梧桐子大，每于食前，煎橘皮汤下三十丸。

鳖甲丸：治骨蒸，胁下痃癖，及妇人月水不通。

鳖甲去裙襴醋浸炙二两。 桂去尘皮。 土瓜根切焙。 京三稜煨锉。 牡丹皮 牛膝去苗酒浸切焙。 大黄锉炒各一两半。 诃梨勒煨取皮琥珀各二两。 桃仁汤浸去皮尖双仁别研二两。

右一十味，捣研为末，和匀炼蜜丸如梧桐子大，每服二十丸，食后桃仁汤下。

大腹汤：治骨蒸，腹中积癖，胁下妨痛，渐加羸弱。

大腹四枚。 芍药 赤茯苓去黑皮。 桔梗锉炒各一两半。 木香 诃梨勒皮各一两。 桃仁汤浸去皮尖双仁别研一两半。

右七味鹿捣筛，每五钱七，水一盏半，煎至一盏去滓，分温二服，空腹日晚各一服。

七圣散：治骨蒸积癖，鬼气疰忤，及男女虚损，手足烦疼，背膊酸重，至夜病甚，四肢消瘦，颜色萎黄，两膝疼冷，腹中雷鸣，时多泄利，饮食无味，行步不能凡五脏虚劳，悉皆治之。

黄雌鸡一只，料如食法，净去毛，勿令着水，于腹下间一开小窍，去肠肚令极净，却再入心肝用。 蜀椒去目并合口者一分。 生地黄一升洗肥者。 生姜去皮一两。 黄耆锉。 陈橘皮汤浸去白焙。 人参各一两。

右七味除鸡外，各锉如麻豆大和匀，入在鸡腹内却缝合，以银石器盛，新布罩坐于甑中蒸，甑一边用椀盛米并水半碗，同盖覆勿令透气，候椀内米并鸡烂熟为度，取出药，别焙干捣罗为散，每服一钱七，米饮调下，日三服，其鸡擘碎糁少盐，令患人恣意食之，饱即止。良久厚衣被覆取汗，汗出多即以牡蛎烧捣为粉傅之，勿冒风寒。

陈漆丸：治傅尸飞尸注气，癖块积气上喘，水病脚气，鬼注蛊毒，宿食不消，腹中如覆杯，或九蛊，妇人带下赤白，皮肤恶疮，腹大羸瘦，黄疸诸疾，延年养性，黑须发。

陈漆二升以绵绞去滓。 大黄六两为末。 薏苡仁五两为末。 无灰酒五升。 蔓菁子三升为末。

右五味：先以清酒和蔓菁子末煎，不住手搅至半日许，滤去滓后，用银石器盛，重汤煮之，以竹篦子不住手搅一伏时，后下陈添大黄薏苡仁等末，更煮一伏时候，药可丸如梧桐子大，置于不津器中，密封。遇有患者，经宿勿食，明日清旦，空心温酒下十丸，

年高或冷疾者，加至十五丸服之。百日后须发如添色，有积年疮痕皆灭，初服四五日至七日，内泻出宿食，或鱼黏脓血瘀恶物勿疑。

松脂丸：治传尸骨蒸，积癖冷气，及腰脚衰弱，身体风痒，并诸疮癞疾，恶疮疥癣等，此药服之，断绝根源。

松脂二十斤，以桑柴灰汁炼去苦汁，倾入水盆中，凝取之。　白茯苓去黑皮一斤。　白术　续断各半斤。　白蜜　牛酥　麦门冬去心焙。　生干地黄焙各二两。

右八味：捣罗五味为细末，先以慢火炼蜜烊去沫，次下牛酥，次下松脂，候烊讫，即下药末，以竹篦搅勿住手，可丸即丸如梧桐子大，以温酒或米饮下二十丸，日二服渐加至五十丸。

治劳损羸瘦，风虚疰气，积癖冷气心痛方。

桃仁汤浸去皮尖双仁一千二百枚。

右一味细研，以好酒五升先用二升和研，滤取汁，次入二升再研令极烂，又滤取汁，更以一升再和研，滤尽白汁，以干瓷器盛，密封，以重汤慢火煮一复时，候冷，每服一匙，用酒或米饮调下，日再。妇人服尤善。

治骨蒸积癖，瘦病等方。

蒜去皮七瓣研。　雄黄杏核大研。

右二味研烂拌匀，以清酒和服，少时十指头上，当有毛出为验。

浸浴方，治骨蒸，癖积诸疾，令绝根源。

枯朽骨椎碎二斗，不拘牛羊猪骨。　蒴藋茎叶根锉一斗。　嫩柳枝锉一斗。

右四味，以水一石二斗，煮取七斗，漉去滓，内大盐三升，候盐销熔尽，于大盆中或瓷器中盛，俟温暖得所，令患者浸之。瓮盆四畔用马粪火煨暖，令汤常温，勿使稍冷。觉寒令进稀热粥，每浸身体可停一炊时，出汤时拭体干，或多汗，以白米粉传之，只于密室中静心或坐或卧，勿令冲风。每三日一次，浴三次止，其药汤。春秋冬停三五日，夏一二日再暖用，若患瘙痒者，汤内入芒硝白矾末各一大升住，浸时须至项已下，得全药方。又浸浴汤方，右取桃柳蒴藋李株四般枝叶，各锉一大斗，冬月只用诸般根，并以水八九斗同煮，取五六斗去滓，加盟二大升浸之，亦同前法。

苍术丸，治骨蒸，腹中痃癖妨痛，兼下利日夜数十行。

苍术　诃梨勒皮各一两半。　陈橘皮汤浸去白焙。　芍药　白龙骨　青橘皮汤浸去白焙。　生姜切焙各一两。

右八味捣罗为末，炼蜜和丸如梧桐子大，每服三十丸，食前人参汤下，日再。

《圣济总录·木香汤》：治骨蒸劳，腹中痃癖冷痛渐至羸弱。方见骨蒸羸瘦。

鳖甲丸、治骨蒸腹中痃癖，按之隐手，不能下食，羸弱无力。方见骨蒸羸瘦。

骨蒸咳嗽论

《太平圣惠方》

夫骨蒸咳嗽者，是脏腑气衰，热伤于肺故也。久不已，令人胸背微痛，或惊悸烦满，或喘息上气，或咳逆唾血，然肺主于气，气之通行，荣于腑脏。今肺气壅滞，为热毒所乘，故令咳嗽也。

方

王焘《外台秘要方》　又疗骨蒸咳出脓，病重者方。

白饧一两。　干枣七枚擘。　生姜三分切。　皂荚一两炙去皮绵裹。

右四味，以酒一大升煮，取半升去滓，先食饭，然后服二合，如人行三四里不吐，更服二合，又如人行二三里不吐，总服尽，方便令吐，即脓。

《太平圣惠方·紫菀散》　治骨蒸，劳热咳嗽，涕唾稠黏，吃食不得，渐加困乏。

紫菀半两去苗土。　紫胡一两半去苗。　鳖甲一两半，涂醋炙微黄，去裙襕。　知母一两。　桑根白皮一两锉。　甘草半两炙微赤锉。　款冬花三分。　生干地黄一两。

右件药捣尘罗马散：每服三钱，用水一中盏，入生姜半分，煎至六分去滓，不计时候温服，忌苋菜。

百部散：治骨蒸劳烦热，肩背疼痛，四肢乏力，咳嗽。

百部三分。　赤茯苓一两。　柴胡一两去苗。　百合三分。　麦门冬一两半去心焙。　木通三分锉。　赤芍药三分。　郁李仁三分汤浸去皮尖微炒。　甘草半两炙微赤锉。　枳壳一分麸炒微黄去瓤。

右件药捣尘罗为散：每服二钱，以水一中盏，入生姜半分，煎至六分去滓不计时候温服。

治骨蒸劳热，痰唾咳嗽，四肢少力疼痛。

紫菀三分去苗土。　人参三分去芦。　枳壳三分麸炒微黄去瓤。　柴胡一两去苗。　陈橘皮半两汤浸去白瓤焙。　甘草半两炙微赤锉。　紫苏茎叶三分。　大腹皮三分锉。　赤茯苓三分。　杏仁半两汤浸去皮尖双仁麸炒微黄。　桑根白皮三分锉。　半夏半两汤洗七遍去滑。

右件药捣尘罗为散：每服三钱，以水一中盏，入生姜半分，煎至六分去滓，不计时候温服。

百合散，治骨蒸劳热，咳嗽损肺。

百合三分。　柴胡一两去苗。　桑根白皮三分锉。　杏仁一两，汤浸去皮尖双仁，麸炒微黄。　陈橘皮三分汤浸去白瓤焙。　麻黄三分去根节。　赤茯苓三分。　甘草半两炙微赤锉。　紫苏茎叶一两。

右件药捣尘罗为散：每服三钱，以水一中盏，入生姜半分，煎至六分去滓，不计时候温服。

鳖甲散：治骨蒸劳烦热，胸背疼痛，咳嗽气促，小便赤黄，不思饮食。

鳖甲一两，涂醋炙令黄，去裙襕。　杏仁三分，汤浸去皮尖双仁，麸炒微黄。　柴胡一两去苗。　麦门冬一两半去心焙。　赤茯苓一两。　川升麻半两。　木通三分锉。　前胡去芦头。　大腹锉子芩各三分。　贝母煨令微黄。　甘草炙微赤锉各半两。

右件药捣尘罗为散：每服三钱，以水一中盏，入生姜半分，煎至六分去滓，不计时候温服。

前胡散：治骨蒸劳咳嗽，胸背烦热。

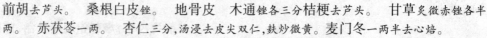

前胡去芦头。　桑根白皮锉。　地骨皮　木通锉各三分桔梗去芦头。　甘草炙微赤锉各半两。　赤茯苓一两。　杏仁三分，汤浸去皮尖双仁，麸炒微黄。麦门冬一两半去心焙。

右件药捣尘罗为散：每服三钱，以水一中盏，入生姜半分，煎至六分去滓，不计时候温服。

木乳散：治骨蒸劳，劳热咳嗽，涕唾稠黏。

木乳二两涂酥炙令黄。　麻黄去根节。　栀子仁　贝母煨令微黄。　百合　杏仁汤浸去皮尖双仁，麸炒微黄。　紫菀洗去苗土。　款冬花各三分。　甘草半两炙微赤锉。　桑根白皮一两锉。

右件药捣尘罗为散：每服三钱，以水一中钱，入生姜半分，煎至六分去滓，不计时候温服。

桑白皮散：治骨蒸劳，喘急咳嗽。

桑根白皮锉。　赤茯苓麻黄去根节。　紫苑去苗土。　杏仁汤浸去皮尖双仁麸炒微黄。　泽添柴胡去苗。　大腹皮锉各三分。

右件药捣尘罗为散：每服三钱，以水一中盏，入生姜半分，煎至六分去滓，不计时候温服。

天门冬丸：治骨蒸劳，咳嗽，宜常含润心养肺。

天门冬二两半去心焙。　贝母一两煨微黄。　白茯苓一两。　杏仁一两汤浸去皮尖双仁，麸炒微黄。　甘草三分炙微赤锉。

右件药捣罗为末：炼蜜和捣三二百杵，丸如弹子大，绵裹一丸含咽津。

槟榔散：治骨蒸劳，咳嗽壮热。

槟榔一枚末。　豉心五十粒。　葱白七寸。　青蒿汁二合。　桃仁二七枚，汤浸去皮尖双仁，麸炒微黄研。

右件药，用童子小便一大钱，相和煎至八分去滓，不计时候，分温二服。

皂荚煎，治骨蒸劳咳嗽脓血不止。

皂荚一挺不蚛者，以酥炙去皮子绵裹。　黑饧三两。　地黄汁五合。　生姜汁一合。　煮枣二七枚去皮核研成膏。　蜜五合。　酥二两。

右件药，用银器中以慢火熬成膏，去皂荚瓷器中收，每服不计时候，以粥饮调下一茶匙。

獭肝丸：治骨蒸劳，咳嗽上气，痰喘寒热，四肢瘦弱。

獭肝三分炙令黄。　真珠末三分。　旋复花半两。　茯神　槟榔　贝母煨微黄。　龙胆去芦头。　黄连去须。　赤芍药　川大黄锉碎微炒各三分。　柴胡一两去苗。

右件药捣罗为末，炼蜜和捣三二百杵，丸如梧桐子大，每于食后，以温水下三十丸。

蛤蚧丸：治骨蒸劳咳嗽，涎唾稠黏。

蛤蚧一枚涂酥炙微黄。　人参半两去芦头。　白前一两半。　杏仁一两，汤浸去皮尖双仁，麸炒微黄。　猪牙皂荚半两，去黑皮，涂酥炙微焦去子。　汉防已一两半。　紫菀一两半去苗土。　甘草炙微赤锉。羚羊角屑各三分。　槟榔二两。　贝母一两煨微黄。　甜葶苈二两隔纸炒令紫色。　郁李仁二两汤浸去皮微炒。

右件药捣罗为末，炼蜜和丸如梧桐子大，每服不计时候，以桃仁汤下二十丸。

《杨倓家藏方·青蒿散》：治虚劳骨蒸，咳嗽胸满，皮毛干枯，四肢懈堕，骨节疼痛，心中惊悸，咽燥唇焦，颊赤烦躁，涕唾腥臭，困倦少力，夜多盗汗，肌体潮热，饮食减少，日渐瘦弱。

天仙藤　鳖甲醋炙。　香附子炒去毛。　桔梗去芦头。　柴胡去苗。　秦艽　青蒿以上

七味各一两。　乌药半两。　甘草炙一两半。　川芎二钱半。

右件为细末，每服二钱，水一钱，生姜三片，同煎至七分温服，不拘时候，小儿骨蒸劳热，肌瘦减食者，每服一钱，水半钱，入小麦三十粒，同煎至三分温服，卫生至宝，多陈皮一味。

刘智《普济经验加减方·茯苓散》　治骨蒸热劳，多嗽喘。

茯苓去皮。　茯神　人参去芦头。　远志去心。　甘草各七钱半。　龙骨　防风各半两。　麦门冬去心。　生地黄　犀角一两末。

右为末，分作三服，水一升半，煎至一升，三次服。

阮霖《经验良方·团鱼丸》　治骨蒸潮热，咳嗽累效。

贝母　前胡　知母　杏仁　柴胡各等分。　团鱼二个。

右前药同团鱼煮，候鱼熟，提起团鱼，除去鱼头不用，取肉连汁食之，却将前药焙干为末，就用团鱼裙甲及骨，更煎汁一钱，和药为丸如梧子大，每服三十丸，煎黄耆汤空心下，病安，仍服

局方黄耆益损汤补理，须用市店中自死团鱼。治骨蒸劳热，及久咳不愈者常服，直至取效为度。

石膏一斤，不用方解石者，以细纹如束针者良，打碎。　粉甘草一两。

右为细末，重罗过如面，湿汤调服，日夜三四服之，此本草神农尝味无毒上药，主养命，今人忽其贱，疑其性凉，不肯服食，殊不知大有益于人世，本草载其功用，至甚明白，不幸有病，服之必效。

夏贵公熏劳法，治咳嗽发热骨蒸不已。方见骨蒸类。

骨蒸羸瘦论

《圣济总录》

论曰："骨蒸羸瘦，不问男女，皆因血气不调，五劳七伤，心胸满闷，背膊烦疼，目睛不明，四肢无力，寝卧不安，脊膂急痛，膝胫酸疼，多卧少起，状如佯病，每早晨似无病者，午时已后，即四体微热，面颊赤色，喜见人过，常怀忿怒，少不称意，即大嗔恚。行即脚弱，夜卧盗汗。梦与鬼交，时或惊悸，有时咳嗽，胁肋虚胀，大肠微利，鼻口干燥，常多粘唾，渐渐瘦削，日减饮食，以至死在须臾，精神亦爽，皆其证。"

方

孙思邈《千金要方》

治骨蒸热羸瘦，烦闷短气，喘息鼻张，日西即发。

龙胆　黄连　栝蒌根四分。　芒硝二分。　栀子十枚。　苦参　大黄　黄芩　芍药

青葙子各二两。

右十味为末,蜜丸如梧子大,饮服二丸,日二,以知为度,一方无苦参。已下止五味,张大仲为散饮服方寸。

《太平圣惠方·麦门冬煎》,治骨蒸劳,身体常热,羸瘦,皮毛干枯。

麦门冬汁。 青蒿汁。 生地黄汁各二升。 童子小便三升。 桃仁大者二两,汤浸去皮尖双仁研。 麝香细研。 朱砂细研各一钱。

右件药以三味汁与小便用慢火同煎,稍稍即下研了桃仁麝香朱砂等,更熬令稀稠得所如膏,每服不计时候,以清粥饮调下一茶匙许,忌羊血。

治骨蒸羸瘦不能食,宜服此方。

东南桃枝一握锉。 天灵盖一枚涂酥炙捣碎。 生姜半分。 葱白二茎。 甘草二寸。 豉一合。

右件药,以童子小便三大盏,初夜浸至五更初,煎取一大盏半,去滓,入少许研了麝香,搅令匀,分为三服,空腹顿服之,无不差。

青蒿煎,治骨蒸劳气,四肢羸瘦疼痛。

青蒿切一斗。 童子小便一斗。 麝香一钱细研。 阿魏一两,面裹煨令面熟为度,细研。 桃仁五两,汤浸去皮尖双仁,麸炒微黄细研。 天灵盖二两,涂酥炙微黄捣末。

右件药,先将青蒿于小便中煮,取五升,研绞去滓,即下诸药末熬成膏,瓷合中收,每于食前,以清粥饮调下半匙。

青蒿丸,治骨蒸劳体瘦,发歇寒热。

青蒿一斤,取叶曝干,捣罗为末。 甘草五两生捣罗为末。桃仁一斤,汤浸去皮尖,麸炒令黄,研烂。

右件药以童子小便三斗,于瓷瓮中盛,于糠火上煎,令如稀饧,却倾于铜器中,下诸药。又于糠火上煎,以柳木篦搅之,看稀稠得所,候可丸如梧桐子大,以鹿皮布袋盛,每日空心,温童子小便下三十丸,日晚再服。

大黄丸:治骨蒸劳,两肋下有癖,渐上攻心,食少,或不消化,腹内积聚不散,黄瘦,久困久痢,或大便秘涩,小便赤黄。

川大黄二两锉碎微炒。 鳖甲三两涂醋炙令黄去裙襕。

右件药捣罗为末,以酽醋二升内铛中,先煎令稠,下药末更煎之,以柳木篦搅勿住手。候可丸如梧桐子大,空腹及晚食前,以粥饮下七丸,渐加至十丸,以溏利下脓血烂肉为度,唯得食煮饭葱钱汁,生姜而已。此外不得食之,老小以意加减,忌苋菜。

地骨皮散:治骨蒸壮热肌肉减瘦,多困少力,夜多盗汗。

地骨皮水洗。 秦艽水净洗。 柴胡去芦头。 枳壳去白麸炒香熟用。 知母生用。 当归去芦头。 鳖甲去裙襕醋炙令黄色。

右件七味等分为末,每服二大钱,水二大盏,桃柳枝头各七个,姜钱三片,乌梅一个,同煎至七分,去滓温服,每日空心临卧各一服。

夏子益卫生十全方无枳壳有芪甘草。

卷之八千一百六十五 十九庚

程

《程子遗书》

门人张绎录师说

宣仁山陵，程子往赴，吕汲公为使。时朝廷以馆职授子，子固辞。公谓子曰："仲尼亦不如是。"程子对曰："公何言哉？某何人而敢比仲尼。虽然，某学仲尼者。于仲尼之道，固不敢异，公以谓仲尼不如是，何也。"公曰："陈恒弑其君，请讨之，鲁不用则亦已矣"。子未及对，会殿帅苗公至子，辟之幕府，见公婿王说。说曰："先生不亦甚乎？欲朝廷如何处先生也？"子曰："且如朝廷议北郊，所议不合礼，取笑天下后世，岂不知有一程某，亦尝学礼，何为而不问也？"说曰："北郊如何？"曰："此朝廷事，朝廷不问，而子问之，非可言之所也。"其后有问及公所言陈恒之事是欤？曰："于《传》，仲尼是时已不为大夫，公误言也。"

程颐

谢某曾问涪州之行，知其由来，乃族子与故人耳。族子谓程公孙。故人，谓邢恕。先生答云："族子至愚不足责，故人至一作情厚，不敢疑。孟子既知一作系之天，安用尤臧氏。"因问："邢七虽为恶，然必不到更倾先生也。"先生曰："然邢七亦有书到某，云屡于权宰处言之，不知身为言官，却说此话，未知倾与不倾，只合救与不救，便在其间。"又问："邢七久从先生，都无知识，后来极狼狈。"先生曰："谓之全无知则不可，只是义理不能胜利欲之心，便至如此也。"

或谓伊川曰："先生于上前委曲已甚，不亦过乎？"曰："不如此致力尽心，而于何所？"

正叔谓："某接人，治一作谈经论道者亦甚多，肯言及治体者，诚未有如子厚。"

子厚谓："昔尝谓伯淳优于正叔，今见之果然，其救世之志甚诚切，亦于今日天下之事尽记得熟。"

《程子外书》

伊洛程宗丞伯淳为汝州酒官，以檄来举哀，府治既罢，谓留守韩康公之子宗师兵部曰："颢以言新法不便忤大臣，同列皆谪官，颢独除监司，颢不取当。念先帝见知之恩，终无以报。"已而泣。兵部问："今日朝廷之事如何？"宗丞曰："司马君实、吕晦叔作相矣。""二公果作相，当如何？"宗丞曰："当与元丰大臣同。若先分党，与他日可忧。"兵部曰：

"何忧?"宗丞曰:"元丰大臣皆嗜利者,若使自变其已甚害民之法,则善矣。不然,衣冠之祸未艾也。君实忠直,难与议。晦叔解事,恐力不足耳。"既而皆验。宗丞论此时,范醇夫、朱公掞、杜孝锡、伯温同闻之。

先生曰:"某才十七八岁,见苏季明教授,时某亦习举业。"苏曰:"子修举业得状元及第便是了也。"先生曰:"不敢望此。"苏曰:"子谓状元及第便是了否?唯复这学更有里。"先生疑之,日去见苏,乃指先生见伊川。后半年,方得《大学》《西铭》看。

伊川谓明道曰:"吾兄弟近日说话太多。"明道曰:"使见吕晦叔,则不得不少。见司马君实,则不得不多。"

吕申公为相,凡事有疑,必质于伊川。进退人才,二苏疑伊川有力,故极口诋之云。

伊川涪陵之行过滟□,波涛汹涌,舟中之人皆惊愕失措,独伊川凝然不动。岸上有樵者厉声问曰:"舍去如斯。"欲答之而舟已行。伊川先生自涪州顺流而归,峡江峻急,风作浪涌,舟人皆失色,而先生端坐不动,岸傍有问者云:"达后如此,舍后如此。"先生意其非凡人也,欲起揖之。而舟去远矣。伊川先生自涪州归过襄州,杨畏为守,待之甚厚。先生曰:"某罪戾之余,安敢当此。"畏曰:"今时事已变。"先生曰:"时事虽变,某安敢变。"此乃刘子驹处见其祖所录,今省记此。尹子曰:"先生年七十四,得风痹疾,服大承气汤则小愈。"是年九月服之辄利,医者语家人曰:"侍讲病不比常时。"时大观元年九月也。十六日入视,先生以白夹被被体坐竹床,举手相揖,焞喜以为疾去。先生曰:"疾去而气复者安候也。颐,"愈觉羸劣,焞既还,十七日有叩门者报先生倾殂。

左谏议大夫孔文仲言:谨按通直郎崇政殿说书程颐,人物纤污,天资悭巧。贪黩请求,元无乡曲之行,奔走交结,常在公卿之门。不独交口褒美,又至连章论奏,一见而除朝籍,再见而升经筵。臣顷任起居舍人,屡侍讲席,观颐陈说,凡经义所在,全无发明,必因籍一事,泛滥援引。借无根之语,以摇憾圣听;推难考之迹,以眩惑渊虑。上德未有嗜好,而常启以无近酒色;上意未有信向,而常闻以勿用小人。岂惟劝导以所不为?实亦矫欺以所无有,每至讲罢,必曲为卑佞附合之语。借如曰:"虽使孔子复生,为陛下陈说,不过如此。"又如曰:"伏望陛下燕闲之余,深思臣之说,无忘臣之论。"又如曰:"臣不敢子细敷奏,虑烦圣听,恐有所疑。伏乞非时特赐宣问,容臣一一开陈,当陛下三年不言之际,颐无日无此语。以感切上听,陛下亦必黾勉为之应答。又如陛下因咳嗽罢讲,及御迩英,学士以下讲读者六七人,颐官最小,乃越次独候问圣体,横僭过甚,并无职分。如唐之王伾、王叔文、李训、郑注是也。右孔文仲章疏。按文仲所言虽极其诬诋,然所载经筵进说尤见先生所以爱君之心。有门弟子所不及闻者,故特附于此。《吕申公家传》云:"文仲本以伉直称,然蠢不晓事,为浮薄辈所使以害善良,晚乃自知为小人所绐,愤郁呕血而死,然则此疏不掩防微纳忠之善言,乃其伉直所发而凡丑诋无根之语,则为浮薄辈所使,而晚乃悔之者也。"《程子遗事》明道先生曰:"吾学虽有所受,天理二字,却是自家体贴出来。"先生谓学者曰:"贤看颢如此。颢煞用工夫,并见《上蔡语录》。常见伯淳,所在临政,便上下响应到了。人众后便成风,成风则有所鼓动。天地间只是一个风以动之也。"见《程子遗书》伊川先生语。明道临民,刑未尝不用,亦严亦威然至诚感人而人化之。见《侯子雅言》明道主簿上元时,谢师直为江东转运判官。师宰来省其兄,尝从明道假公仆掘桑白皮。明道问之曰:"漕司役卒甚多,何为不使?"曰:"《本草》说:桑白皮出土见日者杀人。以伯淳所使,人不欺,故假之尔。"师宰之相信如此。

谢师直尹洛时尝谈经与鄙意不合,因曰:"伯淳亦然。"往在上元景温说春秋犹时见取,至言易,则皆曰:"非是。"颐谓曰:"二君皆通易者也。"监司谈经,而主簿乃曰:"非是。"监司不怒:"敢言非通易能如是乎?"并见文集伊川记,明道尝见上称介甫之学,对曰:

"王安石之学不是。"上愕然问曰："何故?"对曰："臣不敢远引，止以近事明之。臣尝读诗言周公之德云：'公孙硕肤，赤舄几几。'周公盛德形容如是之盛，如王安石其身犹不能自治，何足以及此。"见遗书。又按：龟山语录，亦载此语称周公赤舄几几，圣人盖如此。若安石，刚褊自任恐圣人不然，恐当以遗书为正。神宗问："王安石之学如何?"明道对曰："安石博学多闻则有之，守约则未也。"荆公尝与明道论事不合，因谓先生曰："公之学如上壁，言难行也。"明道曰："参政之学如捉风。"后来逐不附己者，而独不怨明道，且曰："此人虽未知道，亦忠信人也。"新政之改，亦是吾党争之有太过。成就今日之事，涂炭天下，亦须两分其罪可也。当时天下岌岌乎殆哉！介甫欲去数矣。其时介甫直以数事上前，卜去就，若青苗之议不行，则决其去。伯淳於上前与孙莘老同得上意，要了当此事。大抵上意不欲抑介甫，要得人担当了，而介甫之意尚亦无，必伯淳尝言："管仲犹能言出令当如流水，以顺人心。今参政须要做不顺人心事，何邪?"介甫之意，只恐始为人所沮，其后行不得。伯淳却道但做顺人心事，人谁不愿从也。介甫道："此则感贤实诚意。"却与天祺其日於中书大悖。缘是介甫大怒，遂以死力争於上前，上为之一以听用，从此党分矣。莘老受约束而不肯行，遂坐贬，而伯淳遂待罪，既而除以京西提刑。伯淳复求对，遂见上。上言："有甚文字?"伯淳云："今咫尺天颜，尚不能少回天意，文字更复何用?"欲去，而上问者数四。伯淳每以陛下不宜轻用兵为言，朝廷群臣无能任陛下事者，以今日之患观之，犹是自家不善从容，至如青苗，且放过又且何妨？伯淳当言职，苦不曾使文字大纲，只是于上前说了其他些小文字，只是备礼而已。大抵自仁祖朝优容谏臣，当言职者必以诋讦而去为贤，习以成风。惟恐人言不称职，以去为落便宜，昨来诸君盖未免此。苟如是，为则是为懒情，尚有私意；在却不在朝廷，不干事理。今日朝廷所以特恶忌伯淳者，以其可理会事，只是理会学，这里动则於他辈有所不便也，故特恶之深。以吾自处，犹是自家当初学未至，意未诚，其德尚薄，无以感动他。天意此，自思则如此。然据今日许大气艳当时，欲一二人动之，诚如河滨之人捧土以塞孟津，复可笑也。据当时事势，又至於今日，岂不是命？并见遗书。程伯淳先生尝曰："熙宁初，王介甫行新法，并用君子小人。君子正直不合，介甫以为俗学不通世务，斥去。小人苟容谄佞，介甫以为有材能知变通，用之。君子如司马君实，不拜同知枢密院以去，范尧夫辞同修起居注得罪，张天祺自监察御史面折介甫被谪。介甫性狠，众人皆以为不可，则执之愈坚。君子既去，所用皆小人，争为刻薄，故害天下益深。使众君子未用与之敌，俟其势久自缓委曲平章，尚有听从之理。俾小人无隙以乘，其为害不至如此之甚也。"天下以先生为知言。见《邵氏闻见录》圣人志在天下国家，与常人志在功名全别。孟子传圣人之道，故曰予岂若小丈夫哉。谏於其君而不受，则悻悻然。见於其面，去则穷日之力，且看圣人气象则别，明道先生却是如此。元丰中有诏起吕申公、司马温公，温公不起。明道作诗送吕申公，又诗寄温公。二诗皆见文集其意直是眷眷在天下国家，虽然如此去就，又却极分明不放过一步。作台官时言新法者，皆得责。明道独除提刑，辞不受，改除签判乃止。见《胡氏传家录》元丰二年二月，诏以程颢同判武学，顾临权开封府推官。谏官李定以颢尝为御史，论新法与临并言罢之。吕申公上疏略曰："颢立身行己，素有本末，讲学议论，久益疏通。且其在言路日，时有论列，皆辞意忠厚，不失臣子之体。"扶沟地卑，岁有水旱，明道先生经画沟洫之法以治之。未及兴工而先生去官。先生曰："以扶沟之地尽为沟洫，必数年乃成。吾为经画十里之间开其端，后之人知其利必有断之者矣。夫为令之职，必使境内之民，凶年饥岁免於死亡，饱食逸居有礼义之训，然后为尽。故吾於扶沟兴设学校聚邑人子弟教之，亦几成而废。夫百里之施至狭也，而道之兴废系焉。是数事皆未及

成，岂不有命？然知而不为，而责命之兴废则非矣。此吾所以不敢不尽心也。”见杨过庭《闻稿录》明道终日坐如泥塑人，然接人浑是一团和气，所谓望之俨然，即之也温。见上蔡语录凡诗必使言之无罪，闻者知戒，所以尚谲谏也。如东坡诗，只是讥诮朝廷，无至诚恻怛爱君之意，言之安得无罪，闻之岂足以戒乎？伯淳先生诗云：“未须愁日暮，天际乍轻阴。”又云：“莫辞醮酒十分醉，只恐风花一片飞。”何其温柔敦厚也。闻之者亦且自然感动矣。见《龟山语录》学者须是胸怀摆脱得开，始得不见。明道先生作鄠县主薄时，有诗云：“云淡风轻近午天，傍花随柳过前川。旁人不识予心乐，将谓偷闲学少年。”看他胸中直是好与曾点底事一般。先生又有诗云：“闲来无事不从容，睡觉东窗日已红。万物静观皆自得，四时佳兴与人同。道通天地有形外，思入风云变态中。富贵不淫贫贱乐，男儿到此是豪雄。”问周恭叔恁地放开如何？谢曰：“他不是摆脱得开，只是立不住。”便放却忒早在里，明道门摆脱得开，为他所过者化。问见个甚道理，便能所过者化。谢曰：“吕晋伯下得一转语好，所存者神，便能所过者化；所过者化，便能所存者神。横渠云：性性为能存神，物物为能过化，甚亲切。”伊川与君实语，终日无一句相合。明道与语直是道得下。并见《上蔡语录》。明道先生与门人讲论，有不合者，则曰有商量。伊川则直曰：不然。见《外书》康节邵先生作《四贤吟》云：“彦国之言铺陈，晦叔之言简当，君实之言优游，伯淳之言条畅。”四贤洛阳之望，是以在人之上。有宋熙宁之间，大为一时之壮。见《击壤集》。元丰八年三月五日，神宗升遐，诏至洛。故相韩康公为留守，程宗丞伯淳为汝州酒官，会檄来举哀。於府既罢，谓康公之子宗师兵部曰：“颢以言新法。不便忤大臣，同列皆谪官，颢独除监司。颢不敢当，辞之。念先帝见知之恩，终无以报。”已而泣。兵部曰：“今日朝廷之事如何？”宗丞曰：“司马君实，吕晦叔作相矣。”兵部曰：“二公果作相，当如何？”宗丞曰：“当与元丰大臣同，若先分党，与他日可忧。”兵部曰：“何忧？”宗丞曰：“元丰大臣皆嗜利者，使自变其已甚害民之法，则善矣。不然，衣冠之害未艾也。君实忠直难与议，晦叔解事，恐力不足耳。”既而二公果并相。召宗丞，未行以疾卒。宗丞为温公、申公所重，使不死更相调护，协济於朝，则元祐朋党之论，无自而起矣。论此事时，范淳夫、朱公掞、杜孝锡、伯温同闻之。今四十年而其言益验，故表而出之。见《邵氏闻见录》先生墓志：韩公持国撰孙公曼叔书。见文集，然志文今不传於世，韩氏家集，经乱而不存矣。王霖公泽，言明道、伊川随侍太中知汉州，宿一僧寺。明道入门而右，从者皆随之。伊川入门而左，独行至法堂上相会。伊川自谓：“此是颐不及家兄处。”盖明道和易，人皆亲近。伊川严重，人不敢近也。尹焞云亦尝闻先生言之。见《涪陵记善录》韩持国与二先生善。韩在颖昌欲屈致之，预戒诸子弟侄，使治一室。至於修治户牖，皆使亲为之。二先生至暇日与持国同游西湖，命诸子侍行次。有言貌不庄敬者，伊川回视厉声叱之曰：“汝辈从长者行，敢笑语如此。韩氏孝谨之风衰矣！”持国遂皆逐去之。闻之持国之子宗质彬叔云。见《祁宽录尹和靖语》伊川先生居经筵，建言今之经筵，实古保传之任。欲使内臣十人供侍左右，倘人君出一言，举一事，食一果实，必使经筵知之。有剪桐之戏，则随事箴规，违善养生之方，则应时谏止。吕申公曰：“主少，非可为之时也。”伊川曰：“正可为也。责不在人主，而人臣当任之耳。”见《杨过庭闻稿录》

程子在讲筵，执政有欲用之为谏官者。子闻之，以书谢曰：“公知射乎？有人执弓于此，发而多中，人皆以为善射矣。使羿立於其旁，道之以彀率之法。不从，羿且怒而去矣；从之，则戾其故习，而失多中之功。一作巧故不若处羿於无事之地，则羿得尽其言，而用舍羿不恤也。颐才非羿也，然闻羿之道矣，虑其害公之多中也。”见《遗书》

文潞公，尹洛先生时为判监。一日府会先生往赴，到客次，见乐人来呈乐语曲词。先生讶之，问故，对曰："昨日得太师钧旨，明日请程侍讲词曲，并要严谨依礼法，故先来呈。"富郑公、司马温公居乡里，尤所尊礼，吕正献公、范忠宣公过洛，必先来见。吕荣公兄弟，与先生书，必涤笔砚正衣冠，然后写。其为当时礼敬如此。见《涪陵记善录》。伊川与韩持国善，约候韩年八十一往见之。是岁元日因子弟贺正，乃曰："颐今年有一债未还，春中当暂往颖昌见韩持国。"乃往造焉，久留颖川。韩早晚伴食，体貌加敬。一日韩密谓其子彬叔曰："先生远来，无以为意，我有黄金药楪一重三十两，似可为先生寿，未敢遽言之。我当以他事使汝侍食，从容道吾意。"彬叔侍食如所戒，试启之。先生曰："颐与乃翁道义交，故不远而来，奚以此为诘？"朝遂归。持国谓其子曰："我不敢言正为此耳。"再三谢过而别。见祁宽录尹和靖语

吕汲公以百缣遗子，子辞之。时子族兄弟公孙在旁，谓子曰："勿为已甚，姑受之。"子曰："公之所以遗颐者，以颐贫也。公位宰相，能进天下之贤，随才而任之，则天下受其赐矣。何独颐贫也，天下贫者亦众矣，公帛固多，恐公不能周也。"殿帅苗履见先生於陵下。时先生方辞西监之命，履问曰："朝廷处，先生如何则可？"先生曰："且如山陵事，苟得专处，虽永安尉可也。"先生尝说："颐于易传，今却已自成书，但逐旋修改，期以七十其书可出。韩退之称聪明不及于前时，道德日负於初心，信然。颐於《易传》，后来所改者。庶几不知如何，故且更期之以十年之功看如何。《春秋》之书，待刘绚文字到却用功，亦不多也。今人解《诗》全无意思，却待出些文字，《中庸》书却已成。今农夫祁寒暑雨，深耕易耨，播种五谷，吾得而食之。今百工伎艺，作为器用，吾得而用之。甲胄之士，被坚执锐，以守土宇，吾得而安之。却如此闲过了日月，即是天地间一蠹也。功泽又不及民，别事又做不得，惟有补缉圣人遗书，庶几有补耳。"陈长方见尹子於姑苏，问《中庸解》，子云："先生自以为不满意，焚之矣。"问："先生曾定六礼，今已成未？"曰："旧日作此已及七分，后来被召入朝，既在朝廷，则当行之朝廷，不当为私书。既而遭忧，又疾病数年，今始无事。更一二年可成也。"曰："闻有五经解，已成否？"曰："惟《易传》亲撰，诸经皆关中诸公分去，以颐说撰成之。礼之名数，陕西诸公删定。已送与吕与叔。与叔今死矣，不知其书安在也。"然所定只礼之名数，若礼之文亦非亲作不可也。并见《遗书》先生被谪时，李邦直，尹洛令。都监来见伊川。才出见之便请上轿，先生欲略见叔母亦不许。莫知朝命云何，是夜宿於都监厅，明日差人管押成行。至龙门，邦直遣人赆银百星，先生不受。既归，门人问："先生临行时，诸人赆行皆受，邦直亦是亲戚，何为不受？"先生曰："与颐相知即可受，渠是时，已与颐不相知，岂可受耶？"见《涪陵记善录》。伊川先生言昔贬涪州，渡汉江中流，船几覆。舟中人皆号哭，伊川独正襟安坐如常。已而及岸，同舟有老父问曰："当船危时，君独无怖色，何也？"伊川曰："心存诚敬耳。"老父曰："心存诚敬固善，然不若无心。"先生欲与之言，老父径去不顾。伊川先生，元祐初司马温公荐侍讲禁中。时哲宗幼冲，先生以师道自居，后出判西京国子监，两加直秘阁皆辞之。党祸起，责涪州。先生注《周易》，与门弟子讲学，不以为忧。赦得归，不以为喜。见《邵氏闻见录》。先生自涪陵归，《易传》已成，未尝示人。门弟子请益有及易书者，方命小奴取书箧以出。身自发之以示门弟子，非所请不敢多阅。门弟子请问易传事，一字之疑，先生必再三命之。盖其潜心甚久，未尝容易下一字。见吕坚中所录尹和靖语

先生云："吾四十以前读诵，五十以前研究其义，六十以前反复紬绎，六十以后著书，著书不得已。"见《遗书》。

先生谓张绎曰："吾受气甚薄，三十而浸盛，四十五十而后完。今生七十二年，校其筋

骨，於盛年无损也。”绎因请曰：“先生岂以受气之薄而厚为保生邪？”先生默然，曰：“吾受忌生徇欲为深耻。”焞，年二十，始登先生之门，被教诱谆谆。尝得朱公掞所编杂说呈先生，问此书可观否。先生留半月。一日请曰：“前日所呈杂说如何？”先生曰：“颐在，何必观此。若不得颐心，只是记得他意。”焞自是不敢复续。并见《涪陵记善录》及尹公跋夏竦所藏语录后南方学者从伊川既久，有归者。或问曰：“学者久从学于门，谁是最有得者？”伊川曰：“岂敢便道有得处，且只是指与他个岐径，令他寻将去不错了，已是忒大煞。若夫自得尤难，其人谓之得者，便是已有也。若论随力量而有见处，则不无其人也。”见祁宽所记尹公录胡文定公曰：安国昔尝见邹志完论近世人物。”因问程明道如何。志完曰：“此人得志，使万物各得其所。”又问：“伊川如何？”曰：“却不得比明道。”又问何以不得比。曰：“为有不通处。”又问侍郎，先生言：“伊川不通处，必有言行可证，愿闻之。”志完色动，徐曰：“有一二事，恐门人或失其传。”后来在长沙再论河南二先生学术，志完却曰伊川见处极高因问：“何以言之？”曰：“昔鲜于侁曾问颜子在陋巷不改其乐，不知所乐者何事？伊川却问曰：寻常道颜子所乐者何？侁曰：不过是说颜子所乐者道。伊川曰：若有道可乐便不是颜子。以此知伊川见处极高。”又曰：“浩昔在颖昌，有赵均国者自洛中来，浩问：曾见先生有何语？均国曰：‘先生语学者曰：除却神祠庙宇，人始知为善。古人观象作服，便是为善之具。’”见胡公集伊川常服缘袍高帽，檐劣半寸。一本云，帽桶八寸，檐半寸。四直系条曰：“此野人之服也。深衣绅带青缘篆文，非礼勿视，非礼勿听，非礼勿言，非礼勿动。”见外书

伊川常爱衣皂，或博褐绸袄，其袖如常人，所戴纱巾背后望之如钟形，其制乃似今道士，谓之仙桃巾者。不知今人谓大袖方领何谓。见祁宽所记尹公语

《邵氏闻见录》

司马文正公在洛阳修史，曰：“伊川先生程颐正叔，为布衣年尚少，其见亦有时。今为伊川，学者以文正斋。”记中有曰正叔，云以为字伊川者，非也。楚正议建中字正叔耳，然伊川后用文正荐，劝讲禁中，未几罢去。先是刘莘老论曰：“纷纷之论致疑於程颐者，直以谓自古以来先生处士，皆盗虚名，无益于用。若颐者，特以迂阔之学，邀君索价而已。天下节义之士乐道不出，如颐等辈，盖亦不少。彼无所援于上，故不闻尔。又以颐辞免爵命之言曰：前朝召举布衣，故事具存。是颐之自欲为种放而亟欲得台谏侍从矣。不可不察也。圣人自有中道，过之则偏。天下自有常理，背之则乱。伏望审真伪重名器云云。”孔文仲论曰：“颐在经筵，僭横造请，权势腾口。间乱以偿恩仇，致市井之间，目为五鬼之魁。尝令其助贾易弹、吕陶，及造学制诡谬，童稚嗤鄙”云云。又曰：“颐污下憸巧，素无乡行，经筵陈说。僭横忘分，遍谒贵臣，历造台谏。宜放还田里，以示典刑云云。刘器之论曰：程颐、欧阳棐、毕仲游、杨国宝、孙朴，交结执政子弟，缙绅之间号五鬼。”又曰：“进言者必曰五鬼之号，出于流俗不根之言，何足为椐。臣亦有以折之。方今士大夫无不出入权势之门，何尝尽得鬼名？惟其阴邪潜伏，进不以道，故程颐等五人，独被恶声。孔子曰：‘吾之於人也，谁毁谁誉，如有所誉者，其有所试矣。’盖人之毁誉，必以事验之，今众议指目五人，可谓毁矣。然推考其迹，则人言有不诬者，臣请历陈其说。若陈，颐则先以罪去。”云云。苏子瞻奏，则曰：“臣素疾程颐之奸，形於言色。因颐教诱孔文仲，令以私意论事，为文仲所奏，颐遂得罪”云云。又子瞻为礼部尚书，取伊川所修学制，贬驳讥诋略尽。如苏子瞻、刘莘老、孔文仲、刘器之，皆世之君子。其于伊川先生不同如此。至斥党锢，则同在祸中，悲夫！

《林和靖笔记》

和靖云:"绍兴初,士大夫颇以伊川语录资诵说,言事者直以狂怪淫鄙诋之。"盖难力办也。以语录资诵说者,当时士大夫之罪,以狂怪淫鄙诋之,当时言事者之失,非语录使然也。今恶当时士大夫,畏当时言事者,而讳语录以为不足观,是既助言者以自攻,而又无以服当时学者之心也。岂不误哉!和靖笔记云:"伊川先生为中庸解,疾革命,焚於前。门人问焉,先生曰:'其有易传在足矣,何以多为?'尝见别本记,或问和靖,据《语录》先生自言,《中庸》已成书,今其书安在?"和靖曰:"先生自以为不满意而焚之矣。"此言恐得其真,若无所不落于其意。而专恃易传,遂废中庸,吾恐先生之心,不如是之隘也。或谓伊川在讲筵,不曾请俸,又不求封叙。若是应举得官,便只当以常调自处,虽陈乞封荫,亦可也。此意如何?盖本以应举得官,则当只以常调自处,自今常人言之如此可也。然朝廷待士却不当如此,伊川先生所以难言之也。但云:"其说甚长。"则是其意要当从科举法,都改变了乃为正耳。一日论伊川门人云:"入释氏。"文蔚曰:"只是游定夫如此。"恐龟山辈不如此。曰:"只论语序便可见。"游杨诸公皆才高,又博洽,略去二程先生参较所疑,及病败处,各能自去求。虽其说有疏略处,然皆通明,不似兼山辈立论可骇也。

先生于书无所不读,于事无所不能。先生屡当奏荐,推与族人。少年举进士,过省到御前,试尧舜性仁赋,考入魁等。以诗押韵。误失平仄下第,遂不应举。尝言进士科取士甚好,可以收罗寒俊之士。士人应举进身为门户,盖所当为。有欲求试学官者,笑之曰:"学官师儒之任,岂可自往求试也?"

人有说及近日南方伊川之学盛行,如伊川语录、文集、讲解,皆刊行,此亦可喜者。和靖曰:"正不要得此,又却是时文一般,极不便也。先生之学不在文辞,要人躬行。"人未能为贤者事,已自务为圣人。或云:"伊川尝言吾便是孔子。"此非伊川语。顷尝见伊川云:"某安敢望明道,以是知之,然舜何人也。予何人也,但持此心,欲必及圣人则可矣。"闻程十于杨中立。中庸解后跋语,颇及中立,岂可如此。伊川先生尝称新进游杨辈,自是门弟子中所得最深者。横渠尝谓伊川曰:"子若行道,只恐主掌太杀去里。"伊川曰:"某安敢如是。"伊川归自涪州,气貌容色髭发,皆胜平昔。门人问何以得此,先生曰:"学之力。大凡学者,学处患难贫贱,若富贵荣达,即不须学也。"

伊川初属纩,惟先生张先生思叔在左右,人言有十余人,非也。和靖言:某尝谓伊川先生践履尽易其作传,只是因而写成,熟读玩味便见。

人有语及欲和靖为伊川作行状,如明道行状以传世。垂后者,和靖曰:"自不须得。"人有说及欲朝廷诸公为伊川请谥者,和靖曰:"不必如此。"若门人学者请之,却似自私。和靖言:明道论新法之害政,至欲两分其罪,以此见明道存心公且恕也。明道当言职,小作章疏,只是开陈详说,要欲以诚意感悟上意。尝於上前,言人主当防未萌之欲。于时相处,言令顺民心。元丰末,朝廷以大宗正丞召,且将大用,遽以疾没。前此或问明道于富郑公。公曰:"伯淳无福天下也无福。"似乎前知也。先生之学于至诚,其见于言动事为之间,处中有常,疏通简易,不为矫异,不为狷介,宽猛合宜,庄重有体。或说匍匐以吊丧,诵孝经以追荐,皆无此事。衣虽绸素,冠襟必严整,食虽简俭,蔬饭必丰洁。太中年老,左右致养无违,以家事自任悉力营干。细大必亲,赡给内外亲族八十余口。

《告伊川先生文》

维绍兴六年,岁次丙辰,九月丙寅朔,二十有五日庚寅,门人和靖处士尹焞,谨诣侍讲伊川先生祠而告之曰：某甲寅孟秋，始居涪陵，乙卯孟冬，误辱召命，继下除书，实嗣讲事。人微望轻，敢绍前躅？辞不获命，勉赴行庙。有补于世则未也，不辱师门则有之，今兹启行，惟先生有以鉴之。谨告：绍圣中，伊川先生谪居于涪，其后涪人立祠於北岩，和靖避难，偶亦居此。被召赴阙，来辞祠下，以文致告，不令示人。忠恕尝跪读，退而录之。

《谢上蔡语录》

伊川才料大，使了大事，指顾而集，不动声色。问何以验之，曰："只议论中便可见。"陕西曾有议欲罢铸铜钱者，以谓官中费一贯铸得一贯，为无利。伊川曰："此便是公家之利。利多费省，私铸者众，费多利薄，盗铸者息。盗铸者息，权归公上，非利而何？"又曾有议解盐钞欲高其价者，增六千为八千。伊川曰："若增钞价，卖数须减，盐出既众，低价易之。人人食盐，盐不停积，岁入必敷。"已而增钞价，岁额果亏，减之而岁入溢。温公初起时，欲用伊川，伊川曰："带累人去里。使韩富在时，吾犹可以成事。"后来温公欲变法，伊川使人语之曰："切未可动着役法。动着即三五年不能得定叠去。"未几变之，果纷纷不能定。

昔在二先生门下，伯淳最爱中立，正叔最爱定夫，观二人气象，亦相似。吕东莱杂说，明道先生尝说：横渠，西铭学者。若能涵味此理，以诚敬存之必自有得处。某尝以书问杨中立先生曰："既曰诚矣，又复说敬，何也？"杨先生答书，言以诚敬存之，皆非诚敬之至者，若诚敬之至，又安用存。伊川先生甚爱表记中，说：君子庄敬日强，安肆日偷。盖常人之情，才于肆，则日就旷荡；自检束，则日就规矩。尹彦明言伊川先生尝说释氏，见得极亲切，极头处见得极分明；但不见四旁耳。先生曰："近有人说伊川自比孔孟。"先生曰："某不识明道。"每见伊川说，学问某岂敢比先兄。由是推之，决无此语也。

《陆象山语录》

二程见周茂叔后，吟风弄月而归，有吾与点也之意。后来明道此意却存，伊川已失此意。元晦似伊川，钦夫似明道，伊川蔽固深，明道却通疏。正叔在经筵，潞公入札子要宰相以下听讲，讲罢诸公皆退。晦叔云："可谓称职。"尧夫云："真侍讲。"又一人云："不知古人告其君还能如此否，只为诸公钦服他，他又多忤人，所以后来谤生。"因说正叔经筵开陈，故及此所，论列有处记。

中心安仁者，天下一人而已。如伯淳莫将做天下一人看，曰固是。

宋《韩淲涧泉日记》

大程涵养，小程持守，见处固有浅深。论辩处成就学者，惟大程有之。紫阳宗旨明道，言当元丰大臣共政。此事昨来已尝论之，然亦有未尽。今详此事，乃是圣贤之用，义理之正，非姑为权谲，苟以济事于一时也。盖伊川气象，自与明道不同，而其论变化人材，亦有此意。见外书胡氏所记易传於睽之初爻，亦有不绝小人之说。足见此事，自是正理当然，非权谲之私也。然亦须有明道如此广大规模，和平气象，而其诚心昭著，足以感人，然后有以尽其用耳。常人之心，既不足以窥测此理，又无此等力量，自是信不及。设有信者，又不免以权谲利害之心为之，则其悖理而速祸也，为尤甚矣。此今之君子，所以不能无疑于明道之言也。胡氏所记，尹公亦疑之，岂所谓未可与权者耶。邵子文晚著此书，于其早岁之所逮闻者，年月先后，容或小差，若语意本末，则不应全误。且所谓二公并相，盖终言

之。召宗丞未行以疾卒，亦记其不及用耳。非必以为二公既相，然后召明道也。又谓邵录多出公济，恐亦未然。盖其父子文体自不同也天运不息，品物流形，无万物皆逝，而己独不去之理，故程子因韩公之叹而告之曰："此常理从来如是，何叹焉？"此意已分明矣。韩公不喻而曰："老者行去矣。"故夫子告之曰："公勿去可也。以理之所必无者晓之，如首篇所云。请别寻一个好底性来，换了此不好底情著之意尔。"及公自知其不能不去，则告之曰："不能则去可也。"言亦顺夫常理而已。反复此章之意，只如此，恐不必于不去处别求道理也。孟子虽多言存养，然不及其目，至论养气，则只以义为主，比之颜子，便觉有疏阔处。程子之言，恐不专为所禀与气象。盖所学系于所禀，气象又系于所学，疏则皆疏，密则皆密。唯大而化之，然后不论此耳。德輶如毛，民鲜克举之。孔子所谓为仁由己也。仁以为己任，不亦重乎？程子所谓克己最难也。周子亦曰："至易而行难，果而确无难焉？"盖轻故易，重故难。知其易故行之必果，知其难则守宜确，能果能确，则又何难之有？太极图立象画意，剖析幽微，周子盖不得已而作也。观其手授之意，盖以为唯程子为能受之。程子之秘而不亦疑，亦未有能受之者尔，夫既未能默识于言意之表，则道听途说其弊必有甚焉。近年已觉颇有此弊观其答张闳中书云："书虽未出，学未尝不传，第患无受之者，及《东见录》中论横渠清虚一大之说，使人向别处走，不若且只道敬，则其微意亦可见矣。若西铭则推人以之天，即近以明远，于学者之用为尤切。非若此书详于天，而略于人，有不可骤而语者也。孔子雅言诗书执礼，而於易则鲜及焉。其意亦犹此尔。"韩子曰："尧舜之利民也大，禹之虑民也深。其周子程子之谓乎？"熹向所谓微意者如此。不识高明以为如何。宋兴百年，河洛之间有二程先生者出，然后斯道之传有继。其於孔子孟氏之心，盖异世而同符也。故其所以发明论孟之说，言虽近而索之无穷，指虽远而操之有要。使夫读者非徒可以得其言，而又可以得其意，非徒可以得其意，而又可以并其所以进於此者而得之。其所以兴起斯文，开悟后学，可谓至矣。然而体用一源也，显微无间也。是则非夫先生之学之至，其孰能知之。呜呼！兹其所以奋乎百世绝学之后，而独得夫千载不传之传也欤？若张公之於先生，论其所至，窃意其犹伯夷伊尹之於孔子，而一时及门之士，考其言行，则又未知其孰可以为孔氏之颜曾也。

《朱子语类》

总论程子门人。

问："程门谁真得其传？"曰："也不尽见得，如刘质夫、朱公掞、张思叔辈，又不见他文字。看程门诸公力量见识比之康节横渠皆赶不上。淳按：黄义刚录同吕与叔文集煞有好处，他文字极是实说得好处，如千兵万马，饱满伉壮。上蔡虽有过当处，亦自是说得透。龟山文字却怯弱，似是合下会得易。一本止此某尝说看文字，须似法家深刻，方穷究得尽，某直是拚得下工。"阁祖问："谢氏说多过，不如杨氏说最实。"答曰："尹氏语言最实，亦多是处。但看文字，亦不可如此先怀权断於胸中。且如谢氏说，十分虽有九分是过处，其间亦有一分说得是恰好处，岂可先立下定说。今且须虚心玩理。"大雅问："理如何玩则是？"答曰："今当以小说明之。如一人欲学相气色，其师与五色线一串令入暗室中认之。云辩得此五色出，方能相气色也。看圣人意旨，亦要如此精专方得之。到自得处，不从说来。虽人言亦不信，盖开导虽假人言，得处须是自得，人则无如之何也。孔子言语简，若欲得之，亦非用许多工夫不得。孟子之言多，若欲得之，亦合用许多工夫。孔子言简，故意广无失；孟子言多意长，前呼后唤，事理俱明亦无失若他人语多即有失。某今接士大失答

问，多转觉辞多无益。大雅谓思叔持守不及和靖乃伊川语，非特为品藻二人，盖有深意。和靖举以语人，亦非自是，乃欲人识得先生意耳。若以其自是之嫌而不言，则大不是，将无处不窒碍矣。镐按：黄升卿，录同而少异，今附云伊川言思叔持守不及和靖，此有深意，和靖举以语人，亦非自是乃欲人识得先生意耳。若避自是之嫌，而不言，则将无处不窒碍耳。问尹和靖立朝议论，曰："和靖不观他书，只是持守得好，他语录中说涵养持守处，分外亲切，有些朝廷文字，多是吕稽中辈代作。"问龟山先生立朝却有许多议论曰："龟山杂博，是读多少文字。"德明问郭冲晦何如人，曰："西北人气质重厚淳固，但见识不及，如兼山易、中庸义，多不可晓，不知伊川晚年接人是如何。"问游杨诸公早见程子后来《语孟》《中庸》说："先生犹或以为疏略，何也？"曰："游杨诸公皆才高又博洽，略去二程先生参较所疑，及病败处，各能自去求。虽其说有疏略处，然皆通明，不似兼山辈立论可骇也。"德明问程门诸公亲见二先生，往往多差互。如游定夫之说，多入于释氏，龟山亦有分数。曰："定夫极不济事，以某观之，二先生衣钵似无传之者。"又问上蔡议论莫大过，曰："上蔡好于事上理会，理却有过处。"又问和靖专于主敬，集义处少，曰："和靖主敬把得定，亦多近傍理。龟山说话颇浅狭，范淳夫虽平正而亦浅。"又问："尝见震泽《记善录》。彼亲见伊川，何故如此之差？"曰："彼只见伊川面耳。"曰："中无倚著之语，莫亦有所自来。"曰："却是伊川语。"可学理学最难，可惜许多印行文字，其间无道理底甚多，虽伊洛门人亦不免如此。如解《中庸》正说得数句好，下面便有数句走作无道理了，不知是如何，旧尝看《栾城集》，见他文势甚好，近日看全无道理。如《与刘原父书》说藏巧若拙处，前面说得尽好，后面却说怕人来磨我，且恁地鹘突去，要他不来，便不成说话。又如苏东坡忠厚之至论说，举而归之于仁，便是不奈他何，只恁地做个鹘突了。二苏说话多是如此。此题目全在疑字上，谓如有人似有功。又似无功，不分晓，只是从有功处重之。有人似有罪又似无罪，不分晓，只从无罪处轻之。若是功罪分明，定是行赏罚，不可毫发轻重，而今说举而归之于仁，更无理会。或举老苏五经论。先生曰："说得圣人都是用术了。"明作

游、杨、谢诸公，当时已与其师不相似。却似别立一家。谢氏发明得较精彩，然多稳贴。和靖语却实，然意短不似谢氏发越。龟山语录与自作文又不相似。其文大，故照管不到，前面说如此，后面又都反了，缘他只依傍语句去皆是不透。龟山年高与叔年四十七，他文字大纲立得脚来健，多有处说得好，又切若有寿必煞进。游定夫学无人传，无语录。他晚年嗜佛，在江湖居，多有尼出入其门。他眼前分晓信得及底，尽践履得到其变化出入处，看不出，便从释去，亦是不透。和靖在虎丘，每旦起顶戴佛。郑曰：亦念金刚经他因赵相入侍讲，那时都说不出，都奈何不得人。责他事业，答曰："每日只讲两行书，如何做得致君泽民事业。"高宗问："程某道孟子如何？"答曰："程某不敢疑孟子如此。"则是孟子亦有可疑处，只不敢疑尔，此处更当下两语却住了。他也因经患难后心神耗了。龟山那时亦不应出。侯师圣太粗疏，李先生甚轻之。其来延平看亲，罗仲素往见之，坐少时不得，只管要行，此亦可见其粗疏处。张思叔敏似和靖，伊川称其朴茂，然亦狭无展拓气象。收得他杂文五六篇，其诗都似禅，缘他初是行者出身。郭冲晦有易文字，说易卦都从变上推。间一二卦推得，岂可却要如此？近多有文字出，无可观。周恭叔、谢用体、赵彦道、鲍若雨，那时温州多有人，然都无立作。王信伯乖郑问："他说中无倚著，又不取龟山不偏说，何也？"先生曰："他谓中无偏倚，故不取不偏说。"郑曰："胡文定只上蔡处讲得些子来，议论全似上蔡，如获麟以天自处等曾渐，又胡文定处讲得些子。"先生曰："文定爱将圣人道理张大，说都是勉强，如此不是自然流出，曾渐多是禅。"淳伊川之门，谢上蔡自禅门

来，其说亦有差。张思叔最后进，然深惜其早世，使天假之年，殆不可量。其他门人，多出仕宦四方，研磨亦少。杨龟山最老，其所得亦深。谟程门弟子亲炙伊川，亦自多错。盖合下见得不尽，或后来放倒，盖此理无形体，故易差，有百般渗漏，去伪。蔡云不知伊川门人如此其众，何故后来更无一人见得亲切。或云："游杨亦不久亲炙。"曰："也是诸人无头无尾，不曾尽心在上面也。各家去奔走仕宦，所以不能理会得透，如邵康节从头到尾，极终身之力，而后得之。虽其不能无偏，然就他这道理，所谓成而安矣。如茂叔先生资禀便较高，他也去仕宦，只他这所学自是从合下直到后来，所以有成，某看来这道理，若不是拚生尽死去理会，终不解得。书曰：'若药不瞑眩，厥疾不瘳。'须是吃些苦极方始得。"蔡云："上蔡也，杂佛老。"曰："只他见识又高。"蔡云："上蔡老氏之学多，龟山佛氏之说多，游氏只杂佛，吕与叔高于诸公。"曰："然。"这大段有筋骨，惜其早死。若不早死，也须理会得到蔡。又因说律管云。伊川何不理会，想亦不及理会，还无人相共理会，然康节所理会，伊川亦不理会。曰："便是伊川不肯理会这般所在。"贺孙游、杨、谢三君子，初皆学禅，后来余禅犹在，故学之者多流於禅。游先生大是禅学。德明看道理不可不仔细，程门高弟如谢上蔡、游定夫、杨龟山辈，下梢皆入禅学去。必是程先生当初说得高了，他门只睚见上一截，少下面著实工夫，故流弊至此。淳问明道论元祐事须并用张蔡之党，曰："明道只是欲与此数人者，共变其法。且诱他入脚来做。"问 L："如此却似任术。"曰："处事亦有不能免者，但明道是至诚为之。此数人者，亦不相疑忌，然须是明道方能了此后来元祐诸公治得此，党太峻，亦不待其服罪。温公论役法疏略，悉为章子厚反驳，只一向罢遂不问所论是非，却是太峻急。于当时，如蔡确辈留得在朝廷，岂不害事。"德明明道行状说孝弟礼乐处，上两句说心，下两句说用古不必验。今因横渠置田验井田，故云尔。横渠说话多有如此处。可学伊川见朱光庭所编语录云："某在，何必读此。"若伊川不在，则何可不读。盖乡以下论语录。或问尹和靖言看语录，伊川云：某在何必看此。此语如何？曰："伊川在便不必看，伊川不在了，如何不看？只是门人所编各随所见，浅深却要自家分别他是非。前辈有言，不必观语录，只看易传等，书自好。天下亦无恁地道理，如此则只当读六经，不当看论孟矣。天下事无高、无下，无小，无大，若切已下工夫，件件是自家底；若不下工夫，拣书来看亦无益。"先生又言语录是杂载，只如闲说一件话，偶然引上经史上，便把来编了，明日人又随上面去看，直是有学力，方能分晓。谦记录言语难，故程子谓若不得某之心，则是记得他底意思。今遗书某所以各存所记人之姓名者，盖欲人辩识得耳。今观上蔡所记，则十分中自有三分。以上是上蔡意思了。故其所记多有激扬发越之意。游氏所说，则有温纯不决之意。李端伯所记，则平正。质夫所记虽简约，然甚明切看得来。刘质夫那人煞高，惜乎其不寿。广

杨志仁问明道说话，曰："最难看。须是轻轻地挨傍他，描摸他意思方得。若将来解解不得，须是看得道理大段熟，方可看。"节明道说话浑沦煞高，学者难看。淳说："明道言语尽宽平，伊川言语初难看，细读有滋味。"又云："某说大处自与伊川合，小处却时有意不同。"说："南轩见处高如架屋相似，大间架已就，只中间少装折。"写问：遗书中说孔孟一段，看见不甚有异，南轩好提出，曰："明道。"云："我自做天里。此句只是带过，后来却说是以天自处，便错了。要之此句，亦是明道一时之意思如此。今必欲执以为定说，却向空去了。"可学以下二程子附年谱行状又问伊川于陈乞封父祖之问，云："待别时说过，谓此句出朝廷合行之礼，当令有司检举行下，亦不必俟陈乞也。"答云："如此名义却正。"过问：伊川临终时。或曰："平生学底，正要今日用。"伊川开目，曰："说要用便不是。"如何？曰："说

要用便是两心僩，明道诗云：‘旁人不识予心乐，将为偷闲学少年。’此是后生时气象，眩露无含蓄。”正叔

《朱子语略》

明道曾看释老书，伊川庄列亦不曾看。明道云：后来须着看，不看无缘知他道理。明道天资高，明得容易。问："伊川因何而见道。"曰："他说求之六经而得，但也是于濂溪处见得个大道理占地位了。"道夫问程子云："昔尝受学於周茂叔，每令寻颜子仲尼乐处，所乐何事？"道夫窃意孔颜之乐，只是私意净尽，天理昭融，自然无一毫系累耳。曰："然。"

伊川好学论十八时作，明道十四五便学圣人，二十及第，出去做官，一向长进。《定性书》是二十二三时作，是时游山许多诗甚好。义刚曰："前辈也，多是背处做几年方成。"先生曰："也不恁底，如明道自是二十岁及第，一向出来做官，自恁地便好了。"杨至之问程先生："当初进说只以圣人之说，为可必信先王之法为可必行，不狃滞于近规，不迁惑于众口，必期天下如三代之世，何也？"先生曰："也只得恁地说。明道王伯札子说得好，自古论王伯至此无余蕴矣。"程先生所以有功於后学者，最是敬之一字有力。伊川先生多说敬，敬则此心不放，事事皆从此做去。伊川性即理也，横渠心统性情二句，颠扑不破。若天资大段高则学明道，若不及明道则且学伊川。横渠问明道可比颜子，伊川可比孟子否。曰："明道可比颜子，孟子才高，恐伊川未到孟子处。然伊川收束检制处，孟子却不能到。"明道说话尽高，邵张说得端的处尽好。伊川之学于大体上莹彻，於小节目上犹有疏处。，康节却能尽得事物之变，却於大体上有未莹处而今看文字，古圣贤说底不差，近时文字惟程先生、张先生、康节说底不差，至如门人之说便有病。看道理不可不仔细，程门高弟如谢上蔡、游定夫、杨龟山辈，下稍皆入禅学去。

《朱子语续录》

程门诸子在当时亲见二程至于释氏，却多看不破。是不可晓。观《中庸说》中可见。吴必大录，此下云子澄作近思续录，其劝他不必作者，盖接续他二程思不得。如龟山云："吾儒与释氏，其差只在杪忽之间。"某谓何止秒忽，直是从源头便不同。伯丰问崇正辩如何？曰："崇正辩亦好。"伯丰又曰："今禅学家亦谓所辩者，皆其门中自不以为然。"先生曰："不成。吾儒守三纲五常，若有人道不是，亦可谓吾儒自不以为然否？"又问："此书只论其迹亦好。"伊川曰："不若只于迹断。毕竟其迹是从那里出来，胡明仲做此书，说得明白，若五峰说话中，辩氏处却糊涂。他不到此，皇王大纪中，亦有数段不分晓。"郑问明道到处响应，伊川入朝成许多事，此亦可见二人用处。曰："明道从容，伊川都挨不行。"陈后之问："伊川做时似孟子否？"曰："孟子较活。"问："孟子做时似伊尹否？"先生首之，又曰："孟子传伊尹，许多话当时必是有一书。该载程子说赞化处，谓天人各自有分，说得好。"问灵源与潘子真书，今人皆将做与伊川书，谓伊川之学出于灵源也，恐后人以入《传灯录》中，如退之之比。不知可寓于何书。注破。云："某旧十年前闻此事，则半夜起来，为作文矣。其好辩甚也。"江丈端明尝言："二程之学，非全资于周先生者，盖通书人多忽略不曾考究。今观通书皆是发明太极，书虽不多，而统纪已尽。二程盖得其传，但二程之业广耳。"

明道语宏大，伊川语亲切。伊川语各随学者意所录，不应一人之说，其不同如此，游录语慢，上蔡语录险，刘质夫语简，永嘉诸公语絮。尹和靖疑伊川之说，多其所未闻。伊川快说禅病，如后来湖南龟山之弊，皆已先曾说过，湖南正以为善。龟山求中于喜怒哀乐之

前。伊川令吕进伯去了韩安道。李先生云："此等事须是自信得及，如何教人做得？"《程先生传》甚备，见《徽庙实录》吕伯恭撰。原之问："伊川不答温公给事中事，如何？"曰："自是不容，谓如两人有公事。在官为守，今者来问自不当答，问者已是失。"曰："此莫是避嫌否？"曰："不然。"本原已不是，与避嫌异。绍翁窃疑元祐诸公荐伊川先生者甚力，至谓其有经天纬地之才，尊主庇民之术。至是以通直郎判西京国子监，按官制其实教授制词何其寂寥简短若是，中书舍人王震所草。王非知伊川者。绍翁又详庆元丞相赵公。汝愚去国侂胄始颛政，欲以党去天下之正人，必诋以伪学。虽刘德秀从臾为是说，然伪之一字已见于绍兴制词矣。先是孔文仲，刘挚顾临，亦尝以伪诋先生云："许鲁斋心法。"先生曰："可以为万世法者，当学孔子，虽学不至，亦无弊也。"又曰："象数莫过于邵先生，义理莫过于程先生。"

黄氏日抄《传闻杂记》

明道尝曰："天理二字，却是自家体贴出来。"愚按《乐记》有"灭天理而穷人欲"之语，至明道先生始发越大明于天下。伊川谓铸铜钱宁亏本，则盗铸息，卖官盐宁减价，则盐课增。又谓："温公变法，未可动役法，动即三五年不定。"其后无一不验。伊川归自涪，见学者多从佛学，叹曰："惟有杨谢二君长进。"呜呼！亦岂料其他学者之从佛，未足以惑世，而他日之从佛能动人者，正今日之杨谢耶。伊川尝言："今日之祸，亦是元祐做成，愚谓理亦有此。但诸贤友一时为天下救急，有不奈何。恐不可赦小人，而反责君子耳，岂责备果春秋意耶？然而元祐诸贤，恐不待靖康而后南渡，虽南渡又未必人心戴宋如此。伊川与韩持国友善，见即久留，因子弟进以黄金楪二十两，诘朝遂归。谓孟厚不治一室，学不在此，洒扫洁净，莫更快人。仁宗以折米六分太甚，止令折五分。"及供进偶脏腑，曰："习使然也。"仍令如旧，又进饭有砂石，含以示嫔御，令勿语人，此死罪也。生荔枝供尽，近侍欲买之，云买之。来岁必增上供之数，流祸百姓无穷。又一日，夜饥思烧羊头，近侍乞宣取。曰："取之后必常备。日杀三羊，暴殄无穷。"竟夕不食。凡此皆明道云然。呜呼，仁哉！伊川云："若熟看语录亦自得。"愚谓此当与伊川称某在安用语录之说参考。伊川与尧夫同里巷三十年，世间事无所不论，未尝一字及数学。愚谓：卓哉，人豪乎！为士大夫而欲攻伎术者可以观矣。

卷之八千一百九十九 十九庚

陵

大汉原陵书名

《大汉原陵·秘葬经·
原陵秘葬经序》

夫混元一气者清气乃分，五行布政于四方，水火定归于南北，观天之道气流散于灾祥，日月盈亏，薄蚀生焉。自知分野凶星。若见，占之应在何方。善曜若临，一部内人民安泰。春生夏长，秋收冬藏，木旺而风乃鸣条，火旺而暄和茂盛。秋金克木，则万物凋零。冬水伏藏制火，则寒冰凛冽。四时合令，万汇化生，气候不时，灾障流疫，阴阳和而节候应，五纬政而岁谷登。盖因时令政气施化万物之中，莫不观天顺时而用也，从之则生，逆之则死。昔因遇楼敬先生传授余阴阳书三本。余诵习日久，其用甚验，直指休咎之理，出生入死遁甲之法。乾兑坎离迁宅之内，辨年月日时加临运式。顷余因暇日，述斯文五十四篇分为十卷，备陈奥旨直说，内为万代之枢机，作后人之明镜。吉凶征验，祥究皆知，官禄贫穷，三阳内显，子孙多少，高低兴旺，造化修展，但凭八卦为基；立冢安坟，须藉来山去水，择地斩草，冢穴高深，丧庭门陌，化坟曲路，碑碣旐旐，车举棺椁，八等葬法，十吉地势。寻骨择师，营应葬之事，法式无不毕陈矣。

目录

选坟地法篇、相山岗法篇、辨风水法篇、四方定正法篇、定五姓法篇、择葬年法篇、择葬月法篇、择葬日法篇、择时下事篇、凶葬法篇、置明堂法篇、择神道路篇、择三要法篇、择五姓利路篇、辨古道吉凶、辨古丘墓吉凶、辨阡陌步数吉凶、辨茔坟零步、择内外冢行丧、六甲开三闭九、八卦开四闭十八、择斩草法、造棺椁法、择开故墓、辨八葬法、辨四等擘穴法、穿地得物、冥婚仪礼、择送葬法、发引地灵、辨烟神曲路、辨孝义制、辨设置厨帐、辨下事时应候、辨掩闭骨殖、辨旐旐法、车舆仪制、占风云气、应此吉凶法、盟器神杀、碑碣墓仪法、坟台穴尺寸、择射墓法、择白埋小殡、择殃杀所篇、择师法篇、择用事篇、射白埋墓定阴阳人、覆古坟冢篇、不见骨殖篇。目录终。

《选坟地法篇》

凡选坟地，三日前斋戒沐浴净身，为好地龙神爱惜多。但寻五姓利方旺路则吉，常以降娄加五姓墓上，析木下为上利，太乙下为中利，旄头下为下利。凡天子用国师，赐紫官三人，绿官七人，从士五人，乘马卿相五人，大夫以下四人，马上遥望，或住或过，从天柱上来。落于旺方，左庶右抱大利，从天柱步至明堂，以遁甲加临，何星临明堂。假令商姓阴遁六局，从壬向丙一步呼壬午，二十二步癸卯，用伤加三宫，开门临穴，代代出公卿。角姓阴遁四局，丙向壬，一步呼丙子，十一步呼丙戌，开门上为直，使加八宫，穴上开门大吉。宫羽二姓，艮为主山，阳遁八局。从甲入庚，一步呼甲申，十一步呼甲子，生门为直符加八宫。开门临穴，休门临明堂大吉。徵音姓，阴遁二局，从庚向甲一步呼庚寅，二十一步呼庚戌，惊门为直使加一宫。休门临穴，后代出侯伯之位，余者仿此。

凡山陵低下，看有三福五祸，三福者一生气二福德三天，医此名三福也。五祸者，一绝命二伏吟三灭绝四破败五祸害，此五祸也。若向南北及庚出者，以太冲加甲丁为生气，坤为福德，巽为绝命，丙为祸害，甲为灭绝，壬为伏吟。若向丑未及辛出者以神后加辛，坤为生气，壬为祸害，乾为天，丁为绝命，癸为灭绝，艮为反吟，巽为伏吟。若向东北西南及乙辛出者，以壬门加乙，辛为生气，坤为伏吟，乾为福德，艮为天禄，丁为灭绝，癸为祸败。若向卯酉及壬出者，以胜先加乙，乙为生气，丙为福德。艮为天，甲为祸败，坤为绝命，壬为反吟，乾为灭绝，庚为伏吟。

辨地吉凶法

凡辨地，但看地丰浓肥墩厚，草木盛茂平稳藏之。此地后出三公九卿，官禄不绝。

辨凶地法

一天灶地，雨罢早乾。二天败地，古城窒冶社稷寺庙。三天魔地，神前佛后之地。四囚鬼地，古狱战争之地。五天鬼地，下有粉砂之土。六天尸地，下有伏尸骸骨。七天涸地，水无出处。八天错地，有浸水。九龙惊地，内有天井烈分。十玄胎地，大山下有小山。十一天狗地，下有大石头。十二天风地，大山中有口。十三天薄地，土有咸卤。十四鬼市地，在乱冢中。十五四绝地，四边有道。已上地不可安葬，若用此地，主破败绝嗣，不可用之。

相山岗篇

凡天子坟，围山连百里不断，嵯峨有弯曲屈朝山，远远两相从，山势若排衙，前有书案，山如卧蚕，从山似连珠，定出圣明天子。凡诸侯地、卿相地，山岗连七十里，连接不断，徘徊远望，山势似龙形，代代儿孙公卿。前有案，山，弯弓形状，世世三公不绝。凡大夫庶人，山岗三十里相连软嫩，岗如卧、群羊盘绾，左遮右掩，四边山势似生蛇，子孙代代足荣华。前有华盖，似覆篙陈禾，约有万余千。日出见光者朝阳。西见日夕阳，地日出见光者，曰三阳地，大吉。从日出至没不见光者，名曰三阴地，大凶。或山东山南近之吉，山北山西远之吉，山忌逆山断、山石、山折，大凶也。

辨龙势地法

凡来山抱阳方雄勇者名曰“雄龙之岗”,来山软嫩抱阴者,名曰“雌龙之岗”,多土者为嫩,多石者为老。掩龙头葬龙角,不久三年须破却;掩龙眼葬龙睛,子杀父时弟杀兄;掩龙顶葬龙口,不久三年须斩首;掩龙腰葬龙腮,子孙不久状元才;掩龙脐葬龙肚,家中新妇多淫欲;掩龙背葬龙腋,子孙不久巡门乞;掩龙尾葬龙笃,死殒人口年年哭;掩龙足。葬龙项,子孙陷番不归乡。凡走龙葬顶,卧龙葬怀常以斗神加姓墓上。功曹为龙头,神后为龙眼,太冲为龙耳,天冈为龙足,小吉为龙尾。义曰:“此法要精专。”消息用之大吉利。

辨风水法篇

凡好山不如好水,一丈之岗,不如一尺之水,地平百里无山,只要此水葬之。吉水入者,名曰水折。折水者,出官也。合三吉星,出公卿也。商姓坐乾山,放丙水合武曲吉放水三十九步,甲庚合巨门星吉,再折水向甲二十八步,丁巳贪狼星,又水向癸出三十八步。甲寅合家孝顺星外,任意放水后代出公卿。出乙合天卦,出巽合胡中卦也。角姓坐巽山,放水于壬合武曲,三十七步,壬子合武曲星吉。再向艮去三十九步,合癸丑贪狼星,又再折向丁三十三步,乙卯合巨门星吉。任意放水大吉也。宫羽姓坐艮山,放庚水三十一步,甲寅合武曲星,再折水向丙去二十五步,合丙午又合孝顺星,又再折入乙二十五步,合贪狼星吉,任意放水大吉也。徵姓坐坤山,放水于甲一十三步,丙寅合贪狼星大吉。放水出辛,任意去更无步数,后代子孙兴旺大吉也。已上贪狼星、巨门、武曲,三星大吉。又合孝顺星大吉,常以旄头,如大墓,水出玄枵大吉利也。忌客水入坟,主子孙离乡;忌长流水射坟,主大凶也,坟前面有水作声,主大凶,东面有长流水主吉庆。水东水南远之吉,水西水北近之吉。

四方定正法篇

凡古者结绳为政,以春分秋分定日出没以定东西也。此法于午上欹东,子上偏西,卯正东酉正西,从太古龟定八卦。以尾北为坎卦一宫为冀州,前右足坤卦二宫置荆州,左胁震卦三宫置青州。以前左足巽卦四宫置徐州,以腹当中为五宫置豫州,以后右足乾卦为六宫置雍州,以右胁兑卦为七宫置梁州,以后左足艮卦为八宫置龙州,以头离卦为九宫置扬州。头离者,明也。尾坎者,暗也。背暗向明,所以神寺内殿,衙门并墓门向南开,是此理也。启明问先生以何法定四方定位。先生答曰:“不用春秋二分。今以逐日先更妙也。”述曰:“用八尺标杖立于地上,画其日影,短者为午,正南中心画十字以定东西,次分四十二位也。”

定五姓法篇

凡阴阳师定五姓正真,不只有姓难定,俗人声音亦难定。欲得商舌梁张,欲得徵舌主齿,欲得角舌缩壳,欲得宫舌隆中,以切韵定五音,喉音宫,齿音商,牙音角,舌音徵,唇音羽,百中定五音也。

择葬年篇

凡五姓择葬年,合八宅雌雄建旺年大利,又合天覆地载年吉,姓生为地载也。又以小运行年至寅申大利，子午为大通，亥卯为小通，其余者运不通行大凶。小运者男以本命加寅顺行，女以本命加申逆行。太岁以下是小运行年，运行巳酉丑为见骨也，宜葬之大利。常以降娄星加太岁功曹，下为蒿里传送，下为黄泉胜先，下为光明神后，下为沐浴，此名大通也。己亥为重神入墓吉利，余者墓受杀大凶。又以玄枵加正神，天罡下为大墓，河魁下为小墓。孟年不用孟月妨家长，不用绝墓年。仲年不用仲月，用之杀中男。季年不用季月，杀次男，不用绝墓年。常以寿星加太岁天罡杀八人，太冲从魁杀五人，大吉小吉不杀一人，功曹传送下出公卿，胜光神后下为福德，生人吉庆也。

择葬月篇

《周礼》云："天子七个月，诸侯公卿五个月，大夫三个月，士庶亦三个月。"凡五姓年中要选吉月，要亡者安存者稳，使生人无妨要，与宅气更得三轮月。时气与宅，旺月大利，看得节未得节。常以降娄加月建天梁下为蒿里，地梁下为黄泉，九天下为光明，魁梁下为沐浴，用之吉。又阳牵牛，阴月未朱，加月建功曹传送临墓大吉。以斗神加月建已酉丑临墓，名曰受杀，大凶，以得天覆地载月子孙代代富贵不绝。

择葬日篇

凡择日，分为五等诸侯品位，上中下三吉日，日生辰为上吉日。辰生日为中吉日。日辰同类为下吉日。若辰克日日克辰，纳音与支干相克，大凶。天子用岁旺日，假令春三月，用甲乙寅卯辰。亲王用岁前日，春三月，用丙丁巳午未。卿相用岁对日，春用庚辛申酉戌。皇太后用岁后日，春用壬子癸丑亥。庶人用岁前日，岁后辰。此是阴阳和会，代代荣昌。常以鹑头加月建，功曹传送太冲从魁，大吉，小吉，下五姓用之，代代荣昌。天地人三才，六神助之吉。阳月以牵牛，阴月以未朱，加月建从魁为金鸡。河魁为玉犬，登明为银猪，神后为青蜓，大吉为天牛，功曹下为地虎，太冲下为木奴，天罡下为天碓，太乙下为蝦蟆，胜光下为朱雀，大吉为地磨，传送为天轮。假令正月阳月以牵牛加寅天上，从魁临戌，金鸡戌上鸣一十声，河魁临亥，王犬亥上吠九遍；登明临子，银猪子上走一十三步；神后临丑；青蜓丑上飞一十七步；大吉临寅，天牛寅上吼五声；功曹临卯，地虎卯上不食三十日；大冲临辰，木奴辰上歌一十一遍；天罡临已，天碓已上舂十九下。太乙临午，虾蟆午上叫十三遍；胜光临未，朱雀未上飞一十七步；小吉临申，地磨申上转十遍；传送临酉，天轮酉上碾十遍。余者准此。凡丧主年命，忌人中地下甲子并，冲大凶。假令小运至庚子，用甲午日葬，凶。地下甲辰上，本命小运犯人中甲子充破，庚子小运至庚戌，又犯地下充煞，七人大凶。是四主命葬大吉，余准此。

择时下事篇

凡葬上祖先代，切观下事时辰，加山穴年月日俱吉。若时凶俱凶，复致殃咎矣。凡择时必定正时大吉，须详昼夜百刻耳。天子用吉时，遁甲云：得天遁时，或天乙临中宫，此时下事，代代出圣明天子。六壬云，天乙临明堂，名曰坐朝神藏，代代金枝玉叶兴旺也。亲王用天善神藏，先以月将加月建，在用月将加时，天乙上乾临贵神名曰藏也。诸侯用地伏神藏，十二神归本道位，遁甲云：得地遁时，代代子孙出品官也。大夫以下至庶人，遁甲云：遁时下事，子孙兴旺，官禄不绝。六壬云：得六壬被制，腾蛇坠水，朱雀破头，勾陈入狱，白虎烧身，玄武折足，天空被截，此名六神藏。六神被制，如无六神藏，只用三神藏，有

此选吉时。六壬五法，遁甲四法，共九法。玉女云：得青龙反首，飞乌跌穴，玉女守门，此时大吉。黄帝云：忌见青龙逃走，白虎猖狂，腾蛇。夭矫，朱雀投江，五不遇时，飞干格。伏干格、刑格、飞宫格、伏宫格、人格、天罗、地网、月孛，以上时大凶。葬遇此时，亡杳杳冥冥不出狱，大凶受苦，生人不安。得开休生三门临之救也。切忌三奇入墓，六仪破刑，大凶也。仓诰云：寅卯四刻名阏蓬，卯后四刻名旃蒙，辰后四刻名天昊，巳后四刻名柔兆，午后四刻名强圉，未后四刻名浊毕，申后四刻名上章，酉后四刻名重光，戌后四刻名北极，亥后四刻名玄默，子后四刻名眼隅，丑后四刻名大渊矣。此大葬用巳上时吉庆也，不用十二时支用之大凶矣。若用四维八干，大吉也。

凶葬篇

凡人家室内有丧，不避凶年恶月，月煞天尸地墓内一切众神不能为害，在卒哭之内比大葬也。停尸在室，更不问丧主行年运通命不通，墓受杀皆得大葬。因凶葬而葬，五服之内，息得同葬也。大挠云：停尸乱发，不问戊己，重服之日，室内有丧。不问将军太岁，亦得葬也。大葬合造新坟入茔就祖，三年之外呼为乾骨。三年之内，孝服未满葬其父母亦吉，缘亡人在室未犯地祇，大吉。男以功曹，女以传送，加时天罡下阳尸害男女六人，小吉地尸害一人，从魁大充地尸害八人，登明太乙为祸败大凶。玄枵加壬正时，看亡人年命，见功曹传送宜子孙。

置明堂法篇

凡动土，权厝斩草祭神之禘，合天地人三才。遁甲云：丙为明堂，丙数七，以七七四十九穴定之吉利也。

凡天子垂万象，葬内八穴，名曰天穴也。诸侯列士，分地感天祇，葬于中一十六穴地也。大夫已下至庶人，感天地阴阳之气，葬于中二十四穴，谓之人分也。置明堂中六尺。凡八卦体乾卦六爻，又六甲安一标竿，长一丈二尺，按十二时也，开四门通气也。天子明堂外四十九步，诸侯明堂三十六尺，大夫明堂外二十四尺，庶人明堂一丈二尺，凡为坛祭神四角标竿五尺，象五方四十九步，四维四面相去地七步，东西南北共立六十四标，象易八卦六十四亦吉。标祸福在明堂之内图。

择神道路篇

凡择凶葬者，以定三镜六道吉凶，万恶不敢当。法常以敦祥加月建，天上甲丙庚壬坤艮吉太乙登明，妨一人；胜光明后，妨二人。大吉小吉，妨小口。功曹传送，妨一人。太冲从魁，妨三人。魁罡下，妨五人。乾巽丁癸下，大凶也。人镜法，常以营室加月建太乙为地辛煞一人，丙下为天德，神后下为天罡，癸下为地壬，丁下为丙，大吉下戌，小吉下己，艮下功曹，坤下为传送，功曹下从魁，传送下大吉。地镜法，常以困敦加月建，甲下天苍，庚下地苍，艮下地符，丙下地对，壬下天腹，癸下阳刑，乙下阴尸，乾下天刑，巽下死丧，太乙下天鬼，登明下地魁，神候下地殃，大吉下地杀，胜光下天狱，小吉下天煞，功曹下地虎，传送下龙杀，太冲下天福，从魁下地福。常以玄枵加月建，功曹传送下天道，太冲从魁下地道，魁罡下兵道。太乙登明下人道，胜光神后下鬼道，大吉小吉下死道。只有天道、地道、鬼道宜行丧，余凶。

择三要法篇

凡葬师要明三要法者，一要用神传课，二要太阳交宫，三要超神节气；一要直符九星，二要直使入门，三奇合门。凡遁者，隐也，通也。甲者，首也。遁甲，通圣也。生人遇者会修行，亡人遇者灭罪。凡入遁者，先名九宫：坎一宫，天蓬休门。坤二宫，天内死门。震三宫，天冲伤门。巽四宫，天辅杜门。中五宫，天禽景门。乾六宫，天心开门。兑七宫，天柱惊门。艮八宫，天伍生门。离九宫，天英景门。凡入局者，但以八节为首。次二十四气，上中下入局。冬至一七四，小寒二八五。大寒三九六，立春八五二，雨水九六三，惊蛰一七四，春分三九六，清明四七一，谷雨五二八，立夏四七一，小满五二八，芒种九六三，夏至九三六，小暑八五二，大暑七一四，立秋二五八，处暑一七四，白露九三六，秋分七一四，寒露六九三，霜降五八二，立冬六九三，小雪五八二，大雪四一七。三元法，甲己临仲为上元。甲己临孟为中元，甲己临季为下元。起五子元，如日遁时，六仪，甲子，甲戌，甲申，甲午，甲辰，甲寅。三奇，先辨三元甲子，次用二十四气，看在第几局，以次直符加时干，用九星直使加时宫八门，五日行一宫，十时换一甲。阳遁六仪顺，三奇逆；阴遁六仪逆，三奇顺。假令冬至甲子日丙寅时，阳遁第一局天蓬为直符加时干，再以直符休门，加第三宫为休门也。凡青龙反首，六丙加六甲，飞鸟跌穴，六丙加六甲。玉女守门，天乙临开门，天遁生丙临丁，地遁临乙己，人遁休丁临己已上大吉庆也。凡五不遇时者，时干克日干，青龙倒走，白虎猖狂。六辛临六乙，朱雀投江。六乙临六癸腾蛇夭矫。六癸临六丁直符加六庚飞干格，六庚加直符，三奇入墓，丙丁临宫，乙临二宫，六仪被刑，甲子三宫，甲寅甲辰临四宫，甲午九宫，甲申八宫，甲戌八宫，已上遇此时，百事大凶。凡葬行丧，师神结印默念三奇咒。六乙为日奇咒曰：六乙日奇，白虎神威，照临凶岁，独见光辉，行丧大庆，万福随时，生作寮宰，死化菩提，急急如律令。六丙月奇咒曰：六丙光阴，万象呈章，迁移行丧，齐福强良，灾殃耗散，福祸潜藏，先宗托化，得遇常阳，急急如律令。六丁星奇咒曰：六丁为星，玉女通灵，起丧发引，折去墓茔，子孙侯伯，上祖托生，急急如律令。

辨五姓利路篇

凡天子取国师姓，僧取商姓，余者不利路。商姓利路，丙午、丁未、坤申、庚酉、辛戌、乾亥、壬子。已上利路，壬为天穴，丙为地穴，庚为人穴，辛为生穴，癸为败穴，甲为绝穴，乙为死穴，丁为鬼穴。宫羽姓利路，庚酉、辛戌、乾亥、壬子、癸丑、艮寅、甲卯。已上利路，甲为天穴，庚为地穴，壬为人穴，癸为生穴，乙为败穴，丙为绝穴，丁为灾穴，辛为祸穴。角姓利路，壬子、癸丑、艮寅、甲卯、乙辰、巽已。已上利路，丙为天穴，徵为地穴，甲为人穴，庚为绝穴，乙为生穴，丁为败穴，辛为鬼穴，癸为祸穴。征姓利路，甲卯、乙辰、巽已、丙午、丁未、坤申、庚酉、辛戌。已上利路，庚为天穴，甲为地穴，丙为人穴，壬为绝穴，癸为鬼穴，辛为死穴，乙为祸穴。已上只有五姓，有天地人三才吉次生吉，余则凶矣。

辨古道吉凶篇

凡古道者，名曰白虎也，谓之达也。一达道路长，二达谓之歧傍，岐，道傍出。三达谓之剧傍，散道交错，四达谓之绝衢，交道四出五达谓之康。十字中交六达之庄，交加腰鼓七达谓之剧骖三道交有歧也。八达谓之崇期，四道交出。九达谓之逵。四道交出，复有歧道。商姓西有道南有道，名曰白虎大旺也。南有小道，北有大道，绝子孙。东有道出不全其人，西有道

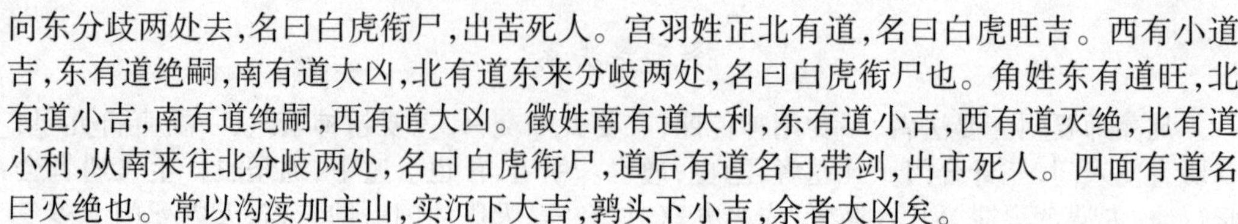

向东分歧两处去，名曰白虎衔尸，出苦死人。宫羽姓正北有道，名曰白虎旺吉。西有小道吉，东有道绝嗣，南有道大凶，北有道东来分岐两处，名曰白虎衔尸也。角姓东有道旺，北有道小吉，南有道绝嗣，西有道大凶。徵姓南有道大利，东有道小吉，西有道灭绝，北有道小利，从南来往北分岐两处，名曰白虎衔尸，道后有道名曰带剑，出市死人。四面有道名曰灭绝也。常以沟渎加主山，实沉下大吉，鹑头下小吉，余者大凶矣。

辨古丘墓吉凶篇

凡丘者，聚也，敦也，堆也。名曰玄武敦，丘必出武侯铁顶者，葬遇杰丘，子孙移流；葬遇泥丘，顶上圬也；葬遇浮丘，忧患咽喉；丘边有流水，远远环绕之。葬遇旄丘，枷项徒囚；葬遇陵丘，朝班头；后高前下。葬遇园丘，出驾骅骝，丘似昆仑，帝子琏孙；有三重也。葬遇营丘，扫地贫虚。一丘小，一丘大。丘遇哺乳，子孙一举。在冢两中，凡遇天昭，家出贤才。有三冢也。常以掩免加姓王神天上，营下有丘冢，定出三公九卿。

辨阡陌步数吉凶法篇

凡地吉凶，从三会正祸起命步至冢心棺下，用此葬大吉。若有地凶神入明堂，名曰有地无穴，葬后生人不利，亡人不安。若从三会阡陌渠涧丘陵大冢墓心起，冢心合满定成开，名有地穴棺下六尺，用之，生人吉利，亡人安宁。假令商姓壬穴尊配乾卦，从北向南一步起，壬午是三交，卦式第四得壬午宫鬼腾蛇，变得风天小畜，卦金木不得用又乾巽五鬼，三十一步壬子第一位阳爻，卦式变得天风姤。金木不相和，大凶也。四十一步壬戌第六位爻变得泽天夬式金得金旺也。又和贪狼星。假令徵姓庚穴从西向东一步庚寅十一，庚子震卦是第一爻，卦式变得雷地豫卦。卦土木不和廉贞星凶，从南向北一步丙子，四十七步合壬戌，卦青龙动大庆也。变得雷火丰卦，木火相合大吉利，合贪狼星，大获嘉祥也。假令角姓丙穴艮卦，卦从南向北一步，丙子五十一步，第六位阳爻。卦青龙动变得地山谦卦，假令宫羽姓甲穴乾卦，卦式从东向西一步，甲申三十一步，甲辰第三位阳爻，变得履，金见金大旺也。商见玉堂，征见章光，角见凤凰，羽宫见麒麟，诸经不明。

辨茔坟零步法

今定五等诸侯大小，合纳甲四兽相交取之妙也。天子自禁围，自方九里九十步。按九天九地也。里禁围三顷三十亩，合三才三律也。皇堂用一十八亩，合十方八卦也。第二禁围，自九百九十步合九天九地也。里禁围自方二顷二十亩合十四时。皇明九亩三角合合七星三才也。第三禁围，自方七百六十步。合南辰北斗也。里禁围自一顷九十步。合九宫也。皇堂七亩三角，合北斗三才也。已上天子用。王侯用六甲八卦，冢穴依五姓取之吉，用一亩半为禁围，七亩已上用之，已下不成穴也。卿相坟用五亩已上成穴也，庶人用地见下：宫羽姓第一坟自方四十步，计积一千六百八十一步，以纪法去之令一步命起甲子乾。第一纳子变得天风姤卦，计地七亩一分七厘一毫，王侯用之吉。第二坟南北长三十七步，东阔三十三步，计积一千三百三十步。以纪法去之令一步合甲子，计地五亩四分四厘一毫，卿相用之吉。第三坟自方二十七步，计积一千三百三十一步，以纪法去之零九步合壬申第五爻变需卦，上等庶人用之。第四坟，自方二十七步，计四百四十一步以纪法除之合甲申，中等庶人用之吉。第五坟，方一十一步，计积一日二十一步，以纪法除之零一步，合甲穴，

下等庶人用之吉。商姓第一坟自方四十三步，计积一千八百四十九步，以纪法除之，零四十九步，王侯用之。第二坟，方三十七步，计积一千三百六十九步，以纪法除之零四十九步，卿相用之。第三坟，自二十七步，计积七百二十九步，以纪法除之零九步，大夫及上等庶人用之。第四坟，自方二十三步计积五百二十九步，以纪法除之零四十九步，合壬子穴，中等庶人用之。第五坟，自方一十七步，计积二百八十九步，以纪法除之零四十九步，下等庶人用之。角姓第一坟，南北长四十三步，阔四十一步，计一千七百六十三步，以纪法除之零二十三步，合丙戌，王侯用之。第二坟，南北长三十九步，阔三十七步，计一千四百四十三步，以纪法除之零三步，丙寅第六爻变得地山谦卦，卿相用之。第三坟，长二十九步，阔二十七步，计七百八十三步，以纪法除之零三步，合丙寅谦卦合贪狼星也。上等庶人用之吉。第四坟，长二十三步，阔二十一步，计四百八十三步，以纪法除之零三步，合丙寅，中等庶人用之。第五坟，长一十九步，阔十七步，计三百二十三步，以纪法除之零二十三步，艮纳甲戌第四爻变得旅卦，下等庶人用之吉利。徵姓第一坟，长四十七步，阔四十一步，计一千九百二十七步，以纪法除之零七步，震纳庚午第四位爻变得地雷复卦，王侯用之。第二坟，长三十九步，阔二十三步，计一千二百八十七步，以纪法除之零二十七步，纳得庚寅。第二位爻变得归妹卦，卿相用之。第三坟，长二十九步，阔二十三步，计六百二十七步，以纪法除之零二十七步变得归妹卦，上等庶人用之。第四坟，长二十三步，阔二十二步半，计五百七十一步，以纪法除之零三十七步，纳得庚子。第一位爻变得豫卦，中等庶人用之。第五坟，长一十九步，阔十三步，计二百四十七步，以纪法除之零七步，合庚子穴震卦第四位纳得庚午，变得雷地豫，下等庶人用之。右件已上坟茔步数，官庶并合纳甲星禽，用之子孙吉利。

择内外冢行丧法篇

刘启明问先生曰："内外行丧之事，向外道路则吉。"先生曰："行丧之法，须用内外二宅，内宅是生人之家，外宅是亡人之室，内得延年生气天医伏位孤雄见旺。生人合得天心，死得地利也。"若外冢合功曹传送，三镜六道十二天官，亡者得地利，子孙昌盛。若禽不合内外名孤雄，生人不安，亡人不乐，有大凶矣。内冢者，冢体、冢影、冢名、冢象。外冢者，丧庭、门陌、冢影、曲路，常以功曹加冢体，小吉冢影丙下冢象细意详之。甲子冢子、已乙乾玄武庚玄武丙天乙出朱雀入苍。甲辰冢辰酉坤甲六合丙天空庚玄武出白虎入玄。甲戌冢戌卯艮庚玄武壬天乙甲六合出苍入朱。甲午冢午亥辛巽腾蛇甲六合壬天空出玄入白。

《六甲开三闭九合卦天官法篇》

凡阴阳删定五姓，所以具九宫八卦坡意，推之吉利也。刘启明问先生曰：五音开三闭九，丧庭门陌，人卦天官，如何知之？先生答曰："开三闭九者，以玄枵加冢体取津梁下置丧庭，近于鬼门取实沉下置穴。"为近十字及万物藏也。商角姓，河鼓下门陌，宫羽徵姓，营室下门陌。入卦取门为上象，穴为下象，上下此易卦，十二天官，以天甲加冢体，门于下取贵神。假令宫羽姓，甲子冢甲穴，以玄枵加丁为第一道，星纪下为第一道，星纪下为第二道，津梁下为第三道，此名开三闭九，蒿里下置丧庭。津者，天梁也。东代出狱见有蒿里山，相公营天曹，注：紫案亡鬼生天也。所以置丧庭也。天驷为第四道，寿星为第五道，河鼓为第六道，柳鹑为七道，味朱为八道，沉实为第九道也。天虚地实，遁甲云，死者闭也。近于鬼门，共计开九也。黄泉安

冢穴。伏吟反吟，不合开三闭九，皆取神道逆。故甲子旬有丙寅辛未，丙与辛合，寅与未合，近丁，故以玄枵加门陌，丙属艮为上象冢穴，配乾为下象为大畜卦。以玄枵加冢体，贵神临丙前三合，临甲冢穴吉。玄武临丧庭，虽为凶将，却子母相生，化为吉庆也。天乙临穴吉。商姓甲辰冢壬子，以玄枵加乙为第一道，星纪加巽为二道，津梁加丙为三道，蒿里置丧庭，天驷加丁为第四道，寿星加坤为第五道，河鼓加庚为第六道，柳鹑加辛为第七道，味朱加乾为第八道，沈实加壬为第九道，黄泉下安冢穴。门陌在庚，庚属震，震为上象，穴在壬，壬配乾下象为大壮卦。贵神者，玄枵加冢体门干临壬，丧庭在丙，天空临穴，虽是凶将，是子母相生，化为吉庆。天乙临穴吉。角姓甲戌冢丙穴，以玄枵加辛为第一道，星纪加乾为第二道，津梁加壬为第三道。蒿里下置丧庭。天驷加癸为第四道，寿星加艮为第五道，何鼓加丙为第六道，柳鹑加乙为第七道，味朱加丁为第八道，实沉加丙为第九道，黄泉下安冢穴、甲为门陌，甲属乾为上象，丙穴属艮为下象，合天山遁卦门陌在甲，以玄枵加冢体门干临壬，天乙临丧庭，前三合临门，后六天空临丙穴，虽是凶将，却子母相生，化为吉庆也。徵姓甲午冢庚穴，反吟冢，故取神道逆，不合开三闭九，甲子旬中有丙辛丑。丙与辛合，申与丑合，近于癸。以玄枵加癸为第一道，星纪加艮为第二道，津梁加甲为第三道，蒿里下置黄泉。天驷加乙为第四道，寿星加巽为第五道，河鼓加丙为第六道，柳鹑加丁为七道，味朱加乾为八道，沉实加庚为九道。黄泉下安冢穴。庚属震为下象，壬为门陌属乾为上象，合天雷无妄。易云："门陌于壬，贵神在巳。"以玄枵加冢体，玄武临穴，虽是凶将，为子母相生，化为吉庆，六合临丧庭吉也。开一闭十，子孙须气。开二闭八，殃祸竟押。开三闭九，卿相太守。开四闭十，子孙悲泣。开五闭十一，男刑女私。开六闭十二，百事凶至。八卦冢开四闭十八卦合天官法。乾冢甲穴，丧庭在庚，门陌在丙。以天甲神后加门陌。丙为第一道，大吉加丁为第二道，功曹加坤为第三道，太冲加庚为第四道，下置丧庭。太冲下有房星天罡加辛为五道，太乙加乾为第六道，胜光加壬为七道，小吉加癸为第八道，传送加乙为第九道，从魁加甲为十道。下置冢穴，酉上为积尸，大陵星合为穴。丧庭在庚属震，为上象，穴在甲属乾，为下象，合大壮卦。《易》云：丙为阴门。为丙近于巳。治夜贵神于酉，以天甲加门陌从魁为天乙临冢穴，神后为前三六合临门陌，太冲临后，天空临丧庭，虽是凶将，子母相生，化为吉利。乾冢壬穴，丧庭在丙，门陌在甲，以天甲加甲为第一道，大吉加乙为二道，功曹加巽为第三道，大冲加丙为第四道，下置丧庭。天罡加丁为第五道，太乙加坤为第六道，胜光加庚为第七道，小吉加辛为第八道，传送加乾为第九道，从魁加壬为第十道，下置冢定。丙为丧庭，丙属艮为上象，穴在壬，壬属乾为下象，合山天大畜。《易》云：门出阳神。以天甲加门后四太常加冢穴，神后为天后临门陌，太冲为朱雀临丧庭也。为吉庆。艮冢丙穴，丧庭在壬，门陌在庚，与穴不和，故取甲为门陌，以天甲加门陌为第一道，大吉加辛为第二道，功曹加乾为第三道，太冲加壬为第四道，下置丧庭，天罡加癸为第五道，太乙加艮为第六道，胜光加甲为第七道，小吉加乙为第八道，传送加巽为第九道，从魁加丙为第十道，下置冢穴。开四闭十，吉道丧庭，乾为上象，丙为下象，合天山遁卦。《易》云：出阳神以大吉加天乙贵神临门，以天甲加门陌贵神临午，真武临门，虽是凶将，子母相生，天空临穴为见功曹，木克土化为吉庆。震冢庚穴，丧庭在甲，门陌在壬，以天甲加门为第一道，大吉加癸为第二道，功曹加艮为第三道，大冲加甲为第四道，下置丧庭，天罡加乙为第五道，太乙加巽为第六道，胜光加丙为第七道，小吉加丁为第八道，传送加坤为九道，从魁加庚为十道，下置冢穴间，开三闭十乘吉道，甲为丧庭。乾为上象，庚穴震为下象，合无妄卦。《易》云：壬，阴门。为壬近亥，属阴门。暮治贵神在卯，以天甲加门，大冲为贵神临丧庭，

神后为后三，玄武临门陌。虽是凶将，却子母相生，化为吉也。

经曰：开一闭十，子孙殃疾。开二闭八，横祸频发。开三闭九，子孙短寿。开四闭十，兴旺百宜。开五闭十一，子孙微疾。开六闭十二，子孙兵死。已上八卦冢也，六甲皆冢行丧神道逆，八卦向行之跃途之神也。

择斩草法篇

昔轩辕黄帝时，人间白骨遍野，夜闻神鬼悲哭，皇帝敕令葬埋。生于草，死葬于草，故立制斩草也，要纳亡灵祭地矣，曰瘗薶也。周公曰：凡草，是地之毛衣，土之子孙，故斩之。是以亡魂宁，生人安乐。不斩草者，名曰盗丧葬也。是以亡魂不宁，生人不利，天曹不管，冥府不收，搅扰生人，频遭殃祸。五等斩草格式：凡五等斩草，切分其高下尊卑，依此式耳。天子斩竹，诸侯斩苇，卿相斩芦，大夫斩茆，庶人斩草。凡天子斩草，先用带兵甲喊山，惊地祇，邪神俱散。用五十人，克姓一人着绯，人带焦头幕额，短脚幞头，手执刀。东方五十人着青衣，各逐五方色衣，五方彩各逐方，用锦绣袖褥。金器具全，金纸钱帛各五十束祭之，大吉利也。诸侯用三百人喊山斩草，用银器物具全，银纸钱三十束。卿相用五十人兵喊山斩草，亦用银器具全也。庶人用父母全，七人全着色衣，一人带焦红幕，杖刀执锹，五方彩各一丈，净席三领，用帛一丈二尺，卦钱一百二十文足，二十四幅器物，纸马二十四分，于鬼门上缚一草人，一人执弓箭三只，一斩放一箭，射草人心，射着心者乃吉。三斩草咒曰：云云。三斩讫，放三下箭，师引执镬五人于尊穴，左旋三遭，右旋三遭，破土一下，皆却掷之。祭罢，诸般动用弃之吉。凡斩草，勿用本命行年，并地下冲破。假令家长是甲戌相行年至庚，用甲戌子日斩草，杀家长何谓也。答曰：为人中甲子。地下甲戌，本命一重凶；甲充庚午，又犯行年，两重大凶。余者仿此。常以斗神加月建姓墓上见鬼大吉。

造棺椁法

天子设献帐。高一丈二尺。天子造金椁，拨镂龙凤，长七尺象七星。高三尺四寸，象三才四时也。内用水银烹过灵外银椁，拨镂龙凤长九尺，象九宫也。外用沉香木作御床，上雕龙凤，长一丈二尺。象十二宫神也。大夫以下至庶人，棺长六尺，象六爻也。高二尺五寸，象二仪五行柏床高五尺，长七尺，木艳头高三尺，身座高三尺。前西门踏四边构栏，用楸柏木吉。桑木主重丧，槐木招鬼，杨柳木主贫穷，椴木主绝嗣，大凶。不用神庙寺舍墓内木，殃祸大凶。常以玄枵加月建，析木下造棺大吉，天根下富贵仿此。

择开故墓篇

凡开故墓择日时，如蛇贯主产死，木根穿髑髅眼，出不全具人。拾骨殖时，先从头拂拭骨殖，合用五姓木。宫姓用栗木穿之，商姓用杨柳木穿之，角姓用橘条穿之，羽姓用榆柳木穿之。俱全拾于柳箱，用棉絮衬之，于生门安之，主生人安乐，亡者生天。

辨八葬法篇

“五姓昭穆贯鱼葬图”，宫羽姓贯鱼葬：祖坟甲庚壬三穴，在于正西偏南，庚化一坟谓之贯鱼葬，不得过西地。祖坟甲庚壬三穴，在于正南偏西，丁化一穴谓之贯鱼葬，不得过午地。商姓贯鱼葬：祖穴壬丙庚三穴，在于正南偏东，丙化一坟谓一贯鱼葬，不得过午地，

吉。祖穴壬丙庚三穴,在于正东南,乙地化一坟,谓之贯鱼葬,不过卯地。角姓贯鱼葬:祖坟丙壬甲三穴,在于正北偏西,壬地化一坟谓贯鱼葬,不得过子地吉。祖坟丙壬甲三穴,在于正西偏北,化一坟谓之昭穆葬,不得过酉地,大吉。徵姓贯鱼葬:祖坟庚甲丙三穴在于正东偏北,化一坟谓贯鱼葬,不得过卯地,大吉。祖坟庚甲丙三穴,在于正北偏东,化一坟于癸地,不得遇子地,大吉也。右前项八法,只用二法,余六法为番夷狄用之。如用此六法者,主家破人亡,残疾退官失财大凶。凡葬者,阡陌平原昭穆贯鱼葬,大吉。余六者先吉后凶,不可用之。

辨四等擘穴法篇

一曰混元葬,二曰龟甲葬,三曰易象葬,四曰明堂,已上四等擘穴也。混元葬法,按九九八十一,分小儿山陵用之,各有吉凶也。龟甲葬,七十二穴,亲王用之大吉,祥瑞官禄旺,子孙代代官资。易象葬,八八六十四穴,侯伯家枝叶不绝,葬之大吉。明堂葬,七七四十九穴,分之有天地人三才,葬之吉。凡葬欲旺,须依此四件吉葬,昌盛也。辩混元八十一穴定灾福:若犯天风穴,出天疮人。若犯天耳,出耳聩人。若犯没穴,出疾痼人。若犯泪穴,出掩哭人。若犯地穴,出邪淫人。若犯地开穴,出淫乱人。若犯地穴,出溺水人。若犯马穴,出游荡人。若犯地耳穴,阴人耳聩。若犯邪穴,出师婆。若犯天足穴,主失人口。若犯疾穴,出劳患人。若犯弓穴,出刀箭人。若犯阳辅穴,出奸淫人。若犯柔穴,出软善人。若犯祸穴,出恶人。若犯地足穴,阴人游走。若犯天目穴,阳人患眼。若犯天日穴,出鳏夫。若犯地日穴,出寡妇。若犯地目穴,阴人害眼。若犯魄穴,出少神人。若犯天狱穴,阴人狱死。若犯刑穴,出徒役人。若犯天刀穴,出斩首人。若犯地阴穴,出盗贼。若犯光穴,出三光人。若犯丧穴,出重丧。若犯天廉穴,出邪妄。若犯亥穴,出阴谋人。若犯附壬,出聪明人。若犯附子,出淫乱人。若犯附癸,出僧道。若犯丑穴,出刚硬人。若犯鬼穴,出神魔人。若犯寅穴,出道士人。若犯附甲穴,则吉利。若犯卯穴,出奸人。若犯乙穴,则小吉。若犯辰穴,出兵死。若犯地廉穴,阴人不正。若犯已穴,妇人孕死。若犯附丙穴,则吉。若犯午穴,血光起。若犯未穴,主客死。若犯魂穴,主憨痴人。若犯辛穴,商姓小利。若犯附庚穴,小吉。若犯附酉穴,妇人离夭。若犯天若穴,出软弱人。若犯地若穴,阴人残疾。若犯戌穴,出伤杀人。凡内十六穴,亲王用之。内八穴,禁卿小儿用之。明堂一穴,天子葬明堂。徵姓小吉。凡埋葬权厝,避其凶穴,认其吉位,葬之大吉,龟甲葬七十二穴。龟甲七十二穴灾福:若犯天穴,生夭老。若犯首穴,阴人害头。若犯天耳,阳人耳聩。若犯附玄,出列人。若犯地关,出盗贼。若犯池穴,出水首人。若犯地耳,阴人耳聩。若犯天足穴,阳人害脚。若犯苍穴,角羽姓利。若犯地轴穴,出恶人。若犯天腹,小儿食气。若犯地户穴,出喑哑人。若犯地腹,阴人产死。若犯天目穴,阳人瞽目。若犯朱穴,角徵姓吉。若犯灰穴,出瓦匠人。若犯地目,女人犯眼。若犯人穴,出师婆人。若犯地首,阴人害头。若犯天狱,男儿狱死。若犯白穴,商徵姓利。若犯石穴,出石匠人。若犯地水禁穴,刑狱死。若犯十二支者,凶矣。若犯天关地轴,损阳人。若犯天地日月,煞家长。只用甲庚丙壬穴,则吉。乙辛丁癸五姓长穴。吉可矣辩易象葬六十四。穴灾福:若犯乾穴,出害头人。若犯地力,出斩头人。若犯天江,溺死人。若犯下关,小儿痫气。若犯地河,阴人投井。若犯天鬼,出近看人。若犯艮穴,出患首足人。若犯地鬼,出癞病人。若犯天林出自断人。若犯轴穴,小儿盗死。若犯地林,阴人自绞。若犯天风,阳人风疾。若犯天明,男人守寡。若犯下关,出痫病人。若犯地明,女人守寡。若犯

天黄，男人食劳。若犯天兵，男儿兵死。若犯地兵，女人损己。若犯地穴，妇人囚禁死。若犯天穴，男狱死。若犯耳穴，男儿主痟死。若犯天狱，出狱讼人。若犯地狱，女人囚死。若犯天目，男儿患足。若犯地首，女人犯手。若犯天关地轴，并不得用。若前图一一灾福，并十二支天关地轴，亦更不可为用也。明堂葬四十九穴图。辩四十九穴灾福：若犯天伏穴，出逆修人。若犯天乙，出淫乱人。若犯天物，破财散帛。若犯玄武，遭盗贼。若犯天牢，出囚死人。若犯官穴，出杖死人，若犯天园，遭兵人。若犯绝鬼，女人守寡。若犯招鬼，出魔患。若犯败鬼，出死亡。若犯邪鬼，出师婆。若犯天戾，出乖张女人。若犯地牢，女人煞伤。若犯朱雀，招口舌。若犯地户，女人寡死。若犯地穷，女人守寡。若犯破穴，出柔软人。若犯人沉，子孙入百家坟。若犯黑鬼，出魅怪。若犯呼鬼，主招鬼怪。若犯天门，出道士。若犯天开，出邪道人。若犯玉堂，商羽姓利。若犯天狱，损陷死。若犯麒麟，角姓吉。若犯腾蛇，妇人产死。若犯地利，角姓吉。若犯凤凰，角姓利。若见地判，主见贵人。若犯百官，角姓吉。若犯地牢，阴人狱死。若犯章光，徵商羽利。若犯白虎，伤杀人。若犯天利，商姓吉。若犯刑狱，出徒人。若犯地轴，阴人暗死。若犯天劫，出非法人。若犯雌轴，煞阴人。若犯山禄，出虫伤人。若犯天轴，老人恶死。若犯天阴，出炉火人。若犯雄辕，长有恶事。若犯烧身，身火死。凡天子葬明堂，诸侯葬地穴，庶人葬人穴。右件四等，壁法葬大验矣。

穿地得物篇

凡穿地得物，不如不得，谓之凶多吉少也。天子山陵穿得龙蛇宝物，代代出圣明天子不绝，大吉。卿相穿得龟鼋鼍鳌及符印，后代公卿不绝。庶人穿得虾蟆钱物铜钱金银，子孙主富贵。凡穿地若得破碎物，主破家人亡。穿见大石凶。穿得骨殖大凶，粉沙大凶，灰炭大凶，涌泉主凶，朽木反凶，神圣佛像绝嗣。宫羽穿得青物凶，商姓赤物凶，角姓白物凶，徵姓黑物凶。

冥婚仪礼篇

夫天地二气交会，人有夫妇之眷属也，生同衾被，死同棺椁。或即男儿未娶，女人未嫁；男儿弱冠身亡，女人笄室身死，却因大葬，祖宗不得漏落，皆以真魂合婚，免为孤魂鬼也。凡男女骨殖，用绵裹髑髅，草索穿脊骨，用草为胎，缚作人形，用面钱贴于面上，着衣裳装裹如活人，主大吉利，定亥时合婚。合婚引启：切闻阴阳生死，交互相仍。男年弱冠身亡，女长笄年身丧，生前幼小，何曾问肯成亲；丧后中年，始配婚姻之娶。阳间交礼。阴道迎亲，虽无鼓乐花筵，也有充致祭会，灵前进礼，亡魂识认先宗，举后旋程，更设回归夫茸。白埋阙只，大葬成双，千年不候郎迎，万载玄孙祭祀。

又启云：良媒配合宜亡魂，新妇尸灵入帐门，只有悲哭赠酒纸，更无合角共头红；生前不识公婆面，死后今宵谢祖宗；整理房堂并眷属，灵前祭罢却戚亲。

又启文：白埋小骨数年深，今日于兹受飨歆，不见笙篁钟鼓闹，惟闻悲怨哭声临；生前未识夫妻义，此夜亡灵共盖衾；阳道设筵相际会，阴司路上结同心。

又奠酒启文：紫车白舆作威仪，随女前陪下帐衣；死魄听呼忙远至，亡魂闻请早遥知；先言识认东床婿，然后悲风送柳眉；永守墓堂为祖上，阴司路上永相随。

择送葬法篇

凡六亲送葬，审其年命日辰，看其吉凶也。但以月将加时，本命上见巳酉丑，去哭泣，大凶。式云常以大吉加月建行年本命上见魁罡到坟，必招鬼魅，主疾病死亡凶。娄敬先生云：人行年本命大忌葬日，人中甲子，及与地下甲子冲破。假令命甲午日葬，人行年本命庚戌，冲地下甲子凶。若是庚子冲人中甲子，若值甲辰忌地下甲子。巳上犯之，主立有死丧大凶，仿此。凡地下甲子例，子问戌，丑寻酉，寅觅申，卯取未，辰求午，巳亥同位。

罗盘

发引启灵篇

凡五姓各用引魂幡长五尺，竿长九尺，男孝子、女孝子并六亲处祭奠酒，往生门而去。再巡车舆，男左女右，师咒曰：天圆地方，六甲九章；禹步持印，六道开张；街栏助舆，巷陌扶丧；南阡降福，北陌降祥；六道回避，四杀伏藏；银钱买路，敕赐无妨；河北济渡，亡神借岗；踊跃无碍，五龙和光；亦祛至墓，后代享昌。急急如律令。

辨八卦冢四折曲路篇

凡八卦冢向冢行丧。易曰："生生之谓易。过之者，得吉路财，夙生天人界，大吉。"第一折东北向甲行，以甲呼子，起一步至十一步，甲戌合麒麟引道，乘天梁从蒿里。第二折，东南望丙行，以甲子起三步至丙寅。以三步为法加之，合凤凰跃途，乘地梁自九天也。第三折，东北向甲行，以甲子起一步，以一步为法加之，合麒麟启路，乘人梁降十地也。第四折，西北向壬行，以甲子起步，九步至壬甲，以九步为法加之，合玉堂回车，乘鬼梁入黄泉也。牵牛头丙门而入柩，地心回车甲穴而下柩讫，却向生门而出。故曰："麒麟引道，凤凰跃途，章光启路，玉堂回车，从朱入苍，富贵吉昌。"遁甲云，假令惊蛰节，甲子阳遁一局，癸酉时下事，休门加一宫，生门临门陌，主人荣家贵并族吉昌。开门临穴，亡者生天界也。出生入开门，子孙常近金阶，依此大吉利。商姓乾冢壬穴，丧庭在丙，门陌在甲，丧庭开门向甲开。第一折，出丧庭门西北向壬行，一步起甲子，九步至壬申，以九步为法加之，合玉堂引路，乘天梁从篙里也。第二折，东北向甲行，以甲子起一步，以一步为法加之，合麒麟跃途，乘地梁自九天也。第三折，西北向壬行，以甲子起一步，至九步得壬申。以九步为法加之，合玉堂启路，乘人梁降十地也。第四折，西南向庚行，以甲子起一步，至七步得庚午，以七步为法加之，合章光回车，乘鬼梁入黄泉也。牵牛头甲门而入柩，地心回车壬穴而下柩讫，却从生门而出。玉堂引道，麒麟跃途，玉堂启路，章光回车，出苍入玄，富贵连天，子孙豪盛，宝贝金钱。丧庭四折曲路，相地宽窄用之步数，步合满定成开则吉利。遁甲云：假令清明节甲寅日，中元阳遁一局庚午时，天蓬加三宫，休门加七宫，生门临甲壬同也。出生入死，存者安宁，荣家显子孙在朝堂也。角姓艮冢丙穴，丧庭在壬，门陌在庚，与穴不和，故取甲为门，丧庭门向甲开。第一折，出丧庭门　东南望丙行，以甲子起步，三步至丙寅，以三步为法加之，合凤凰引道，乘天梁从蒿里也。第二折，东北向甲行，以甲子起一步，以一步为法加之，合麒麟跃途，乘天梁自九天也。第三折，东北向丙行，以甲子起一步，三步至丙寅，以三步为法加之，合凤凰启路，乘人梁降十地也。第四折，西南向庚行以甲子起步，七步至庚午，以七步为法加之，合章光回车，乘鬼梁入黄泉也。牵牛头甲门而入柩，地心回车丙穴下柩讫，却从生门而出。故曰："凤凰引道，麒麟跃途，凤凰启路，章光回车，从苍入朱，富贵有余，官高极品，子孙英儒。"丧庭曲路，相坟随地宽窄，又合满定成开大吉利。遁甲云：假令大暑节内甲申日，阴遁一局夜半甲子时，休门加一宫，开门临生门，生门临穴，出开入生，后代先宗。徵姓震冢庚穴，丧庭在甲，门陌在壬，丧庭门向壬开。第一折，出丧庭门西南向庚门，以甲子起步，至七步得庚午，以七步为法加之，合章光引道，乘天梁从蒿里也。第二折，西北向壬行，以甲子起步，至九步得壬申，以九步为法加之，合玉堂跃途，乘天梁自九天也。第三折，西南望庚行，以庚呼甲子起步，十七步至庚辰，合章光启路，乘人梁降十地也。第四折，东南向丙行，三步至丙寅，二十三步至庚戌，合凤凰回车，乘鬼梁入黄泉也。牵牛头壬门而入柩，地心回车庚穴柩下讫，却从庚门而出。故曰："章光引道，玉堂跃途，章光启路，凤凰回车，从玄入白，富贵赫赫，子孙豪盛，位登侯伯。"丧庭并曲路相地宽窄长短，临时用步合满定成开吉。遁甲云：假令大暑节甲申日，阴遁一局用夜半子时，休门加一宫开门临陌，生门临穴，出开入生，代代光荣。

辨烟神曲路篇

凡亡灵杳杳冥冥，不明途程，如同梦里，何知去处。亡灵不归墓域，恍惚不定，令生人不安，子孙绝灭，经因入坟，不依四折。曲路者，亡灵之路径也。若四神不喜者，麒麟倒走，凤凰逆飞，章光伏剑，玉堂闭墓，故后嗣后凶。诸经不载四折曲路之因，为何？一折从蒿里，二折自九天，三折降十地，四折入黄泉。刘启顿首再拜曰："愿闻其义。"先生答曰："神明各有去处。"一折从蒿里者，东岳兖州局八宫有蒿里山。相公主功曹案，管亡人生天界，寅边艮管天曹案，故曰"天梁"。二折自九天者，南岳恒山有天神注生，恒照曜炎上天矣。先生于胜光谓阳之阴。故曰"地梁，"又谓戊己寄于丙丁也。三折降十地者，西南属坤为地坤，有后土所居，申地属首近于坤，坤土分汇生于土，复死于传送。所土故曰"人梁。"四折入黄泉，泉者，水之所自出也。穴中名曰泛泉，地狱有黄泉，神宝瓶宫有坟墓星虚耗，主神后冰水道也。经云："坎为婴孩，万物皆因子生，其苗召魂魄处，未母腹，名曰鬼冥，昧幽冥。故曰鬼梁。"《尔雅》云："死人为归，人卜其宅兆，家冥昧不知去处，得四神引路，如秉烛夜行，自分径路，亡者得安，生人康宁也。"一折祭天梁，天神咒曰："天地掌浮沉，神灵受飨歆；虔祈褅酒纸，明察孝诚心；车舆离丧庭，暂时略住程；陈其荐祭奠，簠簋器中倾，躄踊俱声噎，悲哭尽恫情；天垂菩萨引，亡者梵宫生。"二折地梁咒曰："瘗埋吉地祇，神道早遥知；泪雨时时落，悲风飒飒吹；祥雨飘付地，庆雾满天飞，阴道神来佑，恩临万载期。"三折祭人梁："奠酒享先宗，陈芳祖敬恭；三曾俱引路，七考盖和同；祔祧留恩庆，先灵赐福祟；杯觞神尽醉，万福永丰隆。"四折祭鬼梁："钦祟答鬼梁，建域措郊荒，；使蒙澄献，元曹受酒浆；丘神情喜悦，墓伯大安康，能效曾参孝，可令万代昌。"

辨孝义制篇

曾参曰："白者，西方金之色。秋分兑卦金旺，万木将死，故以死色为孝服。亲王以素锦绸杠为衫领，戴素梁冠，拖三尺三寸丧绖带，哭杖用柳木。"刘启明问先生曰："何以用柳木？"先生答曰："金是阴，于木边着卯。卯者，东方震木，为阳，是阴死阳生也。"亲王哭杖

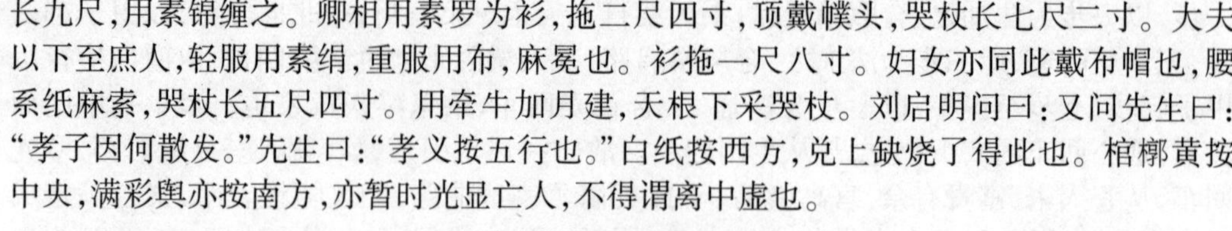

长九尺，用素锦缠之。卿相用素罗为衫，拖二尺四寸，顶戴幞头，哭杖长七尺二寸。大夫以下至庶人，轻服用素绢，重服用布，麻冕也。衫拖一尺八寸。妇女亦同此戴布帽也，腰系纸麻索，哭杖长五尺四寸。用牵牛加月建，天根下采哭杖。刘启明问曰：又问先生曰："孝子因何散发。"先生曰："孝义按五行也。"白纸按西方，兑上缺烧了得此也。棺椁黄按中央，满彩舆亦按南方，亦暂时光显亡人，不得谓离中虚也。

辨设置厨帐篇

凡五姓置魂帐，去明堂各有状数。甲穴庚地立魂帐，庚八数，八八六十四步，以七宫除之，按三才二仪吉。壬穴丙地立魂帐，丙数七，以七七四十九步为法。丙穴壬地立魂帐，壬数六，以六六三十六步为法。庚穴甲地立魂帐，甲数九，以九九八十一步为法。式云：大月以寿星加月建，小月以降娄加月建之辰，天上功曹下为丧主，大冲下为置柴薪，天罡为客位，太乙下烟火，胜光下为鞍马，小吉下裁孝服。传送置明器，从魁下安纸，河魁下安食，登明下安酒浆，神后下安师，大吉下安祭盘席荐，但依孝家大吉也。

辨下事时应候篇

凡五姓下事应候，常以月将加时，看日上神。见功曹，主有文章及道士应。见太乙，有孕妇人及赤物应。见胜光，主有火炬光明及朱紫应。见小吉，主有黄物食应。见传送，有僧及刚铁白物应。见从魁，有白衣女及金石物应。见天罡，囚徒讼人应。见登明，主有暗黑物及女人应。见神后，主有阴松及水浆应。见大吉，主有富贵征兆应。又云：三传用，见天乙，主有尊贵人应。见腾蛇，主有惊恐孕妇应。见朱雀，主有文章飞禽应。见六合主有赤物木植应。见勾陈，主有听讼人应。见青龙，主有钱物喜事应。见天后，主有妇人应。见大阴，主有食薰衣应。见白虎，主有走兽兵马白衣物应。见天空，主有黄物奴婢空物奸讹应。

辨掩闭骨殖篇

凡掩闭骨殖，先从卑者下，尊者末后时辰正，方可下也。孝子亲自入墓堂内安葬骨殖，依其次第，如或有四妻五妻者，头妻在左肩下。次妻在右肩下，次三在左腋下，次四在右腋下，次五在左腋下，次六在右腋下，如有纪幼孙。孙男女安左右。凡墓堂内安长生灯者，主子孙聪明安定，主子孙不患也。墓内安金石者，子孙无风疾之患。孝子向埏道咒曰："开冢道，塞冢埏，地祇护迫，急急如律令敕。"诸孝子去孝服向休门面立。遁甲云："假令阳遁一局，甲子日，丙寅时，休门为直使临三宫，面向勿哭，僧实念师立于华盖上。"遁甲云："六癸为华盖，六戊为天蓬，六己为天内，六庚为天冲，六辛为天辅，六壬为天禽。六癸在天心，直符在蓬加六宫。天心临东北，师立其下。"遁甲云："生门临四宫，随孝子诸亲于东南生门出，万恶不见，人大吉也。"

建旒旐法篇

《礼记》曰："威仪丧，谓之钦幢幡宝盖，名曰亡人乐于泉台，生人安于列碧也。"天子幢幡十二幅，黄衣头白身脚绯，长二十四尺，白地锦韬之竿，又纁白绛缪泉旒所着素，竔龙于缪，尽白龙于缪，缁广于旒帛，全幡长八尺，旆旒续燕尾，旌戴旄于竿头，幢也。旃剥乌皮毛置竿头，旃白练为旒。宝盖十二幅，五色彩攒之，每个带十八条，合九天九地，长八尺。豹尾六对，用五彩乘之，长一丈二尺，按十二元辰也。九天真玉女三对，用五彩成之，长九尺，合九宫。用仙鹤五对，用五彩成之，长三尺，合三才也。已上并天子山陵用之，庆瑞也。亲王，用幢幡六幅，头白脚绯身青。长一丈八尺，合九宫九州也。宝盖三幅，五彩攒之，长七尺，合七星也。豹尾三对，长八尺，合八卦也。已上亲王用之，庆也。王侯卿相，用幢幡三对，绯头白脚身皂，长一丈二尺，合十二辰也。宝盖二副，五彩攒成，长三尺，合三才也。已上卿相用之，吉庆也。大夫士庶人，用幢幡一对，身皂头脚绯，长七尺，合七星也。式云常以月将加月建，天罡下结裁之吉。

车舆仪制篇

天子山陵用车舆仪：第一用大圣舆车，高一丈八尺，合九天九地也。第二温良车，高三丈三尺，合三十三天，上有二十八面镜，合二十八宿，有五斗尽使镜，排折其星辰也。第三哀泣车，第四聚孝车，第五永别车，第六金辂车，第七银辂车，第八玉辂车，第九伏张车，第十飞福车，十一五方车，十二绒车，十三愁车，十四方相车，十五指南车，十六更漏车，十七地里车，十八报应车，十九影真车，二十献奠车，二十一断索车，二十二割索车，二十三礼仪车，二十四天开车，二十五地朝车，二十六珍珠车，二十七御宝车，二十八御式舆，二十九香花舆，十五个三十盟器舆，十五个三十一礼仪舆，十五个。三十二金辂舆，三十三玉辂舆。三十四凤辇舆，三十五应天舆，三十六聚孝舆，三十七天辇，三十八应天辇，三十九净驾礼仪舆，四十龙虎舆，四十一龙虎辇。前有影奠帐，后有设奠帐。左有隐路帐，右有隐道帐。已上天子用之，大吉利也。亲王车舆式，第一御灵舆，第二应圣舆，第三绒车，第四方相车，第五伏殃车，第六指南车，第七聚孝车，第八地辂车，第九影奠车，第十献奠车，十一更漏车，十二礼仪车，十三天关车，十四地轴车，十五香花舆，十六盟器舆，十二个十七净驾礼仪舆，十八龙虎车，十九龙虎舆，二十银辂车，二十一玉辂车，二十二断索车，二十三割绳车。已上亲王用之。卿相车舆仪，第一宝应车，第二绒车，第三方相车，第四纸驰车，第五纸驰舆，第六盟器舆，十个第七礼仪舆，十个第八香花舆，十个第九龙虎舆，第十影奠车，十一地里车，十二更漏车，十三献奠车，十四龙虎车，四下有隐道帐，已上公卿用之。大夫已下至庶人车舆仪；第一灵台舆，第二献奠车，第三明驰舆，第四玉马舆，第五盟器楼子，已上并庶人用之。式云："阳月赤夺若阴月，以协洽加月建，天上摄提格，下安结舆车，代代子孙昌盛，吉庆也。"

占风云气篇

凡天子下事，时有五色祥云覆地，出圣明天子也。若大风暴雨雷霆霹雳，主大凶。此乃是神仙秘密俱载。商风鸣条，徵风轻浮，角风呕哑，宫风响亮，羽风沉重，与姓相生则吉，相克则凶，如葬日值天雨，徵姓大凶，余姓吉。商忌凯风，宫忌谷风，徵忌凉风，角忌泰风，羽忌颓风，炎风，飘风，悩风。已上风从生开休门上来大吉。式云："凡若白虎腾蛇勾陈朱雀玄武，天空上大凶各长三尺五寸各披金银甲执金银。"紏弹司二人，各长三尺五人寸，光禄司五，内藏库五人，各长三尺三寸。棺西御药二人，天文院一十五人，翰林院十五人，理仪司十五人，宝贝库十五人，画院司五人，各长三尺三寸。棺后镇殿将军二人，各长三尺九寸。后宫安三十六宫，安皇后夫人，各长三尺五寸。每一宫宫娥美女四个，各长二尺九寸。埏道口安当圹当野二人，长三尺五寸，墓龙九尺长，安辰地。玉马长五尺，高二尺，安午地。金牛长四尺，安丑地。铁猪重二百斤，安亥地。墓堂东南角安太阳星，圆二尺四寸，西南角安太阴

星,圆二尺四寸。蒿里老翁长五尺九寸,安西北角。五方五帝长五尺五寸,镇五方界。金鸡长二尺二寸,安于酉地。玉犬一只长二尺二寸,安戌地。方相长三尺五寸,五彩结之,有四眼,手秉扽杈。观风鸟一个,长三尺。凶神王人长三尺三寸。诸司使执弩一张箭一只,临下事闭墓时,射凶神王心,射着吉。墓内走三遭,吉。华角长三尺,咬敲援捧长三尺,擢搠长三尺,铡狭长三尺三寸,用檀木,刻成半仗鸾驾依次排之。已上天子用之吉。亲王盟器神煞法:十二元辰,长二尺三寸,安十二方位上。五方五帝,长二尺三寸,安五方。五方呼龙将,各长二尺五寸。天关二个,长二尺三寸,安子午。地轴二个,长二尺三寸,以本形,安卯酉地。仰观伏听,长二尺九寸,安埏道中。祖司祖明,长二尺三寸,安堂后,棺前安大夫四个。

太尉二人,墓口门安,阁门大使二人,各长二尺五寸,两下排之,棺东安糺弹司一人,左谏议,各长二尺五寸。棺西安御药一人,右谏议各长二尺五寸。茶酒司五人,御厨五人,内藏库五人,帐设司五人,理仪司五人,已上棺东,各长二尺三寸。天文院五人,翰林院五人,宝贝库五人,画院司五人,净驾五人,已上安棺西,各长二尺三寸。镇殿将军一人,长二尺五寸,安棺后。后宫安二十四院,夫人各长二尺五寸。每宫宫娥二人,各长一尺五寸。蒿里老公,长二尺九寸,安北角。当圹野二人,长二尺九寸,安埏道口。东南角上安太阳,圆一尺八寸。西南角上安太阴,圆一尺八寸。金鸡一个高一尺二寸,安酉地。玉犬一只,高一尺九寸,安戌地。墓龙长四尺,安辰地。铁猪重七十斤,安亥地。玉马长四尺,高二尺,安午地。金牛长四尺,安丑地。观风鸟长二尺。方相神二尺四寸,五彩结之。已上亲王用之大吉。式云:“常以提格揖加五姓墓玄枵下造盟器神。”公侯卿相盟器神煞法:十二元辰长二尺二寸,安十二方位。五精石镇,五方折五星。五方五呼将,长二尺四寸,安五方。天关两个,长二尺二寸,安子午地。地轴二个,长二尺二寸,安卯酉地。仰观伏听,长二尺九寸,安埏道中。祖司祖明,长二尺二寸,安墓堂后。棺前安四夫人,四尚书,二仆射各长二尺二寸。墓门口安阁门使二人,舍人二人,各长二尺五寸。棺东安客司四人,茶酒司四人,棺西安食厨司五人,设帐司五人,各长二尺三寸。堂后安三夫人,长二尺五寸。每宫任女二人,长一尺二寸。棺东安仪鱼,长二尺三寸。西北安青松,长二尺三寸。棺南安仪瓶,高一尺九寸。正南偏西安五谷仓,高二尺二寸。当圹当野,长二尺三寸,安埏道口。金鸡高二尺二寸,安酉地。玉犬高二尺二寸,安戌地。方相神长一尺八寸,五彩结之。墓龙长四尺,高二尺,安辰地。玉马长四尺,安午地。金牛长四尺,高二尺,安丑地。蒿里老公,长二尺三寸,安西北角上。三浆水安棺后,铁猪重七十斤,安亥地。太阳太阴,圆一尺二寸,安东南西南。大夫以下至庶人盟器神煞法:十二元辰,长一尺二寸,安十二方位。五呼将长一尺二寸。镇墓五方五精石镇五方,祖司祖明,长一尺二寸,安棺后。仰观伏听,长一尺二寸,安埏道中。当圹当野长一尺二寸。五谷仓一尺二寸。三浆水高九寸,安棺头,金鸡高一尺二寸,安酉地。玉犬长二尺九寸,高一尺,安戌地。蒿里老公长一尺五寸,安堂西北角。天关二个长一二寸,安堂西北界上。地轴二个,长一尺二寸,安堂东西界上。天丧刑祸一对,长二尺,安墓。墓龙长三尺,高一尺二寸,安辰地。金牛长二尺,高一尺二寸,安丑地。玉马高一尺,安午地。铁猪重三十斤,安亥地。四廉路神长一尺九寸,安西角。已上皆大夫庶人用之吉。凡大葬后墓内不立盟器神,亡灵不安,天曹不管,地府不收,恍惚不定,生人不吉,大殃咎也。

碑碣墓仪法篇

天子山陵皇堂,前御道广十八步,合九天九地也。前安宰相四人,六尚书,左右谏议,左右金吾，左右仆射，左右大尉，各长九尺二寸，合九州二仪也。灵台碑二座，至禁围里，长一丈二尺，合十二月，相离四步，各长一丈五尺。安一对。里禁围前安左右侍人，左右皇门使，各长八尺三寸，合八卦三才也。御马二匹，长九尺高五尺，合九宫五行也。侍官四对，长六尺三寸，合六律三才。至明堂前御道阔十五步，长五十五步，前安通使舍人二对，石虎一对，羊一对，马一对，象一对，驼一对，左右将军，灵台碑二座，接引舍人二对，华表柱二对。各相去一丈二尺。至中明堂前明堂空御路长六步，阔一十五步。舍人将军，各长九尺，法按九宫。虎一对，长六尺，高四尺。羊一对，长五尺，高三尺，马一对，长八尺，高四尺。象长一丈，高六尺。驼，长八尺，高五尺，碑，长一丈二尺。华表柱，长一丈二尺。左一门，右一门，后宰门，各安阁门使二人。左右舍人一对，左右太尉一对，各长九尺，合九宫也。御马二匹长八尺，高四尺，合八卦四时也。从官四对，长四尺，合四时吉。逐姓于长生方上安碑楼两座，高九尺，碑长三丈三尺，依此用之大吉也。亲王墓仪碑碣：凡亲王灵台前，上大夫四人，左右舍人，左右金吾，左右太尉。各长六尺，合六律，相去二步。隐台碑二座。高一丈二尺，按十二时辰。禁围前标柱一座。牙道东西阔十二步，按十二月，长四十五步，前安阁门使二人。舍人二人，御马二匹，从人四人，马高八尺，长四尺，合八卦四时。从人各长四尺，合四时。石羊一对，长四尺，高三尺。石虎一对，长四尺五寸，高三尺，驼一对，长八尺，高四尺。象一对，长八尺，高四尺。隐台碑二座，长九尺。舍人一对，太尉一对，各长六尺。华表柱二对，各长九尺。左一门，右一门，前安阁门使一对，舍人一对。各长六尺。御马二匹，长七尺，高四尺。从人二对，长四尺。于本姓长生方上安碑楼一座，高八尺，合八卦，碑长二丈四尺，合二十四气，已上亲王用之。

公侯卿相碑碣仪制

凡卿相墓围前街道，阔五步，长三十五步。前安舍人一对，长五尺五寸。石羊一对，长四尺，高三尺。石虎一对，长四尺五寸，高三尺。五笋柱二条。长九尺，相去二步。长生方上安碑搂一座，高六十尺，碑长一丈五尺。三代为将相要碑楼，上五品官方得安。中五品官，石羊，石虎，石笋柱各一对。下五品官与庶人同，只要石幢石柱。式云："常以沟渎加姓墓上津梁，下安碑搂也，吉。朝官只用舍人一对，石柱一对，吉也。"

庶人幢碣仪制

凡下五品官至庶人，同于祖穴前安石幢，上雕陀罗尼经，石柱上刻祖先姓名并月日。石幢长一丈二尺，按一年十二月也，或九尺，按九宫。庶人安之，亡者生天界，生者安吉大富贵。凡石者天曹注生有石功曹，安百斤，得子孙大吉也。式云："常以虚丘加冢体，天梁下安之，大吉。安幢幡法，当去穴二步安之，即吉庆吉也。"

《坟台穴尺寸法篇》

天子陵台，高一丈八尺。天子葬明堂，中方土德中等也。着黄衣，坤卦属土，是二宫艮属土，是八宫，一合成十六用是也。用红泥泥之，穴深九丈，按九宫。下通三泉，内有大殿九间，用玉石砌就，内间四门，外有三重门。外域四门，台高一丈五尺，砖砌四角，墙高一丈二尺，皇城行墙高九尺三层。禁围已上，并天子用之，大祥瑞吉。亲王坟台，高一丈二尺，按十二时辰，用青泥泥之，穴深七十四尺，四门，台高一丈二尺，皇城高七尺，已上并亲王用之，吉。卿相坟台，高九尺，皆以加阳建合本禽，甲丙庚壬吉。用青泥泥之，穴深五丈，下以戌阴建合本禽，甲丙庚壬吉。前搠擢门，屏墙高七尺，行马墙五尺九寸。已上卿

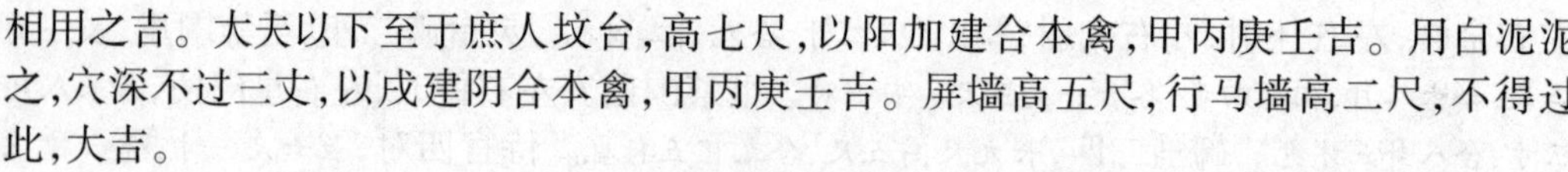

相用之吉。大夫以下至于庶人坟台，高七尺，以阳加建合本禽，甲丙庚壬吉。用白泥泥之，穴深不过三丈，以戌建阴合本禽，甲丙庚壬吉。屏墙高五尺，行马墙高二尺，不得过此，大吉。

择谢墓法篇

凡葬者，犯山川土地神祇，及诸禁忌事毕，为祭谢之。择日于埏道左，治地为方坛，坛上设五方神座，序如斩草之祭。布置以外设二十四位神座，香炉各一个，香一两，祭板一枚，净巾一条，酒饭干鱼、鹿、脯、三牲肉、枣栗、果实、饼饵、煎盘、钱帛、缯彩等物，皆须预备，前一日沐浴斋戒也。祝文曰："维，年月日，某州某县某人名，敢昭告于后土阴宫，某州某县境内山川。丘墓神祇，阡陌道路之神祇，今来某人以某年月日，此州县某乡之原，安厝宅兆，某日事毕。惧营造之日，有所惊恐，触犯凶祇，谨以吉辰，奉赍酒醴，庶荐备具，献之至诚。伏望众神并率所部，降临其位次，以第而坐，受其所献。"再拜进酒，上香。又曰："谨重上白所献礼物，蒙恩受领，愿亡者神魂。宁于幽室，子孙长保。"再拜，进酒，三谢自来至诚周谨奉谢，馨香以荐，恭谨无忘。祝曰："礼虽轻微，意实欣重。"既蒙洪泽降飨，上下诸神，尽情欣喜，奠爵既毕，福祐深厚。主人奉承余祚，再拜受恩，酌酒，坛前跪奠恩祐，愿安厝已后，幽显安宁，内外清休。再拜饮酒，又曰："三爵之礼，悉以周遍，镇谢之物，既蒙受纳，愿神严驾，各还所止。谨自道路将军，眷察前后浮游魑魅，驱令万里，某公丘墓，永附山原，千秋长保吉庆也。"遁甲云："假令阳遁一局，甲子乙丑时，休门加二宫，开门临九宫，正南出，大避天曹神。"式云："以实凡加冢体，商加一宫，羽加丁，角加辛，徵加癸，天下为元曹神。"

择白埋小殡篇

天罡加月建，功曹传送为亡人利。凡愚师定甲丙庚壬去路，不晓细法，则约之正东偏北是也。不知甲第营几何，尺寸。无分之法，但一直至步以二因之，见一面七位之数。司马法云："再以二因之，存身除二，便是每位之数，两角合一位。"假令从宅东三十步，以二因得六十步，是正东一面合得六十步。阔再以二因之，得一百二十步，是两面也。存身除二，退一位有十步，是六分之也。又以周围步以九宫除之零，有天地人三才二仪也。

殃杀所篇

凡人亡，须有殃杀取人三魂，又名追取使臣。犯日延日不出，己亥日重服，破灭日，复日，大祸日，妨家长。出处如旋风黑风，人冲即亡也。甲子日取东家，丙丁日取南家，戊己日取本家，庚辛日壬癸日取北家。式云："以月建将加时斗之日，几辰殃杀出日时方，雌雄杀，以辰墓下为出方也。"假令正月甲子日寅时，小吉临戌日，男杀西南出，女杀东南去，斗神去日呼第八家，余仿此。

择师法篇

凡择师，先择其德，行盛者隅之德聪明文。钦者，威仪表备。明者，照临四方。文者，经纬天地者，道德备矣，尊高众大易曰："大人者与天地合其德，日月合其明，与四时合其序，与鬼神合其吉凶。"黄帝曰："师者文也，无不包含巨细。天文地理，咸谓之道也。其要聪明者知古典，少俊正直，能降众神，葬后子孙二千石，凡通其三式，方可为师矣。"师勿用僧道，主绝后嗣。勿用宫商杂类，主子孙贫薄。勿用军人，主刑戮展杀子孙凶恶。勿用不完具之人，出残疾者。勿用老耄人，出痴呆子孙。《玄女经》云：“常以大吉加月建，师命上见魁罡者勿用，主杀家长大凶。”《大挠》云：“常以师行年加太岁姓墓上，见金神三杀大凶，次丧主大合师，本年各行年见魁罡大凶。师用师吉。”

择用事篇

凡下事时，有人六军狗来茔凶，师打狗作声吉。下事时，有人尿在师身上，至凶。师以尿泥复在本人身上，吉。凡丧家多是填作食饼罐子，正师打破罐子师吉。凡为葬，师先须护身，免有灾难，但取龙惊业木硃砂，书九天姓名。凡用雄鸡头上毛四十九茎，三角瓦子，用绢绯作袋子盛之，常安在心前，万恶自消矣。遁甲云：六甲上草蔽面，取天上六丁土。在人天门入地户，度华盖入杜门去，鬼神不能见人也。假令阳遁一局，甲子日丙寅时，逢加八宫，六甲临艮，六丁临乾。六戊为天门。加八宫，六己为地户，加七宫，六癸为华盖，加一宫，杜门加九宫，六壬六常以加一。同建加时，天罡临功曹下，为死盖仲大吉，为华盖委临神何下，为华盖师亥此下，式心二七遍，叩齿三通，怀中书罡字，万恶自消。

射白埋墓定法阴阳人篇

凡射白埋墓定阴阳人，以月将加日时，墓上见阳神是男儿，阴神是女人也。见腾蛇，是产死血光人。见朱雀，是文章人。见六合船车木匠人，是勾陈患疮疾人。见天乙，是官贵人。见天空，路死绝嗣人。见天后，冷劳患人。见太阴，气病死人。见木神，风病死人。见火神，热病死人。见金神墓气病死人，见土神积食死人，见水神冷病死人，方与日合是阳人，不合是阴人。又四课定用神，第一第二课是阳人，第三第四课是阴人。遁甲云：“任蓬冲下是阳人，辅阴内主阴人，常以法。”亦见时，左足在前为阳，右足在前为阴人冢，王相少壮人，胎为小儿，休囚老人，千金不传此法。

覆古坟冢篇

凡古冢坟，不知实覆，见细述之。病生成形，长生方水出，亡人板中有泥，脚右边板两头档沐浴带方。其墓内有蛇，出难女人中被人论讼死。山高，出妇人淫乱。六壬云：“看三传，初传吉，末传凶，主先富后贫。初传凶，末传吉，主先贫后富。中传吉，目下富。三传俱吉，主富贵不败。三传俱凶，立贫穷破散。”遁甲云：“门生休门，开门上出水吉，主富贵荣华。伤门出水，主屠杀人。杜门上出水，主喑哑人。景门上出水，主冶炉人。死门上出水，出行人。惊门上出水，师婆星。”水经云：“按天地人三才，贪狼卦上变凶为天阳，巨门卦上变穴为阴五鬼，廉贞卦上变水。”三卦合得贪狼星，主子孙兴旺。合得巨门星，出官朱紫。合得武曲星，子孙习武看产洋。合得廉贞星，出贼人风邪不具是。合得禄存星，主妇人貌陋。合得文曲星，主妇人淫乱。合得破军星，主公绝嗣，妇人孤寡。合得左辅右弼星，出逆背子孙虫伤人，三房破二房。凡古坟前有水作声，名曰朱雀悲啼，后有深陷，名曰玄武藏头，前有水井源，名曰青龙无首，西有道从东来分破头两下，名曰白虎衔尸。朱雀悲啼，绝后嗣；玄武藏头，出不明人遭恶死；青龙无首，主家破人亡；白虎衔尸，出吊死人。此谓之四绝之地也。

不见骨殖法篇

凡祖坟代年弥远，或因水漫摧揭，耕犁不睹冢墓形迹，忘记去处难可寻觅，冥司文一，此是圣贤之述。但以正月孙儿蓐草二十五根，以五色线系定，以火烧之，但以火灭处寻之。咒曰："灵根地蓬覆告黄祇，生天灵圣，灭处藏尸，五道皆引，亡灵归位，急急如律令。"又法："以竹竿通行节，亡人蛆壳，亡消鬼旧血蝎，黄莺儿丝。已上等分在共为末，盛在竹筒中，烧焰向下，穿之必见也。"又常法：即用二人穿青衣，拖驴鞍子一个，用驴龙头搭在鞍子。一人手擎鞭打鞍子一下，拖鞍子人问曰："你打甚？"答曰："我打伏尸。"拖鞍子人却答曰："翻鞍便知。"不计步数，鞍子翻处穿之，即见也。老君曰："要知地下，寻问六甲神也。"六甲之法，此书不述。谨依圣古之书造终。地理阴阳人张景文。望空观坟法：古来有个玄空卦，要观这座坟台，虽知真假细推排。前寻加月将，加到甚时来，阳神在上是阳胎，加到阴时上，却是女子身才，加到四孟天行病，四仲劳病之灾，四季常患病，不须一一胡猜。

卷之八千五百六

宁南宁府

建制沿革

《大明清类天文分野之书》

古粤地,《禹贡》扬州之南境,翼轸之分。秦。并南粤为桂林县地。汉、元鼎六年,更为郁林郡岭方县属焉,为都尉治所,东汉因之。晋。大兴元年,分置晋兴郡,复又置晋兴县以属之。宋齐。并因之。隋、罢晋兴郡为晋兴县,属简州,又罢晋兴县,于此更置晋兴县,开皇十八年,改晋兴县为宣化县,属郁林郡。唐、武德四年,于此置南晋州,初领宣化一县,五年析置武缘、晋兴、朗宁、横山四县,贞观八年改为邕州,天宝元年改永宁郡,乾元元年复为邕州,咸通三年置建武节度。五代。刘隐据其地。宋。开宝四年更晋兴为乐昌,六年省朗陵入宣化,封陵入武缘,思龙入如和。景云三年,又省乐昌入武缘,如和入宣化。元。初立安抚司,至元十六年改为邕州路。

国朝为南宁府,属广西布政司。

南宁府志

唐武德四年,立为南晋州,贞观六年改为邕州都督府,天宝元年改为永宁郡,乾元元年复为邕州,乾宁元年改为建武军,元朝改为南宁路,至元十年而有征交之役,钦承特旨立为广西西道宣慰司。分阃于邕。又至元二十九年,改立左右两江道宣慰使司都元帅府。

国朝改路为府,至洪武二年改分司帅府为南宁卫指挥司,原管宣化、武缘二县,洪武十年八月添拨浔州府,横州收并永淳县,通作横县,拨付本府管属,今见管三县:宣化、武缘、横县。《南宁府郡志序》,南宁一郡,乃古之邕州,僻在遐陬,接连溪洞,地土浅狭,人民稀少,凡户口之多寡,赋税之重轻,比之中国,大不侔矣。洪武九年夏四月,宪司委官到来,起取前代应有图经志书,本府当时会集耆儒,将本学旧存书板一付考究,中间多有损坏缺略不存,于本处住人程士真家,寻得旧有志书一部,比对刊补完备起解。今洪武十年冬,又奉上司公文,会集所属耆儒人等,用心考究,不曾该载事理,重别另行编类,书写成册。考之物产,多在两江本境,所出之物,在处有之。今以所属三县,地理远近,风土人物,户口钱粮,土产物色,总为一册编类成篇,表而出之,使后人有所考云。

《太平寰宇记》

邕州朗宁郡,今理宣化县,古南越地。秦为桂林郡地,改桂林为郁林郡。又为郁林之

岭方县地。晋置晋兴郡，隋开皇初，废郡为宣化县，属简州。大业三年，州废以县属郁林郡。唐武德四年，于此置南晋州，领宣化一县，贞观六年改为邕州，近邕溪，因名。乾封二年置都督府，天宝元年改为朗宁郡，乾元元年复为邕州。长庆二年，以安南经略副使崔结为刺史，充本州经略等使，此邕州独置经略使。其州边在郁江，百姓先居一岸，每年秋夏江水泛溢，郭邑沉溺。景云年中，司马吕仁于南岸，引开小水，若有泛溢分流而过，不没人家。今百姓两岸分居。晋天福七年改为诚州，以避庙讳，汉初复旧。宋朝平广南后，开宝五年，废朗宁，封陵思笼三县，入宣化武缘如和三县。至太平兴国二年，邕州上言管内左江溪峒、七源州状。称广源、武勒、南源、西农、万涯、覆和、温弄等州，古拂、八耽二峒，计一十处首领，乞依七源州例归属当州，输纳租税，朝廷因授首领官，今为建武军节度。

《郡县志》

唐天宝元年，改为永宁郡，十四载，置管内经略使，领十三州。乾元元年，复为邕州，兼都防御使，二年升节度使。上元元年，废节度，置都防御经略使。广德废，大历复置。元和废，长庆复置。咸通三年，升为岭南西道节度使，寻置建武军节度。晋天福七年改为诚州，汉初复名邕州，宋因之。寻领羁縻州四十四。

《重修邕州志》

州在禹贡九州之外，盖扬州之南，号为百粤。秦始皇略定其地，分为南海、桂林、象郡。汉元鼎五年，粤相吕嘉反，六年讨平之。以其地为南海、苍梧、郁林、合浦、交趾、九真、日南、珠崖、儋耳郡，唐庚所谓“山川禹贡外，城郭汉兵馀”是也。自秦迄汉，州未之建。晋元帝分郁林郡领方县地，立为晋兴郡，乃今之州矣。至隋而郡废，以其地入简州。今之横州。开皇十八年，改为宣化县，隶宁浦郡。亦今之横州。至唐武德四年，立为南晋州，贞观六年改为邕州都督府。永徽後，以广、桂、容、邕、安南五府皆隶于广，谓之五府节度。韩文公送工部尚书郑权帅南海，其序曰：“岭之南其州七十，其二隶岭南节度府，其四十余分四府，府各置帅。”天宝元年改为永宁郡，乾元元年复为邕州，上元后置经略使，后罢。长庆二年复置刺史领之。咸通四年，分岭南为东西道，广州为东道，邕州为西道。乾宁元年，升为建武军节度，岭南西道观察使。五代时，刘隐据其地，宋朝开宝四年平广，遂入职方焉，隶广南西路，充兵马钤辖安抚都监，兼沿边溪洞都巡检使。绍兴三年，如命置司市马于州之横山寨，后置以本路经略安抚总其事，州同提点买马，专任以武臣，隆兴以来，始命文武通差，此州建置之大略也。

《元一统志》

初宋平岭南，以邕州守臣，充兵马钤辖安抚都监，兼沿边溪洞都巡检使。宝祐元年，兼邕宜钦融镇抚使。至元十三年十二月，既克静江府，诸州皆下，邕守马成旺始挈城归附。初立安抚司，十六年改为总管府，兼左右两江溪洞镇抚。今亲领县二，兼管寨五，今领州三十八，县一十八，洞二十六。邕州迁龙寨、忠州、思恩州、上思州、罗阳县、永康县、罗百县、水口洞、玉龙洞、二洞并系熟地，地接交趾，亦所贡，越地千里之内，号为羁縻。归附以来，见于左江镇驻扎，隶邕州路节制，今领州三、县三、洞二，古万寨、左州、江州、武黎县、陁陵县、崇善县、吴洞、永安洞、坡陵洞、博龙洞、粟洞、古乐洞、古榄、思娄洞、还娄洞、卓洞、博喝洞、上浪洞、安礼洞，与迁龙寨相同。宋景祐四年立寨归以来，见于思隶团沿居地面驻扎，隶邕州路节制，今领州二，县三，洞一十三。太平寨、龙州、上冻州、下冻州、万城州、七源州、恩城州、龙英州、养利州、上怀恩州、上思明州、下思明州、安平州、即太平府。古甑洞、武德洞、武安洞、皮陵洞、武盈洞、罗徊洞、上耸洞、下耸洞。与迁龙寨相同。宋太平兴国立寨归附以来，见于古甑等洞地面驻扎，隶邕州路节制，今领州一十三，洞八。永平寨、上石西州、下石西州、固陵州、禄州、如嶅县、武乙洞、宁康洞、凭洞、西平洞、上宁洞、安宝洞、上影洞、下影洞、都结洞、结安洞、旧洞、倘甲洞、结纶洞、思栗洞、武能洞、劳洞、武允洞、射鳌洞、洗甲洞、都康洞、榜免洞、尊洞，与横山迁龙等寨相同。宋景祐四年立寨归附以来，见于西平州驻扎，隶邕州节制，今领州四，县一，洞二十二。

宣化县，大明清类天文分野之书，秦，为桂林郡地。汉，岭方县地，属郁林郡。晋，立晋兴郡，置兴熙镇。隋，开皇十四年，迁故晋兴县于此。唐，武德四年改为南晋州，并六县为宣化一县，五年析置武缘、晋兴、朗宁、横山四县，寻省横山入焉。贞观八年改南晋为邕州，乾元元年，以本县思龙乡如洪里，置思龙封陵二县。宋，开宝五年，罢朗宁属宣化，景祐三年又罢如和入宣化，治平四年，割本县之永宁乡武颙里，属武缘元。属邕州路。

国朝为南宁府，倚郭县。

《南宁府志》

唐武德四年，至宋治平四年，将永宁乡武颙里，隶武缘县，转拨武缘上东下南二乡，隶于县，元朝不曾更改。国朝本县，仍旧见管五隅九乡二里

《舆地广记》

宣化县，本汉领方县地，故朗宁县。唐武德五年析宣化，置故思龙县。唐乾元后，开山洞置二县，开宝五年省入故如和县。唐武德五年，析南宾、安京置属钦州，景龙二年来属。宋景祐二年，省入有如和山郁水。水即夜郎豚水也，与温水合，又与欢水合，亦名骆越水，自蛮境七源州流出，州民常苦之。唐景云中，司马吕仁引渠分流，以杀水势，自是无漂溺之害，民乃夹水而居。有邕水。

《舆地广记》书影

武缘县。

《大明清类天文分野之书》

汉，为岭方县地。梁、置岭山郡。隋、开皇十一年于此置武缘县，又改岭山郡为县，大业元年并武缘入岭山，属郁林郡。唐武德五年，析宣化复置武缘县，属南晋州，後属邕州。宋、开宝五年，改晋兴县名昌乐，景祐三年，罢昌乐入武缘。元。迁西乡立为县治，属邕州路。国朝属南宁府。

《南宁府志》

唐武德五年置，宋开宝八年废永宁县，并入宣化县，景祐三年又废乐昌县并入本县，至治平四年拨本县上东下南二乡，隶宣化县，复以宣化县永宁乡武颙里，及宾州上林县止戈乡，拨隶本县，本朝洪武四年，广西省又拨庆远府宜山县管下，述昆乡大小安定里，隶本

县，今见管五乡一十二里。

《舆地广记》

武缘县，隋属郁林郡，大业初，省入岭山。唐武德五年复置，故丰陵县，唐乾元后开山洞置。宋开宝五年省入故乐昌县，本晋兴，唐武德五年析宣化置，开宝五年更名。景祐三年省入武缘，水西有都稜镇。

《元一统志》

宋会要云：武缘县距州凡两程，又昌乐县，旧名晋兴，开宝五年改名昌乐，景祐三年废昌乐入武缘，又开宝五年废封陵入武缘，治平四年割本县上东、下南隶宣化，却以宣化之永宁乡武颙里及宾州山林县止戈乡，隶于本县归附。元迁西乡立为县治。横州旧路领县二，亲领县一，永淳。

《大明清类天文分野之书》

古粤地，翼轸之分。汉置合浦郡，永安三年分合浦郡，立合浦北部。晋、太康七年改合浦，属国都尉，立宁浦郡。宋齐、并因之。梁、分立简阳郡。隋、罢宁浦简阳二县，仍为宁浦县，置简州，开皇十八年改为缘州。大业十三年，州罢为宁浦县。属郁林郡。唐、武德四年，以郁林郡之宁浦乐山二县置简州。贞观十八年，改曰横州，天宝元年改宁浦郡，乾元元年复为横州。五代、属南汉。宋、开宝五年，并乐山从化二县入宁浦县，崇宁四年又改永定为永淳来属焉。元。初立安抚司，至元十六年改为横州路，领二县。

本朝为横州，属南宁府。

《横州志》

横，古南粤，秦属桂林，汉郁林郡，广郁县地也。献帝建安二十三年，吴析郁林立宁浦郡。

《晋地理志》

统县五，宁浦、连道、吴安、昌平、平山，属广州。宋领县六，简阳、兴道、宁浦、吴安、平山、始平。南齐领县八，简阳、兴道、宁浦、始平、昌平、吴安、平山、安广。梁分置简阳郡。隋平陈，废二郡，为宁浦，寻置简州。开皇间改为缘州，大业二年州废，以其地属郁林郡。唐武德四年，平萧铣，以郁林郡之宁浦乐山县，复置简州，析置蒙泽、淳风县，隶南尹州总管府。五年，以南尹州之岭山县来属；六年，改为南简州。贞观六年，隶桂州都督府；八年，改为横州；十二年，省蒙泽县，後废岭山县。天宝元年，改为宁浦郡，领县三，宁浦、淳风、乐山。乾元元年，复为横州，上元后，隶容管经略使，永贞元年，改淳风县为从化。梁贞明三年，伪汉刘隐据其地。宋开宝四年，岭南平；五年，并淳风从化二县为宁浦县，又以废蛮州为永宁县来属，熙宁四年省永定，元祐三年复置，崇宁四年改永定曰永淳。元朝至元十四年，立横州安抚司，十五年改横州路总管府，领县二，大德年间改为横州。

本朝洪武三年，始拨隶浔州府，领县二，曰宁浦，曰永淳。是年省宁浦县。洪武十年七月，内奉上司明文，归并永淳县入横州，将本州改为横县，拨隶南宁府，管七乡五里。今复为州，仍领永淳县一。

横州路郡志

横，古南粤，秦属桂林郡，汉郁林郡，广郁县地也。献帝建安二十三年，吴析郁林立宁浦郡。《晋地理志》统县五，宁浦、连道、吴安、昌平、平山，户一千二百二十，属广州。宋领县六，简阳、兴道、宁浦、吴安、平山、始平。南齐领县八，简阳、兴道、宁浦、始平、昌平、吴安、平山、安广。梁分置简阳，隋平陈，废二郡为宁浦，寻置简州。开皇间改为缘州，大业二年州废，以其地属郁林郡。唐武德四年平萧铣，以郁林郡之宁浦乐山县，复置简州，析置蒙泽淳风，隶南尹州总管府。五年，以南尹州之岭山县来属，六年改为南简州。贞观六年，隶桂州都督府，八年改为横州，十二年省蒙泽县。凡领户一万一百二十八，口一万七千三十四。后废岭山县，天宝元年改为宁浦郡，领县三，宁浦、淳风、乐山，户一千九百七十八，口八千三百四十二。乾元元年复元横州，上元后隶容管经略使，永贞元年，改淳风县为从化。梁正明三年，伪汉刘隐据其地。宋开宝四年岭南平，五年并淳风从化二县为宁浦县，又以废峦州为永定县来属。熙宁四年，省永定，元祐三年复置，崇宁四年改永定曰永淳，领县二，宁浦户五千二百一十九，主户三千九百六十四，客户一千二百五十五，丁一万二千三百三十六，主丁九千五百三十，客丁二千八百单六，税钱六百一十四贯八百，六十四文，粮一千一百三十一石一斗九升三合。夏两料免役钱，各一千三百七十九贯五百文，免役米一千二百二十四石九斗一升七合。永淳户一千六百八十一，主户一千二百八十九，客户二百九十二，丁四千九百七十五，主丁四千六百九十三，客丁二百八十二，税钱四百二十贯七百六十七文，粮九百六十五石三斗四升九合，夏秋两料免役钱，各九百贯，免役米五百四十九石五八斗升零二合。宋旧法，不以民户应当差役，只收免役钱米。元朝至元十四年，立横州安抚司，十五年改横州路总管府，仍领县二。

《舆地纪胜》

宁浦郡军事，《九域志》。古百越之地，《寰宇记》。牵牛婺女之分野，图经。赵佗王越地亦属之。《元和郡县志》。汉平南越，置合浦合州，即汉合浦郡之高凉县地，今在高州界。元和郡县志，吴孙休分合浦郡，立合浦北部，以都尉领之，《晋志·广州前叙》云：吴分合浦，立合浦北部，以都尉领之。又《宋志》引吴录云。孙休永安三年，分合浦，立为合浦北部都尉，领平山、兴道、宁浦三县。晋武平吴，改合浦属国都尉，立宁浦郡。沈约《宋志》云：宁浦太守。《晋太康地志》云：武帝太康七年，改合浦属国都尉，立宁浦郡。《晋志》云。吴置宁浦郡。《图经序》亦云吴建安二十三年，吴立宁浦郡，与《晋志》合。而沈约《宋志》以为晋武平吴，立宁浦郡，与《吴录》合。宁浦建置之因，有吴晋之异不同，当考。宋齐因之。《宋志》及《南齐志》并有宁浦郡。梁分立简阳郡。《隋志》宁浦郡下注云：旧置宁浦郡，梁分简阳郡。平陈，郡废，置简州，十八年又改为缘州。大业二年州废为宁浦郡，属郁林郡。隋平陈，废宁浦简阳二郡，仍于宁浦县置简州。《寰宇记》在开皇十年。改简州为缘州，《隋志》在开皇十八年。炀帝初，州废为宁浦县，属郁林郡。《隋志》在大业三年。唐平萧铣，以郁林郡之宁浦乐山县置简州，《旧唐志》在武德四年。改南简州，《旧唐志》在武德六年。又改南简州曰横州，《旧唐志》在贞观八年。以横槎为名，《寰宇记》改宁浦郡，天宝元年。复为横州。乾元元年。五代为南汉所有。《舆地广记》又欧阳公《五代史·州郡年表》横州亦隶于南汉之下。《宋郡县志》云在梁正明三年。宋平岭南，地归版图，《九朝通略》云。在开宝四年。并乐山从化二县入宁浦县，又废峦州，以武罗灵竹二县入永定县来属。开宝五年。今领县二，治宁浦。

《元一统志》

至元十三年冬，征取广西，既克静江府，明年春横州遂纳土焉。初立按抚司，十六年为总管府，领宁浦永淳二县。

宁浦县，大明清类天文分野之书，三国、吴立昌平县。晋、武帝太康元年，更名宁浦。梁、分立简阳郡。隋、于此立简州，又改为缘州，县属焉。唐、初为南简州，后改曰横州，皆以县属。宋。开宝五年，罢乐山、岭山、崇化三县入此县，仍属横州。元仍其旧。

本朝并入横州。

《元一统志》

《唐志》云：宁浦，州所治也。《图经》云：吴立昌平县，晋更名宁浦。沈约《宋志》云：宁浦。今《晋太康地记》云：本名昌平，武帝太康元年，更名。《吴录》亦有此县。则昌平县恐是吴立也。《元和郡县志》以为吴置宁浦县，《寰宇记》以隋炀帝置宁浦县；然《晋太康地》及《吴录》以为吴置昌平县，晋改曰宁浦，非吴及隋置宁浦也。《舆地广记》云：梁分立简阳郡，隋于此立简州，改为缘州。唐为南简州，改曰横州，皆以县属焉。《宋会要》云：开宝五年废乐山、岭山、从化三县，隶宁浦。建炎以来不改，元因之。宁浦县总叙：宁浦本吴置昌平县，属宁浦郡，晋太康元年更曰宁浦县。宋齐因之，梁属简阳郡。隋平陈，隶简州，开皇间，属缘州。大业间，缘州废，以县属蔚林郡。唐武德四年为简州治所，贞观八年属横州。永正初，以宁浦、乐山、从化为三县，宋开宝五年，并乐山、从化入宁浦，今管乐山、从化、南乡、北乡，元因之。

永淳县，大明清类天文分野之书。汉、为桂林县地。唐、武德四年立复州，永贞元年改为峦州。宋、开宝五年罢峦州，县属横州。省武罗灵竹二县入永定。熙宁四年省永定入宁浦，元祐三年复置永定，崇宁四年改曰永淳，元属横州路。

本朝因之。

南宁府志

永淳县，本峦州。

《唐地理志》

峦州，永定郡下，本淳州，武德四年以秦桂林郡地置。五代，为伪汉刘隐所据。宋开宝四年岭南平，废峦州为永定县，属横州。熙宁四年，省入宁浦，元祐三年复置，崇宁四年避章圣陵名，改永淳，管武罗修德灵竹南里四乡。永淳县总叙：永淳县，本峦州。

《唐地理志》

峦州，永定郡下，本淳州，武德四年以故秦桂林郡地置，永正元年，改名折纳轻赍，户七百七十，口三千八百三，县三，永定、武罗、灵竹。五代为刘隐所据，宋开四年岭南平，废峦州为永平县，属横州。熙宁四年省入宁浦，元祐三年复置，崇宁四年避章圣陵名，改曰永淳，管武罗修德灵竹南里四乡，元因之。

分野

《邕州志》

本府《前汉·天文志》以牵牛婺女为扬州。及观《地理志》云：粤地，牵牛婺女之分野也。今之苍梧、郁林、合浦、交趾、九真、南海、日南，皆粤分界九州之扬，乃十三国之粤地，《唐天文志》亦云：自庐江南涉越门讫苍梧，南海逾岭表，自韶广以西，珠崖以东，为星纪之分。《韩文公送南海从事窦平序》亦曰：逾瓯闽而南，皆百粤之地，于天文其次星纪其星牵牛，则星，纪言其次，牛女言其星其实一也。近有杜光复者为州风土歌，又以为云南头楚分尾者。据《汉地理志》云：越后为楚所灭，岂以其地尝属楚乎？州之溪洞，外与西蜀接境，每岁有蜀客至永平寨故陶弼自邕州送唐观外生归洪井，其诗曰："家寄滕王阁，天南伴我游；山川通益部，星斗近交州。"州之分野，其大略如此。

至到

郡县志本府东西八百六十二里，南北三百七里。东至京四千六百里，东至宾州二百四十三里，西至滴江隘五百二十里，南至钦州二百四十五里。北至宜州二百九十里，东南至横州二百四十里，西南至羁縻苏茂州三百三十五里，东北至宾州三百五十二里，西北至羁縻俄州五百七十五里。州境东西八百六十二里，南北三百七里，至京四千六百里，至行在所六十有一程，至静江府一十有五程，东至州界一百二十里，又二十五里，至横州永淳县。西至州界四百七十里，又一百七十里至溪洞。南至州界八十里，又一百五十里至钦州。北至州界一百五十里，又一百八十里至宜州龙水县。东南至州界一百三里，又一百一十五里至横州。西南至州界永平寨九程，又西南三十里抵外界。东北至州界二百二十二里，又六十四里至宾州。西北至州界横山寨七程，又西北无里地皆羁縻州洞。

《元一统志》

南宁府东北至上都六千六百九十里，东北至大都五千六百九十里，东至横州永淳县界一百二十里，南至钦州安远县界八十里，西至左江古万寨管下溪洞界九十里，北至庆远路龙水县一百五十里，东到横州永淳县一百四十五里，南到钦州二百三十五里，西到左江古万寨四百七十里，北到庆远路龙水县三百三十里，东南到横州二百一十里，东北到宾州一百九十八里，西南到左江永平寨交趾界七百九十里，西北到右江横山寨自祀国二千五十里。

横山寨：东北至上都七千四百八十里，东北至大都六千四百八十里，东南至本路总管府五百二十里，东至武缘县界二百五十里，南至宣化县界二百里，西至特磨道界郙温县八百里，北至归仁州三百里，东到庆远府龙水县城四百五十里，南到本路宣化县四百九十里，西到特磨道九百里，北到自祀国城一千六百五十里，东南到武缘县三百九十里，东北到大理国界善阐府一千八里，西北到罗殿蛮国一千七百三十里，西南到左江古万寨三百一十里。

迁龙寨：东北至上都六千九百里，东北至大都五千九百里，东至本路总管府二百里，

东至本路宣化县界六十里，南至钦州灵山县界三百四十里，西至古万寨吴洞界一百里，北至宣化县一百里，东到本路城一百里，南到钦州灵山县四百里，西到左江太平寨管下上思明州四百里，北到武缘县界一百六十里，东南到钦州城四百五十里，东北到宣化县金城寨一百八十里，西南到左江太平寨四百八十里，西北到古万寨二百四十里。

古万寨：东北至上都七千一百五十里，东北至大都六千一百五十里，东至本路总管府四百六十里，东至宣化县如禾乡左江镇一百五十里，南至迁龙寨界玉龙洞一百三十里，西至太平寨界龙州一百里，北至右江溪洞向武州界七百里，东到本路城四百六十里，南到迁龙寨城一百五十里，西到交趾苏茂州界一百五十里，北到太平府一百六十里，东南到迁龙寨二百里东北到右江横山寨三百一十里，西南到太平寨管下思明州五十里，西北到太平寨一百二十里。

太平寨：北至上都七千二百七十里，北至大都六千二百七十里，东北至本路总管府五百八十里，东至古万寨管下安礼洞一百里，南至永平寨管下思凌州界一百二十里，西至交趾排栏县界一百里，北至太平府一百里，东到本路城五百八十里，南到交趾界太平栅二百里，西到交趾排栏县二百里，北到左江古万寨一百里，东南到迁龙寨四百里，东北到右江横山寨四百三十里，西南到永平寨一百五十里，西北到交趾丘温县一百八十里。

永平寨：北至上都七千二百九十里，北至大都六千二百九十里，东北至本路总管府七百里，东至交趾界太平栅一百里，南至交趾丘温县界九十里，西至太平寨龙州界六十里，北至太平寨上思明州一百二十里，东到交趾交源州界一百里，南到交趾丘温县一百二十里，西到太平寨龙州八十里，北到古万寨江州三百五十里，东南到交趾广源州二百里，东北到太平寨一百五十里，西南到交趾国城七百五十里，西北到太平寨一百里。

宣化县，《南宁府志》：东至浔州府贵县界首管村庄三百零四里，自界首到浔州府三百里，共计六百零四里。南至广东钦州界团杨村四十里，自界首到钦县二百二十里，共计二百六十里。西到太平府罗阳县界高岭六十里，自界首到太平府四百四十里，共计五百里。北至庆远府宜山县杨村二百三十里，自界首到庆远府三百里，共计五百三十里。东北到柳州府宾州界首铺一百二十里，自界首到柳州府四百里，共计五百二十里。东南到广东钦州灵山县界那旺村五十里，自界首到灵山县二百三十里，共计二百八十里。西北到田州府归德州界首武仕铺一百七十里，自界首到田州府三百里，共计四百七十里。西南到思明府上思州界那蒙岭一百五十里，自界首到上思州一百五十里，共计三百里。东北至上都六千六百九十里，东北至大都五千六百九十里，东至横州永淳县界一百二十里，西至左江古万寨管下溪洞界九十里，南至钦州安远县界八十里，北至武缘县界二十五里，东到横州永淳县二百四十五里，南到钦州安远县二百三十五里，西到左江迁龙寨一百五十里，北到武缘县一百里，东南到横州宁浦县二百一十里，东北到宾州岭方县一百九十八里，西南到永平寨七百六十里，西北到右江横山寨四百九十里。

武缘县，《南宁府志》：上至右江田州府强山县三百二十里，下至南宁府宣化县一百里，东至柳州府宾州思笼铺一百一十里，南至宣化县高峰岭五十里，西至右江田州府强山县武士小江二百七十里，北至庆远府宜山县杨村三百里，东到柳州府宾州二百里，南到南宁府宣化县一百里，西到田州府强山县二百八十里，北到庆远府宜山县五百七十里，东南到南宁府长山驿一百里，西南到南宁府宣化县那龙寨一百二十里，东北到柳州府宾州上林县罗降镇一百四十里，西北到田州府武笼峒二百里。《元一统志》：东北至上都七千六十里。东北至大都六千六十里，东南至本路总管府一百里，东至宾州上林县界一百里，南至宣化县界七十里，西至右江横山寨溪洞归德州一百四十里，北至庆远。路龙水县一百里，东到宾州上林县一百七十里，南到宣化县三百里，西到宣化县那楼寨一百五十里，北到庆路龙水县一百五十里，东南到宣化县金城寨一百二十里，东北到庆远路二百三十里，西南到左江古万山寨三百九十里。

横州，《横州志》东至贵州界首村六十里，自界首村到贵州一百八十里，共一百八十里。南至钦州立石村界一百二十五里，自立石村到钦州五十五里，共一百八十里。西至永淳县梁鸡村界一百里，自梁鸡村到永淳县二十五里，共一百二十五里。北至宾州学田村界一百二十五里，自学田村到宾州二十五里，共一百五十里。东南到贵州界首村界六十里，自界首村到贵州一十二里，共七十二里。东北到宾州解塘李村界六十里，自解塘李村到宾州四十里，共一百里。西北到南宁府那晃村到南宁府五十里，共一百二十里。西南到钦州立石村界一百二十五里，自立村石到钦州五十五里，共一百八十里。《元一统志》：北至上都五千四百六十一里，北至大都四千四百六十一里，东至贵州界八十里，西至邕州路界一百八十里，南至钦州路界六十里，北至宾州路界一百四十里，东到贵州一百三十五里，西到邕州路二百二十里，南到钦州路二百四十里，北到宾州路一百九十七里，东南到钦州路二百九十里，东北到贵州一百四十里，西南到邕州路二百七十里，西北到邕州路二百一十里。

宁浦县，《横州郡志》：东西各一百里，南北各九十五里。东至贵州界首五十里，西至永淳界五十里，南至钦州界首五十里，北至永淳界四十五里。《元一统志》北至上都五千四百六十一里，北至大都四千四百六十一里，东至郁林县界八十里，西至永淳县界五十里，南至灵山县界六十里，北至岭方县界一百四十七里，东到郁林县界一百三十五里，西到永淳县界一百二十里，南到灵山县一百八十里，北到岭方县二百四十里，东北到郁林县一百四十里，西北到岭方县二百四十里，东南到宣化县二百七十里，西南到灵山县一百九十里。

永淳县，《横州志》：东至横州苏光蒙村界二十五里，到横州通计七十五里。南至钦州界临枝村一百二十里，到钦州通计三百三十里。西至南宁府界那晃村三十里，到南宁府通计一百九十五里。北至宾州界学田村一百二十里，到宾州六十里。东南到横州界苏光蒙村二十五里，到横州七十五里。东北到宾州界学田村一百二十里，到宾州六十里。西北到南宁府界那晃村三十里，到南宁府一百九十五里。西南到钦州界临枝村一百二十里，到钦州计三百三十里。《元一统志》：北至上都五千五百八十一里。北至大都四千五百八十一里，东北至本路一百二十里，东至宁浦县界一百二十里，西至宣化县界五十里，南至灵山县界八十里，北至岭方县界一百里，东到宁浦县一百五十里，西到宣化县一百五十里，南到灵山县一百五十里，北到岭方县一百三十里，东南到宁浦县一百三十里，东北到岭方县一百五十里，西南到灵山县一百七十里，西北到宣化县一百六十里。

卷之八千六百四十八 十九庚

衡 衡州府

十皇朝祀南狱诏《衡州府志》

奉天承运，皇帝诏曰：自有元失驭，群雄鼎沸，土宇分裂，教声不同。朕起布衣，以安民为念，训将练兵，平定华夷。大统以正，永惟为治之道，必本于礼。考诸祀典知五岳五镇四海之封，起自唐世，崇名美号，历代有加。在朕思之，则有不然。夫岳镇海渎，皆高山广水。自天地开辟以至于今，英灵之气萃而为神，必皆受命于上帝。幽微莫测，岂国家封号之所可加，渎礼不经莫此为甚，至如忠臣烈士，虽可加以封号，亦惟当时为宜夫礼所以明神人，正名分，不可以替差，今命依古定制，凡岳镇海渎并去其前代所封名号，止以山水本名称其神，郡县城隍神号，一体改正，历代忠臣烈士亦依当时初封，以为宝效。后世溢美之称，皆典革去。其孔子善明先王之要道为天下师，以济后世。非有功于一方一时者可比，所有封爵，宜仍其旧。庶几神人之附名正言顺，于理为当，用称朕以礼祀神之意，所有定到各各神号，开列于后。一五岳，称东岳泰山之神，南岳衡山之神，中岳嵩山之神，西岳华山之神，北岳恒山之神。一五镇称东镇沂山之神，南镇会稽山之神，中镇霍山之神，西镇吴山之神。北镇医无间山之神，一四海，称东海之神，南海之神，西海之神，北海之神。一四渎，称东渎大淮之神，南渎大江之神，西渎大河之神，北渎大济之神。一各处府州县城隍，称某府城隍之神。某州城隍之神，某县城隍之神。一历代忠臣烈士，并依当时初封名爵称之。一天下神祠，无功于民，不应祀典者，即系淫祠，有司毋得致祭，于戏，明则有礼乐，幽则有鬼神，其理既同，其分当正，故兹诏示，咸使闻知。

洪武三年六月日立御制祝文维洪武三年岁次庚戌，七月丁亥朔越七日癸巳吉、尚宝馆使臣胡铉今蒙中书省点差钦卖；祝文致祭于南岳衡山之神。
皇帝制曰：磅礴中国之南忝窀灵秀，生同天地，形势巍然，古昔帝王登之察地利以安生民，故祀之曰：衡山于敬则诚于礼则宜，自唐始加神之封号，历代相依至今，曩者元君失驭，海内鼎沸，生民涂炭，予起布衣，承上天后土之命，百神阴佑，削平暴乱，正位称尊，职当奉天地享鬼神，以依时，统一人民，法当式古。今寰宇既清特修祀仪，因神有历代之封号。予起寒彻，详之再三，畏不敢効，盖神与窀壤同始，灵镇南方，其来不知岁月几何，神之所以灵。人莫能测，必受命于

上天后土，为人君者，何敢预马。予惧不敢加号，持以南岳衡山名其名依时祀神。惟神鉴知，尚享。

教祀南岳之记

洪武二年春正月四日，群臣来朝。

皇帝若曰：朕自起义临濠，率众渡江，宅于金陵，每获城池，必祭其境内山川，于今十有五年，罔敢或怠，适者命将出师中原底平，岳渎海镇悉在封域，朕托天地祖宗之灵，武功之成虽藉人力，然山川之神默实相予。况自古帝王之有天下莫不礼秩尊崇，朕曷敢违。于是亲选敦朴廉洁之臣，赐以衣冠俾齐沐端悚以俟。遂以是月十五日授祝币而遣马臣又玄承诏将事唯谨，二月十七日，祭于祠下。威灵歆格，祀事孔明，砻石镌文。用垂悠久惟神长养万类奠于炎方典礼既崇纲维斯在，尚期阴阳以和风雨以时物不疵疠民庶又安是我圣天子之所望于神明者而亦神明祚我邦家之灵验也。是年二月日，玄教院朝天宫提举臣杨又玄谨记。

酃县御制炎帝陵祝文

维洪武四年，岁次辛亥，正月乙酉朔越二十二日丙午。皇帝御名谨遣翰林国史院编修官臣雷燧，敢昭告于炎帝、神农氏之陵，朕生后世，为民于草野之间，当有无失驭，天下纷纷乃乘群雄大乱之秋，集众用武，荷皇天后土眷佑，遂平暴乱。以有天下，主宰庶民，今已四年矣。君生上古，继天立极，作丞民主。神功圣德，垂法至今朕典百神之祀。考君陵墓在此，然相去年岁极远，朕观经典所载，虽切慕于心，奈禀性之愚，时有古今，民俗亦异，仰惟神圣万世所法，特遣官奠祀修陵。圣灵不昧。尚其鉴纳马，尚享。

文词类

元奚莫伯颜监察御史进士。

龙蟠虎踞御琴坛，万壑同承石鼓山。蒸水远连湘水去，橹声遥集雁声还。回看星斗朱陵上，伫听金丝绿净间。欲刻新诗优胜境，磨崖应愧雨苔班。

儒宫直上接蓬莱，迥隔人间绝点埃。石鼓枕湘云影乱，洼尊酌酒月光来。江澄绿净双流合，岳贯朱陵一窍开。只有丹心惟恋阙，凌风长啸望燕台。

萧泰登卢陵人。儒学提举

云开衡岳放新晴，旧客今为万里行，二水合江浮石鼓，一声回应度山城。朱陵不改千年迹，绿净重登六载情，多谢岁寒三二友，殷勤握手笑相迎。

李处异廉访副使

蒸湘二水合流处，中有孤山块如鼓。兹名炫耀得自唐，儒舍重兴来近古。书生要占龟头住，竭力中流扶砥柱。经营三载始告成，转首潇湘变齐鲁。西鸡窳尊深几许，潋滟苔痕注秋雨。今人杯酌少杯饮，寐寞高情谁与语。东岩朝阳才半吐，金碧粼粼迷岸树。朱陵后洞望祝融，元气不绝如一缕。诗书何地不可读，卜筑来兹奚以故。市厘远离出喧嚣，绿净不容尘土淤。为人为已在分明,圣学千年期接武。

素王深衣虽燕坐,弟子森严寇且履。参乎不敏何足知,复坐之间吾语汝。要将此时问答心,项刻不忘常在虑。如此儒服少惭德,事父事君终且具。晦翁一记当三复,群居族谈非利禄。方今海内四书院,鹿洞应天并岳麓。若论地秀多贤才,石鼓山明江水绿。契玉立,北庭人金宪,石鼓崇黄馆,朱陵启洞房。逶迤环二水,错落翳群芳。衿佩来游艺,川原慨战场。遗祠重关葛,流演发朱张。风堕松花老,秋余桂子香。飞瓮琼玉岛,巍殿水晶乡。雾敛东岩旭,寒侵曲栈霜。丹枫晕蜃阁,青草跨虹梁。绿水浮文鲤,高冈集彩凰。禹门翻锦浪,虞陆览朝阳。窃药窥蟾迹,攀萝散鹭藏。题诗镵石翠,把钓荐橙黄。抔饮瓜尊古,巢居树幄凉。湘波澄碧镜,岳黛出新妆。采菊堪充茹,纫兰欲佩裳。岭云招隐约,滩濑自宫商。按节休清旷,征忉度渺茫。鹭鸟飞匝绕,回雁谩翱翔。城郭凌烟柴,林峦带晚苍。归与桥市月,渔唱起沧浪。

《游石鼓书院》卢疏斋

横序表林阜,瞻彼衡之南。息游适城阙宛在湘之浔。蒸波日输委,重渊益雄深。潇潇风雨中,绎绎山水音。坎坎异衲蒉,播播如瑟琴。驾言拯民瘼,布泽诹官箴。发以公廪储,粮尔年谷侵。齐明款申居,荐盥神维歆。嘉宾竣夷事,弭节来幽寻。希旷白雉贡,邂逅朱陵阴,轩户满士履,垒缸合朋簪。修辞勗毛后,骋睐绿岖□。胜致良可怀,隆寄非所任。磊磊感前哲,悠悠讯来今。

杜少陵

兵革自久远,兴衰看帝王。汉仪甚照耀,胡马何猖狂。老将一失律,清边生战场。君臣忍瑕垢,河岳空金汤。重镇如割据,经权绝纪纲。军州体不一,宽猛性所将。嗟彼若节士,素于圆鉴方。寡妻从为郡,兀者安短墙。凋弊惜邦本,哀矜存事常,旌麾非其任,府库实过防。恕已独在此,多忧增内伤。偏禅限酒肉,卒伍单衣裳。元恶迷是似,聚谋浅康庄。竟流账下血,本降湖南殃。烈火发中夜,高烟焦上苍。至今分粟帛,杀气吹沅湘。福善理颠倒,明征天奔茫。销魂避飞镝,累足穿豺狼。隐忍积棘刺,迁延胝胼疮。远归儿待侧,犹乳女在旁。久客幸脱免,暮年惭激昂。肃条向水陆,汩没随渔商。报主身已老,入朝病见妨。悠悠委薄俗,郁郁回刚肠。恭错走洲渚,春容转林篁。片帆在郴岸,通郭前衡阳。华表云鸟埤,名园花草香。旗亭壮邑屋,烽橹蟠城隍。中有古刺史,盛才冠岩廊。扶颠待柱石,独坐飞风霜。昨者间琼树,高谈随羽觞。无论再缱绻,已是安苍黄。剧孟七国畏,马卿四赋良。门阑苏生在,勇锐白起强。问罪富形势,凯歌悬否臧。氛埃期必扫,蚊蚋焉能当。橘井旧地宅,仙山引舟航。此行厌暑雨,厥土闻清凉。诸舅剖符近,开缄书札光,频繁命屡及,磊落字百行。江总外家养,谢安乘兴长。下流匪珠玉,择木羞鸾凰。我师嵇州夜,世贤张子房。紫荆寄乐土,鹏路观翱翔。

题衡山县文宣王庙新学堂呈陆宰

旄头彗紫微,无复狙豆事。金甲相排荡,青衿一憔悴。呜呼已十年,儒服弊于地!征夫不遑息,学者沦素志。我行洞庭野,欻得文翁肆。先先胄子行,若舞风雩至。周室宜中兴,孔门未应叶。是以资雅才,涣然立新意。衡山虽小邑,首唱恢大义。因见县尹心,根源旧宫密。讲堂非曩构,大屋加涂既。下可容百人,墙隅亦深遂。何必三千徒,始压戎马气。林木在庭户，密馀叠苍翠。有井朱夏时，辘辘冻皆户。耳闻读书声，杀伐灾仿佛。故国延归望，衰颜天愁思。南纪妆波澜，西河共风味。采诗倦跋涉，载笔尚可记。高歌激宇宙，凡百慎失隧。岣嵝山，岣嵝山尖神禹碑，字青石赤形模奇。科斗拳身薤倒披，鸾飘凤泊拏虎螭。事严迹秘神莫窥，道人独上偶见之。我来嗟咨涕涟洏，千搜万索何处有，森森绿树猿猱悲。

宋真西山《题南岳》

百年五岳隔华戎，屏蔽皇家独祝融。剩喜岳灵今有伴，岱宗今入版图中。朱文公下祝融峰，我来万里驾长风。绝壑层云欲荡胸，浊酒三杯豪气发。朗吟飞下祝融峰。

苏东坡《游南岳》

秋高意气在峰头，碧落云开放又收。万顷沧波澄玉鉴，一轮红日衮金毬。眼观西北几千里，势压东南数百州。好景此时吟不尽，天生有分再来游。

黄山谷

万丈融峰插紫宵，路当穷处架仙桥。上观碧落星辰近，下视红尘世界遥。螺簇山低青点点，线拖远水白迢迢。当门老枪枝难长，绝顶寒松叶不凋。才到秋初霜已降，每逢春尽雪方消。猥岩老纳针常把，度夏禅僧扇懒摇。雷向池中兴雨泽，鸟于窗外奏萧韶。游人未必长居此，暂借禅房宿雨宵。

洪德秀晓霞峰

晓山隔水替人羞，掠削云众强自愁。云锦天机三百万，一时支与作缠头。

游南岳胜业寺

会宿岳云深处寺，重来二十七年期。龙颠虎倒禹王柏，凤翥鸾翔子厚碑。霸府规模全盛日，宫嫔汤沐有余赀。白头紫杖人何许，空对人间读旧诗。

《巾子峰》

晓霞蒙头犹翠谷，西风掠鬓当金蓖。祝融夜赴瑶池宴，醉堕天边白接离。

衡山乾明观斗室

道人掊斗作虚室，此理当于象外观。白玉撞翻争夺境，黄金堆起是非端。以南更有几人在，维北还知一概看。俗子较量何足算，壶中天地本来宽。

黄庭观书所见

斜倚东风解佩珰，玉阑干外牡丹香。黄庭卷罢寻棋局，十二楼头春昼长。

净福寺

记得年时缆野航，桂窠无数绕□廊。西风吹堕黄金屑，酿得一潭秋水香。

赵葵祝《融峰》

祝融万仞拔地起，欲见不见青霄裹。山翁爱山不肯去，为山醉卧松根底。家童寻着不敢惊，沉吟恐怕山翁嗔。梦回抖擞下山去，一径萝月松风清。

来阳县《衡州府志》元张雄飞

萧政庶访司佥事题杜子美坟

谏署言清切，忠臣思郁陶。赤霄行孔翠，碧海掣鲸龟。诗律严秦法，词源汲楚骚。珠明凤凰髓，玉润鹍鹅膏。耽句头空白，谋生计转劳。杨雄惭德薄。实谊累才高。抵触逢牛角。换抢起蟵毛。汤胸云梦泽，埋骨来江皋。奇数终无耦，穷途竟不遭。秋风悲草树，落日哭猿猱。诗义兼唐史，诗声继国风。论文思李白。献赋蔑扬雄。健笔扛神拆，危言讦圣聪。秦城遭板荡，蜀道走途穷。实下闻猿泪，虚劳画虎功。贾生才未展，屈子道无通。楚畹纫兰佩，衡山恋桂业。大名垂皎日，直气吐长虹。天地青绳满，江湖白鸟同。来阳靴冢在，锦里草堂空。露浥秋芜绿，霞烧晚树红。悠悠牛酒恨，何处问渔翁。迢迟来南纪，仓皇问北征。诗通高叟固，才到屈原清。天地心无愧，风云气不平。徘徊江上月，昨夜照文明。集贤学士宪台宾。

奉使衡湘忆古人

烂醉有亭寻野客，独醒无酒奠累臣。奇兵斩将诗成史，直道遭谗德照邻。昨夜来阳江上望，梅花索关自伤神。手扶天河洗甲兵，气吞云梦擅才名。蜀川遗恨衣严武，楚泽伤心吊屈平。献赋蓬莱声烜赫，斩鲸辽海志澄清。我来欲定推敲字，黄鹂惊飞野雉鸣。余恁作　一寸心丹笃爱君，数根发白苦忧民。吟边见得公真像，莫问公愤真不真。王逢源　气吞风雅妙无伦，碌碌当年不见尔。自是古贤应发愤，非关诗道可穷人。镌才物象三千首，照耀乾坤四百春。宛寞有名身后事，惟余孤冢来江滨。

《舆地纪胜》

郡邑地卑饶雾雨，江湖天阔足风涛。唐诗纪事云，郭受寄杜子长诗。片帆在郴岸，通郭前衡阳。华表云鸟埤，名园花草香。杜甫入衡阳诗。湖南为客动经春，燕子衔渥两度新。杜甫　春兴不知凡几首，衡阳纸价频能高。杜甫　祝融五峰尊，峰峰次低昂。紫盖独不朝，争长业相望。杜甫诗。《湖南清绝地》，杜甫诗。中有古刺史，盛才冠岩廊。扶颠持柱石，独坐飞秋霜。杜甫入衡州诗更忆衡阳董炼师，南游早鼓潇湘柁。杜甫江亭枕湘江，蒸水会其左。维昔经营初，邦君实王佐。韩退之合江亭诗君谓：太守齐映也。须臾净扫众峰出，仰见突兀撑青空。韩诗　紫盖连延接天柱，石廪腾掷堆祝融。韩愈宿衡岳寺诗猿到夜深啼岳麓。雁知春近别衡阳。杜荀鹤诗　。湘竹班班湘水春，衡阳太守虎符新。唐韩雄诗　独上云梯三百级，回眸失笑万山低。毛李子诗　深邃门墙三楚外，清虚池馆五峰前。石仙诗可独衡山解识韩。坡诗　我家衡山公，清而畏人知。藏否不出口，默识如蓍龟。东坡送王竦赴关诗，衡山翁指苏汉也五千里路望皆见，七十二峰中最高。虚几南岳诗曾到祝融孤顶上，步随明月宿禅关。夜深一障打窗雨，卧听风雷在半山。陶弼诗始有诸葛翁，柯亭寄幽蔼。诸葛亮在临蒸时，尝有宅故，蒋防诗云：临蒸且莫叹欢炎方，为报秋来雁几行。柳子厚得卢衡州书，因以寄之注云：临蒸，衡州县名，后改为衡阳。孤棹迟迟怅有违，沿湘数日逗清辉。人生随分为忧喜，回雁

峰南是北归。吕温自江华之衡阳途中绝句乘夕棹归舟，绿源路转幽。月明看岭树，风静听溪流。张九龄诗　片石业花画不如，此身三径岂吾卢。主人千骑东方远，唯望衡阳雁足书。权德与寄李衡州回雁峰前鹏春回尽却回。元微之哭吕衡州诗来水波纹细，湘江竹叶轻。同上七十峰前救县扉，湘云湘树满郊圻。衡阳春暖雁飞过，兜率雨昏龙战稀。陶弼秀色八百里，古今题画难。望高三楚近，影转七州寒。北折控蛮尽，南低见斗宽。路昼祝融寺，江倾兜率滩。陶弼诗兜率一峰旁，林开见宝幢。鸟行高避县，山骨下连江。陶弼。

曾观《工部集》中载赤沙湖陶弼过赤沙湖诗云。杜子美岳麓山道林二寺诗云。殿脚插入赤沙湖。《方舆胜览》中有古刺史杜甫诗云，盛才冠岩廊，扶颠持柱石。独坐飞秋霜。郡邑地卑饶雾雨，唐郭受寄杜子长诗云：江湖天阔足风涛，湖南为客动经春。杜甫诗云云。燕子衔渥两度新：衡阳太守虎符新。唐韩翃诗：湘竹班班水春云云。可独衡山解识韩苏子瞻诗四六，疏渥龙墀，分符雁峤。刚展启籥，星炯仓台。湖石奥区，地雄州望。蒸水建牙，衡阳名郡。瞻言蒸水之邦，莫重荆衡之域。载惟翼轸之区，尚屈东方之骑。岂伊南服之州，乃析长沙之地。符分汉室之鱼，开藩有叔，书寄衡阳之雁，贺厦敢稽。诗述昌黎，闾里贺使君之至。句成杜老，岩廊辍刺史之临揖衡岳之五峰，正须弹压。分湖湘之千里有赖抚摩，开天柱紫盖之云，民岩洞见，澄洞庭青草之水，地险弥坚。皂盖朱旌，岂雁峰之久驻。黄扉青琐，即凤阙之遄归。萧拥州麾，直可开衡山之云气。频过书院，又将咏沂水之春风。韩昌黎之叙衡山，必多忠信魁奇之士。朱文公之记石鼓，欲闻性命道德之谈。

碑碣

新城县宋朱晦《庵石鼓书院记》

石鼓山处蒸湘之会，江流环带最为一郡佳处，故有书院起。唐元和间，州人李宽之所为，至国初，时赐敕额。其后乃复稍徙，而东以为州学，则书院之迹，于此遂废而不复修矣。淳熙十二年，部使者潘侯畤德麟始因旧址，列屋数间榜以故额将以俟四方之士，有志于学而不屑于课试之业者居之。未竟而去，今使者成都宋侯若水子渊又因其故而益广之，别建重屋以奉先圣先师之像。且摹国子监及本道诸州印书若干卷，而俾郡县择遣修士以充入之。盖连帅林侠栗诸使者苏侯诩，官侯鉴衡守薛侯伯宣，皆奉金齐割公田，以佐其役逾年而後乐其成马。于是宋侯以书来曰："愿记其实，以诏后人。"且有以幸教其学者，则所望也。予惟前代庠序之教不修，士病无所于学。往往择胜地，立精舍以为群居讲习之所。而为政者乃或就而褒表之，若此山若岳麓、若白鹿洞之类是也。逮至本朝庆历熙宁之盛学校之官，遂遍天下而前日处士之卢无所用。则其旧迹之芜废，亦其势然也。不有好古图旧之贤，孰能谨。而存之哉？抑今郡县之学官，置博士弟子员，皆未尝改其德行道艺之素。其所受授又皆世俗之书，进取之业，使人见利而不见义，士之有志为已者，盖羞言之是以，尝欲别求燕闻清旷之地，以共讲其所闻而不可得。此二公所以慨然发愤，于斯后。而不敢惮其烦，盖非独不忍其旧迹之芜废而已也。故特为之记其本末以告来者，使知二公之志所以然者。而无以今日学校科举之意乱马。又以风晓其位，使知今日学校科举之害，有不可胜言者，不可以是为适。然而莫之救也。若诸生之所以学而非若今人之所谓，则昔吾友张子敬夫所以记，夫岳麓者诸之详也。顾于下学之功有所未究。

是以诵其言者,不知所以从事之方。而无以蹈其实。然今亦何以他求为哉?亦曰养其全于未发之前,察其几于将发之际,善则扩而充之,恶则克而去之,其亦如此而已矣。又何俟于予言哉。

张南轩《诸葛武侯祠堂记》

自五霸功利之说兴,谋国者不知先王仁义之为贵,而竟于末途。秦遂以势力得天下,然亦遂以亡。汉高帝起布衣,一时豪杰翕然从之。而其所以建基本,卒灭项氏者,乃三老董公,仁不以勇义,不以力之说也。相传四百余年,而曹氏篡汉,诸葛忠武侯,当此时间关百为。左右昭烈父子,立国于蜀,明讨贼之义,不以强弱利害二其心,盖凛凛乎三代之佐也。侯之言曰:"汉贼不两立,王业不偏安。"又曰:"臣鞠躬尽力,死而后已。至于成败利钝,则非臣之明所能逆者。嗟乎!诵味斯言,则侯之心可见矣。虽不幸功业未究,中道而殆,然其扶皇权,正人心,挽回先王仁义之风,垂之万世,与日月同其光明可也。夫有天地则有三纲,中国之所以弃于夷狄,人类之所以别于庶物者,以是故耳若汨于利害之中而忘夫天理之正。则虽有天下,不能一朝居,此侯之所以不敢斯须而忘讨贼之义,尽其心力至死不悔者也。方天下云扰之初,侯独高卧,昭烈以帝室之胄,三顾其庐,而后起从之。则夫出处之际,固已有大过人者,其治国立经陈纪而不为近图,其用兵正义,明律而不以诡计。凡其所为,悉本大公,曾无纤毫姑息之意。类皆非后世所可及,至读其将没上表之辞则知天下之物欲举不足以动之所养者,深则所发者大,理固然也。"曾子曰:"士不可以不弘毅,任重而道远。"若侯者其所谓弘且毅者欤。孟子曰:"富贵不能淫,贫贱不能移,威武不能屈,此之谓大丈夫"。若侯者,所谓大丈夫非耶?侯既没,蜀人追思时节,祭于道。后主用廷臣之议,立庙沔阳,使得中其敬,去今千有余岁。蜀汉间,往往有祠奉祀。不替。侯之泽在人者深矣。衡州石鼓山旧亦有祠,按《蜀志》,昭烈牧荆州时,侯以军帅中郎将,驻兵临蒸,以督零陵、桂阳、长沙三郡,调赋以充军实,今衡阳是也。蒸水出县境,径石鼓山之左,会于湘江,则其庙食于此固宜考。昌黎韩愈及刺史蒋防诗碑祠之立,有自来矣。宋乾道戊子之岁,湖南路提举常平范君成象,始以图志搜访旧迹,得废宇于榛莽中,乃率提点刑狱郑君思恭,知衡州赵君力公迈,徙于高明而一新之,移书俾栻为记。栻惟侯之名,不待祠而显。而侯之心,亦不待记而明。然而仁贤昔时径履之地,山川草木光采犹在,表而出之,以诏来世,使见闻者竦然知所敬仰。师慕当道述彻之际,其为益,盖非浅也。惟栻不敏,不足以推本侯胸中所存万一,是则愧且惧焉耳。乾道五年二月,左承务郎直秘阁,新权发遣抚州军州主管学事赐紫金鱼袋,广汉张拭记。

元衡州路进士题名记

进士之制本于成周,题名则著于唐,而后世因之。衡旧有进士题名,岁久不存。其郡志所载,尚可考也。宋祥符间,郑向而下,至宝祐二百余年,衡阳由进士举登第者,六十有一。皇元设科取士,自延佑甲寅始,逮至元乙亥,前后八科。湖广省贡士通得二百有四人,衡则有刘彭寿之父子倡之于前,护都不花等继之于后。凡五人。而较之前代,虽有多寡之殊,亦不可谓无人矣。才难之叹,不其然乎?今之进士选者,必题其名辟雍,郡县学校亦然,盖所以宠异彰显之也。至元丁丑冬,湖南佥宪陕郡姚公子徵,按部至衡道,谒宣圣,入学,引试诸生,勉励切至,凡有关于名教,废弛而未备者悉加振举,以进士阙于题名,乃命教授赵君应诜学正卜霖特具石刻,昭示后来,砺风节以作士气,真可谓知所本矣。俾

余记之。窃惟学校人材，乃风化之所系，安敢缓？继此以往，教养作新之不怠，日加月益，将见文风大振，长材硕德之士，济济跄跄，接踵并进而不绝，此其权舆。重望。后之有志于学者益加焉。时至元三年丁丑仲冬望日，通议大夫衡州路总管兼管内劝农事济南杨倬记。

石鼓书院复祭器记

形而上者道，形而下者器。道固超于器，而器亦所以寓夫道，天高地下，万物散殊。而由以生礼，根于人心之天，发而为揖让周旋之文。品节剂量，不可以无器。器之所存，

石鼓书院

道之所存也。宣圣生于苍姬之未，尧舜以来之道统系焉。动容造次，必由此礼，而其下学上达，工夫素所间习者，乃俎豆之事。则夫大道君子，器固在所用也，钦惟皇元尊崇夫子之道，以淑后学专立学官，以司教养之职。二丁朔望祭谒，列其祀典牺牲醪醴，必致其敬。所至宪相郡侯躬涖其事，其盛礼也。石鼓书院，燕居在焉。学者藏修讲贯何莫非夫子之道。至于起瞻忽之思，动仁智之慕，重在二祭，而寓敬之器，阙焉不完，甚非称夫昭德音而严祀事之礼。大德初元廉使李公处选脱，因约公哈散公相继分治来衡，勉砺加厚，且以修造将就绪，祭器因依古制易之以铜。遂专委总府治中郭侯居仁督工铸造，敦领学官率诸生辍廪饩，捐囊金以集事。二载春仲，器成。上丁藏祀，侯职首献致礼甚肃，俎豆诚陈，簠簋既设，尊爵已具其容充然其仪秩。然职事者，俨然在列，则敬心之油然而生。天申气象，犹亲炙而面承之礼者，敬而已矣。夫子之礼，夫子之道也。道不囿于器，而道之用在器，由器以达道，则器亦不为无补也。是冬十二月，哈散公自邵永还，望日偕书吏谭过宋庭瑞，王周仁帅府县官属殿谒舍莱毕，环视器物古雅，甚嘉郭侠之勤，顾谓山长张祐纪其绩，且以谂于众，佑谓公之致力于学校甚笃，侠之嘉惠于学校甚厚，抑儒者之学夫子之道。不徒学其用夫器，又将以用夫世。圣朝尊道崇儒，养成人材，亦将求以济夫用天下大器也。如用之清执是道以往，尚敬之哉？

衡阳县学柳山
蒋希耕教谕题名记

题名者，纪其实也。衡阳为衡之剧县，故宋开禧间唐侠烨建学士以恩例。三举不第

者，始授邑主学。归附初，仍宋故。至元二十四年，始改主学为教谕，盖旧其职而新其名也，迨今七十余年矣。余至任询之故老，前宋校官皆邈无间焉，仅得至元中陈铎以下凡二十四员。其到仕秩满岁月历历可考。是不可以不纪其实，此题名之石不得不镌也。或曰："此石之刻，将示劝戒之意否乎。"余曰："不然。列其名者，不没其名也。著其年月者，见其人不失其实也。其有由是而升为达官者，俾知夫履历权与于此，以荣之也。"若夫教养之兴废，廪粟之盈缩，或旷职而不居，或备员而苟且，虽三尺童子莫之，或欺况圣人昭昭在上乎？余不暇论，後之司教者密不知儆焉。

衡山县唐柳子

厚南狱云峰寺记

乾元元年某月日，皇帝曰："予欲俾慈仁怡愉，洽于生人。"惟浮图道允迪乃命五岳求厥元德，以仪于下，惟兹岳上于尚书其首曰："云峰。"大师法证，凡粒事五十年，贞元十七年乃没。其徒曰："诠"。曰："远"曰："振"曰："异"曰："素"。凡三千余人。其长老咸来言曰："吾师執行峻特器字弘大，有来受律者，吾师示之以尊严整齐，明列义类，而人知其所不为。有求来道者，吾师示之以高广通达，一其空有，而人知其所必至。"元臣硕老，稽首受教髫童毁齿踊跃执役，故从吾师之命，而度者凡五万人。吾师冬不燠裘，饥不丰食，每岁会其类，读群经，俾圣言毕出有以见其大又率其仵伐木搴土，作佛塔庙洎经典，俾像法益广。有以见其用将没，告门人曰："吾自始学生去世，未尝有作焉，然后知其动无不虚，静无不为生而未始来，殁而未始往也，其道备矣。"顾刻山石知教之所以大其词曰："师之教，尊严有耀，恭天子之诏维大中以告后学是效师之德，简峻渊默，柔惠以直，涣焉而不积同矣。而皆得，兹道惟则，师之功。勚劳以庸维奥秘必通，以兴祠宫遐适攸从，师之族由号，而郭世德有奕从佛于释。师之寿，七十有八，惟终始罔缺，丕冒遗烈，厥徒蒸蒸维大教是膺维宪言是征，溥恢弘，如川之增，如云之兴，如岳之不崩，终古其承之。"

彭城刘廷后三皇庙学重修记

国家通祀三皇，著载令典，是慎且重，郡邑恪奉有严衡山。自元贞初，张从圣领教事，始建庙学垂五十年。既葺寻圮，至顺壬申，教谕周仕升请之有司，度材鸠工。新作南门殿堂廊庑，完旧以固未讫功而代，弗克承，后十有三载其嗣周仁寿职司官医前教，谕黄仕宏谓之曰："庙学滋废不修且坏尝忝承之将谋载新，以满去弗果且配位立像岁久几仆，继志是承，子之责也勉任之，于是仁寿捐金新石台四，率宁乡医教许天麒等像设勾芒祝融风后力牧之神，多士翕从，工力善集栋桡以霳，垣毁以崇朽镘以容墄敁以砻视旧贯有加矣。初三皇神位座欲折，前衡郡医官刘廷喆峻以石台，今衡阳幕官钦察海迷失，围以木龛，正配祀位适称。朔望之载拜载兴，春秋之我将我享，礼仪咸备。生徒律习，教有常规，无贫医之为有学也审矣。"而学之士友，合辞谂诸廷俊曰："礼待人而后行，事合乎礼。"诚不可掩，盖赤文诸圣珉以劝来者，廷俊谓君子，于事有所当为赤为之不厌。矧崇祀报本，有已分之所不容已者乎？惟三圣人继天立极开物成务凡有血气者，莫不尊亲。匪惟医家之颛，是崇报也。彝伦攸叙，与生俱生，涵泳鼓舞，帝力何有于我。而神化宜民之妙，见于生民日用之常，千万世无数欲报之德，尚何言哉然典庀祀事而属之医。盖曰："欲安。"欲寿王者顺乎人情，博施济众圣人，犹以为病俾斯民无扎瘥，夭疠而益推广，夫好生之仁，则深有望夫医者之体是意而用是心也。诸君自今藏修有其书，游息有其所，兴拜陟降潜心勿渝，圣

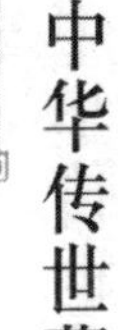

神孔昭，对越在上，其于国家瑟祀设教之美意，式克祇顺无怠，尚最之哉。

宋皇帝本命集福殿碑

大观二年三月十一日，荆湖南路部使者席贡奏曰：潭州衡山县南岳山岳祠之东北有衡岳，真君二观，而皇帝本命殿在真君之东，地既狭隘，殿亦堕陋。非所以称崇奉之意，愿诏所属，改地增广，用迎殊祥以集福殿为额。四月十八日，制可其请易观为殿，赐亭牒为钱四百二万。诏臣诏岍领其事，臣拜手稽首言曰："臣疏远愚昧待罪遐方，误当付倚，虽恭奉诏命。然不识朝廷制作规模之方，敢用管见绘图冒昧以上。然后用日择方卜向，得地于两观之中，拆除舍屋凡一百四十余间，以为殿。北又辟荆榛，平瓜坎，取地以正门。经始二年之秋，成三年之春，凡二百日，为殿一，两庑中外三门二，左右中亭三，辟东西户以通车从，为往来之道。鉴池引泉以备放生，为圣寿之祝。自外至中门六百三十尺，又自中门至殿门四百七十尺，合为一百一十丈。深严壮丽，焕耀山谷，国门之外，雄冠天下，而有司不与其谋，百姓不劳其力，岿然而天成地就，四方往来之人，瞻仰诚至。炷香望拜，以祝吾君无疆之寿者，不可数计。于戏非至德动天，安能使神人和格如是耶。臣谨按旧元辰殿，始自乾兴元年诏建。时太岁壬戌，今又八十有八年矣。皇上嗣登宝位，以武功文德，抚来远迩，礼乐法度，典章文物，无不备具，万世永赖，皇天眷命，有开必先，何其盛哉！臣尝读易至无思也，无为也。寂然不动，感而遂通，天下之故。"老子则曰："人法地，地法天，天法道，道法自然。"固知有道者，皆本清净自然，抱一无离，冲虚至极，推以为治道，则无为而民自化也。黄帝之华胥，唐尧之姑射，皆深泳其理，以臻康泰者也。皇上以高真应运，圣智天纵，其生苴绪余，散为盛化，务修其本，昭事上帝，而天下洞天福地，悉崇宫祠，以有道者居之。符水法□，为民祈福，兵销农富，光泽太平，视黄帝唐尧之事，何足道哉！南岳雄镇炎方，既新斯宇。诏道士李景章主之，岁赐此金赖以为宠渥，俾日与其对扬，以答神贶者，岂不臣区区所可知耶？臣岍学浅才疏，获专兹事。殿成，惧岁久不知始末，敢碑其事，昭未万世。拜手稽首以献。铭曰：

至哉大道，惟天法焉。道复何则？曰"体自然"。穆穆天子，是则是效。垂衣天为，不显斯教。其教伊何？玄默之言，冲而用之，不敢为先。乃圣乃神，万物斯睹，莫不来王，以正而取。有兵既销，有年屡丰，功灰尘居，其用莫穷。奕新宫，经始勿亟。

不日成之，神祇来格。既右食之，旅楹有闲，赫赫千柱，镇山南山。维此南山，天长地久，何以象之，天子万寿于万斯年，降福穰穰，寄此刻文，以诏万方。

元加封南岳南碑文

上天眷命皇帝圣旨，朕惟名山大川，国之秩祀，今岳渎四海皆在封宇之内。民物阜康，时惟神休，而封号未加，无以昭答灵贶。可加封南岳为司天大化昭圣帝，以称朕敬恭神明之意，主者施行。

元明善敕赐南岳昭圣万寿宫碑

五岳有祠旧矣。我世祖圣德神功文武皇帝，览与地提封既悉入职方谓五岳五镇，四渎四海，能兴云雨，济人利物。而福归国家也。每岁孟春，躬祝香授重使，先以金币驲至祠下，守土大吏，恭致牲醪，备三献礼，竣事还奏著为恒典列圣遵之有加，衡山视东西北中，四岳为最远。而其神次贵亚岱宗，分直轸，宿丙丁寿星所躔，天子重之。岳神庙在赤帝峰下，其制一拟天子之宫，宋未为盗所毁。至元二十年，诏行中书省考旧鼎建。越若干年大殿成。二十八年，上若曰：极四裔以为家，中天地而居海外之国，重数译来庭。风雨寒暑既时以平，岁仍登收。民殷国丰，臻于大和亦惟神相，弗崇嘉秩。曷答神休，乃加岳渎海神号，而南岳曰："司天大化昭圣帝"，玄教太宗师，今特进上乡太真人，知集贤院事张公留孙介，遣臣养阿至庙以告，今玄教嗣师崇文弘道玄德真人吴公全节，实辅其师在行。上乡曰："南岳之大祀。"有司奉诏不虔，不一于新，将弗称圣天子恭敬之意，而庙事实吾所领。吾恩焉马申。访提点刘景中，景中辞以老惫不任事，闻制以玄德代景中。元贞二年，言于朝曰："庙之大殿及镇南门，迤逦如旧。余多未备，且四岳皆有别馆，以居道流，以严祠事。而南岳旧独无有，甚者上锡香币至，未荐神无所于奠。使者必斋以行事，而无所于荐请奏上。累赐白金，及岁入钱米，筑馆庙之东偏，并夫庙之未备者，敕省臣亟如所请，别下诏，并御赐提点所印章。是岁玄德，介给事中买讷来藏岁祀，因相基绘图，以其役属路判李道真及所属官吏，各祗乃事越。大德七年告成，外为都宫，南为棂星之门，门内有池，池有桥。桥北为大门，五间大门左右各横庑三，间大门内为重屋曰"集禧殿"，集禧北为大重屋曰"寥阳殿"，两殿皆五间。殿之东曰"东庑"五间，西曰"西庑"间，如东数，殿北为堂二，前曰"光岳"，后曰"开云"，合十间。光岳堂有翼室，光岳之东西厅二，开云之东西少南，库厨各一，兼建庙之寝殿，及嘉应日华月华三门，又建棂星门建亭大殿前曰："拜亭。"建亭镇南门外曰"首参亭"，宫殿皆如前所图矣。玄德请锡宫名，敕曰"昭圣万寿之宫。"命上乡玄德世继以领。八年玄德驲至宫中，设金录醮庆成，既还奏曰："身从岩跸。遥领宫庙，恐致怠者，获戾灵明有华上旨，愿以弟子道士李奕芳代臣。奕芳修洁恭和，可以事神长人。"制授奕芳明远冲妙弘道法师，提点南岳昭圣万寿宫寿宁观，仍以道真副之。皇庆元年，玄德奏奕芳，道真陈大同："道行益著，于宫庙有守瓶劳。"制奕芳领宫庙事。十道真提点大同提举云："衡之人士，咸愿勒石纪始。"使宿儒吴弇载其事，为书走玄德。玄德属笔于明善，钦惟世祖弘神圣之资。陋汉唐而下居，洮洮皇武，戡定大业，无文不彰，无典不举，耻一不及明王。而又小心寅畏，咸秩百神，归福元元，重夫岳祠。委诸有道之士。而上乡玄德，克奉圣心，益广所致用，协休灵其隆禧鸿烈垂于三朝。惟亿万年式克同乎今日，敢陈善颂，用美成功盛德，其辞曰："惟我大君冠天履地，风霆数嘘，日月瞑示，春秋生杀，阴阳启闭，四海池环，五狱辟峙，捍其滛邪，逐其毒诊。冲气大和，育兹万类。帝曰："眇予。"天子之元丽乎天者。杀天理焉。附乎地者，察犹地焉。维岳峻极，群山之宗。予百祀主，其秩视公衡奠南服，荆扬是崇，上拂朱鸟，灊霍奚同，庞乎厚□，滂乎远施，开阖变化，莫窥其际，水维雨母，风维火孩，土化则露，石化则雷，苏尔焦枯，灭尔凶灾，鼓其潜蛰，振其萌荄，维昔明王。五月至止，考制观风，因以告祀，天启皇图，幅员四极。未遑时巡，明祀恭则，椒桂芯芬，牲盾醴醇。神其顾享，福我人民。帝曰："贵神。"孰洁尸之。玄德真人。汝领其祠，玄德钦承，来相于衡，神既以宇，锡嘏纯明。别馆斯营，庥我修清。玄德有师，师曰："上乡。"上乡上闻，肇锡嘉名，如岳高大，如地刚方，于昭圣皇，万寿无疆。川流山峙，伊神之形，云行雨施。伊神之灵，赫赫冥冥，敢怠于神。万古不磨，贞石有铭。

杨宗瑞衡山县进士题名记

仁宗皇帝，励精求治，深惟治道，无过用贤，进贤之道，无过乡举里选。上考祖宗屡议兴举未及，竟行之意。诞告天下，见之施行，为一代之令典，于是薄海内外，经明行修之士，与乡荐者，咸以宝兴。贡于京师会试，以拨其尤。廷对以第高下而官之马，五岳在宇内，衡为最远，在赵宋时，赵忠肃以春秋登第，为宋名臣。其子忠清，继登右揆。自时厥后，无复以科第显者。南北既一，天运更新。与计偕者，恒不乏人。其光岳之英华，发于文而得之赋禀与。抑自唐以来，若李若群，励志读书，遗风未泯与。抑亦胡氏昆季，米张师友，讲明洙泗谦洛之学于此地。定生人之大纪，发经籍之彻绪，有以致之与不然，文质彬彬辈出，皆自衡山，而他亦无闻焉，湖广所隶郡邑数百。八科之中，魁乡荐者三，盛哉至元丁丑春，部使者陕郡姚缓子征，戾止邑庠，询访咨嗟，将勤圣珉以示激劝。命邑长洼哥进义，以其事来属宗瑞书之，宗瑞向也职教兹山。忝与延乙祐卯进士第，且尝承之史官。用是不敢固辞，大书姓名以垂不朽，俾后之学者，期踵前修，孜孜不怠，笃学力行，登名大府继兹以往，当不一书。是谓不言之教，勉励之要也。率先于此，将天下是励，岂惟一邑而已哉！

《元一统志·禹碑》

世传在衡山县云密峰徐灵期曰：禹治水碑，皆科斗文字，昔樵者曾见之。自后无有遇者。刘贽诗云：坛峙麻姑石，溪忘夏禹碑，物神人所贵，世事远谁知。王象之纪胜自云：在夔门见。帐干扬齐贤云：嘉定初，蜀士因樵夫引至其处，以纸笔自随，打其碑。凡七十二字，往往皆不可晓，而以摹本刻之观中。后蜀士既去，羽流恐为好事所求，遂并其碑本而仆之。又刘禹锡诗云："尝闻祝融峰，上有神禹铭。古石琅玕姿，秘文螭虎形。圣功奠远服，神仙拥休祯。"二说不同，今两存之。

柳子厚般若碑

在衡山县弥陀峰弥陀寺内，宋刘贽游后洞诗云："寺久荒寂无足往，念有子厚弥陀碑。独趋一里转岩腹，剥粉败赤逢门楣。亭亭故碑无旧主，覆以老屋跰且敬。常嗟古人不可见，尚喜书志存于斯。世言书字出心尽，体制类彼人所为。子厚少年颇疏隽，字合飘逸往不羁。胡为气质反端厚，至今观者多有疑。或云彼以窜逐久，志气软熟非前时。或云高才尚薄世，故独立法无所师。吾嗟世俗日无理，好恶不正论苦卑。臆决万事岂独此，此书何愧人不知。碑阴三百四十字，疏瘦劲丽何精奇，九十二人姓名具，陈绩宝历元年题。云此子厚二碑者，元和五年刊厥辞。至是二月始建立，都其事者杨与倪。尘蒙辟碍世未见，自我访寻初管之。

安仁县宋重建儒学记

立学以设教，自庆历间偏于天下，然郡为之易邑为之难。盖守之治千里也。师儒有专职，饩廪有攸司，冠履云从简编日习，故施教也。易成，若令一邑，则众僚之责独任于身，始马室卢必为之经营。给以炊庖，必躬为之出内。晓以义理，必亲为之讲说。青令易于挑达而难为纠合，故为今者，必器能疏通，精粗兼备，而有文以行之者也。安仁在衡为邑，风俗简朴，人士质实。然密适徭居，时有强梗以病吾教者。嘉定己巳岁，邑为寇所残，未再期而王君至。干戈甫息，学校久废，君乃喟然曰："义理不讲，纲常遂队，此乱之所由作也。"劝学明伦尊君亲上，此教人之所当先也。是乌可一日缓哉？顾视旧学介于道宫神祠之门，假及廓庑，共为出入，狭隘不足改为。邑治之东，有旧仓址。山色环秀，高明宽广，遂徙葺焉，外设棂星，中陈戟户，殿宇中峙，讲堂后建，翼以两庑，渠渠沈沈奠献有所职掌有位，惟斋舍未全。而君以荐者及格，法当通籍上印而去。士甚惜之，若乃嗣而成之，

则有待于后之君子，庶已成者毋堕，而未备者增壮。俾士子得优游饱食，涵泳斯道以孝弟忠信为本，以礼义廉耻为维，平居有安分循礼之风，临难奋徇义守死之节，则学校之设，不为虚器矣，君以图来谒记。因直述其本末，而使归刻之，不惟纪其续之难易，抑未邑士使知所响耳。嘉定六年，岁在癸酉，十一月丁卯朔日，南至朝散大夫，权发遣荆南路提点刑狱公事，兼本路劝农提举河渠公事，乐章记。

来阳县三国

太中大夫九真府君神道碑府君讳朗，字义先，桂阳来阳人，豫章府君之曾孙，公府君之孙，郎中君之子也。出自颛顼，益为舜虞赐姓嬴氏，至于庶子，对于秦谷，因而氏马。君以承洪源之清派，禀奕世之高素，复道思顺德行纯备。三岁丧母，十岁亡父，独与弟居，承奉继亲，和颜悦色，孝友温恭，曾闵之操。君其蹈焉。弱冠仕郡历右职，守阳安长淑问宣流遂升王府，除郎中尚书令史郡中正，迁长沙浏阳令，播渥惠以育物垂仁虑以布化，莅政未期，徵拜立中都尉尚书郎，靖密枢机，名冠众僚。迁部广州督军校尉正身率下，不畏疆御，流清荡浊，万里肃齐，功成辞退，拜五官郎中，迁大中正，平衡清格，彝伦攸叙。于时交州窃邑叛国，戎车屡驾，干戈未戢，帝思俾乂，训咨群司佥以君往，部南州威惠素著，迁九真太守。君禀明德，所立垂勋，宜迟遐纪，光赞皇家，如何不永。春秋五十有四，于凤凰元年四月一日乙未，寝疾而薨。呜呼，哀哉！凡百君子，莫不嗟痛，乃立碑作颂，以显行绩其词曰：于铄府君，禀性玄通。积行闺阈，九族睦雍。羽仪上京，德与云腾。入蹈丹墀，风夜靖恭。出抚黎民，风移俗兴。名恭豹产，勋齐往踪。当永黄耇，翼佐帝庸。昊天不吊，哲人其终。济济缙绅，靡瞻靡崇。勒兹玄石，永光无穷。

宋重修杜工部祠堂记

唐三百年诗人辈出，而李杜为之冠，然不幸当天宝之季，顾不早鸣国家之盛而遭逢世乱，使穷饿其身，流离困苦，生不安席，死无定所，何若斯之甚。旧序谓先生死葬来阳，或谓不然，实死于岳阳，二说互相抵牾。譬世传太白溺死，葬采石据。李阳冰序谓病卒于当涂，枕上授简，或谓镇侧青山亦有冢。是数说亦相反，学者至今疑焉。始余官郴，以淳熙庚戌领常平使檄之长沙。十月二日道来阳，始得谒先生祠下，孤坟在祠后，余酹而拜焉。祠堂有汉二谷碑，湮漫摩挲不忍去，时有韵语欲书辟未果，既十八年矣。今来阳邑大夫岩陵黄君茂，报政未几，重建祠宇而一新之，比旧加壮，以书来求记，众谓余当详讨之。以解后世之惑。余谓之曰："先生英灵忠义之气，在天而不在地。文章光焰之气，在万世而不在一方。"而或者刻舟求剑，欲取证于朽骨，则过矣。邑有墓，墓有祠，来阳所同而重也。奚怪焉，且古人之迹，最易以伪。陶母之墓，在处有之。而澹台子羽之墓，亦不止一处。彼贤而可立教者，虽没人尚贫而爱之，以重其地，岂独少陵祠耶。余读杜诗，自避贼至凤翔，自秦州入同谷，尽室徒步，草行野宿。当是时不死于冻饿，不死于虎狼，幸矣。岂知有死所哉，今孤坟岿然，过者起敬，前得聂令葬之山水佳绝处，后得诸贤为立祠宇，今又得黄君再葺而新之，非少陵幸耶？非令君之贤知所先后，以政事余力，亦孰能及此耶？故因祠宇之新，窃记之以为如此。嘉定元年十二月十五日，承议郎致仕清江徐得之记。

张齐贤书杜工部祠堂

余尝闻工部死葬于来阳县，县乃衡之属邑也。图经云：工部墓在县北郭内二里，后晋开运中,且令黄庭翰重兴祠宇。会郴令杨演赴任,途经是邑,乃述版记云:唐天宝十五载,禄山叛,幽蓟称兵内向。翠辇西幸,百官奔散,怀忠赴难者,崎岖寻驾,垂危负丰者,稽颡贼庭。及肃宗受禅,尊玄宗为太上皇。复神州清辇下,严武仗节西蜀,威振二川,百官罢于奔命者依辅之。相臣房琯、翰林李白、工部杜甫与焉。工部字子美,当开元天宝中,名动天下,妍词奇句,合于雅颂,播在国风,洎肃宗中兴,犹停诏命,工部因忤蜀帅而适湘楚。时来阳尹聂公棹舟迎甫,以白酒牛炙,馈无阙马,以酒沈冥而终。噫!三贤出蜀,俱有高名,房相为中兴名臣,陶甄品果,翰林旅窆采石,屹立丰碑。工部寓葬来阳,显存遗迹,故诗人卷轴中,未有不留题以追思。盖高翰林格调,工部风雅,犹仲尼之日月也。图经云:黄令再兴祠宇,而悉为蓁莽芜没,前邑令杜公惟一,好事者也。又复新之。而邑里之民,止好淫祀。而不能设奠于工部之祠,会张员外又超与杜交,及题诗刊于版。且叙工部之文行,志于墓祠,以劝民奉祀云。

蔡伦庙碑

尝闻神之载祀典者所当修崇,郡之有名胜者,所宜表异。城南李氏。祖业有池一涨,业主推官李叔源承德,谓昔蔡伦于池边造纸,汉时封侯,不知何代于池畔立祠,置像在内,因名蔡伦池。后为洪水漂荡,其像移于他庙。故址尚存。予闻而考之传志。自古书契,并以竹简缣帛书之,缣贵而简重,不便于用。后汉和帝时,中常侍蔡伦,创意以树肤麻头弊布鱼纲之属,造纸以代竹简缣帛。于世便益,封龙亭侯。至今千有余年,窃思侯之能,功垂万世,遂捐斗升之俸,并纠郡之好义者,协力命工,度其故地为祠一座,仍复设像于中祠,傍置屋,募民居之,以奉祠事,于敖山二都地名北冲口,创置田一拾亩,并广济仓后。予亲栽桑树一百四十根,俱付其祠,以充给饍。祠成,勒石其下,以记重兴之本末,并助资之士,列于左方。后至元四年岁次戊寅九月吉日。奉训大夫来阳州知州兼劝农事洛阳陈宗义立。

《舆地记胜碑记》

图经无碑记门,而碑记散见诸处。年月无考。

神禹碑,韩文岣嵝山诗云:岣嵝山失神禹碑,字青石赤形摹奇。科斗拳身薤业披,鸾飘凤泊拏虎螭。事严迹秘鬼莫窥。唐文学儒林碑,有大唐文学儒林碑,铨德观碑,上有开元二十年,衍州司马赵颐真。

元次山茅阁记在于城西,永泰二年记。

元次山寒泉铭,在平阳江口。

东岩记,在合江亭东,正观五年刺史宇文民记。

西谷记,在合江亭。宇文氏有铭。

衡阳志,宋刚仲序。

汉桂阳周府君碑上载东汉来阳人谷朗,为九真太守,朗既为来阳人,则碑疑在来阳县,又有周府君碑。

吴九真谷府君碑,集古录云:隶书不著书撰人名氏,碑以凤凰元年立,在来阳。

临海谷侯碑,集古录云:隶书不著书撰人名氏,碑无名字年月。不知其何时所立也,在来阳。

杂记

《衡州府图经志·梁本纪》

天监六年,分湘广二州置衡州。萧昌传云:天监九年分湘州置衡州,以昌为持节,督广州之绥远,湘州之始安诸军事,信武将军衡州刺史。又侯安都传,安都始兴人。梁元帝欲迎其母,清远国太夫人还都。母故求停乡里,诏改桂阳之汝城县为卢阳郡。分衡州之始兴安远二郡合三郡为东衡州,以安都从弟晞为刺史。陈大建十四年纪云:分衡州始兴郡为东衡州,以本衡州为西衡州,大氐古今衡州之名凡五处。萧梁尝以南海郡之含涯县为衡州,陈大建所谓西衡州者,即今英州含光县是也。梁又分始兴安远为东衡州,即今韶州是也。黄州在北齐时,澧阳郡在后周时,皆尝置衡州,今之衡州乃吴时湘东郡,今之衡山,乃吴时衡阳郡。凡江左诸王封衡州乃吴时湘东郡,今之衡阳者,皆非今之衡阳。而封湘东工,如梁元帝萧绥为,是此地尔。自吴入晋以及江左,至隋平陈,始省湘东衡阳二郡置衡州。今之州治是也,州之社坛在城南,其地至今号湘东田,又蒸阳县故址在今城西南五十里,郛郭犹存,然梁陈所置衡州,兼督数郡。故陆纳以长沙叛,攻破衡州。刺史丁道贵于渌口,道贵走零陵,渌口按《水经》即漉水入湘处,漉水今醴陵水,零陵今永州也。是其地盖界于湘领间可知。梁陈二史所纪,年月不同,其分湘广置衡州,或云天监六年,或云天监九年。其分东西衡州,或云天嘉元年,或云大建十四年,或云梁元帝时与今郡地不相涉,故不详考。《旧唐书·地里志》云:上元元年,以江陵府置南都,已割岳潭衡郴连道邵涪八州,增置万人军。

《旧史·吕諲传》

止载七州,无岳州《新史·方镇表》云:上元二年荆南节度使,增领涪衡潭岳彬邵永道连九州。《新史·吕諲传》云:以湖南之岳潭郴道邵连黔中之涪七州隶其道,无永衡二州。按荆南方镇表,广德二年,以衡潭永邵道隶湖南观察使,疑当从《新史》表为正。唐志初分十道,五曰山南道,江陵隶焉,八曰江南道,衡州隶焉。其后山南江南各分东西道,江陵隶山南西道,衡州隶江南西道。旧史志:至德二年江陵尹卫伯玉,以湖南阔远,请于衡州置防御使改属江南西道,则是至德以前,尝属荆州矣。按《新史》表:至德二载置衡州防御使,领衔潭八州。上元二年荆南节度增领衔潭九州,广德二年置湖南都团练守捉观察使治衡州,皆不言所属。《旧史志》又云:自至德后,中原多故,襄邓百姓,两京衣冠尽投江湘。故荆南井邑十倍,其初乃置荆南节度使。上元元年置江陵尹,又卫伯玉传。肃宗即位,自安西归长安,初为神策军兵马使。上元二年,击破史朝义于陕。广德元年,乘舆幸陕。以伯玉有干略,乃拜江陵尹。据此则江陵置尹,在上元初,伯玉除尹在广德初,不应云至德二年也。伯玉所请,必是广德二年置湖南团练守捉观察时事,盖衡州旧属江南西道。上元元年始禄荆南,属山南西道,故伯玉以湖南阔远,请改属江西,旧史志误以广德为至德,守捉观察为防御耳兼至德当言二载,不当言二年也。临蒸见《蜀志·诸葛亮传》注云:亮时住临蒸,建安十二年也。《晋志》湘东郡统县,始有临蒸。宋齐以后皆同。《旧唐书·地理志》衡阳县注云:汉丞阳县属长沙国,吴分丞阳立临蒸县,吴末分长沙东界立

湘东郡。据蜀志则蜀时已有临蒸之名,《唐志》云,吴分蒸阳立临蒸,疑误。《唐志》又云:吴立湘东郡。不言所治,以郦道元水经注考之。盖湖东郡初治邻,后徙治临蒸也。新平、新宁晋志湘东郡有此二县,《宋志》云:晋孝武太元二十年省新平,南齐及隋志皆止有新宁。旧《唐志》云:吴分来阳立新宁县。大中祥符旧经云:本来阳县地。

吴于今县东南一百里置新平县,宋元徽中,移县于宜江仍改为新宁县,据《晋志》已有新平新宁两县。《宋志》又云:省新平,然不言省入某县。祥符旧经乃云吴置新平,宋移于宜江,改为新宁非是,当是吴尝立两县,晋因之,其後省新平并入新宁尔。

新城县,《隋志》云:平陈省入衡山郡衡山县,《新唐志》云:武德七年省入衡阳。大中祥符旧经亦言唐武德七年废,当考。

《隋地理志》

衡山郡平陈置衡州,统县有衡山,注云:旧置湘东郡平陈郡废,并省临蒸新城重安三县入焉,又长沙郡统县亦有衡山,注云:旧置衡阳郡,平陈废,并衡山湘乡湘东三县入焉。据隋志则衡山郡之衡山县,乃今之衡阳县也。长沙郡之衡山县,按《宋》,志吴时初立曰衡阳,晋惠帝始更名衡山,乃今之衡山县也。今之衡阳《隋志》曰之衡山,不言改为衡阳。《旧唐志》乃云:隋罢湘东郡为衡州,改临蒸为衡阳。武德四年复为临蒸,开元二十年复为衡阳。而《新志》云:衡阳本临蒸,武德四年置,开元二十年更名。较二志旧史颇详,然谓隋改临蒸为衡阳,与《隋志》不合,当是隋改临蒸止曰衡山,至唐初复曰:临蒸,开元乃曰衡阳尔,又《隋志》长沙郡衔山县注云:并湘东云云三县入焉,湘东旧非县名,按《通典》衡山本汉湘南县,疑误以南为东也。

拾遗

建武十六年,交址女子徵侧徵贰反,遣伏波将军马援,楼船将军段志发长沙桂杨零陵苍梧,兵万余入讨之,斩侧贰。杜佑云长沙今吴沙衡阳郡卫飒,建武中迁桂阳太守。来阳县产铁石,它郡民庶常依因聚会私为冶铸,遂招来亡命多致奸盗,飒乃上起铁官。罢斥私铸,岁所增入五百余万。许荆,和帝时,迁桂阳太守,尝行春到来阳县。人有蒋均者,兄弟争财,互相言讼。荆对之叹曰:"吾荷国重任。而教化不行,咎在太守。"乃顾使吏陈状乞诣廷尉,均兄弟感悔,各求受罪。郴人谢弘等不养父母,兄弟析分,因此皆还供养者千有余人。

建安二十年,孙权拜吕岱为昭信中郎将,督孙茂等十将从取长沙三郡,又安成攸永新、茶陵四县,吏共入阴山城,合众拒岱,岱攻降三郡,权留岱镇长沙。右见吕岱本传《汉蔡伦传》云:自古书契多编以竹简,其用缣帛者谓之纸缣,贵而简重,并不便于人,伦乃造意用树皮麻头及敉布鱼纲以为纸。奏上之,莫不从用,天下咸称蔡侯纸。湘州记曰:来阳县北有汉黄门蔡伦宅,宅西有一石臼,云是伦舂纸臼也。

《蜀志》

诸葛亮为军师中郎将,使督零陵、桂阳、长沙三调其赋税,以充军实零陵。《先贤传》云:亮时住临蒸,吴吕蒙字子明,孙权命蒙西取长沙、零、桂三郡。蒙既定长沙,当之零陵过邻载,南阳邓玄之令诱零陵守郝昔竟降之。顾宪之，吴郡人，凯之孙，仕齐为衡阳内史，出公禄葬疫死者，虽累经宰郡。资无儋石，及归环堵，不免饥寒，新添世说罗君章曾在人家，主人令与坐上客共语，答曰："相识已多，不烦复尔。"注云：楚熊姓之后，启土罗国，遂氏族焉。晋韩康伯母殷，随孙绘之守衡阳，在衡阳数年，遇亘亮之难，绘之见杀。殷抚其尸哭曰："汝父昔罢豫章，征书朝至夕发，汝去郡邑数年，为物不得动，遂及于难，夫复何言，见在说。"

元兴中，衡阳有雌鸡化为雄，八十日而冠萎及桓玄僭盗，至败凡八旬。

梁张缵，字伯绪，仕梁为湘州刺史，至州务公平，州界零陵衍阳等郡，有莫徭蛮者依山险为居，历政不实服，因此向化。

《隋经籍志》云："晋衡阳内史曾环集三卷，晋湘东太守庾肃之集十卷，录一卷。唐崔俊字德长，迁湖南观察使，湖南旧法，虽丰年贸易不出境，邻部灾荒不恤也。"俊至谓属史曰："此岂人情乎？"无闭戮以重困民，削其禁，自是商贾流通，赀物益饶。刘晏遗元载书曰：驱马陕郊，见三门渠津遗迹。到河阴巩洛，见宇文恺置梁公堰，分黄河水入通济渠。大夫李杰新堤故事饰像河庙，凛然如生，涉荣郊浚泽，遥瞻淮甸，步步探讨，知昔人用心则潭衡桂杨必多积谷，关辅汲汲，只绿兵粮。漕引潇湘洞庭。万里，几日沦波挂席，西指长安。三秦之人待此而饱，三军之众待此而强，天子无侧席之忧，都人见泛舟之役。

天宝中，董奉先修九华丹法，久于衡阳楼朱陵后洞。杜甫《忆昔行》云："更忆衡阳董炼师，南游早鼓潇湘柁。"吕湮拜荆州长史，初长史张惟一，以衡州蛮酋陈希昂为司马，督家兵千人，自防惟一亲将牟，遂金与相忤。希昂率兵捕之，惟一惧，斩其首以谢。悉以兵属之，自是政一出，希昂后入朝，迁常州刺史，过江陵入谒謼，伏甲杀之，内外震服。

唐中和中，周琲为吉州刺史，钟传以琲连贼，将讨之。非梦入一城中，白马践腹上。有人呼曰："史君"日者曰："公将有行"，利在湖南不失为专城。白，西方色也。今马公霸湖外在卢陵西，当复作牧守尔，即归湖南，马殷甚喜，奏授衡州刺史。九国志乾德四年八月壬子，衡州言火焚公廨仓库，及民卢舍仅千间。乾德五年冬，命铸湖南管内四十县牌印。雍熙四年五月十九日，南狱岳庙灾，诏中使董丁匠修之。元丰四年，郡被火灾始燎于南连延以北，市肆仓廪居民，郡寺焚之皆既。见题名序庆历四年三月诏湖南转运司衡道等州，昨经贼警劫，曾被杀伤，及烧荡产业掳掠人口者其免去年秋税及今年夏税，及差科一年。四月，上谓辅臣曰："前发兵捕衡道永州徭贼，如闻误杀山下居民，其令每口给绢五匹。"庆历六年东上阁门使恩州刺史高崇正，坐知郴州不应招讨司命，责授衍州司马。元符二年四月，察访董必，体究朝散郎湖南提刑梁美，不觉察昌化军使张中修伦江驿，以别驾苏轼居之，降朝奉郎。是月司谏陈次升，言必发衡州出耀常平米就潭州兴狱致死。三人罢新除工部员外郎。太平兴国三年十月，衍州茶陵县民谷承锐于靖王寺前，得块土色丹，刻之，获古玉印来献。元符二年四月，衡州生芝草一根，计一十六叶，内一十五叶，紫色，一叶黄金色。绍圣三年正月，诏潮漳衍永邵知州，并监司属官并吏部注拟，实录中书备对，衡郴永道审官东院，差知州人。景佑三年，章得象上所定王公，国名封国，在小国之数。仁宗初，诏定公田，诸路多误以户绝官田给官吏。王罕为湖南提刑，谕所部以法不当给，听自举觉既而广南坐牧户，绝田以赋废者七十余人。知审刑院张揆，见湖南官吏首状，它日遇罕曰："公德及人多矣。"欧阳修言："湖南蛮贼渐炽，杨畋锐于计击不肯招降，盖以蛮所在依山在衡永道桂。四面皆可出寇，官兵守于东，则彼出于西，官军守于南，则彼出于北。四面尽守，则用兵太多，分兵而邀则兵寡易败，今正蛮已为邓和尚黄捉鬼所诱。黄邓初起之时，捕贼官吏，急于讨击，逢蛮便杀，屡杀平人。遂致莫徭惊皇以此言之，则本无为

盗之心，固有可招之理，初邵饰招黄捉鬼之时。失于恩信致彼驾逃，寻捕获致死。今邓和尚等，若指前事为戒，计其必未肯降，莫若罢兵曲赦，示信推恩庶几。招之可使听命。邓和尚大则希一班行，次不过殿侍，若迁延后时，致彼猖炽，官吏频遭杀害，则朝廷之体，难为屈法而招，彼以其罪既多，必恐不能自信。"又言："杨畋近杀得七八十人首级，挫贼之锋，窃恐上下之心，急于平贼。闻此小捷，便谓兵胜，不能镇静，外示轻脱。其间二事，尤合深思，一曰不待成功。便行厚赏，二曰谓其可杀，更不肯招。今若因畋小胜，示以恩威正是天与招服之时。机不可失。其赏典宜小迟为，庶合事体。"余靖言："湖南以群盗，故去山二十里，禁民不得耕种，此乃驱民为盗耳。贼既焚其庐舍，劫掠其资。又禁其耕种，欲不为盗，不可得也。"又言："湖南初以钱绢购蛮首。军人利厚赏，逢人即杀。至有头插标识，以免官军之害。由是标识者，贼杀之，无标识者官军杀之。杨畋但欲静尽贼徒，若能尽贼，但恐百姓亦尽。贼势已穷，欲降久矣。畋宜便与差遣。"淳化二年，少府少监雷有终，责授衍州团练副使，德骧子也咸平六年四月，诏民祠岳者，自今无得造与辇黄缨繖茜鞍帕，及纠聚社众执兵，违者论如法。元佑中，韩赟为御史，荆湖灾，以赟持节安抚湖湘。自马氏时，计丁输米。虽身死田尽，不得免。又赋竹索船木，及卖茶之直数十万民以为病，赟悉条奏罢之。元佑五年正月，户部言：江湖监未有往外州县般监管押法。"乞衡州茶陵安仁县，往潭州衡山县般运，并依盐今那官押管交割出责，从之。乾兴元年十一月，同判吏部南曹丁度言："诸州军户口颇多。各置录事参军。"诏流内铨，与南曹同定夺以闻，具到自来不置录事参军，万户以上州，陇资洋通永郴道衍潮循十州，乞依所请添置替见任司户司法内内兼录事参军一员，满阙，诏可。熙宁三年十二月，诏全道郴潭衡邵永州桂阳监，有溪洞蛮徭处县主，簿尉及逐州盐银铜锡铅坑冶官，令转运司依川广路法就差。元祐元年，福建路转运副使贾青坐违法，督责州县广认监数，全铺，均买谪添监衡州在城盐酒税。汉桂阳周府君碑阴，故曲红长，零陵重安区祉字景贤。来阳，字汉威，欧阳修集古禄载谢仙火。庆历中衡山女子号何仙姑者，绝粒轻身。人皆以为仙，有以此字问之者，辄曰："谢仙雷部中鬼也。"夫妇皆长三尺，其色如玉，掌火于世间，后有闻其说者，阅道藏云：实有谢仙名字，主行火，而余说则无之。中由是益以仙姑为真仙。近见衡州奏云：仙姑死矣。都无神异。客自衡来者，云仙姑晚年羸瘦，面皮皱黑，第一衰媪也。至道二年，知州事钱熙，给石鼓书院基止，与学究李士贞帖，见文集。《通鉴长编》。宣和五年夏，儿涛以鼓唱撰造监潭州茶陵县，造船场，茶陵击之潭州当考。元六祐年五月丙寅，给事中朱光庭，言衍州上王五等劫盗案，有情理可矜悯之言。乞令刑部大理寺，今后断案若情理可悯。奏上，不得却入疑似之言，从之。韦伦，唐天宝末，贬衍州司户，初伦为屯田员外郎兼侍□史，时内官禁军相次到蜀，所在侵暴，伦清俭率身以化之，竟遭毁贬。李迪，乾兴元年二月，贬衡州团练副使，不佥书本州公事。初真宗不豫，欲令皇太子总军国事，丁谓独异议曰："即上躬疾已事难处也。"迪曰："太子出则抚军，入则监国，非古制耶?"力争不已。於是皇太子止于资善堂听事，它皆听，旨谓寝擅权，至除吏不以闻。迪愤然曰："迪起布衣，十年至宰相，但知事主，安能徇权臣取容乎?"因面疏谓奸状，愿与俱罢，既而与谓归班，寻知郓州。谓仪上殿，随中使口诏入，中书复为宰相。真宗崩，迪乃贬。是年十二月为秘书监知舒州

刘挚，熙宁四年，谪监衡州盐仓。初挚除监察御史裹行，未及对，即言亳州官吏所犯。止于不依限散青苗钱，其罪可以一言定。有司未测朝廷风旨，张皇事势。又论助役十害，会中丞杨绘亦论新法，章下司农，司农劾公与绘险陂，中怀向背，有旨分析。挚奏曰："臣有言责，采士民之说，告于陛下，臣之职也。有司驳奏，遂令分析无乃辱陛下耳目之任哉?

所谓向背，则臣所向者义，所背者利。所向者君父，所背者权臣，愿以臣章及司农所奏，宣示百官，考定当否，奏入不报。”明日复上疏，极论时政，遂罢御史落馆职，贬衡州。

刘攽，元丰六年，责增监衡州盐仓。初攽为京东转运使，俄知亳州。后转运使吴居厚，言本路元丰三年秋季至今，上半年终酒税课，比元丰二年前官任内祖额增百七十九万余缗。其前官任内二年酒税，比祖额亏二十一万缗，居厚擢天章阁待制，攽坐废弛，夺两官落校理，谪衡州。

孙沔，字元规，会稽人，尝知衡山县。沔上书言时事，以切真，责监衡州酒税。

吕陶，字元钧，眉州人。哲宗即位。除殿中侍御史，论罢蔡确韩缜章子厚，坐元祐党籍，谪衡州居住。并事略。

刘安世，字器之，号元城先生。哲宗朝为右正言。尝论蔡确章子厚等，妄要定策功，责英梅安置，后移衡州。淳熙七年谥忠定。见言行录。

胡铨，字邦衍，吉州人。绍兴七年，除枢密院编修官，上书力排群议，责新州又移吉阳军，斥海外二十年。绍兴三十一年，量移衡州言行录。

曹衎，字希甫，衡阳人。少好学，能属文，周行逢时尚门荫，以家寒素不得调。居衡阳教授自给。张文表据潭州，为观察判官，文表败，遁去采马氏旧事撰野史三十卷诸阙进之。太宗授将作监丞，见陶岳荆湘近事。

王政，山东人，少从韩世忠军，以勇称，任衡道郴桂四州都巡检使。乾道元年郴寇李金犯道州。破宁远县，政力战破贼。既而贼众复至，政以失援败，被执，骂贼以死丧还。部使者郑丙，首即其居哭之，甚哀。闻者感动，讨司以事闻。诏赠广州观察使，官其属五人，赐庙曰褒忠。

黄端乡，字缺畴，若之子，知茶陵县。淳祐间郴寇窃发，侵及邑境，端乡开门迎敌，竟死于贼。朝廷嘉之，特赠三官，泽及子，仍为立庙奉。勅赐额忠显。《新唐书纪》光化二年五月马殷陷邵衡永三州，刺史蒋勋、杨师远、唐旻死之，按《新书·邓处纳传》，先是陬溪人周岳，悉众移衡州，逐刺史徐颢诏授衡州刺史。时镇南节度闵顼哀颢穷，率兵纳之，岳诱战，顼大败。岳以轻兵入潭州，自称钦化军节度，邵州刺史邓处讷，攻岳斩之，自称留后。会刘建峰、马殷兵至，处讷遣邵州豪将蒋勋犒师，殷说勋曰：“刘公勇知绝人，不如下之富贵可得。”勋谓然，既执处讷。许勋赏，未及行，勋怒取邵州，建峰死。殷代为节度，擒勋斩之。是时道州蛮酋蔡结何庾，衡人杨师远，各据州叛。郴人陈彦谦自称都统，零陵人唐行旻乘巢乱，盗永州。殷遣将李琼攻杀行旻。琼出来阳常宁攻郴州，斩彦谦，又刘建峰传，建峰死。将吏推殷为留後，殷厚结朱全忠，请于朝，乃拜湖南节度，于是收邵衡永道郴连六州。又按《通鉴》：光化二年春以潭州刺史马殷知武安留后，时湖南管内七州，贼帅杨师远据衡州，唐世旻据永州，蔡结据道州，陈彦谦据郴州，鲁景仁据连州，殷所得惟潭邵二州。夏五月，湖南将姚彦牵言于殷，请取衡永连道郴五州，仍荐李琼为将。将兵攻衎州，斩杨师远云云。以《新书·列传》及《通鉴》考之，则马殷虽本蔡贼余，当然已授朝命为节度留后，师远辈亦一时乘乱窃据。殷以强取弱，则有之师远不得为死官。然以《新书》纪凡例考之，乾符六年、书郎州贼周岳陷衡州，逐其刺史徐颢。光启二年，书衡州刺史周岳陷潭州，自称节度使。景福三年，书邵州刺史邓处讷陷潭州，钦化军节度使，周岳死之。处讷自称留后，乾宁元年书刘建峰、马殷陷潭州，武安军节度使邓处讷死之。如此例甚多，是时朝纲不振，群盗蜩起，小者据一州，大者连数郡。朝廷既无以制，因以命之。地丑德齐，莫能相尚。欧阳公以贼书周岳，始言陷，后言死之。是以入者为主，纪史之法，当有知之者。

卷之八千八百四十三 二十尤

游

游冠卿

吕东莱《辨志录》

元祐中承议郎游冠卿，知咸平县回，一日谒范太史曰："几邑畿满，例除监司，欲乞一言于凤池，范子功在中书也。"公答曰："公望实审当为监司，朝迁必须除授，家叔虽在政府，某未尝与人告差遣。"冠卿惭沮而退。子冲闻此语因白公曰："说与不说皆可也，何必面折之。"公曰："如此是欺此人也。吾故以诚告之。"

游潜

宋《陈了斋集·中奉大夫游公墓志铭》

居士讳潜，字升叔，家建州建阳之唐石里。累世为名族，居士少敏慧，风力过人，遇事无所屈，早丧母，竭力事父。乡人皆推其孝，性乐善无媚嫉，闻人善废，如在已。终日言不及人过恶，有盗聚劫，过居士之门相戒，以勿哗，且呼于道曰："毋怖里俗亲，没即分财，析居士毕丧。"且十年，犹不忍与兄弟共食，居士居家严整，以身教子弟，二子举进士，中弟酢，试太学录居士携酢之官，京居数年，亲旧至者，皆馆焉。俸薄用窘，居士约身从俭，以率其家，唯恐不足与亲旧欢也。酢除太学博士，命下辞得知西京河清县，二年命再下，就职，未几，复请外官，签书兴德军节度判官厅，公事初酢，将欲求外补，先请于居士。居士曰："士行其志，出入适宜，无不可者。我何容心乎？兄之子醇，为广西机宜卒。"居士闻讣哭之过哀，日夜以其兄为忧。即分先畴岁入，以助其生，未几居士得疾卒于齐州之官舍，绍圣二年三月己未也，享年六十有六。夫人黄氏，有令德，生二子，酢今为朝散大夫，提点成都府长生观。酻出继为南康军司，理参军勋之后，自高垂尉解官奔齐州，与其兄扶居士柩以归，今为奉议郎提辖淮南路直达纲，孙男八人扮文林郎，洪州司兵曹事，余皆幼女。

孙三人。以绍圣四年三月辛酉葬于唐石里之松原，前葬居士长子，定夫以承事郎江汝舟所述行状，属铭于某。以迁窜南北，不暇叙述，今蒙恩自便憩于九江。盖自绍圣丁丑，迨今政和丁酉，二十有一年，居士之墓木拱矣。而定夫仕不加显，所以奉承先训，磨励素守，久益著也。光扬德美其要在是，奚复假于丧惫之言乎？辞不获已，愧不足以助发挥也。居士自定夫升朝累赠至中奉大夫铭曰："闾里推孝，哗不忍哗，人与其诚，善积于家言无枝叶，诲子以身，斥闻取道。唯是之循于官学省。再求补外，得请于庭，动吉无悔，舍彼所争，我实训之，取彼所弃，恪守弗违，白首未行，不贰以俟，殁而弥彰，庆在有子。"

游执中

《建安志》

游复，字执中，建阳人，居乡以经学教授生徒，凡受业其门者，往往率德自好，尝一举于有司不第，行实纯明，后进于矜式，名流推重之。龟山杨公志其墓。

宋《杨龟山集·游执中墓志铭》

昔余为太学生，吾友定夫尝为余言其族父执中先生之贤，余闻而心识之。愿见而未之得，盖三十年余矣。建中之初，余被檄贰令于其乡邑，始获从之游，听其言，稽其行，采之于其所学。信乎？定夫之所称，无一辞溢也。于是相与为忘年之交，而恨相得之晚，先生既没，逾数年。而吾友定夫复状其行，致其子，居道之意请铭于余。余何可辞，先生讳复字执中，姓游氏。世为建州建阳人，曾祖讳惟真，祖讳耿，父讳仲孙，皆隐德不耀。先生资孝爱总角已知强学，砥砺竭力，以养其亲，家乏无经月之储，而亲意未尝一日不怡。族父元聪明有精识，于子弟中尤器之，见谓有持操，既壮学益富行益，修邑里旁郡。见者竦服，闻者悦而信之。多遣子弟从之游，远近相属也。其学以中庸为宗，以诚意为主，以闲邪寡欲为入德之途，常以书验之妻子，以观其行之笃与否也。夜考之梦寐，以卜其志之定与未也。其与人谋，委曲周尽，不啻如在已。其教人禁切其不善，而开其善，镌谕之详。不少回隐不啻如其父兄故听其言者，初若难入，然终察其为爱已也。亦或以忠诲成怼憾，先生终不改曰："宁人负我，无我负人"盖直道不苟，自其性然也。以故乡曲之士，尝受经其门者，往往率德，自好读书，亦求心到自得，以善其身，其成就人才，盖非碌碌口耳之习也。少不事举业，晚徇亲意，一举于有司不第，而止以某年某月某日终于家，享年六十有五。夫人江氏，宣德郎汝舟之女，配君子能致妇顺，以得舅姑之欢心，先十年卒。子男三人。处道举进士亦遵遗训不敢失坠，处仁处厚。早卒。女一人，既嫁未两年而寡守，义不改适，皆其醖藉然也。处道，以某年某月某日，葬先生于历冲之原。先生貌温而气和，望之如枯木槁枝而坚挺之姿卒然可见。不问知其为常德君子也。道废千有余年。谬悠荒唐之辞，盈天下学者，师其言尊其道，而侈大之，非徒雕龙炙輠而已。夷考其所知，未有能躐其樊者也。冥行之徒，犹挝填于康庄之衢，眩然莫知所止。故物我异观，天人殊归，而高明中庸之学析为三致，士于斯时，欲肆业考疑，则无其师，资以辅仁则无其友，而枝辞蔓说乱经矣。先生德足以私淑诸人，学足以垂世传后。而士之欲求师友者，莫宜于先生也。

不幸老死于穷阎陋屋之间，而不大显于时，可哀也已。

铭曰："呜呼！先生圭璋之珍，韫质不耀，器藏于身，多文之富，曷云其癯，爨无欲清，惟道之腴，以此易彼，孰云不臧？人虽弗堪，潜德愈光。历冲之原，望之夆如，遗风若存，百世不渝。"

游酢

《宋史·道学传》

酢字定夫，建州建阳人。与兄醇以文行知名，所交天下士，程颐见之京师，谓其资可以进道，程颢与扶沟学。招使肄业，尽弃其学而学焉，第进士，调萧山尉，近臣荐其贤，召为大学录，迁博士，以奉亲不便，求知河阳县。范纯仁守颍昌府，辟府教授，纯仁入相，复为博士，签书齐州泉州判官。晚得监察御史，历知汉阳军，和舒濠三州而卒。

宋《杨龟山集·御史游公墓志铭》

吾友定夫，既没之明年，其子某，自历阳涉大江诣予而告曰："先君之友惟君为最厚，今既葬而幽堂之铭无辞以刻，恐遂堙没无传焉。敢以是请。"予告之曰："如先公之名德，皎如日星，虽奴隶之贱，皆知之。其流风余韵，足以师世范俗，岂待予言而传乎？然昔在元丰中，俱受业，明道先生兄弟之门，有友二人焉，谢良佐显道，公其一也。三年之间，二公相继沦亡，存者独余而已。追念平生，触事无一不可悲者，今吾子以铭见属，舍予其谁宜?"公讳酢，定夫其字也。建州建阳人，初与其兄醇俱以文行知名于时，所交皆天下豪英，公虽少而一时老师宿儒咸推先之，伊川先生以事至京师，一见谓其资可与适道，是时明道先生兄弟，方以倡明道学为己任，设庠序，聚邑人子弟教之。召公来职学事，公欣然往从之。得其微言，于是尽弃其学而学焉。其后得邑河清，予往见之，伊川谓余曰："游君德气粹然，闻学日进，政事亦绝人远甚。"其在师门见称如此，则所造可知矣。公于元丰六年，登进士第，调越州萧山尉，用侍臣荐召为大学录，改宣德郎，除博士，公以食贫待次奉亲不便，就拟知河清县，忠宣范公判河南，待以国士。事有疑议必与之参订，移守颍昌，辟公自随为府学教授，未几还朝复秉钧轴，即除公太学博士。已而忠宣罢政，公亦请外矣。除齐州签书判官听公事，用年劳改奉议郎，丁太中公忧，服除再调泉州签判。上皇即位，覃恩改承议郎，赐绯衣银鱼袋，还召为监察御史，磨勘，转朝奉郎，出知和州，岁余管勾南京鸿庆宫。居太平州，两乞再任，以八宝恩转朝散郎，磨勘，转朝请郎知汉阳军，磨勘转朝奉大夫，以亲者再乞宫祠，除提点成都府长生观。丁太硕人忧，亥除知衡州，移知濠州，不数月会从官谪守衡罢归，寓历阳，因家焉。宣和五年五月乙亥以疾终于正寝，享年七十有一。是年十二月丙午，与夫人合葬于和州含山，大是城乡车辕岭之原，用治命也。公自幼不群，读书一过目辄成诵，比壮益自力，心传自到，不为世儒之习。诚于中，形诸外，仪容辞令，粲然有文，望之知其为成德君子也，其事亲无违交朋友有信，莅官遇僚吏有恩意，虽人不于自尽，而无敢慢其令，惠政在民戴之如父母，故去则见思，愈久而不忘。筮仕之初，未更事县有疑狱余年，不能决。公摄邑事一问得其情而释之，精练如素官者，人服其明。

比年以来编民困于征敛，而修奉祠馆，市材调夫无虚月。所至骚然。公历守四郡，处之裕如，虽时有兴造，民初不知而事集，此在公特其糠糖耳。无足道者，故不复缕载。若其道学足以觉，斯人余润足以泽天下，遭时清明不及用而死此。士论共惜之，非予一己之私言也。曾祖尚祖礼之不仕，父潜赠大中大夫，娶吕氏，封宜人，有贤行，事舅姑以孝闻，友娣姒睦姻族，人无间言，公素贫不事生产，夫人攻苦食淡，能宜其家，其内助多矣。先公三年卒，享年六十有六。子男七人，扐文林郎洪州司兵曹士，卒于官。拟握皆早世，损迪功郎，前授归州司刑曹士，掞将仕郎，拂未仕皆业儒世，其家女一人，归时之子，过孙男三人，女五人，有中庸义一卷，诗二南义一卷，《论语》《孟子》杂解各一卷，文集十卷，藏于家。铭曰："呜呼天乎！胡不慭遗，方时清明哲人其萎道虽不行斯文未亡，百世而下其传有光。"

祭游定夫文

鸣呼定夫！学通天人而时不用道，足济天下而泽不加乎？民今其已矣。夫复何云，怅百年之永诀犹想见其音尘，念昔从师，问余三人，今皆沦亡，眇余独存，虽未即死，而头童齿豁，茕然孤立，而谁邻。嗟吾先生，微言未泯，而学者所记多失其真，赖公相与忝订去其讹谬，以传后学，书往未复而计已及门。呜呼，悲夫！宜任其责者复谁与，斯文将泯灭而无传欤，抱遗编而永叹，悼此志之不伸，重念南北相望，不得凭棺一恸，徒陨涕而驰神。余言之悲，闻乎不闻。

宋《朱晦庵大全集·建宁府学游御史祠记》

故监察御史游公先生讳酢字定夫，此邦之建阳人，而河南程氏之高第弟子也。徽庙初为御史。未几去为郡江淮间，又退而闻居以卒。隆兴初元岁在癸未，先生之殁，于是四十有一年矣。今敷文阁待制，延平陈公，实为此邦谓德学之盛有如先生者，而无祠于其乡之学，非独乡人子弟之过。长民者，亦有罪焉。乃为堂于府学之东偏，立像致祠，而以书属熹使记其意，熹辞谢弗堪。屡返而公不听，于是退考旧闻，按龟山杨文靖公所为先生墓志之辞曰："予元丰中受学明道先生兄弟之门，有友二人焉。曰上蔡谢显道公其一也。初伊川先生以事至京师，一见公谓其资可与适道，是时明道知扶沟县，事先生兄弟，方以倡明道学为己任。设庠序，聚邑人子弟教之。召公来职学事，欣然往从之，得其微言于是尽弃其学而学焉。其后得邑河清，予往见之伊川谓予曰：'游君德器粹然，问学日进，政事亦绝人远甚，于师门见称如此，其所造可知矣。自幼不群，读书一过目辄成诵，比壮益自力，心传目到，不为世儒之习。诚于中，形于外，仪客辞令，粲然有文，望之知其为成德君子也。其事亲无违，交朋友有信，莅官遇僚吏有恩意，虽人乐于自尽，而无敢慢其令者，惠政在民，戴之如父母，故去则见思愈久而不忘。'若其道学足以觉斯人，余润足以泽天下，遭时清明不及用而死。此士论共惜之，非予之私言也。所著书有《中庸义》《易说》《诗二南义》《论孟杂解》各一卷，文集十卷，藏于家，盖杨公所记如此。熹惟知先生之深，而言足以命其德，且信于后，宜莫喻于杨公者。然则先生之道学德行于此可以观其详矣。又念每获侍坐于陈公而闻其语，先正忠肃公之与先生游也。笑谈论议，书疏辞章，昔所亲见而闻之者，至今尚能诵之。其雍容仰俯之间，人能并得其深微之意，使闻者怳然若将复见其人焉。此其于先生之道如何哉？然则公之所以命祀先生，盖将推其所得于己者，以幸教此邦之人，非徒致钦慕之意，以修故事而已也。熹既不获终辞于乃悉论著杨公本语，而不敢

辄赞一辞，于其间，且复揆公指意所出者，如是而并书之以承公命，庶乎其可幸，无罪云耳。呜呼！先生远矣。学者登是堂而拜其像，于是记也。考其师友之渊源，退访其书而读之，于以求先生之所以学者，果恶乎在。幸而有以自得之，则亦无以共乎？亲而炙之矣。《诗》曰："人之好我，视我周行。"又曰："高山仰止，景行行止。熹虽不敏，愿与承学之士勉焉，以无忘陈公之德也。八月甲子，朱熹记程氏遗书，游定夫，忽自太学归蔡，过扶沟见伊川，伊川问试有期何以归也。"定夫曰："某读礼太学，以是应试者多，而乡举者实少。"伊川笑之。定夫请问，伊川曰："是未知学也。岂无义无命乎？"定夫即复归太学，是岁登第。先生曰："定夫之笃信难及也。"又曰："建州游酢，非昔日之游酢也。固是颖悟，然资质温厚，南剑州杨时虽不逮酢，然煞颖悟。新进游杨辈，数人入太学，不惟议论须，且动作亦必有异，故为学中以异类待之。'又皆学春秋愈骇俗矣。游酢杨时先知学禅，已知向里没安泊处，故来此却恐不变也。程氏外书游酢于西铭，读之，已能不逆于心：言语外立得个意思，便道中庸矣。"朝廷以授游定夫以正言，苏右丞沮止毁，及伊川宰相苏子容曰："公未可如此颂，观过其门者，无不前也。"吕居仁杂志游定夫，后更为禅学。大观间本中尝以书问之云："儒者之道，以为父子君臣夫妇朋友兄弟。顺此五者，则可以至于圣人，佛者之道，去此然后可以至于圣人。吾丈既从二程先生学，后又从诸禅老游，则二者之论必无滞闲。敢问所以不同何也？"游丈答书云："佛书所说，世儒亦未深考，往年尝见伊川先生云：'吾之所攻者，迹也。'然迹安所从出哉？要之此事，须亲至此地。方能辨其同异，不然难以口舌争也。"游定夫言前辈先生，往往不曾看佛书，故诋之如此之甚。其所以破佛者，自不以为然也。

《朱子语续录》

五峰疾病，彪德美问之，且求教焉。五峰曰："游定夫先生所以得罪于程氏之门者，以其不仁不敬而已。"先生云："言其习不著、行不察，悠悠地至于无所得而归释氏也。"其子德华谓汪圣锡云："定夫于程氏无所得，后见某长老乃有得也。"

《朱子语类》

一日论伊川门人云："多流入释氏。"文蔚曰："只是游定夫如此，恐龟山辈不如此。"曰："只论语序便可见。"

《朱子语略》

游杨谢三君子，初皆学禅，后来余习犹在，故学之者多流于禅，游先生大是禅学。

《宋名臣言行录》

问定夫记程先生语中一物不谈非中也，一事不为非中也，一息不存非中也，何哉为其遍而已矣。朱子曰："便是此说中字，不者中字之义不如此。"他说偏字，却是一偏，一偏便不周偏，却不妨如。定夫记此语不亲切，不似程先生每常说话，缘他夹杂王氏学。当时王氏学盛行熏炙得甚广。

《建安志》

游御史酢早受业于河南，程夫子兄弟之门，见推高第有三人焉。上蔡谢公，龟山杨

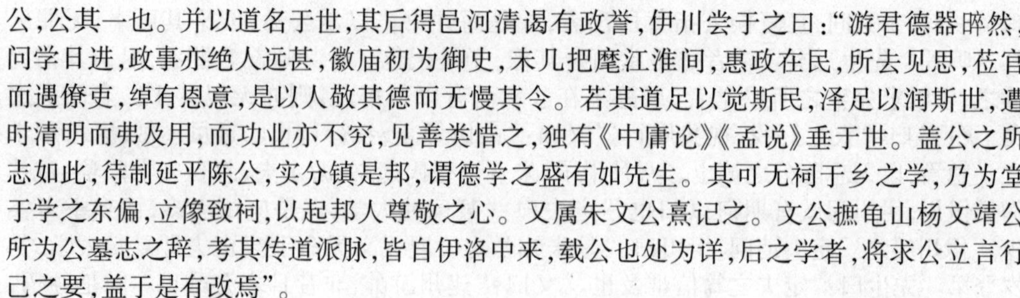

公,公其一也。并以道名于世,其后得邑河清谒有政誉,伊川尝于之曰:"游君德器睟然,问学日进,政事亦绝人远甚,徽庙初为御史,未几把麾江淮间,惠政在民,所去见思,莅官而遇僚吏,绰有恩意,是以人敬其德而无慢其令。若其道足以觉斯民,泽足以润斯世,遭时清明而弗及用,而功业亦不究,见善类惜之,独有《中庸论》《孟说》垂于世。盖公之所志如此,待制延平陈公,实分镇是邦,谓德学之盛有如先生。其可无祠于乡之学,乃为堂于学之东偏,立像致祠,以起邦人尊敬之心。又属朱文公熹记之。文公摭龟山杨文靖公所为公墓志之辞,考其传道派脉,皆自伊洛中来,载公也处为详,后之学者,将求公立言行己之要,盖于是有改焉"。

游操

《建安志》

操,字存诚。有家学,宣和二年擢进士第,绍兴中迁秘书少监,权礼部侍郎,晚居盱江奉祠卒。

《氏族大全》

操绍兴中,与潘良能、沈介、洪景伯俱为秘书省正字,同日赴馆职少,监秦熺,于会食之次出对曰:"潘游洪沈泛瀛洲,有欲用绎绎绘维绾纶綍、为对。盖熙宁中,韩维陈绎,韩张杨绘相先后除学士也。"

游仲鸿

《宋史·列传》

仲鸿字子正,果之南充人,淳熙二年进士第,初调犍为簿,李昌图,总蜀赋。辟糴买官,奇其才曰:"吾董饷积年,惟得一士。"昌图召入首荐之。擢四川制置司干办公事,制置使赵汝愚一见即知敬之。叙州董蛮犯犍为境,众将合兵讨之。仲鸿请行,诘其衅端,以州负马直也。乃使人谕蛮曰:"归俘则还马直,不然大兵至矣。"蛮听命,仲鸿受其降而归,改秩知中江县,总领杨辅檄置幕下。时关外营田凡万四千顷亩,仅输七升,仲鸿建议请以兵之当,汰者授之田,存赤籍,迟以数年,汰者众耕者多,则横敛一切之赋。可次第以减,辅然之,大将吴挺沮而止。赵汝愚移师闽,举仲鸿自代制置使,京镗转运刘光祖亦交荐于朝。绍熙四年赴召赵汝愚在枢密,谓仲鸿直谅多闻,访以蜀中利病,汝愚欲亲出经略西事。仲鸿曰:"宥密之地,斡旋者易,公独不闻吕申公经略西事,当在朝廷之语乎?"汝愚悟而止,差干办诸司粮料院,光宗以疾久不朝重华宫,仲鸿遗汝愚书,陈宗社大计,书有伊周霍光语。汝愚读之骇,立焚不答。又遗书曰:"大臣事君之道,苟利社稷,死生以之,既不死,曷不去。"汝愚又不。答孝宗崩,仲鸿泣谓汝愚曰:"今惟有率百官哭殿庭,以请亲临。"

宰相留正以病去，仲鸿亟简汝愚曰："禅日不决，祸必起矣。"汝愚又不答，后三日嘉王即位于重华宫，汝愚既拜右丞相，以仲鸿久游其门，辟嫌不用。初汝愚之定策也。知阁韩侂胄，颇有劳，望节钺，汝愚不与。侂胄方居中用事，恚甚，汝愚迹已危，方益自严重，选人求见者例不许，仲鸿劝以降意容接。觊遏异论，而汝愚以淮东西总赋积弊奏遣仲鸿核实。仲鸿曰："丞相之势已派，不忧此而顾忧彼耶?"改监登闻鼓院以行，会侍讲朱熹以论事去国，仲鸿闻之，即上疏曰："陛下宅忧之时，御批数出，不由中书。前日宰相留正之去，去之不以礼。谏官黄度之去，去之不以正。近臣朱熹之去，复去之不以道，自古未有舍宰相谏官讲官而能自为聪明者也。愿亟还熹毋使小人得志以养成祸乱。"监察御史胡肱希冇胄意，诬汝愚久蓄邪心，尝语人以乘龙授鼎之梦。又谓朝士中有推其宗派，以为裔出楚王元佐正统所在者，指仲鸿也。初欲直书仲鸿名。同台张考伯见之曰："书其名则窜矣。凡阿附宰相本冀官爵，此人沉埋六院且二年，心迹可察。"卒不书其名。庆元元年，汝愚罢相，仲鸿迁军器监主簿。力丐外除知洋州，朱熹闻其出，曰："信蜀士之多奇也。"越三年，起知嘉定府，擢利路转运判官，数忤宣抚副使吴曦，曦言仲鸿老病，朝命易他部。未几曦叛，宣抚司幕官薛绂，访仲鸿于果山，仲鸿对之泣，指案上一编书示绂曰："开禧丁卯正月游某死。"谓家人曰："曦逼吾死。即填其日时，宣抚使程松已大弃其师遁，仲鸿以书劝成都帅杨辅讨贼，辅不能用。"至是松至果，仲鸿谓绂曰："宣威肯留，则吾以积奉二万缗犒兵，护宣威之成都。"松不顾而去，总赋刘崇之继至，仲鸿遣其子以往见，以告松者告之。崇之复不听，未几曦诛，参政李璧，奏除利路提点刑狱，寻乞休致于祠而归，迁中奉大夫。嘉定八年卒，年七十八，刘光祖表其隧道曰："于乎，庆元党人游公之墓，绍定五年谥曰忠，子似，淳祐五年为右丞相，自有传。史论见杨大全后。

《顺庆路志》

仲鸿第进士，绍熙之未，上疏请光宗过宫。言极剀切，及重华登遐，国丧无主，当国势危疑之时，仲鸿尽心协力，定赞助赵汝愚大策，累除大理寺簿。居亡何，韩□胄恶其党附

宋光宗

汝愚，出之于外，后历守嘉定有政迹。

《元一统志》

仲鸿嘉泰中以司农寺主簿，出知嘉州，驭吏以严，待民以宽、郡有积员奏罢之。一日有司呈岁贡旧水波绫、马头绫、苓根、红花夫、金紫葛、巴豆、金毛狗脊、丁公藤，仲鸿谓其贡可罢。惟进今贡，余例归私橐，仲鸿悉缄于官库，修渠堰通水利，未尝忘于心，政成民悦。

《重庆郡志》

仲鸿果州人，今顺庆名在庆元党籍，人物伟然，操履方正，人皆望而畏之政尚清肃。不扰狱市，讼牒亦简，丞相克齐先生其子也。

游似

《宋史列传》

似，字景仁，利路提点刑狱仲鸿之子，嘉定十四年进士，历官为大理司，直升大理寺丞，迁太常丞，兼权兵部郎官，迁秘书丞，兼权考功郎中，直秘路转运判官，移潼川提点刑狱，兼提举常平，请封谥田锡从之，迁军器监宗正少卿、兼权枢审都承旨，时暂兼权礼部侍郎兼侍讲，权礼部侍郎有事于明堂，似上疏言欲尽事天之礼，当尽事天之心，心存则政事必适其宜言，动必当其理，雨必循其序，夷夏必安其生，兼同修国火实录院同修撰，权礼部尚书，兼侍读言军赏胃滥。请给告之制，奏功者书填真命付之。候从军十年别能立功，升至统领已上方许从所属保明申朝廷，立名给告，则冒滥者革，功劳者劝，迁礼部尚书兼给事中兼修国史，实录院修撰权工部侍郎，充四川宣抚司参赞军事赞给事中迁吏部尚书，入侍经帷。帝问唐太宗贞观治效何远如是，似对曰："人主一念之烈足以旋乾转坤，或谓霸图速而王道迟，不知一日归仁，期月而可，王道曷常不速。一念有时间断则无以挽回，天下之大势，至于尤勤既切宸念，而佐理非人亦何以布宣九重之实，乃摭太宗事，以陈，且谓太宗矜心易启，渐弗克终，仅止贞观之治。陛下嗣服十有五年，艰危之势滋甚，回视太宗治效，敏速相越，乃尔意者亲儒，而从谏，敬畏以检身，未若贞观之超卓乎？节用以致爱，选庶以共理，未若贞观之切至乎？愿陛下益加圣心。"嘉熙三年正月，拜端明殿学士，同签书枢密院事，封南充县伯，八月拜参知政事，四年闰月知枢密院事，兼参知政事，淳祐四年提举万寿观兼侍读，仍奉朝请授知枢密院事，兼参知政事进爵郡公，五年拜右丞相。兼枢密使，十上章乞归田里。帝不许，七年特受观文殿大学士，醴泉观使兼侍读，进爵国公。十一年转两官致仕薨，特赠少师。史论见乔行简下。

《元一统志》

嘉定州似，绍定末以尚书吏部郎中，直秘阁为成都路提刑，重修璧津楼，属魏了翁作记。大意谓向者张义立平佛滩之险是矣。但水势自高临下，旦暮啮城足，傅城而居者凛凛然，吾与僚属尽力于堰猪，且为支流以泄其怒。楼之右，三峨横陈其下，中镇诸砦等，实近夷略险所弗及，阻木以为固而郊于是邦也。今濯濯然，吾虽诛犯令者，而宪之禁亦未保后来之，皆我也。蜀饷百五十万石，岁持以稔，惟都江通济二堰而积蠹弗蠲。已捐其弊之十八，今舳舻相御登楼目送，三军之士庶可饱之。端平改元，似召为尚书吏部郎。

《顺庆路志》

似受父荫入官，后第进士，绍定中为大理司直因火炎叩阍历数宰相史弥远之失，朝绅见其奏本为之惊愕适当旬休，弥远夜召似与语，至则弥远谓："近见奏本甚忠直，司直欲归乡乎？"似曰："愚憨妄发，法当汰去，遣二子宅之。"宇之出拜曰："游先生他日有我地位，但福簿耳。"即送去，明日除秘书丞，不数日除夔路提点刑狱，改西路，又移东路，洗冤泽物，籍有声闻，弥远死，端平更化，召还累除给事中，擢枢莞参大政，知枢密院事。似素与宰相史嵩之不咸，嵩之密奏召二闲臣，似抗疏言国有政不与知，尚安同此执政，尚力求去与洞霄祠。淳祐四年嵩之以父忧去，似乃召还二府与杜范同心辅政，范卒，似代为右丞相。理宗在位；久赞定国本。又诏勒嵩之致仕，诏告天下示不复用，皆以启之也。荐吴潜王伯大入政府。似恳归力甚，以大观文奉祠。十一年十二月卒，谥清献顺。

《庆府考究图经志》

游似，郡人，宋登科拜相，后归乡里有诗云"步行归故里，俗语对乡人"之句。

《赵庸斋蓬莱馆集·祭克斋
游丞相文》

中兴以来，名相江表忠简定衢饶，二赵以道宅揆简册焜耀，厥后寥寥，惟公克绍，本原濂洛，知学之要，被服家庭，渐濡自少，暨权周行，植立皦皦。疏指权门，痛哭原燎。绍定斥去，端平收召，嘉熙融，风排云上叫。明伦有疏，血忱应诏。淳祐初年，操守劲峭，薰耻莸并，归寻荷蓧乙已改弦，秉钧廊庙。以学告王，说立惟。以道觉民，尹任不小，丙午厄岁，力扶世兆。诸贤鸣阳。群邪息爝。惜多牵掣，沮莫运掉。一念开诚，果日可照。孤忠自知，伶人旁诮。卞庄巧伺，姜公直钓。因危遂挤善刀，为妙霅溪午桥。临流舒啸，手袖文富，望穹马邵。灵光岿存，落月孤皎。讣音流传，□绅相吊。殄瘁之哀，天意莫晓。荷公已知，不鄙庸谀。尝蒙专使，来访海峤。尺笺殷勤，如侍色笑。顷闻公恙，为之心慓。孙枝书来，公已不疗。悲恸莫任，阻送丹旐，亟裁哀词。以佐綍挿。

《宇溪阳枋先生集·代
赵大宁上游丞相札子》

某伏以五阳为夬，六书临乾，恭惟某官荣辞九棘，入面三槐，鼎鼐新调天人叶赞，钧候动止万福。某迂疏小吏，感戴洪。钧扃遒修辞，凌兢叩阁渎尊是惧，鉴在为荣。某伏以三台曜芒，一相宅揆，灵聪受职。盖壤申休方，将鸣天签以播大和，运斗杓以酌元气，散之广宇，陶为阳春，造化在一身矣。箫圭长语，哓哓何为。

某切以天者。道之形体，道者，天之性，情宰相位天官而论天道者也。言其体，则包万有于一，极其用，则散一元于万有。公相抱负此道，余六十年，今日得其位而行之。伊尹之于成汤，傅说之于高宗，同一际遇尔。华泽必被于匹夫，商霖遄苏于大旱。今丑虏残暴有甚，内沟遗黎思活，尤切望雨，以道援天下，以道泽生灵，将见掌握造化，至和两间，謦欬

阴阳，叶气万宇，乾父坤母，作而曰："真吾宗子之家相也。"天下公望，敢以颂德，某尝闻太平宰相易，时危宰相难。晚周山，江左夷吾，季唐德裕，诚所谓狂澜砥柱，中流一壶，何可多得？惟我盛朝，相一司马。虏人相戒以谨勿生事，不动声色，措世太山，此尤光前绝后，巍巍勋绩，无与为比。迹其所由，司马公文章道学中人也。今公相道宗百圣，文祖六籍，实温公等辈坐未央庭中，单于前拜，起大敬畏，甚不难事。世间惟道德足以服人，却莱归疆，贤可希圣，幸毋自逊。若曰汉唐以下，总总相业，则溟涬下风矣。某合阳晚后，粗知读书，壬午东漕稠人中，一识昂昂海鹤之表，已知其为伟人矣。是秋□名榜末，事夺不得与仙舟俱东，非公相外，某实自外也。自縻薄宦，一向不得上笺，记俯仰止。吴云不违，景刻蜀事，渐费支持。凡思出关依措华越，又义不能。去春代庖昌溪，今幸汰去，而本阙恰亦过满。恭承相公，收拾蜀珍，采葑采菲，此天假某以依乘风云之日也。冶金鑋桐，知自鸣嗅，而况于人敬瀹笺以候从者。知己在前，长鸣振鬣。某不自忖度，忧时感事，辄以猥见，缀成长出，附便申献，学问空疏，岂堪适用。仗惟海岱深高，不弃拳勺，机务燕闲，特赐采览，不胜荣幸。某势分辽绝，藐然穹壤，安敢僭申。紫微躔中，五色连芒。辉烛无疆之问，巫阳有当然职分。敢避下走。

《大学》一书，合内外，贯始终，一天理流行而已矣。始于格物，学之根极系焉，而天理帽明。终于平天下，学之功用极焉，而天理由是明。终于平下，学之功用极焉，而天理由是显。尧舜禹之精一，汤之建中，文王之纯已。武王之皇极，夫子之一贯，皆此学也，而安于天。曾子之忠恕，孟子之法度，亦此学也，而得于人。圣人性之动，无非天理。

而大学之名，以隐贤人勉之。必推求天理而大之名以彰无治乱，无古今，无小大，必欲格物致知，必欲诚意正心，必欲修身齐家治国平天下，舍大学其何以哉？吁！当颠沛澒洞之秋，而唱为仁义道德之说，昧者咄鄙，识者所深喜而敬听之也。恭惟大丞相国公先生性焉，大学之蕴情焉，大学之著言焉，大学之文行焉，大学之事，自著为图，条分句析明其为一贯忠恕之义疏，皆前贤之所未发。而独得于心者故见之行事，言言允蹈，闻过则喜，知身修矣。事亲敬兄，知家齐矣。详刑而法意允，掌铨而品流清，给舍而缴驳当，知国治矣。惟平天下一事，非位宰相不可，而今日亦得志而为之。大学功用，此相公平日抱负之素而讲贯之熟措之天下，必有不疾而速，不行而至者。然某尝谓天下之治，不可以一人之智识穷一材之气力任。周公大圣人也，犹握发吐哺以罗天下之贤。传说大贤相也，必旁求俊乂，以布列有位。方今大而政府，可谓得人矣。岂无惟孝友于者，沈回干下寮，主兵主财可谓得人矣。岂无耻道孙吴，羞比管晏者，淹回于散地。处士中岂无谏臣，隐逸中岂无御史，学士才岂无放弃于江湖，将帅才岂无汩没于卒伍，至于小善一艺可以补苴罅漏，而共扶明时之治者，岂无困滞于草莱，某固不能尽识，每观历代人材，随上之人意向好乐，莫不云蒸雾滃。类从响应，以就一时之治，今相公端揆以来，亦既数月矣。惟闻荐引蜀彦，四十有余辈，而吐握之事，旁求之令，未之有闻焉。夫宰相者，天下之宰相，则天下之士，皆宰相之门下士也。量材授任，何间川南，既廪称事，奚分贵贱。昔南人作相，专任南人，皆其量有不足识者，至今少之，相公以大学之道平治天下，必不复效仿其失，但海内之士，闻下风而望余光者，于今有年。悴憔饥渴，引领商霖，不啻大旱，使鲁不崇朝而泽满天下，犹且迟之。若更廷延迟迴，分别疏外，则西郊密云而苗其槁矣。某于己亥季冬，蒙相公知其有寸长可用，特赐钧翰于安先生，属以成身起家之事，抵今茫然。真所谓一夫不被其泽者，用是不远万里，鲋鸣涸辙，且以博采人材之说为献。庶几获兼收并蓄于昌黎宰相之方之万一，大木为宲，细木为桷，非曰能之。原学焉，冒昧狂言，惟相公裁察，某再拜。

代上游克斋亲劄子某用调元学，坐政事堂，大化鸿庞，广宇熙晏，海内之士。刻水镂玉，摹写象似意何足以仿佛其万分哉？某惟知朝用真儒以来，带水息授鞭之虞，石冗有登天之险蓬婆的博，绝无旁蹊所谓不动声色。泰山四维，此等经书，又岂东山别墅，付天幸于偶然所能了办邪？然墨守般攻，技各有穷，朝堂边鄙，愿坚初心，轸虑良背，某非谓相公蜀人，仅为蜀士，缓天下以私一方。盖头目背膂，归重腹心，今日所当加获于此尔。代文考功到黄池辞免上游相国劄子，某去岁曾于邮置上状，尘紊茔聪，计已呈彻钧览矣。某肖形中一长物，无可比似，颛颛蝗粟日惧满盈，夫何大钧洪播不赐，汰斥而翻录之，宰相之方，道固如是，自惟疏陋岂称班联，隆命飞来，愧汗交作，咸心难于重违已于十一月，理舟出峡。三月望日，遂抵池镇江，行万里。背冬涉春风，涛霜雪飘，薄凌震，弱质不禁岻希，喘嗽萎兰，疾证转加，实难前进，欲乞均慈。禀白九重，放还田里，得寻医问药不至填委狈狼，受赐深矣。情迫意诚，不觉烦啧，皇恐万坐，伏乞均照。

《方秋崖集·回游参政札子》

某自未脱民伍，已知世有程伯淳，盖陈和仲司成时时为道一世名卿大夫，公相其首也。某也贱，执御无繇，于今十七八年，司成之言故在适有天幸，起从田间会正人登庸，善类幸甚然曳裾门下者，于再于四，未得一望末光，退然惧且惭，莫知所以，敢图夹袋收录仰上名氏，某极知其僭。而盛心其敢不承，惟钧慈贯之。

游某

宋《吕祖俭大愚叟集·游承事郎圹记》

先君讳某字某，繇鲁大父而上，兆域皆在邵武故世为邵武人。崇宁中，始徒名数于婺之金华，至于今四世矣。大父复葬于北门之外，故又为金华人。先妣甫受命书捐弃，诸孤卜地于邑东，惠日乡后湖之原，先君命玠请铭于太史先生。先生怜而赐之铭，每念先生所以铭之之意，望邵武之阡，登北门之坂，而上吾母之墓，未尝不悲涕沾襟也。玠受先君之教诲，出从师友游，粗知所以无忝其先者，晚得一官。既不克养母，尚庶几奉先君之杖，屦于淮水之滨，以祇三年之养，罪逆不自殒灭，先君感微疾，其势浸剧虽内自忧惧有所恶，且讳。而亦岂谓天降酷罚而至于斯极也。先君慈厚乐易闺门无间言，伯父卧疾累岁，先君朝夕造床下问起居安否何如？未尝一日有倦色，且谓诸子曰："吾惟恐见伯氏之不亟也。"先君即世，伯父感怆特甚，被疾复旬日遽，至大故老兄弟至情于死生之际，益如此。其于宗族姻党，曲尽恩意，卒之日来赴者，相属及门。莫不伤怛感涕，若有所为而然者，先君政和七年十一月，某日生再被庆寿恩封承事郎，赐绯鱼袋致仕。淳熙十四年三月二十五日，终于正寝，享年七十有一。曾祖讳某，父讳某，娶陈氏封孺人，前先君七年卒。子男五人，玠修职郎新盱眙军学教授次璞。玑珙璪，子女三人，长适钟麟，次适汪知，几赵著孙男女十五人。诸孤卜以是年九月八日，克襄大事，与先妣同兆自惟孤露摧，苦不能追先君之隐德。以求碣志于当世之君子，姑叙其岁月梗概，书诸圹而藏其副于家，价若弟若子若孙知所考焉。

游元

《抚州府志》

元，字淳夫，直秘阁经之曾孙，为人外和易，中实介，特。读书必玩味，欲知古人用心处尤深于易。一日读《坎卦》，有契几忘寝食，服膺象山先生学，论议平实，为文健赡。举进士，晚恩授安化薄，就摄邑，以理义训导邑士。议减泉司铁课，以利民。邑邻溪峒，凡讼关风化，必恳恻开谕，皆愧服。再调赣县丞，会长子鸾主南岳祠，往就养，卒于醴陵，年六十七，有安化讲义诗文，号《新堂集》。

游少游

《建昌府南丰县志》

少游，字希卿气豪学博，三首乡荐，登隆兴进士第又试中，教官科为赣州教授筠州上高丞，摄永兴令，郡吏督赋语侵公，公叱曰："剥民之政，吾不忍为命杖之。"郡守贤公，逮吏去又取宗室武断者绳之。由是豪猾敛手，永兴大治台郡交荐，班改知卢陵县，有势家与民争水利至斗死，郡欲右势家，又有盗诬执富民，县鞫实具，狱郡持不下，欲入富民罪没其赀，公皆力争曰："吾宁弃官归，欺天陷人事，死不为也。"事遂得直，适判南安军，大水暴溢，大守纨袴儿，彷徨无策，公即蓑笠登城，帅十数艘救之。民得全活，擢知沣州，罢归三奉祠卒，年七十九，官至朝散夫，赐服金紫，有文集若干卷。

《瑞阳志》

少游，建昌军人，登进士第淳熙庚子以修职，郎来为丞，性识敏悟，文籍一览，终身不忘，校文卢陵，前此考官甫撤棘，亟间道疾驰，少游独徜徉累日且作咏梅十诗谒益国周文忠公。大蒙称赏有士子什百为群，以去取来问少游随声应答，略无凝滞，众皆语塞，而退士论韪之。

游中孚

《建安志》

中孚，字大信，崇安人，博闻强议，《春秋左传》，《汉唐史记》默诵如流，能言其异同得失，上下数千载事，缅缅可听。参政李公光知宣州，会戚方叛，势甚猖獗既拒守，且议遣官趣，救兵道路阻隔，僚属皆惮往，中孚时为光门下士，慨然请行，单车冒白刃由间道至平江，见大帅乞兵解围，贼遂溃去事平，李公欲闻于朝，命之以官中孚力辞，后竟不仕，卒于家。

游九言

《建安志》

游文清公讳九言，字诚之，初名九思，后改今，讳祖其藩，太学释褐有文名，终严州通判。父旹，登科终湖南参议官，公沉静有谋，慷慨善议论，秦桧当国摧抑忠臣。公年十岁为文诋切，乡先生见而异之。及壮锐志当世，好交结西北豪杰，尝序太极图曰："濂溪夫子加无极何也。"方其寂然无思，万善未发，是无极也。虽云未发，而此心昭然，灵源不昧是太极也。欲知太极，先识吾心。读者称之。少从学于南轩张先生拭，南轩教之求放心。公初处静室，置笔扎于前，且曰："心之出，吾不能知，及其入也。即点以识之。其初至千余点，渐次调伏点日少，最后帖然平定无放无求始见心之本，体推以酬酢世务，各当其理。"所在学者，多师事之号点默斋先生。早承祖荫举江西漕司进士；第一历古田尉江州录事，沿海制司斡官入监文思院，上界被旨视行在诸邑，灾伤京尹户部致赆。公悉不受取，家人衣饰，质钱给从者，归白都堂，放苗八分已上，前此未有也。京丞相镗为匠监，公闻其欲荐已。亟往见，言同僚有年高须合颖得，请逊之。京曰："若欲及同僚，必来岁乃可。"及期，公又以请，京即两荐之。何公澹亦欲论荐，惧不屑受属，尤体袤詹仁预扣公意。公无拒色，二人携荐书来，明日公往拜之，然蠹于于箧中迄不用。时孝庙攒宫，有司妄费希赏。公上书极谏大僚，内侍咸切齿。会南轩帅广西，招致幕下。移江陵，复辟为属公以前事力辞。时相与南轩素不合，疑可挹以就已。公亟部注而归，庆元丙辰，南轩之弟杓帅金陵起为江东抚斡学，禁方新无敢言。公记上元薄，厅明道祠痛讥之。调全椒令以不便养亲丐祠，开禧初宇文绍节安抚淮西，直下辟书以公书写机宜文字。公平生未尝觅举，有举者受之唯谨，亦不援以改秩，宇文因奏取吏部所积荐牍，为改通直郎。公辞不得已从之，他日过都尚书薛叔似数为韩侂胄道，公之为人，韩亟请见，叔似迫与偕行。公夜乘扁舟去，有以祠记，为言者竟罢机幕，久之，斡办诸军粮料院改知光化军令，赴奏事。既至叔似宣抚荆鄂，辟为参谋官，未行。疡生于面，卒年六十五，归葬建阳之刘源端平更化有旨，特赠直龙图阁赐今谥，有语录诗文传于世。

《播芳大全集·朱晦翁答游诚之》

心体固本静，然亦不能不动，其用固本善，然亦能流而入于不善。夫具动而流于不善者，固不可谓心体之本然，然亦不可不谓之心也。但其诱于物而然耳。故先圣只说操则存，存则静而其动也无不善矣舍则亡于是乎有动而流于不善者出入无时莫知其乡，出者亡也入者存也本无一定之时亦无一定之处特系于人之操舍如何耳只此四句，说得心之体用，始终真亡邪正无所不备，又见得此心，不操即舍，不出即入，别间处可安顿之意。若如所论出入无时者为心之正，然则孟子所谓出入无时者乃心之病矣。不应却以推心之谓，与一句直指而总结之也。所答石吕二书写呈，但子约书中语尚有病，当时不暇子细剖析，明者择焉可也。

《氏族大全》

诚之，南轩高弟也。尝论太极无极，间者服其简。工诗，如东风未肯催桃李，留得疏篱浅淡香。平生意思春风里信手题诗不用工，闲处谩忧当世事，静中方识古人心，等句诗家所称。

游九功

《建安志》

游九言弟九功，字勉之。一字禹成，以父任主临海簿与令有所可否，白于郡。九功执益坚，守不能诘，黄岩大疫，捧檄往视无难色，多所全活，开禧丙寅，为咸宁令，有过卒谋害，将九功擒其首，以阶级绳之。宇文绍节，辟充荆鄂宣司准，遣德安戍，兵溃归有反侧意，九功绝江抚谕。众以帖息，京西帅刘光祖，辟知江陵县，县有堤成圮不常，吏调夫为奸。九功分乡画地，不扰而办嘉定己卯，兴元失利，九功时守金州，州无城壁，乃以制参便宜遣兵备御。收复邻疆，在金五年，除湖北运判兼知鄂州。虏犯蕲黄，九功移司军前督饭饷，有同列赞于朝，予之祠癸未为即兵部，入见，首言守边必先结人心，论对言舍法用例之弊，朝论是之下于方国。又言征役无常，以资苞苴囊橐而民心失，将帅朘削，功赏不以时下而军心失，倚仗谀佞护疾忌医，而士大夫之心失。次月台臣劾使补外，上即位除职，知泉州。豪族有挠政者，心裁以法，贾胡犯禁，即纵之使去。尝摄互市货之出入，听于司存，无毫发私，端平更化，以司农少卿召，疏论奸贪多佚罚诸贤，或号召未至。又论沿边夫役之弊，兼密院副承旨，俄除秘阁修撰知庆元府，不吐不茹，有古循吏之风。除权刑部侍郎，谒告径归力辞，除集英殿修撰宫观，犹两被召。免疏八上以次对，食鸿庆禄请致其事。升宝谟阁直学士，九功清谨兼恪，语不妄发，昆弟自为师友。讲明义理之学，命所居曰："受斋闲居，八年吟咏自适。"无疾而逝，享年八十一，有诗文行于世。

宋《刘后村集·祭
勉之侍郎文》

於惟游氏远矣渊源，御史授业河南之门，爰及默斋学于南轩。公稍后出，以篪和埙，兄之贤季，师之嫡孙。匪曰："菁华，先植本根，嘉定之未，端平之元。犯雷霆威。"进药石言："麟莫羁系，凤肯啄吞，或劝少贬，腐鼠啉鵷法，从非贵，方而非尊。系诏上雍，频疏扣阍，身不敢私，君不可谖。本怀止足，矧迫耄惛。力请得谢，冥冥高骞，一区之宅，五亩之园，徙倚茂密掬弄潺湲，名臣欲书一老仅存品其清裁范滂陈蕃订其细行，管宁邴原昔仕鸣珂。"公方拥辂每奉谈尘，亦同酒樽，公晚东归我适南辕，坎壈百谪，久伏丘樊挛攣偏枯并关寒温。耳闻山颓，泪如河翻，殄瘁情深，哀诔词繁空诵离骚，安能招魂，呜呼哀哉！尚享！

游汶

《吴兴续志》

汶字鲁望，清献公似之孙。咸淳中历江西江东福建提刑，俱有能声。贾似道当国公与之论事，忠诚恳切，未尝不呜咽流涕。国亡，隐居德清。至元间参政，蒲大全荐为福建路总管，固辞不就，大书衫背云“前宋提刑，今时百姓”，服以出入，卒葬仙泽山。

游完

《元一统志》

完字济民，崞州人也。金大定元年岁荒，完日赈赡三百余口，冬给穷民衣袄五百套，春秋以家财雇觅人工。平治道路二百五十里北至太和岭，南至忻口。及其老也，以仁爱之心勉励子孙。

游建叔

元吴徵《支言集·故逸士游君建叔墓表》

呜呼！建叔之殁，十有一年矣。葬已三年，而其子惟和，始求予文表墓。惟和丧父时年甫十有三，今既冠既婚，而劬学未已。思欲不朽其亲，可谓能子哉！建叔讳应斗，姓游氏，世居抚崇仁县崇仁乡，其地曰暯鄘，族大而蕃，敦本务实俭勤殖生，在宋之季，浸浸以威，迨今将百年，而其隆未替也。建叔好尚文雅，少习进士诗赋，艺成而科废。南土初臣附，新官莅新民，官府数有重难之役，并缘侵渔，豪横吞噬之徒，又乘间而出，短干支柱者，率身陨家毁，建叔佐父兄历危险，理纷绊，智足以破奸，勇足以御侮，卒底安全，而生业弥裕。元贞大德以后，世道清平，人获休息，乃治园地，大室屋，日共宾朋诗酒谈笑。游士旅客，时相过从，殷勤欸洽，周急惠困，皆悦怿而去。阜财不竞小利，粒饥不踊高价，取与各当于义睦宗邺邻，有请假而无欺觊，同产虽别籍，友恭弗弛，得子晚爱之至，教之笃。邓氏子随母来归，抚之如已子，视礼经继父之道，无愧焉。延祐丁巳七月庚辰以疾终，年五十有九，久殡未葬，泰定乙丑正月壬辰，安厝于株陂，道社之原，元配李，继室尤，俱无子。惟和，王出也。自予之，大父以来，与游族交际，建叔于予犹兄弟，然富而文，才而良，吾里之吉人也。子又善继，予是以慨然兴怀，而文其墓门之右。

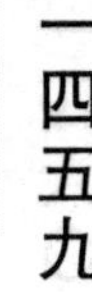

游常伯

《元吴徵支言集·觉
溪游君墓碣铭》

游君常伯，倜傥不群，早年以进士诗赋会雄辈流，意科第可拾芥取，既屡试屡屈，预贡而降，试补国学弟子员，往试又不偶，乃砥断廉锐，芟毁芽桥教授里中子弟。循循有绳矩，谈论古今世务，丰丰可听，进时革运，天氓有暗于天厝者，致大师。君居直通道，不虞师之奄至，父子族属七人，为哨兵所获，俱束缚以次就戮，戮二人毕。其三将及君，君之子佐不忍见父之死，请先杀己。小校义之，以白主帅。君躯斡伟，应对敏，帅奇其才得释。上送于朝，事格不报，于是君客游燕赵齐梁间，甚适恬无仕进意。越数年，前主帅参江西行省政，至邑有所逮问，君门下士出入左右，得预机密。忽有飞语谗君，漏言于外，自辨莫可，忧懑以卒。年五十有二，至元癸未四月　日也。君之配陈氏，后一月亦卒。其月合葬于璋湖，子男二，君佐、君佑、女一，孙男三，霖垒焱，女三。君讳常伯，抚州乐安人。家天授乡之上觉渡，自号为觉溪翁，余弱冠巳知君，君卒二十年，君佐始立墓石，请为志铭。呜呼！余之故人也。才如是所到止是，其命也巳！悲夫遂叙而铭之！铭曰：能兴不能，人者明明，成与不成，天者冥冥，数之不赢，有姜其英，吾知吾铭尚假幽扃。

游恭叔

《元吴徵支言集·游恭叔墓碣铭》

游恭叔，与予同年生，月日，予为长。其神情朗朗如秋月之莹，其意气谒谒如春阳之温。虽有道之士不是过，居抚乐安天授乡梅山里。少读书能文，壮罹兵祸幸不死。俘以去，既得释而还，相其父治生业，日长日盛。数年资甲一乡然皆敦本务实，积累所致，未尝侵刻以取赢，兼并以自广，异乎世之不仁而富者。家迩通道。凡南北往来贵势闲居之人，及门一以礼接，饔餐之具，信宿之舍，虽甚丛杂纷扰，殊无厌倦意，是以贵贱贤愚靡不悦怿。其卒也。人怅怏怀思焉。善察地理，暇日杖屦从容求佳山水处，登高望远，悠然自适，人莫能测也。考讳士文，妣鲁氏，恭叔讳德昭，娶鲁氏，子男四，劭、勉、方、茂功。女二，孙男七，应诚、应陵、应巴应戍、大年、应丑、应春。女十有二。弟德晖，先二十有三年卒，有子一人，遗命命子劭分其资之半与之，生之日宋淳祐己酉冬仲仲旬之五，卒之日元至大辛亥春仲仲旬之九。其年三月十日，葬于怀仁里之古石原。其卒其葬，予留京师，皇庆壬子冬，予始至家，茂功之子大年，奉父命来请曰："知吾父者先生，宜有述以传不朽。"予不得辞，乃叙而铭之。铭曰：吁嗟，麟凤若而人，乡有遗惠门有宾长，才恢恢行恂恂，今其死矣，谁与伦巴山之阴宰木春，德人所宅古荀陈。

游德洪

《元吴徵支言集·游竹坡墓志铭》

乐安功陂之游为富族，而竹坡居士，崇儒尚文以淑其子，居士果有以异于等伦乎？曰：有利必取嬴，凶岁必闭粜腾价，富不仁者率若是。辛未大饥，郡劝分三日一粜，居士谓饿者岂能待三日而后食。请于邑令，计籴户口数，分畀富家，日给其食。至早稻熟乃已。邑令高其义，此所以异者一。丙子寇犯邑。乡闾震惊，居士家崇仁乐安两界间，邻邑藉为保障，郡命弹在二境。他人处此，辄怙官势，轩轻新附未定之民。协取其资，或以报睚眦怨，居士不然协，相安于无事，此所以共者二。世俗议婚姻，择家力胜觊者，异其装送之厚，居士二子，长曰中，娶邹。次曰申，娶饶聚吴，皆清门贫女，略不问其所将，此所以异者三。甲午春，寇猝至，获居士以去，咸危之意必免。寇以其长者，至中途释之，以归，盖其平日处心行事，有以异于人，故其受报于天也，亦异。居士易直谨厚，讳德洪，字宏甫，得年八十有二，卒以大德乙巳正月二日，葬以至大某年月日。娶李氏侍郎公之族侄女孙，先八年卒，女二俱适黄，孙男四，谦、泰、巽、复、孙女五，适陈虞黄何，一未嫁。中数数征予铭。铭曰：世之訾儒，谓迂谓拘，有识斯殊淑后以书。

游志逊

国朝龚教《敦鹅湖集·游志逊哀辞》

游志逊元敏，系出广平，广平之先，历仕魏隋唐南唐，皆为省部台谏官。宋迁于闽，亦为台谏者，子程子之门人，定夫先生也。又自闽徙上饶之董团，以八行科擢高第者，觉民先生原敏之十世祖也。沿宋涉元，以诗礼承家者，数百年不发坠，号称望族。元敏号核生自少有志于功名，尝从伯父起南先生詹及乡先生，仲容徐公游，二公咸器之。长而有成，至本朝以邑令陆文珪之荐，授南昌靖安丞，廉而有干，在官则民不欺，受委则事易集，居六年无失政，以考上。上迁监察御史，公谨敬明决，屡有献替功，恩例出佥四川提刑按察司。甫六月被召，戒途，没于夔之云阳公馆。自筮仕讫考终，才十二年，将仕佐郎一再迁至奉政大夫，封爵显其父母妻子，呜呼！亦荣矣哉！公未仕时，倜傥好义，不尚修饰，所居有溪山田园之乐，日与乡党亲旧以诗酒自娱，若无意于世者，及居官，则忠义之气发乎天性，卓然无少屈挠，自非家学有源，平昔师友讲明之素，不能尔也。原有弗酬者，以不获扫除先垄为怏怏耳。友人某乐其志之有成，而哀其愿之不遂。请为些以招之，些曰："闽之北兮饶之阳，有朊其原兮游子之故乡，乔木蓊蓊兮山苍苍，家声不坠兮世泽乃长。公之学兮不在乎篇章，公之事业兮于吾道而有光，冠之豸兮昂昂，衣之绣兮煌煌，羽仪肃兮振朝纲，霜满路兮春载阳，蜀父老兮喜且庆，信故旧兮遥相望，命之哀兮身则亡，有不亡兮百世芳，巫峡泠泠兮天一方，魂魄归来兮路渺茫。"

游显

元《姚牧庵集·故荣禄大夫江淮等处行中书省平章政事游公神道碑铭》

并序公讳显，字子明，以至元十有九年，拜荣禄大夫，江淮等处行中书省平章政事。明年夏四月二十有一日，薨于位，享年七十有四。又明年十月二十有八日，葬汴梁祥符县之西乡，后是二十有三年，当大德丁未，其元子海北广东道廉访使永锡，俾其犹子偃，自汴而郢，持故翰林侍读学士高凝所次事状，以墓碑见托燧。征而叙之。游世不可远本，考逸其讳妣吕，代之崞县钜姓，岁为羊裘三千，以衣寒者，庸工镵平太和岭石路艰崎步轫，售直白金为两五十。又伐石桥崞水以通夏冬阌涨病涉，乡民惠之，目为崇善老人，天马南牧，金宣宗播汴，徙居许之临颍东皋，卒葬其地。岁壬辰，拔许公隶大帅八速不花帐下，由是善国言，俾经历其府事，后同千户奥兀阑从诸侯王南征，破金商钞房，擒何太尉。襄阳下，帅府版为副达鲁花，赤军将刘仪、段海、呼延实叛，执公送建康，太尉刘石河言其材武于制置孟珙。会珙移节于鄂，遣石河防秋淮汉，公说珙求为前茅，遂得俱北。将及随，与田僧住，二骑夜遁，豺虎纵横，出入林莽，濒死数，数及邓之新野，适奥兀阑巡徼，相顾悲喜，偕至大将察韩所，为驿致龙廷，岁庚子入见，具陈思主弃妻子挺身来归，及自建康抵鄂州军，镇戍形便，兵食虚实，我加兵诛，可以必举。太宗喜，顾迩臣曰："若辈鲁微一言及此。"因嘉叹公，昔太祖由一回鹘迎降，赐以羊马，授之玺书，从其所为，人无谁何。卿自脱敌死，间关以来，又非其所欲，赐白金五万其两，用之有竭。其封襄阳新民二百家，世为田氏。加赐银符，锦衣二袭，亦授之玺书，从其所为，人无谁何。归率是民复堰铁枸，壅湍水为渠，溉稻田千数百顷，人赖于其利。后宿卫宪宗，制授金符，以为大帅卜邻吉带幕。长且行，赐之酒，辞。帝曰："卿辞朕前，将饮无人所耶？"公曰："臣何敢面欺。今既效死军前，请从此十年不御。"归至邓。大帅军汉北，敌壁闲寂无人，开门拔帜，招诸军进，及帝自将伐宋，谋由蜀入兵，及散关。公谏巴蜀，水则江流悍急，陆则陟降山巇，舟车皆不可施利。馈继甚艰，六军出此，恐非万全之策。不若取道关东夷途，直临江汉。世祖时方渊龙。帝曰："左方之师，朕已付之，业已至此，其有事宜，即彼言之。"岁戊午也。明年世祖已祃而南追，观于荡阴，教自今凡所欲言。指故平章政事廉公，时以宣抚从征，偕以入告。大军至黄陂，责中书南合，资取敌舟。公言："斯人傲忽于事，恐既集者不严守警。将复散走。"而果然。俾公治别帖，万户战舟而篙师不足。公曰："江南之民，居多濒水，无不能操舟者。"尽前俘壮士立两帜下，令能右否左。得九百人，遂济江。授之银章，行宣抚使。世祖正位宸极，中统之元，制位中书左丞，大名宣抚使张公仲谦下，明年代张公为使，其褒辞曰："割爱就义，遇敌有功，处已端方，临事敏给。"又明年，璮反，盗据济南，张安抚讼公尝通书□，帝谓近习游某岂为是者，惊禽为狐所憎然耳。及籍□家而书无有，敕以讼者付公，听其甘心，其人亡命。逾年公召至其妻子晓之，令出保无他也。其人膝行于庭祈死。公曰："吾诚为是汝言而可，吾所无有，而汝言然。汝为妄人，且敕听吾甘心，则生死惟吾，其忍汝杀如昔遇之。"公以平贼入贺，进宴故事，非宗臣国人，胡床不入宫门，殿坐皆席地，不为设榻，侍宴不称觞。至是公请称觞，制可之，后赐黄金盈斤。他日帝燕坐虎帐，方止人入，公至为卫士所诃，争呼于庭。帝曰："是非游某声耶？"召入诘曰："何为而然？"公对："臣将有请，为卫士所遏，不知疾言上彻宸聪，罪当灭死。"帝默久而出之，裕宗时为中书令枢密使，适至复召之入，令尽所言，对以臣闻将改宣抚司为宣慰司。且司者，官之名也。使而下官之人也。由所官之人非才，事故弛而不治，何关乎官之名，今虽变名宣慰。不求惟贤惟能任之，仍夫宣抚之人，犹恶夫鼓不鸣而新其枹声岂加大哉？因历短诸臣无少借隐，帝顾裕宗曰："汝他日求可眷倚者，须此辈人。"至元二年，进嘉议大夫益都路总管，兼府尹。未几，改南京路总管，兼府尹，四年改大都路总管，兼府尹。公以乘舆岁来居冬，其储峙谷食马藁秸诸物，和市之民直多不给，为所司盗有豪宗钜室。田畴连阡，有恃不输，中下之家率反户及。公则以物力多寡差赋之直，已无所渔牟，敢有为旧熬猾者，悉论如律民力纾息其半，赐楮弊五千缗。入言左右两丞相安童伯颜二大臣者，一居中书其事足治，宜分命左丞相为枢密，则六军之政，将日齐肃于前制可，以伯颜同知院事。六年授河北河南道提刑按察使。八年襄阳用兵之。四年改总管水军万户，创石囷七，于汉中流，以绝敌舟馘溃园之兵千，改陕西四川道提刑按察使，皇子安西王国秦未至。公见之六盘，顺圣皇后赐金帐，载数十车，用事臣欲置宪府奎钩庆赐之阁，宪副张庭瑞不受曰："汝总管自有府其即彼以置留，车一昔用事臣谗其不恭。"锐欲深治公力陈辨，且责其人，霰珍罢右丞相入为大官。人有事干者，斥曰："吾守大釜鬲者，他非所知，汝王食官，不师此而行，乃越职沮挠风纪。"或帝闻之，谓王弗戢左右也。王虽不善，以受知列圣，身见其摧大臣于庭，且闻帝托裕皇于他日者，庭瑞由以得受轻罚。二年伯颜济江下鄂，帝曰："游某曩于列圣，朕前策取江南熟矣。非直能言，亦能为者，今闻济江而独不与，意必热中。其召以来，授前军宣抚使。"大军临苏州，公从七骑薄城呼曰："我游宣抚也，来晓告尔州将，丞相奉诏督诸军，以平江南，诛赏精明，其早自来归取富贵比他州将，不然梯恸一树，则加诛，后服为屠常州续耳。无遗殃生齿数百万也。"王安抚即以城下，公身至坊市集吏民，谕以天子仁圣威德，军律降城不诛，其安尔室家无恐或持金为谢曰吾非利货为者，授苏州宣抚使，遣人四出招来捕民。凡得十三万家，贷仓谷为石百三十万为种于民约秋熟偿官，及期民欢输之，无少折阅。十四年授中奉大夫，浙西道宣尉使，杭民闻来相语曰："吾属幸哉！抚安苏州者，游公至矣。"明年入觐，布币萧墙。俄帝辇至，顾谓之曰："卿老人，宣力良多。"一日俾坐胡床持杖指使宫门，何事不集其日入宴坐赐之榻，辍太官所上饮食之，后疾，遣尚医侍药衣白貂裘，皆殊恩也。疾已入谢，言江南赖陛下神武，文轨一矣。惜往数宣圣化者，不称任使，敕语之中书其年国人为浙西宣尉使者死，省奏以国人嗣为。上曰："游某非国人，何其指盗杀臣为？"平章者曰："是不可居汝下者，岂可久使亚人。"明年授中奉大夫，中书右丞，行浙西宣尉使。又明年用兵日本，江淮福建湖广之兵将十万众，皆齐集，资食于杭，凡廪米八十余万为石。又造海舰若千百艘，材不足于用，劝富民佐木，皆酬其直，又锻治甲仗，一令之下，星火不喻其急，动以失军兴缓制敕从事，其堂帖无如瓢木弩箙刀，皆预为千事。盗杀臣益綦，乃好言入闻游某高年，当以某人为使，少分其劳，实欲遣位公右，上召其人至曰："游某老人，汝可父事，其欲位汝其下三四，何所惟其言从。"十九年，是臣见杀于盗，其姻党贪墨奸窳上盗公帑，下历齐民者，诸不法皆露，而东南新国，尤罹其毒。公为钩考，惟是一省征赃四百余万为缗，明年明州民饥贷米石五万余，约偿如杭，及再用兵日本，诏军兴百需责使供亿，其时已疾。犹支持视事，寻薨于杨州官舍，斯其所履历措注宠数大者，自余其敏政如尹京，日必待命于庭秉令，中书乃归治府，虽事丛至，其前必决一或然火达曙，不得家食，则必取之市。霜雪寒溧至宿于野，与造海舰于杭，役场达城二十里，比晓已

至督视，竟则听政于司夜，必二鼓方息其恤孤独。或为人所抑，则不大声色，呴呴导使尽言，事虽无迹计数以求必得其情，其推诚感物如南京盗数人窃戍军之马，于律当倍其偿，军迫南征，为先假诸公帑，同署者难之。公则曰："过则在余，不及诸军，与之期日。"纵盗归取之家，如言而反，悉输之官，受罚不诉，为杭生获荷叶浦贼用先锋辈四人。公曰："堂堂宋室国家，取犹覆掌鼠子何为？皆官以巡检，给衣服货财遣之。"曰："能与而余党舍贼为平民，惟汝及面叛归亦惟汝。"旬月招其党，倾其巢窟，牛天王据海，官军加诛，积岁不能平，公惟遣象山僧往说之，乃与之偕来，凡此皆事动天听者也。三夫人张氏赵氏、完颜氏子男女四人，永赐、永禄、天祥、永弼，永禄知延安之绥德州。天祥入侍裕庙于东宫，与永弼皆不禄。女六人，长适陕西行省男赵某，次适提举男路构，次适襄阳路总管马国璧，次适崭黄等路副宣尉忽突带，次笄而夭，季适史太尉忠武公孙知安陆府史炽，男孙四人，偃、亿、伦、僎，女孙二人，长适提点奉宸闸夹谷思政，幼在室。男曾孙三人，元嗣、元伟、元晖，女曾孙八人。铭曰：在昔英文，名城剖分为开国臣，赉其庸勋，公时还南首策平宋，克沃帝心顾曰禁从，咨汝如林，孰为斯言斯猷宜同，功劳位尊，其封襄民为家二百，其世有之，尚力是获，定宪二朝守而不渝，岁赋名城，天府尚输，独复公家尽私其有，虽储千金，富无此厚，英文富之，世祖贵之在笥衣之，王食馈之。位亚人臣，龙光匪夷，自夫壬辰，子在乙巳，五十年中，高明及此谓非人豪，谓之曰：何概其平生，庶善则多维列圣知，无是为大爰笔之碑永白隧外。

黄崇妻游氏

宋《朱晦庵大全集·建
安郡夫人游氏墓志铭》

有宋建安郡夫人游氏，右宣义郎致仕赠金紫光禄大夫，邵武黄公讳崇之妻，而子端明殿学士讳中，台州史君讳章之，所追爵也。世为建州建阳县，长平里人。曾祖正卿，祖希古，父仪，皆不仕而有隐德。乡里推长者，夫人资静淑，族母阮氏，以妇德为女师，夫人幼尝学焉，受班昭女训通其大义，至它组纫笔扎之艺，皆不待刻意而能辄过人。早孤，其母钟爱之，以归大夫公，事舅姑，承祭祀，勤肃不懈，舅喜宾客，佳辰令节，亲旧满门，夫人供馈唯谨，未尝顷刻自逸，而委劳于娣姒也。姑性严，诸妇侍旁，有二十年不命坐者，夫人独能顺适其意，盥栉温凊，礼无违者。姑有疾，非夫人进药不尝。每因事指言以为诸妇模楷，遭舅丧，大夫公素贫，昆弟相顾谋鬻田以葬。夫人曰："毋隳尔先业为也。"退斥橐中装以奉其役，故大夫公得以不烦于众，而襄大事。大夫公为人诚悫庄重，夫人以柔顺坚正佐之，相敬如宾，谋无不协，其待遇族姻，谦谨有礼，乐道其美而不喜闻其过。至其贫困则赒之，必尽其力，日诵女训及它经言以自箴警，亦颇信尚浮屠法，娠子则必端居静室，焚香读儒佛书，不疾呼，不怒视。曰："此古人胎教之法也。"故其子生皆贤材，而夫人所以教之者又甚至，稍能言则寘膝上授以诗书。少长即为迎师择友教诏谆悉，从兄御史先生学于河南程氏，行业淳懿，为学者所宗。夫人每语诸子曰："视乃舅而师法之，足以为良士矣。"绍兴壬子四月二十三日以疾卒。病革，大夫公泣视之，夫人曰："生死聚散，如夜旦然，何以戚戚为哉？"于是年五十有六矣。二子皆举进士中其科，而端明公实以第二人赐第，其后

侍从两朝，出入二十余年。忠言直节，老而益壮，退居于乡，天子闵劳以事，尝遣便奉玺书就而问之。其忠孝大节，固已伟然，而其言行之细，又皆可纪。人以为夫人之遗教也。台州尝为御史台主簿，亦以治行精敏，议论慷慨，有闻于时，二公前后凡逢恩得追荣其母至今封，里人荣之。一女则贡士刘纪其壻也，卒之明年，葬于邵武县石岐之原。大夫公尝命台州状其行，而未有所托铭，后四十有六年。端明公乃以命熹，其语具于大夫公之志。此不著，独按状文剟□其大者，书而铭之。铭曰："长平之游，世有德人，弗耀于世，乃里其仁，女士攸宜，壶彝是式，配德娠贤，庆余善积，尚书刺史，之德之才，汤沐之封，本邦是开，煌煌命书，贲此玄宅，伐石篆辞，永世贻则。"

汤处士妻游氏

宋吕南公《灌园集·汤处士游夫人墓志铭》

元丰五年冬十一月壬辰，南丰处士汤君丧其内，游夫人不即葬，明年春二月己未，怀僧于见客堂，处士拜佛稽首百下亦卒，是冬十月癸酉。其孤举二丧空于空子龙池乡东户里之佛塔窠，同位而异穴，先时以牛马走来请曰："维亡父生平，好善，足未尝州县庭，口未尝飏人过恶，事亲期适而已。不敢壮有余而老不足，接人趣恭而已。不敢论贤而诋不肖，夫然故州闾以迪吉归之。而远近宾客日至，维亡母是能佐佑其治，非不生财也。而知以发其身，故内无延养之阙。而外有周济之誉，虽不积而不悔，是维吾亲德行，愿得铭以志诸幽，传无穷，其许我哉？余盖未识处士，特熟其孤于逆旅耳。"请勒铭诗非所得爱也。按汤氏之先闽产，或言本姓殷为国朝讳而改，或言亦南史汤之系，无谱牒可据，未知其孰是，其徙家南丰距处士为五世，鲁祖某，祖某，父某，处士讳某，字顺之，游姓，出九国时，亦不知其所受，若徒之初也。鲁祖某，祖某、父某，夫人寿五十五，而处士多其三岁，有五男子曰震，柏复、济深，而震深为进士，各有时名。二女子，适游某杨某，孙若干人，外孙若干人。铭诗曰：相从载祀六六乎而，方隆绛义淑睦乎而，剧终倾以蜀绩乎而，渠以占之其使之孰乎而，之谷乎而。

卷之八千九百七十九　二十尤

周

《北史列传·宗室》

广川公测,字澄镜,文帝之族子也。高祖中山,鲁祖豆颓,祖骐□,父永仕,魏位并显达,测性沈密,少笃学,仕魏位司徒右长史。尚宣武女阳平公主,拜驸马都尉,及孝武疑齐神武,诏测诣文帝密为之备,还封广川县伯,寻从孝武西迁,进爵为公。文帝为丞相,以测为右长史,委以军国,又令测详定宗室昭穆远近,附于属籍,历位侍中开府仪同三司,行汾州事,政在简惠,颇得人和。地接东魏,数相抄窃,或有获其为寇者多缚送之,测皆命解缚置之宾馆,然后引兴相见,如客礼马,仍宴设于还其国,卫送出境。自是东魏人大憨,乃不为寇,两界遂通庆吊。时论方之叔子,或有告测怀贰,文帝怒曰:“测为我安边何为?”间骨肉乃命斩之,仍许测便宜从事,转行绥州事,每岁河水合后。突厥即来寇掠,先是常预遣居人入城堡以避之,测至皆令安堵,乃于要路数百处并多积柴,仍远斥候,知其动静。是年十二月突厥从连谷入寇,去界数十里,测命积柴处一时纵火。突厥谓大军至,惧而遁走,委弃杂畜辎重不可胜数,自是不敢。复至,测因请置戍兵以备之,后卒于太子少保,文帝亲临恸马,仍令水池公监护丧事。谥曰靖,测性仁恕,好施与,在洛阳之日,曾被窃盗,所失物,即其妻阳平公主之衣服也,州县禽盗,并物俱获。测恐此盗坐之以死不认焉,遂遇赦免,盗既感恩,请为测左右,及测。从孝武西迁,事极狼狈。盗人亦从测入关,并无异志,子该嗣位,除州刺史。测弟深,深字奴于,性鲠正,有器局,年数岁,便累石为营,折草作旌旗,布置行伍,皆有军阵之势。父永遇见之,喜曰:“汝自然知此,后必为名将。”孝武西迁,事起仓卒,人多逃散。深时为子都督,领宿卫兵,抚循所部,并得入关,以功赐爵长乐。县伯,大统中,累转尚书直事郎中,及齐神武屯蒲坂,分遣其将窦泰趋潼关,高敖曹围洛州。周文帝将袭泰,诸将咸难之,帝隐其事,阳若未有谋,独问策于深。深曰:“窦氏,高欢骁将,欢每仗之御侮,今大军就蒲坂,则欢拒守,窦必援之,内外受敌,取败道也。不如选轻锐潜出小关,窦性躁急,必来决战,高欢持重,未即救之,则窦可禽也。虏窦,欢势自沮,回师御之,可以制胜。”文帝喜曰:“是吾心也。”军行果获泰,齐神武亦退。深又说文帝进取

突厥骑兵

弘农复克之。文帝大悦，谓深曰："君即吾家陈乐也。"是冬，齐神武又率大众至沙苑，诸将皆惧，惟深独贺。文帝问其故。对曰："欢抚河北，甚得众心，虽之智谋，人皆用命，以此自守，未易可图。今悬师度河，非众所欲，唯欢耻失窦氏，愎谏而来，所谓忿兵一战可禽也。不贺何为？"文帝然之。寻大破齐军，果如所策，俄进爵为侯，六官建，拜小吏部下大夫。

武成元年，迁卅豳刺史，改封安化县公。保定初，除京兆尹，人为司会中大夫，深少丧父事兄甚谨。性多奇谲，好读兵书，既居近侍，每进筹策，及在选曹，颇有时誉。性仁爱，徒弟举神庆幻孤，深抚训之，义均同气，世亦以此称焉。卒于位，谥曰成康。

子孝伯，孝伯字胡王，其生与武帝同日，文帝甚爱之，养于第内。及长，又与武帝同学，武成元年拜宗师上士，时年十六。性沈正謇谔，好直言，武帝即位，欲引置左右。时执政在家，臣不得专制，乃托言少与业受经，思相启发，由是护弗之猜。得入为右侍上士，恒侍读，及遭父忧，诏令服中袭爵。武帝尝谓日："公与我犹汉高与卢绾也。"赐以十三环金带自具，恒侍左右，出入卧内，朝务皆得预焉。孝伯亦竭心尽力，无所回避。至于时政得失，外间细事，皆以奏闻。帝信委之，当时莫比。及将诛晋公护，密与卫王直图之，惟孝伯及王轨宇文神举等颇得参预，护诛，授开府仪同三司，历司会中大夫左官正。皇太子既无令德孝，伯言于帝曰："皇太子德声未闻，请妙选正人为其师友，调护圣质，不然悔无所及。"帝敛容曰："卿世载鲠正，竭诚所事，观卿此言，有家风矣。"孝伯拜谢曰："非言之难，受之难也，深愿陛下思之。"帝曰："正人岂复过君"。于是以尉迟运为右宫正，伯仍为左宫正，宗师中大夫，累迁右宫伯，常因侍坐。帝问我儿比进，不答。曰："皇太子比惧天威，更无罪失，及王轨因内宴捋帝须言太子之不善。"帝罢酒责孝伯曰："公常谓我云太子无过，今轨有此言，公为诳矣。"孝伯拜曰："臣闻父子之际，人所难言。臣知陛下不敢割情忍爱，遂尔结舌。"帝知其意，默然久之。乃曰："朕已委公，公其勉之。"及大军东讨拜内史下大夫，令掌留台事。军还，帝曰："居守之重，无忝战功。"于是加授大将军，进爵广陵郡公，分赐金帛女妓等。复为宗师，每车驾巡幸常执其手，令居守。后帝北讨至云阳宫寝疾，驿召孝伯行所，执其手曰："吾自量必无济理，以后事付君"。是夜授司卫上大夫，总卫宿兵马，令驰驿入京镇守。宣帝即位，授小冢宰。帝忌齐王宪，意欲除之，谓孝伯曰："公能图之，当以官位相授孝伯叩头。曰："齐王戚近功高，栋梁所寄，臣若顺旨，所臣为不忠陛下，不孝之子也"。帝因陈之，乃与于智郑译等圆其事，令智告宪谋逆，遣孝伯召入诛之。帝之西征也，在军有过，行郑译时亦预马。军还，孝伯及王轨尽以白武帝。武帝怒挞帝数十，乃除译名，至是帝追憾被杖，乃问译我脚上杖痕谁所为也？译曰："事由宇文孝伯及王轨。"译又说轨捋帝发事，帝乃诛轨。慰迟运惧，私谓孝伯日："吾徒必不免祸，奈何？"孝伯曰："今堂上有老母，地下有武帝，为臣为子，知欲何之？且委质事人，本徇名义谏而不入，将焉逃死。足下若为身计，宜且远之。"于是各行其志，运寻出为泰州总管。帝荒淫日甚，诛戮无度。孝伯频谏不从，由是益疏。后稽胡反令孝伯为行军总管，从越王盛讨平之。及军还，帝将杀之，乃托以齐王事诮之曰："公知齐王谋反，何以不言？"对曰："臣知齐王忠于社稷，为群小媒蘖，加之以罪，臣以言必不用，所以不言。且先帝属微臣辅陛下，今谏而不从，实负顾托，以此为罪，是所甘心。"帝斩俯首不语，令赐死于家，时年三十六。及隋文帝践极，以孝伯王轨忠而获罪，并令收葬，复其官爵尝谓高并曰："宇文孝伯实有周良臣，若此人在朝，我非无措手处。"子歆嗣。

东平公神举，文帝之族子也。高祖普陵，曾祖求男仕魏，并显达，祖金殿，魏衮州刺史安喜县侯，父显和，少而袭爵，性矜严，颇涉经史，膂力绝人，弯弓数百斤能左右驰射，孝武

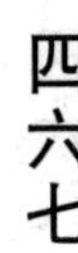

之在蕃，显和早蒙眷遇，时属多难，尝问计于显和，显和具陈宜杜门晦迹，相时而动。帝深纳焉，及即位，拜阁内都督，封城阳县公，以恩旧遇之甚厚显和所居隘陋，乃撤殿省赐为寝室，其见重如此，及齐神武专政。帝每不自安，问显和曰："天下汹汹，将如之何？"对曰："莫若择善而从，因诵《诗》云：'彼美人兮，西方之人兮'。"帝曰："是吾心也。"遂定入关，策以其母老，令预为计。对曰："今之事忠孝不并，然臣不密，则失自安，敢预为私计。"帝怆然改容曰："卿我之王陵也。"迁朱衣直阁阁内大都督，改封长广县公，从孝武入关，至溱水。周文帝素闻其善射而未之见，俄而水傍有一小鸟，显和射中之。文帝笑曰："我知卿工矣。"进位车骑大将军仪同三司散骑常侍。建德三年，追赠骠骑大将军，开府仪同三司。神举早孤，有夙成之量。及长，神情倜傥志略英赡；眉目疏朗，仪貌魁梧。明帝初，起家中侍上士，帝留意翰林而神举雅，好篇什，每游幸，神举恒从，袭爵长广县公。天和元年，累迁右宫伯中大夫，进爵清河郡公，建德三年，自京兆尹出为熊州刺史，齐人惮其威名。及帝东伐，从平并州，即授刺史，州既齐氏别都，多有奸猾，神举示以威恩，远近悦服，封武德郡公，进柱国大将军，又改封东平郡公。宣政元年转司武上大夫，及幽州人卢昌期等据范阳反，诏神举讨禽之，时齐黄门侍郎卢思道亦在反中，贼平。将解衣伏法，神举乃释而礼之，即令草露，属稽胡反寇西河，神举与越王盛讨之，时突厥赴救，神举以奇兵蹴之，突厥败走，稽胡款服，即授并州总管。神举见侍于武帝，处心腹之任。

王轨，宇文孝伯等屡言皇太子之短，神举亦颇预焉，及宣帝即位，荒淫无度，神举惧及祸，怀不自安。初定范阳之后，威声甚振，帝亦忌其名望，兼以宿憾，遂使人齐鸩酒赐之，薨于马邑，时年四十八。神举美风仪，善辞令，传涉经史，性爱篇章，尤工骑射，临戎对寇，勇而有谋，莅职当官，每著声绩，兼好施爱士，以雄豪自居，故得任兼文，武声彰外内，百寮无不仰其风，则先辈旧齿，至于今称之。子同嗣，位至仪同大将军，神举弟庆。

庆字神庆，沈深有器局，少以聪敏见知，初受业东观，颇涉经史，既而谓人曰："书足记姓名而已，安能久事笔砚为腐儒业乎？"时文州贼乱，庆应募从征，以功授都督，卫王直镇山南，引为左右。庆善射，有胆气，好格猛兽，直甚壮之，稍迁车骑大将军仪同三司。及诛宇文护，庆有谋焉，进授骠骑大将军。加开府从武帝攻河坠，先登攀垛与贼短兵接，中石乃坠，绝而后苏。帝劳之曰："卿勇可以贾人也。"复从武帝拔晋州，齐兵大至，庆与齐王宪轻骑觇，卒与贼窘，宪挺身而遁。庆退据汾桥，众贼争进，庆射之，所中人马必倒，贼乃稍却，及拔高壁，克并州，下信都，禽高湝，功并居最，进位大将军封汝南郡公。寻以行军总管挚延安反胡，平之，历延宁二州总管，隋文帝为丞相，以行军总管征江表，次白帝，以劳进上大将军。帝与庆有旧，甚见亲待，令督丞相军事，委以心腹寻加柱国。开皇初，拜左武卫将军进上柱国数年。除凉州总管，岁余征还，不任以职。初文帝龙潜时，尝与庆言谓曰："天元质无积德，其相貌寿亦不长。加以法令繁苛，耽恣声色，以吾观之，殆将不久，又诸侯微弱，各令就国，曾无深根固本之计。羽翮既翦，何能及远，尉迟迥贵戚早著声望，国家有衅，必为乱阶。然智量庸浅，子弟轻佻，贪而小惠，终致亡灭。司马消难，反覆之虏，亦非池内之物，变在俄顷。但轻簿无谋，未能为害，不过自窜江南耳。庸蜀险隘易生艰阻，王谦愚蠢素无筹略，但恐为人所误，不足为虞。"未几上言皆验。

及此，庆恐上遣忘不复收用，欲见旧蒙恩，顾具录前言为表奏之，上省表大悦下诏曰："朕言之验，自是偶然，公乃不忘弥表诚节，深感至意，嘉尚无已。"自是上每加优礼，卒于家。子静乱，尚隋文女广平公主，位仪同，安德县公，熊州刺史。先庆卒，静乱子协，位右翊卫将军，宇文化及之乱遇害。协弟晶，字婆罗门，大业中养于宫内，后为千牛左右。炀

帝甚亲昵之，每有游宴，必侍从，至于出入卧内，伺察六宫，往来不限门禁。时人号为宇文三郎，与宫人淫乱，至于妃嫔公主，亦有丑声萧后言于帝。晶闻，惧不敢见，协因奏晶壮不可久在宫掖。帝不之罪，召又待之如初，化及杀逆际为乱兵所害。论曰："宇文测兄弟，驱驰于经纶之日，孝伯神举尽言于父子之间。观其智勇忠概并可追踪于古人矣。"

司马光《稽古录》

文帝以关中之众，东迎孝武，收疲散之兵，抚贫困之民，任贤使能列官布职，明部分，务农桑，以辅魏室，虽以高氏之强，不能陵也。其所为典法，施于后世，可不谓贤乎！武帝以英杰之资受制强臣，恭默端拱，十有余年，须其罪盈恶熟，为众所弃，一旦除之若拨曲振槁，可谓知柔知刚！智勇兼备者矣！然后亲统六师以征东夏齐之险阻不守士卒，不战数月之间缚其君臣，致于鼓下，使有周之境，东渐于海，传于江，虽魏室全盛之时，不能及也！惜乎宣帝恣其淫侈，逞其奇谲，自绝于天，结怨于民，不及三年而为异姓所有，悲夫！

《小学史断》

北周起于宇文泰，因元魏扰乱，孝武西奔，遂挟天子而令之，披草莱立朝廷，其为君为国也微矣。然卒能取威定霸，以弱为强，南清江汉，西举巴蜀，北控沙漠，东据伊瀍，而又得苏绰之奇才，修一代之文物，及摈黜魏晋，宪章古昔。依《周礼》而建六宫，搜人才以为牧守，作九命以叙官爵，自三代以来，官名法度，少有可观者，唯宇文氏耳！《伊川语录·晦庵语录》然。高欢临终之时，犹拳拳于其君。宇文垂死之夕，惟恋恋于其子，二人之用心亦可知矣！宇文觉以冲龄嗣霸，曾未几时，宇文护遽取魏鼎而授之，是为周闵帝。

立国之初权归于护，政出私门，虽负刚强之姿，终致萧墙之祸，以此开基，保以永世。护弑宇文觉。明皇继之厥鉴不远，惩前车之覆辙，芟除而剿灭之，宜也。夫何机务虽收，而军旅大权犹总于护，既不能翦夷祸根，而又资以兵柄，虎而传翼，自殒其躯。帝遇毒崩，哀哉！若夫推付托之公心，恢宇文之洪业，盖亦足为明矣，宇文护再行弑逆，而鲁国公邕践祚，是为武帝，虑谋深远，以蒙养正。及诛护后，始亲政事，听览不倦，用法严整，臣下肃然，性天明察，布德立行，皆欲度越前人，身衣布袍，无金玉之饰，锦绣纂组，一皆禁断。后宫嫔御，不过十数，劳谦接下，亹亹忘疲，专崇儒术，老释兼罢，以海内末康，锐情阅习，校兵训武，步行山谷，履涉艰若，皆人所不堪。性又果决，能断大事，故能得人死力，以弱为强，及入齐境虽残伤苗稼者，亦皆以军法从事。数年之间，克平齐土，盛矣哉，其有成功也。齐平之后，撤宫室之华侈，省妃嫔之员数，雕琢之物悉赐贫民，信可谓善处胜矣。而适嗣子之非才，即宣帝昧宗社之大计。但欲威之捶楚，期于惩肃，义方之训，岂若是乎？是以宣帝即位之初，即肆凶虐，季父至亲，一朝杀之，如毙犬彘。杀齐王宪。丧仅逾年，恣情声乐，鱼龙百戏，旁午殿内，自是而后，游宴沉湎，旬余不出，群臣奏事，悉倚宦者，五后并立，纪纲荡然，得保首领，已为幸矣。静帝越自幼冲，绍兹衰乱，内外挟孙曹之诈，戚藩无齐代之强，杨坚谈笑，遂移神鼎。呜呼！宇文黑獭（名泰）亲杀孝武，黜辱废帝，把握魏政，逾二十年，至其子觉遂篡取之，得国不三四年。二主觉毓俱被杀戮，末及三十载，杨坚遂奄有其国，且尽宇文之裔，俾无遗种。积恶之报，良可畏夫。

后周之有国，凡五传二十有五年，（起陈武帝永定元年丁丑，讫宣帝太建十三年辛丑），而隋取之焉。时宣帝之太建十三年也。考论南北立国之数，自东晋而下在南朝者齐二十年。陈三十年，宋与梁仅五六十年。在北朝者，宇文之周，高氏之齐，亦不过二三十年。独拓

跋之魏，出自北狄，其都洛之久，至近百年，岂天理果私于夷狄欤，然则史以南北并称，其果无分于正朔欤，昔者先儒尝断之矣。曰："于时正朔相承，乃在江左，南北不能相并，则拓跋岂能免索虏之讥（致堂管见）。不然苻秦立国，几奄天下之全，而王猛临终，犹拳拳以正朔相承为说。猛岂无所见而自抑哉！"或曰："以正朔属江左，信矣！而前辈述史尝欲自宋元嘉之后，合元魏太武之年而并书之，其意果何谓欤？"曰："魏自太武之后，国势浸强，与中国等，而典章制度，则又渐过之，自王通诸人，已有欲诱而进之之意矣.然奈何天无二日。民无二王，夷夏大分，岂容对立，作史者不必立异。"第祖述司马《通鉴》之书，以南朝之正朔为正，而以北朝之号附注于其后焉。庶乎适取舍之正矣，南北虽分。普六茹坚卒取周人之国，其后复克平南陈以一天下，至是南与北合。郭璞有言，江东分，王三百年，复与中国合。自晋元帝渡江都建康，而中原悉为左衽之区，至是治三百年而合于隋。匪天意夫？反覆南北之间，战争相寻，几数百年，而终定于此，其气类之迁变，非一朝一夕而然。南朝起自东晋，已罢遣生徒。

帝不修孔庙（孝武十七年），衣冠文物，浸就颓毁。至宋及齐，篡弑之主，几七八。梁陈而降，又崇尚释教偏国从夷则已有变夏为夷之道矣，北朝起自元魏如太武，如孝文，文德武功冠冕南北，又求遗书，祠孔子，禁胡语，胡服。迨至宇文，制度典章，仪刑古昔，则已有用夏变夷道矣。人谓南北之合在于隋文平陈之年。君子溯其本源，则南之决不能并北，非一朝一夕之故，其所由来渐矣。

《文苑英华·虑思道后周兴亡论》

周太祖文皇帝，幼而机警（疑作警）智数过人。属魏末多故召募关陇。值二将相屠，三军未一见，推为主，遂握兵符。俄而魏武西巡奉迎车驾，挟天子以会诸侯，万世所一时也。抚养荒余，鸠聚兵甲，同心之旅不满万人。齐神武以大兵数十万，将清灞浐雷劲云移，萃于渭曲。太祖以数千弊卒，振旅而还。遂基王业。窦泰以劲兵深入，一战丧元。高敖曹以锐气先登，临阵受首，兵革（一作革车）岁动，败鲜胜多。高氏虽怙其众，力莫敢先。至邙山之举，我师败绩，收合亡散，退守有余。及萧氏将亡，边服震扰。荆郢内附，庸蜀来王。器械完整，货财充实，带甲百万，骁将如林。晏驾之辰，国与齐人相埒矣。闵帝以嫡嗣承基，应天纳禅，弱龄厌世。未及称皇，以庶长见立，纂我鸿绪，从容文雅，亦守文之良主焉。二帝景命不融。高祖始登大位，于时大冢宰晋公宇文护，太祖之犹子也。负图作宰，亲受顾命，国柄朝权，顿去王室，高祖高深视弥历岁年，谈议儒玄，无所关预，祭则寡人，晋公之不忌也。但自下裁物，其主不堪。累世权强，一朝折首，其于党与？咸见夷戮，恶禽罪物，扫地无余。尔乃弃奢淫，去浮伪施一德，布公道，屏重肉之膳，躬大布之衣。始自六宫，被于九服，令行禁止，内外肃然。以释氏立教，本贵清静。近世以来，縻费财力，下诏削除之，亦前王所未行。（一作得非也）值季失德，取乱侮亡，亲御戎轩，再举而灭。军令肃然，秋毫莫犯。数旬而定，不戮一人，未及下车。革其弊政，山东士女，欣戴如归。但天性严忍，果于杀戮，血流盈前，无废饮啖。行幸四方，尤好田猎，从禽于外，非夜不还。飞走之类，值无免者。识者以此少之，虽有武功，未遑文德，彝章礼教，盖阙如也。练甲治兵，将扫沙漠，远图不遂，暴疾升遐。宣帝初在东宫，已多罪失，高祖每加严训，不能修改。嗣位之初，饬情自励。逾年已后，变态转兴，耽酒好色，常居内寝，角抵逸游，不舍昼夜。分命使人，征求子女，积之宫中，以千万数。此石虎之淫风也。宠姬四人，并立为皇后，车服节

文，与内主无别。此刘聪之乱政也。少在储宫，颇览经籍。临朝对众，亦有精神。但禀猜狂，特诡异，衣冠形色，皆与旧制不同。文武侍臣，屏弃遐裔；内外门阁，皆别令臣者着守，出入去来，并录其数，殿省以同相视。然朋淫于家，无所简择。乃至长乐，亦有丑声。大象之末，忽马惨虐。鞭挞朝士，动至数百，背及胸腹，一时下手，楚毒之理，不可忍见。祖宗庙号，讳不得称变易官名，回官(疑姓)族。车乘轮辐，并有贵贱之殊。妇人妆点，亦为上下之异。后庭嫔妾，房有数人，自旦至夕，恒令危坐，相对有不如法，便即捶楚。内外命妇，朔望朝谒，皆令为丈夫拜伏，以示肃恭。自号为天，不复称朕。此外小事异同，不可胜纪。狂惑妖僻，开未之有也。客曰："齐武成，荒悸庸暗，怨结人神，厥嗣不昌，理则然矣。"周祖聪明神武，冠世雄奇，因愚子以至颠覆，岂人事乎？天道也。蒙有惑焉，请闻其说。主人曰："寒暑晦明，二仪之不同也。贤愚治乱，五胜之相形也。是以酒池肉林，乃周王之缔构：坑儒灭学，亦汉后之驱除。齐自天保受终，迄于武乎丧国。孝昭之外，竟无令主。河清已后。国基渐坠。昏主慢游于上，黎民怨读言于下。逮于末弃，君弱臣愚，外崩内溃。周人取之，犹坂上走丸也。周武任数矩疑情，果敢雄断，拥三秦之锐，属攻昧之秋。削平天下，易同俯拾，未及三祀，宫车晚驾，嗣子披猖，肆其匈慝。真人革命，宗庙为墟。此盖天所以启大隋，非不幸也。"

王安国《后周书序》

周书本纪八，列传四十二，合五十篇。唐令狐德请撰次，而诏德棻与陈叔达庾俭成之。仁宗时出太清楼，本合史馆秘阁本。又募天下献书，而取夏竦李巽家本下馆阁，是正其文字。今既镂板以传学官，而臣等始预其是正。又序其目录一篇曰：周之六帝，当四海分裂之时，形势劫束，毅然有志。合天下于一而材足以有为者，特文帝而已。文帝召苏绰于稠人之中，始知之未尽也。卧与之言，既当其意，遂起并昼夜，咨诹酬酢，知其果可以断安危治乱之谋。而诎已以听之考于书唯府兵之设，敛十岁已散之民而系之于兵。庶几得三代之遗意，能不骇人视听以就其事，而效见于后世。文帝尝患文章浮薄，使绰为大诰以劝，而卒能变一时士大夫之制作。然则势在人上而欲鼓舞其下者，奚患不成。虽然，非文帝之智，内有以得于已：而苏绰之守，外不诎于人，则未可必其能然也。以彼君臣之相遭，非以先王之道，而犹且恳恳以夸言之。又况无所待之豪杰，可易以畜哉？夫以德力行仁，所以为王霸之异。而至于诎已任人，则未始不同。然而君能畜臣者天下之至难。《传》曰：取人以身，修身以道；修道以仁，盖道极于不可知之神，而人有其质推之为天下国家之用者，以其粗尔。然非致其精于已，则其粗亦不能以为人。惟能自爱其身，则内不欺其心，外不蔽于物，然后好恶无所作。而尚何有已哉？能无已，始可以得已。而足以揆天下之理，知人之言，而邪正无以廋其实。尚何患乎论之不一哉？于是贤能任使之尽其方。而吾所省者以天下之耳目，而小人不能托忠以诬君子，又从而为之劝禁，则小人忿欲之心已黜于冥冥之际。君子乐以其类进而摩厉其俗，凛然有耻。君臣相与谋于上，因弊以新法度，而令驰骛于下者有忠信之守，而无传会迁就之患。则法度有拂于民而下不以情赴上者乎？虚然后能受天下之实，约然后能操天下之烦。垂缨摄衽，俯仰明堂，无为以应万几者，致其思而已矣。夫思之为王者事，君臣一也，势则异焉。世独颂尧舜之无为，而安知夫人主自宜无为，而思则不可一日已也。书曰："思曰□。"扬雄曰："于道则劳，其不然欤，盖夫法度善矣，非以道作其人则不能为之守。而民之多寡，物之丰杀，法度有视时而革者，必待人而后谋，则是可不致其思乎？苟未能此而徒欲法度之革者，是岂先王为治之序哉？彼区区之周何足以议？此徒取其能因一时君臣之致好，犹足以见其效。又况慨然行先王之道，而得大有为之势乎？是固不宜无论也。

《习学记言》

《后周书》称宇文泰先出自炎帝神农氏，为黄帝所灭，子孙遁居朔野。有葛乌菟者鲜卑奉为主。由泰父肱至普回二十三世，普回至乌菟不能纪也。鲜卑何用世？次史祖魏收，收祖司马迁。迁以匈奴为禹后，持记事推引之滥。盖无所媚附，而收之称舜臣，狐令德谄之称炎帝后，则专以诳笔造谄语。刘向班固言汉承尧运者耶？高欢宇文泰，虽同于篡魏，泰贺拨岳所奖用，岳既见杀，其下无主，扳泰而归之则近于势之自至也。魏孝武身落人手而不常其德，先为高欢所逐，后为宇文泰所耽。夫败孽亡孺，自古皆为乱臣贼子之饵。彼妄遇一无赖奸人，既以伊周事责之。衷哉！古之帝王，所以外建诸侯，内立百官者，非欲富贵其身，而尊荣之。盖以天下至广，非一人所能独治，是以传访贤才助已为治。若知其贤也，则以礼命之。其人闻命之日，则惨然曰："凡受人之事，任人之劳，何舍己而从人？"又自勉曰："天生隽士，所以利时。彼人主者，欲与我为治，安可苟辞？"于是降心而受命。及居官也，则昼不甘食，夜不甘寝，思所以上匡人主，下安百姓。不遑恤其私而忧其家。故妻子或有饥寒之弊而不顾也。于是人主赐之以俸禄，尊之以轩冕，而不以为惠也。贤臣受之亦不以为德也。位不虚加，禄不妄赐，为人君者诚能以此道授官，为人臣者诚能以此情受位，则天下之大，可不言而治矣。昔尧舜之为君，稷契之为臣，用此道也。及后世衰微，此道遂废。乃以官职为私恩，爵禄为荣惠。人君之命官也。亲则授之，爱则任之。人臣之受位也，可以尊身而润屋者，则迂道而求之：损身而利物者，则巧言而辞之。于是至公之道没，而奸诈之萌生，天下不治，止为此矣.今圣主中兴，思去浇伪.诸在朝之士，当念职事之难，负阙之招累，夙夜兢兢，如临深履薄。才堪者，则审已而当之；不堪者，则收短而避之。使天官不妄加，王爵不虚授，则淳素之风庶几可反。观此可验苏绰用事大意也。然天下能为绰之言者不少，拘于时而不敢言，及其奋然言之而不获用则多矣。惜其不及君臣分定之时，不为贤主之诏，而徒为逆臣之令尔。泰再行篡逆，其史抑虬既执简而书其咎。泰又令卢辨作告以论其过，高贵公谓司马昭之心，路人所知。泰举动如此，欲以谁欺？王莽篡而作大诰，泰用周礼亦然。岂从周之伪者固当尔耶？石勒之于刘曜，苻坚之于慕容暐，周孝武之于高纬，皆以一取一。孝武始自五年十月至六年正月，马足未遍，而数千里地尽得。虽乘群愚自溃之机，然不勤身苦力以赴之，亦未能也。及其轻锐之念溢发不制，欲以廓清混一之功，取必于岁年之顷。呜乎！幸而遽得死，不然将遂毙于锋镝，为后世笑，岂止其子之不肖足以亡国哉？九尾妖狐也，示亡征焉。不知忧惧，而犹欲求不受瑞之名，其实以为瑞无大于此者尔。五品时叙，四海和平，家识孝慈，人知礼让。其君臣但摹仿十数板周官，便自谓已能如此，是真可笑也。余论周武帝若史所言，布怀立行皆欲逾越古人，正孟子谓齐王将以求吾所大欲也。然孟子谓齐王以若所为，不可以求若所欲。使其见周武帝所为，必谓可以求若所欲矣。汤武既有截法，而王道逾不可行于后世，此开利门之大者，而学者乃以为能闭之。何也？周武帝初行刑书要制，持仗群强盗一匹以上；不持杖群强盗五匹以上；监临主掌自盗二十匹以上；小盗及诈伪请官物三十匹以上；正长隐五户及十丁以上；隐地三顷以上；皆死。至天元患其严重太甚，且海内初平，恐物情未附，遂大醮告天而除之。孟子言："康诰杀越人于货，暋不畏死。凡民罔弗憝，是不待教而诛者也。"殷受夏，周受殷，所不辞也。魏周分田，权在正长，隐五户十丁，与地三

顷，其罪及贼著矣。设法禁奸，由孟子之论，要制所行，适罪称尔，非重也。季康子患盗问于孔子曰："如杀无道以就有道，何如？"孔子曰："子为政，焉用杀子欲善而民善矣"。孟氏使阳肤为士师问于曾子，曾子曰："上失其道，民散久矣。如得其情，则哀矜而勿喜。善为政者，当使民不为欺盗，不当因其欺盗而遂杀之。"然则孟子之论，孔子曾参之所不许也。且周武帝廉节自励，用已律人，故必行重刑而不疑，其子奢总任情推已恕人，故以行重刑为不可。后世据已定之法，初不知奢俭之所在，唯欲其重而不轻，又当在二人之下矣。固无暇考圣贤之异同也。周武帝一举平齐之功，齐王宪十居八九。方其正明君权以臣畜使之，不以兄弟数也。自谓如此，能革累世悍辅因辱之弊，使孺子刲割狐豚于牢豢中。兴晋司马攸，魏元勰，祸出一轨，而三国相随为墟，不然，则如齐孝昭武成挺刃而夺之矣。悲夫，本朝太祖监唐末五代幼君之败，不私其子，根本既成，祚命永延。贾谊谓天下可以数术制御，其言曰："植遗腹，朝委裘，而天下不乱。"然则汉之衰亡，岂非遗腹委裘耶？

尔朱破灭，高叹事已大谐，而暴横欲速，粗有志节者遂皆惊散。宇文泰寒远窜子，坐收其用，如贺拨胜年位材豪，决去江南，死心为役，他可知也。贺拨岳人微众弱，然经为其裨校者，无不立功垂名，岂必尽能，而泰亦何足以使之？特以魏孝武弃东就西，轻重势激而然，主威既夺而成臣之威，可不惧欤！

因于谨为三老，称木从绳则正，后从谏则圣。观高宗所言过于传说之所知矣，而不自为规矩律度以先天下，必委于臣之能言者而后以身从之。得用九见群龙无首之义，盖平世持盈守成之常道也。古之圣人，皆备道成德，首出庶物，其行在前，其谏在后。独高宗处乐以忧，恭默思道，自疑弗类，待谏而行，百王未有。此经生学士考论所不到也。谨从横乱世，甲裳腥膻，坠典偶兴，旷官承乏，肤习书句，苟应其名，然后世之效法先王，未尝不如此，岂足启悟也？

尔朱荣为柱国大将军，位在丞相上。宇文泰等因之，故号八柱国家。二典有四岳九官十二牧之等，周官言惟王建国，辨方正位，体国经野，设官分职，以为民极。今忽自称柱国大将军，是何义？盖夷胡无艺，妄以意造尔。宇文泰与苏绰庐辨依周礼设官，而杂用元魏及秦汉以后名称。仲尼虽学官名于郯子，然无所慕效也。周本与戎狄杂居，直以圣贤迭兴，法度最久，故孔子从之。从世苟以为从其实不从其名，则汉晋之官，同于任事，姑从之可也，使名实皆正，必如成周则一字不可增损矣。泰自贪柱国之号耳，出尔朱荣后，既不能改，而绰方与之法象周公，龟兹王褚，谓所议依然故在是，真可笑矣。

抑庆关西文士，苏绰患近代华靡轻薄，使为贺白鹿表以革之。庆操笔立成，辞兼文质，绰笑曰："枳橘犹自可移，况才子也。"庆词不传，无以验其是非。典谟训诰，固非笔墨之巧所能转移，而其体制亦各随世不同。绰作大诰，今为文者皆依此体，止是皮毛上模出一重粗俗。使如此而便为尧舜三代之文，则俚儒迂叟，先极其工，面豪俊之士，反阁笔无措矣。余颇记少时闻长老言有数士，各效名人文字以相夸耀，或为韩柳，或为欧曾，高者为西汉，其一人曰："未也。"遂特为诗书之文以盖之。绰所欲革，与此何异？以为于变一世，恐未可也。

柳弘死时年三十一，杨素之曰："山阳王弼，风流长逝。颖川荀粲，零落无时。条竹夹池，永绝梁园之赋；长杨映沼，无复洛川之文。"是弘以清言而兼丽笔，长枪大槊，数十年间，仅闻此尔。得非所谓正始之音也。

自宇文泰起接隋唐，百年中精神气脉，全在苏绰一人。三代既衰，佐命之材不世出，惟管仲、乐毅、萧何、诸葛亮、王猛、苏绰尔。亮地势不足自立，猛无坚凝之功，而绰隋文守

义,仰取俯拾,遵腐儒之常说,据旧籍之陈言,能使泰总已听命,粗细重轻。惟其所裁,不为新奇,坐致实用,岂特以其国强富兼并而已。由晋以后,南北判离,弃笔从戎,至是自北而南,变夷为夏,使孔子复出,微管仲之欢,不付余人矣。然则学者岂以能言为贵哉?顾其所行何如耳。王通或问苏绰曰:"俊人也,其道何如?行于战国可以强,行于太平则乱矣。"夫自许以英豪者,用材无本,自命为圣哲者,穷理不尽。行于太平而必乱,行于战国而不强,古今皆是也。奚绰之病哉,且何俊之有?六条平实无华,诸葛亮、王猛,欧世人而用之,不暇及也,死而无继,泽不垂远,不亡何待?自董仲舒、萧望之、刘向、崔实、王符、仲长统之流,皆论治道,而无一言之几。然则如绰者,亦未易也。独孤信深入湘川,百计拒敌,相持经岁,竟以全归。自前世言之为大功,乃坐失地除名,史谓宇文护谬政至此。然亦由当时望外成事者多矣,不然何以能奋于至弱,取天下之十九乎?此又未可以赏罚常情论也。

郭贤策高欢言:贺拨岳初死,关中震骇,不能乘时取雍州,是无智。魏孝武西迁寡弱,毛鸿宾丧败,关门不守,又不能并力要战,是无勇。此高欢所以失关陇之由,诚是欢之党人筭书未有及此者。刘晔欲因降张鲁取蜀,而曹操不敢,盖从昔智计,必有用之不敢尽者。然欢趑趄放过于狼狈汹汹之时,而乃噤龂决死于安徐已定之后,宜其屡进而屡却哉。

耿豪言大丈夫见贼,须右手拔刀,左手把槊,直刺直斫,慎莫皱眉。邙山之役,大呼独入,奋刀而远,当其前者死伤相继。又谓左右,吾岂乐杀人?壮士除贼,不得不尔。若不能杀贼,又不为人所伤,何异逐坐人也。豪虽凶粗不足取,而以关张比之,则又其细尔。李穆蔡祐,丞相臂膊,耿豪王勇,丞相咽项。泰能得武夫之用如此,安得不以弱为强乎?宇文泰用韦孝宽法令,诸州夹道一里种一树,十里种三树,百里种五树。然则此法未行以前,原野尤萧瑟矣。《诗》云:"有杕之杜,生于道左,彼君子兮,噬肯适我。"又曰:"柞棫拔矣,行道兑矣。"岂变墟莽为桑麻。自古圣贤,以为难事耶?迁固以文采炫耀,其人辞多而实寡,如王罴韦孝宽传正尔率拙。然功名壮伟不可掩,学者能详看所长气力不少矣。只泥住蔺相如、赵充国等,无复新意,此读书大病也。

《薛慎传》载宇文泰于行台置学,取丞郎及府佐德行明敏者充生。悉令旦理公务,晚就讲习。先六经,后子史。又于诸生中简淳懿者侍其读书。余尝恨刘裕质可语上而刘穆之痼之,然则苏绰之力多矣,汉高祖言:"乃公马上得之,安事《诗》《书》?"至溺儒冠,史臣乃谓其不修文学而性明达。嘻,甚矣,又安足述乎?

令孤整率乡亲二千余人,随军征讨。泰尝从容谓整:"卿远祖立志而去。卿今立忠而来,可谓积善余庆,世济其美。"史言整远祖汉建威将军迈,不为王莽屈,其子称避地河右,故泰称之。此事今粗见于姓家。然则隋唐以前《史记》,《汉书》之外,别自有书,李翱乃方读前汉与后汉书,生熟如何。盖屡更兵乱,载籍焚毁,他书多不存,其存者又以非文句所资,不暇熟渎。如翱尚然,是又可叹也。

《司马裔辞》

《赵肃传》:元日行朝礼,非有封爵者不得预,不知用何典故。苏亮,绰从兄。绰文章稍不逮亮,至于经书进趣,亮又减之。故世称二苏。

柳虬论史,谓汉魏以还,密为记注,徒闻后世,无益当时。故著汉魏者非一氏,造晋史者至数家,后代纷纭,莫知准的。请今记事者皆当朝,显言其状,然后付之之史阁,庶令是非明著,得失无隐。使闻善者日修,有过者知惧,事遂施行。后汉李法但能言史官

记事不实，后不明信而已。当时议论，开张至此，故泰废立，虬能执简书过也。虬死在魏恭帝元年之冬，不然值宇文护行禅代事，或有惮否耶？天地之初，皆夷狄也。相攘相杀，以力自雄，盖其常势，虽炎黄以道御之不能止也。及尧舜以身为德，感而化物，远近丕变，功成治定。择贤退处，不为己有，而忠信礼让之俗成矣。夫先人后己，徙义远利，必出于心之自然，而明于理之不可悖。故汤既放桀，惟有惭德，而其臣反作诰以谕解之。若夫乱臣贼子则不然，公为弑逆，而恶大恶之闻。崔抒所以杀太史，将行篡夺而畏正论之禁；曹操所以杀孔融，至于彼自行之。此自书之，不杀不争，两不相忌，而天下易姓。此又抒与操智虑之所未工，而虬固不足以知之也。悲夫！自元伟以下十四人，皆有大位于周，与高氏相绝矣。此末世之盛事也，不可不记。梁武但云：“我若依而行之，谁谓不可？”又云：“少待自知我心而已。”王莽曹丕司马炎，皆不杀旧君，杀旧君自刘裕始。王轨宇文孝伯乐运贞良骨鲠，盖弈叶长养成就所有，近似殷周世臣同存亡者，非复偏方草创，邂逅相遇可得也。运言：“今宿卫之官有一人夜不直者，罪至削除，因而逃亡，遂便籍没，此则大逆之罪与十杖同科，先未经变法时立法何轻也。”当考。又云：“虽为法愈严，恐人情愈散。一人心散尚或可止，若天下皆散，将如之何？”秦纲密而国亡，汉章法疏而祚永，可谓富哉之言矣。泰言：平吴之利，二陆而已，定楚之功，诸贤毕至，可谓过之。又言吾即王氏甥，卿等即五舅，当以亲戚为情，勿以去乡介意。其释囚礼士，齐桓公以上也。泰本尚古文，务救时弊，如王褒庾信之淫靡，非所好也。特以其有江东盛名为文士宗伯，故敬礼如不及。宰物者能因人所长，不以己好恶格之，盖难事也。史叙次北方能文，自杜广徐光封奕朱彤胡义周刘延明以降，而谓苏绰务存质朴，虽属词有师古之美，矫枉非适时之用，故莫能常行。夫古之圣王，教养天下之英材，尽其性命之理，使言语文字各极其至，故能不约而自合。绰既无所建明，奈何以一人之势，徒取经训之已传者一切效之，使庸鄙者易就颖秀者难立，是反助徐庾之锋，激天下而从之也。周武帝发诏遣使聘沈重，踵门谒熊安生，虽二人未足以当此礼，而帝诚心好贤屈己忘势。干戈之际，独高经师，征尘未洗，先驱陋巷，在晋阳城下，死而复生，胡念及此，心期卓越，殆战国以来所未有也。汉武以安车蒲轮征申公，儒生尚夸之。刘备为左将军，三诣诸葛亮，后世尚以为难，视此何区区哉？帝不幸早殂，功业不究，未知真有佐王之材者遇之如何尔？乐逊徐遵明诸生，陈时宜，五条其言，有非俗儒所能道者，如自非军旅之中，何用过为迫切。申侯将奔，楚子诲之曰：“无适小国，政狭法峻，将不汝容。”敬仲入齐称曰：“幸若获宥，及于宽政，国家虽疆，详不受弱。”诗云：“德则不竞，何惮于病？”惟德可以庇民，非恃缰也。及陈事上议之徒，亦应不少。当有上彻天听者，未闻是非。陛下虽念存物议，欲尽天下之情，而天下之情犹为未尽等语是也。泰崎岖关陇，诸子相继鞭挞宇内，成其所欲。虽大要不过强兵，亦其国是所定，立论常向上一着，故如逊等辈亦能言之。夫以国家天下之大，而其言语迫蹙卑陋，同出一律；饮食嗜好，不越酸碱之间。则名号虽存，而亡形具矣。姚僧垣，吴人而医术行于关中。伊娄穆病，言自腰至脐，似有三缚，两脚缓纵，不复自持。僧垣处汤三剂，服其一，上缚即解；次服，中缚复解，又服悉除。更合一剂，足稍屈伸！曰：“终待霜降，此患当愈。”至九月乃能起行。高祖东伐至河阴，遇疾，口不能言，脸垂覆，目不复瞻视，一足短缩，又不得行。僧垣以为诸藏俱病不可并治，军中之要，莫先于语，帝遂得言。次又治目，目便愈，末乃治足，足乃瘳。

史记方多矣，不言其所以治之由，而徒载其受验之的。亦多如此不可得而考也。

余顷岁得病，两腹之间有缚，或以为气不升降而然，服胃气圆百余剂，缚愈急，垂二十年不解，医终莫能名。夫讳病不受治，一二而已，有病不能治，群医皆是。可叹也！萧詧至子岿以一城之地为周附庸，而所用文武谋臣知名者数十人，岂其地之多材耶？抑材之偶聚耶？昔鲁卫宋郑皆小国，而人材卓然称于后世，至詧始，复见之。惜其地不足也，材有余而地不足，犹可言也。地有余而材不足，不可言也。

卷之九千七百六十六 二十二覃

岩

灵岩

《常州府志》

灵岩在直隶常州府去城之东南五十里，罨尽溪西，峻逾百仞。上有龙湫云气常蒸绕，祷雨辄应。

宋钱塘《韦骧集·游灵岩四首》陪温伯舍人

征尘汹汹顿消磨，路入灵岩好趣多。崖冗透空疑昼月，泉池凝渌似春波。锦帷香细薰千佛，金殿灯明觉众魔。一宿禅房辛幸安稳，明朝骑马入长坡。

东国名高独此岩，群峰环抱自韬钤。道场岑寂规风古，禅室空疏杖喝严。

木落有时飘殿角，云寒终日蔽山尖。不知双鹤归何处，留得灵泉与众甜。法定师见双鹤飞去于其下得此泉至今以鹤名之。

区区不觉路岐难，尘土衣冠喜动颜。已见成书归上国，更逢便道觉名山。随轩幸涉三时义，弭节仍陪半日闲。却与禅翁自相悦，绣衣云步共追攀。鸡鸣峰外日曈胧，欲去踌躇与未穷。索笔读题青石柱，留名愿附碧纱笼。重裘回触千山雾，回辔轻随一径风。跋马频频望苍翠，他时应与梦魂通。

《徽州府志》

灵岩在徽州府州城西北一百二十里。中有洞灵观，观之东北曰庆云洞。岩窦皆五色，两崖瀑流之。上有真人鸾鹤云霞之象。更入四五十步许，则有芝田灵草，罗列左右。遇春瀑涨，则破帆烂桨流出。西曰莲花洞，入百步有大石室，广十方，有象高一丈八尺。旁有羽盖幡幢

狮子、樽罍、芝草，皆乳石结成。遇拜章投龙诚感所致，往往有仙乐。庆云珍禽奇兽，

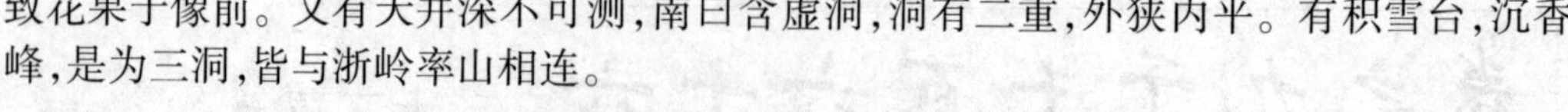

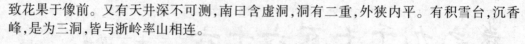

致花果于像前。又有天井深不可测，南曰含虚洞，洞有二重，外狭内平。有积雪台，沉香峰，是为三洞，皆与浙岭率山相连。

《星源志·灵岩诗》

三岩九洞绝尘寰，问讯真人得纵观。丹就已来仙鹤去，云深元有老龙蟠。铁船泛海源流远，玉柱擎天星斗寒。劈破莓苔诗句好，欲归传作画图看。

《苏州府志》

唐赵嘏诗《题灵岩》："馆娃宫畔千年寺，水阔云多客过稀。闻说春来倍惆怅，百花深处一僧归。

赵汝淳诗

古寺疏钟隔断烟，馆娃宫殿草芊芊。多情却有松萝月，只与当时一样圆。

宋吕居仁诗
《寄题苏州灵岩》

水分西子采香径，山是吴王避暑宫。可惜同来不同赏，落花飞絮晓濛濛。

宋叶水心《灵岩诗》

穹窿右俛眉，天平在垂鬓。吴人宅沮洳，兹山抑其镇。陡起为表著，突兀数寻仞。椮松颇坚瘦，立石乃荣润。兼月千里陂，杳霭来远韵。宜乎登椒丘，摆落思奋迅。亡王未亡时，绝色馆孤峻。歌声妙款乃，俎品穷蛤蜃。援琴因停咎，解甲仍转瞬。终归寂寞人，破釜煮枯堇。陈迹不足吊，新缔何劳问。三年姑苏驿，空望此塔近。适当熟食节，暖气无已吝。豪风增春愁，异雪损花信。聊以壮游衍，归受儿女辗。

张南轩《游灵岩诗》

我登姑苏台，笑指前溪水。水从具区来，古色映清泚。明朝泛舟去，两岸杂蘋芷。荣纡知几曲，举目皆可喜。稻熟千顷黄，秋入四山紫。疏钟度横塘，青帘穿野市。忽惊秀气逼，突兀平地起。飞阁出林巅，穹石满山趾。褰裳上深径，鸣蝉声聒耳。木鲊露遐观，欲进足屡止。梵宫开何年，金碧焕相倚。上方纳湖光，千里净如砥。中峰何亭亭，正尔当燕几。沙阔鸥鹭微，水落鱼龙徙。云远阖闾邦，草迷于越垒。琴台俯香径，不念前王侈。兹山自古今，讵此能为疻。老松独坚卧，根株互盘峙。颓然阅沧波，爰子青来已。我来三日留，幽事付行李。领略宁有穷，登临聊可纪。

孙觌《鸿庆居士集》

青莲花出古娃宫，华殿亭亭月满容。风籁一声传夜磬，云幢千丈荫苍松。曲池漫漫悲禾忝，古隧冥冥出鼎钟。落纸烟云共醉笔，吾宗文采擅雕龙。

《江湖续集·阳羡王子信诗》

特地扪萝入翠微，杨花故故点征衣。游人尽逐暮光去，野老独携山色归。拟泛银涛

浮浩渺，难寻玉貌问芳菲。吴亡越伯浑休问，且买清樽送落晖。

元张伯雨《勾曲外史诗》

客有具舟邀游灵岩上方，一夕风雨。明日以诗奉廉夫鳌头为更张其席。山水皆久要，一旦隔风雨。卧游政尔佳，奚非济胜具。水剩山残如我老，触目兴怀殊草草。木如绣锦坊中听雨楼，取醉都忘山水好。郑左不来今雨多，张雪狂谈奈尔何。便从杨君借女妓，浇我十分金叵罗。丝竹由来不如肉，不闻风雨止闻歌。”

《张子渊集·题严氏游灵岩图用昆山顾仲瑛韵》

美人剑气摇芙蓉，宫衣不卷秋满宫。美人翠华隔遥水，空余烟草迷宸踪。我闻灵岩岁月古，越来溪上夸神武。战争兴废等荆棘，黄狐跳梁野狐舞。紫萧枭枭天外吹，严家兄弟盘游时。酒酣笑语落岩谷，饮余不觉云生色卮。几欲巾车恣寻讨，一片襟怀自清好。不辞阴磴跻攀难，常恐西风鬓毛老。陇西李氏蕴所奇，霜毫扫秃湘江枝。自知诗是有声画，转看一作无声诗。人间秘此江山趣，便欲移家住深处。临风俯仰发浩叹，白日西飞水东去。”

袁易诗《游灵岩》

绪风散林薄，洩雾开岩扃。兹晨惬清穆，旷怀延杳冥。九折度峻壁，微行穷绝陉。夫差昔戾止，锵锵驻和铃。华旗一以建，缤纷朝百灵。花飘磴道白，橱入端闱青。吴娃煽方处，越甲蔽长垧。千秋魂魄归，过沛宁亦零。呜呼重华后，格斗何由宁。秦宫委蔓草，汉阖流寒萤。惟应金仙姿，空山屹亭亭。摩尼耀八极，象教垂千龄。周伯琦诗《游灵岩三首》

吴宫花草久为尘，千仞空山妩黛颦。云阁面湖春渺渺，天池浸石碧粼粼。诸侯互胜犹争奕，三世如来却现身。白杜榻间留秀气，清游访古及芳辰。

丹梯百折到松林，连抱庭杉岁月深。永巷廊虚曾响履，荒冈台古不闻琴。娥眉倾国悲生乐，尘尾谈空后视今。山下良田川似剪，一区那得老云岑。

重游已隔十三春，纤绿娇黄几度新。白发无情添世态，青山有约待诗人。菜花间麦畦擒锦，薜荔索藤树簇鳞。香径斜阳啼杜宇，回舟圆月桂城暗。

元僧《盘古游山诗集》

吴王古苑、莲塘香径、琴台砚池、西施洞、馆娃宫皆古迹。日落危栏独自凭，莲塘香径忽伤神。砚池风浣琴台月，石洞云埋娃馆春。湖水已湔尝胆苦，山峰犹解捧心颦。长年来往知多少，谁是登临吊古人？

《李孝光集·暮入灵岩记》

出灵峰院，偶坐涧水南，客有言雁山信多奇，然岂复有过于此者？余为言山之峭刻瑰诡，莫若灵峰，壮雄浑庞，莫若灵岩。峰言锐，岩言大也。余适少疲，倚大树坐甚恬。客闻

灵岩，亟欲往即起，促嬲不得休。前是一日行五里辄上舍，是日会已暮，顷刻驰十里到寺，天正曛黑。及阶，举头见巨石孤立，而人俯月出，正悬东南角，星象累累，下垂四旁。客喟息不可上，如游鱼唫喁，以为身浮游在颢气上也。入坐佛宫，阶上正视见其面进升堂。倚右挟室，则旁睨其胁。夜分又数数，开南牖视之，月欲堕未堕，夜色如霜雪，诸峰相向立，俨然三四老翁衣冠而偶语。独西南一柱，白而长身者也。明日粥后，由昌上人房下过涧得小石岭可五六百步，上观所谓龙鼻泉。山半横石作鳞甲状，陷入石中，独见其脊。从西南石峡中绕出数千丈，势已尽，乃垂入谷中作悬鼻，疑是石髓积岁月化为石，故独此鼻如瓠大，乃绀碧滑腻异他石。鼻端泉时时一下滴谷口。涧西有立石长三十丈如卓笔，曰"卓笔峰。"峰旁流泉堕入涧中，亦三十许丈，曰"小龙湫。"稍西飞泉涌出石罅，直上指尺许，曰剑锋泉。寺以岩名，岩又以佛宫北大石障名。障独高且大，绝顶正平，如涂丹垩，是为平霞障。渚峰皆牵联在障旁。其大石如树旂，居障左臂，白展旂。其大柱居障右臂，则曰天柱。龙鼻泉又在障右胁间。小龙湫、卓笔石、剑锋泉当居腋中。

王十朋《梅溪后集·游灵峰》

辉老索诗至，灵岩寄数语。雁荡冠天下，灵岩犹绝奇。烟霞列屏障，(烟霞障)日月明旌旗。(展旗烟)岩前有卓笔，(卓笔峰)可以书雄词。天聪况非遥，(天聪洞)洞然听无癡。愿起灵湫龙，霖雨行可为。愿用真柱石，(天柱峰)永支廊庙危。愿煽造化炉，(煽鞴炉)四海归淳熙。愿招鸾凤友，(双鸾峰)朝廷相羽仪。何人梦石室，(石室属灵岩)妄诞夸一时。那能了世缘，未免贪嗔疑。名山误见汙，公议安可欺。愿借灵湫水，一洗了堂碑。诗以寄老禅，狂言勿吾嗤。

包宏齐《弊帚稿略·雁荡灵岩》

展旗天柱立，宝印狮子雄。龙喷千珠碎，天帘四牖空。争秀排怪石，独秀出孤峰。龙鼻泉流出，如何造物工。

《赤城续志》

灵岩在浙江台州府北一十里，又名鹫峰。后有飞瀑。

《隧安县图经》

在浙江严州府遂安县。庆历八年，殿中丞葛闲序，同时赋诗者十一人，在本院《集古月录》。唐前濮州别驾康仲熊《游灵岩瀑布记》不著书人名氏，大历十二年立。

《元一统志》

灵岩在浙江杭州府富阳县西南三十里，齐建元末僧昙超居钱塘讲经，一日忽有老人谛听曰："我龙也"。师曰："汝能为我致水乎？"老人抚掌，泉遽涌出。

灵岩在湖广长沙府茶陵县会仙之间，有巨石室。岩中有唐人所为罗汉相。唐天祐中陈光问读书于此，里中子弟就学者百数，后登第，因名化龙岩寻，复名灵岩。一在沔州略阳县正南，顺流而下七八里。山腰有洞，前后二所，前岩高敞，后洞邃深。岩前悬崖起屋曰药水寺，或曰精忠寺，碑字磨灭无可考据。昔有采石乳人至，约行半里，忽然明朗，见奇花满地，既而人思归。其内有白鹿出来。明日再往，有巨石填门遂迷其处。二洞间石缝中有水迸出，引至前洞，凿为泉，可以疗疾。

鲜于侁诗

千峰环郡宇，二石绕城堞每怜山水佳，况复闻岩穴。

《长沙府志》

灵岩在长沙府茶陵县衷鹄乡。有石刹，其中空洞，旧传萧禅和成道之所。有寺今废。

《桂林郡志》

灵岩在广西桂林府灵川县西南三十里。岭外代答，洞穴有水，然后称奇。桂林诸洞无虑百所，率近在城外数里，惧有可观，若水东之曾公岩，兴安之乳洞，皆有流水自洞而出，施直桥横槛其上，遨者得以徙倚其间。异于他洞者，空明幽邃而已。虽然未若城南之水月洞。东江之龙隐岩也，水月中通如半规，江流贯之中，有石桥可以觞客，龙隐修曲而高明，江流贯之，仰而入。鼓棹视洞顶，夭矫乎真龙之春胁也。范石湖谓二洞奇赏绝世。融州老君洞亦通川流中，有小洲其旁高岑有乳，乳石滴成老君之形，须眉衣冠无一不具。张于湖榜曰“天下第一真仙之洞”，以是知凡洞必以川流为贵也。虽然二贤所赏水深数尺，广才丈余耳，若夫桂之灵川县有灵岩者，二贤未知岩也，是知也，大江洞其腹，水阔二十丈，深当倍之。余尝摄邑灵川，天久不雨，往祷于岩，方舟造洞，遥望大江平阔，直抵山根。横有一线之光，迩而望之，乃知洞冗表里明彻而然也。即其洞口水面，阽阽正将枕山不可得入者。舟子击水伏而进，仰视洞顶，与水面相去绕丈余，水与洞顶皆平如掌。舟入渐深，楫声隐隐震动，固已骇人心目，人声一发山水皆应，大音叱咤，洞虚訇裂。当岩之中，洞顶穹窿如宝盖，然其下即神龙所居也。余剑板焚香，巫者以修绠下瓶及深奉之以归辄有感应。是江也，西通徭洞，曰“写良材贯岩。”而下水深不可施，棹撑挂岩顶而后得出。余求之事实，谓此江古来远出山外。忽雷雨数日，神龙穿破山腹以定窟宅，遂命曰灵岩县。曰灵亦以是得名。今洞旁山脊尚有故江迹存。噫，此岩水色沉碧，雄深严静，人至其间若有神灵左右之者，诚非游观之地。去城三十里，不若诸洞之迩于人，所以未蒙赏音。惜哉！

《桂林志·梅挚灵岩诗》

烟抱千峰碧玉堆，一岩一冗汉天开。畜云洩雨通灵派，长与苍生救旱来。

戴栩《浣川集·自龙湫出灵岩》

四山奇更峭，外看未知山。藏此千峰在，多应一壑间。飘湍洗云骨，灵异出人寰。埋没尚多有，寄言棋与菅。

《舆地纪胜》

陈植诗云：“天际三竿量日月，人间一镜照山河。”

柯阳诗云

层层望远穷南国，步步登高近北辰。

《北鹩禅师集·灵岩诗》

断崖苍玉削,四绕绿屏帷。无港不相接,有山如此稀。树秋连岭瘦,云晚截湖归。一点西风急,蓬荫相趁飞。

姚辟诗

泉石平生性所耽,谢公延我到东南。红莲幕下烦佳客,丈脊山中访旧岩。剪竹扫花寻鸟道,扪萝随衲问龙潭。图经未尽幽潜事,待向仙家起玉亟。

《桃花集·新安汪
安行灵岩前洞诗》

谁为弥陀作此龛,坐来顿觉离尘凡。山南水北分双洞,天上人间第一岩龙窟元因风雨改,敝灵枉用斧斤剧。为官岂似为僧好,醉裹题诗莫系御。红叶青苔行径徽,山空日出自烟霏。因穿后洞水中过,更觉灵岩天下稀。雨壁千龛须把炬,一溪九折屡褰衣。明朝尚有桃花约,待访秦人了后归。

文子平诗《书灵岩壁》

凌晨策赢驂,寻山结游侣。路行几舍余,穿林傍溪浒。秋风吹黑云,为我阁飞雨。石门殊怪奇,嵌空滴泉乳。尚记唐人名,镌崖字仍古。来游共叹爱,烦喧豁襟腑。只赤见文脊,烟岚隔重坞。瞿硎昔岩居,庵庐今在否?可望不可到,心思插双羽。凝然但形留,迟迟默无语。

钱塘《韦骧集·和提刑
度支游水康灵岩》

天下被泽久,诗人歌旱麓。廉按重时选,巡行(去声)岁当熟。忧游今日心,憩息兹山腹。峰危齐鸟道,岩邃容佛屋。长松揭巨盖,修篁削青玉。尘远疑仙隐,景完如书簇。还辕兴有余,过隙光何速。披云出苍翠,回首辨重复。留止念所之,吟咏生不足。不获睹胜游,空言继郎宿。

《蔡九峰集·游灵岩分韵得从字》

我来灵岩游,坐石披蒙茸。修然忘世纷,便欲脱屣从。外峻悬绝磴,中宽峙高峰。精庐三数间,岁久苍苔封。寒藤结暝色,秋花剑愁容。哀猿发清声,月影山重重。扁舟暮江下,疏林闻夜钟。

周紫芝《太仓稊米集·谢元不
伐寄灵岩七诗用梅圣俞韵》

灵岩胜绝天下稀,开凿乃自太古出。山川初岂有颢晦,胜处要须诗黼黻。自从梅老登列仙,尤物谁怜久埋没。具茨笔力扛九鼎,坐遣清诗入山骨。据龟食蛤谁与游,绛节云车到仙窟。云问招手疑有无,月下吹箫真仿佛。飞云杳霭风吹香,翠润空蒙雨垂湿。谁从洞口看金书,想对神清时独立。我家灵岩山脚底,识面何由恍如失。虽无幽梦到三山,尚有明珠容十袭。

元祐年已巳正月二十日，同太史薄达夫来游，概作六咏，又作长篇，以广其意景尔

灵岩胜概魁宁川，欲往还心几逾年。今朝乘兴得清赏，须知亦是同寅缘。驱车初抵石门路，恍疑共到蓬莱天。旁连高延立玉壁，下广迤逦铺琼田。俄从一径造佛刹，楼殿深耸凌云烟。山僧指我遍幽历，岭戏不惮跻山颠。明心深邃光通穿，朝杨睛晖火欲然。涟漪澄彻渚寒泉，碧云紫雾争华鲜。夕阳林麓禽啾喧，尝闻昔有瞿硎仙。我今不见心悬悬，广寒宫阙名空传。日暮欲去还留连，嗟予事夺须回旋。不得共宿高谈禅，邮亭耿耿夜不眠。拥衾操笔成长篇，封题远寄风骚贤。辞语芜陋不足道，爝火妄记星光躔。

《章甫自鸣集·宿灵岩》

异县经年客，灵岩一夕留。凉风吹薄暮，明月照中秋。阅世身将老，寻山兴未休。还驱羸马去，访古大江头。

韩淲《涧泉集·四月十一日灵岩》

陟径得遐瞩，濯泉惬幽寻。禅帘坐来久，聊以娱客心。平田绿未整，湖色妆晚阴。回桡缱绻余，翔禽亦遗音。

《次韵晁仲二同仓使游灵岩》

使华春入梵王宫，仿佛工颦左眼中。解后五湖应自适，纵横七国漫争雄。一时宾从欢无极，千古兴亡恨莫穷。镇灵岩旧踪迹，书船赢得满篙风。

许纶《涉斋集·益老过灵岩看筑塘因慰藉小隐索诗》

孤云一片自由身，刹刹随缘有夙因。小隐未容蚕作尔，灵岩要看海扬尘。筑塘衣钵时时唱，信笔诗篇句句新。画绣不须归相里，闻师自是雁山人。

仲并《浮山集·游灵岩诗》

古寺青枫外，平湖暮霭西。乱花经雨薄，冷蝶趁人低。俯槛留连语，听禽自在啼。风光兼客恨，樽慓故须携。移舟晨鼓闹，泊渚暮鸦盘。夹岸柳浑暗，横轩梅半残。最怜春日薄，犹动客衣寒。楼外西风急，云湖看涌澜。

李壁《雁湖集·游灵岩和韵》

觚稜木杪梵王宫，路转峰回翠扫空。胸次净无尘一点，乱云堆里听松风。选胜宁辞屐齿尖，摩挲墨妙半儒先。八年两到人争问，香火灵山似有缘。萧然陈迹寄林垌，千古谁分伪与真？惟有离宫歌舞地，遗簪坠珥付耕人。

袁起岩《东塘集·守郡不
能同宪使仓使游灵岩》

秋风敲华漾湖光，两两星华古寺傍。晓日一川迎使节，晚山十里送归艎。风流我已非山简，宾客公应念葛强。岂是清游本无分，纷纷雁鹜苦相妨。

钱塘《韦骧集·宿灵岩》

坐邑传闻此岩好，心疑好事张去声浮辞。及来胜境穷游览，却慎前言有漏遗。触石烟云如障俗，倚崖殿阁半乘危。自嗟吏治多牵制，只作清虚一宿期。百丈苍岩入杳冥，高低气象本天成。藤蟠翠壁龙蛇动，涧泻断崖风雨声。不许书工为润色，只应诗伯长余情。栖鸦乱墨题僧室，车马何时再此行？

《租龙学集》

寺有四绝，一曰灵岩，予以赴官获此税鞅，因赋拙句，用志其行常想灵踪得到难，因回征辔此盘桓。松风逗磬僧齐冷，石水环堂客梦寒。圣作自同尧典布，寺有偃盖松白鹤泉及藏太宗皇帝御制书古碑犹是魏朝班。最怜山色当楼好，欲去重来一倚栏。

又游灵岩

红尘满马三回到，青嶂迎人万叠开。却被野僧相顾笑，区区还是暂时来。

《曹六四歌同游灵
岩因寄尊府判院》

石湖浮动灵岩月，天静碧云低白烟。此夜山川宜断取，为予携到若翁前。

元丁复《桧亭稿·次韵游灵岩》

苍影沉衣霜木空，翠光湿眼岚华濛。客亦胡为走尘里，僧闲独老楼岩中。

窗含江色玲珑月，山度天声断续风。政得魂清夜无梦，未应魔女恼诗穷。诗穷已似孟襄阳，醉宿高寒借竹房。下界烟尘城郭近，上方台壁水云长。禅关独扣杖儿角，世路谁复车半肠。夜半连床玉京客，蓝桥梦入云英霜。

郝经《陵川集·灵岩道中》

轻骑长鞭踏老埃，萧森爽气动灵台。霜余落木三秋尽，日照扶桑羊夜开。袖里还携泰山去，笔头又卷东海来。临风怅望有所忆，鲁连安期安在哉？

陈造《江湖长翁集·灵岩
道中二首》

过尽南山过北山，幽花好鸟翠霏间。满前风物牵诗兴，可是平生马上闲。涉涧登山倦不胜，松间敲户有人应。竹帘琐细炉烟直，小作蒲团入定僧。

林季仲《竹轩亲著·重九
前一日宿灵岩》

马上衰颓只自嗟，惊心那复见黄花。花如相问终羞齿，底甚重阳不在家。

《张至龙集·宿灵岩》

树杪钟楼出半层，佛床点鼠弄残灯。五更石上僧犹定，头满清霜唤不应。

郑彦昭《樗庵类稿·值雨
灵岩夜宿晓题》

禅龛趺坐候晨钟，淡月疏星玉宇空。满地白云秋万顷，海波扶日上轮红。

高观国《竹屋癡语
·酹江月灵岩吊古》

万岩灵秀拱崇台，飞观凭陵千尺清磬。一声帘幕冷无复，宫娃消息响屧廊，空采芗径古尘，土成遗迹，石闲松老，断云空锁愁寂，专宠谁比轻颦，楚腰吴艳，一笑。无颜色，风月荒凉，罗绮梦输与扁舟，佳客舞阕歌。残国倾人去。青草埋香骨，五湖波淼，远空依旧涵碧。

灵惠岩

《延平府志》

灵惠岩在福建延平府尤溪县西百四十里尤空村。岩窦内有若听事者二所，可环坐者千人。泉出石缝间，随饮者多寡，为之盈缩，号圣泉。旧名师姑岩，又名佛窟岩，雪峰忠禅师始易今名。

洞灵岩

《饶州府志》

洞灵岩在江西饶州府浮梁县东一百里，有洞四，曰庆云、曰莲花、曰含虚、曰张公。新安志灵岩三洞在徽州徽源县西北一百三十里梁大同四年建洞灵观，寻废。有唐郑全福遗迹。

灵照岩

《琼州府志》

灵照岩在本府，即南山小岩，亦建自宋。

东蒙岩

《仙都志》

东蒙岩在初阳谷左，有石低昂奇怪，聚立于深潭之滨，岩下可以泛舟。海上有仙山，曰："东蒙泰岳之南山"，名东蒙。此岩之名，莫详所出，或云岩正朝东，太阳将晖水光互映而曰东朦，亦取初阳之义，二字未知孰是。

东龛岩

《元一统志》

东龛岩在江西赣州府兴国县东二十里，唐钟令公绍京读书所也。岩前有飞泉潺然若纷帨之下垂，盛夏不涸，扁舟诉流而入，峭壁夹峙，一水索带，深不可测。行方未半，有索水流石罅间，若玉绳焉。约里许，含舟跻石磴百余级，度木桥，桥仅容足，然后至读书堂。可坐数十人，有石案、石砚、石印，岿然具存。面前一峰，挺特如笋。

东岩

《处州府志》

东岩在处州府丽水县北六十里，四面斗绝，唯有一径扪萝可上，一名赤石楼。岩上有清风峡、桃花洞。唐摄青田尉杨光于作《隐难记》，石刻尚存，其略云：开元之末，袁晁陷郡，乡民共登此岩以避之。中和二年，黄巢乱，盗贼群起，河间郡人俞强帅乡民复登之，共推武都章承趣为部领，由是获免者甚众。按《唐书》：乾元二年，袁晁反陷信温台明，广德二年复诛此云，开元之末误也。宋宣和中，方腊乱，乡士梁孚将同兄弟三人领义兵复屯于此。懿德、宣慈、应和三乡获全者，梁公之力也。

《建昌府志》

东岩在江西建昌府。去郡之东一百里,自义亭铺穿支径四十里,有山截然壁立千仞,垂崖侧石,其上有泉窦涓涓流出,世传有龙居焉。旱乾祷雨,水溢丐晴,未尝不厌其所欲。诗云:“直上三千仞,天高势可穷。蛟龙泉窦小,云雨旱时通。斜日霏微外,他山隐现中。长途望不见,双泪湿秋风”。

当阳峪窑白釉剔花瓶

《泰和志》

东岩在凤阳府泰和县潮山,昔有隐者居之。

《保宁府志》

东岩在保宁府。去郡之东五里许,有寺曰楼隐,亦凿山为岩。

《泸州志》

东岩在泸州汶江之东。绍兴中开创大像依岩不足以庇风雨。往岁月庖者,祈氏亲死,庐墓弃俗,奉香火于岩,邦人信之。不十年,重楼复阁,佛宫经藏甲于一境。又云:悬崖峭壁高数十丈,足带江流,僧凿为岩,镌一石佛高五丈许。夜月出,经其上,甲于一境。

《潼川州志》

东岩在距州城三里,峭拔奇丽,若剖大瓢,侧立千尺,下列五百玄真像。溪壑深杳,林木葱茜,其广可庇数百人。张禀诗:“望中佳处是东岩,只在重城五百间。四坐清风无俗景,我心浑似白云闲。”

《兴地纪胜》

东岩在嘉定府城东。佛峡山水明秀,有洞曰东岩,泉宜酿酒。坡诗:“一时付与东岩酒”谓此也。

《顺庆府志》

东岩在本府蓬州蓬池县龙章山,俯瞰大溪,前眺歌阳,安固诸山,历历可数,为一郡登眺之胜。

《衡州府志》

东岩在湖广衡州府衡阳县北,合江亭东。唐真观十五年,刺史宇文炫建亭以为登览之所,面对岩壑,故名。旧有记、有诗,今石刻剥灭不存。

《永州府志》

东岩在本府治之东子城外，旧有湍流，相传牧守流觞此水。

《潮州府志》

东岩在广东潮州府梅州城东五里，有山、有谷、有水、有石，扣之则答响，州民四时游玩之所，亦名东安岩。

《延平府志》

东岩在福建延平府剑浦县塘源里，乃崇奉真济禅师显灵之地。时有灵泉出焉。一在将乐县南五十里，峰岫孤耸，缥缈云间。中有圣泉，祷之则雨。

《汀州府志》

东岩在福建汀州府上杭县北五十里来苏团深山中，旧有定光尝栖息于此，后徙南安。今有不斋戒而往者，必遇虎狼。

《临汀志》

东岩在汀州府西岩之侧，其窈窕空阔，梯飙磴薛之状不减西岩。中亦有数石室，始入隐隐有像，谛视无有，谓之仙影洞。傍有碧莲数杂，大如车轮，垂于高盖之上。左有石龛置经其中，谓之经龛。傍有石如玉壶，高可二丈，泉涌壶口，循壶而流，皆成钟乳。下有芝田五六区。上有响石，撞之如钟。西有石柱高峙，如青琅玡。其南有水自石中出，潺湲迅急，复入于石，竟不知所之。又南最高处有石鹤，若奋翼而飞，旁亦有丹室二。岩前此固有新旧之名，自降兴改元，邑士伍倅始作是游，表而出之。

戴栩《浣川集·乐
清王次点东岩记》

王君次点，以诗书、周官太史、班范书东向为人师者二十年，其学长于讲说、引类、贯伦、敛传、归约，为文峻洁雄持，下笔不自休。走京邑，咸愿馆之。已而试辄北，束书东归，告余曰："东岩之屋就矣，吾将隐焉。屋距县三里，自州而游台雁者，必经吾门，逸人胜士，暂止遽泊。时有扣发，彼我交畅。左接白沙，春扈夏网，蝉蠃蠔蜃，采掇无筭。此击鲜洒酒一快也。右并东岑，佛庐塔户，磬梵钟鱼，朝暮清越，此吟幽玩奇一助也。依流而樊，通崖而径，凝四顾之眄，则异植榇映，纷红蓊绿，水产节妩媚，陟十寻之步，则钜海淼茫，来潮去汐，效枝献酬。屋之狭不数楹，而所贮余矣。屋后山也，三面平畴也。听羽族之和雏，胜俗吻之谕 泚。观土物之茂好，胜险心之梗榛。若是者，可遂隐乎，子盍记诸。"余曰"允矣。"抑余闻昔之隐者，咸有隐之业，故耦而有耕，自而级灌。汉魏以降，土无块壤，则良艰矣。甚而庸伍，赁舂织畚履以肥其遁，否则殍及之法固应尔。君独能倩云月为调度，颛笔册为性情哉。未仕而禄，未仕而馆，士之常职也。无愧于心，而有功于人，以自食其道，斯不害于隐之义矣。君用之，则某效子弟从之，则某善非孟氏欤。余敢辰君以其所为隐者。

唐《张曲江集·出为豫郡途次庐山东岩下》

兹山镇何所？乃在澄湖阴。下有蛟螭伏，上与虹蜺寻。灵仙未始旷，窟宅何其深。双阙出云峙，三宫入烟沉。攀崔犹昔境，种杏非旧林。想像终古迹，惆怅独往心。纷吾婴世纲，数载忝朝簪。孤根自靡托，量力况不任。多谢周身防，常恐横议侵。岂匪鸳鸿列，惕如泉壑临。迨兹刺江郡，来此涤尘襟。有趣逢樵客，忘怀狎野禽，栖闲义未果，用拙欢在今。愿言答休命，归事丘中琴。

唐白居易《长庆集·早春题少室东岩》

三十六峰晴，雪销岚翠生。月留三夜宿，春引四山行。远草初含色，寒禽未变声。东岩最高石，唯有我题名。

《江湖诗集·赵汝回寄题王次点东岩诗》

生事付妻儿，山居清可知。自言云妆后，不梦客游时。洗石镌唐帖凭松读楚词。却愁登第去，草没菊花篱。

李庭《寓庵诗集·游广胜寺东岩》

年来百念如寒灰，老眼慵向时人开。犹有爱山绿未断，芒鞋信步东岩限。东岩幽胜甲晋境，寒藤古木生苍苔。谁凿云根海眼，惊波深泻如奔雷。衲僧具眼觑天奥，作亭闯尔临洲洄。亭中空洞纳万象，妆奇揽秀无遗材。倚兰清坐洗尘念，洒然水雪涵灵台。上方一目尽千里，劳筋未暇穷崔嵬。百年名刹烬一炬，可怜金碧成蒿莱。世间兴废岂足道，会看穹壤沱三笑。短生垂化不暂驻，须臾变化随风埃。心知所历皆梦境，题诗漫识吾曾来。下山一笑便陈迹，但见白塔苍烟堆。

《程伯来诗集·东岩行》

西岩偃蹇山之陬，东岩殡岏最上头。厥初神功凿混沌，遗此灵液凝山丘。千寻盘矗倚空立，五色粲烂连天浮。恍然蓬莱见左股，屹若砥柱移中流。清风飒飒崖底峡，赤石闪闪云端楼。晴云跨虚出略彴，碧云护石开田畴。双池水满于兔浴，万壑雨冷蛟龙愁。当时拨剑起壮士，此地避世真奇谋。一夫当关固莫敌，群寇攻道嗟无由。英雄肯向乱世出，险阻终为苍生。松涛动地响竽籁，杉烟破骨森戈矛。梁公祠像凛如在，转俟铭碣谁能修？星移云散时事异，山深土壤人民稠。竭来俯仰倍感慨，不惮荦确穷冥搜。振衣临风一长啸，草木为我传清讴。

李建勋诗《游宋兴寺东岩》

几年不到东岩下，旧住僧亡屋亦无。寒日萧条何物在？朽杉经火石池枯。

陆游《渭南集·独登东岩》

早慕功名已绝痴，晚躭笔墨愈无奇。牧羝未乳身先老，化鹤重归语更悲。明旧在亡成断梦，山河兴废入孤吹。悠然独萸倚阑干笑，又过簪萸泛菊时。

曹勋《松隐集·题钱参政东岩》

龙顾初闻癖纵观，尽收清胜闷高寒。四团列岫飞云静，十里平湖碧照宽。尘尾有言皆灌顶，为中无路不惊湍。东岩端作东山望，行为苍生起谢安。

《冯缙云先生集·题
汉初东岩》

疏官寂寂解行衣，脱木萧萧立翠微。江带瞑烟随意曲，鸟翻落日向人归。

《方秋涯集·寄
题赵德成东岩》

好山例合诗人管，新出东岩付此公。略向画图曾半面，石床定许听松风。人间无处着我辈，只可飞泉藓石边。习气犹余子虚赋，若令猿鹤怨风烟。空山谁可闲来往，自种梅花伴月明。小筑便为身后计，此奇千古未忘情。

元浦寿宬《心泉学诗稿·仲
冬下瀚会同僚游东岩》

《图经》云："此乃仙人蜕骨之地，中有石鼓，和之震响。"羽人脱屣去，古洞留嵌岩。白云亦世态，随风蜕其缄。石饴已何许？谁能味其甘。土偶寂不语，樵牧同此龛。坎坎击石鼓，归去夸彼谈。遂使蠵屐人，于此移其贪。猗桐植翠盖，翳翳当薰南。□然激石溜，燕坐心默参。朝暮岂异理，莫诳狙四三。暄凉得其适，所讶非瘴岚。梅花封白发，风前雪鬓，挥觞属同僚，出语谐酸碱，犹拘铁汉语，饮酒不至酣。托诗纪曾游，谁将夷为庵。

李流谦《澹斋集》

东岩施头陀所隐也。头陀，唐人，初居郡之奉圣寺。太守独孤见之，头陀不加敬，独孤怒，既去，遣吏捕之。头陀以笠涉江至此山，吏随焉，头陀隐岩间，两虎守之，吏骇退，即其地。为院昔律今禅。予昔侍样守简数来游，再到赋此诗："胜地忆屡到，变革非昔年。律居扫积陋，樟房侈旧观。老衲不可见，遗事故老传。使君擅一壑，凭愚妄自贤。定心初不摇，蚤虻卒飞前。赫然涨蛙腹，欲以火燎天。一笠度清波，绝壁守两班。游戏出小异，褫骇飞残魂。慢敬汝则劳，道力屹如山。一笑置勿问，炉薰鸟轻烟。洗盏酌石溜，吻颊水雪寒。却忆飞泉句，泫然思老仙。"

陈简斋诗《游东岩》

散策东岩路，梦中曾记经。东坡书王晋卿山水诗："梦中记我亦曾游"斜晖射残雪，岩谷遍晶荧。鸦鸣山寂寂，意迥川冥冥。乘兴欲穷讨，会心还少停。王子猷曰："乘兴而来，会心见十五卷，登城楼诗。新晴远村白，薄暮群峰青。"柳子厚田家诗："鸡鸣村巷白。"危途通仙境，司马长卿《谏猎》曰：乐出万有一危之途。又老杜《北风诗》云：不敢近危途。胜日行画屏。胜日，见十四卷。买山药诗，李太白《晚崖秋浦》诗：水从瀑布落，山逼画屏新。柳子厚《宿界围岩诗》：幽岩画屏倚。岂独净一念，《传灯录》沩山云：须一念顿悟自理由有无始，旷顿习气未能剑净。将期朝百灵。老杜《桥陵诗》：先帝昔晏驾，兹山朝百灵。不同南涧咏，悲慨满中扃。柳子厚《南涧中诗》有云"孤生易为感，失路少所宜，索寞竟何事，徘徊只自知。"东坡尝云：仅曹此诗，忧中有乐，乐中有忧，盖妙绝今古矣。然老杜云："王侯与蝼蚁同尽，通坵虚议何忧之深也。《淮南子》主术扃中扃外闭。"

刘将孙《养吾集》

东户启玲珑，步造天帘顶。下窥岩照井，仰视云垂领。平田草茵褥，屏列峰朝请。竹树望如低，登临亦高影。

洞天吴衍诗

满壁云涛倚太空，双崖一线路微通。几年胜概埋荆棘，好事山翁始发蒙。

元周此山词《沁园春·次韵王尹赋东岩》

娲皇补天，遗石两拳，几千仞兮。定苍龙擘峡，罅和天拆，浮屠卓锡，庐倚云开。世窄三千，天高尺五，日月低蹁束复西。人间世，听晨昏锺鼓撼，半空雷。登临纱帽棕鞋。豁云梦胸襟一快哉。想醉倚高寒，飞仙可挟，清游胜绝，俗子难梯。把洒乾坤，咲谈今古，崖薜摩挲认旧题。九关近，便骖鸾高举，云气徘徊。

再次韵

混沌凿开，天险巍巍，东岩峻兮。是云髓凝成，半空高矗，天风吹裂，一线中开。妙出神功，高擎仙界，鸟道疑当太白。西凭高处，见云嘘岩腹，鼓舞风雷。　　落花香染桃鞋。快阔青云志壮哉。便万里孤骞，超人间世，一枝高折，作月中梯。笔蘸天河，扪象纬咲，傲风云入壮题。摩苍壁，扫龙蛇，醉墨翔舞徘徊。

西樵岩

《广州府志》

西樵岩在广东广州府州之西，距城八十里，奇峰耸翠，石室可坐数百人，遂深而明朗，冬暖而夏凉。山巅有寺曰"宝峰"，若堂若殿，皆因岩窦为之。中有乌利仙迹印石，耆旧相传伪刘时留，此后好事者凿一足为对，相去许，一燥一润，此其异也。又有丹房逶迤，石珠璀璨，似烧炼之迹。飞瀑下泻，日夜潺湲，居民资灌溉之利。下有玉女淘沙滩、漉梨泉，远通石池，近接龙泓。龙泓极深，莫测，时有云气凝聚，龙迹出没，环山居民每以此占风雨之侯，岁祷旱即应。泓上有紫姑峰灵谷庄。庄右有九真洞，西有锦石岩、白云寺，周回中四十余里。南州泉石之胜，此为奇绝。

西岩

《续蒙求》

雷次宗,豫章人,少入庐山,不受征辟。宋元嘉十五年征至都,开馆于鸡笼山,聚徒教授。久之还庐山,公卿以下并设祖道。后又征诣都,为筑室于锺山西岩下,亦谓之招隐馆。

《秋浦新志》

西岩在本府贵池县西南一百二十里,高百余丈,寺曰延寿。有西峰神慧禅师飞锡胜迹。下有聚龙泉,祈祷多应。

《吉安府志》

西岩在江西吉安府永丰县。距西三十五里,有石如盖,其下可坐数十人。

《杭州府志》

西岩在浙江杭州府临安县西三十里。岩有洞,洞有水,一日潮再至,与江潮候相应。白乐天诗云:“洞口灵池应海潮。”即此地也。

《金华府志》

西岩在浙江金华府石佛寺重修记:“天喜五年十二月,文林郎试秘书省校书郎陈演文。”

《处州府志》

西岩在浙江处州府庆元县,在东之右,相去数步,高亚东岩。一在本府缙云县西半里,邑人黄邦彦书“西岩”二字,刻于石崖。

《潮州府志》

西岩在广东潮州府西七里,中有兰若曰,“灵境”。依山为宇,景态万状。绍圣兴间,元城先生刘安世登览赋诗,岩之胜状品题殆尽。《图经》云:冈阜演迤,西畔有罗汉岩、观音岩、蛇山岩。

《成都府志》

西岩在四川成都府城西六里。山行逾百步,石壁夹道,如城如峡。《方舆胜览》云:“宋京中跋资中四岩。独西岩幽深,山水富足。循龙岩寺而左,嵌宝突然如巨屋状,少亚于东岩云。”唐刺史王师闵题云:“殷勤对录棂,闲坐绕沙汀。怪来喧语笑,一泒落青屏。”

《会昌州志》

西岩，赣州府会昌县西七里，旧为尹侍讲天民读书地。前有流淙飞注，竹木茂盛，为县奇观云。

《延平府志》

西岩在福建延平府剑浦县治西南三十余里，峰峦秀异，林木郁茂，乃蔡柳二禅师辟山创寺之所。

《汀州府志》

西岩在福建汀州府宁化县东此五十里，由林田寺。南行五里许渡小涧，登石梯，循羊肠而上一门，呀豁石龙当户。旁有小穴，外险中广，若龙之势。又有石笋屹立如晨门，石乳下垂俯映，笋末有泉涓涓，自乳而笋无毫发差。由门而入，空洞如砥，可坐千人。中有数石室，其一若僧龛置观音像，谓之宝陀石。其一如方丈初，入甚暗，坐久忽明。又其一曰乳穴，非烈炬不可入，中横石案，旁有泉一泓，其音琮净。乡人祷旱取水，于是出岩即雨，谓之圣水。又其一匍匐，乃入一小穴，其间宽明，丹龟伊然，谓之丹室。其旁有龙井，尝有人以绳坠石下闯，其深叵测，又其一如堂，冷气逼人，不容久伫。

《顺庆府志》

西岩在顺庆府蓬州之报恩寺西南隅，岩壑奇秀，前有阁曰“松风”，为一郡胜概。《潼川州志》：西岩在本州大足县北二里。

《盱江志》

西岩在建昌府紫灵峰之西，有南安古佛祠。其上修竹环绕，翠色如云。

《建宁府志》

西岩在本府瓯宁县慈惠里，地名西泸。又名曹岩

《泸州志》

西岩在州汶江西。

宋张祁诗

似有楼台处，微闻锺磬声。溪横前路绝，人在别峰行。天远水云淡，春深花柳明。如何解尘鞅？亲扣法王城。

蒲寿宬《心泉学诗稿·西岩》

偶有蜂窠鹤栅石路层层碧藓花，矮窗低户足烟霞。愁闻独鹤悲寒角，静阅群蜂凑晚衙。野菜旋挑奚侍糁。石泉新汲自煎茶。炉熏销尽抛书卷，间倚阑干着日斜。

《游西岩》刘元城赴贬侨居之所。

谁扇洪炉欲煮铁，一寸如水不曾热。岁寒心事梅花知，炭事如何与水说。西岩结屋烟作罩，班班不露如隐豹。人生在欲刚断除，静处生涯乃仁乐。碧梧翠竹呈琅玗，寒泉玉佩鸣珊珊。终焉为计亦不恶，岂知白日生羽翰。翻思一夜钟鸣时，先生高卧如希夷。何人更嗔瘴鬼息，反峰而用皆惊疑。荐泉采菊想遗迹，奚其与侣昌黎伯。熏犹已定人所知，聊把曾游纪岩石。

韩淲《涧泉集》

石径却思乌石寺，寺岩不数赭亭山。一望远村霜日白，酒随吟句入高寒。

谢翱《晞发集·西岩三首》

《天坛》风吹软桂枝，下扫西南氛。坛中仙人影，冉冉化为云。

天扉

朝从双扉出，莫从双扉还。狂风吹山花，落我衣袖间。

雪壁

麻姑东南别，衣袂湿空翠。雪中采黄花，愿饷西南使。

叶石林《建康集·送
模归下山，并示僧宗义，
为余守西岩者三首》

自我离山间，忽已两改月。饥人不忘食，未坐先已说。家僮挟书至。惊起慰愁绝。推寻到鸡犬，问讯穷曲折。此生岂多为，一壑万虑灭。可能复大错，更铸八州铁。江东领八州

汝归马蹄轻，初不恨触热。殷勤报松竹，吾岂成久别？端居探幽奇，自谓略已偏。昨登西山巅，雄绝昔未见。溪湖莽吞吐，云物纷百变。乃知十年闲，尚或遗胜践。巢成辄弃去，我岂秋杜燕。筑南山绝顶亭基垂成而来为吾课童仆，开辟尽二面。莫言羊肠险，径小烦屡转。杖藜不用扶，吾脚犹而健。生长在山间，从翁守蓬户。人言膏粱子，粗免污纨袴。官居无多恋，暂止复遽去。家法恐未传，此心良已素。义禅晚从我，似识此间趣。西岩郁嵚岑，久断俗子路。聊持山中节，为我主留务。封陲际湖海，云月皆所部。

林和靖诗《西岩夏日》

蕙怅萧闲掩弊，子真岩石坐来初。为惊野鸟巢间乳，懒过邻僧竹里居。新溜迸凉侵静语，晚云浮润上残书。何烦疆捉白团扇，一柄青松自有余。

《刘京叔家集·题西岩》

人爱名与利，我爱水与山，人乐纷而竞，我乐静而闲。所以西岩地，千古无人看，虽看

亦不爱，虽赏亦不欢。欣然会予心，卜筑于其间。有石极峭屼，有泉极清寒。流觞兴祓禊，终日堪盘桓。此乐为谁设，信哉居之安。

家僮报西岩栽植滋茂喜而成咏

孤云出岫本无心，何用微名微士林？近日故园消息好，西岩花木已成阴。

郑刚中《北山集》

终日徘徊得好凉，一怀炎暑变冰霜。会须月上出山去，更看麦莲生夜香。

蔡九峰诗《送王禹玉游西岩》

幽人欲往西岩巅，临风送目心悠然。芒鞋竹杖风月冷，千山万壑开晴烟。人生适意多掣肘，穷欲入山山不受。石光终老钓台春，李白谩醉长安酒。殷勤为我语山灵，白头管取相看守。

《朱晦庵集·和人游西岩》

平生壮志浩无穷，老寄寒泉乱石中。闲去披襟弄清泚，静来合眼听玲珑。不知涧寺晴时雨，何似溪亭落处风。吟断君诗自潇洒，此心多不限西东。

金赵周臣《滏水集·跋
刘伯深西岩歌》

歌云："西岩逸人，以天为衢兮地为席茵，青山为家兮流水为之朋。饥食芝兮渴饮泉，又何必有肉如林兮？有酒如渑，世间清境端为我辈设，吾徒岂为礼法绳？少文援琴众山响，太白弄月清波澄。人间行路是处多炎蒸，何如水前山后，六月赤脚踏层冰？"南山翁子伯深西岩歌置之古人集中，谁能辨之？所谓不拘礼法，非如晋之狂士。公未及五纪致政，临终不乱，盖有道者。公又有诗云。

《中州集·刘汲诗》

卜筑西岩最可人，青山为屋水为邻。身将隐矣文何用？人不知之味更真。自古交游少同志，到头声利不关身。清泉便当如渑酒，浇尽胸中累劫尘。

东西岩

宋《苏东坡集》

自注即谢安东山也。天祐日，按临安县图记，东永安岩西永安岩，在县北二十里，即谢东山也。孙彦忠曰《韵语秋阳》云：安本传谓安登台辅于于土山游集。今土山在建康。《建康事迹》云：安石于此拟会稽之东山，亦号东山。谢公含雅量，厚曰：谢安尝与孙绰等泛海，风起海涌诸人并惧，安吟啸自若，众咸服其雅量。世运属难艰。况复情所钟，缋曰：晋王衍曰：太上忘情最下不及情然则情之所钟

正在我辈感慨萃中年。正赖丝与竹，陶写有余欢。常恐儿辈觉，坐令高趣阑。厚曰："王羲之传谢安尝谓义之曰中年以来，伤于哀乐，与亲友别，辄作数日恶。"羲之曰："年在桑榆，自然至此。顷正赖丝竹陶写，常恐儿辈觉，损其欢乐之趣。独携缥缈人，来上东西山。"缜曰："安栖迟东山，放情丘壑，然性好音乐，每游赏，必以妓女从放怀事物外，徙倚弄云泉。倬曰选谢叔源诗：徙倚引芳樽。一旦成功业，管蔡复流言。慷慨桓野王，哀歌和清弹。挽须起流涕，始知使君贤。"厚曰："桓伊传"：孝武末年，会稽王道子及安婿王国宝以安功名盛极而构会之，嫌隙遂成。帝召伊饮燕，安侍坐，伊执笔而歌怨诗曰为君既不易，为臣良独难。忠信事不显，乃有见疑患。周旦佐文武，金縢縢功不刊。推心辅王政，二叔反流言。"声节慷慨，俯仰可观。安泣下沾衿，乃越席而就之，捋其须曰：使君于此不凡。帝甚有愠色野，伊小字。意长日月促，卧病已辛酸。恸哭西州门，往驾那复还。缜曰：安虽受朝寄，然东山之志始末不渝，欲须经略粗定，自江道还东，雅志未就，遂遇疾，笃还都。闻当舆入西州门，自以本志不遂，深自慨失，因怅然谓所亲曰：吾病殆不起乎！安薨后，其甥羊运至西州门，以策叩扉，诵曹子建诗曰："生存华屋处，零落归山丘。"因恸哭而去。次公曰：西州门，学者多未晓。在江宁府，以府有东府城，城中有杨州廨，而扬州在府西，故时人号为东府西州。而东府城之西门谓之西州门。见《寰宇记》。又《载录》：会稽王道子第而东府城之东，谢安薨以道子代领扬州，州在第西，故时人号为东府西州。如此则西州之名，在于安薨之后矣。安本传乃有安病舆入西州门之事，则《寰宇记》所引之地，志不亦谬乎！先生所用，虽止据本传，用谢安事而已。今因与学者辨之。空余行乐处，古木昏苍烟。

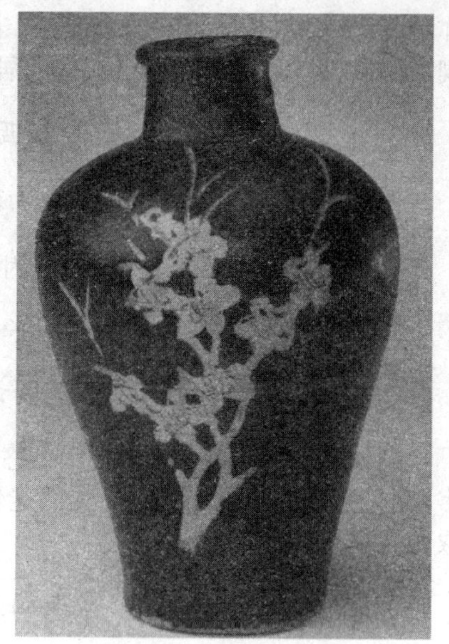
吉州窑黑釉剔花梅瓶

月师西岩

卫宗武《秋声集》

灵山作岩骨，清气涤炎洲。突兀插万古，玲珑涵九秋。排云宿翳扫，宾日晓光浮。的的西来意，宜于此处求。

郭印《云溪集》

邛州西岩，轩阁陋甚，抡仲知府舍人侍殿撰公来游，惜其颓敝，乃更新之。既成，以书招印同游，因成一章，鹤山争揽胜，此地独超然。秀巘修屏立，枯崖半屋悬。团云饶翠竹，鸣玉落清泉。自得高人赏，佳名日益传。

凤凰西岩

《临邛记·题凤凰西岩》

此景又奇绝，半空生曲栏，属尘随眼断，蓄雪满襟寒。涧下雨声急，岩头云色乾。归鞍休报晚，吾侍且盘桓。

南岩

《保宁府志》

南岩又名读书岩考究《图经志》，在保宁府城东五里，其山秀丽有石岩，乃南唐高士安隐居之所。宋太平兴国中，郡人陈尧叟、尧咨兄弟读书于此。后三陈及第，登宰辅，又改名曰“台星岩”。岩上刻石为文曰“将相岩。”

《绍兴府志》

南岩在浙江绍兴上虞县西南二十里，世传任公子钓鱼之所。

《庄子·任公子》

以五十犗为饵，蹲于会稽，投竿东海经年而得巨鱼。唐齐颙《题南岩》云：“南岩寺本沧海任公钓台，今尚岩侧，有任公钓车，石棺蜕骨存焉。人掘其地，有螺蚌壳云。岩下乃海门也。

《新昌志》

南岩在新昌县南十里。

宋钱塘《韦骧集·游南岩记》

越之新昌，去县十余里，涉溪而南，向山而迳，又五六里，得小垅而上，诰曲至两崖之间，崖转寺出，皆楼阁架构，隐起翠壁。入其门，平步无数十，唯攀援跻陟，以及危坐，峭直指天，怪石欲堕。俯仰周览，使人落落有慷慨之感。山旁多波浪卫注之痕，又有螺蚌遗室，虽旧传为海涯，故丘而前环后抱，左拥右翼，殆天为今寺设也。缘岩而行，际极而止，龛间有塑像曰古僧，神楷凿水而自为也。停泉直龛下，日即其所凿也。可望而不可及者，石间之棺，峰顶之钓台。棺曰神楷，台日任公，皆无传记，而浮屠老者，以耆旧之素传如是云。可及而日力不暇者，穿石岩一滴泉，诘之曰皆，名以形也，寺目曰南岩，而榜加咸通二字，即建之年也。岩石陨落，有以死验寺人者，载唐之陈昌甫碑也。今日之游，实待次是邑而从令之招，乃嘉祐六年八月十日也。若其饮奕之乐，眺听之好，钧于他者，皆不记云。

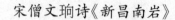

宋僧文琦诗《新昌南岩》

大禹未疏凿,此山为海门。试从樵迳上,犹有钓车存。佛屋栖灵窦,仙荫远村。岩头一滴水,居者不知源。

《韶州府志》

南岩在广东韶州府郡南,鸣弦峰之前,枕真山石壁上。有唐人元结所刻涵晖谷铭。《舆地纪胜》:南岩在河南彰德府安阳县南孝廉坊傍,南山报恩光孝禅寺。前启飞阁,尽览山之胜。左有岩洞可容数十人。

《襄阳府志》

南岩在湖文广襄阳府武当山。

《重庆府志》

南岩在四川重庆府盘石县五里。一在四川雅州推官厅之东。李嗣文建南岩书院。

《广信府志》

南岩在江西广信府弋阳县南五里,高百尺,有石壁镌古篆二十三字,书迹甚美,其字岁久将湮,不可辨明。古下一穴如屋,横阔数丈。就石刊刻佛像,俨然可观,至今存焉。一在上饶县南一十里,又名卢家岩。按《纪胜》云:岩傍巨石俨然北向,其下宽平可坐处甚广,为郡人游衍之地。有太史济北晁补之及右史东牟王洋、无勃约,知黄州南丰曾宏父游南岩诗,又颍川韩龙学亦有诗。

《江阳集》

草中书带萦回巧,弃上灵南岩书深。卉木无知尚风化,黔黎何独不回心。"晁太史诗:"南岩夫何为?山作天倚盖。山南鸡山葭,飞顶覆其外,初如鹏将翔,雁击群麓背。乍似海大鱼,呀口哈而嘬。当空横广额,架屋喉舌内。仰窥骇凭陵,俯进愁压坠。尝聆释氏说,仰覆各世界。千间来中着,五亩良不隘。清冷气射人,热恼从此溃。崖奔未疏瘦,谷远鸟幽怪。问僧何年居?投老四伍辈。问客何人来?官满或一再。而予与二子,高与偶相戒。松舟下清江,毛发数虾蟹。篮舆上峻岭,憧节望杉桧。李侯勋门胄,文来山作绘。赵君儒林孙,嫮美兰结佩。不为城府游,继月此于迈。宁知老逾拙,意在精赏退。得居溪南山,石饮与山对。夔魈入奥突。云雨出中浍。古人戒贱目,惯睹谁复贵,故此诚未逢,欣然与心会。彭湖雨崖蹙,泉作一线霈。禅月古台空,屡山自明晦。搜奇获三胜,趣懒同一慨。但尤久聱牙,尚喜无蒂芥。平生所驱使,诗酒俱好在。天涯得吾侣,物外从所快,便欲登赤城,一观天宇大。"韩龙学诗:"官曹簿领无时空,一春蹙蹙尘埃中。溪南十里岩谷好,俗驾灵整无由穷。前时相邀雨断道,今晨不雨天亦风。乃知书生不解事,自以怪齿勤天公。兴来邂逅始一往,相与纵辔随飞鸿。野棠着子梅杏老,密叶尚带残花红。峥嵘石屋吁可怪,无乃开辟烦丰隆。却寻花径山巉绝,俯瞰旷野迷西东。涓涓寒溜滴水雪,一酌为我凉心胸。山川何曾岁月计,可怜翠阜分磨砻。人生欢笑不易得,此会几许谁能同。春禽正喧日已暮,叹我归期还匆匆。"

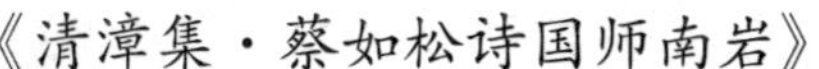

《清漳集·蔡如松诗国师南岩》

世传唐怀恽国师，乃吾漳良才山谢氏子。少依同安真寂院为僧，后隐于家山之侧，今国师南岩是矣。唐宣宗避怨为僧，与之居者数年。及即位，诏住京兆府章敬寺，且封为国师以报德。予尝考恽，宪宗时人也。元和元年，诏居上寺，十三年十二月二十二日示灭，敕葬灞水，谥大觉禅师，太宝相之塔。孰谓宣宗曾与恽居乎？

《唐史》

宣宗在位十三年，享年五十。推而上之，当生于元和十一年。恽死时，宣宗方三岁，疑此非宣宗之迹，乃五代时李仁达留从效等所立。是也。雪峰僧，俨明，王继成弟。继成守漳州，俨明南依其兄，闻此有国师岩，而挂锡或有焉。不幸江南兵逼王延政，处处杀王氏子弟以应之。仁达虑众心疑已，与留从效远迎俨明，被以衮冕之服。后人见俨明之迹不类，因取宣宗为之传会。夫岂知宣宗乃宪宗之子，武宗之叔。使有意嫉之宦者，仇公武，乌能使之为僧？既为僧矣，又值武宗荡灭佛法，反违其旨，而游谈于缁流之中，不激其怒，而速之死者几希。为作诗以正之。据唐宣宗为僧事，《唐史》小说诸书并皆不载，惟近世洪觉龙作《林间录》，称仇公武有汉丙吉之功，而史失其传，独见于盐官安禅师传，寻检安禅师传，见其傅会宣宗，犹为可笑。曰论国师岩之迹，有及于此，故并以辩。

七闽山秀江逾碧，俗知礼义亡奸慝。贼潮何事率淮民，拥众南来稍蚕食。椎埋劫冢荒径里，醉饱呼天烂渔弋。蘖驹蹑迹逞神怪，河海波腾云泼墨。门开启圣像双阙，台筑三清侔紫极。一朝春莺飞入宫，九龙帐底生荆棘。举宗屠肆血腥秽，骸骨无人坎墳域。群凶睨目暗招邀，起火狐鸣乘月黑。雪峰禅客漏遗种，物色漳川俄访得。芦黄苇白秋风多，欲话辛酸语还塞。易衣传入虎狼口，翻覆死生难可测。至今尚余下辇处，巧作妖言相诳惑。我曾亲到国师岩，父老颇能为记忆。吐冤戟手骂从效，阴与群奸为羽翼。孤僧逼将上车去，水石含悲空寂默。唯有霜锺音韵清，破寒千里传消息。

宋陆游《渭南集·行东山下至南岩》

穿林了不厌崎岖，邂逅幽怀得少虑摅。昔愧出山成小草，今知临水羡游鱼。呦呦驯鹿随轻策，决决流泉入野渠。坐觉尘襟真一洗，正如头垢得爬梳。

《王东牟先生集·曾谹父约游南岩短韵奉呈南丰不藏善人逢说南岩》

南岩亦何好，造物秘此缄。烟云印全提，松竹色半酣。去郭十里赢，守戍僧二三。乞身满一日，幽事亦可探。行客问征途，居者萦辔御。萧条野店烟，忧静弥勒龛。念非尘外侣，谁分禅味甘？受佣作闲人，自缚亦可惭。于时日在房，山色染霭蓝。一径盘郁青，群峰列空嵌。吟泉计涓滴，沦鼎消尘凡。端如常德静，可警疾步贪。扬镳出云门，回首怜烟岚。公其吐妙语，胜事须指南。

韩淲《涧泉集·次韵赵景伯南岩》

披蘿南岩寺，无僧林荡虚。崖悬徒可望，泉滴又何居。时世悠悠转，心情落落疏。山

行有吟啸，佳处莫踌躇。

辈守约、陈漕林宰
同游南岩得问字

高情动岩壑，幽讨忘远近。追随得秋日，掣枝多美酝。悠悠远朝市，寂寂委时运。雨集星散间，他年或相问。

国朝龚□《鹅湖集·次韵
吴自修游南岩》

南岩地偏罕人迹，问君胡为来此游？偶因人生间暇日，况当天下承平秋。飞泉自落屋西畔，青山只在岩上头。招提境界不易到，松篁一迳通深幽。溪南十里南岩寺，老柏经年泣象龙。林屋山光春皎皎，石阑云影午重重。胜游佳客身亲到，忠寄新诗手自封。南渡老臣遗墨在，相应忠愤又填胸。

宋钱塘《韦骧集·和简夫游南岩》

古寺因山半翠微跻攀危磴上云扉。秖应秀色随秋吹，还似红尘染客衣。子贱鸣琴万暇逸，渊明解绶已来归。吾侪幸得陪清览，相与优游养道肥。

又和李信臣游南岩

秋云杳杳镇秋岩，怪木森森荫碧潭。游骑去时平野晓老僧迎处满衣岚。何人自塑临泓水，近古遗棺碱石龛。我忆昔年曾此醉，却嗟今日辍陪参。

和南岩回：心舒还爱日，境胜欲忘归。茶战弱一水，棋兵尚十围。秋山终易冷，暮坐即添衣。上马回头数，霜蟾逐盖飞。

《蔡定斋集》

笋舆兀兀上南岩，人在十峰紫翠间，剩欲日来陪杖屦，其如病足怯登山。

《辛稼轩集·游南岩和范
廓之岳赋满江红调》

笑柏洪崖，问千丈、翠岩谁削依旧是，西风白鸟，北村南廓。似整复斜僧屋乱，欲吞不吐林烟薄。觉人间。万事到秋来，都摇落。呼斗酒，同君酌。更小隐，寻幽约。且丁宁林休，北山猿鹤。有鹿从渠求鹿梦，非鱼定未知鱼乐。正仰看，飞鸟却应人，回头错。程公许沧洲。

《尘韵编·次李晋仲同游南岩》

风林舞霜叶，野水状寒溪。旭日爱清美，良友欣招携。逝游南岩麓，远蹑樵人蹊。世未变野处，地已呈榱题。炼石既有穴，补天亦余梯。仰梯磴可涉，穷择日从低。窗深有神护，险绝令心凄。我归期再出，后会岂终睽。弟应三接宠，未许寻高楼。

前人文字渊邃，方为朝阳
鸣凤。仆所次前韵及之而荐
赐佳章申招隐，敢再次韵
以反之，以资他日重会一笑。
非一笑，非一诗也

丈夫为世用，钓叶辞岩溪。不用身徇道，固可卷仰携。侃侃紫阳翁，不践桃李蹊。淳熙用不终，归途此留题。坐令南岩高，万丈谁能梯。倘止论兹山，仅亦培塿低。今如岘首碑，千载令人凄。我辈何适莫，但观道合暌。鸟兽不可群，仲尼非栖栖。

《勾曲外史张伯雨南岩分韵得阴字》

西南一丘壑，良会如自今。既许陶翁饮，复招颖师琴。淡泊适相遭，彼此畅冲襟。岂无金石序，何足拟山阴。

南安岩

《汀州府志》

南安岩在福建汀州府武平县南八十五里，形如狮猊，旧为龙龟窟宅，俗呼为龙穿洞。后定光佛卓锡于此书偈云："八龙归顺起峰堆，虎啸岩前左右回。好与子孙兴徒众，他时须降御书来。"中有二同，南岩为正。窈窕虚旷，石室天成。又有石门、石窗、石林、石鼓、石龙虎龟猫之属，即佛之正寝。东岩差隘而石龛犹结密，即佛宴坐之地。十二峰在南岩前。

《舆地纪胜·郑弼诗题定光南安岩》

石耸灵岩接大虚，百千年称定光居。未知天上何方有？应是人间别地无。香风影里迎新魄，梵呗声中见落晖。自恨劳生名利役，不能来此共忘机。路入云山几万层，豁然岩宇势峥嵘。地从物外嚣尘断，天到壶中日月明。郭祥正诗：壶汀梅之间山万重，南安岩窦何玲珑？青瑶屹立敞四壁，巧匠缩手难为工。

方间之诗

天下名山饶洞穴，不似南安最奇绝。一峰突兀上千天，十二子孙傍就列。上有虚帘透碧霄，夜分明月归岩腹。

《建安志》

南安岩在福建建宁府政和县二十八都，有石室方广数丈，中有马大仙祠堂。

北岩

《豫章续志》

北岩在江西南昌府宁县东北二十里。解空院后有北岩，寻山北去可一里许，洞穴如圭窦，必崎岖而后入。有石田、石盐、石佛、石禾、石粟之类。

《四明志》

北岩在浙江宋波府句章乡。岩中可容百人，暑月渚凉，有频伽鸟巢其中。

《潼川志》

北岩在四川潼川府泸州之北岩院。后有岩洞，太守业光大书“北岩”二字。

《重庆府志》

北岩在四种重庆府州北五里，李文昌《图经》始附令为濮岩。今岩间有皇祐四年朱处约撰《藏经殿记》。庆历五年南阳张固题诗，皆谓此岩。固诗首云：“北岩寺正巴川北，平挹高城一川隔。”至熙宁六年，张商英题名岩下。元祐五年，刘象功为《岩铭》，始皆谓之濮岩。则知文昌之出，近出于庆历以后，熙宁以前，决非唐人之书。距今才百有余年，而袭廖承讹，莫知其非。一语之妄，贻患无穷。虽地理之书，古今多所抵牾，然未有颠倒白黑若此之甚者。故今以朱处约、张固诗文载文类编以正俗误。而其他文人例指吾州为濮者，与高英、象功并列焉，以见承袭之病，虽出于一时，苟简而考正不详，贻笑后世，不可不谨也。岩高五六丈，修二百余步，柏数千章，围率八九尺，樛枝下垂，岩虚逗风飕飕如流水，或怒号震响，树世相应，恍然如泛湖海而无垫溺之虞。有定林禅院。岁正月九日，郡以故事置宴，命放鹰张猎以娱宾，游人盛集。经藏之背为离支，高十余文。初实，郡遣吏扃镐，主僧护视至孰，率僚佐宾客置酒阁上，临槛府摘，岁为胜赏。

一在涪州铁柜山下。昔有真人修炼于此。石壁上有水流注，下有石渠引水，又有石臼。石壁上又多石佛，伊川在此注《易》。

张商英北岩

张商英谒告西归，程彦博、田昉、张甫原偕来濮岩饯饮。熙宁癸丑仲冬二十九日题。

《涪州志》

北岩在四川重庆府涪州大江之北。绍圣初丁丑，伊川先生程？来涪于此普净院辟堂传《易》阅再岁而成。元符庚辰徙夷陵，会太史黄公庭坚，自涪移我过春堂，因榜曰钩深。嘉定丁丑，范仲武请为北岩书院，嘉熙兵废。

程公许《沧州尘缶编·游涪州北岩》

恭惟同出自，斯文其在兹。白衣帝王师，古闻今所疑。惨澹涪江滨，烟雨寒无炊。一

编洗心易，后学之蓍龟。学禅谯夫子，窥墙胡不麾。慈道贯三极，何曾限藩篱。柱史接武来，相望几何时？旧隐勤泛扫，大书挺雄奇。江山着羁臣，千古同一悲。渠自气浩然，何成复何亏？高堂俨遗像，宾墨镌丰碑。往者不可作，搔首空涕洟。萧萧北岩松，悠悠我之思。

陆游《渭南集·北岩》

有程正叔先生祠堂

舣船涪州岸，携儿北岩游。摇楫横大江，褰裳蹑高楼。雨昏山半失，江涨地欲浮。老矣宁再来，为作竟日留。乌帽程丈人，闭户本好□。骇机一朝发，议罪至窜投。党禁久不解，胡尘暗神州。修怨以稔祸，哀哉谁始谋。小人无远略，所怀在私仇。后来其祸兹，赋诗识岩幽。

《冯缙云先生集·涪州北岩》

睛著春江镜漾光，扁舟来炷佛前香。山从幽处亭亭绿，日倚闲边故故长。

《保宁府志》

北岩在四川保宁府阆州北五里，有曰伞盖山，乃高僧宣什道场。

《夔州志》

在四川重庆府夔州达县北。岩壁耸然，下有平地，即风凰山之岩。一在四川夔州北，为一郡之胜。

《合州志》

北岩在合州北五里，季文昌《图经》始传会为北岩。有柏数千章，率围八九尺，又有定林院。旧日正月九日，郡守以故事置宴，游人盛集。又有荔枝园，每熟，郡守率僚佐置酒阁上，临槛俯摘，以为胜赏。

《莆阳志》

北岩在福建兴化府莆田县北十里。旧经云：群山之巅，两石峙立，负一石焉，号曰石室，可坐百许人。初泉源以：石不通，故老相传，雷裂其石，泉始达于石室之下。裂石今尚存。郑编□樵诗云西风洩洩片云闲，一夜寒泉卧北山。倚杖岩头秋独望稀疏烟龙是人间

《建宁府志》

北岩在福建建宁府岩宁县北十里，下有北瓯寺，名士陈朝老尝讲书于此。

程公许《沧州尘缶编·北岩》

微学尚书弘农公授钺镇泸，以无事治，暇日领客北岩凭高，四顾景与心会，乃即仁祠之旧创为禅林。左有五峰，连娟竞秀，作书院其下，以来四方之游学者，追汉忠武候遗志，为北定堂。因山之岳庙搜奇扶胜，压以小亭危榭，覆苫鳞瓦，简朴幽雅而旷如奥如之境，

皆擅其妙。公许晋谒节下，一再侍杖履相羊览观，每欲选义考辞有所纪述，而文不逮意，间得数语，随笔抄记，归舟容与，乃能编缀为北岩二十咏。思荒语齿，无以摹绘胜概，几万一托不朽于名世，如太虚赋，黄楼去。宝庆岁丁亥重阳节前四日，门人桂枝程公许拜手谨序。

李石《方舟集·北岩纪行》

岩以石居如覆屋，下栖十六士，唐人所作石像也。先是仞壁立百岩上垂瀑如缒，下为方池以受水，夏秋潦集，池汇趋凹，十六士汨于水，无复金碧颜色。好事者尝徙像他处，复栖于岩，何也？父老言，岩本洞天所茂，旧松楠翳荟不容迹，有怪物衙守，故作像以镇，像徙则怪见，像固安于栖不容徙。今太守出一弹指作拯溺手，渠疏泄池，以达浊潦于外，重施金碧。十六士者，始一解颜而笑。又砌像前数亟丈甃：盆以受君子泉，以便漱酌。既成，适夏大水，太守与客论茗纳凉。瀑注如甚雨，如海风撼潮声，可喜可愕，不知尘市火。聚中有□死人也。太守成都宇文绍奕、客郡签陈鼎新、普州郭郊新合守季石太守之兄绍弼摄祭酒为主人，乾道七年五月二十七日石记。

唐玄率英诗《登龙瑞观北岩》

纵目下看浮世事，方知峭崿与天通。湖边风力归帆上，岭顶云根在雪中。促韵寒锺催落照，斜行白鸟度遥空。前人去后后人至，今古异时登眺同。

宋《刘屏山集·游北硐》

溅溅泉水暗通池，熠熠高花乱出篱。知有精庐潜寂寞，一作胜地，更欣蜡屐共襟期。一作赴幽期，茗芽未办三汤试，麦饼先尝十字炊。几许幽奇待知已，品题政在一篇诗。一作接胜架奇终日快可无馀兴为题诗。

《张紫微先生集·游北岩》

寻山轻近境，偶向此中来。精舍层岩拥，穹林石路开。排云今岁竹，封径几年苔。僧老无余事，端居傲劫灰。

曾由基《兰墅续稿·三山曾由基朝伯游宜春北岩》

宦躯真沐漆，放怀北岩去。行行如蓏境，渐入幽绝处。湿翠欲沾衣，睛云乱生屦。滩声时抑扬，岚气互吞吐。松寒韵笙竽，碣石状锺虡。朱实嫋碧藤，白羽明翠坞。提壶忌人醒，市酣邀我沽。野果枝头寻，水乐空中度。饮少辄颓玉，山灵劳拱护。起来一凭栏，件件是佳句。此景几百年，却待予全付。吟成石点头，喜极石应语。何处一鸣鹤，而作赏音和。仰峰人所仰，隔江不受呼。正如山中人，九诏不一顾。传闻唐卫公，挟册曹此寓。皋夔何书，瑰誉响千古。一生坳介甫，政坐读书误。公乎傥可作，同草遂初赋。

赵君鼎

行行，过东江，步步望北岩。佳景三十余，天然真不凡。

国朝刘嵩诗《登北岩眺望因投巨石宛转为戏》

自爱北岩秀，绿云穷翠微。回见大江流，独立一振衣。崖表人迹绝，烧余寒草稀。绕涧聆暗泉，攀萝憩危矶。投石转阴壑，震击星火飞，奇探恣游衍，兴惬忘险崎。日暝思更寻，逍遥望月归。

上北岩

凉风四山合，月上西崖早。古道断归樵，啼螿在秋草。

北芒岩

《长安志》

《西京杂记》曰：茂陵富人袁广汉藏镪巨万，农僮九百，于北芒岩筑园，东西四里，南北三里，激流注其内。构石为山，高十余丈，连延数里，养白鹦鹉、紫鸳鸯、旄牛、青兕。广汉后有罪诛，没入官为园，鸟兽草木，皆徙植上林苑。

北廊岩

《建安志》

岩如廊庑状，在福建建宁府。

卷之一万一百十六 二纸

旨

枢密都副承旨

《文献通考》

五代有承旨、副承旨,以诸卫将军充。魏仁浦为枢密副承旨,周祖问屯兵之数,及将校名氏,令取簿参视之。仁浦曰:"臣悉能记之。"遂口占以对,无一差误。宋太平兴国中,以杨守一充都承旨,都承旨自守一始也。是时,都承旨、副承旨,多用士人。真宗后,稍稍遂用吏人。欧阳修建言请复旧制,不克行。熙宁二年,始以东上閤门使李评为枢密都承旨,李绶为之副,不用院吏,而更用士人,自评始也。《续会要》:初评受命,文潞公为枢使,以旧制见不为礼。评诉于上,命检故事不获。乃诏都承旨、副承旨,见枢密使副,并如閤门使礼。熙宁五年,以尚书、比部员外郎、集贤校理、同修起居注曾孝宽为起居舍人,充史馆修撰兼都承旨。先是或用士人,亦止于右职中选用,文馆兼领,自孝宽始也。元丰三年,用张诚一为客省使都承旨,自是都承复用武臣。元祐中,复以文臣带待制充都承旨。哲宗《职官志》至崇宁以后,则专用武臣矣。《四朝志》绍兴二年,权礼部侍郎赵子画充徽猷阁待制密院都承旨。自改官制后,除文臣自子画始。《中兴系年录》建炎四年,高宗在会稽,以武臣辛宗道为都承旨,颇用事。绍兴元年十二月,辛宗道既免,乃诏依元祐职,制置都承旨一员,并差两制为之,然但闻一二人而已。淳熙中,王抃久用事,孝宗恶焉,遂复用士人。

欧阳修

《宋会要》

五代枢密有承旨,以诸卫将军充。国朝始有枢密都承旨、副承旨,又别置诸房副承旨也。

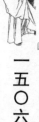

《宋史·百官志》

副都承旨，掌承宣旨命，通领院务。若便殿侍立阅试禁卫兵校，则随事敷奏，承所得旨，以授有司蕃国入见亦如之。检察主事以下功过，及迁补之事，都承旨旧用院吏递迁。熙宁三年，始以东上阁门使李评为之，又以皇城使李绶为之副，更用士人自评绶始。是月，诏都承旨见枢密使副如阁门使礼。五年，以同修起居注曾孝宽兼都承旨，参用儒臣自孝宽始。元丰四年，客省使张诚一为都承旨，复用武臣自诚一始。元祐初，复以文臣为都承旨，其后以待制充。元符三年，王师约为都承旨，左司谏陈瓘言："神考以文臣为都承旨，其副，则参求外戚武臣之可用者。今师约未历边任，擢置枢属，据文臣之位，甚非神考设官之意。"至崇宁以后，专用武臣。建炎四年，高宗在会稽以武臣辛道宗为都承旨，颇用事。绍兴元年，道宗既免，乃诏依元祐职制都承旨，以两制为之，如未曾任侍从之人，即依权侍郎法，又或加学士待制修撰贴职。乾道初，再用武臣，自张说始。淳熙九年，都承旨复用士人，自萧燧始。副都承旨文武通除。

枢密副承旨一员，带御器械四员，承旨选横行充，与从官都承旨同侍殿中，分传密旨。为武臣之清要。御带分直禁庭，内宿直舍。在崇政殿门内，职居严邃，多任国戚及内侍，两省押班亦兼领，或有边功优异，间除外官，就领兵职于三路，为武臣之荣遇也。元丰改官制后，常用武臣张承一为承旨。自后都承旨间用武臣云。

宋胡寅《斐然集·郭执中枢密都承旨制》

朕以世仇未复，军政是修，既任大臣分典内枢之地，乃选良士入参宥密之联，俾几务之与闻，实嘉谋之有赖，久虚厥位，必惟其人。其官某，气果而才通，识明而论辨，早周旋于塞上，更事已多。晛谘议于军中，临机辄应，挺忠诚而自竭，当勤勩而罔辞。其次对于西清，以近承于中旨。尚询黄发，勿云旅力之愆，益罄丹心，思佐戎衣之烈。

郑獬《郧溪集·枢密承旨左监门卫将军任承睿可枢密都承旨制》

朕举天下之机事统之西府，而诸曹就列，必有属长以奉乎旨命。以汝持身莅职，称为廉敏，殆历三朝，至于耆艾。阅其劳旧，宜有以序迁褒宠之泽，尔其祗服无怠可。

汪藻《浮溪集·枢密院主事王露可兵房副承旨制》

尔以材能，服劳枢省，考其阀阅，当以次迁。往懋官，无忘报称。

《曾文清公文集·范纯礼复天章阁待制枢密都承旨制》

枢密之地，选用士人，宣纳密命，自神考始。肆子纂服，收拔端良。寘诸左右，盖遵先志。具官范纯礼，夷易有守，笃实无华，恂恂自持，言行相顾，失职兹久，秉心不移，起分州符，未厌舆议。其还延阁侍从之邃，来赞右府讦谟之微。副子咨求，竚尔忠益著。

《斋微垣类藁·试尚书户部侍郎兼总领
湖广江西京西财赋湖北京西军马钱粮
岳珂特授宝谟阁直学士枢密都承旨制》

粤惟言语侍从之臣,久劳于外,欲备钱谷甲兵之问,式遄其归,肆庸严直于穷班,而使亲承于密命,用颁明綍,庸示殊恩。具官某学博而该,词丽以则,逢逢惟柞,蔚其祖干之枝。裳裳者华,滑矣孙芸之叶,自世选尔劳而昭奖,皆官修其业以靖恭。江淮财赋之渊,作十三载,荆楚衿喉之地,饷百万师,刃游于批大郤之余,器别于遇盘根之际。擢以邃清之秘职,位诸宣纳之要司,召不俟驾而行,趣承东注,贤不待次而举,嗣听登崇。

枢密院检详诸房公事兼权右司郎
中赵崇贺特授军器监兼枢密副都承旨

子方注意于内修外攘,故内以宥地之务为先,外以武库之备为急。必惟其人,乃共二事。尔为帝宗驹,廉而不刿,明而不察,用使为东西府掾弥纶省务科琐边条,动适机宜,号称周密,肆庸命典戎监,导旨枢庭。尔其讨军实而申儆之,以辅予修攘之政。往祇誉命,益务蠲□。

《周麟之陵集·陈正同除敷文
阁待制枢密院都承旨》

右府本兵之地,惟长贰总秉诸事,为朕腹心。若时属僚寄委咸重,奉承密命,必用从臣,阙而不除十数年于兹矣。朕今得世济之彦,拔其才而用之。具官某,直亮多闻,得于家学,持论据正,亦克似之。赐环来归,既陟汝于禁路,兼寓几省,罔不惟职业之思。朕方櫜弓戢戈,以常德立武事,如尔明睿,允宜在廷,内阁升华鸿枢禀务,并以授汝,往其钦哉。

《刘后村集·陈铸除秘阁修
撰枢密副都承旨制》

自改官制以来,导旨官不必备顾。今甲兵之问,犹至庙堂,科琐日不暇给,然则都副并置,亦集思广益之义。尔明而恕,故论主正平,介而通故事无凝滞。历仕东西二府,与闻军国大议,亲密于州。平幼宰弥纶之义弘矣。索虏垂尽侵疆来归,朕欲及闲暇之时讲修攘之政,尔虽已列九卿,其以论撰亚太尉掾,盖时惟侍立可咨访边机,惟同堂合席可筹度也。方将引尔自近继有殊擢可。

《洪文安公集·右武大夫成州团练
使廖虞弼除枢密副都承旨制》

枢庭分属副承密命武著之高选也,朕未尝轻以授人,旷位不除,盖十余年,今始得之。具官某气略自将济之以敏,四临远郡,习知边琐,而安靖之政,达于朕听。兹命尔入侍殿陛,与闻几微,往惟兢毖,以称所蒙。

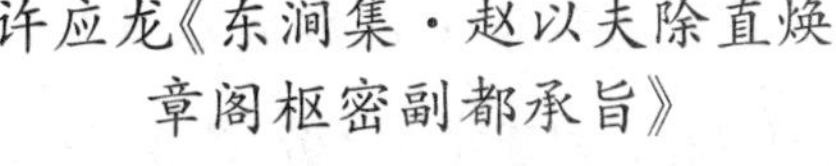

许应龙《东涧集·赵以夫除直焕章阁枢密副都承旨》

右府本兵之地，事机贵密，宣纳之任，要在得人。以尔才周世用，望重宗英，使节州麾，所至可纪，郎省卿寺，无施不宜。况荐更宰掾之司，尤善赞庙谟之运，升华邃阁，导旨枢庭，益究远犹，以需显用。

周南仲《山房集·太府卿枢密副都承旨制》

朕惟右府之属，莫如密命之亲，以次对而赞讦谟。亶惟旧制，用列卿而为副介，未有前闻。属图人以隽功，固难拘于常比。尔才能鲜俪，慷慨自将，护漕日畿，已登最课。尹民天府，绰有能声。伟兵略之深知，方军书之旁午，爰跻荣于农扈，俾禀务于几廷。夫帝王之道，出于万全，毫厘之差，谬以千里，其协承于几急，必审当于事情。服我优恩，嗣有明陟。

《元丰怀遇集·四方馆使康州刺史曹诵可依前官充枢密副都承旨制》

敕陟降轩墀，奉承密命，属在几政，实维亲臣。具官某夙以材能，致于休显，试之服采，蔚有声称。顾畴厥宜无易兹选，惟纯惟毖，时则汝嘉，可。

彦逢《摛文堂集·四方馆使荣州刺史枢密副都承旨朱孝孙可正任防御使依前枢密都承旨》

敕，朕明发不寐，有怀哲宗，推原同气之恩，申锡外家之宠。具官某，操修端静，识虑详明，钦成之亲，尔为近属，宜加进擢，俾领使华，正兵防之显名，仍枢筦之旧职，与承密命，秩峻地亲，惟时褒荣，往其祇服可。

宋哲宗

贾德明任承睿可都承旨制

敕，具官某等，枢宥之府，所承禀而宣行者，皆禁密之命，必求谨厚之材，乃可备于陪属。以尔等有恪愿之资，加肃给之敏丽名机务实唯劳旧，按其资历，擢总纲领，勉思勤尽，尚副褒宠。

《苏魏公集·枢密院兵房主事李景先可吏房副承旨》

敕，具官某，宥密之严地。均公府丞史之任职，专吏门虽曰次迁，尤为遴择。以尔首公勤辨。在事谨廉，嘉积久于勤劳，当进联于曹务，益宜钦慎思，对恩荣可。

《蔡端明集·张继渥承旨》

敕,某人,早以材敏,属丽枢庭。积延岁月之劳,益敦夙夜之恪,进承旨命,特示宠荣,祇荷恩迁,愈罄诚志。

刘元城《尽言藁·谢宝文阁
待制枢密都承旨表》

臣某言,伏奉告命,授臣宝文阁待制枢密都承旨,仍改赐章服者,参斗极之要联,加奎文之秘职,仍绔旨命服,入侍彤墀,并荷恩荣,靡容逊避。臣某中谢,切以鸿枢设属,奉密旨以致严明,主慎微,择士人而并用,兼综疆陲之务,与闻帷幄之谋,宜得时髦,共经常武。伏念臣禀资固陋,涉世迂疏,亲逢景运之兴,获蹑众贤之后,仇书麟阁,初蒙二圣之知,掌谏惊台,旋玷七人之列。誓殚愚直,罔恤怨仇惭无补衮之功。俄有负薪之疾,方图致位,复俾代言,擢跻清切之班,是为殊渥。自视荒芜之学,安可冒居?力丐真祠,幸蒙俞旨,岂谓历时之未久?遽聆误宠之荐加,既累贡于忱辞,敢再叨于成命。已裁奏牍,必践前言。忽被制函,易寘枢莞,虽需章之叠上,终涣汗之莫回。黾勉奉承,启居愧畏,伏遇太皇太后、皇帝陛下,兼收片善,固任群材,怜臣昔困沉痾而今则已瘳察臣昔避词掖,而今则难受。未逾旬浃,继忝诏除,臣敢不益励操修,慎思职业,涓埃自效,少逃尸禄之讥。本末不渝,期尽立朝之节,臣无任。

郑刚中《北山集·谢除宝文阁
直学士枢密都承旨表》

久玷清曹,宜招大戾。遽移要地,仍冠华资,识睿奖之优隆,抚微躬而震越。中谢窃以国有二柄,古列鸿枢,事分五房,均承上制。爰自熙宁而后,始参用于士人,故兹承旨之员,或旁兼于史馆,诚以斗极,执化元之本机。廷为宥密之亲,拱侍天墀,躬聆帝训,宜求洵直,克用禀承。而况西清宝栋之崇,实仁庙宸章所祕,服是邃严之职,并为儒雅之流,兼以授人,谁宜蒙者。伏念臣性资愚下,学艺浅荒,触事多艰,渐觉桑榆之向慕,戴恩甚重,常如山岳之在巅。念从召用而来,误被眷知之宠,超腾省户。擢副台端观秘书者,顷尝一年,奉典礼者,今亦逾岁,率无善状可穆师言,荐拜鸿私,唯知感涕。此盖伏遇皇帝陛下照临如日,覆冒法天,独运乾刚,总六师而并用,大修机政开二府以兼收,图回不世之功,尽革累年之弊。兹所选任,宜先俊良,夫何庸琐之才,亦在访咨之数?臣不周旋体国,恪检持身,虽惧疏愚,无补枢机之密,誓磨顽顿,少酬造化之功。臣无任。

辞免宝文阁直学士枢密都承旨札子

五月八日,准。尚书省札子,三札同奉圣旨,除臣宝文阁直学士枢密都承旨,闻命震惊,罔知所措。臣切以侍郎分曹治事,其选高矣。而密承上旨者,其职为尤重。阶官辨秩为等品,已贵矣,而升华内阁者,其资为甚崇,兼以付之,则朝廷委用之意,盖自可见。而臣禀资驽下,赋性愚蒙,怙恃已无,虽有一意事君之愿,而筋力向暮,实怀十驾难及之忧,冒昧以居,愆充将至。伏望圣慈,收还成命,别付时望,外穆师言,下安愚分。臣无任皇恐,激切恳祈之至。谨录奏闻,伏候敕旨。

刘元城《尽言藁·论范育除枢密都承旨不当状》

右臣窃闻朝廷除范育为枢密都承旨，按育昨知河中，尝有缺行，嬖人预事，干挠刑政，子弟失教，闺门不肃，丑声显著，流闻道路，君臣之间，不可言者。使育实负过人之才，义难终废，犹当抑之散地，更加岁月磨去瑕垢，渐次任用，或为公议所容。今育之学术智能，无以异众，而前日之恶，播在佥言，比方外除，已玷卿列，曾未席暖，擢真宥密，臣恐修洁之士，耻与比肩，流荡之徒，无所惩戒，甚非所以称陛下旌别淑慝，长育人材之意。伏望圣慈，深赐省察，罢育新命，以允公议。

辞宝文阁待制枢密都承旨状

右臣今月初六日，准阁门告报，伏蒙圣恩，除臣宝文阁待制枢密都承旨，仍赐紫金鱼袋者，荐膺嘉惠，尤切震惊。伏念臣近被宠灵，进直西掖，方兹避免，未奉俞音，重忝诏除，升华延阁，俾承密旨，仍赐服章，恩数便蕃，职事清近。顾臣愚陋，何以克堪？伏望圣慈洞察由衷之言，特辍行已之命，庶安私分，不累公朝。

再辞枢密都承旨状

右臣近尝具奏，乞寝恩命，准尚书省札子，奉圣旨，不许辞免者，才微任重，私分难安。效薄食浮，公言可畏。实欲量能而受职，非敢苟异以沽名。兼臣有男，与同知枢密院韩公忠彦之女，顷从幼稚，尝约婚姻，虽未行聘问之仪，恐亦涉妨嫌之迹，辄倾至恳，再渎天聪，愿收涣汗之恩，垂许循墙之避。

回谢除枢密都承旨启

右某启近奉误恩，俾承密旨，辞不获免，受以为渐。敢图雅眷之隆，远辱华笺之贶？褒称溢美，期待过情，感愧兼深，名言曷谕。

董霜杰先生集·代谢辛承旨启

吴门假道，尝奉殷勤之欢；临汝分符，获伸故旧之好。未修诚于记室，先惠问于征途。不敏怀渐。拜嘉知感，恭惟某官才兼文武，世有勋劳，每暗合于孙吴，早得声于梁楚。当敌示纵擒之妙，筹筭无遗，赋诗有竞病之工，风流可尚，行复云中之守，益摅堂上之奇。愿惟无似之踪，尚异包荒之赐。即谐良觌，预慰渴怀。

《刘公是先生集·永兴到任谢宋承旨启》

右某启：肃将命书，临署吏牍。藐是空疏之质，寄以会繁之区，方地数千，连城累百，内修民社之政，外揔兵戎之机，黾勉事为，经营分表，力非其任，智不迨心。此盖某官，雅怀并容，余论推假，不遗三益之素，使就一麾之安。愿恐非才，终无云补异，因德辉之及，犹有期月之成，方阻披瞻。曷胜铭向。

元陈刚中诗承旨乐山唐公，八月十二日，宴于其第，以诗奉呈："圣代开皇极，恩波雨露沾。笃生嵩岳佐，载叶渭川占。社稷千龄会，衣冠五福兼。朱纮新律吕，黄石旧韬钤。

德望三朝眷，仪刑四海瞻。摛词追贾马，励学探义炎。宇宙归青眼，风云奋紫髯。议如唐陆贽，诗似晋陶潜。践履刚而毅，精神智以恬。一区杨子宅，万轴邺候签。山色秋凝壁。烟光昼卷帘。金銮辞秉烛，玉铉待调盐。大匠规模远，宗工号令严。王臣躬蹇蹇，君子德谦谦。此日鸣朝凤，清秋近夜蟾。瑶簪环杖屦，宝墨出缃缣。北海宾长满，东山妓未厌。车声阗绣户，花影舞朱帘。乐幸追灵运，忧当后仲淹。愿施经济具，天下待针砭。

承旨野庄董公，殊勋清节，孚闻之缙绅，纪以八诗：盟府旂常策，世勋一门忠。孝气凌云。衣冠盛事谁堪比，汉后元间万石君。

铁马长驱栈路高，捷旗飞渡大江涛。汉南烟柳蓬婆雪，犹识团花旧战袍。扈从破大理云南，已未飞渡为先锋首奏捷功。

手分恩露活惸嫠，春满棠阴犬有氂。二十年间如昨日，儿童犹诵卫州碑。为卫州总管，有惠政。郡人刻石诵德。

正色鸳行第一人，危言耿耿耸朝绅。忠州不负平生学，曾为皇家去佞臣。卢世荣将改法，公正色折之，语遂塞。

黑豸冠峨栢署阴，谁知偃月畜机深。九重尧舜明如日，独照生来铁石心。
郑公已拜大司农，倏捧词林诏墨浓。自是玉皇香案吏，仙班合领六鳌峰。

不负朝廷七十年，楼台无地榻萧然。清名当与温公并，只欠河南二顷田。

万卷青灯味道腴，苦心欲探鲁邹余。朝回立马天衢上，又典春衣买异书。

宋蔡耕《浩歌集·念奴娇词
寄仙岩辛承旨》

碧梧转影，正露冷、天高凉生襟袖。此夕清辉，谁信道、夜色居然如画。玉斧重修，宝奁初启，万里寒光透。将军高会，翠环争劝樽酒。遥想地近仙丘，碧山高处，引手攀星斗。醉嘱姮娥惟但愿，月与佳人长久。罗覆银鞍，雨抛金甲，赢得诗千首。掀髯一笑，此怀人解知否？

殿前承旨

苏易简《翰林志》

旧官名殿前承旨，武臣下列之称，及苏易简拜学士承旨，太宗以称混杂，改殿前承旨为三班借职。

南廊承旨

马明叟《实宾录》

五代江南林仁肇，建阳人。兄仁翰为福州王延义内儿，谓之南廊承旨。

临济宗旨

《僧宝传》

洪觉范曰：汾阳昭禅师示众曰：先圣云："一句语须具三玄，一玄中须具三要。阿那个是三玄、三要底句？快会取，好各自思量，还得稳当也。未古德已前行脚，闻一个因缘未明，中间直下，饮食无味，睡卧不安，火急决择，岂将为小事？所以大觉老人为一大事因缘出现于世，想计他从上来行脚，不为游山玩水，看州府奢华，片衣口食，皆为圣心未通，所以驱驰行脚，决择深奥，传唱敷扬，博问先知，亲近高德，盖为续佛心灯，绍隆祖代，兴崇圣种，接引后机，自利利他。不忘先迹，如今还有商量者吗？有即出来，大家商量。"

僧问："如何是接初机底句？"答曰："汝是行脚僧。"又问："如何是辨衲僧底句？"答曰："西方日出卯。"又问："如何是正令行底句？"答曰："千里持来呈旧面。"又问："如何是立乾坤底句？"答曰："北俱卢州长粳米食者，无嗔亦无喜。"师曰："只将此四转语，验天下衲僧，才见汝出来。验得了也。"

僧问："如何是学人著力处？"答曰："嘉州打大像。"问："如何是学人转身处？"答曰："陕府灌铁牛。"问："如何是学人亲切处？"答曰："西河弄师子。"师曰："若人会此三句，已辨三玄，更有三要语。在切须荐取，不是等闲与大众颂。"出曰："三玄三要事难分，得意忘言道易亲。一句明明该万象。重阳九日菊花新。还会么，恁么会得？不是性躁，衲僧作么生会好。又举三玄语曰：汝还会三玄底时节吗？直须会取古人意旨，然后自心明去，便得通变自在，受用无穷，唤作自受用身。佛不从他教，便识得自家活计，所以南泉曰：王老师，十八上解作活计。"

僧便问：古人十八上解作活计，未审作个什么活计？答曰：两只水牯牛，双角无栏圈。复云：若要于此明得去，直须得三玄旨趣，始得受用无碍，自家庆快，以畅平生。大丈夫汉，莫教自孤，触事不通，彼无利济。与汝一切颂，出曰：第一玄，法界广无边，森罗及万象，总在镜中圆；第二玄，释尊问阿难多闻，随事答应，器量方圆；第三玄，直出古皇前。四句百非外，闾氏问丰干。师乃曰者个是三玄底颂，作么生是三玄底旨趣，直教决择分明，莫只与么望空里妄解，道我曾亲近和尚来，与我说了脱空漫语，诳吓他人，吃铁棒有日莫言不道。又因采菊，谓众曰：金华布地，玉蕊承天，杲日当空，乾坤朗耀。云腾致雨露结为霜，不伤物义，道将一句来，还有道德底么。若道不得，眼中有屑，直须出却，始得所以。风穴云：若立一尘，家国盛，野老频蹙；不立一尘，家国丧亡，野老安帖。于此明得阇梨无

分，全是老僧于此不明。老僧即是阇黎，阇黎与老僧亦能悟却天下人，亦能瞎却天下人。要知老僧与阇黎，么捎其膝，曰：者里是阇黎，者里是老僧，且问诸上座，老僧与阇黎是同是别？若道是同去，上座自上座，老僧自老僧。若道是别去，又道老僧即是阇黎。若能于此明得去，一句中有三玄三要，宾主历然平生事办参寻事毕。所以永嘉曰：粉骨碎身未足酬。一句了然超百亿。又曰：临济两堂首座，一日相见齐下，喝：僧临济，还有宾主也无？答曰：宾主历然。师作偈曰：两堂首座首座总作家，其中道理有分挐。宾主历然明似镜，宗师为点眼中花。

无尽居士谓余曰：汾阳临济，五世之嫡孙，天下学者宗仰。观其提纲渠渠，唯论三玄三要。今其法派，皆以谓三玄三要。一期建立之语，无益于道，但于诸法不生异见，一切平常，即是祖意。其说是否？余曰：居士闻其说，晓然了解，宁复疑汾阳提纲乎？曰：吾固疑而未决也。余曰：此其三玄三要之所以说也。所言一句中具三玄，一玄中具三要，有玄有要者，一切众生，热恼海中，清凉寂灭，法幢也。此幢之建，譬如涂毒之鼓，挝之则闻者皆死，唯远闻者后死，若不横死者，虽闻不死。临济无恙时，兴化三圣，保寿定上座辈，闻而死者，今百余年。犹有悟其旨者，即后死者也。而诸法派谓无益于道者，即不横死者也。祖宗门风，壁立万仞，而子孙畏之。喜行平，易坦途，此所谓法道陵夷也。譬如衣冠称孔孟弟子，而毁易击辞，三尺童子笑之。临济但曰：一句中具三玄，一玄中具三要，有玄有要而已。初未尝目为句中玄，意中玄，体中玄也，古塔主者悟认玄沙三句为三玄，故但分三玄而遗落三要，丛林安之不以为非，为可太息。玄沙曰：真常流注为平等法，但是以言遣言，以理逐理，谓之明前不明后，盖分证法身之量未有出格之句，死在句下。若知出格之量，则不被心魔所使，入到手中，便转换落落地言通大道，不坐平常之见，此第一句也。古谓之句中玄，回机转位，生杀自在，纵夺随宜，出生入死，广利一切，迥脱色欲爱见之境，此第二句也。古谓之意中玄，明阴洞阳，廓周沙界，一真体性大用现前，应化无方，全用全不用，全生全不生，方便唤作慈定之门，此第三句也。古谓之体中玄，浮山远。公亦曰：意中玄，非意识之意。古不足道，远亦迷倒。余不可以不辨，无尽颔之。又曰：吾顷见谢师直称吴僧简程者，有大知见，亲见慈明，盖是真点胸。

杨岐道，吾之流亚，接人多举汾阳十智同真，愿遂闻其说。余曰：十智同真，与三玄三要同一关捩。汾阳曰：夫说法者须具十智同真，若不具十智同真，邪正不辨，缁素不分，不能与人天为眼目。决断是非，如鸟飞空而折翼，如箭射的而断弦。弦断故射的不中，翼折故空不可飞。弦壮翼牢，空的俱彻。作么生是十智同真？与诸上座点出。一同一质，二同大事，三总同参，四同真智，五同遍普，六同具足，七同得失，八同生杀，九同音吼，十同得入。又云：与什么人同得入？与谁同音吼？作么生是同生杀？什么物同得失？阿那个同具足？是什么同遍普？何人同真智？孰能总同参？那个同大事？何物同一质。有点得出底吗？点得出者，不恪慈悲。点不出者，未有参学眼在。切须辨取，要识是非面目见在。今此法门丛林怕怖，不欲闻其名，何以言之？诸方但爱平实见解，执之不移，唯欲传授不信有悟，借使汾阳复生，亲为剖析，亦以为非。昔阿难夜经行，闻童子诵佛偈，曰：若人生百岁不善，水潦鹤，未若生一日而得决了之。阿难就教之，曰：不善诸佛机，非水潦鹤也。童子归白其师，师笑曰：阿难老昏矣。当以我语为是。于今学者之前语三玄十智旨趣，何以异此？于是无尽嗟咨曰：然其旨趣，岂无方便？余作偈曰：十智同真面目全，于中一智是根源，若人欲见汾阳老，擘破三玄作两边。

又问：四种宾主，亦临济建立法门乎？余曰：三世如来诸代祖师锻出凡圣，情见之铲

锴非止临济用之如龙山本见马祖，洞山价禅师初游方，与密师伯者偕行，经长沙龙山之下，见溪流菜叶，价回瞻峰峦深秀，谓密曰：个中必有隐者。乃并溪而进十许里，有老僧癯甚，以手加额。呼曰：此间无路，汝辈何自而至？价曰：无路且置，菴主自何而入？曰：我不曾云水。价曰：庵主住山几许时？曰：春秋不涉。价曰：庵主先住耶，此山先住耶？曰：不知。价曰：为什么不知？曰：我不曾人天来。价曰：得何道理，便余住山？曰：我见泥牛斗入海，直至而今无消息。价即班密之，下而拜之，问：如何是主中宾？曰：青山覆白云。又问：如何是主中主？曰：长年不出户。又问：主宾相去几何？曰：长江水上波。又问：宾主相见有何言说？曰：青风拂白月。价再拜求衣止，老僧笑曰：三间茆屋从来住，一道神光万境闲。莫作是非来辨我，浮生穿凿不相关。于是自焚其庵，深入层峰。其后价住山，问僧：何者是汝主人公？对曰：现祇对者。价仰而咨嗟曰：此所谓马后驴前事，奈何认以为自已乎？佛法平沉？此其兆也。客中主尚未明，况主中主兮。僧曰：如何是主中主？价曰：汝自道者，曰：道得，即是客中主。如何是主中主？价良久曰：不辞向汝道，相续也大难。余观龙山老僧之意，如萧何之识韩信，岂有法哉？而价公之论，如霍光之立朝，进止亦有律度。呜呼，后生之不见古人之大全也必矣。价亦置主中主于胸中，可疑也。

余尝至临川，与来世英游相好，俄上蓝长老者至。上蓝谓世英曰：觉范闻工诗耳。禅则其师犹错，矧弟子耶。世英笑曰：师能勘验之乎？上蓝曰：诺。居一日，同游疏山，饭于逆旅。上蓝以手画按，谓余曰：经轴之上，必题火字，是何义？余亦画圆相横一画，曰：是此义也。上蓝愕然。余为作偈曰：以字不成八不是，法身睡著无遮闭。衲僧对面不知名，百众人前呼不起。上蓝归，举似世英。世英拊手曰：孰谓诗僧亦能识字义乎？因同看汾阳作犊牛偈曰：有头无角实堪嗟，百劫难逃者作家。凡圣不能明得尽，现前相貌有些些。余谓世英曰：此偈又余字义之训诂也。

世英问余《华严经》，曰：毗目仙人执善财手，即时善财自见其身。住十佛刹微尘数世界中，到十佛刹微尘数，诸佛所见被佛刹及其众，会诸佛相好，种种庄严，乃至或经百千亿，不可说，佛刹微尘数劫乃至。时彼仙人放善财童子手，即时自见其身，还在本处。此一段义，何以明之？余曰：皆象也。方执其手，即入观法之时，见自他不隔于毫端，始终不移于当念。及其放手，即是出定之时。永明曰：是知不动本位远近之刹，历然一念，靡移，延促之时宛忝。世尊善以莲为譬，而世莫有知者，余特知之。夫莲方开华时，中已有子，子中已有薏。因中有果，果中有因，三世一时也。其子分布，又会属焉，相续不断，十方不隔也。又问：《法华经》曰：世尊于一切众前现大神力，出广长舌相，上至梵世，极难和会，而解者曰：佛音深妙，触处皆闻，超越圣凡。则其舌广长高出梵世，此说如何？余曰：此殆所谓随语生解，非如来世尊之意。沩山曰：凡圣情尽体露真常，理事不二即如如佛。而学者不能深味此语，苟认意度而已。譬如众盲摸象，随其所得，为是故。象偏为尾、为蹄、为要、为牙，而全象隐矣。般若经曰：无二无二分无别无断故者，真常也，非凝然一物，卓然不变坏之真常也。舌相之至梵世，其可以情求哉。

唐僧玄奘至西竺见戒贤论师，贤时已一百六岁，众所宗向，号正法藏。奘修敬讫，贤使坐，问从何来，对曰：从支那国来，欲学瑜伽等论。于是贤流涕呼弟子觉贤，指以谓曰：我前所梦何如？弟子谓奘曰：和尚三年前得疾危甚，如人以刀划其腹，欲不食而死。夜梦男子身金色，曰：汝勿自厌其身。汝昔作贵近，多害物命，当自悔责。自尽何益？有支那国僧来此学法，已在途矣，三年当至，以法惠彼，彼复流通，汝罪自灭。我曼殊室利也，故来晓汝耳。和尚疾损已。三年而阇黎果至，前梦有征也。余涉世多艰，盖其夙障。闻曼殊室利之言,以法惠人,则罪自灭。故有撰述佛祖旨诀之意,欲以惠人而自灭风障耳,非有他求也。

玄奘

黄梅意旨

《宗门统要》

六祖能大师,因僧问:"黄梅意旨什么人?"得师云:"会佛法人得。"僧云:"和尚还得不?"师云:"我不得。"僧云:"和尚为什么不得?"师云:"我不会佛法。"

汾阳昭代云:"方知密旨难传。"

翠岩芝云:"会得即云头,不会得即三首。作么生便有出身之路。"

径山杲云:还见祖师么,若也不见,径山与你指出蕉芭。蕉芭有叶无丫,忽然一阵狂风起,恰似东京大相国寺里,三十六院东廊下壁角头,王和尚破袈裟。毕竟如何,归堂吃茶。

罔测其旨

《颂古联珠》

东京惟白佛国禅师。熙宁初,至南师法席。殆二年,师归圆寂。然入师室,问师道,而师以平生三转语示天下学徒。得叨于左右近,数见印行语录者,其间或拈、或颂,罔测其旨。噫,去世未三十年,谬妄者传习若此,良可伤哉!因而成颂知师者,可同味焉。

海印信曰:主宾相见展家风,问答分明箭挂锋。伸手问君如佛手,铁关金锁万千重。遍参知识扣玄微,偶尔相逢话道奇。我脚伸为驴脚问,平生见处又生疑。莫怪相逢不相识,宗师须是辨来端。乡关风月俱论尽,却问生缘道却难。

湛堂准曰:我手何似佛手,天上人间希有。直饶总不恁么,也似枷上著杻。我脚何似驴脚,奉为衲僧拈却。昔年有病未痊,如今又遭毒药。若问生缘真俗气,生缘断处堕无为。二途不涉如何也。八十婆婆学画眉。

普融平曰:我手佛手,十八十九,云散月圆痴人夜走。我脚驴脚,放过一着。庞老菰蒻,青平木杓。人人生缘,北律南禅。道吾舞笏,华亭撑船。玄关将多意气,手不执寸铁,兵不用一骑,八蛮与四夷,太平皆坐致。困卧桑阴春日斜,腾腾不识今何世。

上方益曰:我手何以佛手,从来有衫无袖。有时闲向人前,不觉露出双肘。我脚何似驴脚,寒来须要袜著。莫教踏著泥水,和鞋一时失却。人人有个生缘,何须尽要梁原。若问老僧生处,荔枝香满南园。

南堂兴曰:我手何似佛手,炉鞴钳锤铁帚。曾烹紫磨金躯,光射七星牛斗。我脚何似

驴脚，白刃红旗闪烁。坐断百战场中，妙斗六韬三略。人人有个生缘，视听俯仰折旋。项戴寰中之敕，遵从阃外威权。

圆悟勤曰：我手何似佛手，随问拈花折柳。忽然摸着蛇头，未免遭他一口。我脚何似驴脚，赵州石桥略彴球。忽若筑起皮球，崩倒三山五岳。人人有个生缘，蹲身无地钻研。若也眼皮迸绽，虑他桶底别穿。

龙门远曰：佛手驴脚生缘，黄龙元无此语。直饶恁么知之，我侬未敢轻许。奉报四海禅人，第一不得错举。

佛心才曰：佛手驴脚生缘，落处便是乾坤。重重无限楼阁，弹指入者无门。驴脚生缘佛手，打透上头关棙。脱却泥水布棍，直下心空及第。生缘佛手驴脚，为君一体拈却。坦然坐致太平，猛将谩夸谋略。

道场如曰：扣关岂是丈夫儿，驴脚生缘问阿谁。佛手展开无处用，太平基业各丰滋。

白杨顺曰：我手何似佛手，天上南辰北斗。我脚何似驴脚，往事都来忘却。人人尽有生缘，个个足方顶圆。大愚滩头立处，孤月影射深湾。会不得，见还难，一曲渔歌下远滩。

正堂辨曰：我手何似佛手，黄龙鼻下无口。当时所见颟顸，至今百拙千丑。我脚何似驴脚，文殊亲见无着。好个玻璃茶盏，不要当面讳却。人人有个生缘，从来罪过弥天。不是牵犁拽杷，便是鼎镬油煎。

张无垢曰：我手何似佛手，天下衲僧无口。纵饶撩起便行，也是鬼窟里走，讳不得。我脚何似驴脚，又被黐胶粘着。反身直上夔率天，已自连他老鼠药，吐不得。人人有个生缘，铁围山下几千年。三灾烧到四禅天者，汉犹自在傍边，杀得工夫。

石庵玿曰：我手何似佛手，堪笑紫湖养狗。撞着焦尾大虫，性命输他一口。我脚何似驴脚，拟议知君大错。进前欲饮醍醐，已是遭他毒药。人人尽有生缘，且非夷狄中原。镇府出大萝卜，赵州亲见南泉。佛手驴脚生缘，生缘驴脚佛手。李公醉倒街头，元是张公吃酒。黄龙山里老婆禅，恰似河阳新妇丑。

伊庵权曰：我手何似佛手，二八恰恰十九。年尾算到年头，家内一钱无有。我脚何似驴脚，踏着赵州略彴。惊得迦叶皱眉，文殊却打无着。人人有个生缘，男子气宇冲天。若是争田竞地，我即唤死如眠。佛手驴脚生缘，浩浩丛林盛传。直饶一穿穿却，来免十万八千。

雪庵瑾曰：我手何似佛手，合掌面南看北斗。免推明月上千峰，引得寒山开笑口。我脚何似驴脚，急走归家日落。自古长安如镜平，无端醉倒黄番绰。人人有个生缘，且非东土与西天，击珊瑚树枝枝好，撒水银珠颗颗圆。佛手驴脚生缘，南海波斯泛铁船。精金美玉团堆卖，毕竟何曾直一钱。

横川珙曰：佛手驴脚容易见，最难道处是生缘。黄梅不是周家子，七岁传衣便会禅。

永明妙旨

《颂古联珠》

杭州慧日、永明、延寿、知觉禅师嗣国师僧问："如何是永明妙旨。"师曰："更添香。"著曰："谢师指示。"师曰："且喜没交涉。"僧礼拜，师示偈曰："欲识永明旨，门前一湖水。日

照光明生，风来波浪起。"

象潭泳曰："门前湖水镜容开，对面和盘托出来。可是永明多剩语，酒浓初不在多杯。"

顿明厥旨

《颂古联珠》

云居齐和尚法灯会中为知藏，一日归，谓师曰："有人问我西来意，答他曰不东不西。藏主作么生会？"师对曰："不东不西。"灯曰："与么会又争得？"曰："道齐只恁么，未审和尚尊意如何？"灯曰："他家自有儿孙在。"师顿明厥旨。有颂曰："接物利生绝妙，外生终是不肖。他家自有儿孙，将来用得恰好。"

大洪恩曰："他家自有儿孙在，父祖田园都不爱。平生活计刹那中，东头买得西头卖。"

本觉一曰："人问西来祖师意，灯公对道不东西。他家自有儿孙在，多是随言却自迷。"

归根得旨

《颂古联珠》

灵云因僧问如何是归根得旨？师曰："早是忘却，不忆尘世。"投子青曰："家破人亡何所依，无心无绪话求归。十年忘却来时路，暂忆此时总不知。"《古尊宿语录》：僧问赵州，如何是归根得旨？州云："答你即华。"

一异齐旨

《永嘉集》

一异齐旨，解惑同源，人法俱空，故号菩萨。详本集。

觉即迷旨

《五灯会元》

玄沙备禅师曰:“动便失宗,觉即迷旨。”详禅师。

顿悟法旨

《心赋》

顿悟法空之旨。详门字。

渐顿经旨

《大悲心咒行法》

实此之十法,虽是智者像代宣扬,而并是渐顿诸经之旨,以离此十,更无修证之法。

审得本旨

《梁高僧传》

支娄迦谶所出诸经,皆审得本旨,了不加饰,可谓善宣法要弘道之士也。详本传。

飙驰圣旨

《唐顾诚传》

飙驰圣旨,云降紫衣。详本传。

悟境观旨

《佛祖统纪》

介然法师，鄞人。受业福泉之延寿。明智居南湖从其学，遂悟境观之旨。

执鬃知宗旨

《法苑珠林·说听篇感应缘》

隋京师延兴寺释昙延，于夜梦有人被白服，乘于白马，鬃尾拂地而导授经旨。延手执马鬃与之请论，寤后惟曰："此必马鸣菩萨授我义端，执鬃知其宗旨，底事可观耳。"

六微旨大论

《素问》

篇名。黄帝问曰："呜呼，远哉！天之道也。如迎浮云，若视深渊。视深渊尚可测，迎浮云莫知其极。"王冰注：深渊净滢而澄澈，故视之可测其深浅。浮云飘泊而合散，故迎之莫诣其边涯。言苍天之象，如渊可视乎鳞介，运化之道，犹云莫测其去留。六气深微，其于运化当如是喻矣。林亿新校正云：详此文与疏五过论重。夫子数言谨奉天道。余闻而藏之，心私异之，不知其所谓也。愿夫子溢志尽言其事，令终不灭，久而不绝，天之道可得闻乎。运化生成之道也。岐伯稽首再拜，对曰："明乎哉问天之道也。此因天之序，盛衰之时也。"帝曰："愿闻天道六六之节，盛衰何也？"六六之节，经已启问，天师未敷其旨，故重问之。岐伯曰："上下有位，左右有纪。上下，谓司天地之气二也。余左右四气，在岁之左右也。故少阳之右，阳明治之。阳明之右，太阳治之。太阳之右，厥阴治之。厥阴之右，少阴治之。少阴之右，太阴治之。太阴之右，少阳治之。此所谓气之标，盖南面而待之也。标，末也。圣人南面而立，以阅气之至也。故曰：因天之序，盛衰之时，移光定位，正立而待之，此之谓也。移光，谓日移光。定位，谓面南观气。正立，立观岁数气之至，则气可待之也。少阳之上，火气治之，中见厥阴。少阳，南方火，故上见火气治之。与厥阴合，故中见厥阴也。阳明之上，燥气治之，中见太阴。阳明，西方金，故上燥气治之。与大阴合，故燥气之下，中见太阴也。太阳之上，寒气治之，中见少阴。大阳北方水，故上寒气治之。与少阴合，故寒气之下，中见少阴也。新校正云：按《六元正纪大论》，云大阳所至为寒，生中为温，与此义同。厥阴之上，风气治之，中见少阳。厥阴，东方木，故上风气治之。与少阳合，故风气之下，中见少阳也。少阴之上，热气治之，中见太阳。少阴，东南方君火，故上热气治之。与大阳合，故热气之下，中见大阳也。新校正云：按《六元正纪大论》，云少阴所至为热，生中为寒，与此义同。

太阴之上，湿气治之，中见阳明。大阴，西南方土，故上湿气治之。与阳明合，故湿气之下，中见阳明也。所谓本也。本之下，中之见也。见之下，气之标也。本，谓元气也。气别为王，则文言著矣。新校正云：详注云文言注矣。疑误。本标不同，气应异象。”本者，应之元。标者，病之始。病生形，用求之标。方施其用求之本，标本不同求之中。见法万全。新校正云：按《至真要大论》，云六气标本不同。气有从本者，有从标本者，有不从标本者。少阳、大阴从本。少阴、大阳从本、从标。阳明厥阴不从标本，从乎中。故从本者化生于本，从标本者有标本之化，从中者以中气为化。帝曰：“其有至而至，有至而不至，有至而太过，何也？”皆谓天之六气也，初之气起于立春前十五日，余二三四五，终气次至而分治六十日余八十七刻半。岐伯曰：“至而至者和。至而不至，来气不及也。未至而至，来气有余也。”时至而气至，和平之应，此为平岁也。假令甲子岁气有余，于癸亥岁未当至之期，先期而至也。乙丑岁气不足，于甲子岁当至之期，后时而至也。故曰来气不及，来气有余也。言初气之至期如此。岁气有余，六气之至皆先期。岁气不及，六气之至皆后时，先时后至，后时先至，各差十三日而应也。新校正云：按《金匮要略》，云有未至而至，有至而不至。有至而不去，有至而大过。冬至之后得甲子，夜半少阳起少阴之时，阳始生，天得温和。以未得甲子，天因温和，此为未至而至也。以得甲子，而天未温和，此为至而不至。以得甲子，而天大寒不解，此为至而不去。以得甲子，而天温如盛夏时，此为至而大过。此亦论气应之一端也。帝曰：“至而不至，未至而至，何如？”言大过不及，岁当至晚至早之时应也。岐伯曰：“应则顺，否则逆。逆则变生，变生则病。”当期为应，愆时为否，天地之气生化不息，无止碍也。不应有而有，应有而不有，是造化之气失常。失常则气变，变常，则气血纷挠而为病也。天地变而失常，则万物皆病。帝曰：“善，请言其应。”岐伯曰：“物生，其应也。气脉，其应也。”物之生荣有常时，脉之至有常期。有余岁早，不及岁晚，皆依时至也。帝曰：“善。愿闻地理之应，六节气位何如？”岐伯曰：“显明之右，君火之位也，君火之右，退行一步，相火治之。日出谓之显明，则卯地气分，春也。自春分后六十日有奇，斗建卯正至于巳。正君火位也，自斗建巳正未之中，三之气分相火治之，所谓少阳也。君火之位，所谓少阴热之分也。天度至此，暄淑大行，居热之分不行炎暑，君之德也。少阳居之为僭逆，大热早行，疫疠乃生。阳明居之为温凉不时。大阳居之为寒雨间热。厥阴居之为风湿雨生羽虫。少阴居之为天下疵疫，以其得位，君令宣行故也。大阴居之为时雨。火有二位，故以君火为六气之始也。相火，则夏至日前后各三十日也。少阳之分，火之位矣。天度至此，炎热大行，少阳居之为热暴，至草萎河干，炎亢湿化晚布。阳明居之，为凉气间发。大阳居之为寒气间至，热争冰雹。厥阴居之为风热大行，雨生羽虫。少阴居之为大暑炎亢。大阴居之为云雨雷电。退谓南面视之，在位之右也。一步，凡六十日又八十七刻半。余气同法。复行一步，土气治之。雨之分也，即秋分前六十日而有奇，斗建未正至酉之中，四之气也。天度至此，云雨大行，湿蒸乃作。少阳居之为炎热沸腾，云雨雷电。阳明居之，为清雨雾露。大阳居之，为寒雨害物。厥阴居之，为暴风雨摧拉，雨生倮虫。少阴居之，为寒热气反用，山泽浮云，暴雨溽蒸。大阴居之为大雨霪霪。霪音淫。复行一步，金气治之。燥之分也，即秋分后六十日而有奇，自斗建酉正至亥之中，五之气也。天度至此，万物皆燥。少阳居之，为温清更正，万物乃荣。阳明居之，为大凉燥疾。大阳居之，为早寒。厥阴居之，为凉风大行，雨生介虫。少阴居之，为秋湿，热病时行。大阴居之，为时雨沈阴。复行一步，水气治之。寒之分也，即冬至日前后各三十日，自斗建亥至丑之中，六之气也。天度至此，寒气大行。少阳居之，为冬温，蛰虫不藏，流水不冰。阳明居之，为燥寒劲切。大阳居之，为大寒凝冽。厥阴居之，为寒风飘扬，雨生鳞虫。少阴居之，为蛰虫出见，流水不冰。大阴居之，为凝阴寒雪，地气湿也。复行一步，木气治之。风之分也，即春分前六十日而有奇也，自斗建丑正至卯之中，初之气也。天度至此，风气乃行，天地神明号令之始也，天之使也。少阳居之，为温疫至。阳明居之，为清风，雾露朦昧。大阳居之，为寒风切列，霜雪水冰。厥阴居之，为大风发荣，雨生毛虫。少阴居之，为热风伤人，时气流行。大阴居之，为风雨凝阴不散。复行一步，君火治之。热之分也，复春分始也，自斗建卯正至巳之中，二之气也。凡此六位终统一年，六六三百六十日，六八四百八十刻，六七四十二刻，其余半刻分而为三，约终三百六十五度也。余奇细分，率之可也。相火之下，水气承之。热盛水承，条蔓柔弱，凑润衍溢，水象可见。新校正云：按《六

元正纪大论》,云少阳所至为火生,终为蒸溽,则水承之义可见。又云少阳所至为标风燔燎霜凝,亦下承之水气也。水位之下,土气承之。寒甚物坚,水冰流涸,土象斯见,承下明矣。新校正云:按《六元正纪大论》,云大阳所至为寒雪冰雹白埃,则土气承之之义也。土位之下,风气承之。疾风之后,时雨乃零,是则湿为风吹,化而为雨。新校正云:按《六元正纪大论》,云大阴所至为湿生,终为注雨,则土位之下,风气承之而为雨也。又云大阴所至为雷霆骤注烈风,则风承之义也。风位之下,金气承之。风动气清,万物皆燥,金承木下,其象昭然。新校正云:按《六元正纪大论》,云厥阴所至为风生,终为肃,则金承之义可见。又云厥阴所至为飘怒大凉,亦金承之义。金位之下,火气承之。锻金生热则火流,金乘火之上,理无妄也。新校正云:按《六元正纪大论》,云阳明所至为散落温,则火乘之义也。君火之下,阴精承之。君火之位大热不行,盖为阴精制承其下也。诸以所胜之气乘于下者,皆折其标盛,此天地造化之大体尔。新校正云:按《六元正纪大论》,云少阴所至为热生,中为寒,则阴承之义可知。又云少阴所至为大暄寒,亦其义也。又按《六元正纪》,云水发而雹雪,土发而飘骤,木发而毁折,金发而清明,火发而曛昧,何气使然。曰气有多少,发有微甚。微者当其气,甚者兼其下,征其下气而见可知也,所谓征其下者,即此六承气也。帝曰:"何也?"岐伯曰:"亢则害,承乃制。制生则化,外列盛衰。害则败乱,生化大病。"亢遇极也。物恶其极。帝曰:"盛衰何如?"岐伯曰:"非其位则邪,当其位则正。邪则变甚,正则微。"帝曰:"何谓当位?"岐伯曰:"木运临卯,火运临午,土运临四季,金运临酉,水运临子。所谓岁会,气之平也。"非大过非不及,是谓平运主岁也。平岁之气,物生脉应,皆必合期,无先后也。新校正云:详木运临卯,丁卯岁也。火运临午,戊午岁也。土运临四季,甲辰、甲戌、己丑、己未岁也。金运临酉,乙酉岁也。水运子,丙子岁也。内戊午、乙丑、己未、乙酉,又为太一天符。帝曰:"非位何如?"岐伯曰:"岁不与会也。"不与本辰相逢会也。帝曰:"土运之岁,上见太阴。火运之岁,上见少阳,少阴。少阴少阳皆火气金运之岁,上见阳明。木运之岁,上见厥阴。水运之岁,上见太阳。奈何?"岐伯曰:"天之与会也。"天气与运气相逢会也。新校正云:详上运之岁,上见大阴,已丑、已未也。火运之岁,上见少阳,戊寅、戊申也。上见少阴,戊子、戊午也。金运之岁,上见阳明,乙卯、乙酉也。木运之岁,上见厥阴,丁巳、丁亥也。水运之岁,上见大阳,丙辰、丙戌也。内已酉、已未、戊午、乙酉,又为大一天符。按《六元正纪大论》,云大过而同天化者三,不及而同天化者亦三。戊子、戊午、大征上临少阴。戊寅、戊申,大征上临少阳。丙辰、丙戌,大羽上临大阳。如是者三。丁巳、丁亥,少角上临厥阴。乙卯、乙酉,少商上临阳明。已丑、已未,少宫上临大阴。如是者三。临者大过不及,皆曰天符也。故天元册曰:"天符。天符岁会,何如?"岐伯曰:"太一天符之会也。"是谓三台一者,天会二者,岁会三者,运会也。《天元纪大论》曰:三合为治,此之谓也。新校正云:按大一天符之详,具《天元纪大论》注中。帝曰:"其贵贱何如?"岐伯曰:"天符为执法,岁位为行令,太一天符为贵人。"执法犹相辅,行令犹方伯,贵人犹君主。帝曰:"邪之中也,奈何?"岐伯曰:"中执法者,其病速而危。执法官人之绳惟自为邪僻故病速而危。中行令者,其病徐而持。方伯无执法之权故无速害病,但执持而已。中贵人者,其病暴而死。"义无凌犯,故病则暴而死。帝曰:"位之易也,何如?"岐伯曰:"君位臣则顺,臣位君则逆。逆则其病近其害速,顺则其病远其害微。所谓二火也。"相火居君火,是臣位居君位,故逆也。君火居相火,是君位居臣位,君临臣位,故顺也。远谓里远,近谓里近也。帝曰:"善。愿闻其步何如?"岐伯曰:"所谓步者,六十度而有奇,奇谓八十七刻又十分刻之五也故二十四步,积盈百刻而成日也。"此言天度之余也。夫言周天之度者,三百六十五度,四分度之一也。二十四步,正四岁也。四分度之一,二十五刻也。四岁气成积已盈百刻,故成一日。度,一日也。帝曰:"六气应五行之变,何如?"岐伯曰:"位有终始,气有初中,上下不同,求之亦异也。"位,地位也。气,天气也。气与位互有差移,故气之初天用事,气之中地主之。地主则气流于地,天用则气腾于天,初与中皆分天步。而率刻尔。初中各三十日,余四十三刻四分刻之三也。帝曰:"求之奈何?"岐伯曰:"天气始于甲,地气始于子,子甲相合命曰岁立。谨候其时,气可与期。"子甲相合,命曰岁立,则甲

子岁也。谨候水刻早晏，则六岁悉可与期尔帝曰："愿闻其岁六气始终早晏，何如?"岐伯曰："明乎哉，问也！甲子之岁，初之气，天数始于水下一刻，常起于平明寅初一刻，艮中之南也。新校正云：按戊辰、壬申、丙子、庚辰、甲申，戊子、壬辰、丙申、庚子、甲辰、戊申、壬子、丙辰、庚申，岁同此。所谓辰申子岁气会同，阴阳法以是为三合。终于八十七刻半。子正之中，夜之半也。外十二刻半入二气之初，诸余刻同入也。二之气，始于八十七刻六分，子中之左也。终于七十五刻。戌之后四刻也。外二十五刻入次三气之初率。三之气，始于七十六刻，亥初之一刻。终于六十二刻半。酉正之中也。外三十七刻半差入后四之气，始于六十二刻六分，酉中之北终于五十刻。未后之四刻也。外五十刻差入后五之气，始于五十一刻，申初之一刻终于三十七刻半。午正之中，昼之半也。外六十二刻半差入后六之气，始于三十七刻六分，午中之南终于二十五刻。辰正之后四刻。外七十五刻差入后所谓初六，天之数也。天地之数二十四气乃大会而同，故命此曰初六，天数也。乙丑岁，初之气，天数始于二十六刻，巳初之一刻。新校正云：桉己巳、癸酉、丁丑、辛巳、乙酉、己丑、癸巳、丁酉、辛丑、乙巳、己酉、癸丑、丁巳、辛酉，岁同。所谓巳酉丑岁，气会同也。终于一十二刻半。卯正之中二之气，始于一十二刻六分，卯中之南终于水下百刻。丑后之四刻三之气，始于一刻又寅初之一刻终于八十七刻半。子正之中四之气，始于八十七刻六分，子中正东终于七十五刻。戌后之四刻五之气，始于七十六刻，亥初之一刻终于六十二刻半。酉正之中六之气，始于六十二刻六分，酉中之北终于五十刻。未后之四刻所谓六二，天之数也。一六为初六，二六为六二，名次也。丙寅岁，初之气，天数始于五十一刻，申初之一刻。新校正云：按庚午、甲戌、戊寅、壬午、丙戌、庚寅、甲午、戊戌、壬寅、丙午、庚戌、甲寅、戊午、壬戌，岁同。此所谓寅午戌岁，气会同。终于三十七刻半。午正之中二之气，始于三十七刻六分，午中之酉终于二十五刻。辰后之四刻三之气，始于二十六刻，巳初之一刻终于一十二刻半。卯正之中四之气，始于一十二刻六分，卯中之南，终于水下百刻。丑后之四刻五之气，始于一刻，寅初之一刻终于八十七刻半。子正之中六之气，始于八十七刻六分，子中之左终于七十五刻。戌后之四刻所谓六三，天之数也。丁卯岁，初之气，天数始于七十六刻，亥初之一刻。新校正云：按辛未、乙亥、己卯、癸未、丁亥、辛卯、乙未、己亥、癸卯、丁未、辛亥、乙卯、己未、癸亥，岁同。此所谓卯未亥岁，气会同。终于六十二刻半。酉正之中二之气，始于六十二刻六分，酉中之北，终于五十刻。未后之四刻三之气，始于五十一刻，申初之一刻终于三十七刻半。午正之中四之气，始于三十七刻六分，午中之酉终于二十五刻。辰后之四刻五之气，始于二十六刻。巳初之一刻终于一十二刻半。卯正之中六之气，始于一十二刻六分，卯中之南终于水下百刻。丑后之四刻所谓六四，天之数也。次戊辰岁，初之气，复始于一刻，常如是无已，周而复始。"始自甲子年，终于癸亥岁，常以四岁为一小周，一十五周为一大周。以辰命岁，则气可与期。帝曰："愿闻其岁候何如?"岐伯曰："悉乎哉问也。日行一周，天气始于一刻。甲子岁也日行再周，天气始于二十六刻。乙丑岁也日行三周，天气始于五十一刻。丙寅岁也日行四周，天气始于七十六刻。丁卯岁也。日行五周，天气复始于一刻。戊辰岁也。余五十五岁，循环周而复始也。所谓一纪也。法以四年为一纪，循环不已，余三岁一会同，故有三合也是故寅、午、戌岁气会同，卯、未、亥岁气会同，辰、申、子岁气会同，巳、酉、丑岁气会同，终而复始。"阴阳法以是为三合者，缘其气会同也。不尔，则各在一方，义无由合帝曰："愿闻其用也。"岐伯曰："言天者求之本，言地者求之位，言人者求之气交。"本谓天六气，寒、暑、燥、湿、风、火也。三阴三阳由是生化，故云本。所谓六元者也。位谓金、木、火、土、水。君，火也。天地之气上下相交，人之所处也。帝曰："何谓气交?"岐伯曰："上下之位，气交之中，人之居也。自天之下，地之上，则二气交合之分也。人居地上，故气交之中，人之居也。是以化生变易，皆在气交之中。故曰天枢之上，天气主之。天枢之下，地气主之。气交之分，人气从之，万物由之，此之谓也。"天枢，当齐之两傍也，所谓身半矣。伸臂指天，则天枢正当身之半也。三分析之，上分

应天，下分应地，中分应气交。天地之气交合之际，所遇寒暑燥湿风火胜复之变之化，故人气从之。万物生化，悉由而合散也。帝曰："何谓初中？"岐伯曰："初凡三十度而有奇，中气同法。"奇，谓三十日余四十二刻，又四十分刻之三十也。初中相合，则六十日余八十七刻半也。以各余四十分刻之三十，故云中气何法也。帝曰："初中何也？"岐伯曰："所以分天地也。"以是知气高下生人病生之也帝曰："愿卒闻之。"岐伯曰："初者，地气也。中者，天气也。"气之初天用事。天用事，则地气上腾于大虚之内。气之中，地气主之。地气主，则天气下降于有质之中。帝曰："其升降何如？"岐伯曰："气之升降，天地之更用也。"升，谓上升。降，谓下降。升极则降，降极则升，升降不已，故彰天地之更用也帝曰："愿闻其用，何如？"岐伯曰："升已而降，降者谓天。降已而升，升者谓地。气之初，地气升。气之中，天气降。升已而降，以下彰天气之下流。降已而升，以上表地气之上应。天气下降，地气上腾，天地交合，泰之象也。"《易》曰："天地交泰。"是以天地之气升降，常以三十日半，下上下上不已，故万物生化无有休息，而各得其所也。天气下降，气流于地。地气上升，气腾于天。故高下相召，升降相因，而变作矣。"气有胜复，故变生也。新校正云：按《六元正纪大论》，云天地盈虚何如？曰：天气不足，地气随之。地气不足，天气从之。运居其中而常先也。恶所不胜，归所和同，随运归从而生其病也。故上升则天气降而下，下腾则地气迁而上，多少而差，其分微者小差，甚者大差，甚则位易气交，易则大变生而病作矣帝曰："善。寒湿相沟，燥热相临，风火相值，其有间乎？"岐伯曰："气有胜复。胜复之作，有德有化，有用有变。变则邪气居之。"夫抚掌成声，沃火生沸，物之交合，象出其间。万类交合，亦由是矣。天地交合，则八风鼓析，六气交驰于其间。故气不能正者，反成邪气。帝曰："何谓邪乎？"邪者，不正之目也。天地胜复，则寒暑燥湿风火六气互为邪也岐伯曰："夫物之生从于化，物之极由乎变，变化之相薄，成败之所由也。"夫气之有生化也，不见其形，不知其情，莫测其所起，莫究其所止。而万物自生自化，近成无极，是谓天和。见其象，彰其动，震烈刚暴，飘泊骤卒，拉坚摧残，摺折鼓慄，是谓邪气。故物之生也，静而化成，其毁也躁而变革。是以生从于化，极由乎变，变化不息，则成败之由常在。生有涯分者，言有终始尔。新校正云："按《天元纪大论》，云物生谓之化，物极谓之变。故气有往复，用有迟速。四者之有而化而变，风之来也。"天地易位，寒暑移方，水火易处，当动用时，气之迟速往复故不常在，虽不可究识意端，然微甚之用，而为化为变，风所由来也。人气不胜，因而感之，故病生焉。风匪求胜于人也。帝曰："迟速往复，风所由生。而化而变，故因盛衰之变耳。成败倚伏游乎中，何也？"夫倚伏者，祸福之萌也。有祸者，福之所倚也。有福者，祸之所伏也。由是故，祸福互为倚伏，物盛则衰，乐极则哀，是福之极故为祸所倚。否极之泰，未济之济，是祸之极，故为福所伏。然吉凶成败，目击道存，不可以终，自然之理，故无尤也。岐伯曰："成败倚伏生乎动，动而不已则变作矣。"动静之理。气有常运，其微也为物之化，其甚也为物之变。化流于物，故物得之以生。变行于物，故物得之以死。由是成败倚伏，生于动之微甚迟速尔，岂惟气独有是哉？人在气中，养生之道，进退之用，当皆然也。新校正云：按《至真要大论》，云阴阳之气，清静则生化治，动则苛疾起。此之谓也。帝曰："有期乎？"岐伯曰："不生不化，静之期也。"人之期，可见者二也，天地之期不可见也。夫二可见者，一曰生之终也。其二曰变易与土同体。然后舍小生化，归于大化，以死后犹化变未已，故可见者二也。天地终极，人寿有分，长短不相及，故人见之者鲜矣。"帝曰："不生化乎？"言亦有不生不化者乎？岐伯曰："出入废，则神机化灭。升降息，则气立孤危。"出入，谓喘息也。升降，谓化气也。夫毛羽倮鳞，介及飞走蚑行，皆生气根于身中。以神为动静之主，故曰神机也。然金玉土石□珽草木，皆生气根于外，假气以成立主持，故曰气立也。《五常政大论》曰：根于中者，命曰神机，神去则机息。根于外者，命曰气立，气止则化绝。此之谓也。故无是四者，则神机与气立者生死皆绝。新校正云：按《易》云：本乎天者亲上，本乎地者亲下。《周礼·大宗伯》：有天产地产。《大司徒》云：动物、植物，即此神机气立之谓也。蚑，音祁。故非出入，则无以生长壮老已。非升降，则无以生长化收藏。夫自东自西，自南自北者，假出入息以为化主，因物以全质者。阴阳升降之气以作主源，若非此道，则无能致是生者也。是以升降出入，无器不有。包藏生气者，皆

谓生化之器，触物然矣。夫窍横者，皆有出入去来之气。窍竖者，皆有阴阳升降之气，往复于中，何以明之？则壁窗户牖两面伺之，皆承来气，冲击于人，是则出入气也。夫阳升则井寒，阴升则水暖。以物投井，及叶坠空中，翩翩不疾，皆升气所碍也。虚管溉满，捻上悬之水固不泄，为无升气而不能降也。空瓶小口，顿溉不入为气不出而不能入水。由是观之，升无所不降，降无所不升。无出则不入，无入则不出。夫群品之中，皆出入升降，不失常守。而云非化者，未之有也。有失无失，有情无情，去出入，已升降，而云存者，未之有也。故曰：升降出入，无器不有。故器者，生化之宇，器散则分之，生化息矣。器，谓天地反诸身也。宇，谓屋宇也。以其身形包藏府藏，受纳神灵，与天地同，故皆名器也。诸身者，小生化之器宇。大虚者，广生化之器宇也。生化之器自有小大，无不散也。夫小大器皆生有涯分，散有远近者也。故无不出入，无不升降。真生，假立，形器者无不有此二也。化有小大，期有近远，近者不见远，谓远者无涯。远者无常见，近而叹有其涯矣。既近远不同期，合散殊时节，即有无交竞，异见常乖。及至分散之时，则近远同归于一变。四者之有，而贵常守，四者，谓出入升降也。有出入升降，则为常守。有出无入，有入无出，有升无降，有降无升，则非生之气也。若非胎息道成，居常而生，则未之有屏出入息，泯升降气而能存其生化者，故贵常守。反常则灾害至矣。出入升降，生化之元主，故不可无之。反常之道，则神去其室，生化微绝，非灾害而何哉？故曰：无形无患，此之谓也。”夫喜于遂，悦于色，畏于难，惧于祸，外恶风寒暑湿，内繁饥饱爱欲，皆以形无所隐，故常婴患，累于人间也。若便想慕滋蔓，嗜欲无厌，外附权门，内丰情伪，则动以牢纲，坐招燔焫，欲思释缚，其可得乎，是以身为患阶尔。《老子》曰：“吾所以有大患者，为吾有身。及吾无身，吾有何患？此之谓也。夫身与形与大虚释然消散，复未知生化之气，为有而聚耶，为无而灭乎。”帝曰：“善。有不生不化乎？”言人有逃阴阳，免生化而不生不化，无始无终，同大虚自然者乎。岐伯曰：“悉乎哉问也！与道合同，惟真人也。”真人之身隐见莫测，出入天地内外，顺道至真以生，其为小也。入于无间，其为大也。过虚空界，不与道如一，其孰能尔乎？帝曰：“善。”

微旨

《抱朴子》

余闻归同契合者，则不言而信著。途殊别务者，虽忠告而见疑。夫寻常咫尺之近理，人闻取舍之细事，沉浮过于金羽，皂白分于粉墨，而抱惑之士犹多不辨焉。岂况说之以世道之外，示之以至微之旨，大而笑之，其来久矣，岂独今哉！夫明之所及，虽玄阴幽夜之地，毫厘芒发之物，不以为难焉。苟所不逮者，虽日月丽天之昭灼，嵩岱千云之峻峭，犹不能察焉。黄老玄圣深识独见，开秘文于名山，受仙经于神人。蹶埃尘以遗累，凌大遐以高跻，金石不能与之齐坚，龟鹤不足与之等寿。念有志于将来，愍信者之无文，垂以方法，炳然著明。小修则小得，大为则大验，引可以难老矣。知草木之方者，则曰：“唯药饵可以无穷矣。”学道之不成就，由乎偏枯之若此也。浅见之家，偶知一事，便言已足，而不识真者，虽得善方，犹更求无已，以消工弃日，而所施用意无一定，此皆两有所失者也。或本性戆钝，所知殊尚浅近，便强入名山，履冒毒螫，屡被中伤，耻复求还，或为虎狼所食，或为魍魉所杀，或饿而无绝谷之方，寒而无自温之法，死于崖谷，不亦愚哉！

夫务学不如择师，师所闻素狭，又情不尽以教之，因告云：“为道不在多也。”夫为道不在多，自为已有金丹至要，可不用余耳。然此事知之者甚希，宁可虚待，不必以之。大事而不修，交之小术乎。譬犹作家云，不事用他物者，盖谓有金银珠玉在乎掌握怀抱之中，

足以供累世之费者耳。苟其无此，何可不广播百谷，多储菜蔬乎。是以断谷辟兵，猒劾鬼魅，禁御百毒，治救众疾，入山则使猛兽不犯，涉水则令蛟龙不害，经瘟疫不畏，遇急难则隐形，此皆小事，而不可不知，况过此者，何可不闻乎？

或曰："敢问欲修长生之道，何所禁忌？"抱朴子曰："禁忌之至急，在不伤不损而已。"按《易》内戒及《赤松子经》及《河图》记命符皆云："天地有司过之神，随人所犯轻重以夺其算，算减则人贫耗疾病，屡逢忧患，算尽则人死。诸应夺算者有数百事，不可具论。"又言："身中有三尸。三尸之为物虽无形，而实魄灵，鬼神之属也。欲使人早死，此尸常作鬼自放纵游行，飨人祭酹，是以每到庚申之日，辄上天白司命，道人所为过失。又月晦之夜，灶神亦上天白人罪状，大者夺纪。纪者，三百日也。小者夺算。算者，三日也。"或作一日吾亦未能审此事之有无也。然天道邈远，鬼神难明。赵简子、秦穆王，皆亲受金策于上帝，有土地之明征。山川、草木、井灶、旨池，犹皆有精气，及人身中，况天地为物之至大者，于理当有精神。有神则宜赏善而罚恶，但其体大而纲疏，不必机发而响应耳。然览诸道戒，无不云："欲求长生者，必欲积善立功，慈心于物，恕己及人。仁逮昆虫，乐人之吉，愍人之苦，赒人之急，救人之穷。手不伤生，口不劝祸。见人之得如己之得，见人之失如己之失。不自贵，不自誉，不嫉妒胜己、不佞谄阴贼。如此乃为有德，受福于天，所作必成，求仙可异也。若乃憎善好杀，口是心非，背向异辞，反戾真正，旨害其下，欺罔其上，叛其所事，受恩不感，弄法受赂，纵曲枉直，废公为私，刑加无辜，破人之家，收人之宝，害人之身，取人之位，侵克贤者，诛戮降伏，谤讪仙圣，伤残道士，弹射飞鸟，刳胎破卵，春夏燎猎，骂詈神灵，教人为恶，蔽人之善，危人自安，佻人自功，坏人佳事，夺人所爱，离人骨肉，辱人求胜，取人长钱，还人短陌，决放水火，以术害人，迫胁尪弱，以恶易好，强取强求，掳掠致富，不公不平，淫佚，然而浅见之徒区区所守，甘于荼蓼而不识粭蜜，酣于醨酪而不赏醇醪，知好生而不知有养生之道；知畏死而不信有不死之法；知饮食过度之速疾病，而不能节肥甘于其口也；知极情恣欲之致枯殒，而不知割怀于所欲也。余虽言神仙之可得，安能令其信乎？或人难曰："子体无参午达理奇毛通骨，年非安期彭祖多历之寿，目不接见神仙，耳独不闻异说，何以知长生之可获，养性之有征哉？若觉玄妙于心得，运逸鉴于独见，所未敢许也。夫衣无蔽肤之貌，资无谋夕之储，而高谈陶朱之术，自同猗顿之策，取讥论者其理必也。抱痼疾而言精和鹊之伎，屡奔北而称究孙吴之算，人不信者以无效也。"余答曰："夫寸鲔沉迹滥水之中，则谓天下无四海之广也；芒蝎宛转果核之内，则谓八极之界尽于兹也。虽告之以无涯之浩汗，语之以宇宙之恢阔，以为空言，必不肯信也。若令吾眼有方瞳，耳长出顶，亦将控飞龙而驾庆云，凌流电而造倒景，子又将安得而诘我？设令见我，又将呼为天神地祇异类之人，岂为我为学之所致哉？姑聊以先觉挽引同志，岂强令吾子之徒皆信之哉？若令家户有仙人，属目比肩，吾子虽蔽，亦将不疑。但彼人之道成，则蹈青霄而游紫极，自非通灵，莫之见闻，吾子必为无耳。世人信其臆断，仗其短见，自非所度，事无差错，习乎所致，怪乎所希，提耳指掌，终于不悟，其来尚矣，岂独今哉？"

或曰："屡承嘉谈，足以不疑于有仙矣，但更自嫌于不能为耳。敢问更有要道，可得单行者否？"抱朴子曰："凡学道，当阶浅以涉深，由难以及易，志诚坚果，无所不济。疑则无功，非一事也。夫根荄不洞地，而求柯条干云，渊源不泓窈，而求汤流万里者，未之有也。是故非积善阴德，不足以感神明；非诚心款契，不足以结师友；非功劳，不足以论大试。又未遇而求要道，未可得也。九舟金液，最是仙主，然事大费重，不可卒辨也，宝精爱气，最其急也。并将服小药以延年命，学近术以辟邪恶，乃可渐阶精微矣。"

或曰："方术繁多，诚难精备。除置金丹，其余可修，何者为善？"抱朴子曰："若未得其至要之大者，则其小者不可不广知也。盖藉众术之共成长生也，大而谕之，犹世主治国焉，文武礼律，无一不可也。小而谕之，犹工匠之为车马，辕辋轴辖，莫或应吾也。所为术者，内修形神，使延年愈疾，外攘邪恶，使祸害不干。比之琴瑟，不可以子弦求五音也。方之甲胄，不可以一札待锋刃也。何者？五音合用不可阙，而锋刃所集不可少也。凡养生者，欲令多闻而体要，博见而善择。偏修一事，不足必赖也。又患好生之徒，各仗其所长，知玄素之术者，则曰：'唯房中之术可以度世矣。'明吐纳之道者，则曰：'唯行气可以延年矣。'知屈伸之法者，则曰：'唯导倾斜。'凌孤暴寡，拾遗取施，欺绐诳诈，好说人私，持人短长，牵天援地，咒诅求直，假借不还，换贷不偿，求欲无已，憎拒忠信，不顺上命，不敬所师，笑人作善，败人苗稼，损人器物，以穷人用，以不清洁饮饲他人，轻秤小斗，狭幅短度，以伪杂真，采取奸利，诱人取物，越井跨灶，晦歌朔哭。凡有一事，辄是一罪，随事轻重，司命夺其筭纪，算尽则死。但有恶心而无恶迹者夺筭，若恶事而损于人者，若筭纪未尽而自死者，皆殃子孙也。诸横夺人财物者，或计其妻子家口以当填之，以至死丧但不即至耳。其恶行若不足以煞其家人者，久久终遭水火劫盗。及行求遗器物，若遇縣延疾病，自营医药，烹牲祭祀，所用之费，要当令足，以尽其所取之直也。故道家言：枉煞人者，是以兵刀而更相煞。其取非义之财，不避怨恨，譬若以漏脯救饥，鸩酒解渴，非不暂饱，而死亦及之矣。其有曾行诸恶事，后自改悔者，若曾枉煞人，则当思救济应死之人以解之。若妄取人财物，则当思施与贫困以解之。若以罪加人，则当思荐达贤人以解之。皆一倍于所为则可，便受吉利，转祸为福之道也。能尽不犯之，则必延年益寿，学道速成也。夫天高而听卑，物无不鉴。行善不怠，必得吉报。羊公积德布施，诣乎皓首，乃受天坠之金。蔡顺至孝，感神应之。郭巨煞子为亲，而获铁券之重赐。然善难为，恶事易作。而愚人复以项橐伯牛辈，谓天地之不能辩臧否，而不知彼有外名者，未必有内行；有阳誉者，不能解阴罪。若以荠麦之生死，而疑阴阳之大气，亦不足以致远也。盖上士所以密勿而仅免，凡庸所以不得其欲矣。"

或曰："道德未成，又未得绝迹名山，而世不同古，盗贼甚多，将何以却朝夕之患，防无妄之灾乎？"抱朴子曰："常以执日，取六癸上土，以和柏叶薰草，以泥门户，方一尺，则盗贼不来。亦可取市南门土，及岁破土，月建土合和为人，以著朱鸟地，亦压盗也。有急则入生地而止，无患也。天下有生地，一州有生地，一郡有生地，一县有生地，一乡有生地，一里有生地，一宅有生地，一房有生地。"

或曰："一房有生地，不亦逼乎？"抱朴子曰："经云：大急之极，隐于车轼。如此，一车之中亦有生地，亦有死地，况一房乎？"或曰："窃闻求生之道，当知二山。不审此山为何所？在愿垂告悟，以祛其惑。"抱朴子曰："有之，非华霍也，非嵩岱也。夫太元之山，难知易求。不天不地，不沉不浮。绝险缅邈崔嵬崎岖。和气细缊，神意并游。玉井泓邃，灌溉匪休。百二十官，曹府相由。离坎列位，玄芝万殊。绛树特生，其宝皆殊。金玉嵯峨，醴泉出隅。还年之士，挹其清流。子能修之，松乔可俦。此一山也；长谷之山，杳杳巍巍。玄气飘飘，玉液霏霏。金池紫房，在乎其限。愚人妄往，至皆死归。有道之士登之不衰，采服黄精，以致天飞。此二山也。皆古贤之所秘，子精思之。"

或曰："愿闻真人守身炼形之术。"抱朴子曰："深哉，问也！夫'始青之下月与日，两半同升合成一。出彼玉池入金室，大如弹丸黄如橘。中有嘉味甘如蜜，子能得之谨勿失。既往不追身将灭，纯白之气至微密。升于幽关三曲折，中丹煌煌独无匹。立之命门形不

卒，渊乎妙矣难致诘。'此先师之口诀，知之者，不畏万鬼五兵也。"

或曰："闻房中之事，能尽其道者，可单行致神仙，并可以移灾解罪，转祸为福，居官高迁，商贾倍利，信乎？"抱朴子曰："此皆巫书妖妄过差之言，由于好事增加润色，至令失实。或亦奸伪造作虚妄以欺诳世人，藏隐端绪以求奉事，招集弟子以规世利耳。夫阴阳之术，高可以治小疾，次可以免虚耗而已。其理自有极，安能致神仙及却祸致福乎？人不可以阴阳不交坐致疾患，若乃纵情恣欲，不能节宣，则伐年命。善其术者，则能却走马以补脑，还阴丹以充肠，采玉液于金池，引三五于华梁，令人老有美色，终其所禀之天年。而俗人闻黄帝以千二百女升天，便谓黄帝单以此事致长生，而不知黄帝于荆山之下，鼎湖之上飞九丹成，乃乘龙登天也。黄帝自可有千二百女耳，而非单行之所由也。凡服药千种，三牲之养而不知房中之术，亦无所益也。是以古人恐人轻恣情性，故美为之说，亦不可尽信也。玄素喻之水火，煞人而又生人，在于能用与不能耳。大都其要法，御女多多益善，如不知其道而用之，一两人足以速死尔。彭祖之法，最其要者，其他经多烦劳难行，而其为益不必如其书，人少有能为之者。口诀亦有数千言耳，不知之者，虽服百药，犹不能得长生也。"

卷之一万一百三十五　二纸

史 历代诸史七

南史

《目录》

本纪十卷:武帝讳裕,姓刘氏、少帝、讳义符,宋本纪上第一;文帝讳义隆、孝武帝讳骏、前废帝讳子业,宋本纪中第二;明帝讳彧。后废帝讳昱、顺帝讳准、宋本纪下第三;

宋武帝

高帝讳道成,姓萧氏,武帝讳昱,齐本纪上第四;废帝郁林王讳昭业,废帝海陵王讳昭文,明帝讳鸾,废帝东侯讳宝卷,和帝讳宾融,齐本纪下第五;

武帝上讳衍,姓萧氏。梁本纪上第六;武帝下,梁本纪中第七;简文帝讳纲、元帝讳绎、敬帝讳方智,梁本纪下第八;

武帝讳霸先,姓陈氏、文帝讳蒨、废帝讳伯宗,陈本纪上第九;宣帝讳顼,后主讳叔宝,陈本纪下第十。

列传七十卷:后妃上宋孝穆赵皇后、孝懿萧皇后、武敬臧皇后、武张夫人、文章胡太后,少帝司马王后、丈元袁皇后潘淑妃、孝武昭路太后、明宣沈太后、孝武文穆王皇后宣贵妃,前废帝何皇后、明恭王皇后、后废帝陈太妃、后废帝江皇后、顺陈太妃、顺谢皇后。

齐宣孝陈皇后、高昭刘皇后、武穆裴皇后、文安王皇后、郁林王何妃、海陵王王妃、明敬刘皇后、东昏褚皇后、和王皇后,第一;

后妃下梁文献张皇后、武德郗皇后、武丁贵嫔、武阮修容简文王皇后、元徐妃、敬夏太后、敬王皇后、陈武宣章皇后、文沈皇后、废帝王皇后、宣柳皇后、后主沈皇后、张贵妃,第二;

宋宗室及诸王长沙景王道怜、临川烈武王道规鲍昭。营浦侯遵考从子季连、武帝诸子庐陵孝献王义真、彭城王义康、江夏文献王义恭、南郡王义宣、衡阳文王义季,第三;

文帝诸子元凶劭始与王浚、南平穆王铄、竟陵王诞、建平宣简王宏、庐陵王柿、晋熙王

昶、武昌王浑、始安王休、仁、晋平剌王休祐、海陵王休茂、鄱阳哀王休业、临庆冲王休倩、新野怀王夷父、桂阳王休范、巴陵哀王休若。孝武诸子豫章王子尚、晋安王子勋、松滋侯子房、临海王子顼、始平孝敬王子鸾、未嘉王子仁、始安王子真、邵陵王子元、齐敬王子羽、淮南王子孟、晋陵孝王子云、南海哀王子师、淮阳思王子霄、东平王子嗣、武陵王赞。

明帝诸子邵陵殇王友、随阳王旨、新兴王嵩、始建王禧，第四；刘穆之曾孙祥从子秀之、徐羡之从孙湛之，湛之孙孝嗣，孝嗣孙君蒨，傅亮族兄隆，檀道济兄韶、韶孙珪、韶弟祇，第五；王镇恶、朱龄石弟超石、毛修之孙惠素、传弘之、朱修之、王玄谟子瞻、从弟玄象、玄载、玄邈，第六；

刘敬宣、刘怀肃、弟怀敬、怀慎、刘粹族弟损、孙处、蒯恩、向靖、子柳、刘钟、虞丘进、孟怀玉弟龙符、胡藩、刘康祖伯父简之、简之弟谦之、简之子道产、道产子延孙，第七；

赵伦之子伯符、萧思话子惠开、惠明、惠明子眎素、惠明弟惠基、惠基子洽、惠基弟惠休、惠休弟子介、介子允、引惠开从子琛、臧焘、玄孙严、严族叔未甄、未甄子盾厥、焘弟熹、熹子质，第八；

谢晦兄瞻、弟臑，从叔澹、谢裕子恂、玄孙微、裕弟纯、述、孙朓、谢方明子惠连谢灵运孙超宗曾孙几卿第九；

谢弘微子庄，孙朏，曾孙惠、玄孙哲、朏弟颢、颢弟瀹、瀹子览、览弟举、举子虾、兄子侨，第十；

王弘子锡、孙僧达、曾孙融、弘弟子微、微兄远、远子僧、佑子籍、弘从孙瞻、弘玄子孙冲、子瑒瑜，第十一；

王昙首，子僧绰、孙俭、曾孙骞、骞子规，骞弟眎、日子承、训、僧绰、弟僧处、僧处子慈、慈子秦、慈弟志、志弟子筠、志弟彬寂；第十二；

王诞兄子偃、偃子藻、藻弟子莹、莹从弟亮、王华从弟琨、王惠从弟球、王彧子绚、绚弟缋、缋孙克、彧兄子蕴、奂、奂弟份、份弟铨、锡、金、通、励、质、固，第十三；

王裕之孙秀之、延之、阮韬、延之子纶之、曾孙峻、峻子琮、王镇之弟弘之、弘之孙晏、晏从弟思远、王韵之、王悦之、王准之从弟逡之、珪之、族子素、第十四；

王懿，到彦之孙㧑、㧑子沆、沆从兄溉、洽、洽子仲举、垣护之弟子崇祖、崇祖从兄荣祖、荣祖从父闳、闳弟子昙深、张兴世子欣泰，第十五；

袁湛弟豹、豹子淑、淑兄子顗、顗从弟粲、顗弟子彖、彖从弟昂、马仙琕、昂子君正、君正子枢、宪君正弟敬、泌，第十六；

孔靖孙秀之、秀之曾孙奂、孔琳之孙顗、殷景仁从祖弟淳，第十七；

褚裕之弟淡之，玄孙球，裕之兄子湛之，湛之子彦回，彦回子贲、蓁、蓁子向、向子翔、彦回弟澄、从弟炤、炫、炫子云、云子蒙、蒙子介，第十八；

蔡廓子兴宗、孙约、约弟撙、曾孙凝，第十九；

何尚之子偃、孙戢、偃弟子求、求弟点、弟胤，胤从弟炯、尚之弟子昌寓、昌寓子敬容，第二十；

张裕子永、岱、岱兄子绪，绪子完、充、永子环、环子率、率弟盾、环弟稷、稷子嵊、稷、从子种，第二十一；

张邵子敷、孙冲、兄子畅、畅子融、宝积、徐文伯、文伯弟嗣伯，第二十二；

范泰子晔、荀伯子族子万秋、徐广郗绍、广兄子豁、郑鲜之、裴松之孙昭明、曾孙子野、何承天曾孙逊，第二十三；

颜延之子竣、从子师伯、沈怀文子冲、从兄昙庆、周朗族孙□、□子舍、舍弟子弘正、弘让、弘直、弘直子确，第二十四；

刘湛、庾悦族弟登之、登之子仲文、仲文子弘远、仲文族孙仲容、顾琛、顾恺之孙宪之，第二十五；

羊欣、羊玄保子戎、兄子希、沈演之子勃、兄孙颤、演之从子宪、宪孙浚、江夷子湛、曾孙敩、玄孙蒨、禄、五世孙纭、六世孙总、夷弟子智深、江秉之孙谧，第二十六；

沈庆之孙昭略、子文季、弟子文秀、从子攸之、攸之从孙僧昭、宗悫兄子史，第二十七；

柳元景元景弟子世隆、世隆子惔、惔弟恽、恽子偃、偃子盼、恽弟憕、憕弟忱、世隆从弟庆远、庆远子津、津子仲礼、敬礼，第二十八；

殷孝祖族子琰、刘勔子悛，孙孺、览、遵、悛弟子苞、悛弟绘、绘子孝绰、绘弟缜，第二十九；

鲁爽、薛安都从子深、邓琬刘胡、宗越、吴喜、黄回，第三十；

齐宗室衡阳元王道度、始安贞王道生、始安王遥光，曲江公遥欣子几、安陆昭王缅、新吴侯景先、南丰伯赤斧、子颖胄、颖达、衡阳公谌、临汝侯坦之，第三十一；

齐高帝诸子上豫章文献王嶷子子廉、子恪、子操、子范、子范子乾、子范弟子显、子云，第三十二；

齐高帝诸子下临川献王映、长沙威王晃、武陵昭王晔、安成恭王皓、鄱阳王锵、桂阳王铄、始兴简王鉴、江夏王锋、南平王锐、宜都王鉴、晋熙王□、河东王铉，第三十三；

齐武帝诸子文惠太子长懋、竟陵文宣王子良子昭胄、卢陵王子卿、鱼复侯子响、安陆王子敬、晋安王子懋、南郡王子隆、建安王子真、西阳王子明、南海王子罕、巴陵王子伦、邵陵王子贞、临贺王子岳、西阳王子文、衡阳王子峻、南康王子琳、湘东王子建、南郡王子夏。

文惠诸子巴陵王昭秀、桂阳王昭粲。

明帝诸子巴陵隐王宝义、江夏王宝玄、庐陵王宝源、鄱阳王宝寅、邵陵王宝修、晋熙王宝嵩、桂阳王宝贞，第三十四；

王敬则、陈显达、张敬儿、崔慧景，第三十五；

李安人子元履、戴僧静、桓康、焦度、曹武子世宗、吕安国、周山图、周盘龙子奉叔、王广之子珍国、张齐，第三十六；

荀伯玉、崔祖思祖思叔父景真，景真子元祖，宗人文仲，苏侃虞悰、胡谐之范柏年，虞玩之、刘休、江祐刘暄，第三十七；

陆澄，陆慧晓子倕、孙缮、兄子闲、闲子绛、绛弟厥、厥弟襄、襄兄子云公、云公子琼、琼子从典、琼从弟琰、琰弟瑜、瑜从兄□、从弟琛、陆杲子罩，第三十八；

庾杲之叔父革、王谌从叔摛、何宪、孔逖、孔珪、刘怀珍子灵哲、从父弟峻、刘沼、从子怀慰、怀慰子霄、杳、畝、怀珍从孙讦、怀珍族弟善明，第三十九；

刘旨弟毂、族子显，明僧绍子山宾，庾易子黔娄、于陵、肩吾，刘虬子之遴、之亨、虬从弟坦，第四十；

梁宗室上吴平侯景子励、劝、勔、勃、弟昌、昂、昱。长沙宣武王懿子业、孙孝俨、业第藻、猷、猷子静、骏、猷弟朗、明、永阳昭王敷、衡阳宣王畅、桂阳简王融子象、象子慥临川静惠王宏，宏子正仁、正义、正德、正德子见理、正德弟正则、正则弟正立、正立子贲、正立弟正表、正信，第四十一；

梁宗室下安成康王秀秀子机、机弟推、南平元襄王伟伟子恪、恪弟恭、恭子静、恭弟祗、鄱阳忠烈王恢恢子范、范子嗣、范弟谘、谘弟修、修弟泰、始兴中武王憺憺子亮、亮弟映、映弟烨，第四十二；

梁武帝诸子昭明太子统、豫章王综、南康简王绩、庐陵威王绩、邵陵携王纶、武陵王纪，第四十三；

梁简文帝诸子哀太子大器、寻阳王大心、临川王大款、南海王大临、南郡王大连、安陆王大春、桂阳王大成、汝南王大封、浏阳公大雅、新兴王大庄、西阳王大钧、武宁王大威、皇

子大训、建平王大球、义安王大昕、绥建王大挚、乐良王大园、元帝诸子忠烈世子方等、贞惠世子方诸、愍怀太子方矩、始安王方略，第四十四；

王茂、曹景宗、席阐文、夏侯详子□、夔鱼弘、吉士瞻、蔡道恭、杨公则、邓元起罗研、李膺、张惠绍子登、冯道根、康绚、昌义之，第四十五；

张弘策子缅、缵、绾、庾城子子与、郑绍叔、吕僧珍、乐蔼子法才，第四十六；

沈约子旋、孙众、范云、从兄缜，第四十七；

沈约

韦睿兄纂、阐、睿子放、孙粲、放弟正、正子载、鼎、正弟稜、稜弟黯、裴邃邃子之礼、兄子之高、之高弟之平、之平子忌、之高弟之横，第四十八；

江淹、任昉、王僧孺，第四十九；

范岫、传昭弟映、孔休源、江革子德藻、徐勉、许懋子亨、殷均宗人芸，第五十；

陈伯之、陈庆之子昕、暄、兰钦，第五十一；

贺瑒子革、弟子琛、司马褧、朱异、顾协、徐摛、子陵、陵子俭、份、仪、陵弟孝克、鲍泉鲍行卿、行卿弟客乡，第五十二；

王神念子僧辨、羊侃子球、鹍、羊鸦仁，第五十三；

江子一、胡僧祐、徐文盛、阴子春子铿、杜崱兄岸、弟幼安、兄子龛、王琳、张彪，第五十四；

陈宗室诸王永修侯拟、遂兴侯详、宜典侯慧、纪、衡阳王昌子伯信、南康愍王昙朗子方泰、方庆。

文帝诸子始兴王伯茂、鄱阳王伯山、新安王伯固、晋安王伯恭、庐陵王伯仁、江夏王伯义、武陵王伯礼、永阳王伯智、桂阳王伯谋。

宣帝诸子始兴王叔陵、豫章王叔英、长沙王叔坚、建安王叔卿、宜都王叔明、河东王叔献、新蔡王叔齐、晋熙王叔文、淮南王叔彪、始兴王叔重、寻阳王叔俨、岳阳王叔慎、义阳王叔达、巴山王叔雄、武昌王叔虞、湘东王叔平、临贺王叔敖、阳山王叔宣、西阳王叔穆、南安王叔俭、南郡王叔澄、沅陵王叔兴、岳山王叔韶、新兴王叔纯、巴东王叔谟、临海王叔显、齐会王叔坦、新宁王叔隆、新昌王叔荣、太原王叔匡。

后主诸子太子深、吴兴王胤、南平王嶷、永嘉王彦、南海王虔、信义王祗、邵陵王兢、会稽王庄、东阳王恮、吴郡王藩、钱塘王恬，第五十五；

杜僧明、周文育子宝安、侯填、侯安都、欧阳顾子纥黄法氍、淳于量、章昭达、吴明彻裴子烈，第五十六；

胡颖、徐度、子敬成、杜棱、周铁武、程灵洗子文季沈恪、陆子隆、钱道戢、骆文牙、孙瑒、徐世谱、周敷、荀朗、周炅、鲁悉达、弟广达、萧摩诃子世廉任忠、樊毅弟猛，第五十七；

赵知礼、蔡景历子征、宗元饶、韩子、高华胶、刘师知、谢岐、毛喜、沈君理、陆山才，第五十八；

沈炯、虞荔弟寄、傅縡章华、顾野王萧济、姚察，第五十九；

循吏：吉翰、杜骥，申怙、杜慧庆、阮长之、甄法崇孙彬、傅琰孙岐虞愿、王洪轫李珪之、沈瑀、范述会，孙谦从子廉，何远、郭祖深，第六十；

儒林：伏曼容子暅、暅子挺何佟之、严植之、司马筠、卞华、崔灵恩、孔佥、虞广、沈峻太史叔明、峻子文阿、孔子祛、皇侃、沈洙、戚衮、郑灼张崖、陆诩、沈德威、贺德基、全绥、张讥、顾越龚

孟舒、沈不害、王元规陆庆，第六十一；

文学：丘灵鞠子迟、从孙仲孚、檀超熊襄、吴迈、远、超叔道骞、卞彬诸葛最、袁嘏、高爽、孙抱、丘巨源孔广、孔逭、虞通之、虞龢、司马宪、袁仲明、孙诜、王智深、崔慰祖、祖冲之子暅之、孙皓、来嶷、贾希镜、袁峻、刘昭子绍、缓、钟嵘兄岏、弟屿、周兴嗣、吴均江洪、刘勰何思澄子朗、王子云、任孝恭、颜协，纪少瑜、杜之伟、颜晃、岑之敬、何之元、徐伯阳、张正见、阮卓，第六十二；

孝义，上：龚颖、刘瑜、董阳、贾恩、郭世通子原平、严世期、吴逵、潘综陈遗、秦绵、张进之俞佥、张楚、丘杰、师觉授、王彭、蒋恭、徐耕、孙法宗、范叔孙吴国夫、卜天与弟天生、许昭先、余齐人、孙棘妻许、徐元妻许、钱延庆、何子平、崔怀顺、王虚之顾昌衍、江柔之、江轲、吴庆之、萧睿明鲜于文宗、萧矫、妻羊、羊缉之女佩任、吴康之妻赵、蒋隽之妻黄、吴翼之母丁、会稽陈氏三女、永兴概中里王氏女、诸暨屠氏女、吴兴乘公济妻、姚、吴郡范法恂妻褚，公孙僧达、吴欣之、韩系伯、丘冠先、孙淡、华宝薛天生，刘怀胤、解叔谦宗元卿、庾震、朱文济、匡昕、鲁康祚、谢昌寓、韩灵敏、刘沨弟濂、柳叔夜、封延伯、陈玄子、邵荣兴，文献叔、徐生之、范安祖、李圣伯、范道根、谭弘宝、何弘、阳黑头、王绩祖、郗道福、吴达之、蔡昙智，何伯兴、王文殊、乐顺之弟预、沈升之、江泌、庾道愍族孙沙弥，沙弥子持，第六十三；

孝义下：滕昙恭徐普济、张悌，陶季直、沈崇傃、荀匠、吉玠、甄恬、赵拔扈、韩怀明、褚修、张景仁宛陵女子、卫敬瑜妻王、刘景昕、陶子锵、成景隽、李庆绪、谢蔺、子贞、殷不害弟不佞、司马暠、张昭弟乾、王知玄，第六十四；

隐逸上：陶潜、宗少文孙测、从弟彧之、沈道虔、孔淳之、周续之、戴□、翟法赐、雷次宗、郭希林、刘凝之、龚祈、朱百年、关康之、辛普明、楼惠明、渔父、褚伯玉、顾欢卢度、杜京产孔道徽、京产子柄、剡县小儿，第六十五；

隐逸下：臧荣绪，吴苞赵僧岩、蔡荟，孔嗣之、徐伯珍娄幼瑜，沈麟士，阮孝绪、邓郁、陶弘景、释宝志、诸葛璩、刘惠斐兄慧镜、慧镜子昙□，范元琰、庾诜、张孝才、庾承先、马枢，第六十六；

恩倖：戴法兴、戴明宝、徐爰、阮佃夫、纪僧真、刘系宗、茹法亮、吕文显、茹法珍梅虫儿，周石珍、陆验徐驎、司马申、施文庆、沈客卿、孔范，第六十七；

夷貊上：海南诸国：林邑国、扶南国西南夷、诃罗陀国、呵罗单国、婆皇国、波达国、阇婆达国、槃槃国、丹丹国、于陀利国、狼牙修国、婆利国、中天竺国、天竺迦毗黎国、师子国

夷貊下东夷、高句丽、百济、新罗、倭、文身大汉、扶桑西戎、河南王、宕昌、邓至、武兴诸蛮、荆雍州蛮、豫州蛮、西域高昌、猾、呵跋檀、白题龟兹、于阗、渴盘陀末，波斯北狄。蠕蠕，第六十九；

贼臣：侯景、王伟熊、昙朗、周迪、留异、陈宝应，第七十。

《蒯东寅序》云：《南史》所载，宋、齐、梁本纪十卷，列传七十卷，李延寿撰述之笔详矣。仆请概而言之。宋高祖讨桓玄，除晋孽，自尔骨肉相残，七传为齐太祖所灭。齐兴仅二十四年，东昏和帝废弑之祸酷烈，梁武受禅，轻纳侯景，结怨东魏，疆埸沦亡，子孙被其弑逆，国祚易而为陈。传四帝，而后主无道，纳隋叛降，竟为隋俘，天下混一归于隋。吁，四朝代谢，不过一百七十三年，彼享国修短，废兴治乱之迹，史臣述之，垂世鉴戒。一开卷间，瞭然在目。览之者鲜不惕然于心。较之唐尧在位七十载，周家传祚八百六十有七，天壤差殊。静言思之，固虽气运使然，亦岂智力之所可恃。孔子曰："道二，仁与不仁而已矣。"《诗》云："殷鉴不远，在夏后之世。"诚哉是言也！今江东幸甚，际遇绣衣部使者拜都廉使，暨宪府诸公勉励一道，儒学分刊《十七史》。桐川偶得《南史》，以学廪不敷，劝率诸

儒，募匠锓梓，时重其事。荷郡侯吕公师皋提纲于先，继蒙郡同知张公云翼偕僚属振领于后，遂成此书，江左后学，感廉使幸惠之德不浅也。蜀人蒯东寅忝郡文学，黾勉与力，因喜书成，传之永久，与天下览者共之，故僭为引笔序其颠末云。大德丙午立夏拜手谨书。

《北史》

《目录》

本纪一十二卷

魏本纪第一、魏本纪第二

魏本纪第三、魏本纪第四、魏本纪第五、齐本纪上第六、齐本纪中第七、齐本纪下第八、周本纪上第九、周本纪下第十、隋本纪上第十一、隋本纪下第十二。

列传八十八卷

后妃上：魏神元皇后窦氏、文帝皇后封氏，桓皇后惟氏、平文皇后王氏、昭成皇后慕容氏、献明皇后贺氏、道武皇后慕容氏、道武宣穆皇后刘氏、明元昭哀皇后姚氏、明元密皇后杜氏、太武皇后赫连氏、太武敬哀皇后贺氏、景穆恭皇后郁久闾氏、文成文明皇后冯氏、文成元皇后李氏、献文思皇后李氏、孝文贞皇后林氏、孝文废皇后冯氏、孝文幽皇后冯氏、孝文昭皇后高氏、宣武顺皇后于氏、宣武皇后高氏、宣武灵皇后胡氏、孝明皇后胡氏、孝武皇后高氏、文帝文皇后乙弗氏、文帝悼皇后郁久闾氏、废帝皇后宇文氏、恭文皇后若于氏、孝静皇后高氏，第一；

后妃下：齐武明皇后娄氏、蠕蠕公主郁久闾氏、彭城太妃尒朱氏小尒朱氏、上党太妃韩氏、冯翊太妃郑氏、高阳太妃游氏冯娘、李娘、文襄敬皇后元氏、琅琊公主、文宣皇后李氏段昭仪、王嫔、薛嫔孝昭皇后元氏、武成皇后胡氏、弘德李夫人、后主皇后斛律氏、后主皇后胡氏、后主皇后穆氏、冯淑妃、周文皇后元氏、文宣皇后叱奴氏、孝闵皇后独孤氏，明皇后独孤氏、武皇皇阿史那氏、武皇后李氏，宣皇后杨氏、宣皇后朱氏、宣皇后陈氏、宣皇后元氏、宣皇后尉迟氏、静皇后司马氏、隋文献皇后独孤氏、宣华夫人陈氏，容华夫人蔡氏、炀愍皇后萧氏，第二；

魏诸宗室：上谷公纥罗廷德公婴文、真定侯陆，武陆侯因长乐王寿乐、望都公颓、曲阳侯素延顺阳公郁、宜都王目辰、六修、吉阳男比千江夏公吕、高凉王孤、西江公敦、司徒石。武卫将军谓淮陵侯大头、河间公齐、扶风公处真、文安公泥、实君、秦王翰，常山王遵五世孙亨、陈留王虔五世孙晖、毗陵王顺、辽西公意烈、窟咄，第三；

道武七王、明元六王、太武五王，第四；

景穆十二王上，第五；

景穆十二王下，第六；

文武五王、献文六王、孝文六王，第七；

卫操、莫含、刘库仁弟子罗辰、罗辰曾孙仁之、尉古真从玄孙谨、穆崇、奚斤、叔孙建、安同、庾业延、王建、罗结、娄伏连曾孙宝、闾大肥、奚牧、和跋、莫题，贺狄干，李栗、奚眷，第八；

燕凤、许谦、崔宏子浩、张衮弟恂，邓彦海，第九；长孙嵩五世孙俭、俭子平、长孙道生玄孙幼儿、儿子炽、炽弟晟、从弟绍远、绍远子览、长孙肥，第十；

于栗磾孙劲六、世孙谨、谨子实、实子颢、仲文、实弟翼、翼子尔王、翼弟义，义子宣道、宣敏，第十一；

崔逞子顺、孙彧，玄孙固、休五世孙悛、六世孙瞻、逞兄适、王宪曾孙昕、晞、晧。封懿族曾孙回、回子隆之，回弟肃、回族弟述，第十二；

古弼、张黎、刘洁、丘堆、娥清、伊馛、乙环、周几、豆代田、车伊洛、王洛儿、车路头，卢鲁元，陈建、来大干，宿石、万安国，周观、尉拨、陆真、吕洛拔、薛彪子子叔、尉元、慕容白曜、和其奴、苟颓、宇文福，第十三；

宋隐从子愔、愔孙弁、弁孙钦道、弁族弟翻、弟子世良、世轨、翻弟世景、许彦五世孙惇、刁雍子遵，曾孙冲、柔、辛、绍先、韦阆孙子粲、杜铨，第十四；

屈遵、张蒲、谷浑曾孙楷、公孙表、张济、李先、贾彝、窦瑾、李䜣、韩延之、袁式、毛修之、严稜、朱修之、唐和、寇谠孙隽、郦范子道元、韩秀、尧暄孙雄、柳崇、第十五；

陆俟，源贺曾孙彪、玄孙师、师从叔雄、刘尼，薛提，第十六；

司马休之，司马楚之曾孙裔、司马景之、司马叔璠，司马天助、刘昶、萧宝寅兄子赞，萧正表，萧祗、萧退、萧泰、萧㧑，萧圆肃、萧大园，第十七；

卢玄玄孙思道、昌衡元明潜、卢柔子恺，卢观弟仲宣，叔彪、弟子文伟、卢同子斐、兄子景裕、景裕弟辨、光、光子贲，光从弟勇、卢诞，第十八；

高允从祖弟祐、祐曾孙德正，祐从子乾昂，李式，第十九；

崔鉴兄孙伯谦、崔辨孙士谦，士谦子彭，士谦弟说，说子弘度、崔挺子孝芬、孙宣猷，曾孙仲方，仲方从叔昂、挺从子季舒，挺族孙进，第二十；

李灵曾孙元忠、浑弟子璨、璨曾孙德、饶公绪、李顺玄孙元操，李孝伯兄孙谧、谧弟于、士谦、李裔子子雄李义深弟幼廉，第二十一；

游雅从祖弟明根，高闾赵逸兄子琰、胡叟、胡方回、张湛，段承根宗胡，阚骃，刘延明、赵柔、索敞、宋繇曾孙游道江式，第二十二；

王慧龙玄孙松年、五世孙劭郑义孙述祖、从曾孙道邕，道邕子译、译叔孙俨、俨族孙伟，第二十三；

薛辨五世孙端、端子胄，端从子濬、端从祖弟湖、湖子聪、聪子孝通、通子道衡、聪弟子善、善弟慎、薛寘，第二十四；

韩茂、皮豹子、封敕文、吕罗汉、孔伯恭、田益宗、孟表、奚康生、杨大眼、崔延伯、李叔仁，第二十五；

裴骏从孙敬宪、庄伯、从弟安祖、裴延儁、裴佗之、孙矩、皇甫和、裴果、裴宽、裴侠、子祥肃、裴文举、裴仁基，第二十六；

薛安都、刘休宾、房法寿曾孙豹、玄孙彦谦、族子景伯、毕众敬曾孙义云、羊祉、子深、孙肃、弟子敦烈，第二十七；

韩麒麟、程骏、李彪孙昶、高道悦、甄琛，高聪，第二十八；

杨播子侃、播弟椿、椿子昱、椿弟津，津子道、逸谧、谧弟愔、燕子猷、郑顺、杨敷子素，孙玄感，素弟约，约从叔升、敷、叔父宽、宽子文思、纪，第二十九；

王肃，刘芳孙逖、芳从子懋、常爽，第三十；

郭祚、张彝孙晏之、曾孙乾威、邢峦弟子昕、族孙臧、邵、李崇从弟平，平子奖、谐，第三十一；

崔光子劼、弟子鸿，崔亮从弟光诏，叔祖道固，第三十二；

裴叔业、夏侯道迁，李元护、席法友、王世弼，江悦之，淳于诞，沈文秀，张谠、李苗、刘

藻、傅永、傅竖眼、张烈、李叔彪，路恃庆、房亮、曹世表、潘永基，朱元旭，第三十三；

孙绍、张普惠，成淹、范绍、刘桃符、鹿念、张燿，刘道斌、董绍、冯元兴，第三十四；

袁翻弟曜，曜子聿修，阳尼从孙固，固子休之、固从兄藻、藻子斐、固从兄元景、贾思伯、祖莹子珽，第三十五；

尔朱荣子文畅、从子兆、从弟彦伯、彦伯子敞、彦伯弟仲远、世隆、世承、荣从父弟度律，荣从祖兄子天光，第三十六；

朱瑞叱、列延庆、斛斯椿子征、孙政、贾显度弟知、樊子鹄、侯深、贺拔允弟胜、胜弟岳、侯莫、陈悦、念贤、梁览、雷绍、毛遐弟鸿宾乙弗朗，第三十七；

辛雄族祖琛、琛子术、术族子德源、杨机、高道穆兄谦之、綦隽山伟、宇文忠之、费穆、孟威，第三十八；

齐宗室诸王上：赵郡王琛子睿清河王岳子劢，广平公盛，阳州公永乐、襄乐王显国、上洛王思宗子元海、弟思好、平秦王归彦兄子武兴、王普、长乐王灵山、神武诸子，第三十九；

齐宗室诸王下：文襄诸子、文宣诸子、孝昭诸子、武成诸子、后主诸子、第四十；

万俟普子洛，可朱浑元、刘丰、破六韩常、金祚、刘贵、蔡隽、韩贤、尉长命、王怀、任祥子胄、莫多娄贷文子敬显库狄回洛、库狄盛、张保洛贺拔仁、曲珍、段琛尉标，子相贵、康德、韩建业、封辅相、范舍乐，牒舍乐，侯莫陈相，薛孤延、斛律羌举子孝乡张琼、宋显、王则、慕容绍宗、叱列平、步大汗萨、薛修义、慕容俨、库狄伏连、潘乐、彭乐，暴显，皮景和綦连猛，元景安、独孤永业、鲜于世荣、传伏，第四十一；

孙腾、高隆之，司马子如子消难、裴藻、兄子膺之、窦泰、尉景娄昭兄子献库狄于孙子文、韩轨段荣子韶、李言、斛律金子光美，第四十二；

孙搴、陈元康、杜弼子台卿、局谟子恭懿、张纂、张亮赵起、徐远、张曜、王峻、王紘、敬显隽、平鉴、唐邕、白建、元文遥、赵彦深、赫连子悦、冯子琮子慈明、郎基子茂，第四十三；

魏收、魏长贤、魏季景子澹、魏兰根族子恺，第四十四；

周宗室：邵惠公颢子什、肥、导、护、叱、罗、协、冯、迁、杞简公连、莒庄公洛生、虞国公仲、广川公测弟琛、琛子孝伯、东平公神举、弟庆第四十五；

周室诸王、文帝十王、孝闵帝一王、明帝三王、武帝六王、宣帝二王，第四十六；

寇洛、赵贵从祖兄善、李贤子询、崇、孙敏、弟远、穆、穆子浑、梁御，第四十七；

李弼曾孙密、宇文贵子忻、恺、侯莫、陈崇子崇、兄顺、王雄子谦，第四十八；

王盟子劢、孙谊、独孤信子罗，窦炽子荣定、子谷、贺兰祥、叱列伏、龟阎庆子毗、史宁子雄、祥、权景宣，第四十九；

王罴孙长述，王思政、尉迟迥弟纲、纲子运、王轨乐运，第五十；

周惠达、冯景、苏绰子威、从兄亮，第五十一；

韦孝宽兄复、复子世康、韦瑱子师、柳虯弟桧、庆、庆子机、机子述、机弟引旦、肃从子謇之，第五十二；

达奚武、若干惠、怡峰、刘亮、王德、赫运达、韩果、蔡祐、常善、辛威、库狄昌、梁椿、梁台、田弘子仁卷、孙德懋，第五十三；

王杰、王勇、宇文虯、耿豪、高琳、李和子彻伊娄穆、达奚实、刘雄、侯植、李延孙、韦祐、陈欣、魏玄、泉仙、李迁哲、杨乾运、扶猛、阳雄、席固、任果，第五十四；

崔彦穆、杨纂、段永、令狐整子熙、唐永子瑾柳敏子昂、王士良，第五十五；

豆卢宁子勣、孙毓、杨绍子雄、王雅、世积、韩雄子禽、贺若敦子弼、弟谊，第五十六；

申微、陆通弟逞、库狄峙、杨荐、王庆、赵刚子仲卿；赵昶、王悦、赵文表、元定、杨标，第五十七；

韩褒，赵肃子轨张轨、李彦、郭彦、梁昕、皇甫璠子诞、辛庆之族子昂、王子直、杜杲、吕思礼，徐招、擅翥，孟信、宗怀、刘璠子祥、兄子行本、柳遐子庄，第五十八；

隋宗室诸王：蔡景王整，滕穆王瓒，道宣王嵩、卫昭王爽、河间王弘、义城公处纲，离石太守子崇、文帝四王、炀帝三子，第五十九；

高颖、牛弘、李德林，第六十；

梁士彦、元谐、虞庆则、元胄、达奚长儒、贺娄子斡、兄诠、史万岁、刘方、冯昱、王标、杨武通、陈永贵、房兆、杜彦、周摇、独孤楷、弟威、乞伏慧、张威、和洪、阴寿子世师、骨仪、杨义臣，第六十一；

刘昉、柳裘、皇甫绩、郭衍、张衡、杨汪、裴蕴、袁克、李雄，第六十二；

赵煚、赵芬、王韶、元严、宇文弼、伊娄谦、李圆通陈茂、郭荣、庞晃、李安、杨尚希、张煚、苏孝慈、元寿，第六十三；

段文振、来护儿、樊子盖、周罗侯、周法尚、卫玄、刘权、李景、薛世雄，第六十四；

裴政、李谔、鲍宏高构、荣毗、陆知命、梁毗、柳彧、赵绰、杜整，第六十五；

张定和、张奫麦铁杖沈光、权武、王仁恭、吐万绪、董纯、鱼俱罗、王辨、陈棱、赵才，第六十六；

宇文述云定与、赵行枢，述子化及，司马德戡、裴虔通、王世克、段达，第六十七；

外戚：贺讷、姚黄眉、杜超、贺迷、闾毗、冯熙、李惠、高肇、胡国珍从曾孙长粲、杨腾、乙弗绘、赵猛、胡长仁、隋文帝外家吕氏，第六十八；

儒林上：梁越，卢丑、张伟、梁祚，平恒、陈奇、刘献之、张吾贵、刘兰、孙惠蔚族曾孙灵晖、马子结、石曜、灵晖子万寿、徐遵明、董征、李业与、子崇祖、李铉、冯伟、张买奴、刘轨惠、鲍季详、刑峙、刘画、马敬德子元熙张景仁、权会、张思伯、张雕武郭遵，第六十九；

儒林下：沈重、樊深、熊安生，乐逊黎景熙，冀隽、赵文深、辛彦之、何妥萧该、包恺、房晖远、马光、刘焯，刘炫、褚晖、顾彪、鲁世达、张冲、王孝藉，第七十；

文苑：温子升、荀济、祖鸿勋、李广、樊逊、荀士逊、王褒、庾信、颜之推弟之仪虞世基、柳誓、许善心、李文博，明克让、刘臻、诸葛救、王贞、虞绰、王胄兄眘，庾自直、潘徽常德志、尹式、刘善经、祖君彦，孔德绍、刘斌，第七十一；

孝行：长孙虑、乞伏保、孙益德、董洛生、杨引阎，元明、吴悉达、王绩生、李显达、仓跋、张升、王崇、郭文恭、荆可、秦族、皇甫遐、张元、王颁弟颏、杨庆、田翼、纽因、刘仕隽、翟普林、徐孝肃、华秋，第七十二；

节义：于什门，段进、石文德、汲固、王玄威、娄提、刘渴侯、朱长生、马八龙，文门爱、晁清、刘侯仁、石祖兴、邵洪哲、王荣世、胡小彪、孙道登、李几、张安祖、王闾、郭琰、沓龙超、乙速孤佛保、李棠、杜叔毗、刘弘、游元、张须陀、杨善会、卢楚、刘子翊、尧君素、陈孝意，张季珣、杜松斌、郭世隽、郎方贵，第七十三；

循吏：张膺，路邕，间庆胤、明亮、杜纂、宝瑗、苏淑、张华原、孟业、苏琼、路去病、梁彦光、樊叔略、公孙景茂、辛公义，柳俭、郭绚、敬肃、刘旷、王伽、魏德深，第七十四；

酷吏；于洛侯湖泥、李洪之、子神、张赦提赵霸，崔暹、邸珍、田式、燕荣、元弘嗣、王文同，第七十五；

隐逸：眭夸、冯亮、郑修、崔廓子赜、徐则、张文诩，第七十六；

艺术上：晁崇、张深、殷绍、王早、耿玄、刘灵助沙门灵远、李顺兴檀特师、由吾道荣、颜恶头、王春、信都芳、宋景业、许遵曲绍、吴遵世、赵辅和、皇甫玉、解法选、魏宁、綦毋怀文、张子信、陆法和、蒋升、强练、庾季才子质、卢太翼、耿询来、和萧吉、杨伯丑、临孝恭、刘右、张胄玄，第七十七；

艺术下：周澹、李修、徐謇，从孙之才、王显、马嗣明、姚僧垣、褚该、许智藏、万宝常、蒋少游、何稠，第七十八；

烈女：魏崔览妻封氏、封卓妻刘氏、魏溥妻房氏、胡长命妻张氏、平原女子孙氏、房爱亲妻崔氏、泾州贞女儿氏、姚氏妇杨氏、张洪祁妻刘氏、董景起妻张氏、阳尼妻高氏、史映周妻耿氏、任城国太妃孟氏、苟金龙妻刘氏、贞孝女宗、河东姚氏女、刁思遵妻鲁氏、西魏孙道温妻赵氏、孙神妻陈氏、隋兰陵公主、南阳公主、襄城王恪妃、华阳王楷妃，谯国夫人洗氏、郑善果母崔氏、孝女王舜、韩觊妻于氏、陆让母冯氏、刘昶女、钟士雄母蒋氏、孝妇覃氏、元务光母卢氏、裴伦妻柳氏、赵元楷妻崔氏，第七十九；

恩幸：王睿、王仲与寇猛、赵修、茹皓、赵邕、侯刚、徐纥、宗爱、仇洛齐段霸、王琚、赵默、孙小、张宗之、剧鹏、张祐、抱嶷、王遇、符承祖、王质、李坚、秦松、白整、刘腾、贾粲、杨范、成轨、王温、孟乐、平季、封津、刘思逸、郭秀、和士开、穆提婆高阿那肱、韩凤、齐诸官者，第八十；

僭伪附庸：夏赫连氏、燕慕容氏、后秦姚氏、北燕冯氏、西秦乞伏氏、北凉沮渠氏、梁萧氏，第八十一；

高丽、百济、新罗、勿吉、奚、契丹、室韦、豆莫娄、地豆干、乌洛侯、流求、妥，第八十二；

蛮獠、林邑、赤土、真腊、婆利，第八十三；

氐。吐谷浑、宕昌、郑至、白兰、党项、附国、稽胡，第八十四；

西域，第八十五；

蠕蠕、匈奴宇文莫槐、徒何段、就六春、高车，第八十六；

突厥、铁勒，第八十七；

序传第八十八。

《唐书·李延寿序》传曰：李氏之先，出自帝颛顼高阳氏。当唐尧之时，高阳氏有才子曰庭坚，为尧大理，以官命秩为理氏。历夏殷之季。其后理征，字德灵，为翼隶，事吴伯，以直道不容，得罪于纣。其妻契和氏携子利贞，逃隐伊侯之墟，食木子而得全，遂改理为李氏。周时裔孙曰乾，娶于益寿氏女婴敷，生子耳，字伯阳，为柱下史，子孙散居诸国，或在魏、或在赵、或在秦。在魏者为段干大夫，段干木其后也。别孙悝，为魏文侯兴富国之术焉。在赵者曰昙，以功封柏人，武安君牧其后也。在秦者名兴族，为将军，生子伯祐，建功北狄，封南郑公。伯祐生子德，德子信，为秦时将。信孙元旷仕汉为侍中。元旷弟仲翔，位太尉，讨叛羌于素昌，一名狄道。临阵殒命，葬狄道川，因家焉。《史记·李将军传》所云："其先自槐里徙居成纪，实始此也。"仲翔曾孙广，广子当户，椒敢。当户子陵战没。椒敢子禹，位至侍中。禹生承公，承公生蜀郡太守先，先生长宗，长宗生博士况，况生孝本。孝本，字上明。上明生巴郡太守次公，次公生临淮太守轨。轨字逸文，生积弩将军隆。隆字业绪，生雍。雍仕魏，历尚书郎，济北、东莞二郡太守。雍生柔。柔字德远，仕晋为北地大守。雍生弇，字季子，历天水太守卫将军。子昶，字仲坚。昶生暠，字玄威，称凉王，谥曰武昭，则皇室七庙之始也。暠弟二子歆，字士业，嗣为凉公，为沮渠蒙逊所灭，世子重耳奔于江左，遂仕于宋，后归魏，为弘农太守。延寿曾祖晓，字仁略，太尉虎子也。比

齐天保中，历广武、东莞二郡太守。晓生超，字仲举，生太师，字君威，唐初以窦建德礼部侍郎谴徙西会州，忽忽不乐，乃为《羁思赋》，以见其事。侍中观公杨恭仁，时镇凉州，见赋异之，召至河西，深相礼重，日与游处。太师少有著述之志，常以宋、齐、梁、陈、周、隋南北分隔，《南书》谓北为索虏，《北书》指南为岛夷，又各以其本国事悉书，别国并不能备，亦往往失实，常欲改正，将拟《吴越春秋》编年以备南北。至是无事，而恭仁家富于书籍，得恣意披览。宋、齐、梁、魏四代有书，自余竟无所得。居二年，恭仁入为吏部尚书，太师复还会州。武德九年，会赦，归至京师，尚书右仆射封德彝，中书令房玄龄，并与太师亲通，劝留不去，曰："时属惟新，人思自效，方事屏退，恐失行藏之道。"太师曰："昔唐尧在上，下有箕山之节。虽以不才，请慕其义。"于是倜装东归。家本多书，因编缉前所修书。贞观二年五月，终于郑州荥阳野舍，时年五十九。既所撰未毕，以为没齿之恨焉。所制文笔诗赋，播迁及遭火，多致失落，存者十卷。子庆，孙正礼、利王、延寿、安世。延寿与敬播俱在中书，侍郎颜师古，给事中孔颖达下删削，既家有旧本，思欲追终先志，其齐、梁，陈五代旧事所未见。因于编缉之暇，昼夜抄录之。至五年，以内忧去职服阕，从官蜀中，以所得者编次之，然尚多所阙，未得及终。十五年，任东宫典膳丞日，右庶子彭阳公令狐德芬，又启延寿修晋书，因兹复得勘究宋、齐、魏三代之事所未得者。十七年，尚书右仆射褚遂良，时以谏议大夫奉敕修隋书十志，复准敕召延寿撰录，因此遍得披寻。时五代史既未出，延寿不敢使人抄录，家素贫罄，又不办雇人书写，至于魏、齐、周、隋、宋、齐、梁、陈正史，并手自写，本纪依司马迁体，以次连缀之，又从此八代正史外，更勘杂史，于正史所无者一千余卷皆以编入，其烦冗者即削之。始末修撰，凡十六载，始宋终隋，凡八代，为《北史》《南史》二书，合一百八十卷。其《南史》先写讫，以呈监国史。国子祭酒令狐德芬，始末蒙读，子乖失者，亦为改正。许令闻奏，次以《北史》次知，亦为详正因遍次宰相，乃上表，表曰："臣延寿言，臣闻史官之立，其来已旧，执简记言，必咨良直，是以典谟载述，唐虞之风尤著，诰誓斯陈，殷、周之烈弥显。鲁书有作，鹿门贻鉴于臧孙。晋乘无隐，桃园取讥于赵孟。斯盖哲王经国，通贤垂范，惩戒之方，率由兹义。逮秦书既炀，周藉俱湮，子长创制，五三毕纪，条流且异，纲目咸张。自斯新以后，皆所取则，虽左史笔削，无乏于时，微婉所传，唯称班、范，次有陈寿《国志》，亦曰名家，并已见重前修，无俟扬推。洎紫气南浮，黄旗东徙，时更五代，年且三百。元熙以前，则总归诸晋，著述之士，家数虽多，泛而商略，未闻尽善。太宗文皇帝神资睿圣，天纵英灵，爰动冲襟，用纡玄览，深嗟芜秽，大存刊勒，既悬诸日星，方传不朽。然北朝自魏以还，南朝从宋以降，运行迭变，时俗污隆，代有载笔，人多好事，考之篇目，史牒不少，互陈闻见，同异甚多，而小说短书，易为湮落，脱或残灭，求勘无所。一则王道得丧，朝市贸迁，日失其真，明晦安取；二则至人高迹，达士弘规，因此无闻，可为伤叹；三则败俗巨蠹，滔天桀恶，书法不记，孰为劝奖。臣轻生多幸，运奉千龄，从贞观以来，屡叨史局，不揆愚固，私为修撰，起魏登国元年，尽隋义宁二年，凡三代，二百四十四年，兼自东魏天平元年，尽齐隆化二年，又四十四年行事，总编为本纪二卷，列传八十人卷，谓之《北史》。又起宋永初元年，尽陈祯明三年，四代一百七十年，为本纪十卷，列传七十卷，谓之《南史》。凡八代，合为二书，一百八十卷，以拟司马迁《史记》。就此八代，而梁、齐、周、隋五书，是贞观中敕撰，以十志未奏，本犹未出，然其书及志始末，是臣所修。臣既夙怀慕尚，又备得寻闻，私为抄录一十六年，凡所猎略，千有余卷，连缀改定，止资一手，故淹时序，迄今方就。唯鸠聚遗逸，以广异闻。编次别代，共为部秩。除其冗长，捃其菁华。若文之所安，则因而不改，不敢苟以下愚，自申管见。虽则疏野，远惭先哲，于披求

所得，窃谓详尽。其《南史》刊勒以定，《北史》勘校粗了，既撰自私门不敢寝嘿，又未经闻奏，亦不敢流传，轻用陈闻伏深战越。谨言。”

《新唐书·李延寿传》

初延寿父太师，刊究南北事，未成而殁。延寿既数与论撰，所见益广，乃追终先志，本魏登国元年，隋义宁二年，作本纪十二，列传八十八，谓之《北史》。本宋永初元年，尽陈祯明三年，作本纪十，列传七十，谓之《南史》。凡八代，合二书百八十篇上之。其书颇有条理，删落穠辞，过本书甚远，时人见年少位下，不甚称其书。迁符玺郎兼修国史。

《史通》

元氏起于边朔，其君乃一部之酋长耳。道武追崇所及，凡二十八君，自开辟以来，未之有也。而魏书序纪，袭其虚号，何异沐猴而冠，腐鼠称璞者矣。

晁公武《读书志》

《南史》八十卷，《北史》一百卷，唐李延寿撰。延寿父太师，尝谓宋齐逮周、隋，分隔南北，南谓北为索虏，北谓南谓岛夷，欲改正，拟《吴越春秋》编年，未就而卒。延寿后预修晋隋书，因究悉旧事，更依马迁体，总叙八代，北起魏尽隋，二百四十二年，南起宋尽陈，百七十年，并为二史，删烦补阙，过本史甚远，至今学者止观其书，沈约、魏收等所撰，皆不行。独阙本志，而隋书有之，故隋书亦行于世。

《崇文总目》

唐高宗善其书，自为之序，序今阙。

《朱子语续录》

《通鉴》文字，有自改易者，仍皆不用。《汉书》上古字，皆以今字代之。南北史除了通鉴所取者，其余只是一部好笑底小说。吴箕常谈李延寿作南北史，于《北史》多溢美，而书之亦甚详，书北事，则曰某皇帝，书南事则曰某帝，盖唐承隋祚，其来自北，而高祖之前，与延寿累叶，皆仕北朝，其私意如此。

《王滹南先生集》

《北史》梁鄱阳王宝寅终于魏，南北史一书也。既立宝寅于魏朝矣，而南史中又略书其事，恐止当并于《北史》。又《南史》作寅，而北史作夤，二字义殊变宜从一。

后汉陈容谓袁绍曰：“宁与臧洪同日死，不与将军同日生。”此指当时一日耳。而《魏书》载庄帝之语曰：“宁与高贵乡公同日死，不与长道乡公同日生。”《北史》亦然。此似不可，岂秉笔者润色之过欤。《通鉴》删之云：“宁为高贵乡公死，不为长道乡公生。”是矣。

《隋史》

高颖平陈，晋王广欲纳张丽华，颖曰：“武王灭殷，戮妲己，今平陈国，不宜取丽华。”遂斩之。王甚不悦。《通鉴》所载，其语尤详，而《陈书·南史》乃谓：“晋王命斩之。”此必当时秉笔者曲饰主阙，而姚思廉、李延寿猥承其误耳。迹炀帝所为，当以《隋史》为正。

《类说》

李延寿著《南北史》，粗得作史之体，故《唐书》本传亦谓其过本书远甚。然好述妖异，兆祥谣讥，特为繁猥。如云："陈后主名叔宝，于反语为小福。"且俚俗反语，岂足载？凡人以叔宝为名字者固多，若从反语，尽为小福乎？又齐文宣即位，年号天禄，以字文析之，为一大人只十，故天保尽十年，而帝崩。如梁主萧归袭位，亦号天保，而尽二十三年，一何无据也。此类甚多，可尽削去。

司马公曰

光少时惟得高氏小史读之，自宋迄隋，并南北史，或未尝得见，或读之不熟。今因修南北朝通鉴，方得细观，乃知李延寿之书，亦近世之佳史也。虽于视祥谈嘲小事，无所不载。然叙事简径，比于南北正史，无烦冗芜秽之辞，切谓陈寿之后，惟延寿可以亚之也。

胡氏《致知编》

《南史》八十卷，《北史》一百卷，详于比而略于南，以唐承隋，隋承周故也。温公曰：李延寿书亦近世之佳史也。但恨其不作志书，使数代制度沿革，皆没而不见。

《山堂考索》

《通鉴外纪序》云：李延寿总八朝为南北史，而言辞卑弱，义例烦杂，书无表志，沿革不全。刘恕：李延寿为南北史，于北则前以儒林，于南则冠以循吏，岂非以礼义之邦，为无足贵，而夷虏之域，当示之以激劝乎？及刘知几作《史通》数十篇，讥评古今史氏，丝发无遗，而独于儒林次序，了无所及，又何邪？

《后周书》

目录

纪八卷：文帝上第一、文帝下第二、孝闵帝第三、明帝第四、武帝上第五、武帝下第六、宣帝第七、静帝第八。

列传四十二卷：皇后，第一；

邵惠公颢子什肥、导、什肥子曹、导子广、亮、翼、椿，众、杞简公连，莒庄公洛生子菩、提、虞国公仲子兴，第二；

晋荡公护叱罗妥、冯迁，第三；

齐炀王宪，第四；

文闵明武宣诸子，第五；

贺拔胜弟岳，兄允，念贤，第六；

寇洛、李弼弟树、于谨子实，第七；

赵贵，独孤信，侯莫、陈崇，第八；

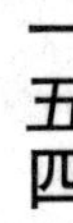

梁御，若干惠、怡峰、刘亮、王德，第九；

王罴子庆远、孙述、王思政，第十；

达奚武子震侯莫、陈顺、豆卢宁，宇文贵，杨忠，第十一；

王盟、贺兰祥、尉迟纲、叱列、伏龟、阎庆，第十二；

尉迟迥、王谦、司马消难，第十三；

周惠达冯景、杨宽兄穆俭、柳庆子机，第十四；

苏绰，第十五；

卢辨，第十六；

李贤弟远，第十七；

长孙俭、长孙绍远弟澄、兄子兕、斛斯征，第十八；

赫连达、韩果、蔡祐、常善、辛威、库狄昌、田弘、梁椿、梁台，宇文测弟深，第十九；

史宁，陆腾，贺若敦，权景宣，第二十；

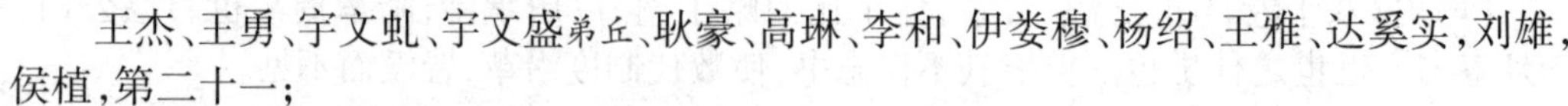

王杰、王勇、宇文虯、宇文盛弟丘、耿豪、高琳、李和、伊娄穆、杨绍、王雅、达奚实，刘雄，侯植，第二十一；

窦炽兄子毅于翼李穆附，第二十二；

韦孝宽，韦□，梁士彦，第二十三；

申徽、陆通弟逞、柳敏、卢柔，唐瑾，第二十四；

库狄峙、杨荐、赵刚、王庆、赵昶、王悦、赵文表，第二十五；

赵善，元定、杨标、裴宽、杨敷，第二十六；

郑孝穆、崔谦弟沈、子弘度、崔猷、裴侠、薛端、薛善弟慎，第二十七；

郑伟、杨纂、段永、王士良、崔彦穆、令狐整、司马裔，裴果，第二十八；

寇儁、韩褒、赵肃、张轨、李彦、郭彦、裴文举、高宾，第二十九；

苏亮弟湛、柳虯、吕思礼、薛憕、薛实、李昶、元伟，第三十；

韦瑱、梁昕、皇甫璠、辛庆之族子昂、王子直、杜杲，第三十一；

尉迟运、王轨、宇文神举、宇文孝伯、颜之仪乐运，第三十二；

王褒、庾信，第三十三；

萧㧑、萧世怡、萧圆肃、萧大园、宗懔、刘□、柳霞，第三十四；

李延孙、韦祐、韩雄、陈忻、魏玄，第三十五；

泉企、李迁哲、杨乾运、扶猛、阳雄、席固，任果，第三十六；

儒林：卢诞、卢光、沈重、樊深、熊安生、乐逊，第三十七；

孝义：李棠、柳桧、杜叔毗、荆可、秦族、皇甫遐、张元，第三十八；

艺术：冀儁，蒋升、姚僧垣子最、黎景熙、赵文深、褚该，第三十九；

萧、袁敞，第四十；

异域上：高丽、百济、蛮獠、宕昌、邓至、白兰氏、稽胡、库莫奚，第四十一；

异域下：突厥、叶谷浑、高昌鄯、善焉耆、龟兹、于阗、嚈哒、粟特、安息、波斯，第四十二。

周世宗

《周书》

本纪八

列传四十二,合五十篇。唐令狐德芬请撰次。而诏德芬与陈叔达、庾俭成之。仁宗时,出太清楼本,合史馆秘阁本,又募天下献书,而取夏竦、李异家本,下馆阁,是正其文字。今既镂板以传学官,而臣等始预其是正。又序其目录一篇,曰:“周之六帝,当四海分裂之时,形势劫束,毅然有志合天下于一,而材足以有为者,特文帝而已。文帝如苏绰于稠人之中,始知之未尽也。卧予之言,既当其意,遂起并昼夜咨诹酬酢,知其果可以断安危治乱之谋而诎已以听之。考于书,唯府兵之设,敛千岁已散之民,而系之于兵,庶几得三代之遗意,能不骇人视听以就其事,而效见于后世。文帝尝患文章浮薄,使绰为大诰以劝,而卒能变一时士大夫之制作。然则势在人上,而欲鼓舞其下者,奚患不成?虽然,非文帝之智内有以得于已,而苏绰之守外,不诎于人,则未可必其能然也。以彼君臣之相遭,非以先王之道,而犹且恳恳以诱之言,又况无所待之豪杰可易以畜哉?夫以德力行仁,所以为王霸之异,而至于诎已任人,则未始不同。然而君能畜臣者,天下之至难。”

传曰:取人以身,修身以道,修道以仁,盖道极于不可知之神,而人有其质,推之为天下国家之用者,以其粗尔。然非致其精于已,则其粗亦不能为人。惟能自爱其身,则内不欺其心。内不欺其心,则外不蔽于物,然后好恶无所作而尚何有已哉?能无已,始可以得已,而足以揆天下之理,知人之言而邪正无以瘦其实,尚何患乎?论之不一哉。于是贤能任使之尽其方,而吾所省者,以天下之耳目,而小人不能托忠以诬君子。又从而为之劝禁,则小人忿欲之心,已黜于冥冥之际。君子乐以其类进而摩励其俗,凛然有耻,君臣相与谋于上,因敝以新法度,而令能者驰骛于下,有忠信之守,而无传会迁就之患,则法度有佛于民,而下不以情赴上者乎?盖虚然后能受天下之实,约然后能操天下之烦。垂缨摄衽,俯仰庙堂,无为以应万几者,致其思而已矣。夫思之为王者事,君臣一也。而君之势则异焉。世独颂尧舜之无为,而安知夫人主自宜无为,而思则不可一日已也。《书》曰:“思曰睿扬,雄曰于道,则劳其不然欤。”盖夫法度善矣。非以道作其人,别不能为之守。而民之多寡,物之丰杀,法度有视时而革者,必待人而后谋,则是可不致其思乎?苟未能此,而徒欲法度之革者,是岂先王为治之序哉?彼区区之周,何足以议?徒取其能因一时君臣之致好,犹足以见其效,又况慨然行先王之道,而得大有为之势乎,是固不宜无论也。臣焘,臣安国、臣希谨昧死上。

《册府元龟》

令狐德芬为起居舍人,高祖武德四年十一月,德芬从容言于帝曰:“近代以来,多无正史,梁、陈及齐,犹有文藉,至于周、隋,多有遗阙。当今耳目犹接,尚有可凭,如是十数年后,恐事迹湮没,无可纪录。”至五年十二月二十六日,诏曰:“司典序言,吏官纪事,考论得失,究尽变通,所以裁成义类,惩恶劝善。爰自有魏,至于陈、隋,莫不自命正朔,帛历岁祀,各殊徽号,删定礼仪。然而简牍未编,纪传咸阙,炎凉已积,谣俗迁讹,余烈遗风,泯焉将坠。朕顾彼湮落,深用轸悼,有怀撰次,实资至直。中书舍人萧瑀、给事中王敬业、著作

殷闻礼，可修魏史。侍中陈叔达、秘书丞令狐德芬、太史令唐俭，可修周史。中书令封德彝，中书舍人颜师古，可修隋史。大理卿崔善与、中书舍人孔绍安、太子洗马萧德言，可修梁史。太子詹事裴矩、吏部郎中祖孝孙、前秘书丞魏征，可修齐史。秘书监窦琎、给事中欧阳询、秦王文学姚思廉，可修陈史。”帛历数载，竟不就而罢。修撰之源，自德芬始。至贞观三年，于中书置秘书内省，以修五代史。十年正月二十日，尚书左仆射房玄龄、侍中魏征、散骑常侍姚思廉、太子右庶子李百药、孔颖达、礼部侍郎令狐德芬、中书侍郎岑文本、中书舍人许敬宗等，撰成周、隋、梁、陈，齐五代史上之，进阶颁赐有差。

显庆元年五月四日，史官修梁、隋、齐、周、隋五代志三十卷，太尉长孙无忌表进之。魏征为侍中，初有诏遣令狐德芬、岑文本撰周史，孔颖达、许敬宗撰隋史，姚思廉撰梁、陈史，李百药撰齐史，征受诏物加撰定，多所损益，务存简正。隋史序论，皆征所作，梁齐各为物论，时称良史。史成，加在光禄大夫，进封郑国公，赐物二十段。姚思廉受诏，与秘书监魏征同撰梁、陈二史。思廉又采诸家梁史、续成父书，并推究陈事，删益博综顾野王所修旧史，撰成梁书五十卷，陈书三十卷。魏征虽裁其物论，其编次笔削，皆思廉之功也。

《晁公武读书志》

《周书》五十卷，唐令狐德芬等撰。本纪八，列传四十二。初，周有柳虬，隋牛洪，各有撰次，率多抵牾。贞观中，德芬请撰次，乃诏与陈叔达、唐俭共成之。先是苏绰秉周政军国词令，多准。尚书牛弘为史，尤务清言，德芬因之以成是书，故多非实录。仁宗时出太清楼本，合史秘阁本，又募天下献书，而取夏竦、李异家本，下馆阁，正是其文字。其后林希、王安国上之。

《直斋书录解题》

初，德芬武德中建言近代无正史，诏德芬及诸臣论撰，历年不能就，罢之。贞观二年，复诏撰定，议者以魏有收，淡二家书目为详，惟五家史当立。德芬与岑文本、崔仁师次周史，李百药次齐史，姚思廉次梁、陈史，魏征次隋史，房玄龄总监，而修撰之原，自德芬发之。

《山堂考索》

自梁、陈已降，隋、周而往者，史皆贞观年中群公所撰。近古易悉，情伪可求。至于朝廷贵臣，必父祖有传，考其行事，皆子孙所为，而访彼流落，询诸故老，事有不同，言多爽实。者秦人不死，验符生之厚诬；蜀老犹存，知葛亮之多枉，斯则自古所叹，岂独于今哉？

《隋书》

目录

帝纪五卷：高祖上第一、高祖下第二、炀帝上第三、炀帝下第四、恭帝第五。

志三十卷：礼仪一第一、礼仪二第二、礼仪三第三、礼仪四第四、礼仪五第五、礼仪六第六、礼仪七第七、音乐上第八、音乐中第九、音乐下第十、律历上第十一、律历中第十二、律历下第十三、天文上第十四、天文中第十五、天文下第十六、五行上第十七、五行下第十八、食货第十九、刑法第二十、百官上第二十一、百官中第二十二、百官下第二十三、地理上第二十四、地理中第二十五、地理下第二十六、经藉一经第二十七、经籍二史第二十八、经籍三子第二十九、经藉四集道经佛经第三十。

列传五十卷:后妃:传文献:独孤皇后、宣华夫人陈氏、容华夫人蔡氏、炀帝萧皇后,第一;

李穆子军、穆兄子询、询弟崇、崇子敏,梁睿,第二;

刘昉、郑译、柳裘、皇甫绩、卢贲、于义子宣道、宣敏,阴寿子世师、骨仪附、窦荣定、元景山,源雄、豆卢勣子敏、勣兄通、贺若谊,第四;

梁士彦、宇文忻、王谊、元谐、王世积、虞庆则、元胄,第五;

高颖、苏威子夔,第六;

李德林,第七;

河间王弘子庆、杨处纲、杨子崇、观德、王雄弟达,第八;

滕穆。王瓒嗣王纶、道悼、王静、卫昭、王爽、嗣王集蔡王智积,第九;

文四子、傅房陵王勇子俨,秦孝,王俊子皓,庶人秀,庶人谅,第十;

列传:赵煚赵芬、杨尚希、长孙平,元晖、韦师、杨异,苏孝慈、李雄、张煚,第十一;

韦世康弟洸、艺、冲、从父弟寿、柳机子述、机、弟旦、肃、从兄雄、从子謇之、族兄昂,第十二;

杨素弟约,从父文思、文纪,第十三;

牛弘,第十四;

宇文庆李礼成,元孝矩弟褒郭荣、庞晃、李安,第十五;

长孙览从子炽、炽弟晟,第十六;

韩擒虎弟僧寿、洪,贺若弼,第十七;

韩擒虎

达奚长儒、贺娄子干、史万岁、刘方,第十八;

王长述、李衍、伊娄谦、田仁恭、元亨、杜整、李彻、崔彭,第十九;

杜彦、高劢、尒朱敞、周摇、独孤谐、乞伏慧、张威、和洪、侯莫陈颖,第二十;

卢恺,令狐熙、薛胄、宇文弘、张衡、杨汪,第二十一;

卢师道从父兄昌衡、李元操、薛道衡从弟孺,第二十二;

明克让、魏澹、陆爽侯白、杜台卿,辛德源,柳𧦬、许善心、李文博,第二十三;

炀三子传:元德太子昭,齐王暕、赵王杲,第二十四;

列传:崔仲方、于仲文兄顗、从父弟玺、段文振,第二十五;

宇文述、郭衍,第二十六;

王韵、元俨、刘行本、梁毗、柳彧、赵绰、裴肃,第二十七;

樊子盖,史祥、元寿、杨义臣、卫玄、刘权,第二十八;

李圆通、陈茂、张定和,张渊、麦铁杖、沈光,来护儿、鱼俱罗,陈稜,王辩斛斯万善,第二十九;

周罗侯、周法尚、李景、慕容三藏、薛世雄、王仁恭、权武、吐万绪、重纯、赵才,第三十;

李谔、鲍宏、裴政、柳庄、源师、郎茂、高构、张虔威、荣毗、陆知命、房彦谦,第三十一;

虞世基，裴蕴矩，第三十二；

宇文恺、阎毗、何稠，第三十三；

王劭、袁克，第三十四；

杨玄感季子雄、赵元淑，斛斯叙、刘元根、李密裴仁基，第三十五；

诚节传：刘弘、皇甫诞陶谟、敬钊，游元、冯慈明、张须陀、杨善会、独孤盛、元文都、卢楚、刘子翊、尧君素陈孝意、张季珣、松斌，第三十六；

孝义传：陆彦师，田德懋、薛睿、王颁、杨庆、郭隽、田翼、纽回、刘仕隽、郎方贵、翟普林，李德饶、华秋、徐孝肃，第三十七；

循吏传：梁彦光、樊叔略、赵轨、房恭懿、公孙景茂、辛公义，柳俭郭绚、敬肃刘旷、王伽、魏德深，第三十八；

酷吏传：库狄士文、田式、燕荣、赵仲卿、崔弘度弟弘升、元弘嗣、王文同，第三十九；

儒林传：元善、辛彦之、何妥萧该、包恺、房晖远、马光、刘焯，刘炫褚辉、顾彪、鲁世达、张冲、王孝藉，第四十；

文学：传：刘臻、王颇、崔儦、诸葛颖、孙万寿、王贞、虞绰、王胄、庾自直，潘徽、杜正玄、弟正藏，第四十一；

隐逸传：李士谦、崔廓、徐则、张文诩，第四十二；

艺术传：庾季才子质、卢太翼、耿询、韦鼎、来和、萧吉，杨伯丑、临孝恭、刘祐、张胄玄，许智藏、万宝常，第四十三；

外戚传：独孤罗弟陀、萧岿子琮、琮弟瓛，第四十四；

烈女传：兰陵公主、南阳公主、襄城王妃、华阳王妃、谯国夫人、郑善果母、孝女王舜、韩觊妻、陆襄母、刘昶女、钟士雄母、孝妇覃氏、元务光母、裴伦妻、赵元楷妻，第四十五；

东夷传：高丽、百济、新罗、靺鞨、流求、倭国，第四十六；

南蛮传：林邑、赤土、真腊、婆利，第四十七；

西域传：吐谷浑、党项、高昌、康国、安国、石国、女国、焉耆、龟兹、疏勒、于阗，钹汗、吐火罗、挹怛国、米国、史国、曹国、何国、乌那曷穆国、波斯漕国、附国，第四十八；

北狄传：突厥、西突厥、铁勒、奚、契丹、靺鞨、室韦，第四十九；

列传：宇文化及第智及，司马德戡、裴虔通、王克段达，第五十。

《唐书·列传》

令狐德芬，宜州华原人。父熙，隋鸿肤卿，其先乃敦煌右姓。德芬。博贯文史，武德初为起居舍人，迁秘书丞。是时大乱后，经藉亡散，秘书湮缺，德芬始请帝重购求天下遗书，置吏补录，不数年，图典略备。又建言近代无正史，梁、陈、齐文藉犹可据，至周，随事多脱损，今耳目尚相及，史有所凭，一易世，事皆汨暗无所掇拾。陛下受禅于隋，隋丞周，二祖功业多在周，今不论次，各为一王史，则先烈世庸不光明，后无传焉。帝喟然，于是诏中书令萧瑀、给事中王敬业、著作郎殷闻礼主魏，中书令封德彝、舍人颜师古主隋，侍中陈叔达、太史令庾俭及德芬主周，整振论撰，多历年不能就，罢之。贞观三年，复诏撰定议者，以魏有魏壮、魏澹二家书为已详，惟五代史当立。德芬更与秘书郎岑文本、殿中侍御史崔仁师次周史，秘书监魏征次隋史，左仆射房玄龄总监。修撰之原，自德芬发之。书成，赐绢四百匹，迁礼部侍郎兼修国史，累进爵彭城县子，转太子右庶子。

《旧唐书·孙思邈传》

思邈话周、齐间事,历历如眼见,魏征等受诏修齐、梁、陈、周、隋五代史,恐有遗漏,屡访之。思邈口以传授,有如目睹。令狐德芬建言近世无正史,贞观二年诏撰定,以魏有魏收、魏澹二家书为已详,惟五家史当立。德芬与岑文本、崔仁师次《周史》,李百药次《齐史》,姚思廉次梁、陈二《史》,魏征次《隋史》,房玄龄总监。修撰之原,自德芬发之。会修晋家史,房玄龄奏起之,预柬凡十有八人,德芬为先进,故类例多所諏定。

刘祁《归潜志》

司马君实作文中子补传,怪《隋书》不为文中子立传,而其子弟云:凝为御史,尝弹侯君集,君集与长孙无忌善,以此王氏不得用。其修《隋史》者,乃陈叔达。魏征畏无忌,故不为立传。君实曰:叔达固畏无忌,征岂以畏无忌故掩其师名邪?以是为疑。余尝思,使征辈诚文中子门人,其不为立传,亦自有深意,将非以既拟其师以圣人,欲列于传,恐小之,欲援孔子世家之例,而《隋书》无他世家,且恐时人议,故皆不纪,以为其师之名,不待史而传乎。如此,然未可知也。

《文献通考》

《晁公武读书志》:《隋书》八十五卷,唐魏征等撰。纪五、列传五十五,长孙无忌等撰。志三十、初诏颜师古、孔颖达修述,征总其事,序论皆征自作。复又诏于志宁、李淳风、韦安仁、李延寿同修五代史志,无忌上之,诏编第入《隋书》,人亦号《五代史志》。天文、律历五行三志,淳风独作。

《直斋书录解题》

十志,高宗时始成,上总梁、陈、齐周之事,俗号《五代志》。

夹漈郑氏曰:按《隋志》极有伦理,而本末兼明,可以无憾,迁、固以来,皆不及也。正为班、马只事虚言,不求典故实迹,所以三代纪纲,至迁八书、固十志,几于绝绪,虽其文彩洒然可喜,求其实用,则无有也。观《隋志》,所以该五代南北两朝,纷然肴乱,岂易贯穿?而读其书,则了然如在目,良由当时区处,各当其才,颜、孔通古今,而不明天文地理之序,故只令修纪传,而以十志付之志宁、淳风辈,所以粲然具举。

苏天爵《滋溪集》

郑夹漈言:"古者修书,出于一人之手,成于一家之学,班、马氏也。至唐修晋、隋二书,始用众手,然亦随其学术所长者授之。如李淳风、于志宁,则授之以志,颜师古、孔颖达则修纪传。以颜、孔专通古今,于、李明天文、地理、图藉之学故也。所以晋,隋二志,高于古今。欧阳公修唐五代史,律历专资于刘义叟。今之儒者,孰为天文、律历、地理之学者乎?"

《山堂考索》

当晋宅江淮,实膺正朔,嫉彼群雄,称为僭盗,故阮氏《七录》以田、范、裴、段诸记,刘、石、符,姚等书,别耕一名,题为《伪史》,及隋氏受命,海内为家,而世有撰隋书之经籍志

者，其流别群书，迁依阮录。按国之有伪，其来尚矣。如杜宇作帝，勾践称王，孙权建鼎峙之业，萧詧为附庸之主。而扬雄撰《蜀纪》，子贡著《越绝》，虞贽《江表传》，蔡述《后梁史》，考斯众作，咸是伪书，自可类相从；合成一部，何止取东晋一世十有六家而已乎？昔贾谊上书，晁错对策，皆有益于国，足贻劝戒，而编于汉史，读者犹恨其繁。如隋书王邵、袁克两传，唯录其诡辞妄说，遂盈一篇。夫人载言示后者，贵于辞理可观，既以无益而书，岂若遗而不载。

卷之一万二百八十六 二纸

子道家子书五

列子

列子《汉志》

《列子》八篇。名圄寇,先庄子,庄子称之。

《隋志》

列子,郑之隐人,《列圄寇》撰八卷,东晋光禄勋张湛注。

郑樵《通志》

《列子》八卷,郑穆公时隐者列御寇,唐加《冲虚真经》,本朝加至德。晋张湛注八卷、孙鹗注八卷、卢仲光注八卷、政和御注八卷、统略一卷、指归一卷、释文一卷、音义一卷。

《玉海》

《列子》,《汉志》:道家八篇。名圄寇,先庄子。《隋志》八卷,晋张湛注。天瑞至说符旧二十篇,刘向去重复,存者八篇。向校列子书永始三年八月壬寅上柳宗元曰:"杨朱力命疑其杨子书。"天宝初号《冲虚真经》。景德四年二月丙寅,加"至德"二字。唐殷敬顺撰释文、徽宗御制解、王晓列子旨归一篇。

刘向《列子序》

右新书定著八章。护左都水使者光禄大夫臣向言:新校中书列子五篇,臣向谨与长社尉臣忝校雠。太常书三篇、太史书四篇、臣向书六篇、臣忝书二篇、内外书凡二十篇以校,除复重十二篇,定著八篇。中书多,外书少,章乱布在诸篇中,或字误以尽为进,以贤为形,如此者众。及在新书有残,校雠从中书以定。皆以杀青书,可缮写。

列子者,郑人也,与郑缪公同时,盖有道者也。其学本于黄帝老子,号曰道家。道家者,秉要执本,清虚无为。及其治身接物,务崇不竞,合于六经。而穆王汤问二篇,迂诞恢诡,非君子之言也。至于力命篇,一推分命。杨子之篇,唯贵放逸,二义乖背,不似一家之

书,然各有所明。亦有可观者。孝景皇帝时贵黄老术,此书颇行于世。及后世遗落,散在民间,未有传者。且多寓言,与庄周相类,故太史公司马迁不为列传,谨第录。臣向昧死上。护左都水使者光禄大夫臣向所校列子书录,永始三年八月壬寅上。

张湛序

曰:子列子,姓列,名御寇,郑人也,与郑缪公同时,盖有道者也。其学本于黄帝老子,号曰道家。自言师壶丘子林而友伯昏无人。道家者秉要执本,清虚无为。及其治身接物,务崇不竟。其书旧有二十篇,汉刘向除去重复,存者八篇,合而成部,名新书焉。且多寓言,大略明群有以至虚为宗,万品以岁灭为验,神惠以疑寂常全,想念以著物自丧,生觉与化梦等情,巨细不限一域。穷达无假智力,治身贵于肆任,顺性则所之皆适,水火可蹈,志怀则无幽不照。此其旨也。列子盖先庄子。及庄子著书,多取其言,二子之道一也,故太史公司马迁不为列传。唐天宝初奉旨册为冲虚真人,其言改题曰《冲虚真经》。宋景德四年敕加"至德"二字,号曰《冲虚至德真经》。

林希逸序曰:列子,郑人。列,姓也。御寇,名也。庄子多称其人,必有道者也。与郑缪公同时。缪公杀其相子阳,去春秋获麟之岁,庚申五十年矣。其书曰:"子阳馈列子粟,列子不受。俄而子阳见杀,则以时计之。"列子必后于孔子而居孟子之先,故其书多推尊吾圣人以自神其说。然太史公为老庄立传,犹及老莱、关尹、庚、桑楚诸人,而独不及列子,亦不言其有此书。班固所志艺文诸略,虽有八篇之目,而张湛处度以为奇书,云其祖得于仲宣辅嗣之家。永嘉之乱,既失而幸全,则其书亦散轶久矣。卷首校雠数语,其果出于刘向否也?其曰与郑缪公同时,必繻字传写之误,而郑溪西《群书会纪》《晁氏读书记》并因之,又以缪为穆,此皆未深考者。又曰孝景帝时颇行于世,若其书果出景帝时,太史公因何未见?果见之,不应遗列子而不入传也。今观其书首尾二篇,以天瑞说符名之,其他六篇,则掇首章二字而已。又篇中文字或精或粗,殊不类一手。其曰:"穆王汤问,失之迂诞。力命杨子,义亦乖背。"必非一家之言,纵其语未必出于刘向,实当此书之病。洪景卢谓列子胜庄子,则失之矣。然其间又有绝到之语,决非秦汉而下作者所可及。愚意此书必为晚出,或者因其散轶不完,故杂出己意,且模仿庄子以附益之,然其真伪之分,瞭如玉石,亦所不可乱也。马总《意林·列子》八卷:天有所短,地有所长,圣有所否,物有所通。

思士不妻而感,思女不夫而孕。

鬼者,归也。归其真宅。真宅,大虚也。

贫者士之常,死者民之终。

醉者坠车,虽疾不死。死生惊惧不入其胸中。

禽兽之智亦有与人同者。牝牡相偶,母子相亲,避平依险,违寒就温。居则有群,行则有列。饮则有携,食则鸣侣。

宋人养猿号曰狙,欲与狙茅,先诳之曰:"朝三而暮四。"众狙皆怒。又许朝四而暮三,而众狙皆喜。圣人以智笼群愚,亦犹狙公以智笼群狙矣。

觉有八征,梦有六候。阴气壮则梦涉水而恐惧;阳气壮则梦涉火而燔焫;饱梦与;饥梦取;籍带而寝则梦蛇鸟;衔发则梦飞;天将阴则梦火;身将疾则梦食;饮酒者忧;歌舞者哭。昼想夜梦,神形所遇。

陈大夫云:"吾国有亢仓子,能以耳观视而目听。"鲁侯闻之大惊,以上卿礼致之。亢仓子曰:“臣体合于神,心合于无。”

颜回能仁而不能反。赐能辩而不能讷,由能勇而不能怯,师能庄而不能同。兼四子之有以易仲尼,仲尼不许也。

目将眇者,先睹秋毫。鼻将窒者,先觉焦朽。故物不至则不反。

冥灵以五百岁为春,五百岁为秋。荆南上古有大椿,以八千岁为春,八千岁为秋。菌芝生于朝,死于晦。蠓蚋因雨而生,见阳则死。

越东有辄休国,生长子则食之,谓之宜弟。辄休国其大父死,则负其大母弃之,谓之鬼余。

孔子东游,两小儿辩斗,问其故。一儿曰:“我以日始出去人近,日中时去人远。”一儿云:“日初出远,日中时近。”一儿曰:“日出初大如车轮,及日中才如盘盂。岂不为近则大,远则小者乎?”一儿曰:“日初出苍苍凉凉,至日中有若探汤。岂不为近而热,远而谅者乎?”孔子不能决。小儿曰:“谁谓汝多智乎?”

杨朱曰:人得百年之寿者,千中无一。疾病哀苦居其半矣。慎耳目之观听,规死后之余荣,失当年之乐,不肆意于一时,何异乎缧梏也?”

勤能使逸,寒能使温。

晏子曰:“吾一死之后,岂关我耶?焚之亦可,沉之亦可,瘗之亦可,露之亦可,弃之沟壑亦可,纳诸石椰亦可,唯所遇耳。”

人不婚宦,情欲失半。人不衣食,君臣道息。

杨朱曰:生民之不得休息为四事,故一为寿、二为名、三为位、四为货。有此四者,畏鬼、畏人、畏威、畏刑。此谓之遁人也。

出不由门,行不从径也。以是求利,不亦难乎?

晋文公欲伐卫,公子锄笑之。问其故,对曰:“臣笑臣怜人也。有人送妻归家,道见桑妇,悦而与之言。顾视其妻,已有人招之。”公乃引师还,未至而有伐其北鄙者。孔子曰:“力能举国门之关,而不肯以力闻。”

狐丘大夫谓孙叔敖曰:“人有三怨,子知之乎?爵高者人妒之;官大者主恶之;禄厚者人怨之。”孙叔敖曰:“吾爵益高,吾志道下;吾官益大,吾志益小;吾禄益厚,吾施益溥。可以免乎?”

杨子邻人亡一羊,相率追之,歧路之中,复有岐矣。曰:“大道以多岐亡羊,学者以多方丧生。”本一末异也。

人有亡铁者,意邻子盗之。视邻子,行步颜色皆将窃也。俄而撮其谷得铁,见邻子无复窃铁之容。

齐人有欲得金者,清旦衣冠往市,适见货金者,因攫夺而去。吏捕问之,对曰:“取金之时,不见人但见金也。”

《黄氏日抄·列子》

列子才颖逸而性冲澹,生乱离而思寂寞。默察造化消息之运,于是乎轻死生,轻视人间死生之常于是乎遗世事。其静退似老聃,而实不为老聃。老聃用阴术,而列子无之。其诞谩似庄周,亦不为庄周。庄周侮前圣,而列子无之。不过爱身自利,其学全类杨朱,故其书有杨朱篇,凡杨朱之言论备焉。而张湛序其书,乃谓往往与佛经相忝。余按列子,郑人,而班马不以预列传。其书八篇,虽与刘向校雠之数合,实则典午氏渡江后方杂出于诸

家。其皆列子之本真与否，殆未可知。今考辞旨所及疑于佛氏者凡二章，其一谓周穆王时西域有化人来，殆于指佛。然是时佛犹未生，而所谓腾而上中天化人之宫者，乃称神游，归于说梦本非指佛也；其一谓商太宰问圣人于孔子，孔子历举三皇五帝非圣，而以圣者归之西方之人，殆亦指佛。然孔子决不黜三五圣人，而顾泛指西方为圣。且谓西方不化自行，荡荡无能名，盖寓言华胥国之类，绝与寂灭者不侔，亦非指佛也。使此言果出于列子，不过寓言，不宜因后世佛偶生西域而遂以牵合。使此言不出于列子，则晋人好佛，因列子多诞，始寄影其间，冀为佛氏张本尔。何相忝之有哉？且西域之名始于汉武，列子预言西域，其说尤更可疑。佛本言戒行，而后世易之以不必持戒者，其说皆阴主列子，皆斯言实祸之。不有卓识，孰能无惑耶？中山公子年悦楚人公孙龙诡辞，而乐正子舆非之。至斥以设令发于余窃，子亦将承之，其论甚正。而列子载焉。此诞说波流中砥柱也。又谓慎尔言，将有知之。慎尔行，将有随之。废在身，稽在人。汤武爱天下故王，桀纣恶天下故亡。此所稽也。又谓尝观神农有炎之德，稽虞夏商周之书，度诸法士贤人之言，所以存亡废兴而不由此道者未之有也。凡皆异乎列子平日之言，为八篇之最粹。杨朱拔一毛利天下不为，而列子宗之，盖爱身者也。然谓舜禹周孔之圣为自苦，谓桀纣之纵为自得，谓子产屈于公孙朝，公孙穆荒淫酒色之辩，而谓朝穆真人，且力排贵生爱身之为作，是又何自背其平日区区之守耶？此为八篇之最舛。九渊之说出于列子，谓列子之师壶子示神巫季咸以未始出吾宗，而季咸走灭者也。此所谓以无所考相欺。而近世名儒陆象山以之自名，岂别有所本耶？

高续《古子略·列子》

刘向论列子书穆土汤问之事，迂诞恢诡，非君子之言。又观穆王与化人游，若清都紫微钧天广乐，帝之所居，夏革所言，四海之外，天地之表，无极无尽。传记所书固有是事也。人见其荒唐幻异，固以为诞。然观太史公史，殊不传列子。如庄周所载许由务光之事，汉去古未远也。许由务光，往往可稽，迁犹疑之。所谓御寇之说，独见于寓言耳，迁于此讵得不致疑耶？周之末篇，叙墨翟、禽滑厘、慎到、田骈、关尹之徒，以及于周，而御寇独不在其列，岂御寇者其亦所谓鸿蒙列缺者与？然则是书与庄子合者十七章，其间尤有浅近迂僻者，特出于后人会粹而成之耳。至于西方之人有圣者焉，不言而自信，不化而自行，此固有及于佛而世尤疑之。夫天毒之国，纪于山海乾竺之师，间于柱史，此杨文公之文也。佛之为教已见于是，何待于此时乎？然其可疑可怪者不在此也。

《文献通考》

张湛注《列子》八卷：晁氏曰：郑列御寇撰，刘向校定八篇，云缪公时人，学本于黄帝老子，清虚无为，务崇不竞。其寓言与庄周类。晋张湛注。唐号《冲灵真经》，景德中加“至德”之号。《力命篇》言：“寿夭不存于葆养，穷达不系于智力，皆天之命。”杨朱篇言：“耳目之欲而不恤生之危，纵酒色之娱而不顾名之丑，是之谓制命于内。”刘向以二义乖背，不似一家之言。予以道家之学，本谓世衰道丧，物伪滋起，或骋智力以图利，不知张毅之走高门，竟以病殒；或背天真以拘名，不知伯夷之在首阳，因以馁终。是以两皆排摈，欲使好利者不巧诈以干命，好名者不矫妄以失性矣，非不同也。虽然，儒者之道则异乎是，虽知寿夭穷达非人力也，必修身以俟焉。以为立岩墙之下而死者，非正命也。知耳目之于声色有性焉。以为乐也外而不易吾内。呜呼，以此自为，则为爱己。以此教人，则为爱人。

儒者之道所以万世而无弊欤。

石林叶氏曰

《列子·天瑞》《黄帝》两篇，皆其至理之极，尽言之而不隐，故与佛书直相表里。所谓庄语者也。自周穆王以后，始渐纵弛，谈谲纵横，惟其所欲言，盖虑后人浅狭，难与直言正理，则设为诡辞以激之。刘向弗悟，遂以为不似一家之书。张湛微知之，至于逐事为注，则又多迷失，然能知其近佛。是时佛经到中国者尚未多，亦不易得矣。要之赞老氏、庄、列三书，皆不可正以言求，其间自有庄语，有荒唐之辞，如佛氏至唐禅宗自作一种语，自与诸经不类，亦此意也。

《列子·释文》二卷：晁氏曰：唐殷敬顺撰。敬顺尝为当涂丞。

《柳宗元集·辩列子》

列御寇所作。唐号冲卢至德真经刘向古称博极群书，然其录列子，独曰："郑穆公时人。"穆公在孔子前几百岁，列子书言郑国，皆云子产、邓析，不知向何以言之如此？《史记》：郑缪公二十四年，繻音须楚悼王四年，围郑，郑杀其相驷子阳。子阳正与列子同时。是岁，周安王三年，秦惠王、韩列侯、赵武侯二年，魏文侯二十七年，燕厘公五年，厘古文僖字齐康公七年，宋悼公六年，鲁穆公十年。不知向言鲁穆公时，遂误为郑耶。不然，何乖错至如是？其后张湛徒知怪列子书言穆公后事，亦不能推知其时。然其书亦多增窜，非其实。要之庄周为放依其辞，放方往切其称夏棘、狙公、纪渻子、渻音省季咸等，皆出列子，不可尽纪，虽不概于孔子道，然其虚泊寥阔，居乱世远于利，祸不得逮于身，而其心不穷，易之遁世无闷者，其近是欤。余故耶焉。其文辞类庄子，而尤质厚少为作，好文者可废耶。其杨朱、力命，列子篇名疑其杨子书。其言魏年孔穿，皆出列子后，不可信。然观其辞，亦足通知古之多异术也。读焉者慎耶之而已矣。

柳宗元

李石《方舟集·列子辩上》

刘向以《列子》汤问、穆王二篇，非君子之言。《汤问》则庄子汤之问棘，以大椿鲲鹏变化。列子作夏革，晋张湛注。庄子以革作棘。《穆王》篇论西极有化人来，又《仲尼》篇称孔子答商太宰，称西方之圣，意其说佛也。然佛出汉明帝时，湛乃谓列子语与佛相忝，盖指其幻学也，岂西方之佛幻，已启于列子时，为穆王化人事乎？必有能辩之者。

《列子辩下》

孟子拒杨墨，以杨近墨远为序于儒。以杨为为我之学，一毫不拔于天下可也。如禽滑厘对朱之言，则以墨翟、大禹为为人之学，老聃，关尹为为已之学，似以朱况于黄帝、关尹。此列子之有耶也。刘向云："杨子之篇，唯贵放逸，与《力命》篇乖背。岂放逸近道乎？其何以近于儒？不然力命自力命，放逸自放逸耳。必有能辩之者。"

《中峰广录·题列子》

列御寇知荣辱之在天，而不知其本乎一念。知生死之由命，而不知其根乎自心。惟欲忘形骸，虚物我，一是非，泯视听，任天真于智虑之表，超情思于得失之源。乃鼓舞于老氏绝圣弃智致虚守静之门，与庄周相为表里。因观其著书八篇，故笔以晓之，惟同志者择焉。

《黄氏日抄·读柳文》

辩列子论，刘向称列子郑缪公时人，非也，实与鲁穆公同时。其文类庄子而质厚，好文者可废耶？谨取之而已矣。

《容斋四笔》

列子与佛经相忝。张湛序列子云："其书大略明群，有以至虚为宗，万品以终灭为验，神惠以凝寂常全，想念以著物自丧，生觉与梦化等情，所明往往与佛经相忝，予读《天瑞》篇。"载林类答子贡之言曰："死之与生，一往一反，故死于是者，安知不生于彼？故吾知其不相若矣。吾又安知吾今之死不愈昔之生乎？"此一节所谓与佛经相参者也。又云：商太宰问孔子："三皇五帝三王圣者欤？"孔子皆曰："弗知。"太宰曰："然则孰者为圣？"孔子曰："西方之人有圣者焉。"不治而不乱，不言而自信，不化而自行，荡荡乎民无能名焉。丘疑其为圣，弗知真为圣欤。真不圣欤。其后论者，以为列子所言乃佛也。寄于孔子云。

《朱子经济文衡·观列子偶书》文集

此段谓列子所言不过剽掠之端向所谓未发者，即列子所谓生之所生者，死矣。而生生者未尝终，形之所形者实矣。而形形者未尝有尔，岂子思《中庸》之旨哉？丙申腊月，因读列子书此。又观其言精神入其门，骨骸反其根，我尚何存者，即佛书四大各离。今者妄身当在何处之所由出也？他若此类甚众，聊记其一二于此，可见剽掠之端云。

《朱子语略》

《列子》言语多与佛经相类。

李复《潏水集·读列子》

唐柳宗元喜为文，韩愈盛称之。予观宗元之文，极刻意用力，非自然，乃辞胜而理不足也。至于论《列子》之书，则曰：其言直而不作伪。兹是亦知文矣。夫直而不作伪者，惟喻其理而明其事，不矜华辞而古训是式也。昔之论《列子》者，专取其辞，子阳之粟，是未可与议。

《列子考古质疑·论列子寓言》

列子之书，大要与庄子同，不可以其寓言为实也。如《杨朱》篇云："晏平仲问养生于管夷吾，夷吾问送死于平仲。"大庆以《史记·秦纪》及《谷梁传》忝考之。秦缪、鲁僖之十二年已言管仲死，是岁癸酉。《史记·齐世家》以管仲卒于桓公四十一年。如此则是僖公十五年丙子。齐世家误矣平仲虽莫究其始，然《史记》载婴死于夹谷之岁，则是鲁定公十年也。自仲之死至是已百五十年。使其问答仲当垂死之岁，婴方弱冠之时，婴有百七十之寿矣。以此知其不然也。又《史记·管婴列传》云："仲卒，齐遵其政。后百余年有晏子焉。"然则二子非同时，而《列子》之寓言明矣。《容斋随笔》云：庄子之鹍鹏，列子之六鳌，其语大若此。庄子北溟有鱼其名为鲲。鲲之大不知其几千里也，鲲化而为鸟，其名曰鹏，鹏之背不知其几千里也。列子汤问第五。渤海之东，不知几亿万里。中有五山，五山之根无所连着。帝使巨鳌十五举首戴之。迭为三番六万岁一交焉。五山始峙而不动。龙伯之国有大夫。一钓而连六鳌庄子之蛮触，列子之焦螟，其语小又如此。庄子则阳第二十五云，有国于蜗之左角曰触氏，有国于蜗之右角曰蛮氏，时相与争地而战，伏屁数万。《列子·汤问篇》江浦之间虫曰焦宜。群飞而集于蚊睫，弗相触也，栖宿去来蚊弗觉也。离朱方昼拭皆扬眉而望之，弗见其形。师旷方夜俯耳搔首而听之。弗闻其声大庆谓：凡若此类，人固知其寓言。如引古人问答，容有未易觉者。故大庆特举盗跖之讥孔子，与管晏之问答以明之。

论列子书多后人增益

刘向校列子书，定著八篇，云列子郑人，与穆公同时，盖有道者也。孝景时贵黄老术，此书颇行于世。大庆按：缪公立于鲁僖三十二年，薨于鲁宣三年，正与鲁文公并世。列子书《杨朱》篇云："孔子伐木于宋，围于陈蔡。"夫孔子生于鲁襄二十二年，缪公之薨五十五年矣。陈蔡之厄，孔子六十三岁，统而言之，已一百十八年。列子缪公时人，必不及知陈蔡之事明矣。况其载魏文侯子夏之问答，则又后于孔子者也。不特此尔，第二篇载宋康王之事，第四篇载公孙龙之言，是皆战国时事，上距郑缪三百年矣。晋张湛为之注，亦觉其非，独于公孙龙事乃云后人增益，无所乖错，而足有所明，亦何伤乎？如此皆存而不除，大庆切有疑焉。因观《庄子·让王篇》云：子列子穷，貌有饥色。客有言于郑子阳曰："列御寇有道之士也。居君之国而穷，君无乃不好士乎？"子阳即令官遗之粟，列子再拜而辞。使者去，其妻曰："妾闻为有道者之妻子，皆得佚乐。今有饥色，君过而遗先生食，先生不受，岂不命耶？"列子笑曰："君非自知我也。以人之言而遗我粟，至其罪我也。又且以人之言，此吾所以不受也。"其卒，民果作难而杀子阳。观此则列子与郑子阳同时。及考《史记·郑世家》，子阳乃缪公时，二十五年杀其相子阳，即周安王四年癸未岁也。然则列子与子阳，乃缪公时人。刘向以为缪公意者，误以繻为缪欤。虽然，大庆未敢遽以向为误，姑隐之于心。续见苏子由《古史·列子传》，亦引辞粟之事，以为御寇与缪公同时。又观《吕东莱大事记》云："安王四年，郑杀其相驷子阳。"遂及列御寇之事，然后因此以自信。盖列与庄相去不远。庄乃齐宣、梁惠同时，列先于庄，故庄子著书多取其言也。若列子为郑缪公时人，彼公孙龙乃平原之客，赧王十七年，赵王封其弟胜为平原君，则公孙龙之事，盖后于子阳之死一百年矣。而宋康王事又后于公孙龙十余年，列子乌得而预书之？信乎后人所增，有如张湛之言矣。然则刘向之误，观者不可不察。而公孙龙、宋康王之事，为后人所增，益尤不可以不知。叶石林老人《避暑录·列子书》称子《列子》，此是弟记其师之言，非列子自云也。刘禹锡自作传，称子刘子不可解意，是误读列子。

《吕原明杂说·曹子方言》

列子伪书也。何以言之？其见于庄子者则甚善，其他则不足取，是以知之。苏浩然谓刘向不足以知列子，《杨朱》《力命》二篇最其深者也。而谓非一家之言。

《容斋续笔》

列子书事简劲宏妙，多出庄子之右。其言惠盎见宋康王，王曰："寡人之所说者，勇有力也。客将何以教寡人?"盎曰："臣有道于此。使人虽勇，刺之不入。虽有力，击之弗中。"王曰："善。此寡人之所欲闻也。"盎曰："夫刺之不入，击之不中，此犹辱也。臣有道于此。使人虽有勇弗敢刺，虽有力弗敢击。夫弗敢非无其志也。臣有道于此。使人本无其志也。夫无其志也，未有爱利之心也。臣有道干此。使天下丈夫女子莫不欢然，皆欲爱利之，此其贤于勇有力也。四累之上也。"观此一段，语宛转四反，非数百言而畅之不能了，而洁净粹白如此。后人笔力渠复可到耶？三不欺之义正与此合。不入不中者，不能欺也。弗敢刺击者，不敢欺也。无其志者，不忍欺也。魏文帝论三者优劣，斯言足以蔽之。

《吕东莱杂说》

列子为伯昏，无人射。列子无字，音莫侯反。庄子不音，读如本字也。列御寇之齐，中道而友，遇伯昏瞀人。申屠嘉与郑子产同师伯昏无人，然则伯昏无人自一人也。伯昏瞀人自一人也。列子既师壶丘子林，友伯昏瞀人，乃居南郭。又言师老商氏友伯高子，不知老商氏即壶丘子林耶？或另一人也？又不知伯高子与无人瞀人为一为二也？此虽御寇寓言，然据文指事，则似不一，要皆独立绝尘高出一时之上者也。列御寇，为伯昏无人射，引之盈贯。张湛解云：尽弦穷镝。郭象云：盈贯，犹溢镝也。措杯水其肘上。张湛云：手停审，故杯水不倾。郭象云：左手如拒，右手如附枝。右手放发而左手不知，故可措之杯水也。如此之类，训释明白，文词高古，皆后人所不到。又挥斥八极，神气不变，郭象以为德充于内，则神满于外，远近幽审皆明。故审安危之机，而泊然自得也。如此等语，殆类有得者矣。列子记老成子学幻于尹文先生，三年不告，造父师泰豆氏，亦三年不告。列子之学三年之后，始得壶丘一眄。五年之后，始一解颜而笑。此皆足以见古人教人规摹次第。故学者得力，非后人所能仿佛也。盖用力深者，其收功也远。得之艰则，守之也固。未有侥幸于或成。似若有合而卒然失之也

国朝宋濂《文粹》

《列子》八卷，凡二十篇，郑人列御寇撰。刘向校定八篇，谓御寇与郑缪公同时。柳宗元云：郑穆公在孔子前几百载，御寇书言郑杀其相驷子阳，则郑缪公二十四年，当鲁穆公之十年。向盖因鲁穆公而误为郑尔。其说要为有据。高氏以其书多寓言，而并其人疑之。所谓御寇者，有如鸿蒙列缺之属，误矣。书本黄老言，决非御寇所自著，必后人会粹而成者。中载孔穿魏公子牟及西方圣人之事，皆出御寇后。《天瑞》《黄帝》二篇，虽多设辞，而其离形去智，泊然虚无，飘然与大化游，实道家之要言。至于《杨朱》《力命》，则为我之意多，疑即古杨朱书，其未亡者剿附于此。御寇先庄周，周著书多取其说。若书事简劲宏妙，则似胜于周。间尝熟读其书，又与浮屠言合。所谓内外进矣，而后眼如耳，耳如鼻，鼻如口，无弗同也。心疑形释，骨肉都融，不觉形之所倚，足之所履，非大乘圆行说乎？鲵旋之潘，合作审为渊，止水之潘为渊，流水之潘为渊，滥水之潘为渊，沃水之潘为渊，沉水之潘为渊，雍水之潘为渊，汧水之潘为渊，肥水之劣为渊，非修习教观说乎？有生之气，有形之状，尽幻也。造化之所始，阴阳之所变者，谓之生谓之死。穷数达变因形移易者，谓

之化谓之幻。造物者其巧妙，其功深，固难穷难终，因形者其巧显，其功浅，故随起随灭，知幻化之不异生死也。始可以学幻，非幻化生灭说乎？厥昭生乎湿，醯鸡生乎酒，羊奚比乎不笋，久竹生青宁，青宁生程，程生马，马生人，人久入于机，万物皆出于机，皆入于机，非轮回不息说乎？人胥知生之乐，未知生之若，知死之恶，未知死之息，非寂灭为乐说乎？精神入其门，骨骸返其根，我尚何存，非圆觉四大说乎？中国之与西竺，相去一二万里，而其说若合符节，何也？岂其得于心者亦有同然欤？近世大儒谓华梵译师皆窃庄列之精微，以文西域之毕陋者，恐未为至论也。

《朱子语类》

孟子、庄子文章皆好，列子便有迂僻处。左氏亦然。皆好高而少事实。人杰庄周、列御寇亦似曾点底意思，他也不是专学老子，吾儒书他都看来，不知如何被他睥见这个物事？便放浪去了，今禅学也是恁地。淳因言列子语，佛氏多用之。庄子全写列子，又变得峻奇。列子语温纯，柳子厚尝称之。佛家于心地上煞下工夫。贺孙列庄本杨朱之学，故其书多引其语。庄子说子之于亲也，命也，不可解于心。至臣之于君，则曰义也，无所逃于天地之间。是他看得那君臣之义，却似是逃不得。不奈何，须着臣服。他更无一个自然相胥为一体处。可怪。故孟子以为无君，此类是也。

大雅元豫章《熊朋来集·跋亡弟嗣功列子册》

列子书时有合于释氏，至于深禅妙句，使人读之三叹。盖普通中事，不自葱岭传来，信矣。亡弟嗣功读此书，至于溃败，犹缉而读之，其苦学好古，后生中殆未之见也。绍圣中，余自缮治而藏之，少年辈窃取玩之，又毁裂几不可挟。唐坦之复为辑之，智兴上人喜异闻，故以遗之。

秦观

宋秦观《淮海集·读列子》

"咄咄两小儿，多言空尔为。徒知日无定，不觉心有期。尺捶探苍溟，俱令傍者嗤。谁谓不能决，孔丘乃真知。"

《王东牟先生集·尽列子图和韵》

"稻粱戒鸟啄，馈粟辞子阳。神明久不死，宇宙一鸟翔。若人据槁枯，中自含宫商。其游车泠风，其息形生忘。豆山瀛四等，念往即褰裳。盖云任去来，岂谓符弛张。老商顾之笑，是事何轻扬。云风驾旬余，日月舟两傍。拊掌一戏笑，何异侏儒场。后人致引慕，竹林焚馨香。飘飘大人赋，气夺千丈强。吾闻孔仲尼，道盛涵化光。雅言书当理，不见一日长。放乎子列子，君其乐彷徉。"

刘颁《彭城集·咏列子》

御寇卧郑都，子阳归之粟。固辞得无受，妻子怨窘束。君非自知我，人事故反覆。俯

仰未及终，类马首邦族。始知至人心，避荣乃避辱。如何当路子？扰扰事干禄。

《刘公是先生集·读列子赠几太博胜之殿丞君章监丞》

五狱穷云霓，沧海不可游。玉台焜朝日，珠华媚飞虬。飘遥群仙子，来往何其稠？咫尺视千里，俯仰移九秋。潮波有时起，势若空中浮。禺疆受帝命，巨鳌举其头。迩来百万祀，无复迁播忧。龙伯何为者？佾干曳长钩。不知意谁憾，似与鳌为仇。六鳞既潜举，二山忽漂流。众真失其常，荡析不自谋。孰云飞升乐，奔迫良可愁。盈虚诚难必，藏壑有亡舟。至人纵大观，夷险固悠悠。如闻帝凭怒，侵减龙伯侔。且欲招群仙，复还故时丘。勉哉凌云迹，永谢北极幽。

刘后村诗《列子》

肉身无羽翼，那有许神通。会得冷然意，人人可御风。

《江湖续集·竹溪十一稿》林希逸《列子口义成》

庄列源流本一宗，微言妙趣不妨同。但知绝迹无行地庄子齐物论岂羡轻身可御风？二义乖违刘绝识，刘向叙中有二义乖背不似一家书之语八篇忝校湛何功？今书八篇张湛所忝校就中细细为分别，具眼应须许此翁。

元吴莱《渊颖集·列子》

真梦本非梦，万事蕉下鹿。力命每相持，御风身乃足。

耶律铸《双溪醉隐集·醉读列子》

独醉亭中独醉仙，唯知仙遁办逃禅。等闲嚼蜡横陈际，却味冲虚力命篇。

《群书足用·虚无》

或谓列子曰："子奚贵虚。"列子曰："静也，虚也，得其居矣。取也，与也，失其处矣。"列天瑞篇

《通类》

列子好游。壶丘子曰："游何所好？"曰："我之游也，观其所变。"列仲尼篇

列御寇之齐，遇伯昏瞀人，曰："惊！吾尝食于十浆而五浆先馈，内诚不解，形谍成光，使人轻乎贵老。夫浆人，其为利也薄，其为权也轻，而犹若是。而况万乘之主乎？彼将任我以事而效我以功，吾是以惊。"伯氏瞀人曰："汝处已，人将保汝矣。无几何而往，则户外之屦满矣。"伯昏瞀人不言而出。庄列御寇篇

子列子居郑圃四十年，人无识者。国君卿大夫视之，犹众庶也。列天瑞篇

列子师老商氏，友伯高子。进二子之道，乘风而归。尹生闻之，请蕲其术。列子曰："自吾之事夫子，友若人，九年之后，亦不知夫子之为我师，若人之为我友。内外进矣，而后心凝形释，骨肉都融，不觉形之所倚，足之所履，随风东西，犹木叶干壳，竟不知风乘我

邪，我乘风邪？黄帝篇

列子御风而行，冷然善也。旬有五日而后反，此虽免乎行，犹有所待也。庄逍遥篇

《群书足用·事对》

凝寂静卢。顺性忘怀，秉要执本。

艾子

《文献通考》

《艾子》一卷。陈氏曰："相传为东坡作，未必然也。"

曾慥《类说》

艾子，公孙龙魏牟生于列御寇之后，其事乃见于列子之书，说者谓列子弟子以其义无垂统而有所发问，故类而附之，无嫌也。艾子事齐宣王，而书之所载亦多后世之事，岂为艾子之学者务广其道？凡论不诡于统叙者皆存而不去耶。览之者以意逆志，则艾子之学可明，姑置其时之后先可也。

李戴《填鼠璞·艾子》

世传《艾子》为坡仙所作，皆一时戏语，亦有所本。其说一蟹不如一蟹，出《圣宋掇遗》。陶谷奉使吴越，因食蝤蛑，询其族类，忠懿命自蝤蛑至蟹凡十余种以进。谷曰："真所谓一代不如一代也。"《北窗丛录》世传艾子乃坡戏作，予亦以为然。比见吴思道云：是襄阳魏道辅所作。未知孰是？

关尹子

《仙传》

姓尹，名喜，周大夫也。善内学，常服精华，隐德修行，时人莫之识。老子西游，喜先见其气，知有真人当过，物色而遮之，果得老子。老子亦知其奇，为著《道德》上下篇授之。后与老子俱之流沙，服巨胜实，莫知其终。今陕州灵宝县大初观，乃古函谷关，候见老子处。终南宗圣宫，乃关尹故宅。周穆王修其草楼，改号楼观，建老子祠。道观之兴，实祖于此。老君授经后，西出大散关，复会于城都青羊肆，赐号文始先生，即庄子所谓博大真人者也。其注书九篇，一宇，详宇字二柱、详柱字三极详极字四符、详符字五鉴、详鉴字六匕、详匕字七斧、详斧字八筹、详筹字九乐。详乐字

《玉海》

《关尹子》:《汉志》道家九篇。名喜,为关吏。老子过关,喜去吏而从之。刘向校关尹子。永始二年八月庚子上。

《列仙传》

著书九篇,名《关令子》。今本九卷,一宇至九药。

胡氏《致知编》

《关尹子》,周关尹喜所撰。九篇曰宇、曰柱、曰极、曰符、曰鉴、曰匕、曰釜、曰筹、曰药。关尹子序,汉刘向校正。上其书序曰:"右新书著定关尹子九篇。护左都水使者光禄大夫臣刘向言:所校中秘书关尹子九篇,臣向校雠大常七篇。臣向本九篇,臣向辄除错不可考,增缺断续者九篇成,皆杀青可缮写。关尹子名喜,号关尹子,或曰关令子。隐德行,人易之。尝请老子著《道德经》上下二篇。列御寇、庄周皆称道家书。篇皆寓名有章,章皆首"关尹子曰"四字。篇篇叙异,章章义异,其旨同。辞与老、列、庄异,其归同。浑质崖戾,汪洋大肆。然有式,则使人冷冷轻轻,不使人狂。盖公授曹相国参。曹相国薨,书堃。至孝武皇帝时,有方士来,以七篇上。上以仙处之。淮南王安好道聚书,有此不出,臣向父德因治淮南王事,得之。臣向幼好马,寂士清人,能重爱黄老清静不可阙。臣向昧死上进。又制赞曰:尹喜抱关,含德为务。挹漱日华,仰玩玄度。候气真人,介焉独悟。俱济流沙,同归妙趣。至元四年正月,赠无上太初博大文始真君。制曰:"朕惟无为之教,有宗有元,众妙之门,惟精惟一。虽渊乎道德之旨,亦资夫羽翼之功。其著书者,阐蕴具于一初,其执御者,妙飞游于八极。既垂世而立教,盖殊途而同归。所以与造物者为徒,于以长上古而不老。琳宫琼馆,亦侑坐以媲玄元。绛节金蕤,时驭风而从紫气。神易固无方而无体,太上有立德而立言。庸锡徽称,以恢玄躅。于戏乾坤之用成于六子,如道之传叙而得人。国家之统垂于万年,尚相其清静而成化,式降景祚,允迪繁禧。"

丹阳稚川葛洪《关尹子后序》曰

洪体存蒿艾之资,偶好乔松之寿。知道之士,虽微贱必亲也。虽夷狄必贵也。后遇郑君,郑君多玉笈琼笥之书,服饵开我以至道之良药,呼吸洗我以紫清之上味。后属洪以关尹子。洪每爱之诵之,藏之拜之。宇者,道也。柱者,建天地也。极者,尊圣人也。符者,精神魂魄也。鉴者,心也。匕者,食也。釜者,化也。筹者,物也。药者,杂治也。洪每味之,冷冷然若蹑飞叶而游乎天地之混冥,沉沉乎若履横杖而浮乎大海之渺漠。超若处金碧琳琅之居,森若握鬼魅神奸之印,倏若飘鸾鹤,拏亦作怒若斗虎兕,清若浴碧,惨若梦红,擒纵大道,浑沦至理。方士不能到,先儒未尝言,可仰而不可攀,可玩而不可执,可鉴而不可思,可符而不可言。其忘物遗人者之所言乎,其绝迹去智者之所言乎,其同阴阳而冥彼此者之所言乎,何如此之尊高?何如此之广大?又何如此之简易也?洪也幸亲受之。咸和二年五月朔,丹阳葛洪炷薰敬叙。

希微子王夷序曰

愚闻三教鼎立于天地间,如三光在天,相须为明,不可偏废也。三家经文,充府满藏,其间各有精微极至之书。吾儒六经皆法言，而最精微者《易》也。释氏大藏累千万轴，最精微者《楞伽》也。道家大藏累千万轴，最精微者《关尹子》书也。三书之在三教，如三光之在三才。三光虽明，人无眼目，无由见其明。三书虽妙，世无慧哲，无由知其妙。故三书虽存，旨味久矣。传曰：苟非其人，道不虚行。信哉！呜呼，儒更三圣之后，《易》变而为象数卜筮之书。释传四灯之后，《楞伽》变而为象教之文。道历秦汉而来，关尹子书付淮南方术家矣。况乎道隐小成言隐浮伪。至人不常生，至言不常行。宜乎《关尹子》书秘而不传于世矣。虽然，天地至虚之气发而为文，载道之言，阴有神护，终不可泯，行之有时尔。《易》自孔子之后数千年，至陈希夷始传心法。《楞伽》自瞿昙涅槃数千年，至达摩始传于中国。今《关尹子》书自老子西征出关亦数千年矣，抱一先生始发明此书玄奥。然此书句读且难，况通其义也。先生证悟道真，慈愍后学，乃探老关骨髓，述成言外经旨，或因言而悉旨，或转语以明经，或设喻以彰玄，或反辞而显奥，或句下隐义，或言外漏机，或指意于言前，或显微于意外，大率多《关尹子》言外之旨，故总其多者，目之曰"言外经旨"。是书也，真所谓剖大化之秘藏，增日月之光明。泄大《易》未露之机，述《楞伽》秘密之蕴，即伏羲之本性，尽姬文之神思，探仲尼之精微。究诸佛之命脉，穷诸子之骨髓，显黄帝之机缄，露老聃之肺腑也。学者得见此书，诚为不世之遇，岂可不知其幸耶？愚蒙师亲授，得悟道真，无以报称师恩，敬锓于梓，传之无穷，使天下后世志道君子，得遇此书，言下打发，了悟道真，皆吾师抱一先生无穷之德施也。是书在处，当过于佛乘之经。阴有神天护持，岂可轻慢耶？学者当藏拜庄诵，如葛稚川可也，故为之叙。

《黄氏日抄》

《关尹子》九篇，其一曰宇，注云道也。其二曰柱，云建天地也。三曰极，云尊圣人也。四曰符，云精神魂魄也。五曰鉴，云心也。六曰匕，云形也。七曰釜，云化也。八曰筹，云物也。九曰药，云杂治也。序以为关尹喜之书。汉有方士来上，则其伪可知矣。且其文陋弱，其言道皆归之于无。果无，则又安有所谓道？而为是费辞哉？如曰为者必败，执者必失，故闻道于朝，可死于夕，此为粗可晓者。然与《老子》《论语》本旨不合。此袭之而不善用者也。如曰一日死者，如一息得道，十年百年死者，如历久得道，是人生惟以速死为幸，而不欲天下之有生也。何等立言哉！

《文献通考》

《关尹子》九卷。陈氏曰：周关令尹喜，盖与老子同时，启老子著书言道德者。按《汉志》，有关尹子九篇。而隋唐及国史志皆不著录，意其书亡久矣。徐藏子礼，得之于永嘉孙定，首载刘向校定序，末有葛洪后序，未知孙定从何传授？殆皆依托也。序亦不类向文。

国朝宋濂《文粹》

关尹子一卷。周关令尹喜所撰。喜与老聃同时，著书九篇，颇见之《汉志》。自后诸史无及之者，意其亡已久矣。今所传者，以一宇、二柱、三极、四符、五鉴、六匕、七釜、八筹、九药为名，盖徐藏子礼得于永嘉孙定，未知定又果从何而得也？前有刘向序，称盖公授曹参，参薨书苑。孝武帝时有方士来上，淮南王安秘而不出。向父德治淮南王事得之。文既与向不类，事亦无据，疑即定之所为也。间读其书，多法释氏及神仙方技家，而籍吾

儒言文之。茹变识为智，一息得道，婴儿蕊女，金楼绛宫，青蛟白虎，宝鼎红炉，诵咒土偶之类，聃之时无是言也。其为假托，盖无疑者。或妄谓二家之说，实祖于此，过矣。然其文虽峻洁，亦颇流于巧刻。而朱象先之徒，乃复尊信如经，其亦妄人哉。

《江湖续集·竹溪十一稿》林希逸

《读关尹子》

青牛车后抱关翁，师已西游道却东。著论九篇独今在，命名一字古无同。九篇皆一字名不知身老传谁氏，可爱文奇似考工。博大真人庄所敬。寥寥千载想宗风。

亢仓子

《仙传》

一名庚桑楚，一名亢仓子，陈人。为老子之后，偏得老子之道。居畏垒之山，其臣之画然知者去之，其妾之契然仁者远之，拥肿之与居，鞅掌之为使。居三年，畏垒大壤。后游吴，隐毗陵盂峰，道成仙去。后有汉辅元张天师、唐张果老相继隐修，因号张公坛福地。古建洞灵观，宋改天申万寿宫。著书九篇，号亢仓子。一曰全道、详全字。二曰用道、详用字三曰政道、详政字四曰君道、详君字五曰臣道、详臣字六曰贤道、详贤字七曰训道、详训字八曰农道、详农字九曰兵道。详兵字

《隋志》

《亢仓子》二卷。天宝元年诏《庄子》为《南华真经》《列子》为《冲虚真经》、文子为《通玄真经》，然《亢仓子》求之不获。襄阳处士王士元谓《庄子》作庚桑子。太史公列子作亢仓子，其实一也。取诸子文义类者补其亡。

郑樵《通志》

亢仓子三卷。老聃之徒庚桑楚撰。王士元《注音略》一卷。

《玉海·亢仓子》

《史记·庄子传》畏类虚亢桑子之属，皆空语无事实。《唐志》：王士元《亢桑子》二卷，天宝元年二月丙申，号《庄子南华》。庚子，号列子冲虚、文子通玄、《亢仓子》《洞灵真经》。然《亢桑子》求之不获。王士元谓《庄子》作庚桑。太史公列子作亢仓子，其实一也。取诸子文义类者为二卷，补其亡。今本五卷九篇自全道至兵道何粲注

柳宗元曰

首篇出《庄子》，而益以庸言。刘向、班固录书无之，今之为术者始为传注。书目三卷，首篇与《庄子·庚桑楚篇》略同。

《亢仓子序》

晋太学博士何粲序曰:道原于无藏其体用,人不得由而入。恍乎无有中,扩充其神,至于天下万物纤悉之理,莫不系其用。吾谓道之适变也。古之人体合于心,心合于气,气合于神,神合于无。积是四者于内,发而为言,言而成书,以为世用者,见于亢仓子之谓乎。亢仓子,庄、列之等夷,载于《南华·杂篇》。本末具悉。谓偏得老聃之道,洒然真理,与夫寓言鉴说,大相辽邈。可以极夫性命,至于天下国家,用为治则无有不治者。其篇有九,一曰全道,其要上为天子而不骄,下为匹夫而不闷,无以穷达自摇,使读是书者常分,足以自安也。二曰用道,使人不露其用,虽福滋万物,必曰归功于无有。读是书者,使大美不足以自擅也。三曰政道,其要主勤民则刑赏一,刑赏一则吏奉法。吏奉法则政下宣。读是书者,忍刑赏不一,而吏不奉法欤。四曰君道,君用天下爱恶者,则天下安。用独爱恶,则天下危。读是书者,人主安可放其私爱恶乎?五曰臣道,其要朝廷百吏,下阜百姓,上滋主德。读是书者,劝忠贤之臣有所至也。六曰贤道,其要贤止可待不可求,材慎在求不慎无。读是书者,有劝于天子之明乎。七曰训道,谓孝者,人道之至德,载舜与文王、闵子骞之事。使读是书者,虽圣贤敢有以慢于父母乎?八曰农道,其要为人上者,虽天子必得躬耕,虽后妃必得亲春。读是书者,使人立天下之本,而舍天下之末也。九曰兵道,其说兵者人之威也。人有威性受于天。读是书者,使喜怒不私诸已,公诸天也。散而分诸篇第,总而名之曰《洞灵真经》。刘公天从者,博览古书,家藏之久。一旦公然刊而传诸世,丐予为之序。前所谓此书可以极性命之理,至于天下国家用而为治则无有不治者,予无愧焉。谨序。

《青箱杂记·亢仓》

《大唐新语》云:道家有庚桑子者,世无其书。开元末,襄阳处士王源撰亢仓子两卷以补之。源为之序。序云:《庄子》谓之庚桑子。《史记》作亢桑子。《列子》作亢仓子。其实一也。源乃取《庄子·庚桑楚》一篇为本,更取诸子文义相类者而成之,亦行于世。又柳子厚辩《亢仓子》云:"太史公为庄周列传,称其为书畏累亢桑子,皆空言无事实。今世有《亢桑子》书,其首篇出《庄子》而益以庸言,盖周所云者,尚不能有事实,又况取其语而益之者?其为空言尤也。"刘向、班固录书无亢仓子,而今之为术者,乃始为之传注以教于世,不亦惑乎?唐《艺文志》以为王士元。

高续《古子略·亢桑子》

孔子曰:"上有好者,下有甚焉。"亢桑子之谓欤。开元天宝间,天子方乡道家者流之说,尊老氏,表庄、列,皇皇乎清虚冲澹之风矣。又以《亢桑子》号《洞灵真经》。上既不知其人之仙否,又不识其书之可经,一旦表而出之,固未始有此书也。襄阳处士王褒,来献其书。书褒所作也。按《汉略·隋志》皆无此书。褒之作也,亦思所以趋世好,迎上意耶。今读此编,往往采诸《列子》《文子》又采诸《吕氏春秋》新序《说苑》又时采诸《戴氏礼》,源流不一,往往论殊而辞异,可谓杂而不纯,滥而不实者矣。太史公作庄周列传,固尝言其语空而无实,而柳宗元又以为空言之尤,皆足知其人,决其书。然柳氏所见,必是王褒所作者。

《柳宗元集·辩亢仓子》

唐号洞灵真经。潘云亢音庚。庄子作庚桑楚，楚名。庚桑姓也。《史记》作亢桑子。《大唐新语》云：道家有庚桑子者。世无其书。开元末，处士王源撰《亢仓子》两卷以补之。序云庚桑、亢桑、亢仓，一也。《唐·艺文志》以为襄阳王士元。太史公为庄周列传，称其为书畏累，童云上乌罪切。或作嵔。下力罪切，或作垒。庄子音注云嵔垒，山名也。或云在鲁又云在梁州。《亢桑子》皆空言，无事实。今世有《亢桑子》书，其首篇出《庄子》而益以庸言，盖周所云者，尚不能有事实，又况取其语而益之者？其为空言尤也。刘向、班固录书无《亢仓子》，而今之为术者，乃始为之传注以教于世，不亦惑乎？

《文献通考》

《亢仓子》二卷。按唐天宝元年，诏号《亢桑子》为《洞灵真经》，然求不获。襄阳处士王士元，谓《庄子》作庚桑子。太史公《列子》作亢仓子。其实一也，取诸子文义类者，补其亡。今此书乃士元补亡者，宗元不知其故，而遽诋之，可见其锐于讥议也。其书多作古文奇字，岂内不足者必假外饰欤。何璨注。

周氏《涉笔》曰：《庚桑楚》，固寓言。然所居以忘言化俗，以醇和感天，今所著切切用诛罚政术。盖全未识《庚桑子》者，其称危代以文章取士，剪巧绮滥益至，正指唐事，又补贼广引俟赦，率是狱案文书，又一乡一县一州，被青紫章服，皆近制，既为唐人短浅者之书。不烦子厚掊击也。惟《农道》一书可读。自合孤行。

陈氏曰：首篇所载，与《庄子》庚桑楚同。亢仓者，庚桑声之变也。《崇文总目》凡九篇。

《黄氏日抄·亢仓子》

亢仓子，名楚，说本老子，文类《庄子》，亦有近理者；如曰：所谓国爵者主德不下宣，人欲不上达也；如曰士有天下人爱之者。有其主独爱之者，用天下人爱者则天下安，用主独爱者则天下危；如曰理人者先务醲，人醲则扑。醲音农此其近理者也。亦有背理者，如曰大乱之本，祖乎尧舜；如曰蜕地之谓水，蜕水之谓气，蜕气之谓虚，蜕虚之谓道；如曰安知天下之正汙洁。此其背理者也。至其妄自标榜以欺世，则谓灵王使祭公，致篚帛，有禳水旱之问。谓熊圉拜为亚尹，尝微服而逃，则有不能自掩其欺者矣。盖其书称自乡而县，县而州，此后世之区画也。称被以青紫章服，此后世之品式也。称吾无谁私兮，羌忽不知其读。此仿后世之楚词，而字多用古文，又欲以自盖其今文，而益彰者也。曾谓周灵楚国之世而有此哉？其书有云噫气谷神，以谷为似，与老子所称谷神不同。

柳文《辩亢仓子》

谓亢桑子取庄周语而益之，其为空言尤也。录书无亢仓子。

胡氏《致知编》

亢仓子居羽山，书五卷，相传周庚桑楚所撰，何粲为之注，名《洞灵真经》。

宋吕南公《灌园先生集·读亢仓子》

治平四年,余见此书于今集贤郑校理家,怪其诣致不伦,不及文、庄、列、老远甚。其辞又最鄙陋,令人懒读。常疑有好事者诡冒为之。然儒之长老不助余疑,每用不怿。后二年,在淮南,始见唐史新书,乃知开元时王士源者造此。又四年,于汴京见李肇国史补,其说与新书同,盖新书据肇所记而言之耳,因自惬快,以所疑之不妄致也,益知心之可以师。嗟夫,在我者之有以照彼,安在乎占文按迹,然后进哉?世固有喜以浅托高人。其功用短长,虽不能使智者兼惑,亦其谬意期成,恩于世耳。闻羌儿与越人斗者,越人乘象,羌儿患其难攀,即刻木为狻猊首而绘之,又效其皮而蒙以前驱。象猝遭而惊也,为之奔败。盖畏狻猊者,象也。非越人,而象之所为奔败者,惊于伪而非惊于实者也。彼羌儿何所出威?今夫以浅托高人,何以异此?往时王肃出孔子家语,近世丘浚解《论语》而题以韩退之,两人之见,皆济缪以劳,而通为羌儿之罪人。呜呼,岂以为有益而为之欤?凡士源肃浚,异世而同欲者,予又焉知学士之又无是此者欤?抑先生尝论亢渠不宜传解,而不虑为唐人诈造。其辩盖犹未尽,余方自怜不惑之早。故为之志以佐柳于尽焉。

国朝宋濂《文粹》

亢仓子五卷,凡九篇,相传周庚桑楚撰。予初苦求之不得,及得之,终夜疾读,读毕叹曰:是伪书也。剿老、庄、文、列,及诸家言而成之也。其言曰:危代以文章取士,则剪巧绮缆益至,而正雅絜实益藏。夫文章取士,近代之制,战国之时无有也。其中又以人易民,以代易世,世民太宗讳也。伪之者其唐士乎,予犹存疑而未决也。后读他书,果谓天宝初诏号《亢桑子》为《洞灵真经》,求之不获,襄阳处士王士元采诸子文义类者撰而献之。其说颇与予所见合。复取读之,益见其言词不类,因弃去不复省。《农道》一篇虽可读,古农家书具有之。或者谓可孤行,吾亦不知其为何说也?

元吴莱《渊颖集·亢仓子》

“不仁为人害,仁反愁我身,母为小尧舜,有愧猖狂民。”

文子

《仙传》

姓辛,名钘,一名计然,葵丘濮上人,乃晋公子也,师事老子。尝请问于老君:“何谓道德仁义礼?”老君曰:“无为无形,内以修身,外以治人,功成事立,与天为邻,道也。畜之养之,遂之长之,兼利无择,与天地合,德也。于大不矜,于小不偷,兼爱无私,久而不衰,仁也。为上即辅弱,为下即守节,达不肆意,穷不易操,一度顺理,不私枉挠,义也。为上恭严,为下卑逊,退谦守柔,为天下雌,立于不敢,设于不能,礼也。故修道则下归服,修德则下从令,修仁则下不争,修义则下平正,修礼则下尊敬。五者皆修,则家国安定,此圣人之所以御万物也。无道则下叛,无德则下怨,无仁则下争,无义则下暴,无礼则下乱。五者不立,而不危亡者,未之有也。”文子复问曰:“治国之本何如?”老君曰:“未尝闻身治而国

乱者也。夫静以修身,俭以养生,则下不扰而人不怨,是以天覆以道,地载以德,四时不失序,风雨不为虐,日月清明,五星合度矣。故为治之本在于安人,安人之本在于足用,足用之本在于勿夺,勿夺之本在于节用,节用之本在于省事,省事之本在于无为。夫无为者,非谓引之不来,推之不去,迫之不应,感之不动,坚滞而不流,卷握而不散也。谓其私志不入公道,嗜欲不枉正术,循理而举事,因时而立功,任下责成,举无过事,名各自命,类各自用,事由自然,莫出于己。故事成而身不伐,功立而名不有,犹水行用舟,山行用撬,因高为田,因下为池,非吾所谓有为也。古之立帝王者,非以奉养其欲也。圣人之践位者,非逸乐其身也。为天下之人,强掩弱,众暴寡,智欺愚,勇侵怯,怀才不以相教,积财不以相分,故立天子以齐一之。为一人之明不足以遍照海内,故立三公九卿以辅翼之。为绝域殊俗不得被其泽,故立诸侯以镇抚之。是以天无不任,时无不应。官不隐材,国无遗利矣。是以先生之法不杀胎,不庇印,不涸泽而渔,不焚林而畋。豺未祭兽,咀卵不得通于野。獭未祭鱼,网罟不得入于水。鹰隼未击,罗罝不得张于谷。草木未落,斧斤不得入于林。昆虫未蛰,不得以火田。孕育不杀,壳卵不探。鱼不尺不得取,犬豕不期年不得食。是故万物之发若蒸气,比先王之所以得时修备富国利人之道也。夫水浊则鱼佥,政苛则人乱。上多欲则下怀诈,上多求则下交争。智诈萌生,盗贼滋彰。不理其本而求之于末,无异凿渠而止水,抱薪而救火也。圣人事省而治,求寡而赡,不施而仁,不言而信,不求而得,不为而怀,保真抱道,而天下从之如影应响。故曰无为也。”文子曰:“无为之治,既闻命矣。敢问不言之教可得闻乎?”老君曰:“天致其高,地致其厚。日月照,星辰朗,非有言也。正其道而物自然。阴阳四时,非生万物也。雨露时降,非养草木也。神明接阴阳和,而物自生矣。夫道者,藏精于内,栖神于心,静漠恬淡,悦穆胸中,廓然无形,寂然无声。官府若无事,朝廷若无人。无隐士,无逸民,无劳役,无冤刑,天下莫不仰上之德。象主之指绝国殊俗,莫不重译而至。非家至而人喻之,推其诚心施之天下而已。故赏善罚恶者,政令也。其所以能行者,精诚也。政令虽明,不能独行,必待精诚。精诚形乎内,而外喻于人心,此不言之道也。圣人在上,怀道不言,而泽及万方,故不言之教,芒乎大哉。是以人主之恩,神不驰于于胸中,知不出于四域。怀其诚行之心,则甘雨以时,五谷蕃殖。养人以公,威厉不试。法省不扰,囹圄空虚,天下一俗。莫怀奸心,故精诚动于天,景星现,黄龙下,翔凤至,醴泉出,嘉禾生,河不溢流,海不涌波矣。若逆天暴物,则日月薄蚀,五星失行,四时相乖,昼冥宵光,山崩川涸,冬雷夏霜,天文变异,国将危亡。天之与人,有以相通。夫神明之事,不可以智巧为也。不可以强力致也。惟圣人与天地合德,与日月合明,与鬼神合灵,与四时合信,怀天心,抱天气,执冲含和,不下堂而行四海。变易习俗,人皆迁善,若生诸已。谓之神化者,盖行不言之教也。”文子复再拜而问曰:“治国之本,敬闻命矣。治身之本奈何?”老君曰:“来,吾语汝。太上养神,其次养形。神清意平,不节皆宁,养生之本也。肥肌肤,充腹肠,闭嗜欲,养生之末也。人能养其本,节寝处,适饮食,和喜怒,便动静,在内者已得,邪气无由入。夫人受天地变化而生,一月而膏,二月而血,三月而胚,四月而胎,五月而筋,六月而骨,七月而成形,八月而动,九月而躁,十月而生,形骸已成。五脏乃官,肝主目,肾主耳,脾主舌,肺主鼻,胆主口,头圆法天,足方象地。天有四时、五行、九解、三百六十日,人有四肢、五脏、九窍、三百六十骨节。天有风雨寒暑,人有取与喜怒。人与天地相类而为之主。耳目者,日月也。血气者,风雨也。日月失行,薄蚀无光。风雨非时,毁拆生灾。五星失行,国受其殃。天地之道,至阔以大,尚由节其章光,爱其神明。人之耳目,何能久熏而不息?精诚何能驰骋而不乏?是故圣人守内而不守

外。夫血气者，人之华也。五脏者，人之精也。血气专乎内而不外越，则胸腹充而嗜欲寡，耳目清而听视聪达。五脏能属于心而无离，则意气胜而行不僻。精神盛而气不散。以聪无不闻，以视无不见，以为无不成。是以饰其外者伤其内，快其情者疲其神，见其文者弊其真，须臾不忘自贤者必困其性，百步之中不忘其容者，必累其形。故羽翼美者伤其骸骨，枝叶茂者害其根荄。是以静漠恬淡所以养生，和愉虚无所以据德。外不乱内即性得其宜，静不干动即德安其位。养生经世，抱德以修年，可谓体道矣。夫道者陶冶万物，修治无形，寂然不动，大通混冥，深阔广大，不可为外。折毫剖芒，不可为内。始于柔弱，终于刚强。治于短寡，成于众长。故十围之木始于把，百仞之台始于下。是以真人体之，故虚无平易，清静柔弱，纯粹素朴，不与物杂，得天地之道，故谓之真人。夫虚无者道之舍也。平易者道之素也。清静者道之鉴也。柔弱者道之用也。纯粹者道之干也。嗜欲不载，虚之至也。无所憎爱，平之至也。一而不变，静之至也。随时为宜，柔之至也。不为物散，纯之至也。是以圣人轻天下即神不累，细万物即神不惑，齐死生则意不慑，问变化则明不眩。静与阴同德，动与阳同波。亦无所疏，亦无所亲，与道为际，与德为邻。倚不机之柱，行不阙之途，禀不竭之府，学不死之师。故无往而不遂，无之而不通也。"文子再拜受教。周平王问于文子曰："闻子得道于老聃。今贤人虽有道，而遭淫乱之世，以一人之权，而欲化久乱之民，其庸能乎？"文子对曰："夫道德匡邪以为正，振乱以为治，化淫败以为朴淳。使德复生，天下安宁，要在一人。故积德成王，积怨成亡。尧舜以是昌，桀纣以是亡。"平王用其言而天下治。文子复从老君，授神丹之方，遂正品仙阶。后南游吴越，范蠡师之。越欲伐吴，蠡谏曰："臣闻之师曰：'兵凶器，战逆德。争者事之末也。阴谋逆德，好用凶器，试身于所末，不可。'"勾践不听，败于夫椒。后位以上大夫，弗就隐吴兴余英禺山，相传以为登云而升。

按《寰宇记》《吴兴志》俱载余英东南三十里有计筹山，越大夫计然尝登此山，筹度地形，因名焉。今山阳白石顶通玄观，乃故隐处也。其紫云关升元观，即古常清观，宋乾道间改赐今额。山之半有曰登云石者，在。其著曰《文子》。天宝中封为通玄真人，书曰《通玄真经》。其著书一十二篇，一曰道原、详原字二曰精诚、详诚字。三曰九守、详守字四曰符言、详言字五曰道德、详德字六曰上德、详德字七曰微明、详明字八曰自然、详然字九曰下德、详德字十曰上仁、详仁字十一曰上义、详义字十二曰上礼。详礼字《汉志》：《文子》九篇。老子弟子，与孔子并时。而称周平王问，似依托者也。

《隋志》

《文子》十二卷。周平王时人，师老子。

《唐志》

《文子》十二卷，徐灵府注。

《通志》

《文子》十二卷。老子弟子。李暹《训法》十二卷、《朱弁注》十二卷、《徐灵府注音》一卷、《统略》一卷、《家语要言》一卷

《玉海·文子》

《汉志》:道家九篇。老子弟子,与孔子并时。而称周平王问,似依托者也。《隋志》:十二卷。《唐志》同。梁七录六卷。柳宗元曰十二篇,盖驳书也。凡官孟数家,皆见剽窃。默希子注。道原至上礼,《文选》注。

范子曰:文子姓辛,葵丘濮上人,称曰计然。南游于越,范蠡师事之。本受业于老子,文子录其遗言为十二篇。默希子谓姓辛,名研,文子其字也。师老子,今本十二卷,元魏李暹注、唐徐灵府注、即默希子朱玄注。

《事物纪原·文子》

《唐会要》曰:天宝元年三月十九日李林甫奏:文子号通玄真人。详见号字

《广记》

《文子》默希子注姓辛,名研,字文子,周平王时葵丘濮上人。其先晋公子也。尝南游,范蠡得而事之。老子弟子也。著《通玄真经》。《文子》徐灵府作《通玄真经序》曰:大道不振,其来已久。微波尚存,出自诸子。莫不祖述道德,弥缝百代。文子者,周平王时人也。平王问文子曰:"闻子得道于老子。今贤人虽有道,贤人父子也而遭淫乱之世,以一人之权,而欲化久乱之民,其能庸乎?"对曰:"道德匡邪以为政,振乱以为理。使圣德复生,天下安宁,要在一人,故积德成王,积怨成亡。而尧舜以是昌,桀纣以是亡。"平王信其言而用之,时天下治。然安危成败,匪降自天,在乎君王任贤而已。故圣人怵怵,为天下孩其人,同于赤子,欲以兴利去害而安之,非欲有私于己也。其书上述皇王帝霸兴亡之兆,次序道德礼义衰杀之由,莫不上极玄机,旁通庶品。其旨博而奥,其词文而真。故有国者,虽淫败之俗可返正朴于太素,有身者而患累之质可复至命于自然。大矣哉!君子不可不刳心焉。洎我唐十有一叶皇帝,垂衣布化,均和育物,柔怀庶邦,殊俗一轨。故在显位者咸尽其忠,慕幽居者亦安其业。灵府以元和四载,投蹟衡峰之表,考室华盖之前,迨经八捻,夙敦朴素之风,窃味希微之旨。今未能拱默,强为注释,是量天汉之高邈,料沧溟之浅深者,亦以自为难矣。

牟巘《陵阳集·文子序》

禹受计于会稽。会稽者,会计也。武康计筹山,因计然尝度地于此而得名。然其义固有所本。范蠡师计然,见于史记。颜师古以为与孔子同时是也。其书曰:"文子者,有与平王问答语。"徐灵府遂以为周平王时人,则误甚。刘向著录《文子》书九篇耳。李暹所注乃十二篇,疑不能无附托其间。或谓乃楚之平王,楚越相强。平王时,楚事日非,子胥既奔吴,而计然亦去楚,间道适越耶,不可考矣。南谷杜君辩博而笃实,恬静而疏通,其能可以用世,而其志果于遁世。虽尝领闲台琳馆,亦复舍去,筑披云之庵于计筹山上,燕处从容。取文子书,及其事之散见他书者,会稡而刻之。三代古书遗迹,一旦震发于湮没之余,真山林一大奇事。予观自昔财计之臣,鲜有能自全者。计然之策,范蠡略用之于越,十年生聚,既以报吴,乃飘然远引,竟免于鸟啄毒手。而图谍相传计然乃神仙得道之人,又不但全其身而已。盖计然尝受于老子者也。夫善计不用筹策,此岂区区废居操纵,从事于鞭箠之末乎?不贵难得之货,不舍俭且啬,不以不足奉其余,生财而不有,成功而不

居，若是者盖几乎？道，固已超然于利害祸福之外。而世之壅利专利者，往往违天时，竭地力，自谓以心计析秋毫，不知正犯道家之所深忌，只以自贻殃祸覆辙相寻，曾莫之悟。可叹也！南谷尝注老子，得其宗旨。又稡此书，俾与师说并行，其警世切矣！学者合而观之可也。虽然，书徒糟粕，旷洞遐想，泬寥虚阔，胸中系累，云扫雾除，岂不快然者哉？又安得从南谷君，登筹峰，望玄墟，求鸱夷子所以泛湖之处？

《文子缵义》

文子于章首多称老子曰者，尊师也。此盖当时记习老子之言，故不敢自有其名。书十有二篇，凡一百八十八章，道坚不揆浅陋，随义析之，增八十一章，别有其旨，题曰缵义，以便观览云。

《马总意林·文子十二卷》

周平王时人，师老君。先唱者穷之路，后动者达之源。齿坚于舌，而齿先弊。刚强者死之徒，柔弱者生之干。立井而饮，耕田而食。不布施以求德，不高下以相倾。此古人之德也。河不满溢，海不涌波。景云见，黄龙下，祥风至，醴泉出。此圣人顺天道也。昼冥夜光，山崩川涸，冬雷夏霜。此国之将亡也。水浊则鱼佥，政苛则民乱。上多欲，下多诈。冬日之阴，万物归之而莫使。皋陶喑而大理，天下无虐刑。何贵言乎？君子犹射，差此毫末，于彼寻丈。神者智之渊。神清则智明。智则心之府，智公则心平。精神难清而易浊，犹盆水也。清之终日，乃能见眉睫，不过一挠，即不能见方圆也。量腹而食，度形而衣，节乎己者，贪心不生。山生金，反自刻。木生蠹，还自蚀。人生事，还自贼。使信士分财，不如探筹。使廉士守财，不如闭户。全封有心于平，不如无心之不平。善游者必溺，善骑者必坠。上学以神听之，学在骨髓矣。中学以心听之，学在肌肉矣。下学以耳听之，学在皮肤矣。铎以声自毁，膏以明自煎。一渊无两蛟，有必争。得鸟者罗之一目，一目之罗不可得鸟。欲致鱼者先通于谷，欲来鸟者先树于木。水积而鱼聚，木茂而鸟集。目见百步之外，不能自见其眥。水之势胜火，一杓不能救一车之薪。金之势胜木，一刃不能残一林。土之势胜水，一块不能塞一河。饥马在厩，寂然无声，投刍其旁，争心乃生。农夫劳而君子食之，愚者言而智士择之。日月欲明，浮云翳之。河水欲清，沙土秽之。丛兰欲茂，秋风败之。人性欲平，嗜欲害之。济溺者以金石，不如尺索。花大早者，不须霜而自落。入水憎濡，怀臭求芳，不可得也。乳犬噬虎，伏鸡搏狸。冶不能销木，匠不能斩冰。金石有声，不叩不鸣。箫管有音，不吹不声。事者难成而易败，名者难立而易废。往古来今谓之宙，四方上下谓之宇。孔子无黔突，墨子无煖席，非其贪禄慕位，欲为天下除害耳。兽穷则触，鸟穷则啄，人穷则诈。人主之有民，犹城之有基，木之有根。根深则本固，基厚则上安。屈寸而申尺，小枉而大直，圣人为之。今人贵不许其大功，而求其小善，失贤也。贵则观其所举，富则观其所欲，贫则观其所爱，霸王之道。扶义而动，尊其秀士，显其贤良，百姓开户而待之，渍米而储之。不义之兵，至于伏尸流血而不伏也。冬日之扇，夏日之裘，无用于已，则生尘垢。

《柳宗元集·辩文子》

或曰姓辛，名妍，字文子，号曰计然，葵丘濮上人。范蠡之师《文子书》十二篇。其传曰：老子弟子。唐有涂灵府注，又有李暹训注或谓其书录老子遗言其辞时有若可取，其指意皆本老子。

然考其书,考即考字盖驳书也。其浑而类者少,窃取他书以合之者多,凡孟子辈数家,皆见剽窃,嶢然而出其类。童云嶢音山高貌,或作尧其意绪文辞,又牙相抵而不合,不知人之增益之欤,或者众为聚敛以成其书欤。然观其往往有可采者,又颇惜之,悯其为之也劳。今刊去谬恶乱杂者,取其似是者,又颇为发其意,藏于家。为去声

《考古质疑论》

文子非周平王时人。大庆近观文子一书,凡一十二篇,谓之《通玄真经》,犹庄子所谓《南华真经》,列子所谓《冲虚真经》也。其书大率多载老子之言,或谓之老子弟子是也。而其序乃以为周平王时人。按《史记·货殖注》裴骃曰:"计然,葵丘濮上人。姓辛,字文子。其先晋国亡公子也。尝南游于越,范蠡师事之。"《文选·曹子建求通亲亲表》引文子曰:"不为福始,不为祸先。"此所引乃文子第三卷《守虚篇》。而李善注云:范子曰:"文子者姓辛,葵丘濮上人,称曰计然。范蠡师事之。"又《北史》萧大园云:留侯追踪于松子,陶朱成术于辛文。然则所谓文子,乃春秋末人也。但其书第五卷有平王问于文子曰:"吾闻子得道于老聃。"云云注家谓平王为周平王,故其序遂以为周平王时人。夫春秋起于鲁隐,正周平王之时,是为春秋之始。范蠡事越子勾践以灭吴,是乃春秋之末,前后相去二百余年,乃谓文子为平王时人,可乎?况其书第一卷,又载孔子问道于老子,老子曰:"正汝形,一汝视,天和将至。"是则老子与孔子同时,皆去平王时甚远也。又其书《上仁篇》云:"伯乐相之,王良御之。"王良与赵简子同时,亦春秋末年也。然则谓为平王时人,岂不误欤?曰孔子与老子答问,其为同时固也。如上文之所援引,安得平王时有所谓老聃?而曰"吾闻子学道于老聃",似真误矣。但前史所述,孔子皆可考其所生之岁月,如老聃则莫推其始,止云姓李,名耳,字伯阳,周守藏室之史也。尝观迁史周纪,幽王时三川皆震,伯阳甫曰:"周将亡矣!"注云:伯阳父,周柱下史老子也。及幽王立褒后,太史伯阳读《史记》曰:"周亡矣!"云云由此而观,则太史伯阳即老子也,固已见于幽王之前。则平王谓吾闻子学道于老聃,又似非误。况孔子窃比于老彭,说者谓老聃、彭祖。夫彭祖,尧臣,绵唐虞、历夏商,则老聃之年,迁史谓其修道以养寿,或者生于幽王之前,而绵历春秋之季,亦未可知也。更俟智者质之。席上腐谈。《文子》有默希子注。愚观《文子》首章云:"非有道,不可言,不可言即道。"与老子"道非常道"之意,若合符节。

周平王

《文献通考》

李暹注文子十二卷。晁氏曰:右李暹注其传曰:"姓辛,葵丘濮上人,号曰计然。范蠡师事之。本受业于老子。录其遗言为十二篇"云。按刘向录《文子》,九篇而已。唐志录暹注与今篇次同,岂暹析之欤。颜籀以其与孔子并时,而称周平王问疑依托者。然三代

之书，经秦火，幸而存者，其错乱参差类如此。《尔雅》，周公作也，而有张仲孝友。列子，郑穆公时人，而有子阳馈粟是也。李暹师事僧般若流支，盖元魏人也。

《周氏涉笔》曰：文子一书，诚如柳子厚所云驳书也。然不独其文聚敛而成，变黄老名，法、儒、墨诸家各以其说入之，气脉皆不相应。其称平王者，往往是楚平王，序者以为周平王时人，非也。

陈氏曰：按志有《文子》九篇。老子弟子，与孔子同时。而称周平王问似依托者也。又按《史记·货殖传》：徐广注，计然，范蠡师，名钘。裴骃曰："计然，葵丘濮上人。姓辛，字文子。"默希子引以为据。然自班固时已疑其依托，况未必当时本书乎？至以文子为计然之字，尤不可考信。

墨希子注文子十二卷：晁氏曰：墨希子者，唐徐灵府自号也。灵府谓文子周平王时人。

朱玄注文子十二卷：晁氏曰：唐朱玄注《缺府言》一篇，或取默注补焉。

高续《古子略·文子》

柳子厚以文子徐灵府注十二卷、李暹训注十二卷。天宝中以《文子》为《通玄真经》。文子为老子弟子，其辞指皆本之老子。其传曰：老子弟子。虽其辞指柳子厚以为时有若可取，盖驳书也。凡孟子数家，皆入剽窃。文词义牙相抵而不合，人其损益之欤，或聚敛以成其书欤。乃为刊去谬乱颇发其意。子厚所刊之书，世不可见矣。今观其言曰："神者智之渊，神清则智明。智者心之府，智公则心平。"又曰："上学以神听之，中学以心听之，下学以耳听之。"又曰："贵则观其所举，富则观其所欲，贫则观其所爱。"又曰："人性欲平，嗜欲害之。"此亦文子之一脔也。

《黄氏日抄·文子》

文子者，云周平王时辛妍之字，即范蠡之师计然。尝师老子，而作此书。其为之注与序者，唐人默希子。而号其书曰《通玄真经》，然伪书尔。孔子后于周平王几二百年，及见老子，安有生于平王之时者先能师老子耶？范蠡，战国人，又安得尚师平王时之文子耶？此伪一也；老子所谈者清虚，而计然之所事者财利。此伪二也；其书述皇王帝霸，而霸乃伯字，后世转声为霸耳。平王时未有霸之名。此伪三也；相坐之法，减爵之令，皆秦之事，而书以为老子之言。此伪四也。伪为之者，殆即所谓默希子，而乃自匿其姓名欤。其序盛称唐明皇垂衣之化，则其崇尚虚无，上行下效，皆失其本心为可知。明皇之不克终，于是乎兆矣，岂独深宫女子能召渔阳鞞鼓之变哉？书之每章必托老子为之辞，然用老子之说者，文衍意重，淡于嚼蜡。否者又散漫无统，自相反覆。谓默希子果有得于老子，吾亦未之信。今略类分其说，如称为惠者生奸，此法家之说。政胜其民，下附其上，此术家之说。国之所以强者必死也，此兵家之说。而《上德》一篇，又全引诸子譬喻语。凡其散杂类此。既曰"道灭而德兴"，又曰"道之中有德"。既非仁义矣。又曰"治之本仁义也"。既非礼义矣。又曰"不知礼义，法不能正"。凡其反覆类此。而其言之偶合理者有二：曰"不法其已成之法。而法其所以为法者，与世推移"；曰"自天子至于庶人，四体不勤，于事求赡者未之闻。"其言之最害理者亦有二：曰"任臣者危亡之道也。尚贤者痴惑之原也"；曰"去恩意，舍圣智，外贤能。废仁义，禁奸伪。则齐于道矣。"

国朝宋濂《文粹》

文子十二卷，老子弟子所撰，不知氏名。徐广曰："名钘。"李暹曰："姓辛，葵丘濮上人。号曰计然。范蠡师事之。"裴骃曰："计然，姓辛，字文子。其先晋国公子也。"孟康曰："姓计名然，越臣也。"蔡谟曰："计然者，范蠡所著书篇名，非人也。谓之计然者，所计而然也。"颜师古曰："蔡说谬矣。古今人表，计然列在第四等。计然一名计研，吴越春秋及越绝书，并作计倪。倪与研然，三音皆相近，故讹尔。"由是观之，诸说固辨矣。然是书非计然之所著也。予尝考其言，壹祖老聃，大概《道德经》之义疏尔。所谓体道者不怒不喜，其坐无虑，寝而不梦，见物而名，事至而应，即载营魄抱一。专气致柔，涤除玄览也。所谓上士先避患而后就利，先远辱而后求名。故圣人尝从事于无形之外，而不留心于已成之内。是以祸患无由至，非誉不能尘垢。即知白守黑，知雄守雌，知荣守辱之义也。所谓静则同，虚则通，至德无为，万物皆容，即道常无为而无不为，侯王若能守，万物将自化也。所谓道可以弱，可以强，可以柔，可以刚，可以阴，可以阳，可以幽，可以明，可以苞裹天地，可以应待无方，即道冲而用之，或不盈，渊乎似万物之宗也。其他可以类推，盖老子之言宏而博。故是书杂以黄老，名法、儒、墨之言以明之，毋怪其驳且杂也。计然与范蠡言，皆权谋术数，具载于书，绝与此异。予固知非著是书者也。黄氏屡发其伪，以为唐徐灵府作，亦不然也。其殆文姓之人，祖老聃而托之者欤。抑因裴氏姓辛，字文子之说，误指为范子计然十五卷者欤。

元吴莱《渊颖集·文子》

大道终自然，王家始多难。益人不在贤，卜鼎年已半。

邹子

《汉志》

《邹子》四十九篇。名衍，齐人。为燕昭王师。居稷下，号谈天衍。《隋志》：邹子一卷。其书多论汉人，恐是闰甫。

《玉海》

《汉志·阴阳家》：邹子四十九篇。名衍，齐人，为燕昭王师。居稷下，号谈天衍。《邹子终始》五十六篇。师古曰亦邹衍所说。

《史记》

邹衍深观阴阳消息，而作怪迂之变，终始大圣之篇十余万言。其语宏大不经，作主运。刘向别录邹子书有主运篇。封禅书邹衍以阴阳主运。显于诸侯马总《意林》：邹子一卷。欲知其人，视其朋友。蒺藜在田，良苗无所措其根。佞邪在朝，忠直无所容其身。寡门不入宿，临甑不取尘。避嫌也。

唐《陈拾遗稿·邹子》

大运沦三代,天人罕有窥。邹子何遁廓,曼一作谩说九瀛垂。兴亡已千载,今也则无为。一作推

接子

《史记·慎到传》

接子,齐人。学黄老道德之术。

剧子

《史记·荀卿传》

剧子之言。注:《索隐》曰:著书之人姓剧氏,而称子也。

卷之一万三百九 二纸

死

自古有死

《识遗》

世俗惑佛老者,期不死复生。然孔子曰:“自古皆有死。”老子曰:“人生大期,以百二十年为节度。”释氏经云:“天地及日月,时至皆归尽。”况天裂星陨,郡陷谷迁,沙漠遗沧海之踪,岩冗著螺蚌之窟。乾坤且有毁时,人欲久不死,理乎?后世方士言黄帝老聃例不死,余考《易》大传,言神农、黄帝、尧舜氏没,而黄帝葬桥山。庄子述老聃死,秦失吊之,而鄠县、柳县各有老子墓。故近时刘潜夫诗云:“无药可延黄帝寿,有人曾哭老聃来。”则黄帝鼎湖攀龙之事,老子青鹿上升之说,何往非幻。又释迦云:“我今背痛,将入涅槃。”经云:“佛于桑树下右肋侧卧而化。”《老子·化胡经》云:“周匡王五年,佛七十九岁,死于拘尸那城双林木下,葬于回鹿山。”他如彭祖七百,偓佺千岁,例以岁纪,亦同归于尽而已,况其事不经见,皆寓言稗说之录乎!《礼·外传》曰:“寿者百二十,过此不死,为失期,为妖怪。”然则秦皇汉武,殆未知失归之怪也。唐牛僧孺曰:“人以得其死为寿。兵为力死;刑为狱死;不耕织为馁死、寒死;老无依、病无托为孤死。舍是皆可言寿。”老子亦曰:“死而不亡者寿,则必可传,虽死犹生也。”

人谁无死

《古今事通》

韩玉温甫,燕人,擢第为凤翔判官。北兵围燕,夏人陷边州,玉募兵屯华亭,败夏人,因移檄关中。略云:人谁无死?有臣子之当为。事至于今,忍君亲之弗顾,勿谓百年身后虚名一听史臣,只于今日目前,何颜以居人世?王侯将相,宁有种乎?富贵功名,当自致耳。”或诬玉有异志,收死狱中,士夫愤惜之。

物老则死

老君《中经》曰："人之年寿，终竟自死矣。何以言之？以其不坚守神故也。譬犹万物之生，非欲求死，但自然枯槁死耳。"

安死

《吕氏春秋》曰："古之人非无宝也，其所宝者异也。"孙叔敖疾将死，戒其子曰："王数封我矣，吾不受也。孙叔敖楚大夫荐贾之子，庄王之令尹也。为我死，王则封汝，必无受利地。人所贪利之地。楚越之间，有寝之丘者，此其地不利，人不利之。而名甚恶，恶谓名丘也。荆人畏鬼，而越人信机。言荆人畏鬼神，越人信吉凶之机祥。此地名丘。畏恶之名终不利也。可长有者，其唯此也。"唯独也。孙叔敖死，王果以美地封其子，而子辞，请寝之丘，故至今不失。孙叔敖之知，知不以利为利矣，知以人之所恶为己之所喜。此有道者所以异乎俗也。众人利利。孙叔敖病利。故曰所以异于俗也。五员亡，荆急求之，登太行而望郑曰："盖是国也，地险而民多知。登升也。太行，山名。处则未间多知将问所以自窜也。其主，俗主也，不足与举。"举犹谋也，俗主不肖凡君。去郑而之许。见许公而问所之，许公不应，东南向而唾。欲令之吴也。五员载拜受赐曰："知所之矣。"因如吴。过于荆至江上欲涉，涉渡见一丈人，丈人长老称也。刺小船方将渔，从而请焉。丈人度之绝江，绝过问其名族，族，姓。则不肯告，丈人不肯告解其剑以予一作献。丈人，曰："此千金之剑也，愿献之献上也。丈人。"丈人不肯受，曰："荆国之法，得五员者，爵执圭，禄万儋，金千镒。昔者子胥过，吾犹一作尚。不取，执圭周礼侯执信圭言爵之为侯也。万儋，万石也。金千镒，二十两为一镒。不取子胥以受赏也。故曰我何以欲子之千金剑。今我何一作曷。以子之千金剑为乎？"五员过于吴，过犹至也。使人求之江上，则不能得也。每食必祭之，祝曰："江上之丈人，天地至大矣、至众矣，将奚不有为也，而无以为为矣，何不有为，言无不为也。江上丈人无以为矣。无以为乃大有于五员也。故曰而无以为也。而无以为之。名不可得而闻，闻知也。身不可得而见，求之江上，不能得也。其惟江上之丈人乎？"宋之野人，耕而得玉，献之司城子罕，子罕不受，司城，官名。野人请曰："此野人之宝也，愿相国为之赐而受之也。"子罕曰："子以玉为宝，我以不受为宝。"故宋国之长者曰："子罕非无宝也，所宝者异也。"今以百金与搏黍以示儿子，儿子，小儿。儿子必取搏黍矣。以和氏之璧与百金以示鄙人，鄙人必取百金矣。以和氏之璧、道德之至言以示贤者，贤者必取至言矣。其知弥精，其所取弥精。其知弥觕，其所取弥觕。微微妙也。觕，疏也。

孙叔敖雕像

知死

《乐庵语录》

先生自幼讲明道学，中年以后，绝欲清修，于昆山南架屋数间，号乐庵，时往来其间，焚香酌茗，与诸子及门弟谈道德性命之学。淳熙戊戌夏，微觉不喜食，即往乐庵，诸子侍旁。时女兄亦求问疾，先生曰："某将老死，姊无庸忧，人之死生如昼夜，生处便是死处，死处便是生处，若凭地理会得，又那得生死？"语竟，即取纸数十幅为手简遍别亲旧，作遗训六事以示诸子云："皆吾治命，不得违戾。吾平生性命道德之学，治乱安危之策，不独载诸空言，亦粗见之行事。今既永诀，岂容缄默！"戏说偈曰："竿木随身得自由，应缘已毕复何求？悠然来往等孤雁，影落寒潭迹不留。"书讫，且语诸子曰："吾本欲便往，为天气不爽，姑少留以俟月上。"及夜，沐浴，遂冠栉起坐，精神自若，了无欠伸意，至二鼓而逝。是夕风月清美，如阳春高秋，天宇湛然，万籁沉寂，不类人境。识者知先生之逝，决非与万物同尽者。先是尝语监征王琛曰："吾可漏子已有顿放处矣。"岂非先知者耶？先生平日剧谈道学，每语诸公，看我腊月三十日，好好做个散场。闻者怃然，至是乃相与叹服。

知人死

《庄子·应帝王篇》

列子与神巫季咸见壶子，出而谓列子曰："嘻，子之先生死矣，弗活矣，不以旬数矣，吾见怪焉，见湿灰焉。列子入，泣涕沾襟，以告壶子。"壶子曰："向吾示之以地文萌乎？不震不正，是殆见吾杜德机。"

梦奠知死

《礼记·檀弓》

孔子蚤作，负手曳杖，消摇于门，歌曰："泰山其颓乎！梁木其坏乎！哲人其萎乎！夏后氏殡于东阶之上，则尤在阼也。殷人殡于两楹之间，则与宾主夹之也。周人殡于西阶之上，则尤宾之也。而丘也，殷人也。予畴昔之夜，梦坐奠于两楹之间。夫明王不兴，而天下其孰能宗予？予殆将死也。"寝疾七日而殁矣。

遗书知死

《汉书》

司马相如既病免,居茂陵。天子曰:“相如病甚,可往悉取其书。”使者往而相如死,妻曰:“长卿未死时,有一卷书。曰:‘有使者求书。’”奏之,乃遗札,言封禅事。

诵经期死

《酉阳杂俎·荆州百姓
何轸妻阿刘事》

何轸鬻贩为业,妻刘氏少断酒肉,常持金刚经,先焚香像前愿年止四十五,临终心不乱,先知死日至。大和四年冬,四十五矣,悉拾资装供僧,欲入岁假,遍别亲故。何轸以为病魅,不信。至岁除日,请僧受八关沐浴,易衣独处一室,趺坐高声念经,及辨色悄然。儿女排室入中看之,已卒,顶热灼手。何轸以僧礼葬,塔在荆北郭。

梦诗知死

宋江少虞《类苑》

陕郊魏处士,野蒲中李昭君渎,乃中表也,具有高节,以吟咏相善。野于东郊凿室方丈,荫以条竹泉流,其前白乐天洞。渎结茅中条之阴,日浮云堂,皆有潇洒之趣。每乘与相过,赋诗饮酒,累日乃去。一日,渎过野曰:前夕恍惚如梦中,床下有人。曰:“行到水穷处,未知天尽时”即正惧曰:“盍云坐看云起时。”对曰:“此浮云安能起耶?”渎水命,此必死期,故来访别。还家未几卒。蜀人任□温如晚寓宁州府宅,一夕梦一山叟贻诗曰:“故园路远归去来。”□和之和之曰:“春风天远望不书。”既觉自笑曰:“吾其死乎?”数日不疾而逝。

射猿知死

《三国·蜀志》

邓芝为大将军,见猿抱子在树上,引弩射之,中猿母。其子为拔箭,以木叶塞创。芝

乃叹息，拔弩水中。以伤物性，自知当死，遂卒。

诊脉知死

《宋通鉴长编》

万适，苑丘人，以翰林学士韩丕举赴京师。及命为梁县主簿，始受命。太医赵自化怪其色变，为诊脉曰："君将死矣！"适犹勉赴朝谢。举止山野，人皆笑之。后数日果卒。

心痛知父死

《南郡新书》

裴敬彝父为陈王典所杀，敬彝时在城，忽自觉流涕不食，谓人曰："我大人凡有痛处，吾即不安。今日心痛，手足皆废，事在不测。"遂归觐，父果已死。

先知死期

《事文类聚》

后汉博士郭凤，好图谶。先自知死期，令弟子市棺之具，至其日而终。

预知死期

《梦溪笔谈》

张忠定少时谒华山陈图南，遂欲隐居华山。图南曰："佗人即不可知，如公者吾当分半以相奉。然公方有官职，未可议此。其势如失火家待君救火，岂可不赴也！"乃赠以一诗曰："自吴入蜀是寻常，歌舞筵中救火忙。乞得金陵养闲散，亦须多谢鬓边疮。"始皆不谕其言，后忠定更镇杭益。晚年有疮发于顶，后治不差，遂自请得金陵，皆如此诗言。忠定在蜀日，与一僧善，及归，谓僧曰："君当送我至鹿头，有事奉托。"僧依其言至鹿头关，忠定出一书封角，付僧曰："谨收此，后至乙卯年七月二十六日，当请于官司，对众发之，慎不可私发。若不待其日及私发者，必有大祸。"僧得其书，至大中祥符七年岁乙卯，时凌侍郎策帅蜀，僧乃持其书诣府，具陈忠定之言。其僧亦有道者。凌信其言，集从官共开之，乃忠定真容也。其上有手题曰："咏当血食于此。"后数日得京师报，忠定以其年七月二十六日捐馆。凌乃为之筑庙于成都，蜀人自唐以来严祀韦南康，自此乃改祠忠定至今。

知道者苟未至脱然，随其所得浅深，皆有效验。尹师鲁直龙图阁谪官，过梁下，与一佛者谈。师鲁自言以静退为乐，其人曰："此犹有所系，不若进退两忘。"师鲁顿若有所得，白为文以记其说。后移邓州。是时范文正公守南阳，少日，师鲁忽手书与文正别，仍嘱以后事，文正极讶之。时方馔客，掌书记朱炎在坐。炎，老人，好佛学，文正以师鲁书示炎曰："师鲁迁谪失意，遂至乖理，殊可怪也。宜往见之，为致意开譬之，无使成疾。"炎即诣尹，而师鲁已沐浴衣冠而坐。见炎来道文正意，乃笑曰："何希文犹以生人见待？洙死矣。"与炎谈论顷时，遂隐几而卒。炎急使人驰报文正，文正至，哭之甚哀。师鲁忽举头曰："早已与公别，安用复来？"文正惊问所以，师鲁答曰："死生常理也，希文岂不达此？"又问其后事，尹曰："此在公耳。"乃揖希文复逝。俄顷，又举头顾希文曰："亦无鬼神，亦无恐怖。"言讫，遂长往。师鲁所养至此，可谓有力矣，尚未能脱有无之见，何也？得非进退两忘犹存胸中欤。

吴人郑夷甫，少年登科第，有美才。嘉祐中，监高邮军税务，尝遇一术士能推人死期无不验者，令推其命，不过三十五岁，忧伤感叹，殆不可堪。人有劝其读老庄以自广。久之，润州金山一僧端坐，与人谈笑间，遂化去。夷甫闻之，喟然叹曰："既不得寿，得如此僧，复何憾哉！"乃从佛者授首楞严经，往还吴中。岁余忽有所见，曰："生死之理，我知之矣。"遂释然放怀，无复芥蒂。后调封州判官，预知死日，先期旬日，作书与交游亲戚叙诀，及次叙家事备尽。至期，沐浴更衣。公舍外有小园面溪，一亭洁饰，夷甫至其间，亲督人洒扫及焚香，挥手指画之间，屹然立化。家人奔出呼之，已立僵矣，亭亭之如植木，一手犹作指画之状。郡守而下，少时皆至，民观者如墙，明月乃就敛。高邮崔伯易为墓志，略叙其事。余与夷甫远亲，知之甚详。士人中，盖未曾有此事。

《事文类聚》

宋张乖崖，少与逸人傅霖同学。公既显达，求霖三十八年不可得，作忆霖诗云："寄语巢由莫相笑，此生中不羡轻肥。"晚年守宛丘，有被褐骑驴，扣门大呼曰："语尚书青州傅霖，阍吏走白。"公曰："傅先生天下士，汝何人敢呼姓名？"霖笑曰："别子一世，尚尔童心，是岂知世间有我哉？"公问昔何隐而今出？霖曰："子将去矣，来报子尔。"公曰："咏亦自知之。"霖曰："知复何言？"后一月，公薨。

熙宁十年夏，康节感微疾，气日益耗，神日益明，笑谓司马温公曰：雍欲观化一巡如何？温公曰："先生未应至此。"康节笑曰："死生亦常事耳。"张横渠先生喜论命，来问疾，因曰先生论命否？当推之。康节曰："若天命，则已知之矣。世俗所谓命，则不知也。"横渠曰："先生知天命矣。载尚何言！"程伊川曰："先生至此，他人无以为力。愿自主张。"康节曰："平生学道，岂不知此！然亦无可主张。"时康节居正寝，诸公议后事于外。有欲葬近洛城者，康节已知，呼伯温入，曰："诸公欲以近城地葬我不可，当从伊川先茔耳。"七月初四，大书诗一章，曰："生于太平世，长于太平世，死于太平世。客问年几何？六十有七岁。俯仰天地间，浩然独无愧。"以是夜五更捐馆。

预营死事

《猗觉寮杂记》

杜预自表营首阳之南,为将来兆域,取制于邢山郑祭仲之墓。陶渊明自作挽词,自祭文。杜牧之、白乐天、辛秘、李栖筠、王绩、严挺之、柳子厚皆自撰墓志。卢照邻、李适、司空图自作墓。卫大经自凿墓,自为志。颜鲁公在蔡州度必死,乃作遗表、墓志、祭文。谓之达亦可,谓之近名亦可,处死若鲁公可也。

知死后佳甚

《遯录》

叶衡罢相归金华。一日忽忽不乐,问安曰:“某且死无所恨,未知死后佳否耳?”一士在下座,作而对曰:“佳甚!”问何以知,曰:“使死而不佳,皆逃归矣。一死不反,是以知其佳也。”皆笑。明年叶薨。

陟方乃死

《书·舜典》

五十载陟方乃死。

《瓮牖闲评》

《书》曰五十载陟方乃死,陟方犹言升遐耳。既曰陟方,又曰乃死,何也?故传书者,以乃死二字为注,误写为正文。殂落亦死也。《尧典》曰:“舜乃殂落。”而《扬子法言》又云:“黄帝尧舜殂落而死。”则是不可晓矣。

终化而死

罗泌《路史发挥·易之名篇》

终化而死,神之易也。

八百而死

《类说》

艾子见老姥衣衰翁之服，哭甚哀。艾子曰："妪夫谁也？"曰："彭祖。"艾子曰："彭祖寿八百而死，固不为短，可以无恨。"妪曰："吾夫寿八百诚无恨，然又有寿九百而不死者，岂不恨耶！"

后天而死

《太平广记》

周昭王梦羽人与以药，名曰"续脉明丸补血精散。"王请以此药贮以玉缶，缄以金绳，以之涂足，则飞天地之外。从于寻常有得服之，后天而死。

不腊而死

唐《柳宗元文集·司马凌君志》

凌准告刺史崔君曰："余尝学黄帝书，切脉视病。今余肝伏以濇，肾浮以代，将不腊而死审矣。"后如其言。

掩面而死

《左传》

哀公十六年，楚白胜在吴，子西欲召之。叶公曰："吾闻胜也诈而乱，无乃害乎？"子西曰："吾闻胜也信而勇，不为不利。舍诸边境，使卫藩焉。"叶公曰："周仁之谓信，率义之谓勇。吾闻胜也好复言而求死士，殆有私乎？复言非信也，期死非勇也，子必悔之！"弗从召之，使处吴境为白公。后与石乞作乱，杀子西、子期于朝，而劫惠王。子西以袂掩面而死惭于叶公

闭口而死

《左传·哀公》

晋荀瑶帅师围郑入郛隽,魁垒赂之以知政,闭其口而死。

吞舌而死

《燕丹子》

田光谓荆轲曰:“盖闻士不为人所疑。太子送光之时,言此国事愿勿泄,此疑光也,是疑而生于世,光所羞也。”向轲吞舌而死。

接踵而死

《史记·仲尼原子传》

勾践谓子贡曰:“孤不料力与吴战困于会稽。日夜焦唇干舌,徒欲与吴王接踵而死?”

荆轲刺秦

倒立而死

《唐书·隐峰传》

峰于五台金刚窟倒立而死，亭亭然如植，屹定如山，并力不动。峰妹为尼，咄之曰："老兄昔为不循法律，死且荧惑于人。"乃以手轻攘，偾然而仆。峰遗一颂曰："独弦琴子为君弹，松柏长青不怯寒。金矿相和性自别，任向君前试取看。"

《温州府志》

尼玄机，温之瑞安人。宿觉女弟唐咸通间筑庵大日山，恭雪峰禅师，言下契悟，后住净居寺，倒立而化。宿觉喝之曰："汝生也颠倒，死也颠倒！"乃仆。后一夕，大雷电龛不见，寻之则在大日岩窦。有圆明歌传于世。

朝闻夕死

《论语》

朝闻道，夕死可矣。

《宏斋弊帚稿·朝闻夕死说》

朝闻道夕死可矣，何谓也？谓道重于死乎？非也。死乃道也。离道而论死者，非惟不知死，真不知道。夫道也者，圆神而无方也，通活而无固也，运行而无留也，周回而无倚也，屡迁而无居也，变化而无常也。混浩流转于宇宙间，而不可穷者也。为动静，则动必有静，而静复为动；为往来，则来必有往，而往复为来；为进退，则进必有退，而退复为进；为阖辟，则辟必有辟，而阖复为辟；为盈虚，则盈必有虚，而虚复为盈；为屈伸，则伸必有屈，而屈复为伸；为消长，则长必有消，而消复为长；为出入，则出必有入，而入复为出，此一机也，其混浩流转，岂有穷哉？然则生必有死，而死复有生，岂有他哉？即此道在宇宙间，所以动静、往来、进退、阖辟、盈虚、屈伸、消长、出入者之为也。易之原始反终，故知死生之说者，正此之谓乎！夫不曰生死，而曰死生，以死复有生，无停息也。不曰要终，而曰反终，以终还为始，非断绝也。故原其始之生，则必有终之死，而知死之说矣。反其终之死，则复为始之生，而知生之说矣。此死生者所以非为人小己之私，乃为道大化之公也。生非人之生，道实生之死；非人之死，道实死之。生者道而死亦道，则生死何与我？而我何私为之好恶哉？生固所可好也，若必恶死，是恶道也，而可乎？故生于道而朝有闻焉。即亦死于道，而夕即可焉。生亦犹朝也，死亦犹夕也。一日之运，有朝必有夕；百年之运，有生必有死。道如是故也，故死生者，昼夜之道。知昼夜之道，即知朝夕之道矣。彼二氏者岂知此哉！夫寂必有感，死必有生者，道也。释氏及欲寂灭而无生，曾不知乐于寂灭，

则道绝矣。无生，犹有夜而无昼也。静必有动，生必有死者，道也。老氏乃欲清静而长生，则道胶也。长生犹有昼而无夜也。有是道乎？夫死生终始，实大道大化之运，如环无端者也。使生而无死，死不复生，始而无终，终不复始，则道为有穷而非道矣。所谓生生之易者，正以其生生不已也。未知生，焉知死者？生犹死也。事死如事生者，死犹生也。易之反覆上下而变通不穷者，此道而已。不然乾坤毁，则无以见易，易不可见则乾坤或几乎息矣！二氏者，盖皆以生死为一身之私，而不知此道之公耳。生我死我，一听于道，何不可之有？要必洞然于中，而无秋毫之疑，庶乎时至而能死也夫。

易箦而死

《礼记·檀弓》

曾子寝疾病，乐正子春坐于床下，鲁元、鲁申坐于足，童子隅坐而执烛。童子曰："华而睆，大夫之箦与。"子春曰："止。"鲁子闻之瞿然曰："然，斯季孙之赐也，我未之闻能易也，元起易箦。"鲁元曰："夫子之病革矣。不可以变，幸而至于旦，请敬易之。"鲁子曰："尔之爱我也不如彼。君子之爱人也以德。细人之爱人也以姑息。吾何求哉？吾得正而毙焉斯已矣。"举扶而易之，反席未安而殁。

结缨而死

《春秋左氏传》

哀公十五年，孔子在鲁，子路为卫孔悝家臣。庄公因孔姬以入于孔氏，迫孔悝强盟之，遂劫以登台。栾宁将饮酒，炙未熟，闻乱，使告子路，召获驾乘车行爵食炙，奉出公以奔鲁。子路将入，遇子羔将出，曰："门已闭矣。"子路曰："吾姑至焉。"子羔曰："弗及。不践其难。"子路曰："食焉不避其难。"遂出。子路入及门，公孙敬问焉曰："无入为也。"子路曰："是公孙也。求利焉而逃其难，由不然。利其禄，必救其患。"有使者出，乃入。曰："太子焉用孔悝？虽杀之，必或继之。"且曰："太子无勇，若燔台半，必舍孔叔。"太子闻之，下石乞于黡敌子路，以戈击之断缨。子路曰："君子死，冠不免。"结缨而死。孔子闻卫乱，曰："柴也来，由也死矣。"

《象山语录》

问子路死之非，只合责当时不合事辄。曰："此是去册子上看得来底，乱道之书成屋，今都滞在其间。"后云子路死，是甚次第。

不说弁而死

《左传》

襄公二十五年，崔子弑齐庄公，祝鲍父祭于高唐。至复命不说，弁而死于崔氏。

举鼎而死

《史记》

秦武王与孟说举龙文鼎绝膑而死。徐广曰：膑或作脉矣

听琴声而死

《燕丹子》

秦王曰："今日之计事，以子计耳，乞听琴声而死。"召姬人鼓琴，琴声曰："罗谷单衣，可掣而绝；八尺屏风，可超而越；鹿庐之剑，可负而拔。"轲不晓音，秦王从言掣之。绝超屏风负剑而走，轲拔匕首擿之决秦王，刃入铜柱火出。

物固有死

《战国策》

苏代曰："尧舜之贤而死，禹汤之智而死。"孟贲之勇而死，乌获之力而死。生之物固有不死者乎？

心未尝死

《庄子·德充符篇》

夫保始之征，不惧之实，勇士一人雄入于九军，将求名而能自要者而犹若是。而况宫

天地府万物,直寓六骸,象耳目一知之所知,而心未尝死。

禄尽则死

《杨龟山语录》

丰尚书稷尝言少时见雪窦教人惜福云。人无寿夭,禄尽则死。

国不待死

《经子法语·荀子》

国不待死,天下不待亡。注言不暇有所待而死亡速之甚也。

民报以死

《文子》

主遇之以礼,民报之以死。

义重于死

宋吴泳《鹤林集》

赐黄伯,固辞,依旧兵侍,知隆兴抚安使,不允诏。情生于文,岂不念天伦之爱!义重于死,而容辞王事之劳。

罪不至死

《旧唐书·杨纂传》

纂贞观初长安令,赐爵长安县男。有妇人袁氏妖逆,为人所告,纂究问之,不得其状。袁氏后又事发,伏诛,太宗以纂为不忠,将杀之。中书令温彦博以纂过误,罪不至死固谏,乃赦之。

和不如死

《南史·侯景传》

城中日蹙,简文乃请武帝曰:"侯景围逼,既无勤王之师,今欲许和,更思后计。"帝大怒,曰:"和不如死!"

败不如死

《左传》

哀公六年,楚子在城父将救陈。卜战不吉,卜退不吉。王曰:"然则死也。再败楚师,不如死。弃盟逃雠,亦不如死。"死一也,其死雠乎?

皆乐其死

《五代史·后唐伶官传》

庄宗时,魏王继岌已破蜀,刘皇后听宦者谗言,遣继岌贼杀郭崇韬。崇韬素疾伶人,由此皆乐其死。

尤讳言死

《清波杂志》

士大夫欲永保富贵,动有禁忌,尤讳言死。独溺于声色,一切无所顾避。闻人家姬侍有惠丽者,伺其主翁属纩之际,已设计贿牙僧,俟其放出以售之,虽俗有热孝之嫌,不恤也。又佩玉以尸沁为贵,酬价增数倍。墟墓之物,反为生人宝玩,是不可以理语。

胡不遄死

《诗·相鼠篇》

相鼠有体，人而无礼。人而无礼，胡不遄死。

有识之死

《增广字训》

淳图谓有识之死，受生循环。言人死神识不散，复寓形而受生。

小人曰死

《礼记·檀弓》

子张召申祥而语之曰："君子曰终，小人曰死。吾今日其庶几乎？"

杀人者死

《西汉书》

高祖初入关中，与父老约法三章：杀人者死，伤人及盗抵罪，余悉除去秦苛法。

《新唐书·王彦威传》

彦威其先出太原，擢明经甲科，累擢司封郎中、弘文馆学士、谏议大夫。兴平民上官兴杀人亡命，吏囚其父。兴闻自首请罪。京兆尹杜悰、御史中丞宇文鼎以其自归死，免父之囚，可劝风俗，议减死。彦威上言："杀人者死，百王共守。原不杀，是教杀人。"有诏贷死，彦威诣宰相，据法争论，下迁河南少尹。

始祸者死

《左传》

定公十三年,荀跞言于晋侯曰:“君命大臣,始祸者死,载书在河。今三臣始祸,而独逐鞅刑,已不均矣。请皆逐之。”

人传已死

宋《苏东披集·谢量移汝州表》

疾病连年,人皆相传于已死。饥寒并日,臣亦自厌其余生。

偷心已死

《禅林僧宝传》

黄龙青禅师曰:“古之学者言下脱生死,效在什么处?在偷心已死。”

一死

《书》

修五礼:五玉、三帛、二生、一死挚。孔疏曰一死,谓雉士所执也,不可生,故曰一死。王氏曰交有时,别有伦,守死而不犯分,然后可以为故士执雉也

但少一死

《续后汉书·宗预传》

时都护诸葛瞻初统朝事,廖化过预,欲与预共诣瞻许。预曰:“吾等年踰七十,所窃已过,但少一死尔,何求于年少辈而屑屑造门?”预遂不往。

所欠一死

《冷斋夜话》

东坡作赠举子诗曰:“平生万事足,所欠惟一死。”事见梁僧史。曰:世祖宴东府,王公毕集。诏跋陀罗至,跋陀罗皤然清癯。世祖望见,谓谢庄曰:“摩诃衍有机辩,当戏之。”跋陀趋外陛,世祖曰:“摩诃衍不负远来,惟有一死在。”即应声曰:“贫道客食陛下三十载,恩德厚矣,无所欠,所欠者唯一死耳。”

宋吴垌《五总志》

洪觉范虽以诗名,而荒唐不学,世无其比,未易一二举也。三国宗预云:“吾年逾七十,所窃已过,所欠唯一死耳。”故东坡曰:“年来万事足,所欠唯一死。”乃引梁僧跋陀罗为证。又四更自宝公塔还合妙齐,疲卧松下石上,其诗云:“露眠不管牛羊践,我是钟山无事僧。”初不知牛羊下来为底时节,而用于四更事中,以吾法议之,当断不应而从重。

独欠一死

《宋史·李诚之传》

诚之移知蕲州,蕲自南渡以来未尝被兵。诚之曰:“备御无素,金人长驱而来,将若之何?相视城壁而增益之。”嘉定十四年二月,金人犯淮南,时诚之已逾满,代者不至,欲先遣其孥归,闻难作而止。喟然谓其僚曰:“吾以书生再任边垒,行年七十,抑又向求?独欠一死尔。当与同僚戮力以守,不济则以死继之。”

所弃一死

《北盟录》

宋钦宗靖康中,粘罕军前交割三镇地界。冯枢密问杀使人否,对曰:“自古戎狄无道,何尝杀使人?”李徽猷云:“某所弃一死,无足计较者。”

分甘一死

《北盟录》

宋钦宗时，霍安国令仲熊与金人战。败被擒，见敌楼上张紫伞一柄，监军骨舍郎君坐其下，令人传译云："何故不晓逆顺抗拒王师？"仲熊曰："仲熊是赵皇臣子，奉安抚使指挥来将兵，才微兵薄，分甘一死。"后骨舍郎君乃贷其命。

甘分一死

《金史·毕资伦传》

宋龟山说制，时青乘隙袭破泗州西城。资伦失计，坠南城求死，为宋军所执，以见时青。青说之曰："毕宣差，我知尔好男子，亦宜相时达变。金国势已衰弱，尔肯降我宋，亦不负尔，若不从，见刘大师即死矣。"资伦极口骂曰："时青逆贼听我言，我出身至贫贱，结柳器为生，自征南始得一官，今职居三品，不幸失国家城池，甘分一死，尚不能报，肯从汝反贼求生耶！"

不过一死

《金史·杨达夫传》

达夫字晋卿，耀州三原人，泰和三年进士，有才干，所至可纪。会有诏徙民东入关，达夫与众行及韶，避兵于州北之横岭，为游骑所执。将褫衣害之，达夫挺然直立马首，略无所惧。稍侵辱之，即大言曰："我金国臣子，既为汝所执，不过一死，忍裸袒以黩天日耶！"遂见杀。

即有一死

《嘷艺集》

张太傅世杰本信安，归宋擢承宣使。丙子正月，宋秀王与择奉二王出宫航海，时独松告急。世杰力议出师，为陈宜中沮之。世杰曰："吾尽吾职分，延得一日，也是赵家一日之天下。如不可为，亦即有一死，庶几可见赵皇于地下。"世杰忠宋之心，已见于此时矣。

人有三死

《数类》

衰公问于孔子曰:"智者寿乎?仁者寿乎?"孔子曰:"然。人有三死,而非其命也,行已自取也。夫寝处不时,饮食不节,逸劳过度者,疾共杀之;居下位而上干其君,嗜欲无厌,求索不止者,刑共杀之;以少犯众,以弱侮强,忿怒不类,动不量力,兵共杀之。此三者死,非其命也,人自取之。若夫智士仁人,持身有节,动静有仪,喜怒以时,无害其性,虽得寿焉,不亦宜乎。"

横死有三

《法句譬喻经》

有病不治,为一横死;治而不慎,为二横死;憍恣自用,不达逆顺,为三横死。

八谷四死

《吴越春秋·勾践阴谋传》

计矶曰:"春种八谷,夏长而养,秋成而聚,冬畜而藏。夫天时有生而不救种,是一死也;夏长无苗,二死也;秋成无聚,三死也;冬藏无畜,四死也。虽有尧舜之德,无如之何!"

民有五死

刘向《说苑》

民有五死,圣人能去其三,不能除其二。饥渴死者可去也,冻寒死者可去也,惟五兵死者可去也。寿命死者不可去也,疽死者不可去也。饥渴死者,中不充也。冻寒死者,外胜中也。离五兵死者,德不忠也。寿命死者,岁数终也。痈疽死者,血气穷也。故曰中不正者,外淫作。外淫作者,多怨怪。多怨怪者,疾病生。故清净无为,血气乃平。

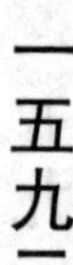

七死

《西汉书·鲍宣传》

哀帝时，宣上书谏曰："凡民有七亡，又有七死。酷吏欧杀，一死也；欧击也治狱深刻，二死也；冤陷亡辜，三死也；盗贼横发，四死也；怨雠相残，五死也；岁恶饥饿，六死也；时气疾疫，七死也。"

九死

《离骚》

虽九死其尤未悔。

恕以十死

《隋书·郑译传》

宣帝时，译内史事。初高祖与译有同学之旧，译又素知高祖相表有奇倾心相结至是高祖为宣帝所忌情不自安，尝在永巷，私于译曰："久愿出藩，公所悉也。敢布心腹，少留意焉。"译曰："以公德望，天下归心。欲求多福，岂敢忌也！谨即言之。"时将遣南征，译请元帅，遂请高祖为寿阳总管，以督军事。帝从之。明日高祖为丞相，拜译柱国相府长史，治内史上大夫事。及高祖为大冢宰，总百揆，以译兼领天官都府司会，总六府事，出入卧内，言无不从，赏赐玉帛，不可胜计。每出入以甲士从，拜其子元璹为仪同。时尉迥王谦，司马消难等作乱，高祖逾加亲礼，俄而进位上柱国，恕以十死。

龙逢谏死

《太平御览》

符子曰："桀观炮烙于瑶台，谓龙逢曰："乐乎？"龙逢曰："乐。"桀曰："观刑何无恻怛之心？"龙逢曰："天下苦之，而君以为乐。臣君之股肱，何不悦乎？"桀曰："听子谏。谏得我改之，谏不得我刑之。"龙逢曰："臣观君冠，危石也。臣观君履，春冰也。未有冠石而不压，蹈春水而不陷。"桀笑曰："是曰亡则与俱亡。子知我之亡，而不自知乎亡。子就炮烙

之刑，吾观子。"龙逄歌趋曰："造物劳我以生，息我以炮烙，故涉斯，我乐人不知。"赴火而死。

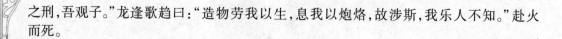

战死

《西汉书·李陵传》

成安侯者，颍川人。父韩千秋，故济南相，奋击南越，战死，武帝封其子延年为侯，以校尉随陵。单于使骑并攻汉军，疾呼曰："李陵、韩延年趣降"。遂遮道急攻。陵夜半时击鼓起，士鼓不鸣。陵与韩延年俱上马，壮士从者十余人，虏骑数千追之。韩延年战死。

《应天府志》

临海，松阳人。柳荣，从张悌至杨州，荣病死船中二日。时军已上岸，无有埋之者。忽然大呼言"人缚军师！人缚军师！"声激扬，遂活。人问之，荣曰："上天北斗门下，卒见人缚张悌，意中大愕，不觉大呼。言何以缚张军师？门下人怒荣，叱逐使去。荣便去。"怖惧曰："余声发扬耳。"其日悌战死。

《元史·忠义传》

任志死国，王闵之，令其子存袭。庚寅岁，金将武仙攻潞州，存战死。

当战死

《北史·安同传》

宜城王奚斤自长安追赫连昌至安定，同子颉为监军侍御史。斤以马多疫死，士众乏粮，乃筑垒自固。昌遂骄矜，日来侵掠。颉曰："等死当战死，宁可坐受囚乎？"乃阴与尉眷等谋选骑马。昌来攻垒，颉出应之。昌马蹶而坠，颉擒昌送京师。

尚战死

《新唐书·骠骑传》

昆明蛮尚战死，恶病亡。胜兵数万。

父子战死

《资治通鉴》

唐高宗龙朔二年，二月戊寅，左骁卫将军、白州刺史、沃沮道总管庞孝泰与高丽战于蛇水之上，军败，与其子十三人皆战死。

与贼战死

《续通鉴长编》

宋神宗元丰五年，初费万为蛮所袭，经略司数移文责知宣州王奇，奇不能堪。后数日贼万余人攻普义砦，与官军战，奇出遂败。尚有亲兵数百，或劝成乘骑逃去。奇辄骂曰："大丈夫当尽节以报国。"遂死之。

兵出战死

《资治通鉴》

昭宗景福二年，时溥求救于朱瑾。朱全忠遣其将霍存将骑兵三千军曹州以备之。瑾将兵二万救徐州，存引兵赴之，与朱友裕合击徐兖兵于石佛山下，大破之，石佛山近彭城。薛史曰石佛山在彭门南。述征记。彭城南有石佛山。顶方二丈二尺瑾遁归兖州。辛卯，徐兵复出，存战死。霍存恃胜而不虞。徐兵之复出。故战败而死。复扶又翻。

朱全忠

城陷战死

《宋史·韩浩传》

浩，丞相琦孙，守潍州。建炎二年，金人攻城，浩率众死守。城陷，力战死之。特赠三官，官其家三人云。

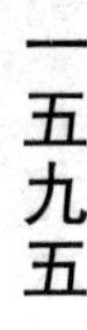

上岸战死

《隋书·麦铁杖传》

铁杖骁勇有膂力，辽东之役，请为前锋。顾谓医者吴景贤曰："大丈夫性命自所在，岂能艾炷炙额，瓜蒂歕鼻，治黄不差，而卧死儿女手中乎？"将度辽，谓其三子曰："阿奴当备浅色黄衫，吾荷国恩，今是死日。我既被杀，尔当富贵。唯诚与孝，尔其勉之。"及济桥未成，去东岸尚数大，贼大至。铁杖跳上岸，与贼战死。

下马战死

《有官龟鉴》

张须陀以功迁齐郡通守，领河南道十二郡黜陟讨捕大使。寻将兵拒东都郡贼翟让，前后二十余战，每破走之，转荥阳通守。时李密说让取洛口仓，让惮须陀，不敢进。密劝之，让遂与密率兵逼荥阳。须陀拒之，让惧而退。须陀乘之，逐北十余里。时李密邀击须陀，军遂败。密与让合军围之，须陀溃围辄出，左右不能尽出。须陀跃马入救之，往来数四，众皆败散，乃仰天曰："兵败如此，何面目见天子乎！"乃下马战死。

舍马战死

《宋史·忠义传》

牛皓与金将遇，所部步不满二百，乃下与战。谓其徒曰："吾所以舍马者，欲与若等同死也。"金人欲招之，皓力战死。

犒军死战

《新唐书·李希烈传》

高彦昭击家牛犒军士，死战，斩首三千级。

饮血力战死

《元史·石天应传》

天应曰:“先时人谏我南迁,吾违众而来此,事急弃去,是不武也。汝等勉之。”少顷,敌兵四合,天应饮血力战,至日午死之。木华黎闻而痛惜焉。

男儿当战死

《元史·石天应传》

吾年垂六十,老耄将至,一旦卧病床第,闻后生辈立功名,死不瞑目矣!男儿要当死战阵以报国,是吾志也。

为君父死

《宋史·忠义传》

李成大知金坛县,北兵至,战不胜,为吏民挟降,乃谋复金坛。事泄系狱,榜掠不屈,遂杀其二子以惧之,终不屈。笑曰:“子为父死,臣为君死。”卒杀之。

《张南轩语录》

先生曰:某顷侍先公在淮上,忽报虏骑将至。先公以城中兵少为忧,问某曰:“将何以应之?”某曰:“惟当率城中军民戮力一战。不得已,则父为君死,子为父死而已。”

但为主死

《忠义传》

张弘范兵至崖山,得张世杰甥韩,命以官,使三至招之。世杰历数古忠臣,曰:“吾知降生且富贵,但为主死不移耳。”

为国家死

《宋史·赵师旦传》

师旦知康州，依智高破邕州，顺流东下，贼已薄城下。师旦止有兵三百，开门迎战，杀数十人。会暮贼稍却，师旦语其妻取州印佩之，使负其子以匿。曰："明日贼必大至，吾知不敌，然不可以去。尔留死无益也。"遂与监押马贵部士卒固守州城。迟明，贼攻城愈急，左右请少避，师旦曰："战死与戮死何如?"众皆曰："愿为国家死!"至城破，无一人逃者。矢尽，还据堂而坐。智高麾兵鼓噪争入胁师旦，大骂曰："饿獠！朝廷负若何事，乃敢反邪？天子发一校兵，汝无遗类矣!"智高怒，并贵杀之。贼去，州人立庙。事平，赠光禄少卿云。

为国致死

《左传》

昭公元年，赵孟曰："临患不忘国，忠也；思难不越官，信也；图国忘死，贞也；谋主三者，义也。"

《宋史·刘汲传》

时金人复渡河，谍知邓州为行在所。命其将银朱急攻京西，汲遣副总管侯成林守南阳。金人奄至杀成林，汲集将吏谓曰："吾受国恩，恨未得死所。金人来必死。汝有能与吾俱死者乎?"皆流涕曰："惟命。"乃下命募敢死士四百人。及南阳陷，命将戚鼎将兵三千逆战。及命靳义与赵宗印分西南门犄之。汲自以牙兵四百登陴，望见宗印从间道遁，即自至鼎军中，麾其众阵以待敌至，皆死斗，敌却。俄而义败，金人攻之益急，矢下如雨，军中请汲去，汲不许。曰："使敌知安抚使在此，为国致死。"敌大至，汲死之。事闻，赠太中大夫，谥忠介。

为社稷死

《北盟录》

靖康二年，金人出榜阙下求立异姓，云军前南官亦当举。唯何㮚。李若水预此议。及军前，取其家属兄若虚到南薰门亲见。番官数人共叹其忠，且言"我大辽死难者二十余人，你南朝只李侍郎一人。"后自京师奔大元帅府，上书者数十人，皆言为社稷死者，唯李若水一人。

为民而死

《元史·杨朵儿只传》

子不花，文宗入继大统，除通政院判。将行，值陕西诸军拒诏，郡邑守吏率民逃之。不花独率众出御，呼西人谕之曰："民者祖宗所致，国家大事，何与于民？汝等既昧逆顺，又欲残此无辜，吾有为民死尔，不汝从也。"阵溃，遂见杀。

为忠义死

《名臣言行录》

孙昭远为都总管，尝与诸子书曰："今日扞御甚难，若假一岁，庶几可保。吾四男二女，今不复念，要为忠义死耳。"

尽忠得死

《史记·郑世家》

解扬将死，顾谓楚军曰："为人臣毋忘尽忠得死者。"楚王诸弟皆谏王赦之。于是赦解扬。

守正而死

《新唐书·列女传》

殷保晦妻封。保晦历校书郎，黄巢入长安，共匿兰陵里。保晦逃，贼悦封色。欲取之，固拒。贼怒，勃然曰："从则生，不然正膏我剑。"封骂曰："我公卿子，守正而死，犹生也。终不辱逆贼手。"遂遇害。保晦归，左右曰："夫人死矣。"保晦号而绝。

抱义而死

马令《南唐书·潘丞祐传》

王延政镇建州，辟丞祐为度支判官。延政与福州构隙，丞祐极谏，不纳。会晋安使至，延政大阅以夸示之，辞气益悖。丞祐长跪固谏，其言甚切。延政大怒，谓军士曰："汝可为我食判官肉。"丞祐曰："与其不义而生，孰若抱义而死！事势如此，蚤死为幸。"久之乃解。

竭力效死

《金史·马庆祥传》

大将蒙古不花将攻凤翔行省，檄庆祥分道清野，行遇先锋于浍水，战不利，且行且战。将及城，会大兵邀其归路，度不能脱，令其骑曰："吾属荷国厚恩，竭力效死，乃其职也。"

臣愿效死

《名臣言行录》

金人再犯京师，议割两河，须大臣偕行。聂昌耿南仲皆以事辞。陈过庭曰："主忧臣辱，臣愿效死。"

见难能死

《程氏外书》

匹夫悍卒，见难而能死者有之矣。惟情欲之牵，妻孥之爱，断而不惑者鲜矣。

握节以死

《宋史·崔纵传》

纵登政和五年进士第，累迁承议郎，干辨审计司。二帝北行，高宗将遣使通问，廷臣以前使者相继受击莫肯往，纵毅然请行，乃授朝请大夫右文殿修撰、试工部尚书以行。比至，首以大义责金人，请还二帝。又三遗之书。金人怒，徙之穷荒，纵不少屈。久之，金人许南使自陈，而听其还。纵以王事未毕，不忍言。又以官爵诱之，纵恚恨成疾，竟握节以死。洪浩、张邵还，遂归纵之骨，诏以兄子延年为后。

守城而死

《倦游杂录》

侬贼破邕州，偶江涨，遂乘桴沿流入番禺。时赞善大夫赵师旦知康州，到任始一月。贼既迫境，谕官属吏民使避贼。谓曰："吾固知斯城不可守，然守城而死，乃监兵洎吾之职也。若曹无预祸。"贼既至，率弱卒不满百御之半日。城陷，赵与监兵者皆死之，士卒得免者无一二。先是一日，赵方出其妻藏于山谷，道中生一子，弃草中。贼去凡三日归，视之尚生，人谓忠义之感。又有曹觐者，以太子中舍知封州。贼既至，乃易服遁去，未十余里，为贼所擒。贼犹谓曰："汝乃好骂我南人作蛮者也，今日犹不拜耶?"曹竟不屈，至晚积薪燔死于江壖。时本路主漕运者与曹有旧，乃移师旦事于觐，仍诗之于石。朝廷赠觐太常少卿，子孙弟侄洎女子授官赏命服者数人。赵赠卫尉少卿，一子得殿直。赵史君之事，岭外人率皆知之。康州人为之立祠堂，至今祭享不绝。

冒阵而死

《续后汉书·诸葛瞻传》

魏邓艾自阴平由景谷道入，瞻督诸军拒之。至涪而艾已长驱而前。破瞻前锋。瞻退住绵竹。艾遣书诱瞻曰："若降者，必表为琅琊王。"瞻怒，斩艾使，遂战，大败，临阵死，时年三十七。瞻长子尚叹曰："父子荷国重恩，不早斩黄皓，使败国殄民，何用生焉。"策马冒阵而死。

叱贼而死

《北史》

郦道元,字善长,除御史中尉。时雍州刺史萧宝寅反状稍露。侍中城阳王徽素忌道元,因讽朝廷遣为关右大使。遣其行台郎中郭子帙围道元于阴盘驿亭。道元瞋目叱贼,厉声而死。

骂贼而死

《金史·李宝信妻王氏》

张觉以平州叛,王氏陷贼中,贼欲逼室之。王氏骂贼,贼怒,遂支解之。

《元史·忠义传》

萧景茂家贫力农。至元四年,南胜县民李智甫作乱,掠龙溪。景茂与兄佑集乡丁拒之。众败,景茂被执,贼胁使从己。景茂骂曰:“狗盗!我生为大元民,死作隔洲鬼,岂从汝为逆耶?”贼怒,缚景茂于树,脔其肉。景茂益愤骂。贼以刀决其舌,景茂骂不绝声而死。

遇贼而死

《元史·忠义传》

合剌普花以右丞唆都督兵征占城。交趾属护饷道,北至东莞博罗界中。遇剧贼欧锺等,横绝石湾,其锋锐甚。合剌普花身先士卒,且战且行,矢竭马创,徒步格斗,以众寡不敌,为所执。贼欲奉之为主,不屈,遂遇害。

平贼甘死

《新唐书·封常清传》

常清平贼,败书闻,帝削常清官使白衣录高仙芝军效力。仙芝使衣黑、衣监左右部军。及边令诚以诏书至示之,常清曰:“吾所以不死者,恐汙国家节,受戮贼手。今死乃甘心。”

遇兵赴死

《元史·列女传》

赵彬妻朱氏天历初，西兵掠河南，朱氏遇兵被执，逼与乱。朱氏拒不能脱，绐以井傍瘗金，得近井，即赴井中死。又王氏女安哥从父避兵印山，兵搜得之，欲污之。安哥不从，投涧死。有司言状，表其庐。

杀马示必死

《宋史·曹友闻传》

北兵入兴元，至大安，友闻分遣诸将夹击，亲帅精兵入龙尾头。弟万闻之，五鼓出隘口与之会，内外两军皆殊死战，血流二十里。黎明大兵益增，乃以铁骑四面围绕。友闻叹曰："此殆天乎！吾有死而已。"于是极口诟骂，杀所乘马，以示必死。血战愈厉，与弟万俱死。军尽殁，北兵遂长驱入蜀矣。事闻，特赠龙图阁学士太中大夫，赐庙褒忠，谥曰节。万特赠武翼大夫。

令死即死

杨内翰《谈苑》

太祖善御豪杰，得人之死力。居常多幸讲武池，临流观习水战，因谓左右曰："人皆言忘身为国，然死者人之所难。言之易。"尔时禁卫将帅军厢主皆侍侧，有天武厢主李进卿前对曰："如臣者令死即死耳。"遂跃入池中。太祖急令水工数十人救之，得免，几于委顿。

扼吭而死

《契丹志》

太宗会同十年十二月，辽伐晋，杜威等降。初威之降也，皇甫遇初不与谋。辽帝欲遣遇先入大梁，遇辞退，谓所亲曰："吾位为将相，败不能死，何面目复南行？"至平棘，遂扼吭而死。

太宗会同十年十二月，辽帝既破晋，遣兵趣河阳，捕景延广。延广见帝于封丘。帝责

之曰："两主失权，皆汝所为也。十万横磨剑安在？"召乔荣使相辨证。荣出衣襟所藏书，乃以十事责延广。每服一事，授一牙筹。授至八筹，帝叱锁之。后命押送归本国，宿陈桥，夜分扼吭而死。

拜日而死

《元史·石抹也先传》

祖库烈儿誓不食金禄，率部落远徙。年九十，夜得疾，命家人候日出以报。及旦，沐浴拜日而死。

东向而死

《晋书·刘聪纪》

赵染与索綝战于城西，鲁徽谏止，染不听，败绩而归。染悔曰："吾不用鲁徽之言，以至于此，何面目见之？"于是斩徽。徽临刑谓染曰："将军愎谏违谋，戆而取败，而复忌前害胜，诛戮忠良，以逞愚忿，亦何颜面瞬息世间哉？袁绍为之于前，将军踵之于后，覆亡败丧，亦当相寻。所恨不得一见大司马而死。死者无知则已，若其有知，下见田丰为徒，要当诉将军于黄泉，使将军不得服床枕而死。"叱刑者曰："令吾面东向。"大司马曜闻之曰："蹄涔不容尺鲤，染之谓也！"

南乡拜而死

《宋史·文天祥传》

天祥临刑，殊从容谓吏卒曰："吾事毕矣。"南乡拜而死。数日，其妻欧阳氏收其尸，面如生。年四十七。

不可无名而死

《金史·完颜素兰妻传》

参政完颜素兰妻，亡其姓氏。当崔立之变，谓所亲曰："吾夫有天下重名，吾岂肯随众陷身，以辱吾夫乎？今日一死固当，但不可无名而死，亦不可离吾家而死。"即自缢于室。

以人从死

《通鉴·周外纪》

赧王四年，是岁秦武公薨。初以人从死，从死者六十六人。子白不立，封平阳。立其弟德公。

良臣从死

《史记·秦本纪》

三十九年，缪公卒，葬雍，从死者百七十七人。秦之良臣子舆氏三人，名曰奄息、仲行、鍼虎，亦在从死之中。君子曰："秦缪公不为诸侯盟主，亦宜哉？死而弃民，收其良臣而从死，且先王崩，尚有遗德垂法，况夺之善人良臣。百姓所哀者乎！是以知秦不能复东征也。"

室人从死

《子思子》

公父文伯死，室人有从死者，其母怒而不哭。相室谏之，其母曰："孔子天下之贤人也，不用于鲁，退而去，是子素宗之，而不能随。今死而内从死者二人焉，若此，其于长者薄，于妇人厚也。"

臣请从死

《史记·李斯传》

公子高欲奔，恐收族，乃上书先帝无恙时："臣入则赐食，出则乘舆。御府之衣，臣得赐之；中厩之宝马，臣得赐之。臣当从死而不能，为人子不孝，为人臣不忠，不忠者无名以立于世。臣请从死，愿葬郦山之足，惟上幸哀怜之。"

士多从死

《西汉书·匡衡传》

元帝时，匡衡上疏云：秦穆贵信，而士多从死。注应邵曰：秦穆公与群臣饮酒，酒酣，公曰，生共此乐，死共此哀，于是奄息仲行鍼虎许诺，及公薨，皆从死。黄鸟诗所为作也。

止从死

《史记·秦本纪》

献公元年，止从死。

东女王死

《新唐书·西域东女传》

东女王死，国人以金钱数万纳王族，求淑女二立之，次为小王。王死因以为嗣，或姑死妇继，无篡夺。贵人死剥其皮，内骨瓮中，糅金屑瘗之。王之葬，殉死者数十人。

人愿随死

《岭外代答》

阇婆国，国王及官豪有死者，左右承奉人皆愿随死。焚则跃入火中，弃骨于水，亦踣水溺死不悔。

毒死

《新唐书·李希烈传》

贞元二年，李希烈遣杜文朝寇襄州，为樊泽所破，获文朝会嗣曹王皋、张建封、曲环及李澄，四略其地，势日蹙。希烈缩气不敢摇，啖牛肉而病，亲将陈仙奇阴令医毒之，以死。

饮药而死

《东汉书·蔡伦传》

伦初受窦后讽旨,诬陷安帝祖母宋贵人。及太后崩,安帝始亲万机,敕使自致廷尉。伦耻受辱,乃沐浴整衣冠,饮药而死。

李希烈

《新唐书·列女传》

杨庆妻,王世充兄之女。庆以河间王子为郇王守荥阳,陷于世充,故世充妻之,用为管州刺史。太宗攻洛阳,庆谋与王曰归唐,谢曰:“郑以我奉箕箒者,缀公之心。今负恩背义,自为身谋,可若何?至长安,则公家婢耳,愿送我还东都。”庆不听。王谓左右曰:“唐胜则郑灭,郑安则吾夫死。若是,生何益?”乃食药死。庆入朝,官宜州刺史。”

竟以药死

《事文类聚》

韩退之为李干墓志叙,当世名贵,服金石药,欲生而死者数辈。著之石,藏之地下,岂为一世戒耶?而竟以药死,故白传云:“退之服琉黄,一病竟不痊也。”

服丹致死

王明清《挥尘余话》

王称定观者,元符殿帅恩之子,有才学,好与元祐故家游。范元实温潜溪诗眼中亦称其能诗。政和末,为殿中监,年二十八矣。东眷悬渥,少年贵以酒色自娱。一日忽宣召入禁中,上云:“朕近得一异人能制丹砂,服之可以长生久视。炼治经岁而成,色如紫金,卿为试之。”定观忻跃拜命,即取服之。才下咽,觉胸间烦燥之甚,俄顷烟从口中出。急扶归,已不救。既殓之后,但闻棺中剥啄之声,莫测所以。已而火出其内,顷刻之间,遂成烈焰,室庐尽焚,开封府尹亟来救之,延烧数百家方止。但得枯骨于余烬中,亦可怪也。

服丹疽死

王明清《挥尘余话》

丁广任保州教授，会有道人过郡，自言能炼大丹，服之可以无疾，然后飞升度世。郡之守贰馆之选日创宅，依其法炼之四十九日而成。广闻之，裁书以献，乞取刀圭，以养病身，仅得半粒。广忻然服之，不数日郡将通判皆疽发于背，相继而死。广腰间亦生疖甚恐，亟食地浆解之。明年疾作，因澡身入水疮中，遂不能起。金石之毒，有如是者，并书于此，以为世诫云。

引椒而死

《北史·高允传》

高遵子元荣诣洛讼冤，犹恃道登，不时还赴。道登知事决方乃遣之，遵恨其妻不与诀，别处沐浴，引椒而死。

食马肝死

《西汉书·郊祀志》

武帝既诛文成，后悔其方不尽。及见栾大，大说。大为人长美言，师古曰，善为甘美之言也。多方略，而敢为大言，处之不疑。大言曰："臣常往来海中，见安期羡门之属，顾以臣为贱，不信臣。师古曰：'顾念也。'又以为康王诸侯耳，不足与方。臣数以言康王，康王又不用臣。"臣之师曰："黄金可成，而河决可塞，不死之药可得，仙人可致也。"然臣恐效文成，则方士皆掩口，恶敢言方戴？上曰："文成食马肝死耳。注：索隐曰，气勃而毒盛，故食走马肝杀人，儒林传曰食肉无食马肝是也。子诚能修其方。我何爱乎。"

刮金饮之而死

《续后汉书·孙坚传》

先荆州刺史王睿与坚共击零桂贼，以坚武官，言颇轻之。及武陵大守曹寅诈檄移坚收睿，坚即勒兵袭睿。睿穷迫，刮金饮之而死。

刮金印服之而死

《吴志》

诸葛融为奋威将军，摄兵驻公安。兄恪既诛，乃取融。兵到围城，食药而死。《江表传》曰：先是公安有灵鼍鸣，童谣曰："白鼍鸣，龟背平，南郡城中可长生，守死不去义无成。"及恪诛，融果刮金龟印服之而死。

自经而死

《高氏小史》

宋文帝元嘉三年，以徐羡之、傅亮、谢晦杀废帝及卢陵王诛之。尔曰：召羡之行至西门外，谢晦弟嚼为黄门郎上直，报亮云殿内有异处分。亮驰报羡之，回还西州。乘内人问讯，车出郭，步走至新林入陶灶中，自经而死，年六十三。时为司徒南平公，有官龟鉴赵昂发守池州。城将陷，发遂置酒与妻作别，云："我世受国恩，今力竭城陷，惟有死而已。"妻曰："君死，妾又如何独生？"乃相与自经而死。

《金史·胡天作传》

天作守平阳凡四年，屡有功，诏录其子定哥为奉职。元光元年，十月，青龙堡危急，诏遣古里、申石伦会张开、郭文振兵救之，次弹平寨东三十里不得进。知府事木虎忽失来总领提控王和，各以兵归顺。临城索其妻子，民兵皆溃。执天作，天作已归顺。诏诛忽失来子之南康者，命天作子定哥承应如故。天作已受大元官爵，佩虎符招抚怀孟之民，定哥闻之，乃自经死，赠昭武将军。

夫殁自经死

《元史·列女传》

赵美妻王氏，至治元年，美溺死。舅姑念其年少无子，欲使更适，以族侄继婚。王氏知不免，即自经死。

李冬儿，丁从信妻也，年二十二。从信殁，服阕，父母问之曰："吾为汝再择婿。"冬儿不从，还从信家自经死。

李氏，惠高儿妻也。高儿殁，父母欲嫁之，李氏自缢死。

家亡自经死

《元史·列女传》

贵哥,罗五十三妻也。天历初,五十三得罪贬海南,籍其家,诏以贵哥赐近侍卯罕。卯罕亲迎之,贵哥度不免,如厩自经死。

董安于缢死

《左传》

定公十四年,梁婴父恶董安于,谓知文子曰:“不杀安于,使终为政于赵氏。赵氏必得晋国。”盍以其先发难也,讨于赵氏。文子使告于赵孟子曰:“范中行氏虽信为乱,安于则发之,是安于与谋乱也。晋国有命,始祸者死。二子既伏其罪矣,敢以告。”赵孟患之,安于曰:“我死而晋国宁,赵氏定,将焉用生,人谁不死。晋死莫矣。”乃自缢而死。赵孟尸诸市,而告于知氏曰:“主命戮罪人,安于既伏其罪矣。敢以告。知伯从赵孟盟而后赵氏定,祀安于庙。”

逼令缢死

《旧唐书·长孙无忌传》

许敬宗诬奏无忌谋反,高宗竟不问所由,惟听诬构之说,遂去官爵,流黔州。敬宗寻与吏部尚书李义府,遣大理正袁公瑜,就黔州重鞫无忌反状,公瑜逼令自缢而死,籍没其家。无忌既有大功,而死非其罪,天下至今哀之。

遭妒绞死

《训女蒙求·九州春秋》

司隶冯方女,国色也,袁术悦而纳之。诸妇害其宠,语之曰:“将军贵人有志节,当时时涕泣忧愁,必长见钦重。”从之。后诸妇因共绞系之梁,术诚以为不志而死,厚加殡敛。

马缰绞死

《资治通鉴》

高宗咸亨二年,贺兰敏之敕流雷州,复其本姓。至韶州,以马缰绞死。

自到而死

《西汉书·尹翁归传》

翁归为右扶风,缓于小弱,急于豪强。豪强有论罪输掌畜官,使斫莝,责以负程,不得取代。不中程辄笞督,极者至以斧自到而死。京师畏其威严。师古曰:"论罪,决罪也。"扶风畜牧所在,有苑师之属,故曰掌畜官也。畜,许救反莝,斩莝,音千卧反斧斫莝忍也。

自刎而死

《东汉书·隗嚣传》

嚣奔西城,从杨广月余。杨广死,嚣穷困。其大将王捷别在戎丘,登城呼汉军曰:"隗王城守者,皆必死无二心。愿诸军亟罢,请自杀以明之。"遂自刎而死。

《有官龟鉴》

李芾德祐乙亥守谭州,竭力备御。吴继明夜半密使人出城议降,公不知之。将纳此,迫书状,公曰:"我不晓如何书?"逐入东向再拜曰:"臣力竭矣,无以谢陛下。"即命郤子沈忠先坏一家老幼,次及公,然后纵火焚之。沈忠叹曰:"侍郎且拼得命,吾敢爱死?"既纵火,亦自刎而死。

伏剑而死

《晋书·车济传》

济果毅,有大量,张重华以为金城令。为石季龙将麻秋所陷,济不为秋屈。秋必欲降之,乃临之以兵。济辞色不挠,曰:"吾虽才非庞德,而受任同之。身可杀,志不可移。"乃

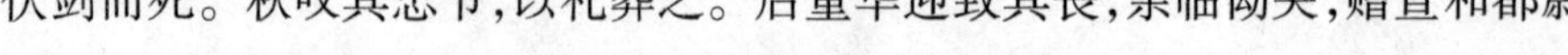

伏剑而死。秋叹其忠节，以礼葬之。后重华迎致其丧，亲临恸哭，赠宣和都尉。

《通鉴·周外纪》

齐田恒与国人盟，曰："不盟者死及家。"石佗人曰："不盟，是杀吾亲也。从人而盟，是背吾君也。呜呼！生于乱世，不得正行；劫于暴人，不能全义。"乃进盟以免父母，退伏剑而已。

手剑格死

《西汉书·鲍宣传》

山阳曹竟、子期皆儒生，去官不仕于莽。莽死，汉更始征曹竟以为丞相封侯，竟不受侯爵。会赤眉入长安，欲降竟，竟手剑格死。

刎脰而死

《谷梁传》

僖公十年，晋杀其大夫里克，称国以杀，罪累上也。里克弑其二君与一大夫，其以累上之辞言之，何也？其杀之不以其罪也。其杀之不以其罪奈何？里克所为弑者，为重耳也。夷吾曰："是又将杀我乎。"故杀之不以其罪也。其为重耳弑奈何？晋献公伐虢得丽姬，献公私之，有二子，长曰奚齐、稚曰卓子。丽姬欲为乱，故谓君曰："吾夜者梦夫人趋而来，曰：'吾苦畏！'胡不使大夫将卫士而卫冢乎！"公曰："孰可使？"曰："臣莫尊于世子。则世子可。"故君谓世子曰："丽姬梦夫人趋而来曰：'吾苦畏！'女其将卫士而往卫冢乎！"世子曰："敬诺。"筑宫。宫成，丽姬又曰："吾夜者梦夫人趋而来，曰：'吾苦饥！'世子之宫已成，则何为不使祠乎？"故献公谓世子曰："其祠。"世子祠已，祠致福于君，君田而不在。丽姬以酖为酒，药脯以毒。献公田来，丽姬曰："世子已祠，故致福于君。"君将食，丽姬跪曰："食自外来者，不可不试也。"覆酒于地而地贲，以脯与犬犬死。丽姬下堂而啼呼曰："天乎！国子之国也。子何迟于为君？"君喟然叹曰："吾与女未有过切，是何与我之深也？"使人谓世子曰："尔其图之。"世子之傅里克谓世子曰："自入自明则可以生，不入自明则不可以生。"世子曰："吾君已老矣，已昏矣，吾若此而入自明，则丽姬必死。丽姬死，则吾君不安。所以使吾君不安者，吾不若自死。吾宁自杀以安吾君，以重耳为寄矣。"刎脰而死。故里克所为弑者为重耳也。夷吾曰："是又将杀我也。"

绝脰而死

《金史·聂孝女传》

孝女字舜英,尚书左右司员外郎天骥之长女也,年二十三,适进士张伯豪。伯豪卒,归父母家。天骥留汴,崔立劫杀宰相,天骥被创甚,日夜悲泣,恨不即死。舜英谒医救疗百方,至刲其股,杂他肉以进,而天骥竟死。时京城围久食尽,舜英颇读书知义理,自以年尚少艾,夫既亡,父又死非命,比为兵所汙,何若从吾父于地下乎!葬其父之明日,绝脰而死。一时士女贤之。

溃腹死

《有官龟鉴》

李玄通历定州总管,为刘黑闼所破。爱其才欲以为将,不听,囚之。故吏有饷食馈者,玄通曰:“诸君见哀,吾能一醉。”遂纵饮。谓守者曰:“吾能舞剑,可借刀。”守士与之。曲终仰天太息曰:“大丈夫抚方面不能保所守,尚何视息邪?”乃溃腹死。

以杙抉伤而死

《左传》

襄公十七年,齐人获臧坚,齐侯使夙沙卫唁之,且曰无死。坚稽首曰:“拜命之辱,抑君赐不终,姑又使其刑臣礼于士。”以杙抉其伤而死。注。杙,小木橛也。臧坚义不受辱,乃以杙自抉其所伤而死。

焚死

《抱朴子内篇·论仙卷》

噎死者不可讥神农之播谷;烧死者不可怒燧人之钻火。

登楼焚死

《资治通鉴》

昭宗景福二年,汴军攻徐州,累月不克。自去年十一月攻徐州至是五月矣。通事官张涛以书白朱全忠云:"进军时日非良,故无功。"全忠以为然。敬翔曰:"今攻城累月,所费甚多。徐人已困,旦夕且下。使将士闻此言,则懈于攻取矣。"全忠乃焚其书。癸未,全忠自将如徐州。戊子,庞师古拔彭城,时溥举族登燕子楼自焚死。僖宗中和元年,时溥据徐州,至是而亡。张建封之镇徐也,有爱妓曰盼盼。建封既没,张氏旧弟有小楼名"燕子",盼盼念旧爱而不嫁,居是楼十余年,幽独怅然。出《白乐天集》。

《考异》曰:五月,汴州奏拔徐州。《旧纪》:四月,汴将王重师、牛存节陷徐州。《旧传》:溥求援于兖州,朱瑾出兵救之。值大雪,粮尽而还。汴将王重师、朱存节夜乘梯而入,溥与妻子登楼自焚而卒。景福二年也。《新纪》:四月戊子,朱全忠陷徐州,时溥死之。薛居正《五代史·梁纪》:丁亥,师古下彭门,枭溥首以献。《唐太祖纪年录》:四月,泽州李罕之上言:怀孟降人报汴将庞师古于今月八日攻陷徐州,徐帅时溥举族皆没。温既下徐,方诈清朝廷命师,昭宗乃以兵部尚书孙储为徐帅。既而温以它词斥击,自以其将镇之。四月八日盖河东传闻之谈,今从《编遗录》《新纪》。

侮神焚死

《夷坚志》

亳州盖老君乡里,故立太清宫崇事之。尝有道人卖药者,敝衣贫窭,而意气扬扬甚倨。携药炉诣殿下烧药,大言自尊。指圣像曰:"此吾之弟子也。吾为老君师。"聚观渐众,须臾火自炉出,灼其衣,焰发满身,惊而走。左右以水沃之,不灭,狂走廷中。火所经他物不焚,独焚厥身。已而北面像前,若首状者,遂死,视其躯干,皆灼烂矣。

遇贼焚死

《啽艺集》

邓中甫,名光荐,卢陵人。宋乙亥冬,携家避地于闽。次年,景炎阃帅赵总卿以书币辟干官。冬香山警,挈家入山遇土贼,一妻、四儿、四女、三妾十二口皆焚死。

百口焚死

《悦生随抄》

虏每欲南寇，宇文虚中则屡以策止之。至有江南荒僻，得之不足以富之语。王伦朱弁相继得归，皆能言其状。上大嘉奖。虚中亦附奏言虏中虚实。时家在闽中，上命其子师瑗添差本路转运判官。桧虑虚中，沮和议，反遣其家至虏，以牵制之。绍兴十五九月，金主□祀天于郊，虚中先是尝与其家翰林学士高谭等谋，以是日劫杀之。前期以蜡书来告，乞为外应，桧拒不纳。会虏亦觉，虚中与老幼百口同日受焚死。天为之昼晦。

纵火烧死

《资治通鉴》

隋炀帝大业九年，杜伏威转掠淮南，自称将军。江都留守遣校尉宋颢讨之。帝置鹰扬府郎将、副郎将，每府置越骑校尉二人掌骑士；步兵校尉一人，掌部兵。守，式又翻。校，户教翻。伏威与战，阳为不胜，引颢众入葭苇中，因从上风纵火，颢众皆烧死。

纵火而死

宋《北盟录》

太原陷，金人入城，守臣通判王逸誓不屈贼，登阁抱太宗御容，令人纵火而死。

投火而死

宋《北盟录》

内侍黄经臣投火而死。靖康小雅曰："公讳经臣，为保德军承宣使。金人既集城下，上命公督视东壁。城陷之夕，金人自陈门入，循城而东，纵火通津门下。时在城上，将士奔溃，独不肯去，望阙号恸，赴火而死。"

骂敌炙死

《元史·忠义传》

李伯温弟守忠知平阳府事。丁亥夏四月，金纥石烈真袭击权国王按察儿于洪洞，守忠出援之。师溃入城，副帅夹谷常德潜献东门以纳金兵，城遂陷。金人执守忠使降，守忠骂之语恶。金人怒，置守忠铁笼中，火炙死。

水死

《礼记》

祭法冥勤其官而水死。注：冥，契六世孙也。其官玄冥，水官也。

溺死

《文苑英华·溺死判》

甲与乙同舟，既而甲惧水自投因溺死。其家讼乙故杀，县断以疑。

孙钦望对

灵长演泒，资润下以流谦；习坎疏源，含内虚而济物。故桂林望断，汉臣嗟其水源；航苇无因，卫女叹其河广。由是剡木为楫，利涉存焉。造舟为梁，有自来矣。惟甲与乙，俱因行迈，驾言出游，大川为阻，家非溱溢，不可褰裳。地若沧流，爰凭鼓棹，既而甫辞岸浦。喜二子之同舟，方驾波心，嗟一夫之坠魄，寻添园之奥旨。未昧藏舟。考司寇之微言，旋惊逝水，至若沃焦不易，吕梁难词，一类士龙之笑，几渐渔父之勇。家人告称故杀，县司断以疑条，乙则有词，未云甘伏。向若平生宿憾殒命，犹或推科，如其邂逅相逢自死，如何结罪？诚可捍一作悍竿而求水府，岂得陈牒而讼官曹。不悟生也有涯，将等死而无吊。欲使江岸上，式旌孝女之碑，箜篌曲中，永作狂夫之曲。窃稽状迹，不伏为宜。

同前

语称有用自远，《易》曰："朋从尔思。"同气相求，同舟共济。吕安之怀叔夜或泛黄河之水，王子之寻戴逵亦冒山阴之雪。何以仰止，钦贤是慕。想彼甲乙，道契筌蹄，汎涨海之云，若见一作望蓬莱之树，棹倚砂之日，方追河洛之仙，既而智乏谋身，情垂拯物，覆舟之慎想，伯夷而载亏。惊涛之游，叹伯昏而遂远。三命有极，百龄俄谢，祸兮难倚，宁收转蹙之魂，比之匪人，忽睹盈庭之讼。寻端指状于甲，诚亦可矜。据理详刑在乙，宁宜实罪。何者礼称不吊？溺者已绝，律通人情，乙惟一作为无咎，庶从平典，用叶大伦。

同前

鸿炉赋象，人寿几何。生荣死哀，物类同致。昼夜不舍，宣尼兴其叹息。吉凶共同，贾谊发其词赋。眷言甲乙俱涉大川，悬流波而得朋，理征棹而云迈。乙则同舟而济，宛若神仙，甲乃惧水而投，遽嗟沉溺。波心乍没，还疑观影之人；泉路不归，更似怀沙之客。然则渡河奏曲曾不尔思，逝水沉魄，自招其咎。家人有讼，虚陈故杀之端，乙既无仇，难实惟轻之典。簿诉不伏，理合哀矜。县断以疑，殊乖部一作剖察。以愚管见，释故为宜。

成汭溺死

《太平广记》

唐天祐中，淮师围武昌，杜洪中令乞师于梁王。梁与荆方睦，乃讽成令汭帅兵救之。汭欲亲征，乃力造巨舰一艘，三年而成，号曰和州战舰。舟次破军山下，为吴师纵燎而焚之，汭竟溺死。先是改名曰汭，汭字，水内也。水内之死，岂前兆乎？

丁丞相溺死

《浩然斋雅谈》

丁大全丞相谪岭外，至藤州溺死。三山林桂龙以诗嘲之曰：

一舵中流欠把持，偏轻偏重失便宜。孤舟不是无人渡，身作风波问阿谁。

移溪实壑误明君，惊动沿江十万军。幸是不沉湘水死，有何面目见灵均！

稚子如何济急流，一篙才错便难收。当初把作寻常看，岂料中流解覆舟。

投河而死

《续后汉书·董卓传》

少帝即位，大将军何进等谋诛宦官，乃召卓将兵入朝。既而中常侍张让等反诛进，虎贲中郎将袁术烧南宫青锁门，与袁绍共诛宦官，让等劫帝及陈留王走北宫。夜至小平津，

尚书卢植等追及，手剑斩数人，让等投河而死，遂扶少帝及陈留王至雒上。

投溪而死

宋《北盟录》

金人攻太原，筑长城围其外，而援兵不至，军兵多饿死。王禀知太原不可守，乃走入统平殿，取檀香御像，以疋练系于其背，缒城投溪而死。

卢植

蹈河以死

《元史·忠义传》

刘天孚以毋忧起知河中府。视事两月，陕西行省丞相阿思罕为乱，举兵至河中。天孚日夜治战守具，选丁壮分守要害。阿思罕列栅河西，缚筏河上，纵火欲屠城。阿思罕兵入城，欲胁使附己。方坐府治，号令诸军，天孚佩刀直前，不得进。退谓幕僚王从善等曰："吾家本微贱，荷朝命至此，今不幸遭大变，吾何忍从之而负上恩哉？吾宁蹈河以死。"遂拂衣出。时天寒河冰方坚，天孚拔刀斫冰开，北望为国语若祝谢者，再拜已脱衣帽岸浒，乃投水中。

投水而死

《古今事通》

长沙赵淮漕江东金陵破，走溧水民砦。砦破见执不屈，械过杨州，令呼降，而反其词。怒械还金陵杀之。当出金陵，止一妾从，为一万户所得，曰："妾愿事公终身。第赵运使无人理骨，可令人与我往殡，殡毕即归。"如其言，尸在江滨，妾命人推之入水，尸犹滞浅处。妾取篙自推之入深水中，仰天大哭，亦投水死。又安福北津，欧阳木匠女，十七八，为北军所掠。临河桥断，军留心欲就懽，女曰："当天无礼，恐秽神明，可去人家取门扇来，渡江去房子内成亲也。"军如言往，女投中流去。旬日军退，尸方浮。众皆叹异，私谥之曰贞洁。

跃入水死

《杭州府志》

夏仁寿妻徐氏，钱唐人。仁寿坐事被谪，以室行，夜泊横裹，有寇至，仁寿迎击被伤，徐氏不受汙，遂跃入水死。

负御容赴水死

《夷坚志》

宋靖康元年，王禀为宣抚司统制，守太原。太原守御禀功为多。及至城陷，禀引疲乏之兵欲出西门，无何西门插板索断，不能出。军已入城，仓皇之间，士卒劝禀降，禀叹曰："城陷士无斗志，又且门阻，天亡禀也。禀岂惜死，违天命而负朝廷哉！"遂负原庙太宗御容赴汾水而死。转运韩总以下死者三十六人，围城凡二百六十日。城中军民饿死者十之八九。固守不下，至是始破。后粘罕得其尸，令张孝纯验之既实，向尸大骂，率诸酋执兵同践之，而暴于野。

秀夫赴水死

《文丞相行状》

崖山败后，祥兴乘黑云中与数舟漂去，宰执陆秀才赴水死。公有炯炯一心在天水相与永之诗。

赴井而死

《古今事通》

周驰，字仲才，济南人。大定住《大学》，以论策魁天下。家饶财，所得束修，皆散诸生之贫者。贞祐，济南陷，携二孙赴井死。乡人葬之宅后寿乐堂。

覆舟而死

《寿昌乘》

武昌郡西有芦洲。《舆地》云:伍子胥叛楚出关于江上,见渔父求渡。时旁多人,渔父曰:"灼灼兮侵已,私与子期兮芦之漪。"子胥既渡,解剑与之,不受。子胥曰:"掩子桨,勿令其露。"渔父知意,遂覆舟而死。

投崖而死

《宋史·忠义传》

巩信与北兵战于方石岭,中数矢伤重不能战,自投崖而死。土人葬之,颜色如坐。

《辽史·太祖纪》

七年,上以夷离堇涅里衮附诸弟为叛,不忍显戮,命自投崖而死。

投壕而死

《金史·宝符李氏传》

天兴元年,北兵攻城,矢石之际,忽见一女子呼于城下,曰:"我娼女张凤奴也,许州破,被俘至此。彼军不日去矣,诸君努力为国坚守,无为所欺也。"言竟,投壕而死。朝廷遣使驰祭于西门。

触树而死

《史记·晋世家》

晋灵公不道,赵盾数谏之,灵公患之,使钼麑刺赵盾。盾闺门开,居处节,钼麑退叹曰:"杀忠臣,弃君命,罪一也。"遂触树而死。

毁坏压死

《文苑英华·毁坏压死判》

乙有所毁坏而误杀人，科其备虑不谨，诉合所由为罪。

韩极对：立物有恒，竖树在始，缮而不固，坏则难支。既动作而必虞，将纪律而斯约，罚之惟五：先明宥一作有过之文。死则有三：终伤不吊之者，若故误而先定，乃平刑而是察。乙则何者率尔薄言已闻灭鼻止灾，胡乃反唇推过，且宇之必葺诚备虑而则安。墙或不终，将隳坏而谁咎？罪有所在，焉可逃夫。

崔殷对：九川既涤，是资筑护，庶役斯起，于以孱工。俾湍悍不生，而安居作乂，彼已之乙，谓为何人率作而毁，岂增修而藏事坏乃致害。仍推过于所由，言则饬文，虑实无备，虽压溺不吊，酌戴礼而何伤，而杀人者死，在萧章而难忘。论以故伤，斗则是减。称乎误杀，科其不应，尔徒有词，吾从丕弊。

田季羔对：乙惟贱工，执用为事。撤彼墙屋，尝闻作向之诗，误此杀人载犯谟虞之律。虽因缘毁坏，宜申重典。而过失杀伤，非无彝宪毁垣之下。人盍违而去之，坏宅之间，乙恐非其罪也。且凡所隳圮，尤资审慎，泉台构落非梓匠之宏规。广厦榱崩，必郑侨之见压，备虑欲绳其不谨。悬危可恐乎无情。既殊故犯之名，请抵从轻之议。许其收赎，窃谓平反。

梁乘对：

爰有建立，洎乎崩毁。必慎伤人，无至害物。何哉？主者曾不任能，顾彼匠人，岂因和巧？既无备虑，且乏周防，遂昧立身，果贻误杀。事殊鄎坏，物果榱崩，将压有契。于国侨不吊，遂符于《戴礼》。况造作之与毁坏，匠人之与主司，并著皋繇之书，合以所由为罪。且人谁无死？痛其不终。宜用明刑，以慰幽怀。

卷之一万三百二十一 四济

李

李彭年

《桐汭志》

李彭年，字元老，郡人也。绍兴八年举进士第，调铜陵尉。初戚方入境，父母没于贼兵，彭年追慕不已。郡守洪兴祖尝表称之曰："伏见土居官李彭年言行有常，乡里称孝。昨者贼兵入境作过，彭年二亲相继被害，冒犯白刃，收敛营葬，追慕哀恸，人不忍闻。除丧累年，疏食水饮，誓终此身不食酒肉。语及其亲，悽怆泣下。自兵戈以来，习熟见闻孝养废阙不能如礼者多矣。彭年独躬行之。出于至诚，委有显迹，可以激厉风俗。"朝廷嘉之。敕赐旌表门闾，官至镇江府教授。今旌表犹在石嶝山之旧居，号其里曰旌孝。

李中

《元一统志》

李中，绍兴十五年知仙井监。其子焘，即巽岩先生，亦为隆州监税。早有文学，为时名流。

李焘

《宋史・列传》

李焘，字仁甫，眉州丹稜人，唐宗室曹王之后也。父中登第，知仙井监。焘甫冠，愤金仇未报，著《反正议》十四篇，皆救时大务。绍兴八年，擢进士第。调华阳簿，再调雅州推官。改秩，知双流县。仕族张氏子居丧而争产，焘曰："若忍坠先训乎？盍归思之。"三日复来,迄悔艾无讼。又有不白其母而鬻产者,焘置之理,豪强敛迹。于是以余暇力学。

焘耻读王氏书,独慱极载籍,搜罗百氏,慨然以史自任,本朝典故,尤悉力研实。仿司马光《资治通鉴》例断自建隆,迄于靖康,为编年一书,名曰《长编》,浩大未毕,仍效光体为《百官公卿表》。史官以闻,诏给札来上制。置王刚中辟干办公事。

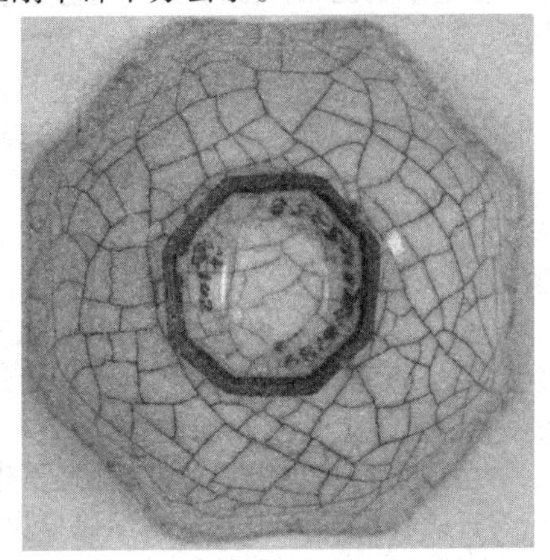

哥窑八方碗

知荣州。荣因溪为隍,夏秋率苦水潦。焘筑防捍之。除潼川府路转运判官,入境,劾守令不职者四人。县多聚敛,焘括一路财赋额,通有无,酌三年中数,定为科约,上之朝,颁之州县。

乾道三年,召对,首举艺祖治身、治家、治官、治吏典故,以为恢复之法,乞增置谏官,许六察言事,请练兵,无增兵,杜诸将私献,核军中虚籍。

除兵部员外郎,兼礼部郎中。会庆节上寿,在郊礼散斋内,议权作乐,焘言:汉唐祀天地,散斋四日,致斋三日,建隆初郊亦然。自崇宁、大观法《周礼》祭天地,故前十日受誓戒。今既合祭,宜复汉、唐及建隆旧制,庶几两得。诏垂拱上寿止乐。正殿为北使权用,正除礼部郎中,言中兴祭礼未备,请以《开宝通礼》《嘉祐因革礼》《政和新仪》,令太常寺参校同异,修成祭法。

四年,上《续通鉴长编》,自建隆至治平,凡一百八卷。时《乾道新历》成。焘言:"历不差不改,不验不用。未差无以知其失。未验无以知其是。旧历多差,不容不改,而新历亦未有大验。乞申助历官讨论。五年,迁秘书少监,兼权起居舍人。寻兼实录院检讨官。

子垕试贤良方正直言极谏科。焘素谓唐三百年不愧此科者,惟刘去华,心慕之,尝以所著《通论》五十篇见蜀师张焘,欲应诏,不偶而止。其友晁公,遡以书勉之。焘答以当修此学,必不从此举。既不克躬试,于是命二子垕,塾习焉。至是,吏部尚书汪应辰荐垕文行可应诏,故有是命。

左相陈俊卿出知福州,右相虞允文任恢复事,更张旧典。宰相以焘数言事不乐,焘遂请去,除直显谟阁,湖北转运副使,陛辞,以欲速变右为戒。

又奏"禹贡九州,荆田第八,赋乃在三。人功既修,遂超五等。今田多荒芜,赋亏十八。"上命之条画。既至,奏:"京湖之民,结茅而庐,筑土而坊,佣牛而犁,籴种殖谷,苗未立,睥睨已多,有横加科敛者。今宜宽侵冒之禁,依乾德诏书,止输旧税,广收募之术,如咸平、元丰故事,劝课有劳者,推恩"诏从之。总饷吕游问入奏,焘摄其事。

岁饥,发鄂州大军仓赈之。僚属争执不可。焘曰:"吾自任,不以累诸君。"寻如数偿之。游问返,果劾焘专,上止令具析,不之罪也。

八年,直宝文阁,帅潼川,兼知泸州。首葺石门堡,以扼夷人。奏乞戒茶马司市叙州羁縻马毋溢额,戒官民毋于夷、汉禁山伐木造舟,奏移锁水于开边旧池,皆报可。

淳熙改元,召,适城中火,上章自劾。提刑何熙志奏:"焚数不实。"且言长编记魏王食肥彘,语涉诬谤。上曰:"宪臣按奏火数失实,职也。何预国史?"命成都提刑李蘩究火事。诏熙志贬二秩罢,焘止贬一秩。

焘及都门,乞祠,除江西运副,且许临遣。或劝以方被谗,无及时呈事,焘曰:"圣主全度如此,竭忠所以为报。"遂奏:"日食、地震,皆阴盛,主敌国小人,不可不虑。"且申"无变

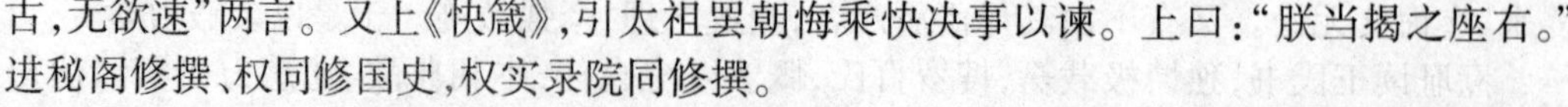

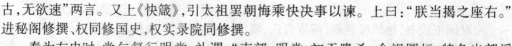

古,无欲速”两言。又上《快箴》,引太祖罢朝悔乘快决事以谏。上曰:“朕当揭之座右。”进秘阁修撰、权同修国史,权实录院同修撰。

焘为左史时,尝乞复行明堂,礼谓:“南郊、明堂,初无隆杀,合视圆坛,特免出郊浮费。”至是申言之,诏集议,嬖幸沮止。其后,周必大为礼部尚书,申其说,始克行。权礼部侍郎。

七月壬戌,雷震太祖柱,坏鸱尾,有司旋加修缮。焘奏:“非所以畏天变,当应以实。”上谕大臣:“焘爱朕,屡进谠言。”赐金紫。尝请正大祖东向之位。

四年,驾幸太学,以执经特转一官。焘论:“两学释奠,从祀孔子,当升范仲淹、欧阳修、司马光、苏轼,黜王安石父子;从祀武成王,当黜李勣。”众义不叶,止黜王雱而已。真拜侍郎,仍兼工部。

《徽宗实录》置院已久,趣上奏篇,焘荐吕祖谦学识之明,召为秘书郎兼检讨官。夜直宣引,奏:“近者蒙气蔽日,厥占不肖者禄,股肱耳目宜谨厥与。”赐座。欲起,又留赐饮、赐茶。寻诏监视太史测验天文。

九月丁酉,日当夜食,焘为社坛祭告官,代鼓礼废,特举行。垕既中制科,为秘书省正字,寻迁著作郎兼国史实录院编修检讨官。父子同主史事,缙绅荣之。

焘感上知遇,论事益切。每集议,众莫敢发言,独条陈可否无所避。近臣复举其次子塾应制科,以阁试不中程黜。垕偶考上舍试卷,发策问制科,为御史所劾,语连及焘,垕罢,焘亦知常德府。

初,政和末,澧、辰、沅、靖四州置营田刀弩手,募人开边,范世雄等附会扰民,建炎罢之。乾道间,有建请复置者,焘为转运使,尝奏不当复,已而提刑尹机迫郡县行之,田不能给。焘至是又申言之,请度田立额,且约帅臣张栻列奏,诏从之。境多茶园,异时禁切商贾,率至交兵,焘曰:“官捕茶贼,岂禁茶商?”听其自如,讫无警。

累表乞闲,提举兴国宫。秋明堂大礼成,以其首议,复除敷文阁待制。顷之,垕、塾继亡,上欲以吏事纾焘忧,起知遂宁府。

七年,《长编》全书成,上之,诏藏秘阁。焘自谓此书宁失之繁,无失之略,故一祖八宗之事凡九百七十八卷,卷第总目五卷。依熙宁修《三经》例,损益修换四千四百余事,上谓其书无愧司马迁。焘尝举汉石渠、白虎故事,请上称制临决,又请冠序,上许之,竟不克就。

又奏:“陛下即位二十余年,志在富强而兵弱财匮,与教民七年可以即戎者,异矣。”一日,召对延和殿,讲臣方读《陆贽奏议》,焘因言:“贽虽相德宗,其实不遇。今遇陛下,可谓千载一时。”遂举贽所言切于今可举而行者数十事,劝上力行之。上有功业不足之叹,焘曰:“功业见乎变通,人事既修,天应乃至。”进敷文阁学士,提举佑神观兼侍讲,同修国史。荐尤袤、刘清之十人为史官。

十年七月,久旱,进祖宗避殿减膳求言故事,上亟施行。丁丑雨。一日宣对,焘言:“外议陛下多服药,罕御殿,宫嫔无时进见,浮费颇多。”上曰:“卿可谓忠爱,顾朕老矣,安得此声。近惟葬李婕妤用三万缗,他无费也。”遂因转对,乞用祖宗故事召宰相执赴经筵。

太史言十一月朔,日当食心八分。焘复条上古今日食是月者三十四事,因奏之曰:“心,天王位,其分为宋。十一月于卦为复,方潜阳时,阴气乘之,故比他食为重,非小人害政,即敌人窥中国。”明日对延和殿,又及晋何曾讥武帝无经国远图。

十一年春,乞致仕,优诏不允。上数问其疾,增损,给事中宇文价传上旨,焘曰:“臣子恋阙，非老病，忍乞骸骨。”因叩价时事，勉以忠荩。又闻四川乞减酒课额，犹手劄赞庙堂行之。

病革，除敷文阁学士，致仕。命下，喜曰：“事了矣。”口占遗表云：“臣年七十，死不为夭，所恨报国缺然。愿陛下经远以艺祖为师，用人以昭陵为则。”辞气舒徐，乃卒，年七十。

上闻嗟悼，赠光禄大夫。他日谓宇文价曰：“朕尝许焘大书‘续资治通鉴长编’七字，且用神宗赐司马光故事，为序冠篇，不谓其止此。”

焘性刚大，特立独行。早著书，桧尚当路，桧死始闻于朝。暨在从列，每正色以订国论。张栻尝曰：“李仁甫如霜松雪柏。”无嗜好，无姬侍，不殖产。平生生死文字间，《长编》一书用力四十年，叶适以为《春秋》以后才有此书。

有《易学》五卷，《春秋学》十卷，《五经传授》《尚书百篇图》《大传杂说》各一卷，《七十二子名籍》各一卷，《文集》五十卷，《奏议》三十卷，《四朝史稿》五十卷，《通论》十卷，《南北攻守录》三十卷，《七十二候图陶潜新传》并《诗谱》各三卷，《历代宰相年表》《唐宰相谱》《江左方镇年表》《晋司马氏本支》《齐梁本支》《王谢世表》《五代将师年表》合为四十一卷。

谥文简，累赠太师、温国公。子垕、塾、壁、埴。垕著作郎，塾夔州路提点刑狱，壁、埴皆执政，有别传。论曰：执羔宿德雅度，在经筵，忠忱启沃，以口舌相高为戒。希吕刚直恳切，有古引裾风。良祐力止汎使惧开衅端，忤旨窜斥而甘心焉。李浩独不造秦熺，陈橐以呈身为耻，文若讥休兵，胡沂斥阉宦，其清风苦节，终始弗渝。高、孝之世，李焘耻读王氏书，掇拾礼文残缺之余，粲然有则，《长编》之作，咸称史才，然所掇拾，或出野史，《春秋传》疑传信之法然欤！

《舆地纪胜》

绍兴二十九年，周麟之言知双流县李焘，尝读皇朝公卿百官表，诏给扎录付史馆。焘博学刚正，秦会盛时，尝遣人论焘，欲得一通问。即召用，焘讫不与坐，此偃蹇州垂二十年矣。四川制置王刚中闻其名，奏为干办公事。系年录

李壁《雁湖集·巽岩先生墓刻》

公讳焘，字仁甫，一字子真。其先唐宗室右武卫大将军偲，武氏之祸，窜眉丹稜，子孙因家焉，距公十有七世矣。大王考讳夔，王考讳夙，赠奉直大夫，考讳中，左朝奉大夫，赠宣奉大夫，妣硕人史氏。公生于政和五年四月丙辰，登绍兴七年进士第，调华阳县主簿，拟嘉州军事推官，未赴丁，宣奉忧。服除，调雅州军事推官，改宣教郎，知双流县，辟四川制置司干办公事、知荣州、除潼川府路转运判官，丁太硕人忧。服除，召赴行在，入尚书为兵部郎中，以触宣奉讳改行员外郎、国史院编修官、转礼部员外郎、迁秘书少监兼实录院检讨官、权起居舍人、起居郎、直显谟阁荆湖北路转运副使、除秘书少监，赴阙供职，改直宝文阁，主管潼川府路安抚司公事，知泸州，召赴行在，升秘阁条撰、江南西路转运副使，召赴行在，除秘书监兼权同修国史实录院同修撰、擢权尚书礼部侍郎兼同修国史实录院同修撰侍讲，拜礼部侍郎兼工部侍郎，以御史论。公子垕发策不当，黜，并出公知常德府。逾年，提举江州太平兴国宫。天子初行明堂，礼推恩首建议者，加敷文阁待制，寻除知遂宁府，召赴行在，拜敷文阁直学士、提举佑神观兼侍讲同条国史。三上章请老，除敷文阁学士，致仕。以淳熙十一年二月五日薨于行在，所享年七十。累官至通奉大夫，爵丹稜县

开国伯。遗奏上闻，天子哀其忠，赠光禄大夫，特命临安府营办葬事，又出内帑金帛赐其家，寻敕滨江漕臣护其丧，归葬蜀。明年七月二十八日，葬于丹稜县龙鹄山巽岩之阳。

公娶同邑杨氏，封硕人。子十三人，男曰谦、曰垕，奉议郎秘书省著作郎。曰垩，前知成都府郫县事。曰塾，承务郎。曰垡、曰壁，承奉郎、前主管尚书刑工部架阁文字。曰臯，承务郎。女曰均，适朝奉郎新知果州曹执同。曰坃，适朝奉郎前知普州师祖庆。曰坛，适迪功郎、汉州州学教授任阜。曰典，适河东进士薛纯颖。曰增，适从政郎、荣州州学都授张伸。曰堪，适迪功郎，凤州雨当县主簿勾龙宗。愈、谦、垕、塾、垡、典及纯、颖，皆先公殆，阜后公一年亦亡。孙男七人，曰镗，曰锡、曰铼、曰锵、曰锛、曰镳，孙女二人，曰真、曰从。

公高亮杰特，硕大刚毅，人望之凛然，而内甚夷旷。其学洞究古今，会道约理，晦明巨细，交贯旁达。其临事如衡，陈权设圭，黍不可欺。四方学者，宗仰敬畏，终莫测所至。其在朝廷，正色侃侃，守经据古，务以格君心，存旧章，畏天变，爱民力，裁恩幸，峻风节。为言不择祸福利害，以为趋舍避就，挺立不挠，邪枉惮焉。其任外服，纲张目举，仁行威振，强暴者戢，柔懦者立，贪沓者化。兴利除弊，率为后法。方公少年，遭王国多难，慨然有志驰驱，值权臣力主和议，务以术消阏天下，忠义敢为之气，公窃愤之，终其世不与通陆沉远方，凡三十年，始登天朝属。时宰附会规，挑兵端，公又力争之，以为自治未至，何以谋人。至槟居外，犹恳恳弗已。晚再侍帷幄，察时论浸，驰虑成玩，愒晏安之渐，则劝上以无怠初志，益懋远图。迹公所学，考功素论，则公之盛心何如也。然严气正性，不肯纤芥徇时，以故屹屹难合迄大不施，独为天子所尊礼，至称之曰："有国之师表也。"洎将用公，而公亡矣。呜呼，用舍汙隆之数，实关诸天，岂人力哉？诸孤不令，何足以识公大致，念葬日薄矣。较德瑑辞，厥艰其人，敬忍死泣血，先用温文正公法书，世次官簿，终始以掩诸幽，其论次之详，则见诸家传云。

《周益公大全集·敷文阁学士李文简公焘神道碑》

韩愈以天刑人祸归咎史笔，柳宗元随辟其说，后人终致疑焉。今以李文简公验之何疑？且左氏纪诸国之事，《史记》上下数千载，是是非非，利害不专及当世。若公续司马光资治通鉴，为本朝长编，上关国体，下涉诸臣之家，非异代比，使天刑人祸可信，孰能结知明主，见推多士，生历清要，没定美谥，诸子继践世科，历二千石，光显未艾如李氏者乎？况公出入中外，见谓忠直，尽言交游，藐视强御，虽微作史，自当龃龉难合，然谗间不行于朝，士大夫鲜含怒者，何也？守道正，莅职公，事上不欺，应物无心，天人交助，其在兹乎。既没十八年，蜀多文士，其子不近求铭诗，而远属耋老，非以同朝久，相知深也欤，是宜序而铭之。

公讳焘，字仁甫，一字子真，系出唐曹恭王季子、右武卫大将军偲武后。斥为民，从眉州之丹稜县，遂家焉。六世孙瑜，始复属籍仕，至长江令。公长江十一世孙。曾祖夔、祖夙，赠奉直大夫，考中朝奉大夫，知仙井监，累赠宣奉大夫。妣硕人史氏。公生政和乙未，天资颖异，博览经传，独不乐王安石。学甫冠，已著《两汉鉴》。明年，追念靖康变故，著《反正议》十四篇，人皆奇之。绍兴八年第进士。调成都府华阳县主簿，未上，读书本县龙鹤山，命曰："巽岩。"自记云："子真子，三卜居，乃得此山。向东南，面西北，其位为巽、为乾，盖处巳，非乾健无以立，应物非巽顺无以行。易六十四卦，仲尼掇其九，而三陈之，起乎履，止乎巽，此讲学之序也。语曰：‘可与共学，未可与适道。可与适道，未可与立。可与立，未可与权。’夫人各有所履，善恶分焉。惟能谦，可与共学，惟能复，可与适道。知所适而无以自立，则莫能久。故取诸常，使久于其道，或损之，或益之，至于困而不改，若井未始随邑而迁，则所以自立者成矣。虽然吉凶祸福，横发逆起，有不、可知，将合于道，其惟权乎？然非巽则权亦不可行。学至于巽，乃可与权，此圣贤事业也。”年方二十四，其志趣学问如此。

久之，赴华阳，时宰秦桧知公名，公不与通。会诏郡国举贤良，公携五十策谒成都帅张焘，不果荐。秩满外铨，复置教授阙，公亦不就。注嘉州军事推官，丁父忧二十年。服除，再注雅州军事推官，作《当直司箴》，讽郡守用私情，背公法者。总领财赋，符行中属公，增简州监□，公移书力拒之，旧相张浚谓有台谏风。

二十四年，改宣教郎，知成都府双流县，日坐听事，讼至立决。前执政李文会，自泸徙益府，下九县，供张加倍，公用常仪，李由他道去。仕族张氏子，竞家资，公曰：汝方在丧，忍坠先训，盍归思。”三日复来，果悔过自新。大姓李雱，市丘成之产业，公以成之不白所生母，追正之，雱谰辞诉府，公列经义律文，致雱法豪右敛迹。邑庭如水，日缮史册，汇次国朝事实，谓司马光修史，先为百官公卿表十五卷，后颇散逸，乃编求正史实录，傍采家集野史，增广门类，起建隆，迄靖康，合新旧官制，成一百四十二卷，其重编光者仅七之一。《长编》之书，盖始于此。

二十九年，四川制置使王刚中，辟公干办公事。三十二年，知荣州。州因山为城，川为隍，夏秋常患水溢，公筑坊御之。隆兴二年，除潼川府路转运判官，入境，劾守令四人。州县多横敛，公选官置局，括一道财赋，列其名色，使有无相补酌，三年中数，而为帐，遍示官吏，许摘适不当，更定名为科约，至今不废。母忧去官。乾道三年，召赴行在，八月，入对，上太祖故事，乞以为法，请许六察言事，又言军兴。三十年蜀赋一钱折变百之，愿自此勿增取，况蜀兵已多，宜罢招刺，严简汰，禁大将，毋张虚籍掊部曲，孝宗嘉纳。除尚书兵部郎中，以父讳，下行员外郎兼国史院编修官，又兼礼部。会庆节上寿，在郊礼散斋内，议权作乐，公言：“汉、唐祀天地，散斋四日，致斋三日，我艺祖初郊亦然。自崇宁、大观法周礼分祭天地，故前十日受誓戒。今既合祭，宜复汉、唐及本朝旧制，几两得。诏垂拱上寿止乐，正殿为北使权用。十二月，正除礼部员外郎。公言中兴祭典未备，岳、镇、海渎、先农、先蚕、风、雨、雷、师九祠，以酒脯代牲牢，近者雨旸失节，郡国水灾，殆或以此。诏复旧占城国入贡，依崇宁五年敕，书用白背金花绫纸，贮以金镀银匣，公请如近例。”学士院谓礼部不当预，公曰：“典礼先有司部兼掌客，岂侵官耶？”

《长编》卷帙渐成，蜀帅汪应辰乞下临安府，给笔札缮写，藏秘阁公遂进国初至治平一百八卷，特迁两官。公患时文衰弱，乞令考官取学术醇正，切于世用之文，苟涉虚浮，必行黜落。

明春，省试，敕榜戒论，上方厉精为治事，或中出，公轮对，言：“唐虞三代，专倚辅弼，汉唐或谋卿士，今舍三途，近习必进，此治乱之机，惟圣明深虑过防。”盖有所指也。又奏：“省闱取士，本不立额，乞参皇祐四百之限，稍加裁定，旧特奏名，虽赐出身，罕授职任，近两榜至八百五十余人，放选注官，而贤良方正一科，则寂无应诏，当责举者。读毕，遂言：“天下有变，经营北方，未见可付之人。”上曰：“朕当自将。”公曰：“圣论及此，与真宗济澶渊合矣。”上曰：“此朕家法。太祖平泽潞，取维扬。太宗平太原，皆是也。”公请先自治以待时，上耸听不倦，近侍皆跛倚。明日，论三省议省额、特恩二事，有沮之者乃已。

五年四月，迁秘书少监。太史言，八月日当食。公上疏曰："灾异所以儆戒人主，今经筵不访，问言路罕，论奏大臣，无赵普补缀奏目，杜衍封还内降之风，臣恐忧不在疆场，惟陛下进众正，消群阴，以应天变。"是冬兼权起居舍人，六年，雷震上元，后一日，公录仁宗景祐三年正月甲辰求言、宽赋敛二诏，以进直前，乞刊定《徽宗实录》之疏舛者，因言："臣方修进治平后《长编》，若就加讨论，他时可助正史。"诏后开实录院。四月，首命公为检讨官。汪应辰进公子垕，贤良词业，上曰："卿有子矣。"范成大除右史，升摄起居郎。议者误引元丰八年十月诏，欲废二浙保正，止存耆长，又宰相以蜀人帅蜀、工部并除二侍郎武臣提点刑狱，皆达旧制，公援证再三，上曰："卿论事根据，极当朕心。"

左相陈俊卿出知福州，右相虞允文既任恢复，未免更张，公言："二典若稽古，夏有典则，商云成宪，周云旧章，汉云故事，子孙莫之敢废。王安石变更法度，厉阶可鉴。"上欲除公兵部侍郎。公自摄记，注数论事，宰相颇不乐，公遂请去。六月，除直显谟阁湖北转运副使。陛辞，以欲速变古为戒。

又奏："禹贡九州，荆田第八，赋乃在三，人功既修，遂超五等。今田多荒芜，赋亏十八。上委公条画。"至，则言："创耕，惮科敛，且畏争夺，宜宽冒占广激，劝如太祖乾四年，许见佃者，止输旧税，更不通检。"诏如所请。其妄执契争夺母受理，守令能劝课者赏之。总赋吕游问奏，计公摄其职。

岁饥，发户部大军仓振民，僚佐争执，公曰："吾自任责，不以累诸君。"寻如数偿之。游问归，劾公专，辄上令具析而已。七年，垕中制科。八年，以旧官趣召。会虞允文由左相宣抚四川，自说北伐，疑公异议，预白上改直宝文阁，帅潼川兼知泸州。首葺石门堡，置戍以厄夷人。叙州旧市，羁縻马价颇平，比岁增其尺寸，偿直不以时，公言："国计边防，胥失之，乞戒茶马司，互市毋溢额，仍勿于夷，汉禁山内伐木造舟。"寻皆报可。守边逾岁，淳熙元年，被召适城中火，公上章自劾，既放罪矣。提刑何熙志奏公不亲至火所，并指《长编》记魏王食肥彘，语涉诬谤，上曰："此载皇宋事实，何害？"止命成都提刑李蘩，体量火事。

公行及国门，乞祠待办，除江西转运副使，且许临遣。公进治平四年至元符三年《长编》四百十七卷。或劝公方被谗，勿及时事，公曰："圣主全度如此，竭忠所以报也。"遂奏："近者日食、地震，夷狄小人，不可不虑。"又上快箴，引太祖退朝悔乘快决事，以谏。上曰："朕当揭之坐隅。"进秘阁修撰，旋坐火后不尽书焚室，贬秩一等，而熙志以辄议史事，削两官。

公至江西，置一路财赋都薄，如潼川科约。未几，召还，乞令本路毋以臣去废此书。上曰："卿不为高论，务在便民，甚善。"擢秘书监、权同修国史、权实录院同修撰，盖专付公以史事。故用待从之礼，三年正月也。公前数言："南郊明堂，均大礼，自宜迭行通转。对申前说，上令集议，嬖近谓于德寿宫有嫌，沮不行。及予为礼部尚书，兴诸儒议，用成王宗祀文王，汉武帝陟配高祖。所谓严父，指周公也。晋、唐及本朝名臣，皆有是说，非出于焘。焘发之耳，其议遂定。三月，除权礼部侍郎，赐服金紫。"

七月壬戌，雷震太庙柱，坏鸱尾。有司随加缮治。公奏："此非所以祗天变，当应以实。"上谕大臣："焘爱朕，屡有谠言。"公尝请正太祖东乡条，上熙宁、元符、绍兴议论，其后卒行之。

进《四系录》，记女真、契丹起灭，自绍圣迄宣和、靖康，凡二十卷。上曰："朕可一日忘此虏哉。"九月兼侍讲，以经筵小开，录赵师民劝讲箴以讽，并及仇士良不欲人主读书，近儒生之说。会改潜邸为佑圣观，创璿玑殿于太一宫，公密疏二千余言，上褒答之。

四年春，驾幸太学，命公执经，特转一官，坚辞不听。公自郎眷官，已极论科举，及特奏名。去冬，乞依绍兴二十七年二月诏书，用经、义、诗、赋、论策四场，如元祐时，仍采苏轼议，量收恩科，至是力请变文体，取实学以致人才。上神公奏，付三省下学官议。国子司业郑伯熊等，请如公言，而老生晚学，哗言不便，议遂格。八月，真拜侍郎，仍兼工部。

《徽录》置院久，公荐吕祖谦为秘书郎兼检讨官，审订增削数百条，书遂成，特迁一官。或请升降两学从祀，众议不同，第去王雱像，用公说也。元符接靖康《长编》成，上称："公无愧司马光。"后有表云："豫席思言，比迹先正"，指此。夜直宣引，奏："近者蒙气蔽日，厥占不消者禄，股肱耳目宜谨厥与。"赐坐。欲起，上再留，赐饮、赐茶，恩意甚宠。寻诏监视太史，测验天文。

公为郎时，已言《乾道新历》不可用，因举差失数十条，诘太史局官，皆无以对，然卒无知历者。公又欲参酌《开宝通礼》《政和五礼》《新仪》为一书，虽下礼官，亦不能成。九月丁酉，日当夜食，公为社坛祭告官，伐鼓礼废，公举行之。先是垕入秘书为正字，旋兼国史编修实录检讨，迁校书著作，父子同典史事，缙绅荣之。

公感上知，论事益切，每集议，众未发言，公条陈可否，无所避会。近臣复举公次子塾应科目，黜于阁试，垕适考校上舍生，发策云云，为御史所劾，语并及公。垕降一官，罢公以本官知常德府。

初政和七年，鼎、澧、辰、沅、靖州置营田刀弩手司，给田募人开边。范世雄、张察等附会扰民，建炎三年，丞罢之。乾道末，守臣刘邦翰请复行于辰、沅、靖三州，公为转运，谓不当复，已而提刑尹机迫郡县行之，田不能给。公至，请度田立额，事下诸司，公独约帅臣张栻具奏，上即从之。境多茶园，异时禁切商贾，率至交兵，公曰："官捕茶贼，岂禁茶商?"听其自如，迄无犬吠警。

六年，乞闲提举江州太平兴国宫。是秋行明堂大礼，上以公首建议，特除敷文阁待制。顷之，垕、塾继亡，上欲以吏事销忧，起知遂宁。府用蔡挺泾原衙教法，辟勤武堂，亲阅士卒，其杂居市尘者葺营聚之。

七年，史院进四朝正史，经修官在外者例灭磨勘。二年，宰执奏："正史颇采李焘《长编》，地里一志，又出其手。"诏灭年外别转一官。公自逢奉议郎，年劳赏典，积官朝议大夫，避父名，遇迁秩寄理者三，于是转通义大夫。公以酒课加重，奏："榷酤起王莽，而成于德宗。本朝郡酿有数，监司尚不许，今乃设法劝饮，以耗民财，纵未能尽弛，犹当用买扑旧法，罢去官监。"上意乡之。而计司迫赡军，日减三十缗而已。

公节用度，停燕集，官府肃然。前得旨《长编》，或有增损，依熙宁修三经义法具奏，至是上四千四百五十余条，又以一百六十八年事，散九百八十卷。一览难周，别为举要六十八卷，总目五卷，修换事目十卷。时召命已下公，控辞久之，上数询来期。十年六月，对延和殿，迩英方读陆贽奏议，公摭贽言切今者数十事，劝上力行，且曰："贽虽相德宗，其实不遇，今可谓千载一时。"上曰："惟不遇于当日，是以言垂后世。"公又奏："陛下即位二十余年，志在富强，而兵弱财匮，与'教民七年可以即戎'异矣。"上有无功业之叹，公曰："功业见乎变人事，既修，天应自至。"上卿宿德耆儒，宜在左右任史职。进敷文阁直学士、提举佑观兼侍讲，同修国史。

七月久旱，公进避展损膳求言故事，上亟施行。命侍从、台谏、两省卿、监馆职实封言事。赵彦中草诏云："意者委任，或非其人。"公奏陛下委任不过三四大臣，神宗语富弼云：

"唐太宗与魏征议政,全似争竞。"宜敕二府以魏征为法,毋若元丰王珪号三旨相三旨者,谓上有可否,珪曰:"领圣旨。"谕军国事,曰:"诚如圣旨。"启拟,曰:"取圣旨也。"又谓户部不足,南库有余,请如唐建中罢琼林大盈库归左藏。上以奏付外,读者失色。丁丑遂雨。一日,宣对,公言:"外议陛下多服药,罕御殿,宫嫔无时进见,浮费颇多。"上曰:"感卿忠爱然,朕春秋已高,安得此声。近闻葬李婕好用三万缗,他无费也。"上忧荧惑,尝入斗,公言:"天道远,惟正厥事,可以弭灾。"类次汉元鼎至宣和四十五事以进。

十一月朔,日当食心八分。公曰:"心为宋分,为天王位,潜阳将复,阴气乘之,小人害政,夷狄窥中国之象,"复条上。古今日食是月者三十四,明日,对延和殿,又及晋何曾讥武帝无经国远图。上甚嘉奖。

是岁,公赋诗云:"明年七十吾归矣,预买北关门外舟。"至冬,疾作,三省请给告十日。上曰:"老者不以筋力为礼,可半月。"十一年春,表乞致仕,优诏不允。上数问:"宰执公疾增损何如?万里召来,岂容轻去。"丞相王淮曰:"焘知进退,宜从所请。"上曰:"脱不幸有故于道路,奈何!可谕其乡人给事中宇文价留之。"价传上旨,公曰:"臣子恋阙,非老疾,忍乞骸骨。"因询价时事,勉以忠荩。闻四川制置使留正总领冯宪,论减酒额,犹手劄赞庙堂行之。

二月,病棘。甲子,除敷文阁学士,转一官致仕。命下,喜曰:"事了矣。"口占遗表云:"臣年七十,死不为夭,所恨报国缺然。愿陛下经远以艺祖为师,用人以昭陵为法。"辞气安定,俄卒。

上闻嗟恻,赙银绢三百疋两,赠光禄大夫。令临安治后事,沿江漕司津置归舟。他日,语宇文价曰:朕尝许焘大书"续资治通鉴长编"七字,且用神宗赐司马光故事,为序冠篇,不谓止此也。"

公孝友诚实,性无嗜好,惟潜心经史,有《易学》五卷,《春秋学》十卷,故其出处本于絜静精微,著述则评论今古,别白善恶,得褒贬之旨,所至求奥,篇隐帙,传录仇校,虽阴阳小说,亦无遗者,家藏积数万卷,为文语道而理备。考蜀类试,参详南省,多得名士,荐入辄削稿。前两入朝,适虞允文暨赵雄当路,士大夫争谈兵,二公皆蜀人,雅敬公,公一无所徇。晚在经筵,人颇怀安,公为上言:"前日纷纷,今日默默,俱非自治。"其持论不随时类此。公著《五经传授》《尚书百篇图》《大传杂说》《七十二子名籍》各一卷,《文集》五十卷,《奏议》二十卷,《四朝史稿》五十卷,《通论》十卷,《南北攻守录》三十卷,《七十二侯图》,《陶潜新传》并《诗谱》各三卷,《历代宰相年表》二十三卷,《唐宰相谱》一卷,《江左方镇年表》六卷,《晋司马氏本支》《齐梁本支》《王谢世表》《五代三衙将帅年表》各一卷,《本朝事始》两卷,《建隆遗事辨》《赵普别传》,《科场沿革》《集贤学士并赐带典故》各一卷,范、韩、文、富、王、欧阳、司马、三苏及六君子年谱各三卷。

明年七月己酉,既葬巽岩之阳。妻硕人杨氏,同邑赠朝散大夫素之孙。黄庭坚为记。大雅堂者,后公八年卒,祔焉。七子,谦,早死。垕,终奉议郎,主管成都府王局观。垩,今为朝请郎、权发遣忠州塾,终承务郎。垡,亦亡。壁、堇皆登科。壁,今为朝散郎、权发遣汉州。堇,承议郎,主管华州云台观。六女,均,适朝散郎、知果州曹执中。坃,适朝奉大夫,知崇庆府师祖庆。坛,适文林郎:汉州州学教授任阜。典,适薛纯颖。增,适承议郎、充云安军使兼知县事张伸。堪,适朝散大夫,利州路提点刑狱公事范子庚。孙十一人,镗,宣义郎。锡,修职郎、彭州九陇县主簿。铿、铩、锬、周、铸、镳、铨、积、简。其三人今亡,铩,周、镳也。女三人,长驯早夭。次真,适修职郎孙纲,亦不在。从,适迪功郎、新稚州卢山县簿尉刘成季。曾孙十一人。公爵丹棱县开国伯，食邑七百户，诸子升朝，赠少师，而赠杨氏福国夫人。

铭曰：《尚书》记言，《春秋》书事。《经》别以六，史居其二。汉太史公仪尊相臣，我朝大典，亦归宰庭。时政有记，起居有注。东观石渠，诸儒所聚。设官分职，上下相维。合力纂修，犹惧阙遗。公生遐方，初筮州县，间于期会，屋首处铅椠。祖功宗德，业钜事业。政有因革，论多异同。礼乐制作，夷狄叛服。原始要终，咸举纲目。三人承明，迄用奏篇。帝拟以光，士推如迁。问胡云然，多闻谅直。舞礼文奸，视若仇敌。以此事君，忠谠不欺。出而临民，敬简无私。赫赫荣名，番番寿者。庆流子孙，殃则何有。螭首龟趺，刻以铭章。申劝刚者，公为不亡。

《朱子语类·论李仁甫通鉴长编》

近得周公益书，亦疑其间考订未甚精密，因寄得数条来。某看他书，靖康间事最疏略，如姚平仲劫寨，则以为出于李纲之谋；种师中赴敌而死，则以为迫于许翰之故，全不知二事俱有曲折。劫寨一事，决于姚平仲侥幸之举，纲实不知。按：纲除知密院辞免劄子，内云：方修战具、严守备以俟援师，来便迫虏，使进不得攻，退无所掠，势穷而遁。俟其渡河半济而击，胜可万全。而平仲引众出城几败乃事。然平仲受节制于宣抚，不关白于行营，二月八日夜半，平仲之出，种师道不知之，在微臣实无所与。当时执政，如耿南仲辈，方极力沮纲，幸其有以藉口，遂合为一辞，谓平仲之出纲为其谋，师中之死，亦非翰之故。按《中兴遗史》云：河北制置副使种师中军真定，进兵解太原围。去榆次三十里，金人乘间来突，师中欲取银赏军，而辎重未到，故志离散。又尝约姚古、张灏两军同进，二人不至师中身被数创，力战又一时死之。朝廷议失律兵将，中军统制官王从道朝服而斩于马行市。脱如所书，则翰不度事，宜移文督战，固为有罪，师中身为大将，握重兵，岂有见枢府一纸书，不量可否，遂忿然赴敌以死？此二事，盖出于孙觌所纪，故多失实。问觌何如人？曰：觌初间亦说好话，夷考其行，不为诸公所与，遂与王及之。王时雍、刘观诸人，阿附耿南仲，以主和议，后窜岭表，尤衔诸公，见李伯纪辈，望风恶之。洪景卢在史馆时没意思，谓靖康诸臣，觌尚无恙，必知其事之详，奏乞下觌其所见闻进呈，秉笔之际，遂因而诬其素所不乐之人。如此二事是也。仁甫不审，多采其说，遂作正文书之，其他纪载，有可信者，反为小字以疏其下，殊无统纪，遂令观者信之不疑，极是害事。当王允之杀蔡邕也，谓"不可使佞臣执笔，在幼主旁，使吾蒙讪议。"允之用心，固自可诛，然佞臣不可执笔，则是不易之论。

李熹

宋李壁《雁湖集·叔父成都府君墓志铭》

叔父讳熹，字明甫，姓李氏，陵州府君之季子也。世家眉之丹棱。曾大父讳某、大父讳某，赠奉直大夫。陵州府君讳某，累赠正奉大夫。叔父生二十四年，以荫补官，监雅州卢山县酒务，历利州潼川府两路提点刑狱司检法官，终宣教郎，知成都府成都县，享年五十有三。

叔父赋资原悫侃侃乐《易》。然与人交，无谄笑佞辞，势利之际，未尝轻变，所守以徇之。虽律令精习，而持心近厚。所居官必斥去雕琢，不求知名，号称长者。陵州府君，官至二千石，盖将老而田不满一尘。叔父既仕，则益厉廉节，每退归僦屋以居，或日旰不得食，人不胜其忧。叔父处之晏如也。及启手足，罄所有，不足以充恼事。呜呼，浮沉不过，既莫克充。其蕴于时，而见于行己。仅如此者，抑可谓贤矣。性嗜酒，遇兴即满引，倒冠落珮，殆遗形骸。有诗七十余篇，不为藻绘崭刻，而务达其意。间阅阴阳、历算、方技之书，皆深得其要，而亦未尝以语人也。娶何氏，有男子二人，曰辈、曰玺。女长适承议郎新知昌州杨已干，次适进士刘釜季尚幼。叔父之卒，实淳熙二年戊辰，后七年十月辛酉始克葬干丹稜县乐扶乡永寿里，石子山之原。属太史公守乐藩辈来乞铭。太史公春秋高，触绪多感，惮于涉笔，则语辈曰："昔刘道原之葬，实以温公十国纪年序为铭。凡吾与而父平生之言，乙未岁祭文盖尽之，其可刊已。"辈拜且泣，曰："不朽之托，固在斯文。然名氏未见敢重以请"，太史公乃以命。某某谨论次叔父历官终始，而系之铭。

铭曰：浑然天质，不见芒锐。胡不显融，忽号已逝。御辛篆铭，以妥厥瘗。后或有考，尚知为太史公之弟也。

李亮

宋王灼《硕堂集·李教授墓志铭》

绍兴九年，灼官苴州钤辖安抚司幕府。临邛李亮，字长孺，与其弟防，以父命游学吴中，来扣门求交，时主帅冯公康国，见而奇之。留语十日，具舟送出关。后三年，灼被檄至临安，二子相后，益详其为人。

方国家盟敌，大修废典，士争诣公车进说求售。二子凭草庑三间，阖户诵书，菜豆自给，气貌甚泰。势官显公欲一识面，类多拒绝。不知者谓非仕家子，亦疑其远来竟何也？吴中士大夫以是盛称蜀二李。又明年，兴太学，长孺选充弟子员。又明年，登进士第，授顺政主簿。顺政蜀北边，恐贻亲忧，岁求檄一归。提点刑狱，俾摄干办公事，诸台高其能，荐书满箧。除绵州学教授。丁父忧，哀慕骨立，二十二年某甲子以毁卒，年四十九。

长孺事父母得欢心，友爱防至不相舍。诗文典重有法。作字出入欧虞间。赴人急难，勇前不顾，平居退然若不能言。遇事切利害，扬袂剧谈，无少惜系。出唐蔡王某几世祖晖入蜀，其后居邛之大邑。曾祖讳洵。任太常寺奉礼郎，赠宣奉大夫。祖讳道，原任朝奉大夫，累赠左金紫光禄大夫。父讳□，任右朝清郎。妻王氏，右朝奉大夫某之女。男曰刚。四女王之献、王拱、五勣，其婿也。季尚幼。王氏有贤行，前卒绍兴二十四年十二月某甲子。防得吉卜举亲丧于大邑之白云里长溪山。遂以兄嫂祔葬。

灼既铭朝请公墓，防继请曰："长孺止此，家祸极矣。愿备书用慰死者及其孤。"

铭曰：毁死非圣制也，而实厚于仁。士不幸如长孺，使孔子作，亦将哀其志，以成其名。死孝捐生，生孝宁亲。幸哉长孺！有志则伸。

李防

《临邛郡续志》

李防，字幼安，大邑人，即开国公道原之孙。既冠，与兄亮游上庠。亮登绍兴甲子第，公独留京师。以天下之本未立，上书恳切。当轴者以为讥切时政，责徽州听读。会恩远上庠，以误权臣得罪，遂负大名，筑室湖上读书，一时缙绅争与交游。后以阴补出官至令，调神泉主簿。县事多所资益，一意勾稽，吏不容奸，公私咸赖。比终更三年，钞附无有遗者，悉举以归。县士论敬服。达而用世，必有爱人利物者。再调温江簿，泊然无宦情，在官未几，即致其仕以归。今年逾八十，极寿健。杜门读书，手不释卷，足以佚老焉。

李柔中

《绍兴正论·小传》

李柔中，绍兴九年胡铨奏封事，乞斩秦桧。桧怒，议窜铨昭州。缙绅重足一迹。柔中独上书阙下，数桧十罪以救铨。桧益怒，送大理寺锻炼，死狱中。

李汇

《赤城志》

李汇，覃怀人，字推之。绍兴九年通判州事。因家天台，官至朝议大夫。撰《九天仆射祠祀》。

李靓

《宋史·忠义传》

李靓，字彦和，吉州龙泉人。幼孤，母督之学，不肯卒业。母诘之，辞曰："国家遭女真之变，寓县云扰，士当捐躯为国戡大憝，安能呫嗫章句间，效浅丈夫哉？"

岳飞督师平处寇，挺身从之。未行，奔母丧。服除，走淮南，以策干督都张浚。浚奇之，使隶淮西总管孙晖戏下，累功授承信郎。绍兴十年，金遣其将翟将军犯境，靓与部曲当其锋，转战至西京天津桥南，俘翟将军，乘胜遂北。会金兵大至，遂死之。年三十一。原

宋《周益公大全集·忠义李君传》

中兴初年,女真犯金陵,吉水杨公守节死官,天子既追爵四品,即其地立庙,又易名忠襄,书勋太史,遍铄诸孤,加赐腴田。忠义大节,卓卓在人耳目,缙绅甲胄间,皆喜传而乐道之,况于同州之士,岂无闻伯夷而立志,慕相如而更名者耶?今于龙泉李君见之矣。

李君名靓,字彦和。父侠早世,母勉以读书。一日,投笔叹曰:“天下方扰扰,男儿要当搴旗斩将,立功边郡,显名于无穷,安能龌龊事章句哉?”闻大将岳飞衔命平处寇,即挺身从之。会奔母丧,不竞其功。释服,走淮南以策干张丞相。丞相奇其材,遣隶淮西总管孙晖戏下,积功授承信郎。绍兴十年夏,番将翟将军入寇,晖分兵御之,君独兴部曲昼夜转斗,至西京天津桥南,大小数十战,杀伤不可计,卒俘翟将军,乘胜逐北。虏益济师,遂死之,时五月二十四日也,年三十有一。后一月事闻,诏赠君两官。有子与父恩泽赙恤加等。

予得于郡人者如此,常恨未能访其家。乾道八年秋,君之子思忠实来,袖书一通,陈义峥嵘,子窃嘉之。明日,泣而请曰:“吾父死国时,官甚微,不得如忠襄公大显于世。且上许贻恩,而思忠适在襁褓,不能自列于有司,承天子之命。丐公一言,传信四方,以附九泉,且无使国家旌忠恤孤之恩,委于草莽也。”子曰:“甄济诈喑,不受禄山逼,韩退之谓当附书于史。子逢能标白其先人,俱当得书。今尔父死王事,名在司勋,且有诏,俾尔世其禄,视甄氏父子,盖易以显,子昔执笔隶太史而不以告,今尚何道?”思忠曰:“不孝之罪,昭昭矣。虽然里中多名士,恶知无位于朝?任斯责者,第为我书。他日司马迁言荆轲,庶几征夏无且乎?”子曰:“然。”退为之书。

李珙

《元一统志》

李珙,宋绍兴十一年,处州免解进士,特封养素居士,珙章县人。朴之从子也。行义修洁,该通经典。故江西诸司,上其行,义于朝。子谦字和卿,居在城。

华坊少孤力学,卓然不群,登进士第,调安福县尉,获盗,不愿受赏。入为奏院宗簿太常丞,出为浙东提举。值岁饥,兼赈济,活人甚多,召为尚书左郎官,迁左司郎中。卒于官,号云峰居士。

卷之一万四百五十八 四济

礼文三

欧阳守道《巽斋集》

《礼论》

论曰：道无所倚，有所践。有所倚，则天下莫之稽。无所践，则天下莫之居。莫之稽，道之渎也。莫之居，道之弃也。圣人以道而寄于经，以悟于后，乃至于渎与弃。渎则道不神，弃则道不行。道不神且不行，则经也者，无乃虚其所以寄，而杜其所以悟哉。夫惟经首于《易》而后道不渎，继《易》以礼而后道不弃，圣人之虑微矣。盖天人之理，性命之源，仁义道德，吉凶悔吝，纷然齿于卦而形于象。卦之中又有卦，而象之外有象焉。此所以为无所倚也。无所倚则无所穷。无所穷者，听天下之人各入其入，随至其至也。是以天下仰其神而稽焉。虽然，道则神矣，不渎矣，天下于焉而稽之矣。然天下之人，圣不数也，贤亦不数也，而愚不肖则不疏也。圣人之经，为圣贤而作也，不为愚不肖而作也。则有易已多矣？否也。则以不疏之愚不肖，而举责之以不数之圣贤，是却天下之进于圣贤，而圣天下之心，使安于愚不肖也。是故，圣人本之以不倚，而进之以可践，礼也者所以示天下之可践也。园不以规，方不以矩，运斤而成风，惟匠石可也。欲举天下之工，而皆匠石也，皆不规不矩也，则天下之工，有弃其斤斧而去耳，何则！无所可践也。《易》者，圣人成风之斤也，礼者，圣人规矩之器也。匠石不以匠石而废规矩。故无匠石而有匠石。圣人不以圣人而庆礼法，故无圣人而有圣人，盖道所可践而后天下有所可居。《易》之言曰："神无方也，易无体也。"彼且无方，则不可以方求。彼且无体，则不可以体见。不可以方求，则契其方者出乎方者也。不可以体见，则得其体者遗乎体者也。欲天下之人，皆出乎方，契其方，遗乎体得其体，呜呼，难哉！是故有礼焉。如是而君臣父子；如是而冠昏丧祭；如是而交际辞受；如是而出处进退，严乎洒扫之末，以达乎精义入神，动容周旋之顷。而礼皆至焉，其义粲然然无所不可知，而其地画然有所必可践。愚不肖者，孰不可以勉而践，践而居哉？有可践，则天下得以不置其足于道之外。有可居，则天下得以置其身于道之内。使天下之人

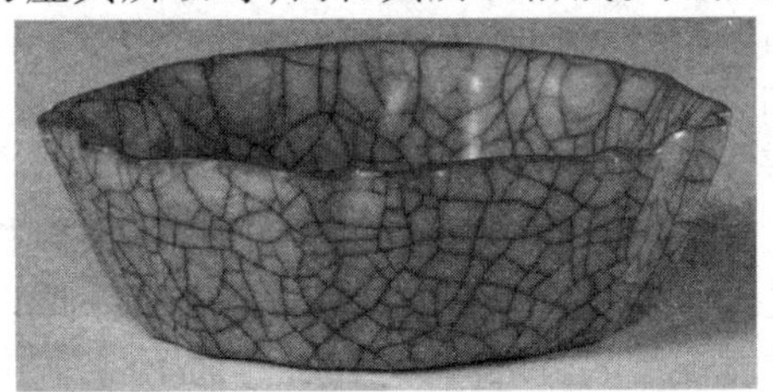

哥窑葵花洗

置其身于道之内，而不置其足于道之外，相敬相爱，相安相养，以至于今，礼之教也。而老子曰："失道德仁义而后礼。"又曰："礼者，忠信之薄。"嗟乎，去礼以求忠信，是去裘而求者之智也！且礼亡，则道德仁义其犹有存欤？尝观老子之徒，有问乎聃者，雁行避影而后进，而聃未轻告也。已则一日不可无师弟子之礼，而天下独可一日无君臣父子之礼邪？人有一朝三饭于家，而教其邻以辟谷之方者，此可信也哉？聃是已。谨论。

崔宫教集

《礼论》

人生不能无群，群不能无争。人之初，倥侗颛蒙而无知，越为物役而机生，情动而本远。雪、霜、风、雨、雷、雹暴其外，于是知架巢空穴，挽草木，取皮革。饥渴牝牡之欲殴其内，于是知噬禽兽，咀果实，是故有得失之殊涂，有好恶之异尚，有有余不足之异致。其有不得所欲，则击夺随之，交焉而争，睽焉而关，齿利者劫，爪刚者决。然后有一人焉，出而治之。谓天下之民之争，求以止之，必有痛之斯畏焉，于是加之鞭，朴以笞，捶其肌肤，施之刀锯以残割其形体，而名之曰刑；然其争又有大焉者，力大者搏，势强者轧，徒众者夺，啸呼踊跃，草野涂血，则向之、痛之者不足恃也，必有胁之斯服焉，于是为之师旅什五之法，为之旌旗钟鼓之用，为之干戈介胄孤矢矛戟之械，为之态熊龙貔貅之威，而名之曰兵；息争之小以刑，息争之大以兵，然人之争心无时可已也。人之争心无时而可已，圣人惟曰：吾有兵与刑，营营乎日为杀人之事，可乎？不可也。故有微术焉。就其起居动作之间，创为之法；委曲而节文，名之曰礼。人有贵贱，不知贵贱之等，圣人则设为朝聘位序之严，车服采色之别，使之有等而不敢相越；人有长幼，不知长幼之序，圣人则立为射乡饮食之节，摈相绍介之仪，使之有序而不敢以相乱；人有男女，不知男女之别，圣人则严之媒妁之词，重之以币帛之贽，使之有别而不敢以相狎。礼之制行于天下，天下之人乃始日循循然东缚于名分之内，常有所碍而不得肆其欲。故其于息争也，有甚于兵刑之临之焉。周之衰二百余年，诸侯迭霸，非不盛且大，然睥睨周鼎，缩手不敢取，方且歃血会盟以尊周室，周非有兵与刑以制之也，礼存焉也。呜呼，圣人息争之道，至于礼而极矣。或曰："礼本于太乙，谓出于兵刑之后，何也？"曰："太乙，礼之本也。从而表饰之，使著于世，圣人也。《易》之有需，需饮食之道争所由起也，故以讼，讼而不能止，故以师，师之与讼，能比而蓄之不能有所辨，故辨上下定民志，终归于履而后已。此圣人意也。刑兵与礼之序也。"

曾丰《撙斋集》

《礼论》

曰道譬则人也。人之生也，有形斯有气，有气斯有嘘吸，有气斯有色，有色斯有惨舒。有形而无气者，偶人也。彼诚偶人，则嘘吸已不能矣，而况夫惨舒？今也有人似偶而非偶，兀然坐于深山，不饮不食，无惨无舒，其即之也，与不即之也，皆自若也，则是浮屠氏之定也。嗟夫,舒惨之不可绝固也。借曰可衹亦自私之计,非大通之道也。天地之气,若浮屠氏然,则乾坤或几乎息矣?万物何资焉?天地之气嘘万物资始,吸万物资终,终始则有所资矣。而其嘘吸之盎而见诸外者,东南则为青为赤,西北则为白为黑。离乎黑入乎青,则为舒。离乎赤入乎白,则为惨。此何为者也?曰:天地之气非能为色也,而不能不为色也。天地不能绝舒惨色,浮屠氏独能天地之所不能也欤?圣人之道,天地之气也。《易》也,《书》也,《诗》也,《春秋》也,则气之嘘吸也。嘘吸之气运诸冥冥,冥冥之中,则固有无色之色存焉,而人莫之见也。夫人之情,信于其所见,疑于其所不见。天下或曰:"圣人荧惑我也。"或曰:"谁谓圣人"?然二者争而不已,则并率其不争者,求观于吾道,而质其疑以决其争,而吾道果无可观者以证,则四经之作,几何不与兀然坐于深山者类耶?则天下皆曰:"圣人荧惑我也。"吾之作经将以信天下,而天下皆以为荧惑我,圣人之心则不安于是有礼焉。圣人之作礼也,曰:"非我也"。礼起于夫妇,夫妇起于天地。天气下降,地气上腾,其为礼之本欤。天地之嘘吸为阴阳,上降下腾,阴阳之感也。吾道之嘘吸为仁义,《易》《书》《诗》《春秋》,《礼》,仁义之感也。子曰:"无体之礼,上下和同。"则是仁义之感之谓也。相感之中,既有无体之礼存焉,则亦足矣,而又必也,特经则无乃赘乎。曰:"天地能以其相感者生万物,而不能以其相感者丽万物。"于是以其运诸冥冥者,盎而为青、为赤、为白、为黑者,以信万物之目。圣人之作经,则亦辅天地之自然而已矣,安得惟事其感者?而不事其丽者,然则礼也者,其道之丽也欤。天地之所以丽万物者,有惨舒。吾道之所以丽万物者,有损益。损益之变,惨舒之为也。惨舒之变,嘘吸之盎也。君子曰:"礼损益而已矣。"益之为三皇,益之又益为五帝,则是天地之嘘者,盎之为舒者也。损之为三王,损之又损为五霸,则是天地之吸者,盎而为惨者也。舒之初为未纯,惨之末为已甚。尧揖舜而前曰:"吾予尔天下。"舜拜而辞曰:"朕德弗嗣。"禹之于舜也亦然。而商之于夏,周之于商也,不然。嗟夫,尧、舜、禹率天下后世以揖与拜。而商之于夏也尚然。今也商既自去其所以率之者而率之,以其非所以率之者,则周之于商也。无怪也,孔子不曰:"夏因于虞礼。"所损益可知也。而曰:"商周因于夏。"商礼所损益可知也,则是舒惨之别也。又曰:"其或继周者,虽百世可知也。"则是又一惨一舒之迭相往来而无穷也。吁,赤微哉!商因于夏礼,孔子不忍言也。周因于商礼,孔子尤不忍言也。其或继周者,则又有大不忍言者。不忍言而言,斯其所以若是微欤。断曰:"阴阳之气,嘘吸于四时。"而舒惨之色与之相始终。仁义之气嘘吸于四经,然则礼也者盖与四经相始终欤。

华镇《云溪居士集》

《论礼》

六经虽非完书,仅存者尚或过半,惟礼乐之篇,靡有孑遗。然旁求余经,稽合传记典制之名数,述作之微意,虽其书不传,可得而言已,试粗论之。孔子曰:"夏礼吾能言之,杞不足证也。商礼吾能言之,宋不足证也,文献不足故也。足则吾能证之矣。"证,成也。言而无成则疑,疑者圣人之所阙也。诗云:"虽无老成人,尚有典刑。"当是时,杞宋二邦典刑与老成人皆丧矣,故无得而成焉。至周则不然,有司所传边豆之事,旧法未失,邹鲁之士,搢绅先生能言其意,故曰:"文武之道,未坠于地。"在人,贤者识其大者,其不贤者识其小

者。礼法之来尚矣，始于伏羲，而成于尧。尧授舜，舜授禹，三圣相授而守一道。夏后氏之王天下也，用之以忠。忠者，诚也，犹未离内也。商人继之用之以质，质朴也。则既有形矣，然而未备也。周公承二代之后，述文武之事，或损或益，兼修其法，而用之以文，故礼经三百，威仪三千。事为之制，物为之容，制致其详，容致其美，故朱干玉戚黄流圭瓒以为器，而后世不可以加焉。礼者，文也。文则圣人之所取也，故曰："周监于二代，郁郁乎文哉，吾从周，由是言之。"经之所书，盖周礼也。周官大宗伯之职，曰：以吉礼事邦国之鬼神祇，以凶礼哀邦国之忧，以宾礼亲邦国，以军礼同邦国，以嘉礼亲万民，谓之五礼。五礼修则庶事备矣，故其名数之大者，止于此也。《书》曰："天秩有礼，自我五礼有庸哉。"盖唐虞之时，其制已定矣，非特至于成周而后为然也。天下事物，殆无外于此。夫国事之大，惟祀与戎，人伦之重，始于冠昏。慎终者德之厚，礼宾者政之备。圣人有吉礼以事天地，而社稷宗庙，山林川泽，百物咸秩。有凶礼以哀死亡，而凶礼祸灾，围败寇乱，则加之以荒吊襘恤之意。有宾礼以亲邦国，而春夏秋冬，则异之以朝觐会问之文。有军礼以用师旅而封均田役，则文之以简恤任合之节。有嘉礼以成男女，而宗族兄弟，故旧朋友，四方之宾客，列国之诸侯，则亲之以饮食、宾射、飨燕、脤膰贺庆之恩。君然者，闺门之内，乡党之间，朝廷之上，邦国之远，鬼神之幽，民物之微，师田行役，凶荒礼丧，莫不有礼，而天下之事物举矣，后世虽有述作，何以加于此哉？此圣人之所以书也。呜呼，道民者不可一日而无礼。然而礼之籍不传也久矣。为之奈何？孟子曰："仁之实，事亲是也；义之实，从兄是也；礼之实，节文斯二者是也。君子本孝弟以为仁义，而因事之宜以制节，因物之质而文之。节文备而明圣之事尽矣。危积玉府礼乐本于至诚。宛丘先王之为天下，礼行而天下无违俗，乐作而万物无邪心。无违俗，故恭逊孝弟行于匹夫妇之愚。无邪心，故蕃阜和乐至于昆虫草木之细。至于如此，而后天下大治，纯被而无有可间矣。先王之为是礼乐者，岂与后世异哉？其存乎刑名，见夫度数者，典之有司，著之文字，虽历千百年可考也。舜之大韶，周之衰犹能奏也。三代之车服，宿儒老师犹能说也。后世之君，曷尝不举先王之礼乐以施之宗庙朝廷哉。然而先王用之能治寓意于迹，迹修而意行，示教于物，物陈而教达。后世之君，能用之而不能化，能举之而不能治，迹修矣而人不化其意，物陈矣而下不谕其教，是何说也？诚与不诚异也。先王之为礼乐，岂以为备故事修文物而已哉？其心之于礼乐既以诚之矣。操至诚无间之心于内，则其动于外也。心之所存，必能发之于器，器之所示，必能致之于物，故人望其齐恭肃之容而无慢心。闻其和豫雅正之音而无邪气，夫岂特容与声之所能为哉。其诚之所动物虽欲不惑，不可得也，故物之诚，诚不能逃也。立诚于此，物遭而不化者，非物之罪也，是其中必有不足者矣。宗庙之间，不恭而肃；墟墓之间，不哭而哀。尧舜之政，不令而从，以夫在此者不欺故也。后世之为礼乐，既以判然为雨矣。举是物，曰此为礼也；奏是音，曰此为乐也。心之所存不在器，器之所作非其诚，故礼乐之动也，如偶人焉，有其形而无其神；如象龙焉，有其似而无其威。内无至诚无间之心，而特备礼乐之声容，何以异操偶人，象龙以求人之畏之也？故三代之亡，历数千百年，而礼乐之效，卒不如先王之时者，岂其刑名度数不足之罪哉？所以行之者，其诚与昔之人异矣。而衰世之士，方且区区缀缉先王之遗文，补全经师之故说，掩卷长息而伤礼乐之不明。呜呼，是亦愚矣。心诚恭欤，酌水而献之，见者不敢慢矣。先王之礼，其在后世者未少也，心诚正欤，操弦而鼓之，听者肃然矣；先王之乐，其在后世尚多也，故不取之心而求之物，欲望礼乐如先王之时，何可得哉？

《至诚篇》上

汉之威仪足以起人之思。唐子思汉时仪注，大抵率意制造，不应古谊者十至八九，具文采法度略矣。然而天下之人，见即喜，不见即悲。中更王氏之乱，废弃不用者十余年。光武入洛，东都之民始见司隶僚属欢喜踊跃，父老或至垂泣，曰："不图今日复见汉官威仪。"自是天下翕然归之，相与出力锄去祸难，以成中兴之业，而复其宗庙社稷盖又二百余年。虽汉之所以复兴者，不专在是，然亦不可谓无助也。且汉官威仪，非若三代之盛，叔孙所为，非有周公之学术智识也。杂以秦制，非复圣人之法也。而遗民见之，如盲者复视，废者复起，如流浪积岁而反其故乡，其父子兄弟感慨之极，至于咨嗟流涕。其得民心如此此，何理邪？方是之时，以三代车服示之，吾知其民不复泣矣，何者？汉之为汉，十世于此矣，民知有刘氏而已。夫救天下于战国秦项水火之中，而措之于安全逸乐之地，不数十年，海内无事，斯民得以养生，得以送死，得以事其父母，而长育其子孙，汉之力也。三代远矣，何有于我哉？由是观之，古者帝王之兴，其正朔服色，自为一王法，而不慕前朝异姓已陈之迹，其用意深矣。由是观之，国家旧物宜使斯民常见而熟识之，以习其耳目而系其心。自非不得已者，不宜轻有改易变置，以自绝于民也，亦灼然矣。

《存旧论》

裴守真狥君意以为礼，宛丘先生之礼，不明于世，日以废坏，遂至灭亡者。其初未始不自于谀。夫盗儒苟欲媚世主之私，而不务行先王之意，而俯从今世之便也。先王以至诚仁义之心，诚意礼乐之际，齐明盛服，如临师保父母之严，一有不中凶咎从之。而后世之汙君，习于安乐骄傲者勉而为之，其欲舍而从我也，固已不胜其怠，而谀夫盗儒又从而为之解说旁引曲取，既使之便其私意，而又曰自义理之所安。呜呼，先王之礼，何从而兴乎？秦并六国，典礼尽灭。高祖拨天下之乱，庶几其有兴矣。而叔孙通阿其意，不能尊其所闻而行之，乃为是苟且灭裂之具。而汉礼终以不明，则起于叔孙通之狥其君。余读《裴守真》传，守真善，容兴为太常博士，当时谓才称官。至论射牲礼曰："古者天子自射牲。"汉遣侍中令天子奠玉酌献而已可也。古今异宜，不必射牲。破阵庆善一舞入天子为起。守真言："古无天子立观舞者，请从古。"夫射牲，古也。古也劳而今也佚，则从今。立观舞，今也劳而古也佚，则从古。守真非能法古，特从其佚便，使人主便之而已。夫先王之礼，惟恶其好便而无制者，而后为是曲折制度之严也，使有司之礼近于人情者，非其至也。呜呼，自秦汉以来，天子之车服金珠翠羽，妇人之服奇文巧画房闼之玩，仙灵鬼怪可骇之物，雕韦织毳戎狄之用皆有之矣。推其祸本乱原，未有不起于好便安者为之也。

裴守真论

圣人制人伦之礼，东坡圣人之始制为君臣、父子、夫妇、朋友也。坐而治政，奔走而执事，此足以为君臣矣。圣人惧其相易而至于相陵也，于是为之车服采章以别之，朝觐位著以严之。名非不相闻也，而见必以赞，心非不相信也，而出入必以籍，此所以久而不相易也。杖履以为安，饮食以为养，此足以为父子矣。圣人惧其相袭而至于相怨也，于是制为朝夕问省之礼。左右佩服之饰，族居之为欢而异宫以为别，合食之为乐而异膳以为尊，此所以久而不相袭也。生以居于室，死以葬于野，此足以为夫妇矣。圣人惧其相狎而至于相离也，于是先之以币帛，重之以媒妁，不告于庙，而终身以为妾。画居于内，而君子问其

疾，此所以久而不相狎也。安居以为党，急难以相救，此足以为朋友矣。圣人惧其相渎而至于相侮也，于是戒其群居嬉游之乐，而严其射飨饮食之节。足非不能行也，而待摈相之诏礼；口非不能言也，而待绍介之传命。此所以久而不相渎也。天下之祸，莫大于苟可以为而止。则君臣之相陵，父子之相怨，夫妇之相离，朋友之相侮久矣。坚人忧焉。是故多为之饰。《易》曰："藉用白茅，兄咎苟错诸地而可矣。"藉之用茅，何咎之有？此古之圣人所以长有天下而后世之谓迂阔也。

物不可以苟合论

礼若强人而实不可易。东坡夫圣人之道，自本而观之。则皆出于人情。不循其本而并观之于其末，则以为圣人有所勉强力行而非人情之所乐者。今夫五常之教，惟礼为若强人者何？则人情莫不好逸豫而恶劳苦，今吾必也使之不敢箕踞而罄折百拜以为礼；人情莫不乐富贵而羞贫贱，今吾必也使之不敢自尊而卑逊退抑以为礼。用器之为便，而祭器之为贵。亵衣之为便，而衮冕之为贵。哀欲其速已而伸之三年，乐欲其不已而不得终日。此礼之所以为强人，而观之于末者之过也。盍赤反其本而思之。今吾以为磬折不如立之安也，而将惟安之求，即立不如坐，坐不如箕踞，箕踞不如偃仆，偃仆而不已，则将裸袒而不顾。苟为裸袒而不顾，则吾乃亦将病之。夫岂独吾病之，天下之匹夫匹妇莫不病之也。苟为病是则其势将必至于磬折而百拜。由此言之，则是磬折而百拜者，生于不欲裸袒之间而已也。

中庸论中

圣人以礼防民。东坡昔者生民之初，圣人恶其无别，而忧其无以生也。是以作为器用，使民乐，其便利役御万物而适其情，而民始有极其口腹耳目之欲。器利用便而巧诈生，求得欲从而心志广。圣人又忧其桀猾变诈而难治也，是故制礼以反其初。礼者，所以反本复始也。圣人非不知箕踞而坐，不揖而食，便于人情而适于四体之安也。将必使之习为迂阔难行之节，宽衣博带佩玉履舄，所以回翔容与而不可驰骤。上自朝廷而下至于民，所以视听其耳目者，莫不近于迂阔。其衣黼黻文章，其食笾豆簠簋，其耕以井田，其进取选举以学校，其治民以诸侯，嫁娶死丧，莫不有法。严之以鬼神，而重之以四时，所以使民自尊而不轻为奸。故曰礼之近于人情者，非其至也。周公、孔子所以区区于升降揖逊之间，丁宁反覆而不敢失坠者，世俗之所谓迂阔，而不知夫圣人之权固在于此也？

秦皇论

秦弃礼而趋利。东坡秦有天下，始皇以诈力而并诸侯，自以为智术之有余，而禹汤文武之不知出此也。于是废诸侯，破井田，凡所以治天下者，一切出于便利，而不耻于无礼。决坏圣人之藩墙，而以利器明示天下。故自秦以来天下惟知所以求生避死，而以礼者为无用赘疣之物，何者也？意以为生之无事乎礼也。苟生之无事乎礼，则凡可以得生者无不为矣。呜呼，此秦之祸所以至今而未息欤！

同上礼不以贫而废。东坡燔兔匏叶，可以行礼；扫地而祭，可以事天。礼之不备，非贫之罪也。

拟进士迁策

礼各以时而变。顾临等昔商因夏礼，周因商礼，皆有损益。孔子曰："其或继周者，虽百世可知也。"可知者亦犹商因于夏，周因于商也。时异事变，不可尽知。虽有圣人继周亦必损益，是以先代之乐，后代有不相沿；前王之礼，后王有不相袭。唐虞五载一巡守，周则十二年，岂可谓唐虞非乎？盖周不能行也。先帝朝献景灵宫十一殿，一日而遍，陛下一岁乃遍，以因时制宜欲可行也。

上哲宗元祐七年

吕争德先生集

圣王务行礼论

圣贤之所谓治道者，盖有本末先后之异而已。本在于此，末在于彼。先者自治，而后者治人故也。详其在我者而先之，略其在彼者而后焉，则人将以我为君子而从之矣。春秋之世，诸侯专威，强者凌弱，众者暴寡，不仁以取胜于仁，不义而求先于义，举天下之广而纷纷于目前也。责其本末先后之论，而能自治者，盖亦鲜矣。幸而有贤人君子以我为之先，而以人为之后，启导其君，而使之为君子者亦可贵矣。楚之敌晋也久矣，韩起叔向聘之，楚子欲耻二人者，而求为得志焉，故薳启强谏之曰："圣王务行礼，不求耻人。夫朝聘有享会有璋，燕有好货，飧有陪鼎。设机而不倚，爵盈而不饮。小有述职，大有巡功，皆所以行礼也。"楚子于是悟其言之是，为之加礼于二子者，而晋楚之好因以隆睦。呜呼，不有君子，其能国乎？以启强之一言，而救楚子之失，敦二国之好，利亦博矣。不然，则晋楚之干戈，日寻于邦内而莫之休息。此遂强之贤能，使其君之为君子而可贵也。敢又从而广之，以续丘明之意焉。夫中国之与夷狄，此贵而彼贱也，世之所谓礼义者，出于此不出于彼也。齐为周之大国，礼义之出也。而曹伯来朝于鲁，则恶而讨之。故《春秋》书以示贬，而当时之君子亦讥其无礼。嗟夫，齐，中国也，一失而经贬其非。楚，夷狄也，一得而传述其是，皆薳疆有以导矣。由是而言，则春秋之法，有褒进夷狄而同于中国之例。说者又以七等进退之文，推广其义者，皆不为妄也。夫为天下国家而不先自治求以治人者，未之信矣。以薳疆之言监之可也。

《毕西台先生集》

礼禁论

治一乡，必有治一乡之具；治一国，必有治一国之具；治天下，必有治天下之具。具者，非若簠簋俎豆，尊勺鼎鼐，可陈于前也。由是而治者谓之具，听断狱讼，簿书期会，所以治一乡也；守法令，拊循其民，以承事天子，所以治一国也。明制度不得相逾越，贫富贵

贱各安其分而易足，所以治天下也。以大治小，则小有所不能容。故孔子之武城闻弦歌之音而笑。以小治大，则大有所不能治，故孟子不学诸侯之礼而言其略。三代而下。不知治具之有小大，以簿书法令治乡，国之具而治天下，是以天下而终不大治。昔孝文之时，贾谊谓大臣不报期会之间为大，故至于俗流失世坏败，因恬而不知怪，为可太息。孝宣时，王吉亦言公卿未有建万世之长策，举明主于三代之隆，而上下僭差，人人自制，是以贪财诛吏不畏死亡，而孝文孝宣卒莫能用。所以然者，治大者其效缓而远，治小者其效速而近。人君有治天下之心而求近效，以语。礼俗制度禁防之事，则指以为迂阔。而见簿书法令听断狱讼，则以为治天下如是而足。虽有唐太宗之贤，与房魏论周礼，语未卒而有画虎之疑，又况不及太宗者。则天下之不大治，凡皆以小治大而无其具故尔。今国家传序相习，百有余年，方内无事几于致平，殆非汉唐之比，而礼俗制度禁防之不立，反甚于汉唐。田宅奴婢车马服用，恣民之所自为而莫有限，乐汉唐之小具，不思三代之大治，岂非以上下相安，风俗已成，而难于惊动邪？是亦未知讲尔。昔楚王患其国之庳车，欲下令使高之，孙叔敖曰："令数下民不知所从，请教里人，高其梱乘车者皆君子，不能数下，则车自高矣。从之半岁，而楚国无庳车。盖国家立事，好为法令，而以深罚重赏随之。法令既繁，而罚深赏重无以措其手足，是以民惊动而事不立。今如仿庳车之意，定为田宅奴婢车马服用之等级在上者躬化以行之。简其法令，平其尝罚，有不从者第禁勿使仕宦，庶人则重租赋以困辱之，久以岁月，无求近效，则三代治天下之具，将复立于今日，度越汉唐而诵声兴。然则禁勿使仕宦，重租赋以困辱，而终不为深罚重赏者，亦今日治天下之梱耳。何患乎惊动？"

元方德麟集

礼论

古之为礼者便而安，后之为礼者拘以僻，此古今所以相戾而不求其本者之过者也。夫人之情，未有不喜便而厌拘者，强之以所厌而不知其可喜，不徒听之者以为迂，而言之者久亦自厌之矣。圣人为礼固若是耶，礼以诚敬为本者也。弁冕圭璧之制，宫室车旗之度，与夫登降俯仰之容，无非节文其等威，以表其诚敬之实。故孔子曰："礼云礼云，玉帛云乎哉？"而林放问礼之本，则曰："礼与其奢也宁俭，丧与其易也宁戚。非所谓无体之礼欤。"无体之礼，则诚敬是也。故可以损益者，礼之文，不得而损益者，诚敬之实。本之以诚敬之实，而损益其文以适时之宜。使凡为人臣者，皆得以尽敬于其君；为子若弟者，皆得以尽敬于其长。其贤者，固将乐之，不肖者，亦习兄其分限之严而不敢肆，故虽酒清人渴而不饮，肉乾人饥而不食，与夫寒不敢袭，痒不敢搔，洞洞焉，属属焉，其拘也亦便之矣。不然，则俎豆诚陈，摈相诚设，终日揖逊，方秩秩可观，而其心已不胜厌苦而欲罢矣，是皆不知其本者误之也。欲复古人之礼者，其亦先立夫诚敬之本乎。

胡秪適《紫山集》

礼论

圣人之制礼，通贵贱之情，而严上下之分，故曰：履虽鲜不加于枕，冠虽弊不以苴履，尊卑之分定故也。君臣之视天王，卑高分严，如地之于天，然而篡弑之凶，古亦有之，何自而来哉？圣人作易于坤之初六，谨为之戒曰：初六履霜，阴始凝也。驯致其道，至坚冰也。又曰："臣弑其君者有之，子弑其父者有之，其所由来者渐矣。"贾谊经学修明，见汉法不敬大臣，曰："天子之尊如堂，大臣如陛，众庶如地，今也大臣下狱，贱隶得以搏执而笞辱，然则堂不无陛乎？"今之大臣有罪则杖辱于市，小人兴讹造讪，揶揄诟骂，无所不至。汉之大臣，天子得以罪之，贾谊犹为。今之大臣，细民得以罪之，此风一长，有识者甚为寒心。近岁以来，奴讦主，妻妾告夫，子弟讼父兄，编民把执，诟辱官吏，与台皂隶谤讦大臣，凶险奸邪，百无忌惮，恣其所为，陵轹正人。白画殿庭之上，秽言亵语，肆口而出，圣听，天听岂不知其为恶。然而乐闻不禁者，上欲发欺蔽，擿奸邪，通冤滞，抑豪横也，故特借凶人之口，来端直之言耳。殊不察自即位以来，所闻之言无大利害，适足以为口舌者进身之阶，虚失待大臣之体，渎上下之分。朝廷之上，无礼无威，闾里之间，彝伦攸斁。无知之氓，习见官府之不足畏，一旦饥馑凶荒，狐鼠啸聚郡县之权，若之何而制之？今之为大臣者不以为忧，反以私门豢养凶人，使之递相讦制，何其愚也。必欲通上下之情，立一二直节敢言之臣，如古之纳言者，何求而不得？何必以哓哓之小人，渎日月之光明哉。

宋黄裳《演山集》

杂说

天子施礼于诸侯以十有二牢，以多为贵也。诸侯报礼于天子，膳以牲犊，以少为贵也。以多为贵者外心也，以少为贵者内心也。礼器，曰："古之圣人，内之为尊，外之为乐，少之为贵，多之为美。诸侯之于天子，观天下之物无可以称其德者，得不以少为贵乎？"郊特牲，曰："牲孕弗食，祭帝弗用，诸侯之膳天子上同乎帝，尊贵之也。天子之于诸侯，为之牢礼之数，而诸侯之待王官也。令百牲皆具乐美之也。盖谓待王以多则为亵，待百官以少则为简。故礼器曰：先王之制礼也，不可多也，不可寡也，惟其称焉。"

四肢之于安佚，人之情也。乐循其情，恶劳其形，不能非礼勿动，而使非辟之心，辄乘安逸以蹈其舍，则无所不至矣。而况王乎？天下视仪而动，听唱而应者也。先王制礼，视有旒，听有纩，言有记，动有佩，堂上之行，门外之趋，为之乐仪以防其肆，使听其声而其意以诚，使顾其体而其气以正，周旋中规，折旋中矩，进揖退扬，而后锵鸣之佩。左中角征，右中宫羽，君民事物之意在其中焉，非僻之心无自而入。是故祭祀朝会，师田封建之时，王在五路，则其步趋之节责大驭焉。五路之上王安佚矣。然而顾车之行而闻肆夏之声，

则由吾于堂中，顾车之趋而闻采茅之声，则由吾于门外。王之言动，造次无非礼者，乐师之所教，大驭之所御与有力哉。

其度数严而通，不违天下之情，以礼之有乐也。其声气和而正，不流天下之性者，以乐之有礼也。

性理群书

《程颐礼序》

此篇论礼者，人伦风教之自始。有礼则家国天下与之俱存，无礼则家国天下与之俱亡。其关系岂不重哉！礼经三百，威仪三千，皆出于性，非伪貌饰情也。鄙夫野人，卒然加敬，逡巡逊却而不敢受。三尺童子，拱而趍市，暴夫悍卒，莫敢狎焉。彼非素有于教，与邀誉于人而然也，盖其所有于性物感而出者如此。故天尊地卑，礼固立矣。类聚群分，礼固行矣。人者位乎天地之间，立乎万物之上，天地与吾同体，万物与吾同气，尊卑分类，不设而彰。圣人循此，制为冠昏、丧祭、朝聘、射飨之礼，以行君臣父子、兄弟、夫妇、朋友之义。其形而下者，具于饮食器服之用；其形而上者，极于无声无臭之微。众人勉之，贤人行之，圣人由之。故所以行其身，与其家，与其国，与其天下，礼治则治，礼乱则乱，礼存则存，礼亡则亡。上自古始，下逮五季，质文不同，罔不由是。然而世有损益，惟周为备。是以夫子有曰："郁郁乎文哉，吾从周。"逮夫弊也，忠义之簿，情文之繁。林放有礼本之问，而孔子欲先进之从，盖所以矫正反弊也，然岂礼之过哉？为礼者之过也，秦氏焚灭经典，三代礼文大坏。汉兴求书《礼记》四十九篇，杂出诸儒之手，不能悉得圣人之旨。考其文义，时有牴牾，然而其文繁，其义博，学者观之，如适大通之衢，珠珍器帛随其所取，如游阿房之宫，千门万户随其所入。传而约之，亦可以弗畔。盖其说也，粗在应对进退之间，而精在道德性命之要，始于童幼之习，而终于圣人之归。惟达于道者，然后能知其言。能知其言，然后能得于礼。然则礼之所以为礼，其则不远矣。昔者颜子之所从事，不出乎视听言动之间，而乡党之记孔子，多在于动容周旋之际。此学者所当致疑以思，致思以达也。

胡铨《澹庵集》

讲筵礼序

臣闻君以礼为重，礼以分为重，分以名为重，名以器为重。古之有天下者，不患分不定，不患名不正，不患器不守，而常患不能隆礼而已矣。苟能隆礼，则分也、名也、器也，皆得其当，而天下可运于掌。苟不隆礼，则分也、名也、器也，皆失其当，而天下乱矣。何谓礼？曰："上下之纪，天地之经纬也。"而民实则之，则天之明。因地之性，生其六气，用其五行。气为五味，发为五色，章为五声。淫则昏乱，民失其性。是故为礼以奉之。为扰五牲三牺以奉五味；为九文六采五章以奉五色；为九歌八风七音六律以奏五声。为君臣上下以则地义；为夫妇外内以经二物；为父子兄弟姑姨甥舅婚姻以象天明；为政事庸力行务

以从四时；为刑罚威狱使民畏忌，以类其震耀杀戮；为温慈惠和以效天之生殖长育。是故审则宜类以制六志，审行信令祸福赏罚以制死生，乃能协于天地之经纬，是以长久。故赵简子曰："甚哉！礼之大也。"晏子曰："礼之可以为国也久矣。与天地并，是不亦君以礼为重乎"何谓分？君臣上下，君子小人，中国夷狄，是也。南蒯枚筮过坤之比，曰："黄裳元吉。"子服惠伯谓上美为元，下美则裳，言上下之不可乱。赵简子问："史墨季氏出君之罪，"史墨对以在易卦雷乘乾曰大壮。言乾为天子，震为诸侯，而在乾上，君臣易位，大乱之道也。司马光说文王序《易》，以乾坤为首，言君臣之位，犹天地之不可易。程颐《易传》，说坤六五臣居君位之象。此皆严君臣上下之分也。在易一阳之长虽甚微，而圣人善之，故一君子用，而天下皆相贺。一阴之生虽甚微，而圣人畏之，故一小人用而天下皆相吊。此皆严君子小人之分也。《易》以自我致戎为戒，而以三年克鬼方为惫。言夷狄当外而不内。贾谊以中国为首，夷狄为足，而以首反居下，足顾居上，为乱亡之基。此皆严中国夷狄之分也。是不亦礼以分为辱乎！何谓？名爵号是也。名近虚，于教为重。利近实，于教为轻。则名所以弼教也。名位不愆，为民所信，则名所以出信也。名以弼教，则教非名不立，名以信出，则信非名不行。是不亦分以名为重乎！何谓器？车服是也。器以藏礼，则器者礼之所寓。小人而乘君子之器，盗斯夺之。则器者君子之所乘。昔仲叔于奚请繁缨以朝，仲尼闻之，曰："惜也！不如多与之邑。"唯器与名，不可以假人。赵简子于史墨曰："季氏出其君而民焉，而莫之或罪也。"史墨曰："是以为君谨器与名不可以假人。"是不亦名以器为重乎！谨按礼经篇目，凡四十有九，大抵不出此三者而已。如天子七庙诸侯五，天子祭天地，诸侯祭社稷；天子祭天下名山大川，诸侯祭山川之在其地者；天子犆礿，祫禘、祫尝、祫烝，诸侯礿则不禘，禘则不尝，尝则不烝，烝则不礿；天子社稷皆太牢，诸侯少牢；天子杀则弊大绥，诸侯杀则弊小绥；天子之田象日月，诸侯法雷。天子之三公之田视公侯，天子之卿大夫之田视伯子男之类，此君臣上下之分也。如君子中庸，小人反中庸之类，此君子小人之分也。如千里之内曰甸，千里之外曰流，此中国夷狄之分也。如次国之上卿，位当大国之中，中当其下，下当其上大夫。小国之上卿位当大国之下卿，中当其上大夫，下当其下大夫之类，此名之别也。如大路繁缨一就，次路繁缨七就。天子龙衮，诸侯黼，大夫黻，士元衣缥裳。天子之冕朱绿藻十有二旒，诸侯九，上大夫七，下大夫五，士三之类，此器之别也。名也，分也，器也，礼之大体也。臣故曰："上下之纪，天地之经纬也。"仰惟取下钦明文思，浚哲文明，同乎尧舜，固非谀闻浅学所能窥测。至于修五礼以覲诸侯，典三礼以咨四岳，亦骎骎乎唐虞之盛矣。然犹锐意稽古礼文之事，特降一札，俾愚臣专讲戴礼一经，岂徒欲玩夫三百三千之繁文，呻其占毕而已哉。于《曲礼》见爱而知其恶，憎而知其善之义，于《檀弓》见事君有犯无隐之义，于《王制》见天子斋戒受谏之义，于《月令》见百工咸理，无或作为淫巧以荡上心之义，于《文王世子》见三公不必备唯其人之义，于《礼运》见禹汤文武成王周公谨礼文义，于《礼器》见忠信可以学礼之义，于《特牲》见天子贵诚之义，于《内则》见道令则服从不合则去之义，于《玉藻》见天子缙挺方正于天下之义，于《明堂位》见夷狄外而不内之义，于《大传》见举贤使能之义，于《少仪》见人臣有谏无讪之义，于《学记》见三五四代唯其师之义，于《乐记》见为君谨其好恶之义，于《经解》见发号出令而民说之义，于《哀公问》见君为正则百姓从政之义，于《仲尼燕居》见力礼乐而天下太平之义，于《孔子闲居》见王者奉三无私以劳天下之义，于《坊记》见礼以坊德之义，于《中庸》见至诚配天之义，于《表记》见大舜中心安仁之义，于《缁衣》见恶恶好贤之义，于《深衣》见规矩准绳之义，于《投壶》见揖逊之义，于《儒行》见崇儒

重道之义，于《大学》见正心诚意之义，于《乡饮》见王道易易之义，于《射义》见择士与祭之义，于《燕礼》见君臣上下之义，于《聘义》见君臣相与之义，于冠昏丧祭之篇见养生送死追远之义。然则圣学高妙，诚非管窥蠡测，所能仿佛其万一。夫岂涓埃能有益于崇深乎？而陛下亲屈至尊，孳孳听纳，移日不厌，真得尧舜三王之用心。臣昨蒙赐对便殿，臣时论及武夫悍将宜令知礼以革暴慢之习，侧闻玉音有及于唯礼可以已之之语，臣退而书之，窃谓晏婴虽以此言告齐景，而齐景终不能行，陛下不惟闻而乐之，又能举以为训。一言可以兴邦，陛下有焉。臣愚愿力行其说，辨其分，谨其名，守其器，勿轻以假人，则社稷之福也。孔子曰："名器，政之大节也。若以假人，与人政也。政亡则国家从之，弗可止也已。"仰渎宸聪，臣无任陨越之至。

国朝谢肃《密庵集》

送朱伯贤赴京考礼序

自三代礼乐荡灭于秦，至汉代秦而帝，去先王未遐，宜可以复其礼乐而为治于天下矣。然高帝不学而佐非真儒，故其为治不能复礼乐于三代，殆亦叔孙通之责哉。方叔孙通说帝之起朝仪也，帝曰："度吾所能行者为之。"不过谓定君臣之位而已，固未及乎先王之礼乐，以达于天下者也。而叔孙通遂以兴礼乐为名，广征鲁诸生，是以有两生不肯行，曰："礼乐积德百年而后可兴。"至哉，其言之也！夫德先王所以化天下之本，而礼乐其具也。有其具，无其本，固不可也。而高帝宽仁长者，其岂无本乎？曰："固矣。"然汉承秦变古之后，以古变秦，其唯三代之礼乐乎？沿三代之礼，而教民以中；袭三代之乐，而教民以和，使中和之气充塞天地，则万物不疵而王道成矣。王道成，然后损益三代以作汉之礼乐，则汉其三代矣乎，是或两生之所蕴也。惜乎叔孙通学不足以与此，不能终致两生，乃率诸生暨帝左右，去三代之难，采先秦之易，以杂就其尊君抑臣之仪，緜绝而习之。及帝既行，曩之醉呼拔剑者，莫不震肃，而帝亦起皇帝为贵之叹。则叔孙通亦可谓达时之务矣。然使四百年之汉，遂以为礼乐止于如是，而治化卒无以及乎先王者，叔孙通之贵也。此异时贾谊、仲舒、王吉、刘向之徒，所为发愤而增叹，岂独今日两生之不肯行邪。是故无两生，天下万世无礼乐；无叔孙通，则汉亦无君臣之仪，而汉仪固不足以当先王之礼乐也。后世君相之图治者，其可不知夫学乎？皇帝缉熙圣学，治仿先王，混一初元，命中书暨翰林太常率诸儒定拟三礼。明年，再命集议礼乐。又明年，遍征在野道德文章之士，相改订之，将以成一代之制也。而吾乡朱伯贤先生实在征焉。先生生东南游西地，遭时多故，归隐山林，饭疏饮水，益力于学，以学之为王者事也，故其论道德，必归之于三代之选；其论文章，必归之于三代之英。则今也应征，其能不援三代礼乐以为国朝之治具乎？虽然，两生不肯为汉行，先生肯为国朝起，是国朝之德之盛轶于汉。而叔孙通之学，不足以齿今之侍从文臣也。先生盍亦摅两生之所蕴，使三代礼乐不得复于汉者，而复于今日焉。则贾谊、仲舒、王吉、刘向之徒，将不复发愤增叹于异时矣。非先王，其孰能与于此哉？告行之日，书以为赠。

宋慕容彦逢摛文堂集

策问

孔子曰："安上治民，莫善于礼。"唐、虞、夏、商、周之盛，礼之损益，见于载籍。人主美化善俗，流泽子孙，盖本于此。世衰道微，典章陨缺，嬴秦以降，因陋就寡，君臣勅戒，不过簿书狱讼之间，虽有仁心仁闻，不可为法于后世。故汉宣帝时，诏书每下，民若更生。而王吉以为可谓至恩，未可谓本务也。神宗皇帝监积习之弊，亲策多士，命官讨论。主上丕承先志，申命有司，设局建官，讲求一代之制。惟宫室之度，器服之用，冠昏之义，祭享之节，学者所宜深考，愿与闻之，将以献于上焉。

葛胜仲《丹阳集》

策问

恭惟圣天子肇禋上帝，灵游降格，推仁流泽，覃及方夏。伏读庚辰赦令，有曰："将藏事于皇祇，先致享于穹昊。"荐绅学士聆听呼舞。以谓北郊盛典，将赫赫载天下耳目，而元始因循之陋，且复正于是日矣，真天下之壮观。卫者之绝业，考观载芰良耜。噫嘻，丰年之作，发扬咏叹用于祈谷之时，而赋事遣辞莫不各依象类，则天地别祭，见于诗者如此。泽中地上异其位，南至北至异其时，苍璧黄琮分宗辟之义，园钟系竹辨阴阳之声，则天地别祭见于礼者如此。况夫逸礼旧章，既讲求于元丰，而离宫方坛，复筑于绍圣。弥文织悉在有司，其大体固无可议者。惟是冕服之制，仪卫之节，庆赐之度，荐灌之仪，有不泥古，不讼今参酌损益趋时之便，而陪辅礼官之未议者乎。诸生试墨笔论之。

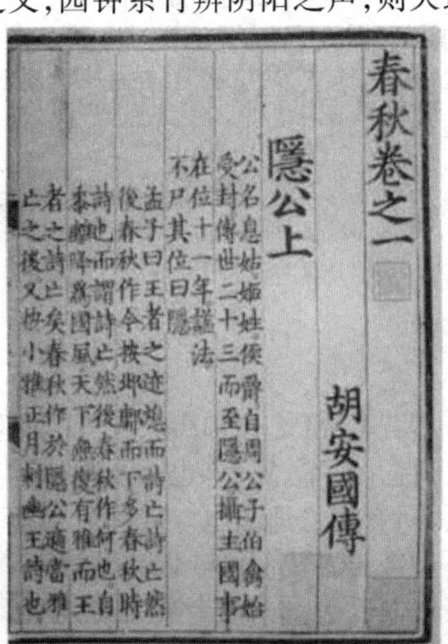

春秋卷之一

胡安國傳

隱公上

公名息姑姬姓侯爵自周公子伯禽始受封傳世二十三而至隱公攝主國事在位十一年謚法不尸其位曰隱

孟子曰王者之迹熄而詩亡然後春秋作今按邶鄘而下多春秋時詩也而謂詩亡然後春秋作何也自黍離降為國風天下無復有雅而王者之詩亡矣春秋作於隱公適當雅亡之後又按小雅正月刺幽王詩也

《春秋》书影

唐仲友《说斋集》

《易》象、《春秋》

质疑：韩宣子适见《易》象与鲁《春秋》，曰："周礼尽在鲁矣。"夫《易》象、《春秋》，何关于礼？而宣子何见而云尔耶？文王作易，周公述之而卦爻之辞备，其精神心术则《易》也，其刑名度数则《礼》也，其凡例褒贬则《春秋》也。《易》周公之心术。《礼》，周

公之治道。《春秋》，周公之史法。故凡三百六十官之事，无一不本于《易》，三百八十四交之义，无一不寓于《礼》。礼有得失，而赏罚之所不及，则《春秋》得以褒贬之，是固一本也。韩宣子见二书而知周礼之书在鲁，其见周公之心乎。

李浩《橘园集》

礼策

春秋之所贬，礼义之所否。春秋之所褒，礼义之所予。书天王狩于河阳，恶晋侯以臣召君，存君臣之礼义也；书晋侯杀其世子申生，恶晋侯杀嫡立庶，存父子之礼义也；书天王使宰咺来归惠公仲子之赗，恶其乱夫妇之礼义也；书天王杀其弟佞夫，恶其乱兄弟之礼义也。若乃荀息废嫡立庶，死于私暱，似忠而非忠，则书其名以贬之。赵盾亡不越境，反不讨贼则与之以恶名，此则礼义之深存焉者也。故曰：有国者不可不知《春秋》。前有谗而不见，后有贼而不知，为臣者不可不知《春秋》。守经事而不达其宜，遭变事而不知其权，盖以礼义者，所以别嫌疑，定犹豫，圣人用之以为维持防范之具，帝王之所同然，而孔子备载之于此书也。后之王者将欲抑诡类而畅皇极，非《春秋》何所法哉？孔子曰："吾志在春秋。"又曰："知我者，其唯春秋乎！罪我者，其唯春秋乎！"诚以天子之事尽在是矣。后世诸儒不知出此，而妄意求圣人于名数凡例之末，于礼义之宗，漫不能略究其意。故公羊以祭仲之废君为行权，则是臣可得而废君，此不究君臣之礼义也。谷梁以卫辄拒父为尊祖，则是子可得而废父，此不究父子之礼义也。公羊以妾母而为夫人，则是妾可以配嫡，此不知夫妇之礼义也。谷梁以隐公为不能以自正，则是弟可以犯兄，此不知兄弟之礼义也。唯左氏得圣人之意，明于礼义之旨，以为春秋之意，或求名而不得，或欲盖而名章。书齐豹盗三叛人名以惩不义，以恶无礼也。则又为之说曰："上之人能使昭明，善人劝焉，淫人惧焉，是圣人之深意，《春秋》之极功也。"

袁燮《洁斋集》

策问

昔有虞氏，命伯夷典三礼，时巡四岳五礼是修。说者曰："三礼，天、地、人之礼也。五礼，吉、凶、军、宾、嘉也。及观成周大宗伯之职掌天地神祇人鬼之礼，而五礼条目，无一不具，斯有虞之遗法也。成周天神地祇人鬼之礼，其虞氏之三礼欤。然曰神、曰示、曰鬼，此不过祭祀之礼而已。以吉礼事邦国之鬼神祇，此一语已该概括无余。虞氏之三礼，其亦祭祀而已乎？此学者所当深考也。周监二代，经礼三百，曲礼三千，周公制作，见于《周官》者既织悉矣。而太宰六典之建，复有所谓《礼典》者，何书欤？将经秦大而遂泯灭欤？抑《仪礼》之行于今者即《礼典》欤？礼之有仪，犹木之有枝叶也。而春秋之际，判而为二，自郊劳至于赠贿无违者，可谓难矣。而曰是仪也。不可谓礼问揖逊周旋之礼，亦曰是

仪也，非礼也。仪不足以为礼，则枝叶不足为本欤。”韩宣子适鲁，见易象与鲁春秋，曰：“周礼尽在鲁矣。”说者曰：“宣子所见，盖周之旧典礼经也。”由今观之，《春秋》辨名分，别嫌疑，谓之周礼则可。《易》象何为，而亦谓之礼乎？揖逊周旋，郊庙赠贿，不可谓礼，而以易象为礼，是特不可解也。汉兴，叔孙通立一王之仪，鲁两生非之，曰：“礼乐积德百年而后可兴也。”招之而不能致。通所为不合古亦可知矣。施诸当时，能使群臣肃然无哗，高祖知皇帝之为贵，其明效若是何耶？专务德化之君，以为繁礼饬貌，无益于治，而罢去有司之欲定礼仪者。当时礼教宜若尽废，而乃有兴于礼义之俗，岂得礼之本者？果不在于饰貌之末欤。终西京之世，学者不能昭见，但推士礼以及天子。中兴以后，章帝以群僚拘拿，独使曹褒尽心集作，乃依旧典撰次，冠昏吉凶，终始制度，而议者以破乱经术非之，汉礼于是不行。一代大典，旷废若此，顾何所凭藉以为国欤？唐太宗欲兴礼乐，贤辅佐不能答。不知所谓贞观礼者，果善乎？否也。厥后有显庆礼，有开元礼，又有郊祀录礼，阁新仪续曲台礼诸礼，唐之礼书明备，似非前代所及，果合于先王乎？否也。夫制礼而不合于先王，与无礼同。其考秦，汉、魏、晋、宋、齐、梁、陈、隋、唐以来，制作合于先王者何事？悖于圣经者何说？悉著于篇，以观所学。

《荀子·赋篇》

礼赋

爰有大物，爰于也。言于此有大物。夫人之大者莫过于礼，故谓之大物也。非丝非帛，文理成章；丝帛能成黼黻文章，礼亦然也。非日非月，为天下明。生者以寿，死者以葬，城郭以固，三军以强。粹而王，驳而伯，无一焉而亡。重言见王《霸篇》，又见《强国篇》。臣愚不识，敢请之王。言礼之功用甚大，时人莫知，故荀卿假为隐语问于先王。大臣但见其功，亦不识其名，唯先王能知，敢请辞之。先王因重演其义而告之也。王曰：此夫文而不采者与；先王为解《礼记》曰：此乃有文饰而不至华采者欤。简然易知而致有理者与；君子所敬而小人所不者与。性不得则若禽兽，性得之则甚雅似者与；雅，正也。谓续古人诗曰：维其有之，是以似之。匹夫隆之则为圣人，诸侯隆之则一四海者与。致明而约，甚顺而体请归之礼。极明而简约言易知也。甚顺而有不言易行也。先王惟归于礼，乃合此礼也。

唐《杜工部集》

进三大礼赋表

年谱云按玄宗天宝十载。正月八日壬辰朝献太清宫。癸已朝享太庙。

甲午、有事于南郊。公时在京时，进《三大礼赋》。上奇之，命待制集贤院，召诗文章。

臣甫言：臣生长陛下淳朴之俗，行四十载矣。与麋鹿同群而处，浪迹陛下丰草长林，实白弱冠之年矣。岂有州牧伯不岁贡豪俊于外，岂陛下明诏不侧席思贤于中哉！臣之愚顽，静天所取，以此□分沉埋，盛时不敢依违，不敢激讦，默以渔樵之乐自遣而已。顷者卖

药都市、寄食朋友，窃慕尧翁击壤之讴，适遇国家郊庙之礼，不觉手足舞蹈，形于篇章。漱吮甘液，游泳和气，声韵浸广，卷轴斯存，抑亦古诗之流，希乎述者之意。然词理野质，终不足以拂天听之崇高，配史籍以永久，恐倏先狗马，遗恨九原。谨稽首投廷恩匦，献纳上表进《明主朝献太清宫》《朝享太庙》、有事于南郊等三赋以闻。臣甫诚惶诚恐，顿首顿首，谨言。

《朝献太清宫赋》

冬十有一月，天子既纳处士之议，承汉继周，革弊用古，勒崇扬休。明年，孟陬将摅大礼以相籍，越彝伦而莫俦，历良辰而戒吉，分祀事而孔修，营室主夫宗庙，乘舆备乎冤裹。甲子，王以昧爽，春寒薄而清浮，虚閰阖，逗蚩尤，张猛弓，出腾虬，捎荧惑，随旄头。风伯扶道，雷公挟舟。通天台之双。阙，警溟涨之十洲。浩劫礌砢，万仙飕飕飙臻于长乐之舍，嵬入乎昆仑之丘。太乙奉引，苞携左右，尧步舜趋，禹驰汤骤。郁闷宫之律崒，折元气以经构。断紫云而竦墙，抚流沙而承雷。纷漂珠而陷碧，崔波锦而浪绣。森青冥而欲雨，赤光炯而初画。于是翠蕤俄的，藻藉舒就。祝融掷火以焚香，溪女捧盘而盥漱。群有司之望幸，辨名物之难究。琼浆自间于粢盛，羽客先来于介胄。烁圣祖之储祉，敬云孙而及此。诏轩辕使合符，敕王乔以视履。积昭感于嗣续，匪正辞于祝史。若肹响而有凭，肃风飚而乍起。扬流苏于浮柱，金英霏而披靡，拟杂珮于曾巅，孔盖欹以飒丽。中从从以回复，外萧萧而未已。上穆然注道为身，觉天倾耳。陈僭号于五代，复战国于千祀。曰："呜呼，昔苍生缠孟德之祸，为仲达所愚，凿齿其俗，契窳其孤。赤乌高飞，不肯止其屋。黄龙哮吼，不肯负其图。伊神器臬兀，而小人呴喻。历纪大破，创痍未苏，尚攫拿于吴蜀，又颠踬于羯胡。纵群雄之发愤，谁一统于亨衢。在拓跋与宇文，岂风尘之不殊。比聪廆及坚，持浑貔豹而齐驱。愁阴鬼啸，落日枭呼。各拥兵甲，俱称国都。且耕且战，何有何无。惟累圣之徽典，恭淑慎以允缉。兹火土之相生，非符识之备及。炀帝终暴，叔宝初袭。编简尚新，义旗爰入。既清国难，方睹家给。窃以为数子自诬，敢贞乎五行攸执，而观者潸晤，或喜至于泣。麟介以之鸣簴，昆蚑以之振蛰，感而遂通，罔不具集。仡神光而甜閜，罗诡异以戢沓。地轴倾而融曳，洞宫严以嶷岌。九天之云下垂，四海之水皆立。凤鸟威迟而不去，鲸鱼屈矫以相吸。扫大始之含灵，卷珠形而可挹。则有虹蜺为钩带者，入自于东，揭莽苍履崆峒。素发漠漠，至精浓浓。条弛张于巨细，觊披写于心胸。盖修竿无隙，而仄席巳容。裂手中之黑簿，睨堂下之金钟。得非拟斯人于寿域，明返朴于玄踪。忽翳日而凿飞万象，却浮云而留六龙。咸耆跖而壮兹应，终苍黄而昧所从。上犹色若不足，处之弥恭。天师张道陵等，洎左玄君者，前千二百官吏谒而进曰：今王巨唐帝之苗裔，坤之纪纲。上配君服，宫尊臣商。起数得统，特立中央。且大乐在悬黄钟，冠八音之首，太昊斯启青陆，献千春之祥。旷哉勤力耳目，宜乎大带斧裳。故风后孔甲充其佐，山稽岐伯翼其傍。至于易制取法，足以朝登五帝，夕宿三皇。信周武之多幸，存汉祖之自强。且近朝之滥吹，仍改卜乎祠堂。初降素车，终勤恤其后，有客白马，固漂沦不忘。伊庶人得议，实邦家之光。臣道陵等，试本之于青简，探之于缥囊。列圣有差，夫子闻斯于老氏，好问自久，宰我同科于季康。敢拨乱返正，乃此其所长。万神开，八骏回。旗掩月，车奋雷。骞七曜，烛九灰。能事颖脱，清光大来。或曰：今太平之人，莫不优游以自得，况是蹴魏踏晋，批周扶隋之后。与夫更始者哉。

《朝享太庙赋》

初高祖、太宗之栉风沐雨，劳身焦思，用黄钱白旗者，五年而天下始一。历三朝而戮力。今庶续之大备，上方采庞俗之谖，稽正绕之类。盖王者盛事，臣闻之于里曰：昔武德已前，黔黎萧条，无复生意。遭鲸鲵之荡汩，荒岁月而沸渭。衮服纷纷，朝廷多闰者，仍亘乎晋魏。臣窃以自赤精之衰歇，旷千载而无真人。及黄图之经纶，息五行而归厚地，则知至数不可以久缺，凡材不可以长寄。故高下相形，而尊卑各异，惟神断繁之于是，本先帝取之于义。壬辰，既格于道祖，乘舆即以是日，致斋于九室。所以昭达孝之诚，所以明继天之质。具礼有素，六官咸秩。大辂每出，或黎元不知丰年则多，而筐筥甚实。既而太尉参乘，司仆扈卑。望重闉以肃恭，顺法驾之徐疾。公卿淳古，士卒精一。黟宗庙之愈深，抵职司之所密。宿翠华于外户，曙黄屋于通术。气凄凄于前旒，光靡靡于嘉粟。阶有宾阼，帐有甲乙。升降之际，见玉柱生芝。击拊之初，觉钧天合律。筍簴仡以碣礲，干戚宛以婆娑。鞉鼓埙篪为之主，钟磬竽瑟以之和。云间咸池以之至，空桑孤竹贵之多。八音修通，既比乎旭日升而氛埃灭。万舞陵乱，又似乎春风壮而江海波。鸟不敢飞，而玄甲㟪嵺戮以岳峙，象不敢去，而鸣佩剡炏以星罗。已而上乾豆以登歌，美休成之既飨，璧玉储精以稠叠，门栏洞豁而森爽，黑帝归寒而激昂，苍灵戒晓而来往，熙事荒而充塞，群心虞以振荡。桐花未吐孙枝之鸾凤相鲜，云气何多宫井之蛟龙乱上。若夫生弘佐命之道，死配贵神之列，则殷刘房魏之勋，是可以中摩伊吕，上冠夔高，代天之工，为人之杰丹青满地，松竹高节。自唐兴以来，若此时哲，皆朝有数四，名垂卓绝。向不遇反正拨乱之主，君臣父子之别，奕叶文武之雄，注意生灵之切。虽前辈之温良宽大，豪俊果决，曾何以措其筋力与韬钤，载其刀笔与喉舌？使祭则与食则血，若斯之盛而已。尔乃直于主，索于祊，警幽全之物，散纯道之精。盖我后常用，惟时克贞。骨以萧合，酌以茅明。嘏以慈告，祝以孝成。故天意张皇，不敢殄其瑞。神奸妥帖，不敢秘其精。而抚绝轨享鸿名者矣。于以奏永安，于以奏王夏。福穰穰于绛阙，芳霏霏于玉斝。沛枯骨而破聋盲，施殀胎而逮鳏寡。园陵动色，濯在藻之泉鱼，弓剑皆鸣，汗铸金之风马。霜露堪吸，祯祥可把。鲁宫歙歙，阴事俨雅。薄清辉于鼎湖之山，静余响于苍梧之野。上官然漠漠，惕然兢兢，纷益所慕，若不自胜。瞰牙旗而独立，吟翠驳而未乘。五老侍祠而精骇，千官逖听而思凝。于是丞相进曰："陛下应道而作，惟天与能。"浇讹散，淳朴登，尚犹日慎业弃，孝思烝烝。恐一物之失所，惧先王之咎征。如此之勤恤匪懈，是百姓何以报夫元首，在臣等何以充其股肱。且如周宣之教亲不暇，孝武之淫祀相仍。诸侯敢于迫胁，方士奋其威棱。一则以微言劝内，一则以轻举虚凭。又非陛下恢廓绪业，其琐细亦曷足称。丞相退，上跼天蹐地，授绥登车。伊鸿涸抢桑，先出为储胥。本枝根株乎万代，睿想经纬乎六虚。甲午方有事于采坛绀席，宿夫行所如初。

《有事于南郊赋》

盖主上兆于南郊，聿怀多福者旧矣。今兹练时日就阳位之美，又所以厚祖考通神明而已。职在宗伯，首崇禋祀。先是春官条颂祇之书，献祭天之纪。令泰龟而不昧，俟万事之将履。宁次阅□邸之则，封人考遗宫之旨。司门转致乎牲牢之系，小胥专达乎悬位之使。二之日朝庙之礼既毕，天子苍然视于无形，澹乎若有所听。又斋心于宿设，将旰食而匪宁。旌门坡陀以前骛毂骑反覆以相经。顿鲁城之轧轧，轶万户之荧荧。驰道端而如

砥，浴日上而如萍。掣翠旄于华盖之角，彗黄屋于钩陈之星。神仙戌削以落羽，魍魉幽忧以固扃。战岐怀华，摆渭掉泾。地回回而风淅淅，天泱泱而气清清，甲胄乘陵。转迅雷于荆门巫峡，玉帛清迴，齐夕雨于潇湘洞庭。于是乘舆霈然乃作，翳夫鸾凤将至以冲融。寥廓不可乎弥度，声明通乎纯粹，溟涬为之垠埒。驷苍螭而蜿蜒，若无骨以柔顺，奔马攫而黝蟉，徒有势于杀缚。朱轮竟野而香冥，金陵成阴以结络。吹堪舆以轩轾，枪寒暑以前却，中营密拥乎太阳，宸眷眇临乎长薄。熊罴弥耳以相舐，虎豹高跳以虚攫。上方将降惟宫之林缡，屏玉畎以蠼略。人门行马以拱乎合沓之场，皮弁大裘始进于穷崇之幕。衡牙铿锵以将集，周卫轸辖而咸若。月窟黑而扶桑寒，田烛稠而晓星落。萧定位以吉洁蔼严上而清超，云萏荽以张盖，春葳蕤而建杓。簪裾斐斐，樽俎萧萧，方回曲折，周旋寂寥。必本于天，王宫与夜明相射，动而之地，山林与川谷俱标。于是乎官有御，事有职。所以敬鬼神，所以勤稼穑。所以报本反始，所以度长立极。玄酒明水之上，越席疏布之侧。必取先于稻秫麴糵之勤，必取著于纷纯文绣之饰。虽三牲八簋丰备以相沿，而苍璧黄琮实归乎正色。先王之丕业继起，信可以永其昭配。群望之偏祭在斯，示有以明其翼戴，由是播其声音以陈列。从乎节奏以进退，韶夏汉武采之于训谟，钟石陶匏具之于梗槩。发方形于动植，听宫徵于砰盖。英华发外非因乎筍簴之高，和顺积中不在乎雷鼓之大。既而萃荧胜员，柴燎窟块。啺砉擘赫，葩斜晦溃。电缠风升，雪飒星碎。拂勿侹滢，眇溟徒淬。圣虑岑寂，玄黄增霈。苍生□昂，毛彭清籁。雷公河伯，咸驱骇以修耸。霜女江妃，乍纷纶而晻暖。执缓秉翟，朱干玉戚。鼓瑟吹笙，金支翠旌。神光条敛，祀事虚明。于是沓沲乎涣汗，纡余乎经营。浸朱崖而丽朔漠，沟蜴谷而濡若英。耆艾涕而童子舞，最棘圻而狴牢倾。是率土之滨，覃醽醁酹酉以涵泳。非奉郊之县，独宴慰以纵横。玄泽淡泞乎无极，殷荐绸缪乎至精。稽古之时，屡应符而合契，圣人有作，不逆寡而雄成。尔乃孤卿侯伯，杂群濡三老，俨而绝皮轩，趋帐殿，稽首曰：臣闻燧人氏已往，法度难知，文质未变。太昊氏继天而王，根启闭于厥初，以木传子，摅终始而可见。洎虞夏殷周，兹焕炳葱倩。秦失之于狼贪蚕食，汉缀之以蛇断龙战。中莽茫夫何从，圣蓄缩曾不眷。伏惟道祖，视生灵之砾裂，醜害马之蹄齿，呵五精之息肩，考正气之无轭。协夫孙谋以降使之造命，更挚累圣昭，洗中祚触蹶。气惨黩乎脂夜之妖，势回薄乎龙蛇之孽。伏惟陛下，勃然愤激之际，天阙不敢旅拒，鬼神为之呜咽，高衢腾尘，长剑吼血。尊卑配宇县刷插紫极之将颓，拾清芬于已缺。锯以之仁义，锻以之贤哲，联祖宗之耿光，卷夷狄之影撇。盖九五之后。人人自以遭唐虞。四十年来，家家自以为稷高。王纲近古而不轨，天听真观以高揭。蠢尔差僭，粲然优劣。宜其课密于空积，忽微刊定于兴废继绝。而后者数统从，首八音六律而惟新。日起算外，一字千金而不灭。上曰：吁，昊天有成命，惟五圣以受，我其夙夜匪遑，宴用素朴以守，于嗟乎麟凤，胡为乎郊薮，岂上帝之降鉴及兹，玄元之垂裕于后。夫圣以百年为鹑鸾，道以万物为刍狗。今何以茫茫临乎八极，眇眇托乎群后。端策拂龟于周汉之余，缓视阔步于魏晋之首。斯上古成法，盖其人已朽，不足道也。于是天子默然而徐思，终将固之又固之。意不在抑殊方之贡，亦不必广无用之祠。金马碧杂，非理人之术。珊瑚翡翠，此一物何疑。奉郊庙以为宝，增怵惕以孜孜。况大庭氏之时，六龙飞御之归。

卷之一万八百十二　六姥

母

帝王事母

《孝友同风》

汉文帝仁孝。袁盎曰："陛下居代时，太后尝病，三年陛下不交睫，不解带，汤药非陛下口尝，不进。夫曾参以布衣犹难之，陛下以王者修之，过曾参远矣。"汉景帝初年，梁孝王以至亲有功，得赐天子旌旗。出跸入警。王宠信羊胜、公孙诡。诡使王求为汉嗣。栗太子废，太后欲以梁王为嗣。尝因置酒，谓帝曰："安车大驾，用梁王为嗣。"帝诡曰："诺。"袁盖等曰："昔宋宣公不立太子而立第，以生祸乱，五世不绝。小不忍，害大义，故春秋大居正。"由是太后议格。梁王由此怨盎，乃与胜诡谋，阴使人刺杀盎及他议臣十余人。于是天子意梁，逐贼，果梁所为。遣田叔往按捕，胜诡匿王后宫。内史韩安国见王，泣曰："主辱臣死。太子无良臣，故纷纭至此。今胜诡不得靖乱，赐死。"王曰："何至此?"安国泣数行下，曰："大王怵臣浮说，犯上禁，挠明法，天子以太后故，不忍致法。太后日夜涕泣，幸大王自改，大王终不觉悟。有如太后宫车即晏驾，太王尚谁攀乎?"语未卒，泣数行下。令诡、胜自杀。出之，使邹阳见皇后兄王信曰："长君父得幸于上，而长君行迹多不循道理者。今梁王即伏诛，太后无所发怒，切齿侧目于责臣入骨髓。而长君之弟，幸于两宫，金城之固也。昔者象日以杀舜为事，及为天子，封之于有庳，是以后世称之。以是说，天子侥幸梁王事不奏，长君乘间言之，帝怒稍解。时太后忧梁事不食，日夜泣不止，帝亦患之。田叔等还，至霸昌厩，悉烧梁狱辞，空手来见。"帝曰："梁有之乎?"对曰："死罪有之。"上曰："其事安在?"田叔曰："上母以梁事为问也。今梁王不伏诛，是汉法不行也。伏法而太后食不甘味，卧不安席，此忧在陛下也。"上大然之，使叔等谓太后曰："梁王不知也。为之者幸臣羊胜、公孙诡之属耳。谨以伏诛，梁王无恙也。"太后立起坐食，体气平复。梁王因上书请朝，至关，乘布车，从两骑，伏斧质于阙下请罪。太后、帝大喜，相泣复故。以田叔为贤，擢为鲁相。

章帝奉承明德太后，尽心孝道，割裂名郡，以崇建周亲。

《晋书·后妃传》

孝武李太后，隆安四年崩于含章殿。朝议疑其服制，左仆射王雅、尚书车胤、孔安国

等，议四太皇太后。名位既正，体同皇极。阳秋之义，母以子贵。

宋高祖武皇帝，永和元年，上事萧后素谨。及即位，春秋已高，每旦入朝太后，未尝失时刻焉。

梁中宗宣皇帝詧，字理孙，事母以孝闻。

齐文帝性至孝，太后不豫，行不正履，色容贬悴，衣不解带，殆将四旬。太后疾小增，即伏寝阁外，食饮药物，皆身亲之。太后尝心痛不自堪，帝立侍帷前，以爪掐掌代痛，血流出袖。

后魏文帝，冬至大享群官，帝亲舞于太后前，群臣皆舞，再拜上寿。高闾进曰："大夫行孝，行合一家。诸侯行孝，声著一国。天子行孝，德被四海。陛下厚行孝慈，臣等不胜庆忭踊跃，上千秋万岁寿。"上大悦。

节闵皇帝少有志度，事祖母、嫡母以孝闻也。唐韩愈《元和圣德诗》：宪宗皇帝大孝，慈祥悌友，怡怡愉愉，奉皇太后浃于姻亲，濡及九族。

唐文宗母、穆宗贞献皇后萧氏，生文宗，文宗上尊号曰皇太后。初太和中，文宗懿安太后宪宗郭皇后居兴庆宫，宝历太后穆宗王皇后居义安殿，后居太内，号三宫，每五日问安。尝内园进樱桃，所司启曰："别赐三宫太后。"帝曰："上三宫焉得为赐？"遽索笔灭"赐"为"奉"。开成中，文宗正月望夜，帝御咸泰殿，大燃灯作乐，迎三宫太后，奉觞进礼如家人。唐武宗喜游畋，他日问太后起居，从客请曰："如何可为盛天子？"后曰："谏臣章疏宜审览，度可用用之。有不可，询宰相，毋拒直言，勿纳偏言，以忠良为腹心，此盛天子也。"帝再拜还，索谏章阅之，往往道游猎事，自是畋幸稀。

后唐庄宗事母曹氏尤谨。其救赵破燕，取魏博，与梁战夹河十余岁，岁常驰归省其母至三四，人皆称其孝。其归省也，因用藏钱，与张承业忿争，至欲取剑。太后闻之，使召庄宗。庄宗性至孝，闻太后召，甚惧，及酌两卮谢承业曰："吾杯酒之失，且得罪太后。愿公饮此，为吾分过。"承业不肯饮。庄宗入内，太后使人谢承业曰："小儿忤公，已笞之矣。"明日太后与庄宗，俱过承业第，慰劳之。噫，庄宗真孝德之君，曹氏真贤母！承业又老臣，其一时相遇，古之所难。

《宋史·后妃》

太祖母昭宪杜太后，定州定喜人也。太祖即位，尊为皇太后。太祖拜太后于堂上，众皆贺，太后愀然不乐。左右进曰："臣闻母以子贵。今子为天子，胡为不乐？"太后曰："吾闻为君难。天子置身兆庶之上，若治得其道，则此位可尊。苟或失驭，求为匹夫不可得。是吾所以忧也。"太祖再拜曰："谨受教。"

宋真宗皇帝乾兴元年，明德皇后居万安宫，真宗奉事，极于纯至，每时省问，或夕必秉烛径往。后罕御药饵，惟上亲调乃进。李继隆尝以细故忤后旨，其子昭庆尚幼，入谒不获见。上闻之，携昭庆从容叩阁，伺后意解，为请见之。其承欢，养志，皆类此也。

宋仁宗皇帝以母慈圣光献皇后曹氏。元丰元年正月望夜，以齿疾，不御楼观灯，闰月望夜，上于禁中，再张灯，后尝幸金明池。上豫为百宝酒船，其日上上寿。尝得水疾，御医不能愈。会枢密院检详官薛昌期，久病水，得老兵王举治之愈。上访知之，召举医后亦愈。

《宋史·列传》

钦成朱皇后，熙宁初，入宫为婕妤，生哲宗。及哲宗即位，尊为皇太妃。时宣仁钦圣二太后皆居尊,故称号未极。元祐三年,宣仁诏春秋之义,母以子贵,其寻绎故实,务置优隆,于是舆盖仗卫,冠服悉侔皇后。

宋哲宗皇帝事太皇太后致极诚孝,所以娱悦后无不至。在宫中从后行,必扶掖,视膳定省唯时。

宋高宗绍兴十一年七月丁未,皇太后视物微昏,召行在医官,拜草泽医治。有效者,有官人转五官,主赐钱二万贯。白身人赐钱外,此类补官。续诏诸路州县,多方搜访。草泽能医之人,优支路费,疾速津发。至行在。详见孝。

王公事母

《孝友同风》

史文惠王浩,天资纯孝,儿时夜数起,听父母寝息,以候安否,父冀公止之不少替。后冀公薨,王奉大夫人唯谨。夫人贝氏,能承之意顺,事大夫人不少懈。王且勉之曰:"苟富贵与尔俱无使今日有违,后日有悔也。"夫人意愈坚,而大夫人益安,殆忘其身。大夫人八十四,膺国封王,为大学正。每会食,尝与国子监丞朱倬邻坐。倬见王多食菜羹,问其故,必答曰:"偶食素耳。"久之,倬问王仆,仆曰:"非食素也。王遇美味,辄归以奉母,故茹菜羹以代之。"倬感动泣下,曰:"独无母遗?"自后得甘鲜,必以遗大夫人,由是孝德日彰。后典教王邸,制称其孝。

周邵惠公子宇文仟肥事母以孝闻。文帝入关,不能离母,遂留晋阳。

唐李皋,字子兰,曹王戢子。天宝十一载嗣王,事太妃以孝闻。进少府监,殿中侍御史李钧,与其弟京兆法曹参军锷,官既遂,不肯还乡,母穷不自给。皋行县见之,劝曰:"入则孝,出则弟,有余力则学。若二子者,可与事君乎哉?"举劾并锢死。授衡州刺史,为观察使所劾,贬潮州。会复用为衡州刺史。初御史覆讯,皋惧忧其母,出则囚服,入乃衣冠,貌言如常,及为潮以迁入告。至是复位,乃言其实。

魏高凉王孙子华,字伏荣,为齐州刺史。子华母房氏,曾就亲人饮食,夜还大吐,人以为中毒,母甚惧。子华遂掬吐尽啖之,其母乃安。

周邵惠公子宇文护,字萨保。保定元年,为都督中外诸军事。护母没齐,护居宰相后遣使寻求。母至,举朝庆悦,大赦天下。护与母睽隔多年,一朝聚集,凡所资奉,穷极华盛。每四时伏腊,武帝率诸亲戚,行家人礼,称觞上寿,荣贵之极,振古所无。

齐武帝弟赵郡王琮子睿,小名须拔,幼聪慧夙成,特为神武所爱,养于宫中,令游娘母之,恩异诸子。年至四岁,未尝识母。其母魏华山公主也。其从母姊郑氏,戏谓曰:"汝是我姨儿,何倒亲游氏。"睿因访问,遂失精神。神武惊,命元夫人至,就宫见之。睿前跪拜,因抱头大哭。神武甚悲伤,谓平秦王曰:"此儿至孝,吾子无及者。"遂为休务一日。睿读孝经,至资于事父,辙流涕唏嘘。

齐竟陵文宣王子良,字云英,武帝弟二子也。幼聪敏。武帝为赣县时,与裴后不谐,遣人船送后还都。已登路,子良时年少,在庭前不悦。帝谓曰:"汝何不读书?"子良曰:"娘今何处?何用读书?"帝异之,即召还县。

宋博平侯令岏,字子固。父早世,所生母刘出适。令阮既长,访求备至。候其母事之致养，宗族称其孝。

宋谯国公世采，字微之，仁宗尝书忠孝二字面赐之。所生母李，早去其家，及嫡夫人高丧毕，世采博访，久乃得之，封邑致养如礼。

宋安康侯令駔，字彦博，右武卫大将军世英子。丁父艰，而出母张犹在，泣诉有司，丐以归邸，弗得。乃表请迎归别第，及事继母钱，皆以孝闻。

宋华阴侯世瑞，字天锡，遂宁郡王从古子。治平末，诏预从英宗入庆宁宫者，皆推恩。时从古已没，以世瑞为嘉州刺史，世瑞乞赠父，固辞迁官，不听。乃追封从古郡王。初世瑞母出，思慕涕泗，卒侍母归养。

晋汝南文成王亮，字子异，宣帝第四子，拜抚军将军。咸宁初，母伏妃有小疾，祓于洛水。兄弟三人侍从，并持节鼓吹，震耀洛滨。武帝登陵云台望见曰："伏妃可谓富贵矣。"

魏南安王干，景穆皇帝子，性忠谨。其母疾笃，忧毁异常，遂有白雉游于庭前，帝闻其感致，赐帛千匹，以褒美之，召赴讲武，引见于皇信堂，戒之曰："公孝行著于私庭，令闻彰于邦国。既国之懿亲，终无贫贱之虑。宜戒三事。干不能遵奉，孝文以干孝养闻名内外，特加原恕。"

齐高帝第十一子钧，字宣礼。帝长兄衡阳元王道庆无子，以钧继，年五岁。所生区贵人病，便加惨悴。左右依常以五色饼饴之，不肯食，曰："顷待姨瘥。"

晋抚风王骏，字子臧，持节都督雍凉等州，有孝行。母伏大妃，随兄亮在宫，骏常涕泣思慕。若闻有疾，辄忧惧不食。或时委官定省。

宋燕王元俨，太宗皇帝第八子，奉其母孝谨。每有疾，躬侍药剂，晨夕盥洁，焚香以请命。忧念或不食。

宋濮安懿王，性至孝，母楚国夫人感寒疾，方盛夏，犹屏处密室，凿牖为明，恐匠氏弗谨，以斤斸惊夫人，因子撤而置之。

周齐炀王宪，字毗贺突，文帝子也。所生达步于氏，蠕蠕人也，建德三年，上册为太妃，宪有至性，事母以孝闻。太妃旧患，屡经发动，宪衣不解带，扶持左右。宪或东西从役，每心惊，母必有疾，乃驰使参问，果如所虑。

梁鄱阳忠烈王恢，字洪达，文帝第十子，有孝性。初镇蜀，所生费太妃，犹停都。后于都不豫，恢未之知。一夜忽梦还侍疾，及觉忧惶，废寝食。俄而都信至，太妃已瘳。后有目疾，久废视瞻，有道人慧龙，得疗眼术，恢请之。及至，空中忽见圣僧。及慧龙下针，豁然开明。人谓精神所致。

齐晋安王子懋，字云昌，武帝第七子。年七岁时，母阮淑媛常病危笃，请僧行道。有献莲华供佛者，众僧以铜罂盛水渍其茎，欲死不萎。子懋流涕礼佛曰："若使阿姨因此和胜，愿诸佛令花竟斋不萎。七日斋毕，华更鲜红。视罂中稍有根须，当世称其孝感所致。

齐南海王子罕，字云华，武帝第十一子。母乐容华，尝寝疾，子罕昼夜祈祷，于时以竹为灯缵照夜。此缵昔宿，枝叶大茂，母病即愈，咸以为孝感所致。主簿刘畯及侍读贺子乔为之赋颂。

宋彭城郡公叔恺，字子乐，仪国公克钧子，知医药。母病，子乐与医互诊，尝药侍起居饮食甚恪。

宋广平侯令攀，字子高。母和义郡夫人疾甚，令攀割股肉以进，母病随即愈。

唐清河王孝节曾孙皓少孤事母孝。累擢卫尉少卿，居母丧柴瘠讫除。家人未尝见言笑。

孝养其母

《庄子》

夫事其亲者，不择地而安之，孝之至也。

《孝友同风》

后汉孙期，少习《易》《尚书》，事母至孝，里落化其仁逊，黄巾贼过期里门，相戒不犯孙先生舍。

《东观汉纪》

鲍永，字君长，上党人，少有志操，事母至孝。妻常于母前叱狗，永即去之。樊儵，字长鱼，事母至孝。母常病痈，儵昼夜匍操，不离左右，至为吮痈。

《晋书》

吴隐之，濮阳人，博涉文史，以儒雅标名。弱冠而介立有清标，虽日晏啜菽，不享非其粟。儋石无储，不取非其道。早丁父忧，事母孝谨。及其执丧，哀毁过礼，恒有双鹤惊叫，及祥练之久，复有群鹰俱集。时人咸以为孝感所致。与太常韩康伯邻居，康伯母每闻隐之哭声，辍饮投箸，为之悲泣。何曾事母至孝，每坐母南面而上酒。傅玄曰："昔称曾闵，今有荀何。"

何琦字万伦，年十岁，丧父，事母孜孜，朝夕色养。尝患甘鲜不赡。及为郡主簿，后母死，服阕，乃慨然叹曰："所以出身仕者，非谓有尺寸之能，实利微禄，私展供养。一旦茕然，无复恃怙，岂可复以朽钝之质，尘渎清朝哉?"于是不交人事，公府辟命皆不就。年八十二卒。

嵇绍事母至孝，和色柔声，常若不足，谨身节俭，朝夕孜孜。亲执刀俎，非无使伎，以他人不如己之至诚也。

《南史》

刘瑜，历阳人，七岁丧父，事母至孝。年至十二丧母，三年不进盐酪，号泣昼夜不绝声。勤力以营葬事。服除，二十余年，布衣蔬食，言辙流涕，居墓侧不违。

刘昙净，字元光，举孝行，事母尤淳至。身营餐粥，不以委人。

《北史》

皇甫遐，字永贤，河东汾阴人，性纯至，少孤事母以孝闻。母丧庐墓侧，负土为坟，高数丈，周回五十余步，禅窟重台两币，总成十二室。中间行过，可容百人。但食粥枕凷，栉风沐雨，形容枯瘁，家人不识。当其营墓之初，乃有鸱鸟各一，徘徊悲鸣，不离墓侧，若助遐者，经月乃去。远近闻其孝，竟以米面遗之，遐皆受而不食，悉以营佛斋焉。郡县表上状，诏旌异之。

乐运，字承业，南阳人，广十世孙，事母及寡嫂甚谨，由是以闻。梁都官郎王澄美之。次其行事，为孝义传。

张文诩，河东人，游太学，归灌园为业，事母以孝闻。

《唐书》

王师范，青州人，平卢节度使，王敬武之子。敬武死，自为留后。喜儒学，因得罪。母恚之。师范立堂下，日三四至，不得见。三年，拜少年省户外，不敢懈。又给事中李日知，事母至孝。时母年老，常疾病，日知哭泣数日，而鬓发变白。寻加朝散大夫，其母未受命妇邑而卒。将葬发引，吏人赍告身而至，日知于路上，即时恸绝，久之乃苏，左右皆哀恸，而莫能仰视。巡察使卫州司马路敬潜，闻得其孝悌之迹，使求其状，日知辞让不报。服阕，累迁黄门侍郎。

李迥秀，字茂之，京兆泾阳人，为考功员外郎中，性至孝。其母微贱，妻崔氏常叱媵婢，母闻之不乐。迥秀即时出其妻。或问曰："贤室虽不避嫌疑，然遇非七出，何遽如是？"答曰："娶妻本以为养亲，今乃违颜色，安敢复留？"竟出之。后所居堂产芝草，大乳邻猫，中宗以为孝感，旌大门闾。刘弘为荆州，奏佩教母疾困贼，至守卫不移，以致拷掠，几损命，可以训臣子，长风教。臣请教为归乡令。

《孝友同风》

五代王殷，事母以孝闻。欲与人游，必先白母，母所不可者，未尝敢往。及为刺史，政事有小失，母责之。殷即取杖授婢仆，自笞于母前。

《宋史》

李玭，性笃孝，力耕以事母。及母疾卒，玭以至孝称。

苏庆文，夏县人，事父母以孝闻，母少寡，庆文惧其妻不能敬事，每戒妻曰："汝事吾母，小不谨，必逐汝。"妻奉教，母得安其室终身。

侯义，楚丘人，贫无产，佣田以事母。母卒，义力自办葬。妻子困匮不给，田主曹氏哀怜之，资以糇粮云。

《悦生随抄》

李筠，性粗暴，事母孝。每盛怒将杀人，母即自屏风后呼，筠疾趋母前听命。母曰："闻尔将杀人，可赦乎，为吾儿福尔。"筠遽命释之。筠稍知书，颇好调谑。初名荣，后将改名，或令名筠。筠曰："李筠，李筠，玉帛云乎哉！"闻者皆笑。

《老学庵笔记》

任元受，事母尽孝。母老多疾病，未尝离左右。元受自言老母有疾，其得疾之由，或以饮食，或以燥湿，或以语话多，或以忧喜稍过，尽言皆朝暮候之，无毫发不尽。五脏六腑中事，皆洞见曲折，不待切脉而后知，故用药必效，虽名医不迨也。张魏公作都督，欲辟之入幕，元受力辞曰："尽言方养亲，使得一神丹，可以长年，必持以遗老母，不以献公也。况能舍老母而与公军事耶？"魏公太息而许之。

叶梦得《避暑录》曰:宋楚州徐积仲车,贫甚,事母至孝。父早弃家,不知所终,乃尽力于母。既死,图其像日祭之。饮食皆持匕箸,举进于像上,若食之者,像率淋漓沾污。

《孝友同风》

徐积,楚州山阳人,少孤,事母尽孝,年四十不婚不仕。不婚者,恐异姓人不尽心于母也。不仕者,恐一日去其亲也。乡人勉之就举,遂偕母至京师。既登第,未调官而母亡,遂不复仕也。

郭琮,台州黄岩人,事母极恭顺。幼丧父,及娶妻有子,移居母室。凡母之欲,必亲奉之。居常不过中食,绝饮酒茹荤者三十年,以祈母寿。母年百岁,耳目不衰,饮食不减。乡里异之,转运使表其状,太宗诏旌表门闾,赐其母米帛。

章频,字简之,建安人。父丧时频尚幼,自刑负柩,间关数千里,归于大茔。事母至孝谨,虽逾女齿,未离婴慕。疾病昼夜不解带,饘药必尝而进。居丧柴毁,殆不能胜。仕至刑部郎中。

宋梁绍为广东提举,事母至孝。母病挂冠归,有碧林亭甘露降,芝草生,东坡易名曰"甘露亭",松曰筠松云。

宋张问,字昌言,襄阳人。少力学。景祐初,中进士第,事母孝。尝按刑河北,每行郡还,母必问谳正几事。闻所平反,其喜形于色。初与种世衡善,及持父丧,世衡遗以汝州田十顷,辞不受。

宋张复,字元阳,开封人,性至孝。母刘刚急,复常冠带,升堂受训责。宋陶弼,字商翁,零陵人,事母孝谨,白首尽欢。知钦州,数以母老乞归,极恳恻不听。既丁艰徒行,奉丧归葬祁阳。

宋廖及,字成叟,戎州人,奉其母孝谨。温凊定省,能用曲礼,其亲安焉。反卒,哭之哀曰:"诸子孙事我,岂不夙夜。亡者之能养,不可得已。"黄庭坚志其墓,以孝子称之。

宋张仲友,新淦州人。父业医,方垂髫而父死。及成人,遂世其业,事母孝谨,人呼为张孝子。晨兴盥栉,必至寝问安否,少不豫,则忧见于色。药不先尝不敢进,冬温夏凊,寒暄不忘,具膳必问所欲而后市,不冠带不侍。每戒妻冯氏曰:"汝事姑,犹吾事母乃可,否则不汝容。"冯以是供妇职不少懈。乡先生宋玘为作传,刘次庄书碑于戏鱼堂。宋元祐间人也。

《孝子传》

晏敦复,字景初,天性仁孝。当其居官,晨起必问安而后出理公事。昼则亲自馈膳,而后敢退食。夜则躬亲温凊,伺其寝既定,而从敢退休于私室。每天阴雨,必拱立母侧,恐其闻雷声而惊。或出遇雷,必驰归省问,以慰母之心。每遇疾病,躬治药饵,通夕不解带,虽老服勤不衰。所得俸禄,尽以奉甘旨,惟母之所欲而致之。观意承志,不待言而后行也。

《金史》

孟兴,早丧父,事母孝谨。母没,丧葬尽礼事,兄如事其父。明昌三年,诏赐帛十匹,粟二十石。

《圣贤言行故事》

丁兰，少丧母少丧并去声，乃刻木为母，日将饮食献之。将犹用也至久，其妻不敬，用针刺其身，刺七亦友忽血出。兰归遂放其妻放逐去也。邻有借物者，木人不悦，兰却不与。邻怒敲木人，兰往杀之，官免其罪以其为母报怨故不加罪。

《温州府志》

连世瑜，温之乐清人，事母孝。母死刻木奉益恭。

《东汉书》

孔奋，字君鱼，事母孝谨。虽俭约，奉养极求珍膳，躬率妻子同甘菜茹。

《唐书》

许法慎，沧州清池人，甫三岁已有知。时母病不饮乳，惨惨有忧色，或以珍饵诡悦之，辄不食，还以进母。后亲丧，常庐于茔。有甘露、嘉禾、灵芝、水连理、白兔之祥。天宝中，表异其闾。

《晋书》

高悝，广陵人，少孤，事母以孝闻。年十三，值岁饥，悝菜蔬不厌，每致甘肥于母。抚弟以友爱称。后以为参军，显任至丹阳尹，光禄大夫，封建昌伯。

《金史·刘焕传》

焕字德文，中山人。宋末兵起，城中久乏食。焕尚幼，煮糠籺而食之，自饮其清，以醲厚者供其母。乡里异之。

《三国志·吴志》

蒋钦母，练帐缥被，妻妾布裙。孙权叹其在位，能守俭约，敕御府为母作被及帏帐。

《孝友同风》

唐刘敦儒母病狂易，非笞掠人不能安，左右皆亡去。敦儒日侍疾，体常流血，怡然不为痛，母乃能下食。

五代张希崇，事母孝，朝暮食必侍左右，彻馔乃退。

《金史》

刘政，汝州人，性笃孝。母老丧明，政每以舌舐母目，逾旬，母能视物。母疾，昼夜侍侧，衣不解带，割股肉啖之者再三。母死负土起坟。乡邻欲佐其

孙权

劳，政谢之。葬之日，飞鸟哀鸣，翔集丘木间。庐于墓侧者三年。防御使以闻，除太子掌饮丞。

《孝友同风》

宋李穆，开封府阳武人，举进士。文学操履，为太祖所知。太宗朝擢参知政事。穆至孝，母病累年，恶暑而畏风，穆身自扶持，起居能适其志。或至通夕不寐，未尝有倦怠之容。

留食遗母

《左传》

隐公元年，郑伯克段于鄢，遂置姜氏于城颖。而誓之曰："不及黄泉，无相见也。"既而悔之。颖考叔为颖谷封人。闻之，有献于公。公赐之食，食舍肉。公问之，对曰："小人有母，皆尝小人之食矣，未尝君之羹，请以遗之。"公曰："尔有母遗，繄我独无。"颖考叔曰："敢问何谓也？"公语之故，且告之悔。对曰："君何患焉？若阙地及泉，隧而相见，其谁曰不然？"公从之。公入而赋："大隧之中，其乐也融融。"姜出而赋："大隧之外，其乐也泄泄。遂为母子如初。"

宣公二年，初赵宣子田于首山，舍于翳弃，见灵辄饿，问其病，曰："不食三日矣，食之舍其半。"曰："宦三年矣，未知母之存否？今近焉，请以遗之。"使尽之，而为之箪食与肉，置诸橐以与之。既而晋灵公伏甲以攻宣子。与为公介倒戈以御公徒，而免之。问何故，对曰："翳弃之饿人也。"

佣赁养母

《南史·冯道根传》

道根，字巨基，广平酇人也。少孤，家贫佣赁以养母。行得甘肥，未尝先食，必遽还以遗母。年十三以孝闻。

《孝子传》

施延，字君子，少尽色养之道。赤眉之际，将母到吴郡海盐，赁为半路亭卒。每取月直，以供养。督邮冯敷知其贤，与饮食论道饷钱并不受。

《东汉书》

江革，临淄人。少失父，独与母居。遭天下乱，盗贼并起，革负母逃难，备经险阻。尝采拾以为养。数遇贼，或劫欲将去，革辄涕泣求哀，言有老母，辞气愿款，有足感动人者，

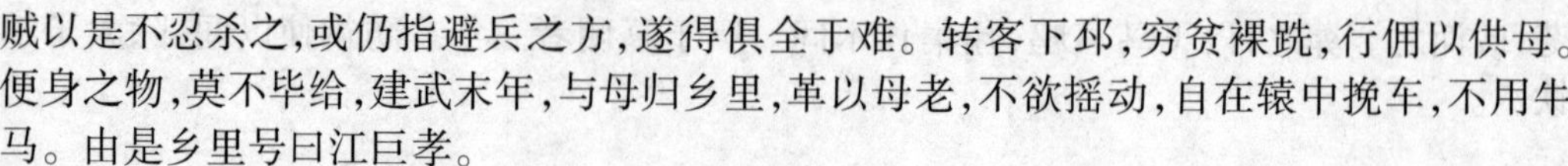

贼以是不忍杀之，或仍指避兵之方，遂得俱全于难。转客下邳，穷贫裸跣，行佣以供母。便身之物，莫不毕给，建武末年，与母归乡里，革以母老，不欲摇动，自在辕中挽车，不用牛马。由是乡里号曰江巨孝。

辞学养母

《南史》

韩怀明，上党人，与郭林宗俱师南阳刘虬。尝一日废讲，独与涕泣。怀明窃问，家人答曰："是外祖亡日。"时虬母亦亡矣，怀明闻之，即日罢学，还家就养。虬叹曰："韩生无立吾之恨矣。"家贫肆力以供甘旨，嬉怡膝下，朝夕不离母侧。母年九十，以寿终。怀明水浆不入口，一旬哭不绝。有双白鸠巢其庐。及除丧，疏食终身，累辟不就。

焦饭食母

《南史》

陈遗，吴郡人，少为郡吏，母好食铛底焦饭，遗在后，尝带囊，每煮食，辄录其焦以贻母。后孙恩乱，聚得数升，尝带自随。及败外窜，多有饿死，遗以此得活。母昼夜泣涕，目为失明，耳无所闻，遗还入户，再拜号咽，目豁然朗明。

斋食遗母

《乐善录》

有村民设昭惠斋，一道者以二只馒头，饷一牧童。牧童食其一，余一以木叶裹置腰间鱼挈中。忽天晦雨作，雷怒风吼，牧童倒仆，人莫敢近。少顷起行，众怪问之。牧童曰："初不闻雷，但见神人数百，驱驰来逼。中有老者，握我手曰：'斋食汝何敢置鱼挈中？'我答曰：'将归遗母。'老者含喜，麾众而而去。"此可以为不孝者戒。

穴脑救母

《黄氏日抄》

世多疑刲股事，三代未之闻，似与不敢毁伤，相及不常。开元间，陈藏器撰《本草拾遗》,言人肉治羸疾,故刲股事始见于唐。古谓战阵不勇非孝,而以杀身为成仁。方父母危急,如其可赎,孝子仁人,虽九殒不恤也。曾谓刲股救父母,而可议其非孝乎?卢君之尊翁冗脑以救母,其事视刲股为尤难。先朝以宣付史馆,且旌表之。宜哉!

《孝友同风》

宋王羽,乾道二年母病亟,夜半登楼,焚香叩天,祈母病愈,以利刀取脑,调羹进食。继有神人以火炬烛之,母病随起,寿年至九十。官为保申,旌表门闾。

鱼羹馈母

《孝友同风》

宋王文,安化军诸城县人。母病,卧冰得鱼,作羹馈母。又尝屡为母割股然香,而母病皆愈。所卧冰,水面形迹,逾旬宛然。大观初诏与将仕郎,赐酒帛袍笏云。

杀鸡供母

《圣贤言行故事》

后汉茅容,与等辈避雨树下,等辈,同侪也。众皆夷踞相对,夷踞即蹲踞。容独危坐愈恭。危坐,高坐也。郭林宗行见之林宗名太经,行其地,因目见之。而奇其异,嘉茅容独坐异众。遂与共言,因请寓宿。遂借宿茅容家。旦日,次早。容杀鸡为馔,馔音撰。餐具也。林宗谓为己设。为去音。既而供其母既,事已也。自以草蔬,与客同饭。客即林宗。林宗起拜之曰:“卿贤乎哉!”称茅容为卿,尊之也。言茅容厚于奉母,薄于待宾,贤德之士也。因劝令学,令平音。卒以成德。卒终也。

《孝友同风》

唐李镶,事母至孝,忽日薄暮,有客至,投宿。镶临溪烹鸡,客意其待己。既而以脱粟具饭,客怒不食而出。镶实告曰:“母病思肉,故烹鸡不能及君。”客愈怒。是夕即从屋后,乘风放火,将及其庐,忽天雨反风,火即遂灭。邻里聚观,见一人卧火中,炬上在手,视之乃客也。自言侠士,以亡命至此,不谓主人待我如是。自纵火时,明见一大神,立于空中,叱火令反,故令反及。言讫而死。

赐鸡遗母

《元史·铁哥传》

铁哥四岁，从叔父那摩入见。帝问谁氏子？对曰："兄斡脱赤子也。帝方食鸡，辄以赐之，铁哥捧而不食。"帝问之，对曰："将以遗母。"帝奇之，加赐一鸡。

得鱼奉母

《北史》

陆政，吴郡人，父载，从宋武帝平关中，军还留载，随其子义真镇长安，遂没赫连氏。政性至孝，其母吴人，好食鱼。北土鱼少，政求之常苦难得，后宅侧有泉出，而有鱼，遂得以供膳。时人以为孝感所致，因请其泉曰："孝鱼泉"。

《孝友同风》

宋刘聚，沧州人。母病目，聚以胁卧冰，得鱼六。其母食之，双目遂明。

《孝子传》

宋查道，字湛然，母病思鳜鱼羹。方冬苦寒，道泣祝于河，凿冰脱巾以取之，得鳜鱼尺许。一以奉母，疾寻愈。

投鱼奉母

《孝子传》

杜孝，巴郡人，少失父，与母居，以至孝称。后在成都，母喜鲜鱼，孝于蜀截大竹筒，盛鱼二尾，塞之以草，置水咒曰："我母必得此鱼也。"孝妇出汲，见筒横来就之，异而取视，乃有二鱼，笑曰："此我夫所寄，以奉母也。回家熟而进之，母大喜，人以为孝感所至。"

舍肉奉母

《贞观政要》

贞观中，有突厥史行昌，直玄武门，食而舍肉。人问其故，曰："归以奉母。"太宗闻而叹曰："仁孝之性，岂隔华夷。"赐尚乘马一匹，诏令给其母肉料。

《宋史》

欧阳守道，少孤贫，无师自力于学，里人聘为子弟师。主人瞯其每食舍肉，密归遗母，为设二器驰送，乃肯肉食。邻媪无不感动。年未三十，翕然以德行，为郡儒宗。

赐酝奉母

《元史·郑制宜传》

帝察其忠勤，屡赐肉酝，辄持以供母。帝闻之，特封其母苏氏为潞国夫人。

怀橘遗母

《坦明故事》

陆绩，姓陆名绩。字公纪。表字公纪。年六岁，年六岁时。于九江见袁术。去九江之地，见袁术。九江地名，袁姓术名。术出橘，袁术将橘出来吃。绩怀三枚。陆绩将三枚橘子，藏于怀中。去拜辞，去拜辞，袁术去，堕其地。陆绩所怀之橘落地。术曰：袁术遂有言。"陆郎作宾客，言陆绩为客。而怀橘乎？如何怀藏橘子。"绩曰：陆绩答言。"欲归遗母。欲要将归于母。"术大奇之。袁术大奇异之。

元郑起《清俊集·陆绩怀橘遗母图》

独荐霜丸意不安，谁供甘旨侍团乐。蓦然忆着娘生面，万树黄金尽喜欢。

怀饼遗母

沈明远《寓简》

予行信州丰城，未至十里，休于道旁民家。时有一耕夫。来就主人饭。主人曰："饭未炊。"适有饮客。所余肉饼尔，姑啖之。农夫忻然，怀之而出。主人问何往？则曰："我老母年十七，啖粗饭耳。此盛馔，我作苦虽馁，甚不忍尝也，将以馈吾母，故不待饭而往耳。"予聆其言而叹曰："此农夫耳，而知孝其亲，非由学问而能然也。世之有愧于此农夫者多矣。"其人姓王氏。

箪饼馈母

《北史·樊深传》

深因避难坠崖伤足，绝食再宿。后遇得一箪饼，欲食之，然念继母老痹，或免虏掠，乃弗食。夜中匍匐寻觅母，因见以箪饼馈母。

怀膳遗母

《元史》

刘哈剌八都鲁从宗王讨昔里吉，既擒之，命其献俘行宫。帝见其瘠甚，辍御膳羊□以赐之。既拜受，先割其美者怀之。帝问其故，对曰："臣始与母诀，今归母幸存，请以君赐遗之。"帝嘉其志，命自今凡赐之食，必先赐其母。

葡萄遗母

《唐书》

陈叔达，高祖时作纳言，尝赐食，葡萄不举。帝问之。对曰："臣母病渴，求不能致，愿归奉母。"帝流涕曰："卿有母遗乎！"因赐之，又赉物百段。

求瓜奉母

《南史》

胜昙恭年五岁，母患热病，思食寒瓜。土俗不产，昙恭历访而不得。俄遇一桑门曰：我有双瓜，分一相遗。举家惊异。

《北史》

宋琼，魏人，以孝称。母常病，季秋月思瓜。琼梦想见之，求而遂获。时人异之，以为孝感。

拾椹奉母

《坦明故事》

蔡顺，蔡姓顺名。字君仲。君仲表字。王莽之末，汉时之奸臣。姓王名莽。天下大荒，当时天下大荒歉。顺尝拾椹，蔡顺拾捡桑之椹。归奉其亲。赤黑异器藏之。用赤黑之桑葚择而以器盛贮赤眉贼赤眉王莽之号也见而问之，见顺拾椹发问顺曰：蔡顺遂言"黑者奉母，黑桑葚欲奉其母。赤者自食。"赤桑葚欲自要食。贼知其孝，王莽知其孝顺乃遗米三斗，乃以米三斗与之牛蹄一只而去。兼牛蹄一只与蔡顺而去及母终，及蔡顺母死停丧在堂，停其丧柩在堂中。东家失火，东边邻舍失火。将逼其舍，火将逼到屋舍边。顺不能移，顺不能移其母丧。伏棺号哭叫天。蔡顺身伏其母棺上，号声大哭叫天火遂越烧西室。火遂越畏烧过他人之屋室。蔡顺得免。

《国老谈花笋谱》云：沈如琢，成都人，有孝行。母患渴，非时思桑葚，苦求不遂。家东一树，生摘以奉母，母渴愈。详见笋字。

遇贼求奉母

《东汉书》

刘平，彭城人。更始时，天下乱，平第仲，为贼所杀。其后贼复忽而至，平扶持其母，奔走逃难。仲遗腹女始一岁，平抱仲女而弃其子。母欲还取之，平不听曰："力不能活，仲不可以绝类。"遂去不顾，与母俱匿野泽中。朝出求食。逢饿贼将烹，平叩头曰："今旦为老母求菜，老母待旷为命，愿得先归食母毕，还就死。"因涕泣。贼见其至诚，哀而遣之。平还既食母讫，因白曰："属与贼期，义不可欺。"遂还诣。贼众大惊，相谓曰："尝闻烈士，乃今见之。子去矣，吾不忍食子。"于是得全。

张礼，遇饿馑之年，孤养老母在堂，年八十余。礼拾菜归，于路遇贼，欲杀礼食之。礼叩头云："家中有老母，朝来未得食。乞命少时，归家供给，却来就死。"贼遂放去。礼弟隔墙闻之，密自走贼所，

谓贼曰:“向者欲归作羹者是兄。兄爱养父母,年老辛若羸瘦,弟肥肉多,愿代兄命。”礼阴去贼所,谓贼曰:“礼本许杀,何得杀弟?”贼见二人慈孝,皆不忍杀,更与礼米二石,盐一斤,侍养老母,以全孝敬之道。

祷笋奉母

《三国志·吴志》

孟宗,字子恭,少丧父,孤养母。年老病笃,冬月思笋食,宗乃往竹林中泣竹而告天,须臾之间,平地裂透,出笋数茎,持归作羹,与母食之。食毕,觉其疾即愈。其孝感动天地如此。

孟宗,亦名仁,字子恭,江夏人。迁吴令,时不得将家之官,每得时物,必以寄母,常不先食。

祷泉奉母

《孝子传》

宋郑绮,字宗文,母张病风挛,绮保持若婴儿,但奏圊必抱就之,三十年不懈。张乐饮溪泉,天旱泉竭。绮浚之弗能得,仰天大恸,水忽为涌。张死欲葬,适天雪方凝,绮哭祷甚哀,冢上雪夜独先释,人以为孝感。

求食养母

《南史》

公孙僧远,会稽剡人,事母至孝。年饥省飧减食,忍饥以养母,齐高祖诏表门闾。

《唐书》

支叔才,定州人。隋末荒馑,夜丐食野中,还进母,为贼执,欲杀之。告以情,贼悯其孝,为解缚。

柳镇,宗元之父,河东人。天宝末,遇乱奉母隐王屋山,常间行求食以养。

《宋史·孝义传》

有越州应天寺僧者,幼贫无以给晨夕,乃剃发乞食以养母。母年一百五岁而终。

负米养母

《孝友同风》

《家语》子路家贫亲老，不择禄而仕。昔者由也，为亲，负米百里。亲没南游于楚，从车百乘，累茵而坐，列鼎而食，愿负米百里，岂可得乎？木欲静而风不停，子欲养而亲不待。枯鱼御索，几何不蠹？二亲之寿，忽如过隙。悲哉！

《宋史·戚同文传》

有宗翼者，蔡州长蔡人，父为虞城主簿，因家焉。笃孝恭谨，负米养母，人皆以孝称之。

《南史·贺琛传》

琛字国宝，授业于伯父瑒。瑒卒，家贫常往还诸暨，贩粟以养母，虽自执舟楫，闲则习业，尤精三《礼》。年二十余，瑒之门徒，稍从问道。

《唐书》

刘三复，以善文章知名。少孤，母病废，三复丐粟以养。李德裕为浙西观察，表为书记。

积俸供母

《南史·张缅传》

缅母刘氏，以父没家贫，葬礼有阙，遂终身不居正室，不随子入官府。缅在郡所得俸禄，不敢用。至乃妻子不易衣裳。及还都，并供之。母振遗亲属，虽累载所蓄，一朝随尽。缅私室常阒然，如贫素者。

《孝友同风》

宋张云卿，字伯纪，谪死和州，因寓其丧。司马温公，初居洛，伯纪未得见。邵雍以问光，光曰："云卿旅殡其父，久不省，未敢与见。"雍曰："云卿可谓孝矣！"父死贫不能以丧归，奉其母居洛府。尹哀之，俾为国子监说书，月得俸七千以养。若为和州一行，则罢俸数月，饥饿其母矣，其故如此。温公怅然曰："光听之误矣。"伯纪自此，遂得与温公游。

给米养母

《南史·宋衡阳王义季传》

队主续丰，母老家贫，无以充养，遂不食肉。义季悯其孝，给丰母月米二斛，钱一千，拜制丰啖肉。

与俸养母

《宋欧阳公集·户部侍郎
简肃薛公墓志铭》

公居蜀，老媪告其子不孝者，子诉贫不能养。公取俸钱与之曰："用此为生以养母。"子遂相慈孝。

讲学养母

《宋史·仲放传》

放隐于终南豹林谷之东明峰，结草为庐，以讲习为业，从学者众，得束修以养母。母亦乐道，薄滋味。

织屦养母

《晋书》

刘惔，字真长，沛人。少清远有奇，与母任氏，寓居京口。家贫织芒屦以为养，虽华门圭实，晏如也。

《吕氏春秋》

齐有北郭骚者，结罘芒，捆蒲苇，织屦履以养母。犹不足，踵门见晏子曰："愿乞所以养母。"晏子仆进曰："此齐国之贤者也。今乞所以养母，是说夫子之义也，必与之。"晏子分金粟而遗之，辞金受粟。

织蒲鞋供母

《释氏稽古略》

尊宿名道明，江南陈氏后也。幼出家本州开元寺，持戒精严，学通三藏。游方，契旨于黄药。药延充首坐。众请住观音院，诸方归慕，咸以尊宿称。复归开元寺，居织蒲鞋以供母，故又有陈蒲鞋之号。乾符四年，召门人曰："此处缘息，吾当逝矣。"乃跏趺而寂。郡人以香薪焚之，舍利如雨。收灵骨塑像于寺。寿九十八。

鬻缯养母

《宋史·孝义传》

有杭州仁和人李琼以鬻缯为业，事母至孝。夜尝十余起省母。母喜食时新，琼百方求市，得必十倍酬其值。

鬻薪养母

《宋史·孝义传》

朱泰，湖州武康人，家贫鬻薪养母。常适数十里外，易甘旨以奉母。泰服食粗粝，戒妻子尝候母色，州里称其孝。

《六祖坛经》

六祖少孤，及长家益贫，乃鬻薪奉母。一日过市廛，闻客诵金刚经，至应无所住，而生其心，即开悟。

卖笪养母

《晋书·庾衮传》

衮父亡，作笪卖以养母。母见其勤，曰："我无所食。"衮对曰："无食不甘，衮将何居？"母感其言，而安之也。

躬耕养母

《东汉书》

李咸，字元卓，孤特自立，家贫母老，常躬耕稼以奉养。臧焘字德仁，东莞莒人。晋立国学，焘为助教。顷之去官，以父母老家贫，与弟俱弃人事，躬耕自业，约己奉亲者十有余年。

《北史》

雷绍，字道宗，武川镇人。辞母求师，经年通《孝经》《论语》，尝读至"人之行，莫大于孝"，乃投卷叹曰："吾违离侍养，非人子之道。"即还乡里，躬耕奉养，由是知名。

《新唐书·王质传》

质少孤，客寿春，力耕以养母，讲学不倦。诸生从授业者甚众。后举进士，五迁侍御史，再转谏议大夫，徙宣歙观察使。

《孝友同风》

唐令孤仕，猗氏县人。兄弟四人，早丧父，泣慕十载，养其母，孝著乡邑。而力田积粟，博施不已。

《唐书》

赵隐，字大隐，性仁悌。始不衣时，家无赀，与兄同耕养母。虽姻宗之富，未尝干以财。

郭珣瑜：字元伯，少孤值天宝乱，退耕陆浑山以养母，不干州里。

佣书养母

《南史·列传》

王僧孺七岁，能读十万言。及长，笃爱坟籍。家贫常佣书以养母。写毕，讽诵亦了。

《北史》

房景伯，字良晖，少丧父，以孝闻。家贫佣书以养其母甚谨。

《孝友同风》

后梁萧铣，宣弟曾孙，少佣书事母孝。

《北史》

崔光，字长仁，清河人，家贫好学，书耕夜诵，役书以养父母。

竭力养父母

《南史》

许昭先，义兴人，父母皆老病，家无童仆，竭力致养，甘旨必从。

《北史》

申徽，字世仪。魏郡人，父早卒，少与母居，尽力孝养，为周仆射。

李延寿

《后周书》

荆可，河东猗氏人也，性质朴，容止有异于人，能苦身勤力，供养母。随时甘旨，终无匮乏。

张舜民《郴行录》

辛亥同辛大观游杨氏园紫极宫，皆山阳之胜。是日见徐积先辈。积，山阳人，为学志古，养母尽力，不置仆妾。年四十，不婚不仕，食饮洗浣，力役之事，皆身为之。不婚，恐异姓不能尽心于母也。不求仕，恐一日去其亲也。久之，乡人敦迫，使之就举。及应贡入京师，以双轮载母，躬自行推，葛衫草屦，行道之人，不能辩也。治平四年，许安世榜下及第，未调官母亡，遂不复仕，穷居山阳，衣食不给。凡市买，楚人不肯受其值，积亦不取。至有信宿不合者，淮南学者宗之。至路振通判楚州，始为娶妻生子。小名路儿云。

《孝友同风》

宋王安国，字平甫，性笃孝，养母尽力。三年丧居墓侧，出血和墨，写佛经甚众。州上其行义云。

色养父母

《隋书》

翟普林，楚丘人，事亲以孝闻。州郡辟命，皆固辞不就，躬耕色养。乡邻谓楚丘先生。

后父母疾，亲易燥湿，不解衣者七旬。大业初，父母俱终，哀毁殆将灭性。庐于墓侧，负土成坟，盛冬不衣缯絮，唯着单缞而已。家有一乌犬，随其在墓，若普林哀临，犬亦悲号，见者嗟异。有二鹊巢其庐前柏树，每入其庐，驯狎无所惊惧。大业中，司隶巡察其孝感，擢授孝阳令。

《孝友同风》

唐崔浑为侍御史，清白温恭，能尽色养。父母少不康，辄祈祷请己身代。母尝有疾，浑请代病灾己，有顷疾从十指入，俄而遍身，母所苦遂愈。

自爨养母

《孝友同风》

晋祖光禄纳，少孤贫，性至孝。常自为母炊爨作食。王北平父，闻其佳名，以两婢饷之，因取为中郎。有人戏之曰："奴价倍婢。"祖云："百里奚亦何必轻于五股之皮耶?"

《元史·不忽术传》

不忽木为平章政事，家素贫，躬自爨汲，妻织□以养母。后因使还，则母已死，号恸呕血，几不起。

饮水养母

《睽车志》

沧州有妇人，不食，唯日饮水数杯，年四十五六，而面貌悦泽。人问不食之因，自言幼年母病卧床，家无父兄，日卖果于市，得赢金数十以养母。值岁歉，谷贵艰食，乃仰天祷曰："今日所获，不足以活二人，愿天悯之，使我饮水不饥，庶所得可尽以供母。遂临井饮一杯，果不饥。自是亦不思食。又数岁而母卒，时不食已三十年矣。"

埋儿养母

《东汉书》

郭巨家贫养母。妻产一子三岁，母尝减食与之。巨曰："贫乏不能供给，汝埋子，子可再有，母不可再得。"妻不敢违。巨遂掘坑三尺余，忽见黄金一釜，上云："天赐孝子郭巨，官不得夺，人不得取。"

嫁妻养母

《南史·徐孝克传》

时梁末，侯景寇乱，孝克养母，饘粥不能给。妻东莞臧氏，领军臧盾之女也，甚有容色。孝克乃谓之曰："今既荒如此，供养交关，欲嫁卿与富人，望彼此俱济，于卿意如何？"臧氏弗许之。时有孔景行者，为侯景将，富于财。孝克密因媒者陈意，景行多从左右，逼而迎之。臧氏涕泣而去。所得谷帛，悉以养母。孝克又剃发为沙门，改名法整，兼乞食以充给焉。臧氏亦深念旧恩，私致馈饷，故不乏绝。后景行战死，臧氏更为夫妻。

留妻养母

《新唐书·高俭传》

俭字士廉。仁寿中，举文才甲科，补治礼郎。斛斯政奔高丽，坐与善，贬为朱鸢主薄。以母老不可居瘴疠地，乃留妻鲜于奉养而行。

不嫁养母

《唐书》

汴州李氏孝女，年八岁，父卒，柩殡在堂十余载，每日哭泣无限。及长，母欲嫁之，遂截发自誓，请在家终养。及丧母，号毁殆至灭性。家无丈夫，自营棺椁。州里钦其至孝，送葬者千有余人。葬毕，庐于墓侧，蓬头跣足，负土成坟，手植松柏数百株。季昶列上其状，制行表其闾，赐以粟帛。

《温州府志》

唐丁氏女，永嘉人，居象浦，性至孝。及笄誓不嫁，日纺绩，夜钓鱼，以给母衣食。一夕暴风甚雨，溪涨溺死。乡人立祠浦傍，以旌其孝。自是山多祥云，溪有光怪。

乞弟养母

《世说新语》

南郡桓玄，既破殷荆州，收殷将佐十许人，咨议罗企生亦在焉。《玄别传》曰：玄克荆州，杀殷道护。及仲堪，参军罗企生、鲍季礼。皆仲堪所亲伏也。桓素待企生厚。将有所戮，先遣人语云："若谢我，当释罪。"企生答曰："为殷荆州吏，今荆州奔亡，在亡未判，我何颜谢桓公？"中兴书曰："企生，字宗伯，豫章人。从公乞一弟以养老母。"桓亦如言宥之。桓先曾以一羔裘与企生母胡，胡时在豫章。企生问至，即日焚裘。

求官养母

《晋书·袁瑰传》

环字山甫，陈郡阳夏人，魏郎中令焕之曾孙也。祖父并早卒，环与弟猷，欲奉母避乱，求为江淮间县。拜吕令，转江都因南渡，元帝以为丹阳令。中兴建，拜奉朝请，迁治书御史。

《孝友同风》

唐姜公辅为翰林学士，岁满当迁，上书以母老，赖禄而养，求兼京兆户曹。

《唐书》

许康佐，正元中举进士，宏词连中，家贫母老，求为知院官。人讥其不择禄。及母丧已除，凡辟命皆不答，人乃知其为亲屈。

宦游不养母

《唐书·太宗诸子列传》

嗣曹王皋，曹明王曾孙，为少府监。时殿中侍御史李钧，与弟京兆法曹参军锷，官于朝，不肯还乡，母穷不自给。皋行县见之，叹曰："人则孝，出则悌，行有余力，则以学文。若二子，可谓事君乎？"举劾之，并锢死。

乞郡养母

《续通鉴长编》

仁宗天圣二年，荥阳人张逸，先以试校书郎知襄州邓城县，有能名。知州谢泌荐之。他日引对，真宗问所欲何官？逸对曰："母老家贫，愿得近乡一幕职官，归奉甘旨足矣。"授澶州观察推官。

《孝友同风》

宋沈文通，杭州钱塘人，治平中以龙图阁直学士，知开封府。会母病，请东南一州视疾。英宗曰："学士岂可去朝廷也？明日拜翰林学士。"后丁母忧，上惜其才，赐黄金百两。

《宋史》

张晔，桂阳人，为监察史，以母老乞就养，遂得知朗州。

《孝友同风》

宋蔡襄，字君谟，兴化军仙游人。庆历中，知谏院，以亲老请乡郡，移书政府曰："襄上顾慈亲，年八十余，强安精神，以悦老者。昨自开封府，以老母得请便郡，经岁犹未到官。襄有所虑者，朝廷因有差除，而明公不遗姓名，或有移易，襄母亲年高矣！乡土去京四五千里，侍亲而行不可，委亲而行又不可，设有一旦之命，适足以趋襄之退隐也。又念食禄，理无自由，欲归休以奉晨夕，生平无田，仰俸以供甘旨，舍官而养，遂为穷人。倘守便郡，安而不移，则重赐矣。"出知福州。仁宗赐其母冠帔以宠之。

就职养母

《孝友同风》

宋石延平，字曼卿，宋州人。少举进士不第，以三举推恩，当补奉职。曼卿初不肯就，张文节公素奇之。谓曰："母老乃择禄耶。"曼卿瞿然起就之。

折资侍母

《宋史》

陈希亮，字公弼，眉州青城人。初蜀人官于蜀，不得仕同守。希亮母老，愿折资为县以侍亲，遂得剑川临津县。

《黄恭广记》

南吴甫，举茂才，累年不迁。甫有老母，年九十有余。乃上书，自乞减品，为四百石长，庶得其俸以养母。诏听除，补南阳新蔡长，遂以甫为准率减。交趾茂才，皆为四品也。

《宋史·毕士安传》

士安出知乾州，以母老愿降任就养，改监汝州稻田务。

辞召养母

《东汉书》

周盘，汝南安成人，少游京师，学《古文尚书》《左氏传》，诸儒宗之。居贫养母，俭薄不充。尝诵诗至"汝坟之卒章"，慨然而叹。乃解韦带，就孝廉之举。和帝初，拜谒者，迁阳夏重合令。后思母弃官还乡里。及母殁，哀至几于毁灭。服终，遂庐于冢侧，教授门徒，常千人。公府三辟，盘语友人曰："吾亲已没矣，从物何为?"遂不应。

《晋书》

山涛，字巨源，为侍中迁尚书，以母老辞职。帝以涛清俭，无以供养，诏特给日契。谢况，字行思，少孤，事母至孝。察孝廉，会稽内史，何充引为参军，以母老去职，闲居养母，不交人事。耕耘之暇，研精坟典。

盛彦，字翁子。母王氏因疾失明，彦由是不应辞召，躬自侍养母，食必自哺之。

《北史》

王晞，字叔明，小字沙弥，幼而孝谨。征署广平王开府功曹，晞愿养母，更不受署。

《孝友同风》

唐刘子翼，贞观初召之，辞以母老，诏许终养。江南巡察使李袭誉，嘉其孝，表所居为孝慈里。

《唐书》

林攒，泉州人。贞元初，为福唐尉。母羸老未及迎而病，攒弃官还。及母亡，水浆不入口五日，自挺甓作冢庐，有白乌来，甘露降。观察使李若初遣官属验实，会露晞，里人失色。攒哭曰："天所降露，祸我耶?"俄而露复集，乌亦回翔。诏作二阙于母墓前，表其闾蠲徭役，时号阙下林家。

《南史》

张岱，字景山，为东迁令。太守殷仲曰："张东迁，亲贫须养，所以栖迟下邑。"后为司徒掾。母年八十，籍注未满，岱即去官，从母还养。有司科举，宋孝武曰："观过知仁，不须索案也"。

《孝友同风》

唐韦温七岁口诵书千言，十一举两经及第，以拔萃高等，入为监察御史，以台制苛严，不可以省养不拜。侍亲疾，调汤剂二十年，衣不弛带。

宋《谭黉》

熙宁中，权发遣京东路转运判官，以母长寿县大君潘，年百三岁，乞罢去以便养。诏特赐冠帔，黉家便差遣。宋常升母季，年百有十岁，升以母老，不能之官，遂求致仕。家素贫，岁饥无以养。大名帅臣奏给米俸，神宗许之。

孙侔，字少述，吴兴人，七岁能文，内行孤峻。母无恙时，屡举进士不中。及母病革，因呜咽自誓，终身不求仕。刘敞知扬州，荐侔曰："居则孝悌，仕则忠信，足以矫俗扶世。求之朝廷，吕公著、王安石之流也。"以为校书郎，辞不受。

退朝侍母

《唐书》

崔彦昭，字思文，僖宗朝迁门下侍郎。彦昭虽宰相，退朝侍母膳，与家人齿，顺色柔声，在左右无违。

委印侍母

《孝友同风》

宋曾修睦，建安人，任殿中丞，知郁林。闻母疾，委印于其佐，归未至被丧，哀瘠过礼。

给告侍母

杨内翰《谈苑》

鱼崇谅为学士，周祖革命，所下诰令，皆其词也，甚得典诰之体。以母病再求解职，给长诰。赐其母衣服缯帛，茶药缗钱。百日满，令本州月给钱三万，米面五十石。屡遣使存问，俄拜礼部侍郎，充学士，令伏侍归阙。

安舆侍母

《唐书·赵隐传》

懿宗诞日，宴慈恩寺，赵隐以安舆侍母临观。宰相方率百官，拜恩于庭，即回班候夫

人起居，缙绅以为荣。后崔彦昭、张浚当国，皆有母，遂踵其礼。

负贩养母

《宋史·李万超传》

万超拜州太原人，幼孤贫，负贩以养母。

聚物遗母

《孝友同风》

宋王师锡，安石之叔也。少孤致孝于母，忧悲愉乐，不主于己，惟以其母。学于他州，凡被服饮食玩好之物，苟可以惬其母而力能有之者，皆聚以归，虽甚劳窘，终不废。

解钱寄母

《影响录》

衢之西安永寿乡有贩子，肩米将货于市，就路傍掬粪田水润其米。至东迹，将登船，忽片云起头上，雷电大作。其人恐怖，乃于腰间解钱一千，附其同行邻人，语之曰："我不合以秽水和冰，今天之怒，必我也，不可逃。烦将此钱归与我母，其以此意禀白。不终子养，悔无所及。"语讫，天忽开霁，遂获免。

索钱养母

魏泰《东轩笔录》

范文正公在睢阳掌学，有孙秀才者，索游上谒，文正赠钱一千。明年孙生复道睢阳，谒文正，又赠十千。因问何为汲汲于道路？孙秀才戚然动色，曰："老母无以养，若日得百钱，则甘旨足矣。"文正知其索钱以养母，谓孙生曰："吾观子辞气，非乞客也。二年仆仆，所得几何？而废学多矣。吾今补子为学职，月可得三千以供养。子能安于为学乎？"孙公再拜大喜。于是授以《春秋》。而孙生笃学，不舍昼夜，行复修谨，文正甚爱之。明年文正公去睢阳，孙亦辞归。后十年，闻泰山下有孙明复先生，以《春秋》教授学者，道德高迈。朝廷召至太学，乃昔日索游孙秀才也。文正叹曰："贫之为累亦大矣。倘因循索米至老，则虽人才如孙明复者，犹将汩没而不见也。"

得函救母

《南史》

萧叡明，字景济，南兰陵人。母病风，积年沉卧，叡明昼夜祈祷。时天寒，叡明下泪为冰箸，额上叩头出血，亦成冰不溜。忽有一人，以函授之曰："此疗夫人病。"叡明跪受之，忽不见。以函奉母，函中唯有三寸绢，丹书为"日月"两字。母服之即愈。

违令奉母

《资治通鉴》

唐僖宗光启元年，王绪至漳州，以道险粮少，令军中母得以老弱自随，犯者斩。唯王潮兄弟，扶其母董氏，崎岖从军。崎丘奇反，岖音区绪召潮等责之曰："军皆有法，未有无法之军。汝违令而不诛，是无法也。"三子曰："王潮兄弟三人从绪人皆有母，未有无母之人。将军奈何使人弃其母？"绪怒，命斩其母，三子曰："潮等事母，如事将军。既杀其母，安用其子！请先母死。"将士皆为之请，乃舍之。

二子争养母

《清波杂志》

蔡京在相位，偶在告未出。有某氏先在两家，各生一子。后二子入从，争欲迎母归养，未知适从。事上朝廷，执政无所处，持以白京。京曰："此亦何难？第问其母，愿归何处。"一言遂决之也。

孝事从母

《新唐书·惠宣太子业传》

初业母早终，从母贤妃，鞠之八年。迎贤妃外邸，事之甚谨。

为友养母

《言行龟鉴》

陈公希亮轻财好施，笃于恩义。少与蜀人宋辅游，辅卒于京师，母老子少，公养其母终身，而以女妻其孤端平，使与诸子游学，卒与子忱同登第。

天赐钞与贤母

《山居新话》

聂以道，江西人。为县尹时，有一卖菜人，早往市中买菜，半途忽拾钞一束。时天尚未明，遂藏身僻处，待曙检视之，计一十五锭。内有五贯者，乃取一张买肉，二贯米，三贯置之檐中，不复买菜而归。其母见无菜，乃叩之。对曰："早于半途拾得此物，遂买米肉而回。"母怒曰："是欺我也。纵有遗失，不过一二张而已，岂有遗一束之理？得非盗乎？尔果拾得，可送还之。"训诲再三，其子不从。母曰："若不然，我诉之官。"子曰："拾得之物，送还何人？"母曰："尔于何处拾得，当往元处候之。伺有失主来寻，还之可也。"又曰："吾家一世，未尝有钱买许多米肉，一时骤获，必有祸事。"其子遂携往其处，果有寻物者至。其卖菜者本村夫，竟不诘其钞数，止云失钱在此，付还与之。旁观者皆令分赏。失主靳之，乃曰："我失去三十锭，今尚欠其半，如何可赏？"既称钞数相悬，争闹不已。遂闻之官。聂尹复问拾得者，其词颇实。因暗唤其母，复审之，亦同。乃令二人各具结罪文状。失者实失去三十锭，卖菜者实拾得十五锭。聂尹乃曰："如此则所拾之者，非是所失之钞。此十五锭，乃天赐贤母养老，给付母子令去。"喻失者曰："尔所失三十锭，当在别处，可自寻之。"因叱出。闻者莫不称善。

卷之一万八百七十六 六姥

虏

《洪武正韵》

郎古切。获也。掠也。服也。酋虏也。亦作卤,中从毋,音贯。今作虏。……

白虏

《海录碎事》

秦人呼鲜卑为白虏。

质虏

《续后汉书·西戎传》

武都阴平街左右,有万馀落,曰:"质虏",本匈奴也。匈奴谓奴为质。

饕虏

《续后汉书·王戎传》

戎性好利,置园田水碓,周遍天下,积聚财货不知纪极。每自执牙筹昼夜纪筭,恒若不足,而俭啬不自奉养,人目为饕虏云。

奴虏

《西汉书·项籍传》

时诸侯吏卒繇役屯戍过秦中,秦中遇之多亡状。及秦军降诸侯,诸侯吏卒乘胜奴虏

使之。

赀虏

《太平御览》

《魏略》曰："赀虏，本匈奴之奴也。匈奴名奴婢为赀姑。建武时，匈奴衰，分其奴婢亡匿在金城、武威、酒泉北，黑水东，畜牧逐水草，抄盗凉州，不与东部鲜卑同也。其种非一，有大胡、零丁、羌杂处，并本亡奴婢也。"

索虏

马明叟《实宾录》

宋、齐、梁、陈、齐、周、隋，天下参隔，南方谓北为索虏，北方指南为岛夷。唐《李延寿传》

《宋书·索虏传》

索头虏，姓托跋氏，其先汉将李陵后也。陵降匈奴，有数百千种，各立名号，索头亦其一也。晋初索头种有部落数万家，在云中。惠帝末，并州刺史瀛公司马腾于晋阳为匈奴所围，索头单于猗驼遣军助腾。怀帝永嘉三年，驼弟卢率部落自云中入雁门，就并州刺刘琨，求楼烦等五县。琨不能制，且欲倚卢为援，乃上言卢兄驼有救腾之功，旧勋宜录，请移五县民于新兴，以其地处之。琨又表封卢为代郡公。愍帝初，又进卢为代王，增食常山郡。其后卢国内大乱，卢死，子又幼弱，部落分散。卢孙什翼鞬勇壮，众服附之，号上洛公。北有沙漠，南据阴山，众数十万。其后为苻坚所破，执还长安。后听北归。鞬死，子开，字涉珪代立。先是鲜卑慕容垂僭号中山，晋孝武大元二十一年，垂死，开率十万骑围中山，明年四月克之，遂王有中州，自称曰魏。

羌虏

《北史》

后梁至萧琮国废，隋文以为柱国。琮嫁从妹于钳耳氏。杨素曰："公帝王之族，何乃适妹钳耳氏？"琮曰："前已嫁妹于侯莫陈氏，此复何疑？"素曰："钳耳氏，羌也。侯莫陈，虏也。何得相比？"琮曰："以羌异虏，未之前闻。"素惭而止。

洶虏

《资治通鉴》

昭宗景福元年，王建围彭州，久不下，民皆窜匿山谷，诸寨日出俘掠，谓之洶虏。都将先择其善者，余则士卒分之以，是为常。将即亮翻。

黠虏

《宋名臣言行录》

曹辅言：金使王灼以和为名，朝夕到阙，恐谋国之臣便以柔言软语为敌真情，或至缓备堕黠虏计中，则前日之祸至矣。

二虏

马明叟《实宾录》

后魏灵献之间，乌桓、鲜卑二虏迭盛。石槐骁猛，尽有单于之地。蹋顿凶桀，公据辽西之土。又赞曰："二虏首施我鞭北垂，道畅则训，时薄先离。"本传

《晋书》

刘琨在幽州，元帝转为太尉侍中，并赠名刀。琨答曰："谨当躬自执佩，馘此二虏。"二虏：刘聪、石勒。

三虏

《东汉书·祭彤传》

后汉建武中，匈奴鲜卑及赤山乌桓连和强盛，数入塞杀略吏人。拜祭彤辽东太守，攻破走之。彤以三虏连和，卒为边害，乃降谕鲜卑，使击匈奴。自是匈奴衰弱，边无寇警。鲜卑、乌桓并入朝贡。

守钱虏

《东汉书·马援传》

援字文渊,亡命北地,遇赦,因留牧畜,宾客多归附者。尝谓宾客曰:“丈夫为志,穷当益坚,老当益壮。”因处田牧,至有牛马羊数千头,谷数万斛。既而叹曰:“凡殖货财产,贵其能施赈也,否则守钱虏耳。”乃尽散以班昆弟故旧。

《江州志》

宋周士真,字道粹,瑞昌人,晋尚书仆射嵩之后也,轻财急义。尝族人议析居士真曰:“男儿当自立。”举遗产,一不受。遂自营殖,逾十年家致千金。又曰:“积贵能散,否则守钱虏尔。悉斑昆弟故旧之贫者。东谷所见富家翁,守钱虏,抑又不足道也。名曰享富贵,其实一俗子,执若安分清,闲之野叟哉。”

黄光大《积善录》

人之养生,唯不可不足,若粗有余,足以奉甘旨、供祭祀、养妻子、备伏腊凶荒之外,夫复何用?良田万顷,日食二升。大厦千间,夜眠八尺,何必区区之劳心役?已末岁穷年,沮于殖货利哉!夫如是者,乃一守钱虏,为儿孙作马牛也。

《经钼堂杂志·罗汉颂》

不结良因与善缘,苦贪名利日忧煎。岂知住世金银宝,借汝闲看七十年。凡财积虽多而用不到,即是看也,马援谓之守钱虏。贪而造业,用又不到,闲看七十年,而为守钱虏,真愚也哉!

效首虏

《汉书·韩信传》

诸校效首虏休皆贺。师古曰:效,致也。谓各致其所获。

盗马虏

《续后汉书·董卓传》

帝以谒者仆射皇甫郦,凉州旧姓,且才辩令和傕汜。郦先诣汜,汜受诏命诣傕,傕不

韩信

奉诏，曰："我有讨吕布之功，辅政四年，三辅清净天，所知也，郭多盗马虏尔，何敢欲与吾等邪。"

贩盐虏

《资治通鉴》

唐僖宗中和二年，谏议大夫张濬谕王敬武曰："人生当先晓逆顺，次知利害。黄巢前日贩盐虏耳，注：事见乾符二年。公等舍累叶天子而臣之，果何利哉！"

背国虏

《北史·阳平王传》

阳平王孙法僧，位益州刺史，将欲为逆。时领主书兼舍人张文伯奉使徐州，法僧谓曰："我欲与卿去危就安，能从我否？"文伯曰："安能弃孝义，而从叛逆也？"法僧将杀之，文伯骂曰："仆宁死见文陵松柏，不能生作背国之虏！"法僧杀之。

翩翩佳虏

《晋书·载记》

史臣曰:“慕容盛翩翩浊世之佳虏也。”

疑兵破虏

《经远堂分门故事》

廉范,字叔度,为云中太守。会匈奴大入塞,自率士卒拒之。虏众盛,而范兵不敌。会日暮,令军士各交缚两炬三头,爇火营中星列。虏遥望火多,谓汉兵救至,大惊,待旦将退。范乃令军中蓐食,晨往赴之,斩首数百级。虏自相躏藉,死者千余人,由此不敢复向云中。

伪和破虏

《北史》

韩禽母弟洪,仁寿元年,突厥达头可汗犯塞。洪率蔚州刺史刘隆等拒之,遇虏于恒安,众寡不敌。洪四面搏战,身被重创,将士沮气,虏悉众围之,矢下如雨。洪伪与虏和,围少懈。洪率所领溃围而出,死者太半,杀虏亦倍。

乘胜破虏

《新唐书·契苾何力传》

贞观九年,讨吐谷浑,薛万均为贼所包,契苾何力冒围奋击,虏披靡去。时吐谷浑王伏允在突沦川,何力欲袭之,万均惩前败以为不可。何力曰:“贼无城郭,逐荐草美水以为生。不乘其不虞,正恐鸟惊鱼骇,后无以窥其巢穴。”乃阅精骑千余,直捣直牙,斩首数千级,获橐它马牛羊二十余万,俘其妻子,伏允挺身免。有诏劳军于太斗拔谷。万均耻名出其下,乃排何力引功自名。何力不胜愤,挺刀起将杀之。诸将劝止。

驰传破虏

《新唐书·杜佑列传》

佑，京兆万年人。父希望，为代州都督，召还京师，对边事，玄宗才之。属吐蕃攻勃律，勃律乞归。右相李林甫方领陇西节度使，故拜希望鄯州都督知留后，驰传度陇，破乌莽众，斩千余级，进拔新城，振旅而还。擢鸿胪卿。

分兵破虏

《新唐书·韦皋传》

皋为剑南西川节度使，进同中书门下平章事。贞元十三年，复□州，吐蕃怨，完垒造舟谋扰边。皋辄破郤之，自是曩贡腊城等。九节度婴婴、笼官马定德，与大将举落皆降，昆明管此二蛮，又内附。赞普怒，遂北掠灵朔，破麟州以取偿焉。帝诏皋深入以挠虏。皋遣大将陈洎等出三奇，崔尧臣趋石门无衣山，仇冕董振走维州，邢玭出黄崖，略栖鸡老翁城，高倜、王英俊繇峨和清溪道薄故松州，元膺出湿山，成溪臧守至道，黎□韦良金趋平夷，路惟明自灵关夏阳攻逋租偏松城，王有道涉大度河，陈孝阳率蛮苴那时等道西泸攻昆明，诸济师无虑五万，以八月悉出塞，十月大破吐蕃，拔其保镇，捕候追奔。转战千里，遂围维州。吐蕃释灵朔兵，使论莽热以内大相，兼东境五节度大使，率杂虏十万来救。师伏以待虏，乘胜深入。师噪而奋，虏大溃，生禽莽热献诸朝。帝悦，进检校司徒、兼中书令南康郡王。帝制纪功碑，褒赐之。

间道破虏

《新唐书·史敬奉传》

敬奉，灵州人，事朔方军为牙将。元和中，吐蕃数犯塞，敬奉白节度使杜叔良，请兵三千，赍一月粮，深入虏地，分贼势。叔良以二千兵予之，行十余日不闻问，皆谓已殁。敬奉乃由间道，绕出虏后。部落奔骇，因大破之，驱其余众于匏芦河，获马牛杂畜迨万数。赐实封五十户。

乘冰破虏

《新唐书·王君㚟传》

君㚟为河西陇右节度使，右羽林军将军，判凉州都督事。吐蕃酋悉结逻，寇大斗拔谷。君㚟间其怠，率秦州都督张景顺，乘冰渡清海袭破之，以功迁大将军，封晋昌县伯，拜其父寿为少府监，不听事。君㚟凯旋，玄宗宴君㚟及妻夏于广达楼，赐金帛。夏亦自以战功，封武威郡夫人。

风雪破虏

王明清《挥尘录》

唐牛奇章《玄怪录》载：萧至忠欲出猎，群兽求哀于山神：云当令滕六致雨，巽二起风。翌日风雪，萧不复出郊。建炎中，金寇驻楚泗间，时张韩拥兵于高邮，虏誓于众，整师大入。二将自料非其敌，深以为怯。将欲交锋之际，风雪大作，虏众辟易散走，损折甚多，因遂奏凯。范师厚直方，滑稽之雄也。为参赞军事，笑云："焉知张七韩五乃得巽二滕六力邪？"闻者为之哄堂。

易旗破虏

《坦明故事》

宋宝元中，仁宗年号。党项犯塞。党项，虏人名。侵犯边塞。时万胜军新募，万胜军，军名也。其时新招募得。出战多败。出去战斗，多败衄。狄清为将，狄青为将帅。一日尽取万胜旗，一日万胜军之旗。付虎翼军出战。将旗付与虎翼军，出与之战斗。虏望其旗易之，虏人望其军旗号以轻易忽之全军径趋，全军径趋狄青军中。为虎翼所破灭之，虏为虎翼军所破败。殆无遗类。殆几无遗下其种类。

乘间破虏

《元史·李守贤传》

癸巳正月望夕，金帅完颜延寿击球为嬉，守贤潜遣轻捷者数十人，缘崖蚁附以登，杀其守卒，遂大纵兵入破之。下令禁无抄掠，悉收余众以归。

请灭北虏

《续后汉书·北狄传》

和帝即位，南匈奴单于上书请讨灭北虏。永元元年，征西将军耿秉、车骑将军窦宪率南单于击北虏，大破之，斩首虏二十余万人。

通好北虏

赵善璙《自警编》

宋景德中，朝廷始与北虏通好，诏遣使将与北朝呼之。王沂公以为太重，请止，称契丹本号可也。真宗激赏再三，朝论韪之。

伏兵击虏

《资治通鉴》

高宗永隆元年，裴行俭破突厥，诈为粮车三百乘，每车伏壮士五人，各持陌刀劲弩，以羸兵数百为之援。且伏精兵于险要，以待之。虏果至，羸兵弃车散走。虏驱车就水草，解鞍牧马欲取粮，壮士自车中跃出击之。虏惊走，复为伏兵所邀杀获殆尽。

合兵击虏

《新唐书·石雄传》

会昌初，回鹘入寇，连年掠云朔牙五原塞下。诏雄为天德防御副使兼朔方刺史，佐振武刘沔，屯云州。沔召雄谋曰："虏离散，当扫除久矣。国家以公主故，不欲亟攻。我若径趋其牙，彼不及备，必弃公主走，我当迎主归。有如不捷，吾则死之。"雄曰："诺。"即选沙陀李国昌及契苾拓拔，杂虏三千骑，夜发马邑。旦登振武城望之，见□车十余乘，从者朱碧衣，谍者曰："公主帐也。"雄潜使喻之曰："天子取公主，兵合第无动。"雄穴城夜出，纵牛马鼓噪，直捣乌介帐。可汗大骇，单骑走，追至杀胡山，斩首万级，获马牛羊不赀，迎公主还。进丰州防御使。

力战沮虏

《隋书·达奚长儒传》

长儒为上大将军,开皇二年,突厥沙钵略可汗并弟叶护,及潘那可汗众十余万寇掠而南。诏以长儒为行军总管,率众二千击之。遇于周盘,众寡不敌,军中大惧。长儒慷慨,神色愈烈,为虏所冲突而复聚,且战且行,转斗三日,五兵咸尽,士卒杀伤万计,虏气稍夺,于是解去。长儒身被五疮,通中者二。其战士死伤者十八九。突厥本欲大掠秦陇,既逢长儒兵皆力战,虏意大沮。明日于战处,焚尸恸哭而去。

举烽绐虏

《隋书·长孙晟传》

晟授开府仪,同三司左勋卫车骑将军。开皇十九年,染干因晟奏,雍闾作攻具,欲打大同城。诏发六总管并取汉王节度,分道出塞讨之。雍闾大惧,复共达头同盟合力掩袭染干,大战于长城下。染干败绩,杀其兄弟子侄而部落亡散。染干与晟独以五骑逼夜南走,至旦行百余里,收得数百骑,乃相与谋曰:"今兵败入朝,一降人耳,大隋天子岂礼我乎?玷厥虽来,本无冤隙,若往投之,必相存济。"晟知其怀贰,乃密遣从者入伏远镇,令速举烽。染干见四烽俱发,问晟曰:"城上然烽何也?"晟绐之曰:"城高地迥,必遥见贼来。我国家法:若贼少举二烽,来多举三烽,大逼四烽。使见贼多而又近耳。"染干大惧,谓其众曰:"追兵已逼,且可投城。"既入镇,晟留其达官执室以领其众,自将染干驰驿入朝。帝大喜,进授左勋卫骠骑将军。

据险邀虏

《唐语林》

武德末年,突厥至渭桥,控弦四十万。太宗初亲庶政,驿召李卫公问策。时发诸州府军,未至长安,居人胜兵者不过数万。胡人精骑胜突挑战,日数十合。帝怒欲击之。靖请倾府库邀其归路,帝从其言,胡兵遂退,于是据险邀虏,虏弃老弱而遁,获马数百匹,金帛一无遗焉。

丙夜擒虏

《新唐书·东夷高丽传》

太宗讨高丽，败高延寿，惟莫离支未下。太宗闻城中鸡彘声曰："围久突无黔烟，今鸡彘鸣，必杀以飨士虏。"且夜出。诏严兵。丙夜，三更也虏数百人缒直类切而下，悉擒之。

缚杀叛虏

《新唐书·王方翼传》

方翼徙庭州刺史。永淳初，十姓阿史那车薄啜叛，方翼引军战败之。俄而三姓咽面兵十万踵至，方翼次热海进战。所部杂虏谋执方翼为内应，方翼悉召会军中厚赐，以次出壁外缚之。会大风杂金鼓，而号呼无闻者，杀七千人。即遣骑分道袭咽面等，皆惊，溃引兵遁去，擒首领突骑施等三百人，西戎震服。

强弩射虏

《新唐书·吐蕃传》

开元中，大将悉末朗攻瓜州陇右节度使杜宾客，以强弩四千射虏破之祁连城下，斩副将一，上级五千首，虏败动而走山。

严令威虏

《资治通鉴》

唐代宗广德元年，回纥登里可汗归国，其部众所过抄掠，廪给小不如意，辄杀人无所忌惮。陈郑泽潞节度使李抱玉，欲遣官属置顿，人人辞惮。赵城尉马燧独请行。比回纥将至，燧先遣人赂其渠帅约毋暴掠，帅遗之旗曰："有犯令者，君自戮之。"燧取死囚为左右，小有违令，立斩之。回纥相顾失色，涉其境者，皆拱手遵约东，抱玉奇之。

请兵袭虏

《新唐书·王忠嗣传》

忠嗣为代州别驾，召还。信安王祎在河东，萧嵩出河西，数引为麾下。帝以其年少，有复仇志，诏不得特将。嵩入朝，忠嗣曰："从公三年，无以归报天子。乃请精锐数百袭虏。"会赞普大酋阅武郁标川，其下欲还，忠嗣不从，提刀略阵斩数千人，获羊马万计。嵩上其功，帝大悦。累迁左威卫将军代北都督，封清源县男。

单马败虏

《新唐书·王忠嗣传》

忠嗣授左威卫郎将，专知兵马。俄吐蕃大出，欲取当新城，晨压官军，阵众不敌，举军皆恐。忠嗣单马进，左右驰突，独杀数百人。贼众嚣相蹂，军冡翼掩之，虏大败。

堑石御虏

《新唐书·乌承玼传》

承玼为大仆卿。奚渤海大武艺与弟门艺战国中。门艺来，诏与大仆卿金思兰，发范阳新罗兵十万，讨之无功。武艺遣客刺门艺于东都，引兵至马都山，屠城邑。承玼窒要路，堑以大石亘四百里，虏不得入。于是流民得还，士少休，脱铠而耕，岁省度支运钱。

以权胜虏

《新唐书·张守珪传》

守珪"为瓜州刺史，墨离军，使督余众完故城。版筑方立，虏奄至，众失色。守珪曰："创痍之余，讵可矢石相确，须权以胜之。"遂置酒城上，会诸将作乐。虏疑有备，不敢攻引去。守珪纵兵击败之。

功靖丑虏

唐《柳宗元集·南府君庙碑》

睢阳之事人徒知，力保于江淮而不知功靖乎？丑虏论者，或未之思。

登城骂虏

《五代史·后唐沈斌传》

斌晋开运元年为祁州刺史。契丹犯塞至于榆林，过祁州。斌以谓契丹深入晋地，而归兵羸乏，可即以州兵邀之。契丹以精骑划门，斌兵多死，城中无储。虏将赵延寿留兵急攻之。延寿招斌降，斌从城上骂延寿曰："公父子误计陷于腥膻，忍以犬羊之众，残贼父母之邦。斌能为国死尔，不能效公所为也。"已而城陷，斌自尽，其家属皆没于虏。

志取仇虏

宋王性之《默记》

神宗初即位，慨然有取山后之志，滕章敏首被擢用。所以东坡诗云："先帝知公早，虚怀第一人。"盖欲委滕公，以天下之事也。一日语及北虏事，曰："太宗自燕京城下军溃，北虏追之，仅得脱。凡行在服御宝器尽为所夺，从人宫嫔尽陷没，服上中两箭，岁岁必发。其弃天下，竟以箭疮发云。盖北虏不共戴天之仇，反捐金缯数十万以事之。为叔父，为人子孙，当如是乎？"已而泣下。久之盖已有取北虏大志。其后永乐灵州之败，故郁郁不乐者，尤甚怆。圣志之不就也。章敏公为先子言。

梁上避虏

《悦生随抄》

建炎当三祀，虏马将饮江于是。天子幸明越，而隆祐太后龙舆驻豫章行基。从马时警报益亟。有郎官侯懋、李几凡三人者，每游戏城东南隅，得故园林，颇僻寂。私相谓曰："使虏一不可避，得相与匿于是，宜死生以之。"未几行宫南迈，仓卒三人果不克奔，而虏骑已遽入矣。三人者得如约共窜于林，因伏堂之巨梁上，夜则潜下取食而还伏焉，累十数日

矣,幸略无人足音。一旦忽多人沓至,三人但默伏梁之上计:“此岂皆避虏者也,胡为而至哉。”语未已,即有黑衣数十百人继来,共坐于堂,命左右逻捕男女无少长,悉以挺敲杀之,积尸旁午向暮尽死,自始去。当是时,三人者伏据于梁慑慑然。向使一仰其首,见必死矣。黑衣既散,皆谓得免,况已昏夜。俄复望红纱笼烛数十对引导,有主者数人又至,亦坐于堂,即多群吏据案呼阅人姓名者,三人益惧,于此殆不得脱矣。及细下视之,则但见人可半身,头面俱弗辨,乃知非人也。凡点阅死籍,至多辄悉呼其姓名。中间偶呼至一名,群吏争报曰:“不是。”类如是凡有四三人者,皆能记忆也。夜过半矣,事竟皆去。逮晓则四顾鸟雀,不闻人声,知虏已洗城而遁矣。即于乱尸中,偶有呻吟声,三人共询其名,乃夜来郡吏所谓不是四人,今悉复活矣。异哉!吾得于宋高州,宋高州得于侯懋。懋等皆显官,宜不妄云。

决淮灌虏

《云麓漫抄》

绍兴甲寅乙卯,闻刘麟导虏南侵。时车驾驻平江,有赵九龄者,策士也,请决淮西水以灌虏营,朝廷不能用已。而韩世忠得虏酋约战书,曰:“闻江南欲决淮西水,以浸吾军。”书到之明日,虏实退师。当时但以为却敌之功,殊不知九龄之力为多。

迎敌斩虏

《宋名臣言行录》

岳飞从刘浩解东京围,迎敌兵斩虏滑州南。虏兵至,飞迎斩其将。虏大败,斩首数千级,得马数百匹。

据床骂虏

《宋史·忠义传》

金虏犯采石,以二十艘渡兵。陈淬请伏兵,俟其旋济旋获。杜充不从。金兵遂犯板桥,诸军皆溃,淬独与战。势穷力尽,据胡床大骂,刃交于胸,而色不动,与其从子仲敏俱死焉。

移家避虏

《朱子语类》

逆虏临江，朝臣震怖，各津送其家属他走。北虏骑退，家在都城者，惟左相陈鲁公、康伯黄端明尚书名中，邵武人，时为左右尔。高宗惩维扬之祸，故百官搬家者皆不问。

缮城备虏

《宋名臣言行录》

宋马知节监慱州兵马时，刘延让败于君子驿，而契丹归矣。公方科丁壮，集刍粮，缮城治械，如寇至。吏民初不悦，其生事。已而契丹果至，度不可攻乃去。

募人劫虏

《宋名臣言行录》

刘琦以锐卒五百，募土人前导，夜劫虏寨。是夕天欲雨，电光所烛，见辫发者。歼之甚众。

扫清丑虏

宋曹彦约《昌谷集·上宣抚吴待制札子》

所幸大贤鼎来，旦更素辱知遇，必能扫清丑虏，庇庥后进。

诟叱金虏

《宋史·忠义传》

郭赞，汝阳县丞也。金虏陷城，赞独朝服诟叱不肯降，遂见杀。

一扫金虏

《张氏可书》

张浚为川陕宣抚处置使,每曰:“虏人猖獗,当一扫之。”有坐客曰:“不知用条帚,唯复用扫帚?”浚默然。

汉唐御虏

《北边备对》

汉文后二年,遗匈奴书曰:“先帝制长城以北,引弓之国,令受单于。长城以内,冠带之室,朕亦制之。使万民耕织射猎衣食,父子毋离,臣主相安,俱无暴虐。”夫高帝此约,非不明备,而文帝出此文告,非不深至。然而文景已前,匈奴时时犯约无畏也。颉利既擒,太宗使突厥族人李思摩归统颉利故部。思摩畏薛延陀强,不敢出塞。太宗赐延陀书曰:“举碛以北,延陀主之。其南突厥保之,各守境而无相钞犯。有负约者,我自以兵诛之。”太宗之约与高帝之约,大抵相似。而高帝仅自保境,匈奴犹不遵服。太宗则越境,指麾两虏,两虏皆不敢违。以是思之,德柔中国,刑威四夷,其施各有宜矣。

素服吊虏

《唐书·郭元振传》

元振迁左骁卫将军,安西大都护。西突厥酋乌质勒部落盛强,款塞愿和,元振即牙帐与计事。会大雨雪,元振立不动,至夕冻冽。乌质勒已老,数拜伏不胜寒,会罢即死。其子娑葛以元振计杀其父,谋勒兵袭击。副使解琬知之,劝元振夜遁,元振不听。坚卧营为不疑者。明日素服往吊,道逢娑葛兵,虏不意元振来,遂不敢逼。扬言迎卫进至其帐,修吊赠礼,哭甚哀,为留数十日助丧事。娑葛感义,更遣使献马五千,驼二百,牛羊十余万,制诏元振为金山道行军大总管。

免胄示虏

《新唐书·薛仁贵传》

仁贵为鸡林道总管，复生事贬象州，会赦还。帝思其功，乃召见，拜瓜州长史，右领军卫将军，检校代州都督，率兵击突厥。元珍于云州，突厥问曰："唐将为谁？"曰："薛仁贵。"曰："吾闻薛将军流象州死矣，安得复生？"仁贵脱兜鍪见之，突厥相视失色，下马罗拜，稍稍遁去。仁贵因进击大破之，斩首万级，获生口三万，牛马称是。

薛仁贵

单骑见虏

《新唐书·郭子仪传》

仆固怀恩尽说吐蕃、回纥、党项、羌浑奴刺三十万，掠泾邠，躏凤翔，入醴泉、奉天，京师大震，急召子仪。屯泾阳军才万人，比到，虏骑围已合。乃使李国臣、高升、魏楚玉、陈回光、朱元琮各当一面，身自率铠骑二千出入阵中。回纥怪问是谓谁？报曰："郭令公。"惊曰："令公存乎？"怀恩言："天可汗弃天下，令公即世。中国无主，故我从以来。公今存，天可汗存乎？"报曰："天子万寿。"回纥悟曰："彼欺我乎！"子仪使谕虏曰："昔回纥涉万里，戡大憝助复二京，我与若等休戚同之。今乃弃旧好助叛臣，一何愚彼背主弃亲，于回纥何有？"回纥曰："本谓公云亡，不然何以至此？今诚存，我得见乎。"子仪将出，左右谏曰："戎狄野心不可信。"子仪曰："虏众数千倍，今力不敌。吾将示以至诚。"左右请以骑五百从，又不听。即传呼曰："令公来，虏皆持满待。"子仪以数十骑出，免胄见其大酋，曰："诸君同艰难久矣，何忽亡忠谊而至是邪？"回纥舍兵下马，拜曰："果吾父也。"子仪即召与饮，遗锦彩结欢誓好如初。因曰："吐蕃本吾舅甥国，无负而来，弃亲也。马牛被数百里，公等若倒戈乘之。若俛取一芥。是谓天赐不可失，且逐戎得利，与我继好，不两善乎？"会怀恩暴死，群虏无所统一，遂许诺。吐蕃疑之，夜引去。子仪遣将白元光，合回纥众追蹑，大军继之，破吐蕃十万于灵台西原，斩级五万，俘万人，尽得所掠，士女牛羊马橐驼不可胜计。遂自泾阳来朝，加实封二百户，还河中。

《宋文鉴·郭子仪单骑见虏赋》

汾阳征虏压以至诚　秦观

回纥入寇，汾阳出征，何单骑以见虏？盖临戎而示情。匹马雄趋，方传呼而免胄，诸羌骇瞩，俄下拜以投兵。方其唐祚中微，胡尘内侮，承范阳猖獗之乱，值永泰因循之主，金

缯不足以塞其贪嗜，铠仗不足以止其攘取。云屯三辅，但分诸将之兵，乌合万群，难破重围之虏。子仪乃外弛严备，中输至诚，气干霄而直上，身按辔以徐行，于是露刃者胆丧，控弦者骨惊。谓令公尚临于金革，想可汗未厌于寰瀛，顿释前憾，来寻旧盟。彼何人斯忽去幢幡之盛，果吾父也。敢论戈甲之精，岂非事方急，则宜有异谋。军既孤，则难拘常法。遭彼虏之悍劲，属我师之困乏。校之力，则理必败露，示以诚，则意当亲狎。所以彻卫四环，去兵两夹，虽锋无镆邪之锐，而势有太山之压。据鞍以出，若乘擒虎之駮，失伏而惊，如弃华元之甲，金石至坚也。以诚可动天地，至大也。以诚可闻矧尔熊罴之属。困乎蛇豕之群，于是时也。将乘骄而必败，兵不戢则将焚。惟有明信，乃成茂勋。吐蕃则是而引归，师歼灵夏，仆固于焉而暴卒祸息并汾，非不知猛虎无助也，受侮于狐狸。神龙失水也，见侵于蝼蚁。曷为锋镝之交，下遽遗纪纲，而不以盖念至威，无恃于张皇，大智不资于诙诡远同光武，轻行铜马之营，近类曹成独造国艮之垒，向若怨结不解，祸连未央。养威严于将军之幕，角技巧于勇士之场。攻且攻兮天变色，战复战兮星动芒。如此，则虽骁雄，而必弊，顾创病以何长。苻秦夸南伐之师，坐投淝水。新室恃北来之众，立溃昆阳。固知精击刺者，非为将之良。敢杀伐者，非用兵之至。况德善之身积，宜福祥之天畀。故中书二十四考焉，由此而致。

轻骑慰虏

《新唐书·张说传》

朔方军大使王晙诛河曲降虏阿布思也，九姓同罗，拔野固等皆疑惧。说持节从轻骑二十，直诣其部宿帐下，召见酋豪慰安之。副使李宪以虏难信，不宜涉不测。说报曰："吾肉非黄羊，不畏其食血。非野马，不畏其刺士。尝见危致命，亦吾效死秋也。"由是九姓遂安。

开门待虏

《资治通鉴》

唐代宗广德元年，吐蕃还至凤翔，节度使孙志直闭城拒守，吐蕃围之数日。镇西节度使马璘闻车驾幸陕，将精骑千余自河西入赴难，转斗至凤翔。值吐蕃围城，璘帅众持满外向突入城中，不解甲，背城出战，单骑先士卒奋击，俘斩千计而归。明日虏复逼城请战，璘开辕门以待之。虏引退，曰："此将军不惜死，宜避之。"遂去，居于原会成渭之地。

推诚待虏

《资治通鉴》

唐贞元二年闰月，清水会盟，使浑瑊之发长安也。李晟深戒之，以盟所为备，不可不严。张延赏言于上曰："晟不欲盟好之成，故戒瑊以严备。我有疑彼之形，则彼亦疑我矣，盟何由成？"上乃召瑊，切戒以推诚待虏，勿自猜贰，以沮虏情。

贷粟赈虏

《新唐书·李德裕传》

德裕册拜司空。回鹘自开成时为黠戛斯所破会昌后，乌介可汗挟公主牙塞下。种族大饥，以弱口重器，易粟于边。退浑党项利虏掠，因天德军使田牟上言："愿以部落兵击之。"议者请可其奏。德裕曰："回鹘于国常有功，以穷来归，未辄扰边，遽伐之，非汉宣帝待呼韩之义，不如与之食，以待其变。"陈夷行曰："资盗粮，非计也。不如击之便。"德裕曰："沙陀退浑不可恃也，夫见利则进，遇敌则走，杂虏之常态，孰肯为国家用邪？"天德兵素弱，以一城与劲虏，确无不败。请诏田牟，无听诸戎计。帝于是贷粟三万斛，会嗢没斯杀赤心以降。赤心兵溃去，于是回鹘势穷。

不战降虏

《新唐书·李勣传》

太宗贞观三年，勣为通漠道行军总管，出云中与突厥战，走之。引兵与李靖合。因曰："颉利若度碛保于九姓，果不可得。我若约赍薄之，不战缚虏矣。"靖大喜，以与己合，于是意决。靖率众夜发，勣勒兵从之。颉利欲走碛，勣前屯碛口，不得度，由是酋长率部众落五万降于勣。诏拜光禄大夫，行并州大都督府长史。

沮功斩降虏

娄伯高《好还集》

唐裴炎拜侍中，受诏辅中宗。中宗欲以后父韦元贞为侍中，乳媪子为五品官。炎固

执不从。帝怒曰:“朕以国与元贞,岂不可,何惜侍中?”炎惧,因与武后谋,废中宗,立豫王。及武后持政,自肆谋,乘后出执后还政天子。会徐敬业兴兵,炎曰:“今若复辟,不讨而解。”遂斩于都亭驿。初裴行俭破突厥有功,炎沮薄之,乃斩降虏伏念等五十人。议者恨其悁刻,使国家失信四夷,以为阴祸有知云。

叛晋降虏

《五代史·晋杜仲威传》

重威有异志,而粮道隔绝,乃阴遣人诣契丹请降。契丹大悦,许以中国与重威为帝。重威信以为然,乃伏甲士召诸将告以降虏。诸将愕然,以上将先降,乃皆听命。重威出降表,使诸将书名,乃令军士阵于栅外。军士犹喜跃,以为决战。重威告以粮尽出降,军士解甲大哭,声振原野。

死不降虏

宋《杨诚斋集·宋忠襄公杨公行状》

先是公刺血书襟曰:“吾宁作赵氏鬼,不为他邦臣。”虏人初不知也。明日复引公出南门砦,问公意如何?答曰:“直不能降虏尔。”

志不忘虏

韩元吉《登对录》

元吉曰:“臣愿陛下志不忘虏,常如当宁受书之时。责励群臣,俾不忘虏,常如虏使在廷之际。”上耸然叹曰:“好议论。”

释遣俘虏

广州府《南海志》

元吕恕,字仁卿,至元十八年任广东道宣慰副使。下车之初,寇盗为梗,啸山腥海。时调兵四出,俘虏者多。公于其间,力为分拣遣而归,其得释者莫不感戴。

名重夷虏

《云谷杂记》

韩魏公名德，为夷虏所重。韩魏公之子忠彦聘辽。虏主知其为公子，问："尝使南朝者，形貌肖韩相公否？"皆曰："然。"遂图忠彦之象。靖康间，女真犯河南，所遇萧然。入相州传孝寺，见公画象，下马罗拜，秋毫不犯而去。又觅公墓拜谒而退。身后名德，犹为夷虏所重如此，昔所未闻也。图忠彦象，见乐咸挽魏公诗注；拜尽象及谒墓见韩于苍魏公画赞及周子芝长短歌。

老病使虏

张芸叟《杂纪》

元祐末，宇文昌龄报聘契丹皇城使张璪价焉，张颓龄老病，枢府难其行。璪哀请，故事死于虏。朝廷恩数甚厚。北虏棺银装校三百两既行。璪饮冷食生无所忌，昌龄戒之不纳。既至虏境益甚。昌龄颇患之。禁从者毋供。璪怒骂，不久果病，噤不纳粥药，至十许日一行，病之。既而三病三息，竟安还复命。登对进前，上面哂之。退语近臣："张璪生还奈何？"诣都堂诸公大笑。昌龄曰："直被他害杀，每夜使人防视，若有个好恶，只是自家不了。"至其家，妇孙眦睨阿翁贬眼地又却来也。

奉使留虏

王明清《挥尘录》

朱弁，字少张，徽州人，学文颇工。早岁漂泊游京洛间，晁以道为学官，于朝一见喜之，归以从女。弁以启谢之云："事其大夫贤者，以其兄子妻之，又以李虚中之术较量休咎。"游公卿间，六飞在维扬。有荐之者，授宣武郎合门宣赞。舍人副王正道伦出疆被拘在朔廷。因正道之归，赍表于上云："节上之旄尽落，口中之舌徒存。叹马角之未生，魂飞雪罟攀龙髯，而莫逮泪洒冰天。"上览之感怆，厚恤其家。留匈奴凡十九年，绍兴壬戌始与洪光弼、张才彦俱南归。易宣教郎，直秘阁主管佑圣观以终。

严家无格虏

《史记·李斯传》

韩子曰:"慈母有败子,而严家无格虏。"索隐曰:格,强悍也。虏,奴隶也。言严整之家,本无格悍奴仆也。

母为虏

《汉书》

吕后囚戚夫人永巷髡钳令舂,戚夫人歌曰:"子为王,母为虏。终日舂薄暮,常与死为伍。相离三千里,当谁使告汝?"吕后闻之大怒,乃召赵王鸩死,遂断戚夫人手足,去目、熏耳、饮瘖药,使居窟室中,名曰"人彘"注:常与死为伍,与死罪者为伍。

威光震虏

唐《李卫公集·纪圣功碑》

故能神机独照,伐未兆之谋。威光远震,制不羁之虏。

卑之为虏

《尚意譬喻·论策视上为贵贱章》

尊之则为将,卑之则为虏。

吞日中虏

宋王黄洲《小畜集·贺大使启》

吞日中虏,覆泰山如眇秋毫,笑讲上鹰翻东海,以注荧爝。

生男为虏

《北史》

北齐徐之才戏卢元明曰："卿生男则为虏，配马则成驴。"详驴

生男梦虏

《晋书》

索充梦虏脱上衣，索统曰："虏字去上，男也。当生男。"

诗文

《北边备对》

北狄者，大王之獯粥，宣王之猃狁，幽王之犬戎，齐威公之山戎也。为其居四夷之北，故总名北狄也。至战国，遂有林胡居于晋北，又有东胡居于燕北，皆狄也。服虔曰："东胡，乌亘之先也。后为鲜卑。至汉初，东胡遂为冒顿所并，而冒顿国于东胡之西，即汉世之匈奴也。"汉史之叙狄事，自秦以前皆命为犬戎，而《史记·李牧传》已有匈奴之名，则狄人立匈奴以为国号，其已久矣。若以时世求之，则蒙恬所却之胡，其酋长即头曼是已。故《汉史》曰："头曼不胜秦而北徒十有余年也。"头曼者，冒顿之父也。头曼之时已称单于，后又增称撑犁孤涂单于。史著其义曰："撑犁者，天也。单于者，广大之貌也。"言其象天单于然也。自秦至汉，在北最强者，惟此一族，他虏虽盛，莫之与京也。后魏之世，蠕蠕社伦始改称单于为可汗。可汗者，其拟则皇帝也。故唐高宗曰："今之可汗，古单于也。"突厥也者，本匈奴之北部，居金山之阳，经铁工役，属蠕蠕。已而益大，遂改称突厥。突厥者，兜牟也。以兜牟名国，明其肇迹于兵也。唐初颉利大盛，所据之地三垂薄海，南抵大漠，其地正与华夏对立，而力亦相抗。故扬雄之论匈奴曰："三垂比之远矣，信哉。其强常过诸夷也。"若夫元魏拓拔，本亦北虏，其势既盛，乃能窃用中国礼乐，盗居中国郡县，不容列为偏北之虏。唐自突厥以外，其强大能与中国抗力者，薛延陀、回纥、沙陀、吐谷浑四种。最大若吐蕃，虽尝侵入北境，其实西戎也。

张魏公奏议

《奏虏情及备御利害状》

臣闻山东警报，晓夕深思，未见虏人大举之意。臣窃惟世忠进兵淮上，号称十万，刘豫父子势已窘蹙，必多造伪使求援于虏。向使虏之大兵，外示衰弱，养锐不动，秋高马肥，一举而至淮甸，是为可忧。然其势亦须再调生兵，签发百姓，方敢深入，何则去岁失意而去，人心离怨，苟非增益重兵，安肯辄至也。今我师自屯淮楚伪地，骚然修城郭，起丁役，设马栅，运粮饷，盖刘豫欲以安其民人，使无背叛之心。凡此皆臣之所乐闻而深喜者。比又报虏之大兵已至沂州，臣所未喻。借使有之，岂不为我之利乎？夫盛夏兴师，中国所难，夷狄为之，其失多矣。虏之所恃者马，方此大暑，不获休养，则秋冬安可复用？此一利也；虏以骑射为能，当夏之时，筋胶解缓，岂能害物？此二利也；北人性不能热，坚甲重兵，皆非所用之时，此三利也；为我之计，正当休兵持重，日为过淮声势困弊其人。仰惟陛下圣算神机，必有所处。臣愚无识知，岂能测度？姑叙所见，恐或有补圣虑万一。区区僭冒，伏幸睿照。

又回奏虏情并遣使利害状

臣今月十八日伏准御笔处分，臣不胜感惧之至。臣契勘朝廷始差卢仲贤出境，人情上下已自疑惑，臣职在疆埸，所当振作将士日夜奋厉，以守以备。近仲贤等回，泄漏非一归正等人，往往口语相向，各有携心，而三军之气亦复怠弛。臣遂从宜出榜弹压，姑为虚声，以疑敌人，以鼓士气，即不曾移文北界。况当今日之事，在我实计正当清野坚壁，坐俟其弊，不战以困之，亦安用敢为决战之举也？兹独兵家虚声耳。前日恭奉圣训，察见肺腑，不胜幸甚。兹蒙训谕，臣再三审思，虏之不来，非爱我也，盖其势未能便举。今一切示之以弱，恐反生彼虏窥伺之心，别致侵侮。借欲通书，尤难商量，又不知圣意以为如何？臣近累论奏虏事，数日来伏闻朝廷遣使甚急，思虑反复，实不遑宁。伏乞圣慈更赐训论，不胜幸甚。伏念臣顷居谪籍几二十年，流离困苦，加以忧患，狼狈万状，所以爱养此身，不敢即死。亦以臣子大义负不戴天之深仇，终幸一朝得伸，素志瞑目无憾。幸过皇帝陛下龙飞之始，英武之奋发，慨然有澄清天下之心，臣是以敢受任而不辞。惟臣知人不明，宿州之后，虽未成功，而虏之伤杀过当，心实惮我。今将士上下人情，日以振作，而虏寇作于内，师老于外，少稽时月，形势毕见载。惟此虏若势力有余，内无掣肘，则秋冬之交必引兵长驱，要我以和，何求不成？而乃遣书约期，势实内弱，其状甚露，纵令敢以偏师深入，自淮西来，为我则利，在彼非福。盖三百里之内，野无刍粟，扼以不战，又何能为？此急急也。伏惟圣慈，必赐洞照，重念臣衰老多病，所见所为，迂阔寡合。自度赋分单薄，无以胜任国事，方欲俟岁晚力求休退。惟臣所爱者，陛下之圣德闻于天下，有可为之时。臣所忧者，夷狄之奸计得以肆行，而达官贵人畏懦苟且，循致误国，不然，臣年余几何？岂不欲姑就安逸以毕此身，而固为异同于今日也。惟陛下鉴察，不胜幸甚。贴黄臣契勘今岁，虏以宿州之事，势当举兵大入以示威强，用快其志。赖陛下威灵，将士各肯出力。臣早夜训教守备粗严，深秋暨冬初无一事。向若虏不贻我以书，则守备固自若也。不幸因虏以一介

持书慢我，而朝廷忽遽遣使，自招纷纷。缘此人情内外，各不怀安，其于国体所系甚大，以至上贻圣虑。事盖有白，惟此虏若必欲来犯，我虽恳请百拜，有不可遏。如其不能来，何由可动？况幸寇仇之不我侵，徒为恳免苟安之计，臣之所未谕也。伏幸睿照。臣窃惟今日之事，所系国家公议，乞以臣章集侍从台谏廷论之。卒归于当无愧天理，不胜幸甚。

又论虏情及备御事宜状

臣伏奉亲笔处分。臣已恭悉圣训。臣契勘自来虏人调发大军，必用秋季之月，盖亦须俟秋成既毕，方可调发车牛，应副差使。今丑虏于此时不能进攻海泗，胁我以和，乃遣介持书，坐邀实利，其奸计毕露，事理甚明。况自八月以来，新益佥军数万人坐食累月，粮草安得相继？前年以十余万人攻围海州，在三四月间，正欲乘春草滋生，为久屯计，顿兵城下四十余日，竟以粮运艰难，兼海之为州，四壁皆沮洳之地，骑兵非便，将议班师，张子盖一击破之，人马之陷没以数千计，伤败亦万余人。今焚草已久，春雨荐作，为虏之计，似难施设。而魏胜、任旺诸军带甲七千余人，魏胜忠义军可及五千人，其家属多在镇江，此皆必死必守之兵，纵使冒昧而来，亦未易以旬月攻取也。城中有半岁之粮足可支吾。臣愚意以为，虏若犯海州，臣当统驻楚州措置，若犯泗州，臣当驻盱眙措置。刘宝只当随。臣在盱眙，去泗止隔淮河，有浮桥可以渡。兵虎视其外，与城中相表里，昼惊夜劫，不出旬日，破贼无疑。臣窃料此贼未敢轻为此举也。环海、泗三百里之地，粮草皆无。粮尚可致，草何所出？况春雨不时，三日之雨，便可围弊其众。如果为之，失算多矣，至于淮西冲突之弊，非一二万骑，安肯轻来？非惟粮草之艰，又将何所取利？且在彼国，所虞不一，前出后空，寇盗随起，蕃汉作乱。前日逆亮之事，鉴固不达也。刘宝，臣已恭依。昨日圣旨，令密带骑兵前去盱眙驻劄阎德、陈敏闻已渐各安愈。今泗州守兵近二万人，守固有余，而我之援兵近在三百里内，足可照应措置。臣早来约与汤思退待班尝略说大概，其余俟臣来日面奏。

又回奏虏情及遣使事宜状

臣今月五日辰时，伏奉御笔处分，谨已祗禀圣训。累具奏谓虏人力强则来，力弱则止，初不在夫和与不和之间，而以今日事势论之，断然不能竭国大举，其理明甚。伪元帅以书来，必其国中掣肘之事甚多，而又签军惮于远行，率多逃叛，虏为此策，不为无谋，一以款我使无侵轶之虞，二以弹压其民，使无变乱之志，当为好辞款之，未须指定与决，第令使人随机酬答，请更归禀于朝而益治。在我徐观其形势于后日耳。况是不出，来春事机尽见。臣私忧过虑，切恐儒生之论，不知大计，恃为真和，曾不知二数年后，戎马日蕃，千万为群，分临边境。彼之人心益定，我之将士解体，方是时，何以支吾？臣近已因张说之还，令其面奏，惟望陛下默识此理，御之以权，俟至来春，当见情实，别为裁处。臣之愚见，今日大害，正在内治不立，人多怀私，只务谋身，不思为国，军民之弊，漠不加意。不求此，而区区于未恐无益也。所遣卢仲贤薄有口辩，但恐于忠信或亏。今虽无及，不敢不以奏知，俟其回归，及边事稍定，臣欲一至行关，更叙悃愊，退归山林，瞑目无憾，伏取进止。贴黄臣近据淮西探报，已节次闻奏去讫。目今虏人，虽未有端的动息，而秋气已深，备御不可不谨。臣除已节次调拨屯驻外，伏乞睿照。

又奏虏情及战守事宜状

臣近者窃闻朝廷以莫将等南归，遣刘光远、曹勋持书至大金军。前仰惟圣智高妙，洞察虏情，更遣信使详观其变，初非臣思虑所能及也。窃惟宣和靖康之际，虏使不绝于道，如王云、李若水辈皆信其说，逮至围城中，使者踵至，犹议前议。今日之事则有异此。我方整齐六师，可战则战，可守则守，姑命使人尝试其意，寅缘考究，必见事实，天下幸甚。臣妄虑虏人，姑知淮楚有衅力破此军，以张声势。陛下首伐其谋，故迟留泗上，更审事机。臣恐春草滋茂，必有所向，而荆襄岳鄂上流，最为重地。敢冀圣虑。先及委任将帅，有决战决守之计，即制命在我，中原可图。异时虏兵一动，便当止绝使命，恐伤士气。臣识见浅短，曷足以仰补圣虑万一。区区忧国过计，敢展所见，仰惟特宽斧钺之诛，不胜幸甚。

又奏虏中事宜状

臣得吴璘九月初十日德顺军发来书，谨缴连进呈。璘书中略无怵迫之意，必是见得虏兵的确次第。伏惟圣慈少宽忧顾。近日据所遣探事人归言，自燕山以来，缘蝗虫为害，物价极贵，虽签军及摘那人马向西南来，别未见大举动息。臣仰奉圣训，昼夜悉心措置，不敢少忽，伏乞睿照。

又奏虏中事宜状

臣近据曲端申契丹大石林牙自招州遣人持国书赴朝廷，为夏人截留，有元送文字汉儿走透过泾源，供析到上件事理，及陕西诸路遣去河东探事，使臣报到事宜，其间多说金人军马那回岭北，河东红巾占据州县等事，得于传报，未敢为实，臣除已分遣信实人深入虏界，体探的确，别具奏闻。河东义兵首领李宋臣等，率众拒捍金贼，累年忠义可尚，臣书填告，命间道遣人给付，不惟可以激厉两河忠义人心，亦欲观其事刀结约举事。今来已是防秋，虏情难测，尤宜过为隄备，除已经画战守应援之策，专遣属官便道前去与陕西诸路帅计议外，臣取今月十四日起离襄阳，计程中冬可至熙秦路，谨具知。三年九月上时，公在襄阳车驾，以十月六日至平江府。

又奏乞令使人谕及虏中事宜状

臣窃虑使人洪迈等非晚回程，入界欲于镇江府少驻旬日，弹压边境。以俟其至，兼臣误蒙任使所有使指理合备知。伏乞圣慈，特降睿旨，令洪迈、张抡尽以虏中商量曲折，闻见事宜，密以谕臣，庶得以展尽万一。更乞圣裁。

又奏虏犯金州攻御事宜状

臣契勘金贼伪皇弟郎君撒离喝，及叛贼刘豫弟伪大王刘益，于十二月初，复聚河东燕山，陕西佥军，及金贼正甲军等，侵犯金州，臣已指挥同都统制王彦，先次尽行清野外，坚壁不战，使之困弊。俟贼头回，首尾袭击，以取全胜。兼节次调发本司正甲军三万余人，差都统制吴玠，于金洋州界首屯驻，以备大战。伏乞睿照。贴黄臣契勘金贼，自长安聚兵，深入至金州约一千里，粮道甚艰。缘诸将坚壁不与接战，已见困弊。伏乞睿照。臣契勘金贼，分数头项侵犯川蜀其熙秦一带，系是轻兵。先缘关师古于熙河击散甲军二千余人，佥军一万余人。节次秦凤路统领郑师正于伏羌城又击散叛贼李彦琦军三千余人，金贼甲

军一千余人。见今岷秦一带,别无贼马。所有凤翔和尚原及陇州一带,见委节制郭浩、总管吴璘、统制雷仲等驻兵捍御,可保无虞。伏乞睿照。臣契勘虏人近缘俞都反叛,诛杀契丹汉儿首领八十余人。虑人心离异,遂纠合大兵,以求决战。今所犯金州贼马,正甲军约一万余人,佥军二万余人,马一万五千余骑。臣见措置断绝粮道,坚壁自守,待其困弊,以取全胜。其长安诸路,更无贼马重兵。臣止候捍退前项贼马,或凭仗天威,遂致破灭贼势可以毕见。即条其合行措置事务奏陈,伏乞睿照。

又奏淮南备虏事宜状

臣契勘自到关陕以来,前后累获近上首领,及伪皇亲等,厚加待遇询问,虏情颇得事实。皆称金贼用兵,深入重地,利在速进。拣选正女真,充精锐甲军。先遣三四千人,多带弓矢,倍养副马,探知本朝大军所聚去处,急战冲击,临以弓矢,必致溃败。因此千里之内,乡村居民,悉皆惊移。本朝虽有精锐甲军在后,既闻居民惊移,往往军心摇动,望风奔走。金人每遇惊移人民,止逼令四散,更不杀戮。前后所说并同。臣伏睹朝廷,见出兵措置淮南等路。臣出使在外,即未知庙算规画次第,尚虑所遣兵将弓矢器甲,未至坚备,或有新收乌合之众不堪破敌,万一金贼知朝廷兵马在近,分遣精锐先至惊乱,即江南军民不无动摇。臣愚欲乞朝廷特赐讲究,令淮南一带,小作头项,各据险地,为坚壁清野之计,以保军民家属。贼众之来,勿与接战,使之自困。若围聚大军,止作一处。窃虑以战,则未能当虏人之锋,以守则必有粮食阙绝之患。如使至期那退,必致摇动人情,缘今来利害所系甚大。臣除未知朝廷措置事理的实外,苟有所见,不敢缄默。臣无任激切之至,取进止。贴黄臣契勘令来朝廷所遣军马,虑有旋行招收乌合之众,万一遇敌,恐致奔溃,因而摇动江南军民之情。以臣所见恐可止于淮南东西,选择地利,安置山寨,或水寨,据险保聚,分驻人马,为清野自保之计;或移那近里,守固险要。淮南量留军马,以为斥候。更乞圣慈深赐熟议施行。臣契勘,今贼凡用兵多选正女真精锐甲军,以为先锋,唯务弓矢最多,每人带箭不下三百支。深恐朝廷军马,弓矢未备,缓急遇敌别致误事。欲望睿慈更赐详酌施行。臣契勘,今来贼虏之情,缘凤翔大败之后,势必增兵西来,未能窥伺江南。窃虑今来淮南,去贼差近,恐致探知,分遣精锐人马,因循引惹深入。欲望朝廷令淮南速为清野坚壁之计,蓄藏锋锐以待机会。臣出使在远,无缘备知措置始末,区区忧国之心,实为过计,僭越狂妄之罪,臣不敢逃,伏乞睿照。

又论虏情及招纳归附事状

臣今月十七日未时伏准御笔处分,臣已一一遵禀外,臣窃惟女真之于契丹事不两立,胜则疑其人,败则疑其人,女真之心固可度也。异时其势,必至于交相攻灭而后已。昨缘八月末女真获一战之胜,契丹虽敛退,而士马土地,无因一旦剪除。今其揭示于边,以诏不以赦容有欺伪于其间,俟臣更得实报,续其奏禀。海州投来人,闻伪招讨人才,颇亦桀黠。俟到建康恭依圣训津发。近上头领等,及参酌官赏,请给之宜,取自圣裁。萧宇果有归意,尝亦密遣人至臣所,缘千户以它事谋泄,遂追宇归燕北。今尚闻托疾于两京。臣三次遣人皆未有回者,筑坞屡具闻奏,伏蒙圣慈,俯赐鉴察,不胜幸甚。招集强壮,在今日最为急务。诸军军额于细核实,虚数不至甚多,而息兵岁久,带甲之士,比之向来才三之二,须招填复旧,庶几它日国势以强,惟是支费稍大,匮乏是忧。然而有兵,斯可以保民。有民斯可以有财,又不得不权缓急轻重于其间。事之轻重,较然可见,伏望圣慈,更赐睿照,

取进止。

又奏虏情及遣王展间谍事状

臣伏准尚书枢密院札子，坐奉圣旨臣已恭依处分施行外，臣窃惟虏人于我有不戴天之仇，挟诈肆欺，不遗余力。自宣和靖康以来，专以和议挠乱国家，反覆诡秘，略无一实，今复败盟如此，而朝廷尚蹈覆辙，号为信义，恐生兵衅臣所未谕。惟疆场之事，信诈相半，而事有不可不为者，盖欲使之内怀掣肘，中有疑心，不敢专向淮甸耳。朝廷比来遣李坤等数辈深入虏庭，密行结约，何独于王展却为生事。昔宋襄公不重伤，不禽二毛，取消君子，今日献议者之意，大或类之。伏望圣慈留臣所奏，更不降出，只乞出自圣裁特赐处分。付臣遵守如睿意，别有所主，乞伏宣谕，使之尽思，以求其正。伏取圣旨。

又奏虏情及遣发舟师事状

臣今月初四早，伏奉御笔处分，臣已恭禀诏旨。臣契勘虏人聚兵转粮已两月余，初揭榜必复旧地，而泗上之寇为重。今迟回不进，岂谓无因？臣惟精选间探勉劳，将士日夜严备，不敢轻忽。然虏之人情亦可概见。人心厌兵，各欲休息，独用事群酋，以力胁逼，陷之死地。瓦解之势，固自不远。仰惟陛下，权轻重缓急之宜，力革宿弊，断然有为，诚动于中，德施于外，顾何事而不济哉？臣衰老力疲，每恐不足以副陛下委任，拳拳之意，空勤朝夕。臣欲于此月中旬至镇江，遣发舟师至东海县屯泊，更看机会。是时边警无他，欲望特降处分，许臣趋行阙奏事。臣无任悚惧，俟命之至。

又次鄂州奏虏情并乞善抚将士状

臣恭闻除命不敢辞难。次日携二子臣栻、臣杓即就道，于一月十七日抵纯州。是日得雪，江风少息，寻顾舟东下，于二十二日抵鄂州。先是上流及潭湘一带，传闻不实，致有惊疑。见臣父子不同行，人情稍定。襄汉诸军见与虏人相拒。虏人正兵约近二万人，签军数万，所签军各生离心，日有策马来归者。经此时雪，马草难致，必怀怨望。臣窃坐想淮南事体，与襄汉略同，愿陛下内抚百姓，外抚将士，官爵犒赏固不可滥，要满其心，戒敕诸将，以守为主。事有机会，进退迅速，勿制于中，少宽圣心，终成大业。臣年老久病，岂堪阃寄？适丁多事，义当效节。星夜疾驰，恨无羽翼可以即至。来春事势稍定，即乞致禄，归守坟墓，以毕余生。惟是不识去就，辄议军国大事，谤蔫之起，恐不可测，伏望陛下，察臣之心，终赐保全。臣无任恳祷，激切之至。贴黄臣将来到建康，新任所有本路屯驻军马，合与不合，许臣同共商量措置。本路控扼，利害至大，臣与诸师均任其责，理合取自圣裁，伏乞特降睿旨施行。

又奏虏情状

臣自遵陆行，备闻江上动息，窃料目今事势稍定，惟不当速图近功。盖军事尚谋，以战为后，伏惟圣虑高明，必有所处。臣言僭越，不胜恐惧，臣过虑虏人不得逞志于长江，或恐狂愤未息，致有侵犯它处。见闻所及，不敢不以上渎圣聪，伏乞圣慈，恕其冒昧之罪，不胜幸甚。

又奏虏情状

臣今月初四日午时，准御笔处分，臣已条列别具敷奏。臣近在镇江询问归使，恐虏人决无归我河南之意。盖彼方恃强弹压诸国，岂肯轻弃土地，自为迫蹙？今日之事，惟陛下勤修德政，寝食之间，无忘此仇，上慰天心，下从民欲，密图大计，以和款之。使既不遣，和亦虚名。伏惟圣慈，更赐睿裁事有可否？伏乞特降训谕，容臣精思遵守，取进止。

又奏虏情状

臣今月十四日，准御前金字牌递降付臣宰执札子一件。臣窃惟虏自逆亮背盟，旋致陨命，继而葛王新立之后，通问朝廷，每以旧礼、旧疆与夫、岁币为辞。朝廷盖尝两遣使人矣，一至其国，议其不合而还，一至境上，拒而不纳，其说惟坚执此三事。去冬移辞三省颇厉，后又报书宣司，虽若于旧礼稍缓，而意犹前也。今彼一旦先贻我书，不复更及旧礼，止言旧疆、岁币而已，臣以此知其厌兵，有欲就议之意矣。虽然虏情狡而难测，诚如朝廷所虑，臣料使人之回，不出二端，或即以兵临境，肆为强辞，胁我使从其欲；或其国中多事，士马未集，则姑示悠悠往复之论，反以款我。朝廷于此，正当勿怒其师，勿堕其计，长虑却顾。为国家福，想必预有定论处此矣。臣受任江淮，惟当过为之备，坚壁清野，纠率诸将，图所以困之，弊之之计，不敢少忽。若谓能如逆亮时，纠合诸国，直临大江，其在今日，恐亦事力未能至此也。伏乞睿照。

又回奏虏情状

臣于七月十二日，伏奉四月初七日诏书，圣旨丁宁，反覆开谕，虽父祖之训于孙，不过如此。臣伏读再四，感泣交并。自念罪大，无所逃于天地间，陛下方且洗其过愆，责以后效，在臣区区何以论报？惟当展尽，少答恩私，除见今虏人动息及臣措置次第，臣已亲书始末节次，具奏去讫。契勘金贼自四月末，前军乌鲁都统等，回师凤翔，缘吴玠于五月初七、初八、初九三日之间，连获四捷，迟留山谷，凡一月余，人马死亡十之五六，更不敢经由吴玠所驻军前后，自间道赴秦陇一带歇泊，其大军因此只留陕西诸路。近又因庆阳获捷，虏锋甚挫，恐未有东向之意。臣已恭休圣训，驻兵保险，讲武积粟，相时而动，于阶、成、凤州及凤翔府各据险聚兵外，兴元驻大军以为声援。臣又提领重兵，以殿其后。四川之险，决可保全，所有陕西被掠州军，见即次抚定，谨具奏知。

贴黄虏人大军见今往来关陕之间，恐未能东向，伏乞睿照。

又论虏情状

臣窃惟虏人虚张声势，胁我以和。其来已久，若彼事力有余，见利则进，何必更以空书徒为邀索？迹其用意，盖欲胁我成和，以弹压诸蕃，徐为后图，事理甚明。所患不知虏情，堕其计中。始因先遣卢仲贤用非其人，既归辄肆妄诞，恐动上下，招此纷纷。其实本自无事，重为烦扰。臣谨即略虏人前后书词，签贴时呈，伏望特赐睿览，情自可见。令兹伪元帅回牒事理，其始虽有躁愤之意，其终约使人过界之日，恐是邀致我使，别有深谋，如日前张抡、洪迈之为。幸陛下圣明，先遣小使，事之济否，足可商量。惟陛下静以镇之，更俟后报。

又奏欲寓居湖南及论虏使状

臣伏闻特降制命，除臣检校少傅节钺，宫观任便居住。臣闻命之初，罔知所措，继以感泣。伏念臣误被眷知度越伦等恩逾山岳，报靡涓埃，夙夜震惕，大惧得罪于天地，比缘窃符日久，义有未遑，过失滋繁，恐勤覆护，辄输心腹，愿获便安。岂谓皇帝陛下特轸仁慈，并敷光宠意，隆恩大数异礼优顾。臣何人，敢冒盛典？抚心感激，无以见诚。臣只俟被受朝廷，照札迎侍臣母至抚州，迤逦过湖南，为寓居之计。所有一行请受之属，已干告朝廷，乞行下本路转运司，应副仰冀圣慈，始终留念。臣窃闻虏人信使已还。恭惟圣虑高明，洞照事理，随宜遣处，以稽情伪，不待臣区区之说。冬序正寒，仰冀圣慈，善保圣躬，臣无任祝颂瞻依之至。

又奏虏书名诏谕事状

臣近者累输瞽说，仰渎圣明，诚以忧君过虑不能自息。窃惟天下之事，有置必有废，有兴必有夺。虏以诏谕为名，将持废置与夺之大柄，且其蓄谋起虑，欲以沮人心夺士气而坐倾吾国。臣之所忧，不但目前而已也。刘先主曰："成大事以人心为本。"此存亡之大计，愿陛下考臣前后所奏，留神毋忽焉。

又奏乞遣辩士通书虏酋状

臣闻，兵，凶器也。圣人不得已而用之。古者出师，必先之以文，告之辞，盖所以承天意，重人命，明曲直，通敌情也。今两淮诸军，云屯于边，臣欲乞自宣司，遣募才辩之士与见在汴京主事者，通书及达虏酋书意，大率敷叙天理，明正是非，辞贵简约，或有以感动其情，仰伏威灵，庶几有济，乞赐圣裁。如或可行，乞密付臣照会。

又奏知作书答虏元帅状

又臣早来尝缴进虏元帅所与宣抚司书，伏想已经睿览，见议再作书及遣通辩有胆气官一员前去，欲望圣慈特赐宣示圣意所欲，令臣酬答及商量事，容臣恪意审思，具检奏，禀更取圣裁。

又奏答虏伪元帅书检事状

又臣今月初六日申时，伏领御笔处分。臣再拜伏读，仰识圣意，为社稷天下计甚厚，不胜庆幸。臣谨当一一遵依圣训。见具通伪元帅书检，仔细详议，续具进呈。臣窃惟天下之事，惟诚与信乃能动人。女真虽夷狄遐裔，有禽兽心，而彼亦人耳，安可不晓以道理哉？臣愚欲选才辩胆气之士，从都督府遣至伪元帅所，铺陈始末，分别曲直，大要如黜兵广地，争城攻战，在女真有害无利，而况诸国中原之人，苦于征役，必生变心，如此之类，俾使人得一一专对，惟凭天理，庶挫凶焰。臣区区浅见如此，更取圣裁。

又进呈答虏元帅书检状

又某闻信义，天下大本也。匹夫而无信义，则无以自立于天地之间，而况有国有家者哉？惟正隆背天渝盟积非一日，兵难之端，自此而起，南北涂炭以至今日，肝脑涂地，和好中绝。近因诸城之来归，从而抚之，谓于理无愧。大国必欲恃强兵以争疆场之事，一彼一此，何常之有？有事之由来，理之曲直，上天昭昭，其必鉴之矣。庸念此皆祖宗之故地，今书乃必欲指正隆以前为界，我所未晓，是不容我立国。大金欲休息生民，宜执事者成其志，正隆信义一失，我南北之人无不愁怨，若大国有以加惠于我，使信义之实孚于我国，亦生灵之幸。其详使人面议。

又奏报淮阳等处备虏事状

又臣伏领宸翰，再三思之，春水方生，时气向热，非虏行兵之利。泗州傍近盱眙，取之固难，得莫能守。淮阳之兵，恐是疑我深入，先张声势。所有沂州贼马，一项来历未明，又皆得之传闻，已行下诸帅，令过为隄备外，更数日间，可见事实。其余曲折，容臣留身奏禀。

又回奏盱眙与虏人书等事状

又臣今月二十六卯时伏准御笔处分。臣谨已遵禀圣旨，伏蒙训敕。以盱眙所与虏人书，不可太示怯弱，恐愈生轻我之心，令臣别改定，仍未须早与。臣本欲以此书款之，更观其用意何如。仰惟圣虑深远，曲中事机，容臣熟议，续具闻奏。又蒙圣谕忠勇四军，便可分拨在镇江建康军中。臣契勘众论，皆以为与经战，大军相参杂而可用。但当时差发有更不分拨指挥，今或骤然为此，又恐人情未安。臣欲候李横到日，更切体问人情，条具进呈。伏乞睿照。

又奏虑虏人诈和状

又臣窃惟今岁防守之策，陛下固已博采众谋，处置略定，然臣尚有私忧。遇计者其事，苟或有之，愿陛下长虑素谋以善其后。臣窃以虏人贪暴残虐，非有决争天下之计，其所图特在于圣躬。臣固备陈其详矣。尚虑自今以往复诈为讲和之谋，以疑我心，然后不测，遣兵直指行在计。傥出此，愿陛下益示谦和，推甘辞厚礼以待之于外，而迁避之策，治兵之道，强国之计，尤当速图。至于腐儒偏见，执一之论，此陛下所素察，不待臣区区之说也。臣言狂瞽，惟陛下裁赦。

又奏进金虏遗录状

又臣契勘去冬有在淮上得虏遗箧衣物者，内有文字一编，臣近传写到其间所调兵数与器甲之属，一一详备，窃恐或可备睿览，谨缮写上进，题曰金虏遗录。其字画不无讹差，伏乞圣慈特赐睿照。

又奏虏人有窥伺淮甸之意状

又臣已恭依诏旨，画一知具札子缮写，俟李宗回自杨州还日附奏外，臣今月初十日得探报，七月末间，虏人稍得志于契丹，即有遣兵南来之意，虽兵之轻重未见的数，而所据间探，则欲侵陵淮甸，谋为坚守之计。臣见委李显忠、张子盖亲至边上量度事宜，措置战守，伏望圣慈特赐睿照。贴黄臣累遣间探前去，俟得回信，续具闻奏。伏乞睿照。臣初议欲以兵临淮甸，觇其强弱之形。今虏人先为此举，以示其强，正当严为之备，静以待之。不一月间，其强弱之形毕见矣。伏乞睿照。

又奏虏势及海道进取等事状

又臣契勘虏人南向之兵在灵壁虹县，近发回宿州、南京者，无虑数千骑。虽奸诈百出，情未可量，要之劲兵多在陕西，而宿亳南京一带，不过近四万余人，颖昌、襄城亦不过二万余人。比闻复出文榜，欲以三月及八月因草地茂盛，来窥淮南。以臣度之，虏若无西北牵制之患，则今岁秋成，纠合大兵图我淮甸，理无可疑。臣日夜思所以待之之计，私以为虏之事力素强，倘非出奇捣虚，乘其不意，使各有怀顾巢穴之心，则攘却之功，未易可为也。臣自去冬即具奏，乞为东西相应之举，与故镇江都统张子盖反复计度，当时所任将佐，所差舟楫，所募忠义之人，议已素定。会子盖卧病连月，而福建海舟逾期不来，致使川陕之师，独当一面，失此机会诚可欺息也。今虏兵疲弱，非往昔比。而民心怀怨，日甚一日，山东虚实，可坐而料。三月以后，南风顺便，海舟之发适当其时，因东人思奋之心而用之，事或可图矣。伏奉二十三日处分，令臣以逸待劳，观衅而动，敢不遵禀？臣愚见以为，淮上大兵当务持重，独海道之举，不可不亟为。不然彼将无所顾忌，秋高马肥，得以驱胁蕃汉，一肆所为矣。惟陛下图之，天下幸甚。

又论虏情及制短强弩事状

臣闻虏人极畏新制短强弩，诸将颇得其力。伏乞严督有司，倍料计置。如蒙采择，乞自圣意指挥施行。臣近见虏中赦书，迹其规摹，亦自不浅。而淮甸之寇，已拜虏命，恐未易便肯屈服。惟是彼之弑逆已更三四人情事，势安能长久相保？莫若治其在我，临之以谋，仰顺天时，终当有济。臣窃譬诸奕棋之局势，各各不同，临机应变，当在一时，不可执一，惟求取胜而已。仰惟圣谟洪大，岂俟臣言。臣不胜狂妄，恐惧之至。契勘贼亮雪用其人，今莫不思家，欲归巢穴。若急于进讨，又恐新酋留兵中原，其势未艾。臣故愿少缓其事，彼众既归，人情莫不乐于休息。兼新酋立国之初，夷狄争利，未必协辅，详察其变，事乃可图。伏乞睿照。

李庄简公集

乞进讨虏贼状

昨自建康失守，右仆射杜充退守仪真，陈邦光、李□率吏民降番，金人大队由境上入浙，游骑昼夜侵犯，及防江溃兵四散剽掠，幸赖朝廷威德，将士协力，防守至今。臣探得建康所留番骑不过数千人，伪萧、张二大师与陈邦光、李□同治府事，时复遣兵及黄旗，招诱州县如溧水等处县官，皆已投拜。本州实与接境，人情反侧，不住分遣将士，前后杀获首级。招安到溃兵佥军班直契丹渤海等处人兵。多方存养儿察，外臣近据于潜知县通直郎陈近仁。昌化县尉保义郎平协申。去年十二月二十日，伪经略使称四太子郎君、伪知临安府李俦差修武郎乐宏赍文字黄旗前来临安于潜、昌化等县招伏官吏，本县官吏各奋忠义，遂将乐宏等四人斩首。其临安、余杭知县将带父老入城投拜，邀请贼徒就县敷买金银匹帛，又于今年正月初十日，再遣凌秀才、王秀才二人伪补承信郎令赍文字前来本县，亦将此二人处斩枭首，号令及两县弓手、土豪章开、王仙、毕康等纠率诸乡保甲，义不从贼，

委是防托有功。缘本州管下宁国县与两邑接境，其知临安府康允之，未知去处，吏民无所申诉。臣已逐急依已得圣旨，便宜措置，将立功四人先次借补承信郎及专遣使臣。赍去年十二月二十日，蜡弹手诏晓谕官吏兵民，各仰用命，守御去讫。臣窃观金人敢深入江浙，天时地利皆非所宜，臣已率励将士及将，已围结到六县保甲，并招安到杜充、防江统制官马吉、李进并班直京军等，邀其归路。臣已移文刘光世，带领大兵前来，同卫王室，及申本路转运使李尚行、朱异前来，权建康府安抚司职事。庶几列郡有所禀承，并未蒙回报。今贼马既屯驻临安府，行在信息隔绝难通，小人遂无忌惮。臣累具奏闻，欲乞速降睿旨，差委重臣前来建康。或令宣抚使周望传檄四方，约日进讨，水陆分布，可使只轮不返。伏候敕旨。

宋《汪玉山集》

论虏情当为备海道未可进札子

又臣猥以庸陋待罪近侍，无所补报，朝夕愧恐。今者偶有见闻，思欲罄竭，不敢频数请对，辄具画一奏闻如后。臣比者面对伏蒙圣慈喻，以近日探报，皆不敢信，但只沿边严兵为备。臣窃叹仰以为圣慈高远，非常所及，今者复闻虏中遣人至盱眙，喻吾使者，以国有萌。古达靼之乱，则非特如探报者之道听途说而已。盖自古楚灵王、吴王夫差、齐湣王皆劳民于远，而变生于内，所谓虏酋者，荒淫侈汰，暴戾苛虐，兼此三君之罪，而又有甚焉。以天人之理，往古之事观之，其不免必矣。然而有识之士，犹有私忧过计者。夫不足者，视人有余，此人情之常也。汉高帝使人使匈奴，匈奴匿其壮士肥牛马，徒见老弱羸畜。使者十辈来，皆言匈奴易击，独奉春君娄钦，以为两国相击，此宜矜夸见所长。今臣往徒见羸□老弱，此必欲见短，伏奇兵以争利。愚以为匈奴不可击也。”其后卒如奉春言。夫差方与晋侯争长于黄池，越人乘虚而入其国，夫差恶其闻也，自刭七人于幕下以绝口。今虏有内变，所宜蔽匿避忌，惟恐人知，而遽自振暴其短于我，此殆非人之情，意者复如奉春之言乎？或以为事已籍籍，彼自度其不可掩也，故不若以情告我，此固或有之，窃怪其于所讳言之事，何其前后谆复得已而不已也。此其可忧者一也；使诚如虏人之言，国有内变，彼能讨伐以平之，则其为强盛，固未可轻也。有如不胜，则萌古达靼之于女真，亦犹昔日女真之于契丹矣。则中国之所当思患而预防者，无乃或甚于今日乎。此其可忧者二也。臣愿陛下懋昭圣德，如近日罢教坊、出宫人之类，增修国政，如近日选任大将、斥逐憸人之类，兢兢业业，长虑却顾，务为自治之策，不可胜之备，不使有毫厘之差，窥隙之阙，虽夷狄荒忽未易测度，事变之来，靡有终极。而吾常有以待之，则终于不足虑也。仰惟圣策先定，皆有成算，而臣犹复有言者，盖不胜□□之诚，惟陛下幸赦其罪。窃闻温州有王宪者，自谓习于海道，又谓已招诱团结二千余人，更乞朝廷应副人船器械，欲以直捣登青。以臣愚虑，未见其可诚。如其说，于彼固未有甚损，而在我初无益也。奈何以不赀之费，而为无益之举哉？熙宁初，命宰臣韩绛宣谕陕西，所费才十八万缗，时论沸腾，以为大咎。比年以来，只以诸州措置海道事论之，其所谓十八万缗者，不知其几倍也。今宪之行，又当厚有所费，亦无怪乎公私之困乏也，且非徒无益而已，使虏势尚强，则胜负未可知也。有如一夫被执，必且提掖搜索，穷问其所从来，是趣其生不肖之心，而自我致寇也，使虏无能

为耶。山东之地，必有起而割据者，亦岂肯束手受敝哉？又使如前所虑，幸而万一无之，可心恣其所如往而无所滞碍。然小民之心，惟利是视，必且肆情极力卤掠蹂躏，以充其欲，亦岂中原赤子所望于父母者哉？臣以事之利害，理之是非，反复思之，无一而可。昔孙权时，江边诸将多陈便宜，有所掩袭。权以访顾雍，雍曰："兵法戒于小利，此等所陈，欲邀功而为其身，非为国也。宜加禁制。苟不足以曜威损敌，所不宜听也。"吴之与魏固已显为仇敌，然犹不肯为掩袭之计，况今日之于虏人，犹且羁縻不绝哉？臣以为诸如此类，皆不当为。所谓王宪者，或尚未行犹可及止。如以臣言为然，伏乞速赐裁处。

虏使名犯真旧讳札

臣伏见金国所遣贺正旦副使，其名两字，系真宗皇帝藩邸旧名，窃谓合说谕令其回互，或两字中止称一字，仍移文对境照会。今若置而不问，万一后来或犯宗庙正讳，愈更难处，不若防微杜渐于今日也。取进止。贴黄契勘虏中所遣正使，其姓系犯钦宗皇帝嫌名，非正名之比，伏乞睿照。

王之望书法

王之望《汉滨集》

论虏人有侵犯之渐札子

契勘信阳军，系两县信阳去淮近处，才四十里。罗山去淮近处，才二十里，北边淮河东抵蒋州。期思县西抵随州枣阳县界，通计二百一十九里。南系本军界，北系蔡州界，其二百一十九里间。蔡州建十二寨，每寨十人。马十四，临淮河无三二十步。缘蔡州系上流，去唐州桐柏山不远，稍无雨，半月十日，则浅处止于三五寸，深处亦不过一二尺，并可褰裳往来，略无阻隔。若以边淮州郡计之，如随、蒋、安、丰、濠、泗等州，不下千有余里，所建寨栅，所屯人马想见不少。而我曾无毫发之备，万一寇盗长驱而来，荡荡然更无亭障，深可虑者。彼盖我之仇也，岂斯须忘于我哉？今其酋离巢穴，而踌躇洛汴，其意决有在，又岂可恃朝夕之安，而不为长久之图乎？兹又非言之所能尽。伏惟枢密相公特赐钧念，以为宗社生灵之福。

李壁《雁湖集》

开禧乙丑十月十二日使虏回上殿札子 论虏中事宜且言进取之机，当重发而必成，毋轻出而苟且。

臣等尝谓今日议论之弊，乐因循者狃于私意，言进取者病于寡谋，二者不合，则规恢之大计，无时而举矣。窃惟丙午百六之祸，振古未闻，列圣兴复之图，迄今未究。七八十年之间，士大夫以宴安处屈辱，以常事忽远谋，祖宗世仇，谩不加省，大义堙郁，人怀苟且。天锡陛下勇智神武，辅以柱石大臣。同心一德，誓刷仇耻，伦纪复振，气节渐伸。为宋臣子，稍知理道，谁不思奋？此诚千载之一时也。臣等幸因使旨亲践虏庭，粗有见闻，不敢隐默。臣始至其境，则兵卫加多，守护益密。经过郡县增陴浚池，教阅钲鼓声闻，远近所历顿舍，周垣设棘，防隶充斥，纤隙靡通。虽其为谋甚至，然验之民心，则涣散已久，恐毒日甚。至疾视其上，有皆亡之语，深望于我有后予之叹。观彼事势，岂能久存？所恨去岁朝廷经理之秋，自可出其不意，乘机进取，譬之疾雷从天而下，虽扫穴犁庭，有不难者。而边头小人，初无远虑，轻出抄掠，以警觉之。我谋既泄，彼遂生心，此则虏有可图之隙，而我未得制虏之术也。臣等沿途与接伴等语，每每开示大信，使之不疑。彼亦时吐情实，惟惧我或先发。至于抽回行省，那近戍兵，道路所传，颇亦相应。到真定中山，又谍知朱裕已正典刑，疑间稍释。洎达燕都，馆伴之言，复以盟誓为当守，用兵为深戒。臣等于是揣知虏情之微，盖其盗有区夏志满意足，但得无事，其利已多，彼自为谋则善矣，而吾可以终已乎。况夷狄本坚忍，今则习骄惰。夷狄本强悍，今则事文雅，此皆臣等所亲睹也。考之自昔，固未有腥羶异类。久据中原七八十年而亡变者，扫除混一，其必有待于圣哲英豪之起，此则陛下所宜勉内外臣子所当任责，而究心者也。夫弃百年之深怨积怒，而守一时之虚言空约，执权宜不获已之尊称，而认以为一定不可易之常分，我之事，彼者何卑？彼之临我者，何倨也？如是而讲信修睦，姑各保其所有而已，此非臣之所敢知也。西晋愍怀之祸，刘聪、石勒，其戎首也，末几刘毙于石，石歼于冉，晋无与为仇者矣。江左诸臣，犹知报复之不可一日缓，矧吾仇敌，乃女真一姓之丑类乎？故臣区区以为今日进取之机，所当重发而必成，不可轻出而苟沮。高皇帝烧绝栈道，人以为真无复东意矣。一旦席卷三秦，天下震动，遂开帝业。越怀会稽之耻，三欲出师，范蠡以为未可。勾践怒曰：“忘其欺不够耶？”洎时既至，蠡以为请，卒禽劲吴，后不再举，何则虑之精而发之果也。故臣愿陛下秉不息之诚，坚必报之志，焦劳愤悱，以感天人之心，策励振作，以鼓忠义之气，内之图回审固，靡毫发之或遗，外之弥缝周密，泯形迹而莫见，无急近功，轻挠成算。大数既得，机会可乘，然后猋奋电迅，扫清河洛，正超泓之显戮，据高文之宿愤，夫岂艰哉？臣等荷国厚恩，大计所系，不敢不尽。愚惟陛下裁幸，取进止。

《范石湖大全集》

延和殿又论二事札子

臣今有愚见二事开具如后。一臣窃闻虏中自立璟为太孙，诸子不平，形于谣言。臣顷过保州，是时其嗣允恭，尚在，已见承应。人密说国中惟畏服大王，将来恐有李唐、秦王之事。谓其长子允升也，今又立璟，则其伯叔之心，皆可想见。他日若璟得国，伯叔不服，必有内乱，此其机可乘。万一璟能制伯叔之命，则必有腹心之臣为之谋主。事成势定，又必有窥伺之图，国家当不辍储备，以待事势。贴黄臣窃见方今国计未足，民力未裕，求所以足国裕民，则无其说。止缘规模未坚定所，经费不可减，欲储蓄赢羡，以足国，而所入不支，所出欲缓，催科除耗，剩以裕民，而上煎下迫，实惠难行。若只如此趣了目前，无复余力，万一敌人真有机会，亦恐无以应之。天下事莫有大于此者，伏想久留，圣心不待愚臣妄论。

真西山集

奏札 是时本朝贺金国生辰,使余嵘至涿州良乡县以燕城方被围约回,始知金人有鞑靼之扰。

臣窃惟今日北虏有必亡之势三,可为中国忧者二。盖自有天地以来,夷狄盛衰不常,然未有昌炽百年而无变者也。女真盗据中原九十载矣,自其立国,唯以刑威杀戮劫制上下,非有欢然心服之素也。持此而欲久存,虽秦隋不能,况区区无道之女真乎?此其必亡者一;方阿骨打粘罕之徒崛兴穷海之滨,茹毛饮血,云合乌散,用夷狄所长,凭陵诸夏,故所响莫能当。今数十年,豢养之余,亡复前日坚悍之气,而达靼小夷欻起而乘之干戈相寻,情见力诎。盖今之女真,即昔之亡辽,而今之达靼,即乡之女真也。以垂亡困沮之势,既不足以当新胜之锋,而众叛亲离,安知无他变乘之者?此其必亡者二;方其隆时,用民力如犬马,戕民命如草菅,人情携离亡一敢畔者,积威约之素也。今其溃散四出,犹川决防,不可遏止。至用赦以安之。瓦解土倾,其形已露,岂待智者而后知哉?此其必亡者三。嗟夫!堂堂中华,蛇豕穴之。翼翼故都,禾黍生之。有志之士,思欲壹洗久矣。而曩者病于机会之难,逢间者败于权奸之轻举。顾今何幸,彼自阽危,而臣复以为忧,何也?盖传有之自非圣人。外宁必有内忧。孟子亦曰:"无敌国外患者,国常亡。"方陛下更化之初,和议未坚,边警未撤,君臣上下惕然,有不敢康之心。迨夫聘眺交驰,遽已狃目前之安,而忘前日之患,万一此虏遂亡,莫或余毒,上恬下嬉,自谓无虞,则忧不在敌,而在我矣。此臣所谓可忧者一也;事会之来,应之实难。毫厘少差,祸败立至。设或外夷得志,邀我以夹攻,豪杰四起,奉我以为主,从之,则有宣和结约之当戒,张觉内附之可惩。如将保固江淮,闭境自守,彼方云扰,我欲堵安,以此为谋,尤非易事。此臣所谓忧者二也。今之议者,大抵以为夷狄之衰,乃中国之利,抑不思匈奴五单于之争,汉尝获其利矣。拓拔氏河南之警,顾反为萧梁之害。何耶?盖有国者,不当问敌人之盛衰,惟当计吾政之修否。当汉宣时,内有股肱之良,外有爪牙之勇,朝廷纪纲,本末备具,边陲备御,斥候精明,使匈奴盛强尚当宾服,况于浸微弱之后乎?若梁武则不然,舍正道而溺异端,弃人事而谈空寂。内则三蠹弄权,轻作威福;外则诸王忿阋,骨肉相图。保境靖民,犹惧不足,况欲乘人之敝,以侥幸万一之功哉!繇是观之,使今日能为汉宣之所为,则虏之存亡,俱不足患。抑犹未也,多事之端,方自此始。臣愚窃独忧之。伏惟陛下,日与二三大臣深求自治之策,勿以惩羹之故,而谓仇耻可忘。勿为视荫之谋,而谓幸安可恃。修实德以格天命,敷仁政以结民心,奖忠实以作兴天下之材,省科敛以培养天下之力。至于某人可将,某兵可用,某城当缮,某器当修,无日不讨论于朝而申训之,庶几国势日尊,敌人自慹,则乘机取胜,可以制蚌鹬之危,养威俟时,足以保金汤之固矣。惟陛下毋以臣愚贱而忽其言。

《员九华先生集》

察虏情轮对札子

臣闻圣人有外惧,故有微权,有密机。权以忍而后济,机以忍而后发。忍不忍之间,安危系焉。使其伸缩在我，平日晦之，一日伸之，大事不足定矣。外惧何为也哉？昔勾践为国蕞，尔国也。奉夫差以玉帛，又奉之以子女，常人所不忍者，勾践一切忍之，此岂其真情也哉？彼其奔走事人之日，皆阴谋生聚教训之日也。故吴不有越，而越卒有吴者，勾践得此微权也。曹公之于袁绍也，地不如绍，兵不如绍。绍未除大将军，操不拜也，则避绍而与之，曹公岂避人者哉？彼其曲意奉绍者，所以怠绍之心而缓河北之兵也。故袁不并曹，而曹卒并之者，曹公有此密机也。彼两人兴而机权用，而曹之王易王，越之伯易伯，臣固知其忍而后动者也。恭惟陛下，禀希世之明，天锡之勇，常有扫清中都，囊橐宇宙之意矣。然而即位四年，遵养时晦，敌有小大，势有坚脆，陛下权敌以御时，俯已为和柔之盟，陛下意岂在是哉？机权之在是也。陛下忍之亦至矣。越王曹公之事，规摹虽小，充而用之，必在陛下度内也。然臣近者闻诸道路，敌有无故之形，和有不坚之意，众说纷纷，不可执取。议者犹以祖宗待契丹之礼以待之，是不知役已者也。自绍兴至今，敌凡几和，和亦几变，信书在道，暴骨在野。前日已不可保，后日庸可保乎？岂可见其形，不察其实，信其伪，不昭其奸，百事扬扬，犹类平日，上下复欲长此安躬也？为今日之虑，当坚筹谋，当预措置江淮诸处。屯兵几所，孰要孰害，兵甲增减，为数几何，孰训孰壇，诸将可倚者已几何，人军食可理凡几何，事故应敌谁长守捍，至纤到悉，不暂解弛，臣犹恐其未也。若将相循循，尚犹偷玩，今日得报，则四面仓皇，明日无报，则整容间暇，谋国如此，抱虎而寝，虎未及起，因谓之安，未有不为伤矣。夫四夷轨道，兵甲不兴，谁不愿之？不幸或有外御，虽宣王不免也。臣窃恐近臣大吏转以簿书期会为故，舍此弗图，一忽有警，持循将何及也！诗云："维彼雨雪，先集维霰。而知雨雪者，见其兆也。陛下督敌之兆而预计之，机权在中，应变在外，陛下举能办此，愿戒小大之臣勿为偷怠而已"。杜牧曰："国家大事，小臣不当言。"臣与牧同一罪也，惟陛下幸赦。

广平《李椿集》

再论降虏札子

椿窃见朝廷区处降虏未尽其宜，私心深忧。自北而来者皆曰："归明归正。"然我中原之人，偶因国家南渡，隔绝数十年，身虽陷于异类，其心岂亡祖宗二百余年仁厚之恩？又岂乐与夷狄同处？今既来归，固有可用之理。其间犹有不逞好乱之人，自疑南北之异，时于沿边作梗者，其人皆有人心，可以利害诱之，恩信结之也。如降虏我之仇雠，狼子野心，天资残忍，弱则服，强则叛，不可以恩信结，不可以道理晓，其来久矣。故晋武帝时诸胡杂居中国，不用郭钦、江统之言，不二十年，浊乱中华。秦苻坚委信慕容垂，不用王猛之言，鲜卑猖獗。唐太宗受突厥之降，不用魏征之言，几至狼狈。宣和间契丹郭药师归朝，朝廷待之至厚，不逾年，乃为金虏前驱，首来犯顺。此古今之明验也。今降虏或布州郡，或掌事军中，或往来阙下，或宿卫禁庭，此椿所以深忧者也。椿年齿衰暮，疾病相仍，死亡无日矣，固未必见其为害。近见耶律适哩所为，触类而思之，恐为害于他日，伏望朝廷于闲暇之际，酌古验今，思患而预防。不动声色，有以处之，措宗社于泰山之安，天下幸甚。若直待临事而虑，则无及矣。如椿愚言可采，乞赐敷奏密切施行。

张魏公奏议

奏虏情议

臣身远阙庭，无缘恭奉圣训，区区私忧过计之念。日夕系情辄有鄙见上渎圣聪。臣窃惟金虏自用兵以来，借讲和之名，以威契丹。继而侵陵中国，亦用此术。如靖康之初，遣使愈频，用兵愈急，先登城不下，以宽众心，继邀请二帝以危社稷，陛下所亲见而熟闻者也。去岁，宇文虚中尝至其寨矣。泗上之兵不测而至，向非南渡，宗庙奈何？臣窃谓金虏非有争天下之志，其包藏深祸，专在圣躬。今日之计，将力拒而弃绝之，则为非策，但当卑词厚礼，庶骄其心。万一虚中复来，愿陛下深加奖谕，且厚待其使，而迁避之计，防守之策，尤宜速图。盖彼以讲和图事，此复以讲和而款其谋，此策之上者也。惟陛下留意，天下幸甚。贴黄臣契勘渊圣皇帝尝两幸虏营，至诚不疑，以解祸纷，而虏人曾无毫发肯回之意。卒至二帝远狩，宗社几亡，盖缘何宗、李若水之徒，以书生一偏之见，深误国事。兼渊圣皇帝在虏营之日，凡所以待之之礼，不为不尽，彼其见利则为，何有于我？愿陛下鉴前日之祸，深思远计，以福苍生，无使事至而悔，为后世笑，天下幸甚。

又奏虏情并乞早图大计议

臣得右仆射秦桧书，窃闻虏人已过淮北，此虏初欲因春草将生，尽有淮西，与我共争大江之险，以摇江浙，候秋气既深，徐图南渡。赖陛下天授成算，力遣大将摧折凶焰，天下蒙福。然而巨酋包藏逆毒，意盖未息，势须坚壁要地，示弱用间，以诱我师。此计倘或不行，即大发国中之兵，秋冬谋为再举。臣尝历考其所为，殊与粘罕、娄宿辈不同，谓可破灭。自巳未春以来，屡以所见，冒昧具奏，诚恐事机差失，所系非细。而今日之事，安危以决，利害尤重，叠浼宸聪，所惜者时。及尝于秦桧书中，略具大概。愿陛下速会诸帅，谋以胸腹，将相同心，早图大计，凡有施为必究始末。区区庸谬，惟陛下素知其立志用意，不避诛责，敢布微诚，仰冀圣慈特宽斧钺，不胜幸甚。

又奏虏情攻守事宜议

臣近闻丑虏再犯濠梁，是必益兵合众，坚壁淮北，意欲劳致我师，以快其愤。大兵并进，粮道难继，其害一也；诸帅之兵不相统一，孰与决战，战而捷之，不过为一郡之利，设有差跌，事将若何？其害二也；淮东汉上，前出后空，万一缀留我师，别以骑兵它道攻扰，人心必摇，其害三也。臣闻解纷排难，必捣其虚，愿陛下先于滁口、濡须量留大兵深沟高垒，以防侵轶，自余各旋其师，亟会诸帅，求所以牵制攻讨之策。濠梁但令空城，领众自淮而下。用伐其谋。夫虏欲决成败于近岁，立意非浅。譬之奕棋，不晓其策，算姑随手而应之，事可虑矣。臣尝经胜负，思虑过审，未敢自以为是。每忧时事，继之以泣，愿陛下察其用意，特宽诛责，不胜幸甚。

又乞奏令大臣共议回答虏书

臣伏奉处分，以北界伪元帅书，从来系都督府回答。臣其检缴奏，臣奉命局□，敢不

钦承。伏念臣涉道甚微，赋识又浅，自夏以来，精神衰耗，心志凋落益甚，于前深恐无以副陛下委任之重，今谨守江淮，盖臣之职，而事率妄为，多致缪戾，上下弗信，谤诮百端。惟虏之通书，事干大计，岂臣愚昧所能裁决，伏望圣慈宣谕大臣，各尽所见，均任其责，毋使它日纷纷溷渎圣聪。至于两淮疆场之事，臣誓当竭力尽诚，夙夜经营，庶或有济。更望圣慈俯赐详酌，特降睿旨施行。

条奏捍御虏寇之策

臣窃闻虏人似有窥伺之意，事虽未信，实重心忧。仰惟睿志先定成算已行。而臣受陛下更生之赐，倘怀顾望，只为身谋，天地鬼神得以诛之。臣谨条列于右。

一虏酋狂暴谲诈，天下共知。今兹求衅败盟，大逆天道。惟虏之心腹精兵，恐不啻十余万人，平日养之素厚，莫不尽死力，必能以威力胁制番汉，与苻坚事体不同，方其去国远来，非有万全之利，未可轻与争锋。扼之数月，其众必离，天下之事从此可定。伏惟圣慈，更赐详酌。一臣之愚见，欲于杨州之东择地驻兵，保通泰高邮之险以待机会。厚募勇士，昼惊夜劫，以罢其师。如杨州城壁久已修治，专委守帅量敌，率民兵共力守御事，或迫切，即焚荡室庐，退保大军营垒去处。其本州百姓，先令从便于江浙及通泰高邮居住，优与存恤。

一乞遍揭小榜，令百姓避贼马之日，各以火焚草，严立法禁，务在必行。虏用骑以草为急，其真、滁、庐、寿春五州，依杨州施行。如逐州城壁未修，便当措置。山水寨时暂保守。

一臣今所陈，若朝廷于盱眙要地已有大兵屯驻守险，亦乞只令坚壁清野，以老其师俟。见机会合兵掩击。

一淮西欲于东关及焦湖一带择险驻兵，如淮东措置。

一虏情百出，不以战败为耻，万一佯为遁北，以诱我师，伏乞预戒诸将，勿许穷追深入其地。大抵困弊其人，使前不得进，必为数月之留，则诸国之变，自生于内，况中原人心各戴，我宋大业之复，指日可图也。臣尝负陛下使令，失地丧师，积有大罪。被谪以来，昼省夜思，冀或一得。盖以衰迟久病之身，独有区区愚忠，庶几可以上报圣恩。第惟远外，时事不及尽知，深虑闻见乖谬，触犯天听，伏惟陛下鉴察其心，少宽斧钺之威，臣愚不胜幸甚。

又奏虏情及捍御之策

臣叨冒陛下厚禄，义当有所建陈。臣窃惟虏人逆天用兵，取败固宜。尚虑秋高马健，大为点集。臣愚见以为乘此胜锐，正须蓄养。外示进讨，内实安静，更观其变。若并犯陕蜀，则襄阳承楚之兵攻其后。若大窥淮浙，则岳飞、吴璘、杨政之兵击其中。倘或虏稍亏，未能办此，在我徐议征伐，固未为晚。夫虏，巨敌也。愿陛下详究其势，审察其情，俾诸帅协力合意，共成大业。今日胜负，全在人心，略有离异，利害非细。陛下每切留神，天下幸甚。

又奏虏情及控御之策

臣往负败事之罪，屏息静处，昼夜思，惟求所以少报圣恩。独恨智识浅短，终恐无补，自视不遑。然中有所怀，不敢欺心，不以言之于陛下也。虏人以二十万之骑，凭陵淮甸，

方其冲突之初，大兵引退，保守江干，众以为忧，臣则有望，谓其少留数月，内变必生，粮草匮乏，恐不能支。我之得算，固已多矣。今臣过虑。万一虏识机会，引兵言旋，别犯它路要处，或安处京师，徐有他图，在彼则逸，在我则劳。盖虏之精兵所损未几，苟非粮草急阙，恐或未退。万一掩击上流，吴拱一军，未易遽当也。臣愚欲望戒敕吴拱、许从宜措置，先保民人使在安地，坚壁清野，勿与轻战，量分大兵内守鄂州家计，庶几有以待之。臣窃以虏之在汴，与革日事体不同。往时退师，定归沙漠，今日精兵窃据神都，纵使今岁别无他谋，来春野草既生，水运通快，人粮马食无不顺便，彼又将必有所向。臣愿陛下常谋其强，不谋其弱，得城得邑未补大计，破彼精锐，图地毕归，陛下何患焉？更乞密与大臣共图全策，先为备具次，明间谍，以恢远业，天下幸甚。

王之望《汉滨先生集》

冯奉世汤伐虏予夺不同策

愚尝读《春秋》，得孔子之意。其用法为至宽，录功为至悉，褒人之善，惟恐其不及，贬人之恶惟恐其或过。始诚善矣，或不善于终，则委曲而为之讳。终诚善矣，或不善于始，则阔略而许其变，然后知圣人之至仁，《春秋》之忠厚也。夫春秋，天子之事也。孔子尝曰："天下有道，礼乐征伐自天子出，宜乎？"笔削之际，不以假人，然于齐威晋文之事，则予而进之。夫召陵之役，专征之罪也。而《春秋》予之曰："楚屈完来盟于师，盟于召陵。首止之会，不臣之诛也。"而《春秋》予之曰："会王世子于首止。城濮之胜，善战之上刑也。"而《春秋》予之曰："战于城濮，楚师败绩。河阳之朝，致君之不恭也。"而《春秋》予之曰："天土狩于河阳。夫齐威、晋文若责之，以王者之法，罪不容于诛。"孔子非持录其功，又为之讳其恶。灭项不书齐，为威公讳灭国也。重耳不书入，为文公讳本恶也。呜呼！《春秋》之忠厚如此，而后世学《春秋》者，乃侵刻苛细，集小过以加人，予善惟恐其深，贬恶惟恐其浅，孰谓《春秋》之学，流而为申商之刑名乎？公孙弘以《春秋》起海滨，为汉相，不大明孔子之意，以举明主于三代之隆，惟闻假其义以绳臣下而已，天下之士，翕然向之。终军引王者无外，以诘徐偃、隽不疑引蒯聩之事，以执方，遂断断焉，如老狱吏喜陷害人，无一毫爱利之心。汉法之所以惨虐者，诸儒与有力焉。岂不哀哉！其后凭奉世诛莎车，陈汤灭郅支，汉欲封此两人，而萧望之、康衡乃以《春秋》之义，大夫无遂事欲以矫诏罪之，二子卒不得侯。虽刘向、谷永谆谆辩讼累数百言，终屈于鄙生之议，盖其刻薄之风，有自来矣。且《春秋》书遂有二义焉。公子遂如京师遂如晋，公羊曰："公不得为政也。"此无遂事之说也。公子结媵陈人之妇于鄄，遂及齐侯。宋公盟公羊曰：大夫出疆，有可以安国家，利社稷者，专之可也。此许其遂事之说也。望之、康衡专引襄仲之事，至于公子结之会，则没而不言，是犹奸吏之弄法，轻重其心，岂知《春秋》者哉？若果知《春秋》，则宣帝之族霍氏也。望之何不以《春秋》善善及子孙之义争乎？元帝之用恭显也，衡何不以《春秋》不近刑人之义争乎？且夫《春秋》以天子之宰通乎四海，故葵丘之会，尊宰周公，而望之乃轻丞相于朝，则是望之固《春秋》之罪人矣，尚何敢正奉世乎？《春秋》诸侯不得专地，故讥郑伯以璧假许田而衡乃擅益乐安侯田四百余顷，则是衡固《春秋》之罪人矣，尚何敢正陈汤乎？愚每读汉史未尝不为二子愤疾而扼腕也。方莎车畔汉鄯善以西，皆绝不通

汉，几失西域矣。郅支在五重城，破乎揭坚昆丁令兼三国而都之，结康居以自固，汉几苦此虏矣。二子忠义奋发，出万有一生之路，不调郡国一兵，不费大农一钱，不失天子一矢，而使历载逋诛之虏，头竿藁街，汉之盛德，畅于万里之外，可谓不世之奇功矣。使得幸而列于《春秋》，则其安国家，利社稷，岂特一公子结而已哉？虽齐侯之伐山戎，叔孙之败长狄，不足道也。固当享万户之封，受土茅之锡。卒为拘儒所抑，不得尺寸地，为子孙计，岂不痛哉？后世风俗委靡，无磊落杰特之士，未必非二人之所致也。我国家涵养天下，垂二百年，待士大夫可谓极矣。罪疑惟轻，功疑惟重，下僚小吏，有一节可称，必旌表而录用之，是真得《春秋》忠厚之意矣。然多难而来，无一人能自奋，以附于汉之二子者，承学之士深有耻焉。虽然《春秋》之法，不责人以所难，故鲁威公薨于齐，归而书葬，不以不讨贼之例责其臣子，盖齐强而鲁弱，人有所必不能也。今之丑虏，视莎车、郅支盖相万万，岂可以汉之二子责当世之士哉？孟子所谓论其世者，盖谓是乎！执事其思之。

《李橘园集》

赂虏策

自古天下之事，有相反者三：春秋之时，诸侯职贡不共于王府，天子不责，而至于求车求金，此一反也；李唐之世，方镇之将校杀逐主帅，自立为留后，天子不讨，而因赐以旌钺，此二反也；西汉之时，匈奴侮嫚，岁侵边鄙，天子不治，而卑辞厚币，以缓其兵，此三反也。是三者皆天子不当为而屑为之，故命之曰“反”，谓其反天下之理云尔。呜呼，治天下有道，限华夷有法，后世所仰望，而不可及也，岂非唐虞三代之际，闻有肃谨氏献楛矢矣，闻有越裳氏献雉矣，闻有西旅氏献獒矣，闻桃弧棘矢以共王事矣，闻有致密须氏之鼓阙巩国之甲矣。五百里要服，三百里夷，二百里蔡。五百里荒服，三百里蛮，二百里流其法，载于《禹贡》。“自彼氐羌，莫敢不来享，莫敢不来王。”其言咏于《商颂》。周家盛时，一人端拱于明堂之上，而夷蛮、戎狄之君毕贺，故其子孙得以自立，曰：“我自夏以后稷、魏、骀、芮、岐、毕，吾西土也。及武王克商，蒲姑、商、奄、吾，东土也，巴、濮、楚、邓，吾南土也，肃戎燕亳吾北土也，吾何迩封之有？”若是者愚则尽闻之矣。时未闻有中国以财币输之夷狄者，独至于汉文，乃有和亲之诏，遗单于以金缯之事。呜呼！中国共贡夷狄，首反居下，足反居上，上下倒置，此贾生所以为发愤流涕也。然考之匈奴传，孝文之费，盖不甚多，岁之所遗锦袍绣带，赤绨薄缯数十物而已，贾谊已愤之如此，诚以中国、夷狄有自然之小大，不疑之明暗，中国不可行夷狄事，夷狄亦不可行中国事。故尔使其生于后世，见为国者，有竭民财以实穹庐毡帐，而未知其限量，岂直流涕而已耶？夫以沙漠有久留之舆辂，京城有未祀之宗庙，洛阳有不扫之陵寝，中原有未诛之寇仇，此莫大之耻。而今之议者，犹竭有尽之财，以填无穷之壑，愚不知其故何也？以为畏之耶？则是以堂堂国家之大，畏人至于纳货，耻也！以为谋之耶，则是以货为间，而行变诈之事，以取其国，亦耻也！昔者晋之赂虞，为取号计。越之赂吴，为报仇计。唐高祖之赂突厥，为求助计。后晋之赂契丹，为取天下计。是数者，虽有所屈，而各有所就。而君子以其名不正，其事甚辱，且犹耻之。不审今日以东南破伤之余，赤子之命，所存无几，而北虏贪惏乃欲厌塞，其意奉之弥繁，侵之弥急，其所就者果何事哉？纵有所就，贾谊所谓上下倒置者，亦不可不戒，况未有旦夕之

安,而有丘山之耗,吾又可以不耻乎哉！甚矣,言赂虏者之不之思也！其说曰:“熊虎搏人,得牛而止。”北虏固贪矣,赂之以厚货,则其欲必盈,其师必缓,区区之费,又何足惜?嗟乎！溪壑可盈,贪欲不可厌。得牛暂止,牛常继耶?牛尽则及人。有志之士,切为寒心也。愚闻熊虎将搏人,不制之以利戟强弓,则拒之以峻墙高垣,如是而已,未闻以牛饲虎而欲保其长无患也。昔者六国之事,秦以宝货为未足,而至于割地以与之,其为患也大矣。然虎狼之秦,终不为足,今日割地,而明日出师。今日出师,而明日割地,地日益割,师日益出,而六国忽焉而尽矣。杜牧曰:“灭六国者,六国也,非秦也。”此方今之药石也。然议论者谓以事秦之心,礼天下之武夫,以赂秦之地,封天下之功臣,此则未善要之。上决不可事下,中国决不可事夷狄,其天尊地卑之分,自不可易尔,非必计利而后弗赂也。苟计利而勿赂,则屈产之乘垂棘之璧,假道于虞以伐虢,师还又以灭虞,若此等事,堂堂国家之大,又可为之耶?彼虏以诈,吾必以正,乃能胜之,岂可以诈胜诈耶?贾谊能论上下倒置,为可流涕,而其五饵三表之说,以谓赐之盛服车乘以坏其目,赐之盛食珍味以坏其口,赐之音乐以坏其耳,赐之高堂仓库奴婢以坏其腹,于来降者,上召幸之,与相娱乐以坏其心,是吾中国陷于诈也,此史臣所以谓疏也。愚不佞辄敢效贾生之愤,去贾生之疏,专以华夷大分陈诸下执事,伏惟览观焉,以复于上,则天下幸甚。持国之难易,事强暴之国难,使强暴之国事我易。事之以货宝,则货宝殚而交不结;约信盟誓,则约定而畔无日;割国之锱铢以贻之,则割定而欲无厌;事之弥烦,则侵之愈甚。必将修礼以齐朝,正法以齐官,平政以齐民,然后节奏齐于朝,百事齐于官,众庶齐于下。如是,则近者竞亲,远方致愿,上下一心,三军同力,名声足以暴炙之,威强足以箠笞之。拱揖指挥,而强暴之国,莫不趋之,是使乌获与樵搏也。故曰:事强暴之国难,使强暴之事我易,此之谓也。

《王东牟先生集》

遏虏之策

臣闻中国之于夷狄,未易以力胜也。能使夷狄之人自相攻讨,则虏寇可遏矣。西汉之属国都护东京之南单于与唐回鹘之师,皆此道也。金人用兵以来,七年于兹,而四夷之兵未闻效顺虏兵以是日炽,中国以是日陵,御遏之术,未见其善。必能合群夷之情,捍强梁之执,然后虏寇可殄,中国可安。或曰:中国之使夷狄,夷狄之事中国,各有常执,胡可强议?今中国之执既陵,夷狄之执方盛,安能间激使相战争?臣曰:不然。今者中国之财货子女,奇技珍巧,金人奄取而尽有之,固诸国之所欲也。使诸夷取之之谋利,则中啗之之术行。况今四夷诸国一介未通,在此者既不示以抚安之情,在彼者安知其无向化之意?臣谓宜常遣单使,屡持尺书,使知中国之执尚可振起,若诸国有能助顺,则金人行可破之,何必辖轩旌旗,然后增光远之华箱篚厚恩?乃可明遣使之礼。申包胥之救楚,但哭秦庭。烛之武之使秦,不闻厚币,此所谓不可不为者,不可以不为而废功也。事有不可为者,固难以必为。而冒进亦有不可为者,安得以不为而废功?

卷之一万八百八十九 六姥

古

古氏

古角音,新平

《元和姓纂》《风俗通》

古公亶甫,后因氏焉。晋平公时舟人古乘。

《蜀志》

广汉功曹古牧。河内北齐中散大夫古起。起,子道,隋兵部侍郎。

《河南官氏志》

吐奚氏改为古氏。

《姓氏急就篇》《说苑》

晋舟人古乘。亦作固。

《神仙传》

古元之。
宋古耕道,见东坡文。
又复姓古冶字。

《姓氏源流》《新安古今姓氏辩证》

出自姬姓。周太王亶父避狄人之难,去国于岐山之下,自号古公,后氏焉。汉有京兆古生,为都掾史四十余年,善詑慢二千石,随以谐謔。赵广汉黜之。京师以古掾曹为俳戏。后汉东平宪王。从王古霸。长沙孝子古初。唐高宗时部将古神威。宋朝岭外人古成之,及进士第,为绵竹令。尝遇异人授道。

《古今姓纂》

羽音。与前诂姓通。

《姓氏遥华》《晏子春秋》

古冶子，齐勇士。北姓，古口引氏。

古强

《抱朴子·祛惑篇》

昔有古强者，服草木之方，又颇行容成玄素之法。年八十许尚聪明，不大羸老，时人便谓之为仙人，或谓之千载翁者。扬州稽使君闻而试迎之于宜都。既至，而咽呜掣缩，似若所知实远而未皆吐尽者，于是好事者因以听声而响集，望形而影附，云萃雾合，竟守叹之。馈饷相属，常余金钱，虽乐里之见重于往汉，不足加也。常服天门冬不废，则知其体中未尝有金丹大药也。而强，曾略涉书记，颇识古事，自言已数千岁，敢为虚言，言之不怍。云："已见尧舜、禹汤。说之皆万万如实也。世云尧眉八采，不然也，直两眉头甚坚，似八字耳。尧为人长大美髭髯，饮酒一日中二斛余，世人因加之云千钟，实不能也。我自数见其大醉也。虽是圣人，然年老治事，转不及少壮时。及见去四凶，举元凯，赖用舜耳。舜是孤茕小家儿耳，然有异才，隐耕历山。渔于雷泽，陶于海滨，时人未有能赏其奇者。我见之，所在以德化民。其目又有重瞳子，知其大贵之相，常劝勉慰劳之。善崇高尚，莫忧不富贵。火德已终，黄精将起，诞承历数，非子而谁？然其父至顽，其弟殊恶，恒以杀舜为事。吾尝谏谕曰：'此儿当兴卿门宗，四海将受其赐，不但卿家，不可取次也。'俄而受禅，常忆吾言之有征也。"又云："孔子母年十六七时，吾相之，当生贵子。及生仲尼，真异人也。长九尺六寸，其头似尧，其项似皋陶，其肩似子产，自腰以下，不及禹三寸。虽然贫苦孤微，然为儿童，便好俎豆之事，吾知之必当成就。及其长大，高谈惊人，远近从之受学者，著录数千人。我喜听其语，数往之，但恨我不学，不能与之覆疏耳。尝劝我读《易》，曰：'此良书也，丘窃好之。韦编三绝，铁挝三折。今乃大悟。'鲁哀公十四年，西狩获麟，麟死。孔子以问吾，吾与之言，此非善祥也。孔子乃怆然而泣。后得恶梦，乃欲得见吾。时四月中盛热，不能往寻，闻之病七日而没。于今仿佛记其颜色也。"又云："秦始皇将我到彭城，引出周时鼎。吾告秦始皇言：'此鼎是神物也。有德则自出，无道则沦亡。君但修已，此必自来，不可以力致也。'始皇当时大有怪吾之色，而牵之，果不得出也。乃谢吾曰：'君固是远见理人也。'"又说汉高祖、项羽，皆分明，如此事类，不可具记，时人各共识之以为戏笑，然凡人闻之皆信其言。又强转惛嗜废忘事机，稽使君曾以一玉卮与强，后忽语稽曰："昔安期先生以此物相遗。"强后病于寿春黄整家而死。整疑其化去，一年许，试凿其棺视之，其尸宛在矣。此皆有名无实，使世闻不信天下有仙，皆坐此辈，以伪乱真也。

古弼

《魏书·列传》

弼,代人也。少忠谨,好读书,又善骑射。初为猎郎,使长安称旨,转门下奏事,以敏正著称。太宗嘉之,赐名曰“笔”,取其直而有用,后改名弼,言其辅佐材也。令弼典西部,与刘洁等分绾机要,敷奏百揆。世祖即位,以功拜立节将军,赐爵灵寿侯。征并州叛胡还,进为侍中吏部尚书,典南部奏事,与安原降东部高车于已尼陂,又与刘洁屯五原河北,以备叛民。

拜安西将军,从征赫连定。驾至平凉,次于泾南,遣弼与侍中张黎,击平凉。赫连定自安定率步骑二万来救,与弼等相遇。弼伪退以诱之,世祖使高车敕勤驰击定,斩首数千级,弼乘胜取安定。

又与永昌王健等讨冯文通。文通婴城固守,弼芟其禾而还。后又征文通,文通求救于高丽,高丽救至,文通将东奔,民多难之。其大臣古泥曰:“民心之不欲。”遂率众攻。文通开城门以引官军,弼疑古泥谲诈,不入城。高丽军至,文通乃随之。文通之奔也,令妇人被甲居中,其精卒及高丽陈兵于外。弼部将高苟子率骑冲击贼军,弼酒醉拔刀止之。故文通得东奔。将士皆怨弼不击,世祖大怒征还,黜为广夏门卒,寻复为侍中。与尚书李顺使于凉州,拜安西将军,赐爵建兴公,镇长安,甚著威名。

及议征凉州,弼与顺咸言:“凉州乏水草,不宜行师。”世祖不从,既克姑臧,微嫌之,以其有将略,故弗之责也。刘义隆道将裴方明等击南秦王杨难当。难当遣使请救兵未至,难当奔上邽,方明克仇池,立杨玄庶子保炽,于是假弼节督陇右诸军。义隆遣其秦州刺史胡崇之屯仇池,弼与平西将军元齐,邀崇之于浊水,临阵擒之,其众走还汉中。弼等从祥郊山南入,与东道将皮豹子等讨仇池,遣永安侯、贺纯攻义隆,塞狭道。定将姜道祖退守狭亭。诸将以山道险峻,时又雪深,用马不便,皆迟留不进。弼独进军,使元齐、贺纯等击狭亭,道祖南走。仇池平未几,诸氐复推杨文德为主,围仇池。弼发上邽。高平、沂城诸军讨之,仇池围解,文德走汉川。时豹子督关中诸军次于下辨,闻仇池围解,议欲还军。弼使谓豹子曰:“比连破贼军,恐彼君臣未体大分,耻其负败,或来报复。若其班师,寇众复至,后举为难,不如缮兵练甲,蓄力待之。不出秋冬,南寇必来,以逸待劳,百胜之策。”豹子乃止。世祖闻之,曰:“弼之言长策也。制南秦,弼谋多矣。恭宗总摄万几。”征为东宫四辅,与宜都王穆寿等并参政事,诏以弼保傅东宫,有老成之勤,赐帛千匹,绵千斤,迁尚书令。

弼虽事务殷凑,而读书不辍,端谨慎密,口不言禁中之事。功名等于张黎,而廉不及也。上谷民上书言:“苑囿过度,民无田业。乞减太半,以赐贫人。”弼览见之,入欲陈奏,遇世祖与给事中刘树棋,志不听事。弼侍坐良久,不获申闻,乃起于世祖前,捽树头掣下床,以手搏其耳,以拳欧其背,曰:“朝廷不治,寔是尔之罪。”世祖失容,放棋曰:“不听奏事,实在朕躬,树何罪?”置之。弼具状以闻。世祖奇弼公直,皆可其所奏,以丐百姓。弼曰:“为臣而逞其志于君前者,非无罪也。”乃诣公车,免冠徒跣,自劾请罪。世祖遣使者召之,及至世祖曰:“卿其冠履。吾闻筑社之役,蹇蹙而筑之,端冕而事之,神与之福,然则卿

有何罪?”曰:“今以后苟利社稷,益国便民者,虽复颠沛造次,卿则为之,无所顾也。”

世祖大阅将校,猎于河西,弼留守。诏以肥马给骑人,弼命给弱者。世祖大怒曰:“尖头奴敢裁量朕也。朕还台先斩此奴。”弼头尖,世祖常名之曰笔头,是以时人呼为笔公。弼属官惶怖惧诛。弼告之曰:“吾以为事君使畋猎不边盘游,其罪小也。不备不虞,使戎寇恣逸,其罪大也。今北狄孔炽,南虏未灭,狡焉之志,窥伺边境,是吾忧也。故选肥马备军,实为不虞之远虑。苟使国家有利,吾何避死乎?明主可以理干。此自吾罪,非卿等之咎。”世祖闻而叹曰:“有臣如此,国之宝也。”赐衣一袭,马二匹,鹿十头。后车驾畋于山北,大获麋鹿数千头,诏尚书发车牛五百乘以运之。世祖寻谓从者曰:“笔公必不与我。汝辈不如马运之速。”遂还,行百余里,而弼表至,曰:“今秋谷悬,典麻菽布野,猪鹿窃食,鸟雁侵费,风波所耗,朝夕参倍。乞赐矜缓,使得收载。”世祖谓左右曰:“笔公果如朕所卜,可谓社稷之臣。”

哥窑青釉海棠式花盆

初杨难当之来也,诏弼悉送其子弟于京师。杨玄小子文德,以黄金四十斤赂弼,弼受金留文德而遇之无礼。文德亡入刘义隆,世祖以其正直有战功,弗加罪责也。世祖崩,吴王立,以弼为司徒。高宗即位,与张黎并坐,议不合旨,俱免,有怨谤之言,其家人告巫蛊,俱伏法。时人冤之。

《北史》论曰:“古弼军谋经国,有柱石之量。张黎诚谨廉方,以勋旧见重。并纤介之间,一朝陨覆,宥及十世,乃徒言耳。刘洁咎之徒也。丘堆败以亡身,娥清、伊馛,俱以材力见用,而馛以谋猷取异,其殆优乎。乙环之骁猛,周几之智勇,代田之骑射,其位遇岂徒然也。车伊洛宅心自远,岂常戎乎。王洛儿、车路头、卢鲁元、陈建来大千宿石,或诚发于衷,竭节危难,或忠存卫主,义足感人,苟非志烈,亦何能若此。宜其生受恩遇,殁尽哀荣。至如安国,以至覆亡,害盈之义也。周观、尉拨、陆真、吕洛拔等咸以勇毅自进,而观竟致贬黜,异夫数子者矣。薛虎子世载强正,昙珍克盛家声,美矣乎。魏之诸将罕方面之绩,尉元以宽雅之风,膺将帅之任,威名远被,位极公老,自致乞言之地,无乃近代之一人与。白曜出专薄伐,席卷三齐,考绩图劳,固不细矣,而功名难处,追猜婴戮,宥贤议勤,未闻于斯日也。和其奴之贞正,苟颓之刚直,宇文福之气干,咸亦有用之士乎。”

《通鉴纲目》

宋文帝元嘉二十九年,魏杀其外都大官古弼、张黎。注:魏南女王余之立也,以弼为司徒,黎为大尉。及是黜为外都大官,坐有怨言,皆被诛。

古道子

《北史·列传》

道子,河内人。父起魏太中大夫。道子有干局,当官以强济知名,历检校御史、司空、田曹参军。自素爽等俱涉学，有文词。荀仲举萧悫工于诗咏。悫曾秋夜赋诗，其两句云："芙蓉露下落，杨柳月中疏。"为知音所赏。见北齐祖鸿勋传后

古之奇

辛文房《唐才子传》

之奇，宝应二年，礼部侍郎洪源考，不及第。与耿沣同时，尝为安西幕府书记，与李司马端有金兰之好。工古调，足幽闲，淡泊之思，婉而成章，得名艺圃，不泛然矣。诗集传于世。

古成之

惠州府《惠阳志》

成之，字并爽，河源人也。简靖力学。宋初，岭峤文风未振。雍熙三年，成之以寄产在增城，充广州乡荐，督府劝驾。诗云："寰中有道逢千岁，岭外观光抵一人。"赴省道由潭州，旅邸遇异人韩泳与饮于市，韩谓之曰："公骨气轩然，深负道气，非尘埃中人。可罢此行，愿献所闻。"成之答曰："家贫亲老，期得禄以养亲。"韩笑曰："子志诚可尚，第恐转溺尘土耳。"游数日，韩遂仙去。是岁，成之省试报罢。越三年，宋端拱改元，成之再举至京师，于阊阖门外见一人长揖而来，乃韩泳也。握成之手，云："公此行成名矣。"。因赠以诗云："德行文章已出群，的将仙道付于君。浮名若也争休得，占取闲闲一片云。"成之果以第十九名过省。时第进士者二十八人，状头程宿，陈文惠公尧佐预焉。闻喜宴罢，韩泳不期而至。文惠谓成之曰："同榜二十八人，皇上以象二十八宿。子南人也，得预兹选，可谓荣矣。"韩曰："天地生材，何间南北？公异时未必不由成之之乡。"

既登第，初调真定府元氏尉，继授青州益都县宰。宋淳化三年，召试馆职，除校书郎。后蜀乱，上命张忠定公咏出知成都，忠定辟成之知绵州魏城县。既至，运米以济饥民，发药以疗疾疫，立乡校，课农桑，逆乱之俗一变。宋咸平五年，蜀汉又有警，上复命忠定公复知成都，忠定以成之长于抚恤，再辟知汉州绵竹县，其政如宰魏城时。常叹曰："吾窃禄欲荣亲，今亲已殁，吾何以仕为哉？"慨然有归与之兴。有思罗浮诗。见集中

是年，汉州有衙吏自青州来，韩泳致书于成之。览之，乃酣饮累日不临政，遽索诰大书题于后曰："物外乾坤谁得到，台中日月我曾游。留今留古争留得，一醉浮生万事休。"书已掷笔而逝，是夕遂不起。县方申于州，而公先至汉州谒太守，人皆谓其尸解而去。家人发棺视之，则尸已解，但遗靴一双。后陈文惠公自潮倅移守是邦，过河源，闻成之仙去，乃追感旧事，留题于云泉寺壁云："欲见故人面，仙凫去未还。旁人应笑我，两日住游山。"盖韩之言至此始验。今子孙或居梅州，或居惠州河源立溪乡。居于梅州有名黄者，擢宋绍圣元年第，官至五品，乃其四世孙也。

旧志云:按古公始到省时,韩泳以仙道邀之,公辞以苟禄养亲,其后凡两应。张忠定公辟抚定蜀乱,赞画多矣。亲没后方叹曰:"吾何以仕为哉?"遂翩然为物外之游。由此观之,公忠孝人也。其以三才并立之身,卓然自立如此,岂与遗世绝物之仙同日而语哉?其论当矣。

古大素

宋《吕净德先生集·医博古府君墓志铭》

予谪官怀安,得古太素与之游。太素知道者,寓于医以自晦,始即之如不能言,谓其鲁人也,徐而叩之,或及于治病,谓其良医也。久而亲之,知其甬物理能自得也。盖少时尝遇河南李君,传以丹诀,戒以素书,晚又得隐者赵君付以金丹二,故练藏养气,皆有深术。所谓丹诀者,盖顺天地阴阳造化自然之理,受之以神,持之以心。所谓素书者,盖言保生之要,本于内真,知之必修,修之必不怠。所谓金丹者,灿然有晶辉,圆而粒也。太素既语予以丹诀,其二物皆得而见之,若李赵二君则不得而见,不知其何如人也?太素又尝谓予曰:"赵君既以金丹见遗,且言修道有三限之别,上者享年百有二十,九十次之,七十又次之。予至七十有疾,将解去。即服金丹以固一性,涉历三世,乃超离形器之外。"予闻是说,至元丰七年,太素年七十,忽感疾,如赵君之言,饵其金丹,后二日而卒,实某月某也。"

嗟夫,道家之说,天地与人以生,不与之死,戕伐其牛而死者,举世皆是也。知有神仙之道从而学之者,欲保其生也。如赵君之言,必涉三世而后得,其难如此乎。岂尘埃网罟之内,罪垢污浊,缠结涂渍,必洗荡刮磨,经数百载,然后完洁,乃可以保天地之所与者乎。抑定于中者不乱,累于外者可忘。水火刀剑之来,尚委而去,况疾病乎。天下之事有不可致诘者,今赵君之论,太素之亡,亦其一端乎。

太素讳世淳,曾祖讳某,祖讳某,皆占籍金水。太素好恤孤赒急,人多赖其力,亦内真之助也。家藏道书五千卷,著禅颂千余首,述五运六气图,六十年气候诀皆有理趣。子三人,公辅、公述先卒,成之举进士。女四人,悉嫁良族。八年九月某日,乃葬于柏庙乡罗曲里西山之阳。

铭曰:君常摄生,宜寿且棋。乃以疾终,莫得而知。仙说有夫,生兮可遗。或寓而正,或委而驰。为君作铭,纵言及斯。君如不昧,尚亦笑之。

古挚

宋王灼《顾堂集·古挚墓铭》

君讳挚,字通老,古公亶父后,世为济州钜野人。朝奉郎知峡州夷陵县尧卿之子,朝请大夫致仕冕之孙，赠朝请郎仲信之曾孙。君少孤，政和初，以算学登第，授承信郎，调龙州清水县令。麻仓金窟发，主者私献，祈勿举，君比退以宝闻。关中乱，大盗史彬由河池窥蜀，部刺史檄君筑山塞作保聚计。时王𤫊驻兵兴元，君度彬必梗于𤫊，徒扰邑民无益也，力陈不可，坐慢令对移监本州市易务。邑父老诉请还任，从之。官满，又借留三年。利州路安抚司辟干办公事，罢去，为邛州火井县尉。弓兵统制刘琦集诸尉习射，君挟一矢发中的，迁成都府兵马都监，建言创药局惠民，至今不废。历石泉军白沙知寨。监嘉州洪雅县酒税、成都九县巡检、邛蜀黎雅州都巡检、邛之思安镇兵马都监，皆有称。四川宣抚使郑公刚中辟干办官，郑去蜀，奏为成都府等路第三正将。四川制置使李公璆奏知威州，未赴也。初有旨罢行僧道度牒，宣抚帑籍中余在数百，郑靳之，璆作囊案牍付君变易，充边费。御史劾郑诸过，诏江州起狱，君牵连就逮。狱具，夺修武、从义、秉义郎三官，勒停特除名。绍兴二十四年九月戊辰卒，官叙秉义郎。娶张氏，职方员外郎器之女。男曰邦材，承信郎合州广安军同巡检；曰邦宁，习进士举。女适承信郎监晋州商税务赵师圣。孙男各一人。十二月丙子葬于遂宁府小溪县政成乡慈观山东岗。

君健敏解事，和易多可，以故势人每荐用，而所至宾客充凑。尝董修成都谯门，掘出片石，款刻云："五五二十五，五五复重数。与君相见时，更诗二十五。"君曰："吾既半百，岂寿当尔耶。"至是乃信。

铭曰：孕气之初，数随与俱。寿过老传，先示厥符。孰荣孰枯。孰避孰趋。君其置恨，归此泉区。

古洵直

《元一统志》

洵直，字梦符，成都金水人。元符求直言，大臣复进绍述之说，书上忤意，置之罪。登崇宁第，暨唱名，复疏列曾上书切直黄定等十八人，洵直居其一也。诏狱徙淮阳，二岁而归，又六年始得赐出身入仕。绍兴二年，诏搜访十八人者，存不一二，洵直亦不自表。

《舆地纪胜》

绍兴二年，洵直知华阳县迁一官，以元符上书被黜故也。

尼庞古钞兀

《金史·列传》

钞兀曷速，馆人。《国语》：解尼庞古溪姓，曰鱼。初为大臭扎也，补元帅府通事。宋将韩世忠率军数万围邳州，钞兀将轻骑数百与侦人数辈，间道往救之，败敌兵六千。翌日，宋兵复围下邳，钞兀复败之。宋人攻济州，夺战舰略尽。是时钞兀往宿州分蒲鲁虎军还，至大河，与敌遇，力战败之，尽复战舰。王师复河南，宋别将由胡陵夜袭李董布辉营，士卒尽没，钞兀从东平总管并力战却之。元帅府赏以银币。钞兀勇敢，善伺敌虚实，以此屡捷，帅府承制加忠显校尉，为蕃部秃里，赐钱万贯，币帛三百匹，衣一袭，马二匹。将之官，河间尹大臭白于元帅，请留钞兀，以给边事，许之，复赐钱万贯，银二百五十两，重彩三百端，马三匹，录功授庆阳少尹。

海陵将伐宋，而契丹反。召入谕之曰："汝久在边陲，屡立战功。昨遣枢密使仆散忽土，留守石抹怀忠等讨契丹，师久无功，已置诸法。今命汝与都统白彦敬、副统纥石烈志宁进讨。"因赐其装厩马四匹。钞兀与彦敬等至北京未能进。会世宗即位辽阳，钞兀迎谒，迁辅国上将军，与都统吾札忽、副都统浑讨窝斡。钞兀行至窳历，与窝斡过，左军小却，钞兀挺枪驰入其阵，手杀二十余人，贼乃退。元帅仆散忠义，自花道退之，钞兀以前锋追及于蹈泉，遂大败之。事平，迁西北路招讨使，改东北路。

钞兀与儿颜思敬有隙。思敬为东京留守，奉诏至招讨司，钞兀不出饯。世宗闻之，遣使切责之曰："卿木大臭扎也，起身细微，受国厚恩，累历重任，乃以私憾不饯诏使，当内省自讼。后勾复尔，朕不能再三曲恕汝也。"既而思敬为平章政事，北路招讨使。钞兀以私取诸部进马事觉，被逮，将赴京师。钞兀为人尚气，次海滨县，慨然曰："吾岂能为思敬辱哉！"遂缢而死。十九年，诏以钞兀旧功授其子和尚，世袭布辉猛安徒胡眼谋克。

尼庞古鉴

《金史·列传》

鉴本名外留，隆州人也。识女直小字，及汉字。登大定十三年进士第，调隆安教授，改即墨主簿，召授国子助教，擢近侍局直长。世宗器其材，谓宰臣曰："新进士中，如徒单鉴、夹谷衡、尼庞古鉴，皆可用也。"改太子侍丞。逾年，迁应奉翰林文字，兼三部司正。世宗复谓宰臣曰："鉴尝近侍，朕知其正直干治，及为东宫侍丞，保护太孙。礼节言动，犹有国俗纯厚旧风，朕甚嘉之。"章宗立，累迁尚书户部侍郎兼翰林直学士，俄转同知大兴府。用大臣荐，改知大兴府事。明昌五年，拜参知政事。薨，谥曰文肃。

赞曰：移剌履从容进说，信乎于君，至论经纯传驳，以孝行为治本，其得古人遗学欤。昔臧孙达忠谏于鲁，君子知其有后，信矣。张万公引正守已，质言无华，开壕括地之议，明灼利害，如指诸掌，闭于群说而不式，致仕而归，理势然也。蒲察通之哭海陵，君臣大义，死生一之，其志烈矣。程辉斡特刺之鲠直，刘璋、董师中之通敏，才皆足以发闻。然师中有附胥之讥，刘璋见避事之责，其视前人多有愧矣。王蔚、马惠迪之徒，何足算也。

尼庞古蒲鲁虎

《金史·忠义传》

庞古蒲鲁虎，中都路猛安人。明昌五年进士，累官补尚书省令史。从平章政事仆散撄伐宋，兵罢除同知崇义军节度使事。察廉，改东平府治中，历环州、裕州刺史、翰林待制、开封府治中、大理卿，寻擢知河南府事兼河南路副统军。贞祐四年，忽备京西，为陕州宣抚副使兼西安军节度使。是岁，元兵取潼关，戍卒皆溃，蒲鲁虎御战，兵败死焉。

蒙古纲

《金史·列传》

蒙古纲，本名胡里纲，咸平府猛安人。承安五年进士，累调补尚书省令史，除国子助

蒙古骑兵

教。贞祐初，自请招集西山兵民，进官一阶，赐钱二百万，迁都水监丞，寻加遥授永定军节度副使。招捕有功，迁太子左谕德，除顺州刺史，迁同知大兴府事。三年，知河间府事，权河北东路宣抚使。屯翼州，军食不足，徙河南。纲欲徙河南，行至徐州，未渡河南，尚书省奏东平宣抚使完颜弼行事多不尽，乃以纲权山东宣抚副使，改山东路统军使，兼知益都府事，权元帅右都监宣抚如故。

四年十月，行元帅府事。纲奏山东兵后，杨安儿党内，有故淄王刁显，故留守术罗等家奴，不在赦原，据险作乱，至今未息，民多归之。乞晋赐恩宥。宣宗即命赦之，仍赎为良。兴定元年，徙知东平府事，迁元帅右监军，久之拜右副元帅，权参知政事，行尚书省。先是东平治中没烈坐事削降殿年，诏仍从军，有功复用。纲遣没烈讨花帽贼于曹济间，捷报，乃没烈复前职。兴定二年，诏曰："卿以忠贞，为国捍难，保完城邑，朕甚嘉之。可进官二阶，赐金带一重，币十端。"

兴定三年，奏曰："济南介山东两路之间，最为冲要，被兵日久，虽与东平邻接，不相统属，缓急不相应，乞权隶本路，且差近于益都。"诏从之。纲奏："恩州武城县，艾家凹水泺清河县润口泺其深一丈，广数十里，险固可恃，因其地形，少加浚治，足以保御。请迁州民其中，多募义军以实之。"纲以山东恃东平为重镇，兵卒少，守城且不足，况欲分部出战？是安坐以待困也。乃上奏曰："伏见贞祐三年，古里甲石伦招义军，设置长校，各立等差。都统授正七品职，副统正八品，万户正九品，千户正班任使。谋克杂班，仍三十人为一谋克，五谋克为一千户，四千户为一万户，四万户为一副统，两副统为一都统，设一总领提

控。今乞依此格，募选以益兵威。”。制可。

是岁，益都桃林寨总领张林，号张大刀，据险为乱，自称安化军节度使。纲奏：“林势甚张，乞遣河南马军千人，单州经略司以众接应。”左司郎中李蹊请令，纲约燕宁同力殄灭，单州经略使完颜仲元，分兵三千人同往。宰相以粮运不给，益都以东啸聚不止一张林，宜令纲设备御，俟来春议之。四年，张林侵掠东平，纲遣元帅右监军行枢密院事王庭玉讨之，至旧县遇张林众万余人，据岭为阵。庭玉督兵逾岭博战，林众少却，且欲东走，庭玉蹑击大破之，杀数千人，生擒张林，获杂畜兵仗万计，降虎窟诸寨，悉令归业。诏赐空名宣敕，听纲第功迁赏。遣枢密院令史刘顒，莅杀张林于东平。张林乞贳死自效，请曰：“臣兄演在宋为统制，有众三千驻即墨来阳之境，请以书招之，使先致诸贼之款密者相为表里，然后以檄招益都。”张林不从，则合击之，山东不足平也。所谓益都张林，即据府事逐田琢者也。事见琢传。纲以林策请于朝，枢密院请羁縻使之制，可以为莱州兵马钤辖。久之，山东不能守，林乃降于宋云。

初东平提控郑倜，生擒宋将李资，纲奏赏倜。宰臣谓李资自称宋将，无所凭据，请详究其实。纲奏：“臣自按问，俱获宋将统制十余人，皆以资为将，无异辞。此辈力屈就擒，岂肯虚称伪将，以重获者之功。今多故之际，赏功后时，将士且解体。凡行赏必求形迹，过为逗遛，甚未可也。”诏即赏之。纲奏：“辽东渡海，必由恩博，二州之间，乞置经略司镇抚。”从之。

兴定五年二月，东平解围，宣宗曲赦境内，凡东平府试诸科中选人，尝被任使。已逾省试期日，特免省试。惟经童律科即为及第，似涉太优，别日试之。皆从纲所请也。诏以纲、王庭玉、东莒公燕宁，保全东平，各迁一阶。是岁燕宁战死，纲奏：“宁所以居天胜寨，乃益都险要之地。宁尝招降群盗胡七、胡八，用为牙校，委以腹心，群盗皆有归志。及宁死，复怀顾望，胡七、胡八亦反侧不安。臣以提控孙邦佐，世居泰安，众心所属，遂署招抚使以提控，黄掴兀也充总领副之。此当先奏，可顾事势危迫，故辄授之。”

燕宁死，而纲势孤矣。纲奏请移军于河南，诏百官议。御史大夫纥石烈胡失门以下，皆曰：“金城汤池非粟不守。东平孤城，四无应援，万一失之，则官吏兵民俱尽。徙之河南，以助防秋。”翰林待制抹撚阿虎德奏曰：“车驾南迁，恃大河以为险，大河以东平为藩篱，今乃弃之，则大河不足恃矣。兵以将为主，将以心为主，蒙古纲既欲弃之，决不可使之守矣，宜就选将士之愿守者擢用之，别遣官为行省，付以兵马铠仗，从宜规画军食。枢密院请用胡失门议，焚其楼橹厩舍而徙之。”宣宗曰：“此事朕不能决，择众议可者行之。”枢密院颇采阿虎德议，许纲内徙，率所部女真、契丹、汉军五千人行省邳州。元帅左监军王庭玉，将余军屯黄陵岗，行元帅府事，于是纲改兼静难军节度使，行省邳州，自此山东事势去矣。

是岁六月，以归德、邳、宿、徐、泗乏军食，诏纲率所部就食睢州。纲奏：“宿州连年饥馑，加之重敛，百姓离散。镇防军遽征连课，窘迫陵辱，有甚于官，众不胜其酷，皆怀报复之心。近日高羊哥等苦其佃户，佃户愤怒执羊哥等投之井中。武夫不识缓急，乃至于此。乞一切所负，并令停止，俟夏秋收成征还，军人量增廪给，可也。”诏议行之。

元光二年三月，以邳州经略司隶，纲令募勇敢收复山东。初砀山首领数人，以减罢怀忿怨，诱胁余众作乱，引水环城以自固，构浮桥于河上，结红袄贼为援。同签枢密院事徒单牙剌哥会诸道兵讨之，纲云：“砀山北近大河，南近汴堤，东西二百里，大河分派，其间干滩泥淖，步骑但不可行，惟宜轻舟往来，可选锐卒数千，与水军埽兵以舟二百艘，由便道断浮梁，绝红袄之援，募胆勇有口辩者，持揲密谕之，以离间其党与。臣已遣三人入贼中，复分兵屯要害，别以三百人巡逻。乞赐空名告身从便迁赏。”枢密院奏已委监军王庭玉驻归德、宁陵备之矣，仍令牙刺哥水陆并进，先行招诱，不从，乃合击之，其空名告身宜从所请，以责成功。无何，砀山贼夜袭永城县，行军副总领高琬、万户麻吉击走之，杀伤及溺死者甚众，夺其所俘掠而还。诏纲并力讨之。纲遣降人陈松持牒招李全，全缚松将斩之，已而但黥其面遣还。纲奏：“全有归国意，严实、张林亦可招之。”此谓益都张林也。诏拟实一品官职，封国公，仍世袭。全阶正三品，职正二品。林山东西路宣抚使，兼知益都府事，与全皆赐田百顷。受命往招者，先授正七品官职，赐银二十五两，事成，迁五品。会纲遇害而止。

纲御下严，信赏必罚。邳州军不乐属纲。八月辛未朔，邳州从宜经略使纳合六哥都俊、金山颜俊率沂州军士百余人，晨入行省杀纲及僚属于省署，遂据州反。枢密院奏请出空名宣敕，设重赏招诱。丞相高汝砺曰：“悬重赏募死士，必有能取之者。”宣宗不得已下诏罪纲，以抚谕六哥。六哥遣人送纲尸，及虎符牌印，终不肯出，乃升经略司为元帅府，加六哥泗州防御使，权元帅左监军副使，乌古论老汉加邳州刺史，权右监军。顷之，邳州卒逃归，诣总帅牙吾塔言：“六哥已结李全为助，遣总领孛术鲁留住等，毁其桥梁，攻破承安青阳寨，留兵戍守。”六哥惶惧，乃言待李全兵入邳州，诱而杀之，以图报效。宣宗曰：“李全岂无心者，六哥能诱而杀之，殆诈耳。”十月壬辰，牙吾塔为邳州急攻之，红袄贼高显等杀六哥亟首以献，诏加显三品官职，受世袭谋克。侯进四品，陈荣、邢进、边全、魏兴、孙仲皆五品，赏银有差。

雍古按竺尔

元元明善《清河集·元故行大元帅赠推忠佐运功臣太保仪同三司上柱国追封秦国公谥武宣雍古公神道碑铭》有序

皇庆二年，制诏丞相，西台侍御史世延，可江浙行省参政、御史大夫奏曰：“侍御史阙，请用世延。”上曰：“江浙重，诸省无以易之。”大夫固请，乃允。既拜之明年，制诏丞相若曰：“侍御史世延，乃祖乃父，著劳烈于我家。世延效官三十年，朕嘉其清疆，其议加恩。”事下翰林太常，翰林太常第功考制，请赠其祖推忠佐运功臣、太保仪同三司、上柱国，追封秦国公，谥武宣。其父赠推诚佐理功臣、光禄大夫、平章政事、柱国追封梁国公，谥忠定。祖母秦国夫人，母梁国夫人，妻陇西郡夫人。制曰：“可。亡何。”命世延参知政事。

谨按：秦国公讳按竺尔，雍古族人。早孤，金群牧使，姓术要甲，名达工者，为公外大父，养公其家。术要甲讹为赵家，因为赵家，而公子孙亦或氏赵。岁辛未，牧马尽入于我太祖皇帝。达工死其官，公时年十四，入隶皇子察合带部。少长，从大猎射殪数麋，众辟易猛虎，公笑其孱，盘马三发，皆中虎要害，于是公之骑射服一军。甲戌，从征西域，下寻思干阿里麻等城，策勋官之千户。丁亥，从上取积石，德顺河、临洮，公斩首百五十级。攻巩昌不下，去至秦州班师。

太宗皇帝登极，号皇子曰“皇兄。”专征伐，承制封拜，以公为元帅，夏国平。戊子，皇

兄命公镇刚丹。怀徕新附，置驿张掖、酒泉至玉关，通道西域，从定关陇。辛卯，大军复围金凤翔，公攻西南陬，城陷，追斩守将刘兴哥，从击西和，宋将强俊壁数万人，清野以老我师。公将死士诟城下挑战诱俊，俊怒击我。公佯北，贼逐利去城稍远，奇兵入夺其城，要其归师，贼亦殊死战，斩首数千级，生获俊，余众退保仇池，击之乃溃，从拔平凉、庆阳、泾、邠、原、宁。公获将三，斩首虏三千。既而泾州乱，杀守将，公往定之。或请门诛叛人，不尔不靖，公但坐首恶。原州人见师还，健者夜忽亡去，弃其孥老，众曰："此必反。非阮之不惧余城。"公曰："杀降有禁，此非叛，健者虑吾并驱之还尔。"乃遣人好语之曰："而辈亡，将以军法治叛者罪，及父母妻子。吾悉尔心，其归安保无他。"明年，草青青，具牛酒，迎师于尔州，众果归，凡全二三万人。又一豪曰"陈苟"，匿男女可数千新砦诸洞，众欲熏杀，公曰："招之不出，尔熏不后。"即从三五骑抵砦下马，解弓矢，召陈苟遥与之语，折矢誓苟。苟觇知公官人，即相呼罗拜，谢更生恩。

时金人守潼关，师东攻关，战扇车回不克。睿宗分兵迂道并山南间，入金境，公前驱趣散关。宋人已烧绝栈道，乃由两当出鱼关，军沔州。而宋制置使桂如渊，守兴元，议使如渊假道。公在行语如渊曰："宋仇金若何？胡不肆我兵锋，一洒国耻。我欲假南郑道，道洋。金牧马唐邓，与王师会，赞金孱王，宋因之刓其利，师压君境，势不徒还，谓君不得不吾假也。"如渊即输刍粮，使百人导之东适，汉水可涉，达邓西，破小关子。金人大骇神我。其平章完颜合答枢密，使移剌蒲元帅十七都尉兵数十万，御师于邓。不与战，直蹴钧州。金师陈三峰山下，会大雪交战，公先所部摧其前拒，众乘之奋，金师败绩，则是金不能国。睿宗以玉杯盘生口二十赏公假道功。癸巳，金至弃汴奔蔡。十二月，从师围蔡。明年正月，灭金凯还。金大将郭虾蟆犹保金兰定，会命公往取，围虾蟆于会州，日夜攻斗。城中食尽，虾蟆突走，公败之门。门不及闭，我军逐入，杀几榻梗师，冲堵而巷战，死伤无几。虾蟆手剑驱其妻子聚一室焚之，已乃自投火中。有女奴从火中抱儿出，泣授人曰："将军尽忠若此，忍使绝嗣？此将军儿，幸哀收之。"方毕复赴火死。公恻然命保其孤，遂定四州。初金总帅完颜仲德闻其主奔蔡，勒兵入死国难，大校汪良臣摄帅事，保石门山。至是皇子阔端，帅师取巩昌。公约诸将奏记皇子曰："亡国孤臣疆，乌足支，请使一介可不费一矢下。"乃遣公等招之，果籍吏民降。皇兄录公能，号曰拔都，夏言冠军也。凡三赐锦衣，白金为两五千，择帐下材官十人佐公。尽一上公功，皇帝劳公曰："平关陇，功无右汝者。长军民何官为尊，汝自择。"公对曰："臣劳不酬恩，敢辱尊官。"制下，拜征行大元帅，衣之锦裘。

丙申，大举伐蜀，皇子出大散道，宗王穆直出阴平道，期会于成都。公将炮军从宗王，破宕州，降阶州，攻文州。守将刘禄不下数月，谍知城中不可井，作鹅车洞薄垒，夺其汲道以渴之。公先登杀守陴数十人，众梯进如云，城中气夺，禄自刭死。城陷，因招徕吐蕃酋长勘佗辈数十族，遂与大散军合，克成都。师还而成都叛。明年，公言宗王曰："陇州县甫平，人志犹贰。西汉阳当陇蜀之冲，宋及吐蕃利于入寇。此焉重镇，宜得良将。"宗王曰："安反侧，制寇贼。此策是也。然无以易汝。"遂分国人千户五人，使帅其众隶麾下。公命侠和尚别戍沔之石门，术鲁戍阶之两水。远侦候，慎徼逻，抚毓创残，奖厉骁果，环数千里。一皆怀畏。

戊戌，从都元帅塔海伐蜀，克隆庆。明年，攻重庆。又明年，图万州。州将将舟师千艘，溯江逆战。我以劲兵乘巨筏，巨筏泻江流行驶游，革舟其间，弓弩雨射，宋人不战败诸夔门。公受上赏。辛丑，师伐西川，破城二十。成都将田显，开北门内我。制置使陈隆之走,公追获西山,缚至汉州,便呼守将王夔,夔不降。兵进,夔弃城走。壬寅,克遂、宁、泸、叙。癸卯,破资州。庚戌,命公置泾邠二州,招集流离,劝农通商,稍见生聚。俄宋制置使余玠寇兴元,文州降将王德新袭执扈牛两镇,将叛走江油。宪宗皇帝诏公还旧镇,公犹遣将复取扈牛。丁巳,朝廷竟置成都,公老戎马间,将委军事于子冀,得优游卒岁。

世祖皇帝立,浑都海阿蓝答儿反,骚动西北,诏合丹、合必赤、阿合马,三王讨之。公誓众曰:"国恩厚吾,吾恨不得报死。今内难方殷,浸乱关陇,斯岂臣子养安之秋?虽老尚足破贼。"七月,引兵出删丹之耀碑谷,从王阿合马军。军迭出战,会大风昼晦,嚣击共天地,至晡贼败,斩级无算。公与总帅汪良臣禽浑都海阿蓝答儿。捷闻,玺书褒美,赐弓矢、锦衣、白金。中统癸亥春三月二十有三日,以疾薨于西汉阳私第。某年某月某甲葬鸾停山,春秋六十有九。夫人白氏即秦国,贤明贞淑,内则完美。子男十人,曰阔里嗣,元帅;曰南家台,早世;曰黑仔,即梁国公,佩金虎符,嗣元帅;曰阿巴直;曰铁木儿,佩金虎符,昭毅大将军管军万户;曰质儿瓦台,曰主浑真,佩金符,承信校尉管军千户;曰伯延察;曰野速台儿;曰孛浪台。孙男若干人,曰讷怀,佩金虎符吐蕃宣慰使都元帅;曰世延,即参政;曰步鲁答,佩金虎符,安远大将军管军万户;曰达察儿,佩金符,忠显校尉寨兵千户;曰鲁木力结,佩金符,忠显校尉文州上千户;曰土满答,佩金符,忠显校尉管军千户;曰真不花,佩金符,忠显校尉管军千户;曰阿思南不华,承事郎,邠州达鲁花赤;曰塔不带,进义副尉草塘副长官。曾孙男若干人,曰霍立台,佩金虎符,宣武将军嗣元帅;曰蒙哥不华,佩金符,明威将军云南管军万户,参政,昔行御史台关中,以明善雅知其世,而承乏史臣也。使子典瑞丞某,持监察御史李源道所为状,请铭公。

夫丰功硕德,诚宜得铭。顾浅陋文,刻金石不称。参政重有命,焉得以浅陋辞,遂按状撰序,稽序制铭,俾勒公神道之碑。

其词曰:天命在元,帝自圣祖。谋士如雨,来献才武。鞭挞天下,孰予敢御。维秦险固。金恃雄藩,斧其关键。东殄奔君,维蜀上游。宋以之国,肇绩三川竟夷庙祐。皇矣武功,谋士伊何。秦公于时,最厥战多。战必前行,攻必先登。奚有严陈,奚有坚城,矫若虎龙,借之云风。英声沨沨,震关西东。战五十年,归完华屋,栖神幽堂,鸾山文麓。十子瑶林,辉华以奕。肖孙则百,繁衍斯实。将也必杀,胡致仁获。天则可知,所昌在德。关远擢疆,佳兵不暴。有赫鉴照,存殁丰报。亦有文孙,天子实臣。文孙有道,克忠克孝。仰止前烈,鞠躬允蹈。乌乎休兹,诏尔后来。维太史有书,维贞石有诗。尚镜考之,世其齐而。

直鲁古

《辽史·方伎传》

直鲁古,吐谷浑人。初太祖破吐谷浑,一骑士弃橐反射,不中而去。及追兵开橐视之,中得一婴儿,即直鲁古也。因所俘者问其故,乃知射橐者,婴之父也。世善医,虽马上视疾,亦知标本。意不欲子为人所得,欲杀之耳,由是进于太祖,淳钦皇后收养之。长亦能医,专事针灸。太宗时以太医给侍,尝撰脉诀,针灸书,行于世。年九十卒。

别出古

《元史·列传》

别出古，扎剌儿氏。太祖皇帝时，隶钦察卫军籍。岁壬辰，太宗皇帝命充蒙古军千户领军，从征金伐宋有功。癸丑卒。时子扎剌儿台，留北边，弟孛罗台袭职，字罗台，卒，扎剌儿台北还，仍命扎剌儿台袭，寻赐金符为相副万户，兼本千户。至元六年，从围襄樊，殁于军。子帖木儿及哈八儿都俱幼，妻孛鲁罕以其所受虎符纳之官。及帖木儿长，仍赐虎符袭父职。十一年，从丞相伯颜平宋有功。十四年，进阶明威将军。是年夏，征广东，以疾卒于军。无子，哈八儿都袭职，移戍广州。境内盗起，率兵擒贼酋赵侍郎、汪大老等，悉正其罪。皇庆元年卒。子那海袭。那海卒，无子，以弟阇里帖木儿袭，授武德将军，河南淮北蒙古军都万户府副万户，寻加宣武将军。致和元年秋八月，奉西安王命，总兵守河中要害地。九月二日，至河中，与陕西军迎战，生获九十八人，下有司按治之。天历元年十一月，又败陕西军于南阳，以功赐三珠虎符。

别鲁古

《经世大典》

别鲁古，钦察氏。至元二十三年，立钦察卫，命充本卫佥事，佩金符。武宗皇帝潜邸时，从征杭海，床兀儿王传旨，命总扈驾军为万户，从战有功，寻复为钦察卫佥事卒，子脱欢不花袭。脱欢不花卒，侄兀鲁思袭。天历元年秋九月，讨倒剌沙，兀鲁思与有战功，锡名拔都儿。二年，从丞相燕帖木儿护送国玺，迎明甲皇帝于北，授虎符，明威将军，大都督府副使。

别里古

《经世大典》

别里古，钦察氏。至元三十一年，为钦察卫佥事。武宗皇帝潜邸时，成宗皇帝命从哈剌赤秃满万户，北征死事。武宗皇帝念之，命其子脱合安为百户，寻升千户。其佥事之职以次子脱欢不花代之。泰定四年，以长孙秃满袭其职。